Schriftenreihe für Delinquenzpädagogik und Rechtserziehung
Band 9

Herausgegeben von
Prof. Dr. H. Bach, Mainz
Prof. Dr. A. Böhm, Mainz
Prof. Dr. M. Busch †, Wuppertal
Prof. Dr. W. Seitz, Landau

Sozialpädagogik und Strafrechtspflege

Gedächtnisschrift für Max Busch
(1922 – 1993)

Professor für Sozial- und Straffälligenpädagogik
an der Bergischen Universität Gesamthochschule Wuppertal

herausgegeben von
Josef Maria Häußling, Richard Reindl
in Verbindung mit der
Bergischen Universität Gesamthochschule Wuppertal

Centaurus Verlag & Media UG 1995

- der Gesellschaft der Freunde der Bergischen Universität Gesamthochschule Wuppertal,
- des Vereins für Straffälligenhilfe e.V., Wiesbaden,
- der Stadtsparkasse Wuppertal.

Ihnen danken die Freunde von Max Busch und alle an dieser Schrift Mitwirkenden.

Die Deutsche Bibliothek – CIP-Einheitsaufnahme

Sozialpädagogik und Strafrechtspflege : Gedächtnisschrift für Max Busch (1922 – 1993) / Josef Maria Häussling ; Richard Reindl (Hrsg.). – Pfaffenweiler : Centaurus-Verl.-Ges., 1995
(Schriftenreihe für Delinquenzpädagogik und Rechtserziehung ; 9)
ISBN 978-3-89085-982-8
NE: Häussling, Josef Maria [Hrsg.]; Busch, Max: Festschrift; GT

ISBN 978-3-89085-982-8 ISBN 978-3-86226-468-1 (eBook)
DOI 10.1007/978-3-86226-468-1

ISSN 0933-9183

Satz: Vorlage der Herausgeber

Nach-Denken über Max Busch

Josef M. Häußling

Mit Max Busch verbinden mich vielfältige Aktivitäten, nach außen wirksame Aktionen so gut wie verschwiegenes, gemeinsames Philosophieren. Ihn im An-Denken darum lebendig zu machen, erfordert dem Freund der öffentlichen Auftritte, der geistreichen Ansprachen, der eindringlichen, im öffentlichen Dialog entwickelten Verhaltenshilfen für Außenseiter der Gesellschaft den stillen und nachdenklichen Weggefährten der Hilfsbedürftigen an die Seite zu stellen; verlangt neben der Kennzeichnung der von ihm eingenommenen und mit Leben erfüllten sozialen Rollen den Homo religiosus mit seiner gelebten Frömmigkeit erfahrbar zu machen. Denn nur aus diesem Vorder- mit Hintergrund in eins bringenden Lebensentwurf erklärt sich seine Persönlichkeit hors de pair, die im Fortwirken den physischen Tod hinter sich läßt.

Umfaßt doch das Leben von Max Busch den Großteil dieses Jahrhunderts der Umbrüche, einer Epoche, die einen Teiluntergang an den anderen reihte und sich immer wieder in Neuanfängen "ganz anders als zuvor" darzustellen suchte, um letztlich die sensiblen und hellgesichtigen Akteure dieses Geschehens zur tieferen Erfahrung ihrer Mission zu führen. Ich meine hier nicht die im Scheinlicht der Öffentlichkeit stets neu und anders auftauchenden Politiker, sondern diejenigen, die sich wie Max Busch der vollen Erfahrung dieses Geschehens auslieferten, um in der Nähe der Ratlosen zu sein, denen die unmittelbare Brücke des einfachen Wortes, der unmittelbar in die Existenz einwirkenden Hilfe oder ganz einfach die eines verstehenden Lächelns aufhelfen konnte. Das alles tat er, "da schon frühkindheitlich durch Leben mit Randgruppen 'geschädigt'", wie er einmal humorvoll auf den Beruf des Vaters bezogen, der für ein Lungentuberkulose-Krankenhaus verantwortlich war, selbstbiographisch anmerkte. Er wußte selbst am besten, daß er, soweit er zurückdenken konnte, betroffen war vom Schicksal derjenigen, in denen die verworrenen individuellen wie die allgemeinen Zeitläufe ihre zerstörenden Spuren hinterlassen hatten. Auch wenn er diese Betroffenheit mit Humor, mit Sarkasmus oder einer intelligent vorgebrachten Analyse schnell überspielte, die Leiden des isolierten Mitmenschen, des Außenseiters hatten ihn längst dort eingeholt, wo er sich innen auch gar nicht wehrte, sich dieser abgewandten Seite der menschlichen Welt zu stellen. War diese Betroffenheit doch auch leitend für seine (Aus)-Gestaltung derjenigen Institutionen, die er zu ganz von ihm geprägten Räume des Aufnehmens und Helfens für "seine" Außenseiter zu machen wußte. Und mit Institutionen sind nicht nur die eigens staatlich so konzipierten Justizvollzugsanstalten gemeint, in denen er Station um Station seines Lebens wirkte, sondern alles, was sich zur Hilfe auf verlorenen Wegen der "Gezeichneten" anbot, seine eigene Familie hier voll inbegriffen; denn "man muß", meinte er, "für eingesperrte Menschen dann da sein, wenn sie einen brauchen, abends, am Wochenende, an Weihnachten". So konnte er weder seine eigenen Aktivitäten noch den einbezogenen Raum seiner Familie auf "Bürostunden für soziale Hilfe" beschränken. Und vielleicht lag für ihn in der Abgegrenztheit von Raum und Zeit einer Justizvollzugsanstalt oder eines Büros der Bewährungshilfe mit seinen etwa 60 Klienten pro Bewährungshelfer das nicht aufhebbare persönliche Dilemma eigenen inneren Einsatzes rund um die Uhr. Denn Max Busch, dieses Genie hilfreicher menschlicher Nähe, wurde mehr und mehr, vor allem aber ab der Professur für "Sozial- und Straffälligenpädagogik" 1974 an der Bergischen Universität Gesamthochschule Wuppertal im Fachbereich Gesellschaftswissenschaften, von berufs- und von Berufung wegen sehr nachdenklich über diese besondere Welt seiner Erfahrungswissenschaft. Wie er sie dann mehr und mehr verstand und von nun an betrieb, zeichnet seine besondere Auseinandersetzung mit dieser abgewandten Seite der Welt, an der sich diese Wissenschaft orientiert, aus: "Seine" Wissenschaft enthielt stets "Anweisungen zum Handeln", sein Denken des abweichenden sozialen Seins sollte immer Handeln auslösen. Für ihn war die von ihm mit aller Kompetenz in der Materie betriebene Wissenschaft im Wortsinne eine Handlungswissenschaft. Überlegungen zu den sozialen Trainingskursen, zur Lage der Frauen von Inhaftierten, zur Rolle der Arbeit im Strafvollzug - und viele andere in seine Lehrveranstaltungen einwirkende Forschungsprojekte - stehen für diesen Wirkungszusammenhang zwischen Denken und Handeln, für diese wahrhaftige Humanisierung seiner auf hohem Niveau betriebenen "Verhaltenswissenschaft" oder seiner stets originellen Analyse "hilfreicher" Institutionen für die, besser für "seine", Außenseiter.

Diese fand er in seinen Analysen der Katastrophen dieses Jahrhunderts gerade dort vor, wo die bürgerliche Gesellschafft sich scheinbar nahtlos wieder etabliert hatte und alles gut in einem Rechts- und Sozialstaat zu funktionieren schien. Doch bei all seiner kritischen Sozialarbeit vergaß er angesichts der bürgerlichen Gesellschaft nie zu betonen, wie sehr er durch Geburt, Familientradition und Freundeskreise, durch wissenschaftliche Kultur und letztlich religiöse Einstellung im Positiven, der sensiblen Eigenanalysen ihrer Defizite, wie Negativen, des Umgehens mit ihrem Wohlstand, ein integraler Teil gerade dieser Gesellschaft sei, und es eine aufschlußreiche Aufgabe seines künftigen Biographen sei, diesen kritischen Zeitzeugen Max Busch als Teil eines Bildungsbürgertums so dazustellen, daß für dieses komplexe 20. Jahrhundert dessen wirkliche Akteure deutlich werden. Von denen, die zwischen wachen Aktionen und unausweichlichen Reaktionen sich aufrieben, von denen die immer wieder die Lernfähigkeit der im Übermaß in die Welt gesetzten Institutionen zur Behebung gesellschaftlicher und individueller Konflikte auf den Prüfstand brachten, war er exemplarisch einer. Sein kongenialer Freund in Frankreich Jacques Léauté, der ihm bald in den Tod folgen sollte, schrieb noch über ihn: "Max Busch face à un monde d'incompréhension et d'isolation a opposé celui de dialogue et de l'aide éfficace des institutions qu'il a su animées et faire vivre - quel homme unique dans nos sciences humaines". Und die Teilnehmer an den außerordentlichen Kolloquien an der Sorbonne (1983) über die "Marginaux", die Außenseiter, und die Reaktion der Gesellschaft auf dieses "Störpotentional" spürten bei Max Busch das gelebte Wissen um diese Seite der Gesellschaft; und niemand fand es verwunderlich, daß er dem souveränen, akademischen Vortrag im Amphithéatre den praxisnahen Besuch in Fleuris Mérogis, der größten französischen Justizvollzugsanstalt im Süden von Paris, folgen ließ. Denn für ihn hing die ganze Glaubwürdigkeit der Sozialwissenschaft, wie er sie verstand und betrieb, von diesem offenen Übergang in die Praxis der sozialen Kontrolle ab. Und nachhaltig für seine damaligen Hörer und auch alle sozialwissenschaftlichen Mitstreiter entwickelte er für diese "Arbeit am stigmatisierten

Menschen" sein Konzept der "Behandlungszeit" und vor allem die Definition der "Behandlungseinheit". Sie erst kann jenseits des juristisch zugemessenen Strafmaßes mit Maßzeiten im Freiheitsentzug der dieser Sanktion oder Therapie ausgesetzten Person gerecht werden. Denn damit führte Max Busch auch einen dialogoffenen Raum des Vertrauens für den eigentlich Betroffenen in die jeweiligen Institutionen, die er lange selbst zu verantworten hattte, ein. Daß nicht nur die angesprochenen Institutionen für diesen urmenschlichen "Heildialog" noch überfordert sind, sondern auch der verantwortliche Staat und die ihn tragende Gesellschaft, wußte er. Aber aus der ihm sehr vertrauten Tradition der Pädagogik, deren Verwissenschaftlichung er sehr nachdenklich und kritisch zur Kenntnis nahm, wußte er, was Visionäre, was Einzelkämpfer der Erziehung am Menschen hier nachhaltig ausgerichtet haben und welche Rolle sie auch in Zukunft gerade auf diesem Feld spielen werden.

Max Busch hat seine eigene Wirkungsgeschichte in die von ihm unablässig fortgestaltete Praxis um die Betroffenen gelebt. Sein Wirken als Professor für Sozial- und Straffälligenpädagogik läßt sich kaum besser kennzeichnen als mit dem Übergang von der "Dienst- und Vollzugsordnung" von 1961 zum "Gesetz über den Vollzug der Freiheitsstrafe und der freiheitsentziehenden Maßregeln der Besserung und Sicherung" von 1976. Denn in diesem von der gesamten Gesellschaft getragenen Gesetz, wo endlich sie als Selbstgesetzgeber für denjenigen Bereich tätig wurde, der er sein Leben und Wirken verschrieben hatte, sah er endlich eine wesentliche Etappe auf dem Weg zur "sozialen Verantwortung" aller und nicht nur der Institutionen erreicht. Und seine Vision war es, zu diesem Gesetz einen sozialpädagogisch orientierten Kommentar zu konzipieren, der gültiger Ausdruck einer Sozialwissenschaft als Handlungswissenschaft werden sollte. Auch wenn es dazu nicht mehr kommen konnte, Max Busch hat mit seiner Auffassung des gelebten und in die Wirklichkeit umgesetzten "Strafvollzugsgesetzes" die Richtung gewiesen, woran man die eigentliche Wirklichkeit aller Versuche, gesellschaftliche Bezüge zu normieren, messen soll, nämlich daran: wie dialogfähig sich Gesetzgeber und Gesetzesanwender "vor Ort", angesichts der Betroffenen, erweisen. Dafür sei ihm gedankt.

Lebensdaten,
die Max Busch selbst für sein eigenes Curriculum Vitae zeichnete:

Am 12.12.1922 wurde ich in Nordhausen (Harz) geboren und wuchs im Schwarzwald auf.

In Pforzheim (Baden) besuchte ich die Friedrich-Oberschule, an der ich 1942 das Abitur ablegte. Sehr geprägt wurde ich durch die Freundschaft meiner Eltern mit Albert Krebs, in dessen Umkreis auch Adolf Reichwein verkehrte.

Zwischen 1942 und 1945 war ich Soldat, meist in Frankreich, "wenig geeignet, keine Orden". Dann amerikanische, später französische Kriegsgefangenschaft "mit dem besonderen Erlebnis der philosophisch-theologischen Fakultät für Kriegsgefangene in Montpellier". 1946 Heimkehr.

Von 1946 bis 1951 zunächst mit unbestimmten Berufsziel Studium für irgendein Lehramt, dann eindeutig für die soziale Praxis Sozialpädagogik, Geschichte und Philosophie in *Tübingen* bei Eduard Spranger (Pädagogik), Thielecke (Theologie/Ethik), Steinbüchel (Philosophie), in *Frankfurt* bei Weinstock (Philologie/Literaturwissenschaft; er wurde mein "Doktorvater"), Bergsträßer (Politikwissenschaft), Gadamer (Philosophie), Scherpner (Sozialpädagogik), weiterhin Vossler und Schwietering. 1954 Promotion zum Dr. phil und am Seminar für soziale Berufsarbeit in Kassel Staatsexamen Sozialarbeiter (grad.).

Ab 1950 über Albert Krebs Praktika als Sozialpädagoge in verschiedenen Anstalten u.a. von *1950 - 1954* in der Untersuchungshaftanstalt für männliche jugendliche Gefangene in Frankfurt/M-Hoechst (zugleich Jugend-Arrestanstalt); *1954 - 1959* Leiter einer Spezialabteilung für junge Gefangene zwischen 18 - 24 Jahren, die als ungeeignet für den Jugendstrafvollzug ausgeschlossen worden waren, "gute altersspezifische Arbeit, wobei die Ausschließungsgründe in manchen Fällen gerade die Ansatzpunkte für konstruktive Zusammenarbeit waren"; *1959 - 1963* Leiter der Erwachsenenstrafanstalt Dieburg "unter schwierigsten Bedingungen (Frankfurter Unterwelt, problematischer Beamtenbestand)"; ab *1963* schließlich bis zum Antritt der Professur für Sozialpädagogik und Straffälligenpädagogik im Fachbereich Gesellschaftswissenschaften (gerade nicht im Fachbereich Pädagogik) der Bergischen Universität/ Gesamthochschule Wuppertal 1974 Leiter der Justizvollzugsanstalt Wiesbaden.

Entscheidend für diesen Berufsweg war meine sehr "in mein Berufsleben (Strafvollzug) integrierte Familie". Dies ab meiner Heirat 1950 mit Hermine, geb. Großmann (Lehrerin), eingeschlossen die beiden Söhne, geb. 1951 und 1956; "man muß für eingesperrte Menschen dann da sein, wenn sie es brauchen (abends, Wochenende, Weihnachten). Sozialarbeit ist noch nicht Schreibtisch- und Bürotätigkeit".

Ab 1954 sammelte ich erste Erfahrungen in meiner Lehrtätigkeit, an der höheren Fachschule für Sozialarbeit in Kassel mit der Nachkriegsgeneration der Sozialarbeiter, "Teilnehmer aus ganz verschiedenen Berufen, die nach destruktiven Kriegserfahrungen human konstruktiv arbeiten wollten". Problematisch war das "methodische Gemisch der Pädagogik der zwanziger Jahre mit amerikanischem Import (Psychoanalyse als Heilslehre, Methodengläubigkeit)"; weitere Lehrtätigkeit an der Fachhochschule in Darmstadt (1959-1963) mit einer neuen Studentengeneration "ohne eigenes Kriegserlebnis"; dann an der Universität Heidelberg in der Kriminologie (Leferenz) auch mit Jurastudenten, um "neue Wege zur konstruktiven Bearbeitung von Devianzprozessen zu suchen".

Sehr früh war mir die politische und internationale Dimension der Sozialarbeit ein Anliegen (ab 1947): ich war Mitbegründer der "Internationalen Gesellschaft für Heimerziehung" und der "Internationalen Vereinigung der Erzieher schwererziehbarer Jugendlicher"; hierher zählt auch mein sozialpädagogischer Studienaufenthalt in Israel (1958) und die Mitarbeit in zahlreichen Verbänden der Sozial- und Jugendhilfe, insbesondere in der "Jugendstrafvollzugskommission der Bundesregierung" mit der kontinuierlichen Auswirkung in begleitende Forschungsprojekte und der Präzisierung meines Berufskonzeptes: "Orientierung auf Verbindung von Wissenschaft und Praxis. Versuche, alle Mitarbeiter in der Strafrechtspflege und im Vollzug zu gesellschaftlich konstruktivem *und* pädagogisch helfendem Handeln zu motivieren *und* zu qualifizieren". So sehr Wissenschaft unabhängig sein muß, so sehr ist ihr Gegenstand eine Realität der Gesellschaft (der Gruppen und der Menschen). Und da "nicht alle Studierenden forschende Hochschullehrer werden können, muß die Mehrzahl von ihnen in Praxisfelder eingeführt werden, auf die hin die Sozialwissenschaft reflektiert werden muß". Die politische Dimension dieser Situation wurde auch dadurch demonstriert, daß Sozialpädagogik an der Universität Wuppertal im Fachbereich Gesellschaftswissenschaften (FB 1) und nicht im Fachbereich Pädagogik (FB 3; vor allem dort im Lehramtsbereich) angesiedelt wurde. Sozialpädagogik findet sich in einem Schwebezustand zwischen den Bedürfnissen des Einzelnen und der Gesellschaft als Rahmen, in einem davon gekennzeichneten Bedingungssystem für "gelingendes Leben", in geschichtlichen Situationen, die von der Soziologie einerseits und der klassischen Pädagogik andererseits stets kritisch gesehen werden, was die Sozialpädagogik angeht.

"Letztlich durfte ich nochmals als neue Chance nach der Emeritierung bei der Neuorientierung in Thüringen, in Erfurt, mitwirken, um die Einzelnen für diese unerläßliche Arbeit im sozialpädagogischen Feld in all den verwirrenden Gegebenheiten zu ermutigen".

Eigentlich hätte ich gerne noch ein "Anekdotenbuch" geschrieben, "nicht als Selbstzweck, sondern unter dem Motto: Geschichten erhellen Geschichte (wenn man die Richtigen erzählt)".

P.S.: *Auch wenn es dazu nicht mehr kommen sollte, ist die Wirkungsgeschichte der von Max Busch gelebten Zeit unabgeschlossen und findet sich in der von uns zu gestaltenden Zeit wieder. Sind doch letztlich die Ideen in unseren Köpfen von heute der Hintergrund der Handlungen von morgen.*

Wuppertal, im August 1994 JOSEF M. HÄUßLING/RICHARD REINDL

Inhaltsverzeichnis

I.

Strafrecht und Gesellschaft

Sanktionswandel und Straffälligenpädagogik

Heinz Müller-Dietz

I.

Das Thema bezieht seinen Reiz nicht zuletzt aus der Gegenüberstellung zeitverschobener Begriffe und wohl auch Sachverhalte. Während dem Ausdruck "Sanktionswandel" ein moderner Einschlag anhaftet[1], wirkt der Begriff "Straffälligenpädagogik" seltsam antiquiert, zumindest altväterisch und altfränkisch[2]. Freilich wirkt auch schon die Moderne aus der Sicht der Postmoderne[3], die alles hinter sich gelassen hat, was modern ist[4] und darum gelassen zurückblickt, antiquiert. Straffälligenpädagogik jedenfalls scheint einer anderen Zeit als der unsrigen anzugehören. Sie scheint den Charme des Stehkragens zu verkörpern, zu dem eben Jeans so gar nicht passen wollen. Zeichnet sie sich nicht durch den Gestus dessen aus, der sich - mit unverrückbarem Rechtssinn ausgestattet - in redlicher, pädagogischer Weise um Straffällige bemüht, sie auf den "rechten Weg" - was immer das heißen mag - bringen will? Das scheint angesichts gesellschaftlicher Verwerfungen, von Entwurzelungs- und Dissozialisationsphänomenen, des Abdriftens in Subkulturen, angesichts andersartiger Mentalitätsstrukturen und Verhaltensmuster eher historisch und verbraucht.

Darin scheinen sich eine Sprache und ein Lebenssinn zu offenbaren, die durch die gesellschaftliche Entwicklung längst überholt sind. Das kommt anscheinend nicht mehr an, nimmt sich zeitabgehoben aus - jedenfalls abgehoben von unserer Zeit, in der sich allerdings viele auch nicht mehr heimisch fühlen oder mit der so manche nicht mehr zurechtkommen, weil sie - in einem freilich anderen als intellektuellen Sinne - nicht mehr mitkommen. In der Tat sucht man das Stichwort "Straffälligenpädagogik" in vielen kriminologischen oder pönologischen Lehrwerken vergeblich; und wenn es einmal im Register auftaucht, dann entpuppt es sich rasch als Synonym für Erziehung delinquenter Jugendlicher[5] oder für Erwachsenenbildung im Rahmen des Strafvollzugs[6].

II.

Es hat also den Anschein, als ob es um die Straffälligenpädagogik - die ja gesellschaftlich nie über die Lobby verfügte, die das, was man so Kriminalpolitik nennt, von jeher für sich in Anspruch nehmen konnte - eher stiller geworden wäre. Zu einem solchen Eindruck mag auch die beliebte Verwechslung von Lautstärke mit Argumentation beigetragen haben, die bekanntlich auch der Wissenschaft nicht ganz fremd ist. Doch täuschte ein solcher Eindruck. Es gibt immer noch sachkundige, praxiserfahrene Wissenschaftler, die zugleich einem aktuellen und fundierten Verständnis von Straffälligenpädagogik das Wort zu reden vermögen.

In dem Sammelband "Strafvollzug und Schuldproblematik", der 1988 zu Ehren von Albert *Krebs* erschien, hat sich Max *Busch* mit jenen zwei Themenkomplexen auseinandergesetzt, die zuletzt eher spannungsgeladen, um nicht zu sagen: komplexhaft erfahren wurden: der Beziehung zwischen Kriminalpolitik und Sanktionensystem[7] und dem Verhältnis von Sozialpädagogik und Strafrechtspflege[8]. Dabei ist die erstere Fragestellung ganz und gar in den Vordergrund von Theorie und Praxis gerückt. Kriminalpolitik - was immer sich unter diesem schillernden, vieldeutigen und vielstrapazierten Begriff verbergen mag - ist en vogue[9]. Sie hat längst internationale, europäische Dimensionen angenommen[10] - was für manche - namentlich auf politischer Ebene - auch den angenehmen Vorzug hat, weit entfernt von den realen Prozeduren der Strafverfolgung und der Realität des Strafens zu sein.

Die Flucht aus der Wirklichkeit ist ja nicht nur ein beliebtes Reaktionsmuster derer, die mit dem Leben nicht zu Rande kommen, weshalb sie ja auch folgerichtig am Rande der Gesellschaft leben; sie ist auch das alltägliche Geschäft derer, die ihre eigene Unsicherheit und Orientierungslosigkeit hinter markigen Reden und wolkigen Bekenntnissen, vor allem aber hinter der Geschäftigkeit kriminalpolitischer Konzeptionen und Weltbilder verbergen, welche die Dauerhaftigkeit und Beständigkeit von Eintagsfliegen haben - ebenso wie die massenmediale und televisionäre Bilderflut - die uns tagtäglich überschwemmt[11] - bereits von den Bildern des nächsten Tages wieder weggeschwemmt wird. Die Rede vom "orientierungslosen Leviathan", der uns nicht zuletzt seiner Orientierungslosigkeit wegen ängstigt, weil sie ihn in seinen Reaktionen eben auch unberechenbar macht, ist nicht bloßes Gerede, sondern verweist auf ein reales Phänomen[12].

Aber dennoch - oder vielleicht gerade deswegen - hat Kriminalpolitik Konjunktur; und ein großer, fast kaum noch überschaubarer Markt der Meinungen, die vom radikalen Abolitionismus[13] bis hin zur Rückkehr in den immer noch oder wieder warmen Schoß klassischer und neoklassischer[14], zuweilen auch klassizistischer Strafkonzepte reichen, das rührende "Weltkind in der Mitten", zwischen allen Stühlen, nicht zu vergessen, scheint schon von der Beliebigkeit dessen zu zeugen, was man seit einiger Zeit die Postmoderne nennt. Die Kriminalpolitik bewegt sich zwischen den Polen des "nothing works"[15] und des "anything goes"[16] hin und her. Weil nichts zu gehen scheint, geht offenbar alles - oder eben auch nichts. Zuweilen geht man auch neue Wege, trägt dann aber oft genug nur alte Hüte auf. Horst *Schüler-Springorum* hat dies ja kürzlich in seiner unnachahmlichen, die verschiedenen Positionen und Optionen auslotenden Art analysiert[17].

Fast hat es den Anschein, als ob die Kriminalpolitik Züge annimmt, wie sie für die Medienberichterstattung gang und gäbe sind: die Atem- und Pausenlosigkeit sich jagender Nachrichten, die einander überholen; was gestern noch interessant, vielleicht wichtig war, steht heute nicht mehr auf der Tagesordnung, weil anderes sich nach vorne gedrängt hat und öffentliche Aufmerksamkeit beansprucht[18]. Die jeweils letzte Information, der jeweils letzte Trend macht sich auf dem Markt der Meinungen geltend und anheischig, an Aktualität und Bedeutung alle seine Vorgänger zu übertreffen. Da wirkt es fast schon erstaunlich, daß die Opferperspektive, wenngleich facettenreich und vieldeutig, so lange schon wesentliche Positionen besetzt hält[19]. Doch man erinnert sich: Das war auch für einen längeren Zeitraum hinsichtlich der Täterorientierung der Fall, die dann nach der Wiederentdeckung des Opfers abdanken mußte.

Indessen trifft der Vergleich mit der Medienpolitik wohl nicht mehr die ganze Sache. Längst ist die Kriminalpolitik selber zu einem guten Stück Medienpolitik geworden, die durch Auswahl der Fakten, Art ihrer Präsentation und Kommentierung Einstellungen und Verhaltensweisen beeinflußt. Längst sind sog. Zeitgeist-Verstärker am Werk[20], die sich die "Stimmung im Lande" zunutze machen, wenn sie die ihnen genehme Stimmung nicht gar erst schaffen. Da ist es dann gut möglich, daß es zu dramatischen Inszenierungen, zu Inkongruenzen im Verhältnis gesellschaftlicher Kriminalitätsängste zu realen Gefahren kommt[21]. Und dann kann es geschehen, daß nicht mehr so sehr objektive Einschätzungen von Gefahrenlagen, sondern vielmehr deren subjektive Wahrnehmung im Vordergrund steht[22], weil tatsächlich vorhandene Ängste nun einmal gleichfalls eine Realität sind, die es kriminalpolitisch in Rechnung zu stellen gilt.

Längst haben sich für viele die Fragezeichen, die keineswegs allein am Horizont stehen, in Ausrufezeichen verwandelt; und je mehr und rascher sich der vielberufene gesellschaftliche Wandel vollzieht, je nachhaltiger also Gewißheiten nachgefragt und Sicherheiten erwartet werden, desto martialischer gebärden sich Sprache und Verhaltensweise derer, die schon immer gewußt haben und es jetzt erst recht wissen, "wo es langgeht".

Was für die Kriminalpolitk als Politikbereich gilt, hinterläßt natürlich auch seine Spuren in der Wissenschaft. Die reichlich naive Vorstellung, daß theoretische Reflexion und empirische Forschung frei und unabhängig von den Anfechtungen des Zeitgeistes[23] mit seinen wiederkehrenden Anwandlungen fundamentalistischer Kreuzzugsmentalität betrieben werden könnten, ist uns nach den Erfahrungen dieses Jahrhunderts gründlich abhandengekommen. Es gibt ja kaum noch ein Feld öffentlicher Betätigung, das seine sog. Irrungen und Wirrungen unbeschädigt überstanden hätte; und man darf ja ruhig, nein vielmehr recht unruhig geworden, fragen, ob die geistigen Defizite nicht schon größer geworden sind als die ökonomischen, die wir bisher auch nicht kompensieren konnten[24]. Der Zustand der Kriminalpolitik ist also ähnlich wie der der Politik im allgemeinen ein durchaus vielversprechender; er verspricht vielen, wenn nicht allen vieles; was er davon hält, ist dann dasjenige, was in der Tat davon zu halten ist.

III.

Max Busch hat uns und sich in seinen eingangs genannten Beiträgen nun nicht mit und bei solchen allgemeinen Reflexionen über Wirklichkeit und Selbstdarstellung der Kriminalpolitik aufgehalten[25]. Er hat sie vielmehr zu mutmaßlichen und prospektiven Entwicklungen des Sanktionensystems in Beziehung gesetzt. Das war keine Blickverengung, sondern der Versuch, dem beobachtbaren Wandel auf dem Gebiet der Kriminalpolitik Gestalt und Konturen zu geben, um daraus eben jene verschiedentlich vermißten Orientierungen für theoretische Reflexion wie praktisches Handeln zu gewinnen. Dabei stellte sich die Frage nach der künftigen Struktur des strafrechtlichen Sanktionensystems umfassender und grundsätzlicher als Problem und Ausdruck unseres gesellschaftlichen Umgangs mit Kriminalität schlechthin dar[26]. Denn es ging ihm ja im Ernst nicht darum, ob etwa das Fahrverbot zur Hauptstrafe ausgestaltet werden solle - was ja für sich betrachtet eine durchaus bedeutsame sanktionspolitische Frage sein mag -, sondern vielmehr darum, wie wir künftig unser Verhältnis zu Täter und Opfer qua staatlichem Eingriff und sozialer Praxis verstehen und handhaben sollen.

Darin steckt - ohne daß man gleich wieder den Höhenflug in luftige und nebulöse Wolkengebilde des Gesellschaftlichen antreten muß - ein gutes Stück unseres Selbstverständnisses, das ja allemal Selbstverständigung voraussetzt. Daß es daran gebricht, weil die Antworten oft genug vor den Fragen da sind und darum keine auf eigentlich zu stellende Fragen, lehrt uns *Schüler-Springorums* "Kriminalpolitik für Menschen" nachdrücklich; und dieses Buch wirkt wie eine Bestätigung der alten Einsicht, daß sich Fehlleistungen und Defizite weit genauer und subtiler erkennen und benennen lassen, als "das Positive"[27], das man nicht nur bei *Erich Kästner* vermißt hat[28]. Erst recht scheint unsere Epoche angelegt wie ein philosophisches Versuchslabor für eine "Negative Dialektik"[29], die der Zeit nichts Entschiedeneres entgegenzuhalten weiß als deren geistige Verfassung und realer Zustand. Nun haben wir natürlich längst unseren *Seume* gelesen und verinnerlicht; hat er nicht geschrieben: "Alle saueren Moralisten halten ihr Zeitalter für das schändlichste, und sie haben alle Recht, denn die gegenwärtige Schande ist immer die größte."[30]

In der Tat hat denn auch *Max Busch* stets auf kritische Distanz gegenüber dem kriminalpolitischen Zeitgeist, wie immer er sich auch geriert haben mag, gehalten und sich jene Unabhängigkeit und Skepsis gegenüber modischen Trends bewahrt, die sie auch verdienen. Zu dieser Distanz, die aber nicht notwendig in eine Distanzierung münden mußte, hat ihm auch - und nicht zuletzt - seine sozialpädagogische Orientierung verholfen, die seinem Wirken in Theorie und Praxis zugrundelag. Sie ruhte auf zwei Grundlagen, deren Verbindung früheren Zeiten sich einfacher und selbstverständlicher dargestellt haben mochte als unserer Epoche, in der nichts mehr so einfach und selbstverständlich erscheinen will: auf der Binnensicht dessen, der die Strafanstalt, insbesondere die Jugendstrafanstalt - allen von ihm selbst erkannten und formulierten Einwänden und Vorbehalten zum Trotz - immer schon zu einem sozialpädagogischen Handlungsfeld ausgestalten wollte[31], und auf der Außenperspektive dessen, der die Wirkungsweise des Kriminalrechts und der Strafrechtspflege von einem sozialisationstheoretischen und sozialpädagogischen Standort aus reflektierte[32].

Dabei war *Max Busch* allemal geläufig, daß sich das Verhältnis dieser beiden gesellschaftlichen Tätigkeitsbereiche und ihrer je theoretischen Legitimierungen nicht auf die einfache Formel des Gegensatzes oder der Unterscheidung von Hilfe und Kontrolle, Zuwendung und Repression bringen oder reduzieren lassen. Die Binsenweisheit, daß auch sozialpädagogisches Handeln - selbst außerhalb des Kontextes der Strafrechtspflege - repressive Züge des Zwangs, ja der Stigmatisierung annehmen und umgekehrt der staatliche Zugriff Formen der Beratung und Unterstützung übernehmen kann, stand für ihn außer Diskussion[33]. Kriminologische Lehrwerke wissen denn auch dergleichen zu vermelden: "Es gibt, wenn man so will, nicht nur eine 'repressive Kriminalpsychiatrie', sondern auch eine ebensolche 'Sozialpädagogik' oder

'Psychagogik', soweit sie anwendungsbezogen sind."[34]

Besonders deutlich artikulieren sich solche Erfahrungen in der gegenwärtigen Gemengelage von gesellschaftlichen Aktivitäten und staatlichem Handeln im Rahmen der Projekte und Modelle des Täter-Opfer-Ausgleichs[35] und der Schadenswiedergutmachung[36]. Vielfach gehen Hilfe und Zwang, Repression und Zuwendung ineinander über; sie lassen sich keineswegs mehr per se an bestimmten sozialen und Berufsrollen festmachen - was einmal mehr die Anhänger und Verfechter einfacher Weltbilder auf dem Felde der Kriminalpolitik verstören muß. Doch auch sonst entbehrt die Welt zumeist des Gegensatzes von strahlendem Glanz und abgrundtiefer Finsternis; sie ist eher grau in grau getönt - wie uns ja auch seit langem kriminologische Untersuchungen lehren[37].

Daß wir die "Kriminalität der Braven"[38], die "Abweichung der Angepaßten"[39] nicht oder nur ungern wahrnehmen, hat eher mit Selbstschutzmechanismen zu tun, die der Aufrechterhaltung eines intakten Selbstbildes dienen, als mit der gesellschaftlichen Wirklichkeit; und damit mag auch zusammenhängen, daß wir die "Techniken der Neutralisierung", die vielfältigen Mechanismen der Exkulpation und Bagatellisierung, die wir als Defizite Straffälliger registrieren[40], bei eigenen Fehlern oder Verfehlungen wie selbstverständlich praktizieren. Doch wer kann oder mag schon mit einem "angekratzten" Selbstbild leben; sind nicht genügend andere da, auf die wir eigene Mängel und Fehler in ausreichendem Maße projizieren können? Auch die Sozialpädagogik muß also - wie es heutzutage so schön heißt - mit der Einsicht leben, daß die Ressortaufteilung zwischen Gut und Böse[41] nicht so glatt und elegant funktioniert, wie gesellschaftliche Zuschreibungsmechanismen und die ihnen zugrundeliegenden Selbstkonzepte wahrhaben und uns weismachen möchten. Wir sind um Gründe und Begründungen nicht so leicht verlegen; für die Antwort auf die Frage aber, wie die Aufrechterhaltung sozialer Identität auf Kosten anderer soll legitimiert werden können, wird man einen hohen Preis aussetzen müssen.

Die Sozialpädagogik muß - ebenso wie natürlich die Kriminalpolitik -mit der beklemmenden Erkenntnis fertig werden, daß der "Prozeß der Zivilisation" nicht abgeschlossen ist. Wenn diese Diagnose von *Elias* zutrifft[42], dann auf unsere Zeit. Die mühsamen Versuche gesellschaftlicher Domestizierung des Menschen durch Normen und Institutionen, die nicht selten so fragwürdig sind wie die Phänomene sozialer Abweichung selbst, denen sie gelten, werden immer wieder konterkariert durch teils irrationale, teils gezielte Ausbrüche von Haß und Gewalt, die - geschichts- und erfahrungslos - auf überzeitliche anthropologische Konstanten zu verweisen scheinen[43]. Der Kulturfirnis, der unser gesellschaftliches Handeln deckt - zuweilen auch bemäntelt - ist dünn; das trifft nicht allein auf kriminelles Verhalten, sondern auch auf unsere einschlägigen Reaktionen zu, deren Aus- und Durchbrüche von Gewalt wir nicht wahrnehmen mögen, weil sie positiv besetzt sind, d.h. gerade der Gewalt kriminellen Verhaltens wehren sollen. Es ergeht der Gesellschaft nicht selten wie den Eltern, die ja nur Gutes, sogar das Beste für ihr Kind gewollt haben, und dann erfahren müssen, was aus ihren guten Absichten, ihrem Bemühen im Ergebnis geworden ist. Die Mahnung, noch einmal nachzudenken, zu bedenken, wo wir schon am Ende unserer Erkenntnis - und unseres Lateins - sind, dieses erneute Nachdenken aber nicht in resignative Passivität münden zu lassen, sondern vielmehr in produktive Phantasie, gehört zu den beispielgebenden Orientierungsmarken der "Kriminalpolitik für Menschen"[44].

IV.

Der Erfahrung, daß die gegenwärtige kriminalpolitische Entwicklung alles andere als eindeutig, sondern vielmehr eher widersprüchlich, ja antagonistisch verläuft, läßt sich die Beobachtung gegenüberstellen, daß sie durchaus einige Leitlinien, wenn nicht Leitbilder erkennen läßt. Diese decken zwar beileibe nicht die ganze Bandbreite kriminalpolitischer Ansätze ab; sie stehen auch in harter Konkurrenz mit anderen oder gar gegenläufigen Konzepten; und sie liefern obendrein auch keineswegs irgendwelche geschlossenen Konzepte[45] - wenn sich denn solche überhaupt mit dem Selbstverständnis einer "offenen Gesellschaft"[46] vertragen sollten. Doch sind ihnen immerhin Orientierungsdaten zu entnehmen, die für eine künftige Kriminalpolitik - wenn sie denn als eine solche zu sehen und zu verstehen sein sollte - fruchtbar gemacht werden könnten.

Ein wesentliches Merkmal jener Ansätze besteht - in negativer Hinsicht - in einer mehr oder minder entschiedenen Abkehr von einer staatszentrierten Betrachtungsweise und Legitimationsbasis und - in positiver Perspektive - in einer Hinwendung zum Individuum als Subjekt des Vergesellschaftungsprozesses[47]. Die überkommene Kriminalpolitik ist ja gerade durch ihre Fixierung auf staatliches Handeln und staatliche Interessen gekennzeichnet. Das äußert sich in der Legitimierung und Ausgestaltung der Kriminalstrafen wie in einer zumindest teilweisen Ausblendung oder Zurückdrängung der von Strafverfahren, Strafrechtspflege und Strafvollzug betroffenen individuellen Interessen. Deutlich geworden ist das an zwei typischen Fallkonstellationen, die jene staats- und instanzenorientierte Ausgestaltung der Kriminalpolitik exemplarisch belegen: Dem gleichsam "klassischen" Aschenbrödeldasein des Verletzten im Strafverfahren korrespondierte bis zu einem gewissen Grade der Objektstatus des Verurteilten im Rahmen der Strafvollstreckung. Beide repräsentierten gewissermaßen die personelle "Verfügungsmasse" für die Verwirklichung staatlicher Strafzwecke.

Einen ersten Einbruch in diese Sicht- und Handlungsweise bedeutet die zumindest normative Anerkennnung der Subjektstellung des Verurteilten[48] - was immer man darunter konkret verstehen mag. Daß die reale Praxis und Ausgestaltung des Strafvollzugs hinter jenem zugegebenermaßen anspruchsvollen Leitbild zurückgeblieben ist, hat *Max Busch* selbst ausgiebig dokumentiert und mit Nachdruck kritisiert[49]. Ihm hat ebenso auch stets die Problematik einer "Erziehung zur Freiheit durch Freiheitsentzug"[50], ihm haben stets die Schwierigkeiten einer sinnvollen Vorbereitung auf die Anforderungen und Zumutungen einer freien Gesellschaft unter den kontrafaktischen Bedingungen des Strafvollzugs vor Augen gestanden[51]. Doch hat er immer schon die Chancen und Grenzen des Abolitionismus als eines kritischen Erinnerungspotentials, das unter den gegenwärtigen gesellschaftlichen und kriminalpolitischen Verhältnissen allenfalls zur Zurückdrängung der Freiheitsstrafe, nicht aber zu ihrer Abschaffung beizutragen vermag, realistisch einzuschätzen gewußt.

Das nimmt weder den Bestrebungen, Alternativen konzeptionell zu entwickeln und zu verwirklichen, ihren Sinn noch enthebt es natürlich der Mühe, um der Betroffenen und Beteiligten willen für eine möglichst sozial konstruktive Ausgestaltung des Strafvollzugs zu sorgen. Insofern kommt eine negative Kriminalpolitik, der es vorrangig um Entlegitimierung bestehender Institutionen zu tun ist[52], jedenfalls denen nicht zugute, um deretwillen sie eigentlich betrieben wird. Natürlich muß sich jede reformatorische oder revisionistische Kriminalpolitik dem Vorwurf stellen, daß sie letztlich affirmativ wirkt, das existierende System stärkt; doch wäre die Alternative dazu nur der radikale Ausstieg aus den gesellschaftlichen Verhältnissen, der sich gleichfalls der Verantwortung gegenüber den hier und heute Lebenden zu stellen hätte[53] sowie an den Maßstäben der Humanität und Rationalität messen lassen müßte.

Einen weiteren Schritt in eine am Individuum orientierte Kriminalpolitik bildete die Entdeckung oder vielmehr Wiederentdeckung des Straftatopfers als Subjekt des Strafverfahrens, ja des Prozesses gesellschaftlicher "Abwicklung" kriminellen Verhaltens schlechthin. Auch diese Entwicklung steht erst in ihren Anfängen. Sie ist auch keineswegs frei von Ambivalenzen, ja Widersprüchen, so wenn etwa versucht worden ist, Opfer und Täter gegeneinander auszuspielen, die einstige Täterorientierung der Kriminalpolitik durch eine Opferfixierung zu ersetzen. Doch ist zumindest die schlichte Erkenntnis im Vordringen begriffen, daß die Anerkennung der Subjektstellung und Respektierung der Menschenwürde unteilbar sind, sich nicht an bestimmten sozialen Rollen festmachen lassen, wie sehr sich diese auch in rechtlicher und gesellschaftlicher Hinsicht voneinander unterscheiden mögen.

Freilich sind auch hier grundsätzliche Fragen offen: Was bedeutet eigentlich Anerkennung des Verletzten als Subjekt für Strafrecht und Strafverfahren? Inwieweit kann und soll man Strafrecht vom Opfer und dessen Rechtsgütern her legitimieren[54]? Wie ist in diesem Kontext das Verhältnis zwischen aktuellem und potentiellem Opfer zu bestimmen[55]? Was folgt aus Opferorientierung von Strafrecht und Strafrechtspflege für den Umgang mit Straftätern und die Ausgestaltung des Sanktionen- und Reaktionssystems? Diese und andere Fragen sind nicht schon dadurch beantwortet, daß Instrumente wie Täter-Opfer-Ausgleich und Wiedergut-

machung auf der Praxisebene mehr oder minder gut funktionieren und - innerhalb welcher Grenzen immer - dazu taugen mögen, den Anwendungsbereich "klassischer" Strafsanktionen einzuschränken.
Eine erste theoretische und normative Absicherung erfährt die am Subjekt, seiner Position und seinen Interessen orientierte Kriminalpolitik durch den wiederbelebten Diskurs über die Menschenrechte[56]. Die Renaissance der Menschen- und Bürgerrechte findet freilich - abgesehen von der wissenschaftlichen Diskussion - eher auf der Ebene internationaler Vereinbarungen und Deklarationen als in der harten Wirklichkeit staatlichen Strafens statt[57]. Symptomatisch dafür ist allein schon das zivilisatorische und rechtskulturelle Gefälle in der Ausgestaltung des Strafvollzugs europäischer Staaten[58]. Und da mag es auch noch ausreichend Diskrepanzen im eigenen Lande geben, die darüber nachdenken lassen, was man von den Menschenrechten hält und wie sie jeweils interpretiert werden. Wo das Bemühen um Anerkennung und Durchsetzung von Menschenrechten zugleich Ausdruck gewandelter - darf oder muß man auch sagen: gewachsener? - Strafsensibilität ist[59], bestehen auch Aussichten, daß ein entsprechender gesellschaftlicher Druck allmählich auf Strafgesetzgeber und praktische Strafrechtspflege durchschlägt. Empirische Befunde, wie sie in der Hamburger Untersuchung von *Sessar* und seinen Mitarbeitern sowie im Rahmen der Begleitforschung zum Täter-Opfer-Ausgleich ermittelt wurden, könnten in diese Richtung weisen[60] - immer vorausgesetzt, daß Fragestellung und methodischer Ansatz eine so weitreichende Interpretation gestatten.

V.

Ob der Wandel gesellschaftlicher Strafbedürfnisse heutigen wissenschaftlichen Vorstellungen entspricht, wird man freilich eher bezweifeln müssen. Der Strafvollzug in seiner überkommenen Form dürfte schwerlich als archaisches Relikt eingeschätzt werden, sondern nach wie vor einen mehr oder minder festen Platz in verbreiteten Anschauungen einnehmen[61]. Insofern dürften Feststellungen wie die folgende kaum jene positive öffentliche Resonanz finden, die sie aus fachöffentlicher Sicht wohl zu erwarten hat: "Was im 18. Jahrhundert als vorzugswürdig gegenüber der Todesstrafe angesehen wurde, nämlich der Freiheitsentzug, erweist sich heute seinerseits als eine archaische und überholte Strafform, deren begrenzte Fortexistenz nur noch mühsam toleriert werden kann."[62]

Überhaupt wird man seine auf Strafsensibilisierung und Strafsensibilität gegründeten Erwartungen nicht zu hoch ansetzen dürfen. Denn Gegenbewegungen haben sich längst in Szene gesetzt und zu artikulieren begonnen. Die Expansion des Kriminalrechts schreitet - sowohl was die Vorverlagerung des Strafrechtsschutzes als auch was die Ausweitung des Rechtsgüterkanons anlangt - weiter fort[63]. Die Tendenz zur Verhängung langer und längerer Freiheitsstrafen ist in der gerichtlichen Sanktionspraxis ungebrochen[64]. Wie kriminologische Erfahrungen zeigen, pflegen mit gesellschaftlichen und ökonomischen Krisen sich gerne rigidere Einstellungen nicht nur im Umgang mit Kriminalität durchzusetzen[65]; es ist wohl schwerlich ein Zufall, daß die Toleranz- und Frustrationsschwelle derer, denen es wirtschaftlich gut geht, in aller Regel höher ist als diejenige anderer gesellschaftlicher Gruppen.

Es entspricht einem verbreiteten Zynismus, daß Menschenrechte beileibe nicht denselben gesellschaftlichen Kurswert haben wie etwa wirtschaftliche Güter und Interessen. Auf Menschen und deren Interessen ist man in dieser Sicht gegebenenfalls bereit zu verzichten, auf Waren nicht; und es ist dann - in ebensolchem Verstande - die einzige Chance von Menschen, wenigstens zur Handelsware zu avancieren, weil man auf diese noch Rücksicht nimmt. Insofern könnte schon - jenseits abgetragener und abgestandener ideologischer Einkleidungen[66] - eine Untersuchung solcher Zusammenhänge interessante Aufschlüsse darüber ergeben, inwieweit der normative Standard des Strafvollzugs und seiner Klientel die jeweilige ökonomische Situation einer Gesellschaft widerspiegelt. Doch wären entsprechende Erkenntnisse wohl so revolutionär nicht, wie sie erscheinen mögen, "erbt" der Strafvollzug ja auch sonst die ganze Palette ungelöster gesellschaftlicher Probleme von der Drogen- und Akoholabhängigkeit bis hin zu den inner- und außereuropäischen Migrations- und Wanderungsbewegungen[67], die längst zur Entstehung von Teil- und Subkulturen geführt haben[68].

VI.

Auf der anderen Seite mögen Anerkennung und Behauptung der Menschenrechte in Theorie und Praxis der Kriminalpolitik einer Sozialpädagogik entgegenkommen, die sich anheischig macht, Identitätsbildung (Personalisation) und Erwerb sozialer Kompetenz (Sozialisation) des einzelnen zu fördern[69]. Denn hier geht es, rechtverstanden, zumindest auch um das Recht des Subjekts, sich entsprechend seinen eigenen Fähigkeiten, Begabungen und Neigungen im sozialen Kontext frei zu entfalten und seiner individuellen Verantwortung gemäß zu leben. Das mag auch mit wohlverstandenen Zielen der Erwachsenenbildung zusammentreffen, die ihrerseits als theoretische Grundlage der heutigen Straffälligenpädagogik begriffen wird[70].

Daß Erwachsenenbildung oder Sozialpädagogik in diesem Sinne gerade jenen Handlungs- und Entscheidungsspielraum voraussetzt, der dem Gefangenen namentlich im geschlossenen Vollzug schon von den institutionellen und Lebensbedingungen her in aller Regel vorenthalten wird, mag man als praktischen Anwendungsfall jenes strukturellen Widerspruchs auffassen, unter dem heute noch die Vorbereitung auf ein verantwortliches Leben in Freiheit stattfindet. Ob und inwieweit der national wie international in Gang gekommene Diskurs über die Menschenrechte dazu beitragen wird, die Kluft zwischen normativem Anspruch und realen Möglichkeiten der Zielverwirklichung zu verringern, ist gewiß eine offene Frage. Dafür, daß sie auf der Tagesordnung bleiben wird, könnte und sollte die stete Erinnerung daran, was Menschen mit Strafverfahren und Strafvollstreckung widerfährt, sorgen.

Vielleicht war und ist die alte Frage nach der Strafgerechtigkeit falsch gestellt. Vielleicht sollten wir beim gesellschaftlichen und staatlichen Umgang mit Kriminalität besser danach fragen, was Menschen gerecht wird und zumutbar ist[71]. Vielleicht wären wir auch gut beraten, unsere Ansprüche an das, was auf dem so heiklen und sensiblen Feld der Kriminalitätskontrolle erreicht werden soll und kann, auf jenes Maß zurückzuführen, ja zu reduzieren, das unser Denken und Handeln auch in der Sicht Betroffener ein Stück glaubwürdiger werden ließe[72]. Ich meine, dies wäre auch im Sinne von Max *Busch*.

Anmerkungen:

1. Von "Wandlungen im kriminalrechtlichen Sanktionensystem" spricht Kaiser, Kriminologie, 2.Aufl. 1988, § 115. Vgl. ferner Streng, Strafrechtliche Sanktionen, 1991, S.287 ff.; Jung, Sanktionensysteme und Menschenrechte, 1992, S.129 ff., 183 ff.; ders., Prüfsteine für das strafrechtliche Sanktionssystem, GA 1993, 535 ff.

2. Die Vielzahl einschlägiger Begriffe, die in der (meist älteren) Literatur anzutreffen sind, verrät unterschiedliche Konnotationen: Kriminalpädagogik (zu deren Entwicklungsgeschichte z.B. Blau, in: Strafvollzug in der Praxis, hrsg. von Schwind/Blau, 2.Aufl. 1988, S.17 ff., 19; vgl. auch Eisenberg, Aspekte des Verhältnisses zwischen "Kriminalpädagogik" und Strafrechtspraxis, in: Gedächtnisschrift f. Karlheinz Meyer, 1990, S.699 ff.), Delinquenzpädagogik (vgl. Schriftenreihe für Delinquenzpädagogik und Rechtserziehung, 1988 ff.; Forschungsstelle für Delinquenzpädagogik, ZfStrVo 1987, 293 ff.), Justizvollzugspädagogik (vgl. Eberle, Lernen im Justizvollzug. Voraussetzungen und Ansätze einer Justizvollzugspädagogik und ihrer Didaktik, 1980; Eberle/Kloss/Nollau, Weiterbildung und Justizvollzug, 1992, S.24 f., 37 ff.) - und eben Straffälligenpädagogik (vgl. Deimling, Vorbemerkungen zu einer zukünftigen Theorie der Straffälligenpädagogik, in: Straffälligenpädagogik und Delinquenzprophylaxe. Hrsg. von Deimling/Lenzen, 1974, S.1 ff.).

3. Vgl. z.B. Kamper/van Reijen (Hrsg.), Die unvollendete Vernunft. Moderne versus Postmoderne, 1987; Welsch, Unsere postmoderne Moderne, 2.Aufl. 1988; Scherr, Postmoderne Soziologie - Soziologie der Postmoderne?, ZfS 1990, 3 ff.; Willms, Postmoderne und Politik, Der Staat 1991, 321 ff.; S. Lang, Ist die Postmoderne tot?, Leviathan 1991, 55 ff.; Braun, Versteht die Postmoderne den Menschen?, Jugendwohl 1992, 436 ff.; Bialas, Potmoderne und Posthistorie, Dtsch.Z.Philos. 1992, 1419 ff.; Fazis, Theorie und Ideologie der Postmoderne, in: Rechtssystem und praktische Vernunft (ARSP-Beih. 51. Hrsg. von Alexy und Dreier), 1993, S.118 ff. Vom "postmodernen Recht" spricht Denninger, Technologische Rationalität, ethische Verantwortung und postmodernes Recht, KritV 1992, 123 ff. Von der "post-traditionalen Gesellschaft" ist bei Giddens, Tradition in der post-traditionalen Gesellschaft, Soziale Welt 1993, 445 ff. die Rede.

4. Von der "Moderne" sprechen nach wie vor (oder wieder) Bellut/Müller-Schill (Hrsg.), Mensch und Moderne. Beiträge zur philosophischen Anthropologie und Gesellschaftskritik, 1989; Wolf, Im Fiaker der Moderne. Von den Schwierigkeiten ökologischer Gerechtigkeit, KJ 1991, 351 ff.; Gerhardt, Moderne Zeiten, Dtsch.Z. Philos. 1992, 597 ff.; Luhmann, Beobachtungen der Moderne, 1992; J. Weiß, Vernunft und Vernichtung. Zur Philosophie und Soziologie der Moderne, 1993.

5. Kaiser, in: Kaiser/Kerner/Schöch, Strafvollzug, 4.Aufl. 1992, § 9 Rn.87.

6. Kerner, in: Kaiser etc. (Fn.5), § 15 Rn.20.

7. Busch, Zukunftsaspekte der Kriminalpolitik und des Sanktionssystems, in: Busch/Krämer (Hrsg.), Strafvollzug und Schuldproblematik, 1988, S.51 ff.

8. Busch, Umgang mit dem Schuldigen - Zum Verhältnis von Sozialpädagogik und Strafrechtspflege in der Praxis -, in: Busch etc. (Fn.7), S.135 ff.

9. Z.B. Kreuzer, Entwicklungen in der Kriminalpolitik heute, in: Ellermann (Hrsg.), Friedrich-Naumann-Stiftung. Kriminalpolitik 1984/85, 1987, S.149 ff.; Lüderssen, Neuere Tendenzen der deutschen Kriminalpolitik, StV 1987, 163 ff.; Hobe, Umsetzung kriminalpolitischer Zielsetzungen im Gesetzgebungsverfahren, Jb. f. Rechtssoziologie u. Rechtstheorie Bd.13 (1988), S.185 ff.; Roxin, Zur neueren Entwicklung der Kriminalpolitik, in: Die Bedeutung der Wörter. Studien zur europäischen Rechtsgeschichte. Festschrift f. Sten Gagnér z. 70.Geburtstag, 1991, S.341 ff., Maelicke/Ortner (Hrsg.), Thema: Kriminalpolitik. Krisenmanagement oder neuer Aufbruch?, 1991; Schüler-Springorum, Kriminalpolitik für Menschen, 1991; Kaiser, Perspektiven einer rationalen Kriminalpolitik. Zugleich das Mängelprofil einer "Krisenwissenschaft", Kriminalistik 1992, 735 ff.; Nickolai/Reindl (Hrsg.), Sozialarbeit und Kriminalpolitik, 1993; Schwind, Kriminalität als Gegenstand der Kriminalpolitik - Was kann der Kriminologe dem Kriminalpolitiker als Entscheidungshilfe anbieten?, Jäger, Irrationale Kriminalpolitik, Schöch, Entkriminalisierung, Entpönalisierung, Reduktionismus - Quantitative Prinzipien in der Kriminalpolitik, alle in: Festschrift f. Schüler-Springorum, 1993, S.203 ff., 229 ff., 245 ff.; Radzinowicz, Rückschritte in der Kriminalpolitik, ZStW 1993, 247 ff.

10. Kaiser/H.-J. Albrecht (Eds.), Crime and Criminal Policy in Europe. Proceedings of the II. European Colloquium, 1990; M. Langfeldt, Kriminalpolitik im europäischen Entwicklungsprozeß, BewH 1991, 134 ff.; Jung (Fn.1), S.190; Robert (Ed.), Crime and Prevention Policy. Research and Evaluation, 1993.

11. Z.B. Meyrowitz, Die Fernseh-Gesellschaft. Wirklichkeit und Identität im Medienzeitalter, 1987; Schenk, Medienwirkungsforschung, 1987; Schulz/Groebel (Hrsg.), Medienwirkungsforschung in der Bundesrepublik Deutschland, 1987; Bentele, Objektivität und Glaubwürdigkeit der Medien. Zum Verhältnis von Realität und Medienrealität, 1993; Grewenig (Hrsg.), Inszenierte Information. Politik und strategische Kommunikation in den Medien, 1993.

12. Kreuder (Hrsg.), Der orientierungslose Leviathan. Verfassungsdebatte, Funktion und Leistungsfähigkeit von Recht und Verfassung, 1992.

13. Z.B. Plack, Alternativen zur staatlichen Strafe, Papendorf, Die abolitionistische Perspektive: Gesellschaft ohne Gitter, beide in: Maelicke/Ortner (Hrsg.), Alternative Kriminalpolitik. Zukunftsperspektiven eines anderen Umgangs mit Kriminalität, 1988, S.9 ff., 133 ff.; Bianchi, Alternativen zur Strafjustiz. Biblische Gerechtigkeit, Freistätten, Täter-Opfer-Ausgleich, 1988.

14. Vgl. Weigend, "Neo-klassische" Bestrafungskonzepte: Rück- oder Fortschritt? In: Bundesministerium der Justiz (Hrsg.), Grundfragen des Jugendkriminalrechts und seiner Neuregelung, 1992, S.152 ff.

15. So die bekannte, indessen längst problematisierte Formel, die Martinson, What works?, Public Interest 1974, 22 ff., zugeschrieben wird. Kritisch etwa Jung (Fn.1), S.53 f.; Kerner, in: Kaiser etc. (Fn.5), § 20 Rn.48 ff.

16. Vgl. Feyerabend, Erkenntnis für freie Menschen. Veränderte Ausgabe, 1980, S.97 ff.

17. Schüler-Springorum (Fn.9).

18. Das ist nur ein Aspekt der Medienberichterstattung. Zu einem weiteren, der aber durchaus mit jenem zu tun hat, etwa Medien ohne Moral. Variationen über Journalismus und Ethik. Hrsg. von Erbring, Ruß-Mohl, Seewald, Sösemann, 1988.

19. Vgl. nur Schüler-Springorum (Fn.9), S.218 ff.; Jung (Fn.1), S.147 ff.

20. Der Ausdruck stammt von Rüthers, Carl Schmitt im Dritten Reich. Wissenschaft als Zeitgeist-Verstärkung?, 2.Aufl. 1990. Die sog. Zeitgeist-Forschung steht mittlerweile in vollem Schwange. Vgl. nur Kirsch-Hänert, Zeitgeist - Die Vermittlung des Geistes mit der Zeit. Eine wissenssoziologische Untersuchung zur Geschichtsphilosophie Hans Blumenbergs, 1989; Th. Würtenberger jun., Zeitgeist und Recht, 2.Aufl. 1991; ders., Beständigkeit im Wandel. Unser Rechtsstaat und der Zeitgeist, in: Politische Studien 44 (Sonderheft 5), 1993, S.13 ff.; Früchtl/Calloni (Hg.), Geist gegen den Zeitgeist. Erinnern an Adorno, 1991; Franzen, Im Wandel des Zeitgeistes 1931-1991. Euphorien, Ängste, Herausforderungen, 1992; Guggenburger, Der Zeitgeist und das Zeitgeistige, DRiZ 1993, 49 ff.; W. de Boor, Meurer (Hrsg.), Über den Zeitgeist. Deutschland in den Jahren 1918-1990, Bd.I 1993, Bd.II 1994.

21. Vgl. etwa Vilsmeier, Taschler-Placek, Viktimisierungsangst, der "Ruf nach Recht und Ordnung" und die allgemeine Ängstlichkeit, MSchrKrim. 1991, 174 ff.; Boers, Kriminalitätsfurcht. Über den Entstehungszusammenhang und die Folgen eines sozialen Problems, 1991, S.316 ff.; Reuband, Über das Streben nach Sicherheit und die Anfälligkeit der Bundesbürger für "Law and Order"-Kampagnen, Ztschr.f. Soziologie 1992, 139 ff.; ders., Kriminalitätsfurcht in Ost- und Westdeutschland. Zur Bedeutung psychosozialer Einflußfaktoren, Soziale Probleme 1992, 211 ff.; Schwarzenegger, Die Einstellungen der Bevölkerung zur Kriminalität und Verbrechenskontrolle. Ergebnisse einer repräsentativen Befragung der Zürcher Kantonsbevölkerung im internationalen Vergleich, 1992; Kräupl/Ludwig, Wandel kommunaler Lebenslagen, Kriminalität und Sanktionserwartungen. Bevölkerungsbefragung in einer städtischen Region Thüringens 1991/92 (Jenaer Kriminalitätsbefragung), 1993; Arnold, Kriminalität, Viktimisierung, (Un-)Sicherheitsgefühl und Wohnzufriedenheit. Effekte objektiver und subjektiver Kriminalitätsindikatoren in der Bewertung von Nachbarschaft und Gemeinde, Kury/Würger, Opfererfahrung und Kriminalitätsfurcht. Ein Beitrag zur Viktimisierungsperspektive, in: Kaiser/Kury (Hrsg.), Kriminologische Forschung in den 90er Jahren. Criminological Research in the 1990's, 1993, S.1 ff., 411 ff.

22. Vgl. Ostermann, Öffentliche Sicherheit als objektives und subjektives Problem, 1985; Reuband, Objektive und subjektive Bedrohung durch Kriminalität, KZfSS 1992, 341 ff.; Müller-Dietz, Die soziale Wahrnehmung von Kriminalität, NStZ 1993, 57 ff.

23. Vgl. Fn.20.

24. Zum gegenwärtigen Stand der Kultur z.B. Berg-Schlosser/Schissler (Hrsg.), Politische Kultur in Deutschland. Bilanz und Perspektiven der Forschung, 1987; Werte, Leitbilder, Tugenden. Zur Erneuerung politischer Kultur. Hrsg. von Weigelt, 1987; Engler, Was ist Kultur?, Dtsch.Z. Philos. 1992, 1064 ff. Vgl. auch Sprenger, Recht als Kulturerscheinung, ARSP Beih. 43 (1991), S.134 ff.

25. Vgl. Fn.7 und 8.

26. Diese Frage steht im Mittelpunkt der heutigen Diskussion. Vgl. nur Rössner, Formalisierte Emotionsverarbeitung durch Strafrecht, in: Soziologie der Gefühle. Zur Rationalität und Emotionalität sozialen Handelns. Hrsg. von R. Schumann, Stimmer, 1987, S.171 ff.; ders., Wiedergutmachen statt Übelvergelten, in: Marks/Rössner (Hrsg.), Täter-Opfer-Ausgleich. Vom zwischenmenschlichen Weg zur Wiederherstellung des Rechtsfriedens, 1989, S.7 ff.; Schüler-Springorum (Fn.9), S.163 ff., 189 ff.; Herz, Dekonstruktivismus im Jugendstrafrecht. Täter-Opfer-Ausgleich, MSchrKrim 1991, 80 ff.; Bundesministerium der Justiz (Hrsg.), Täter-Opfer-Ausgleich. Bonner Symposium, 1991; Dürr, TOA = Täter-Opfer-Ausgleich. Sozialarbeit als Konfliktlösung, NDV 1992, 89 ff.; Dölling, Der Täter-Opfer-Ausgleich - Möglichkeiten und Grenzen einer neuen kriminalrechtlichen Reaktionsform -, JZ 1992, 493 ff.; Viehmann, Täter-Opfer-Ausgleich und Strafrecht, NJ 1992, 387 ff.; Walter/Schuldzinski, Der Täter-Opfer-Ausgleich und seine Verortung im System strafrechtlicher Sozialkontrolle, in: Ostendorf (Hrsg.), Strafverfolgung und Strafverzicht. Festschrift zum 125jährigen Bestehen der Staatsanwaltschaft Schleswig-Holstein, 1992, S.559 ff.; Müller-Dietz, Täter-Opfer-Ausgleich in der Bundesrepublik Deutschland, BewH 1992, 153 ff.; Jung, Täter-Opfer-Ausgleich. Anmerkungen zu seiner Bedeutung für das Rechtssystem, MSchrKrim 1993, 50 ff.; Hering/Rössner (Hrsg.), Täter-Opfer-Ausgleich im allgemeinen Strafrecht. Theorie und Praxis konstruktiver Tatverarbeitung: Grundlagen, Modelle, Resultate und Perspektiven, 1993; Böttcher, Täter-Opfer-Ausgleich. Eine kritische Zwischenbilanz bisheriger Praxiserfahrungen und Forschungsergebnisse, BewH 1994, 45 ff. Vgl. auch Rössner, Strafrechtsfolgen ohne Übelszufügung?, NStZ 1992, 409 ff.

27. Vgl. Fn.9.

28. Kästner, Und wo bleibt das Positive, Herr Kästner? In: Kästner, Gesammelte Schriften für Erwachsene, Bd.1 Gedichte, 1969, S.218 f.

29. Adorno, Negative Dialektik, 1966.

30. Seume, Apokryphen. Hrsg. von Schweppenhäuser, 1966, S.23.

31. Z.B. Busch, Psychologische und pädagogische Fragen des Jugendstrafvollzugs, in: Kriminologie und Vollzug der Freiheitsstrafe, hrsg. von Würtenberger sen., 1961, S.125 ff.; ders., Zur Pädagogik junger Rückfälliger, in: Kriminolog. Gegenwartsfragen H.8. Hrsg. von Göppinger und Leferenz, 1968, S.147 ff.; ders., Pädagogische Arbeit im Jugendstrafvollzug unter besonderer Berücksichtigung des Schulproblems, Der Evangelische Erzieher 1970, 94 ff.

32. Z.B. Busch, Grenzen der Behandlung jugendlicher Straftäter aus sozialpädagogischer Sicht, in: Jugendkriminalität und Resozialisierung. Hrsg. von der Deutschen Akademie für medizinische Fortbildung. Redaktion: Schüler-Springorum, G. Krokowski, 1975, S.99 ff.; ders., Pädagogische Versuche zur Delinquenzprophylaxe, in: Vorbeugungsstrategien. Bestandsaufnahmen und Möglichkeiten der Delinquenzprophylaxe und sozialer Therapien. Hrsg. von Deimling u. Häußling, 1977, S.9 ff.; ders., Das Strafvollzugsgesetz in sozialpädagogischer Sicht, ZfStrVo 1977, 63 ff.; ders., Sozialpädagogik und Jugendstrafrechtspflege, UJ 1980, 386 ff.; ders., Sozialpädgogische Vorstellungen in jugendstrafrechtlichen Entscheidungen, RdJB 1981, 109 ff.; ders., Gescheiterter Behandlungsvollzug?, in: Müller/Otto (Hrsg.), Damit Erziehung nicht zur Strafe wird. Sozialarbeit als Konfliktschlichtung, 1986, S.143 ff.; ders., Recht und Erziehung - ein bleibendes Spannungsverhältnis, ZfStrVo 1992, 15 ff.

33. Vgl. auch Schüler-Springorum (Fn.9), S.193 ff.

34. Kaiser (Fn.1), § 37 Rn.88.

35. Vgl. Fn.26.

36. Vgl. z.B. Eser/Kaiser/Madlener (Hrsg.), Neue Wege der Wiedergutmachung im Strafrecht, 1990; Jung (Fn.19); Roxin, Zur Wiedergutmachung als einer "dritten Spur" im Sanktionensystem, in: Festschrift f. Baumann zum 70. Geburtstag, 1992, S.243 ff.; ders., Die Wiedergutmachung im strafrechtlichen Sanktionensystem, in: Wege und Verfahren des Verfassungslebens. Festschrift f. Lerche zum 65. Geburtstag, 1993, S.301 ff.; Weigend, Die deutsche Diskussion um den Stellenwert der Wiedergutmachung im Strafrecht, Hokkaigakuen Law Journal 1992, 211 ff.; A. Kley-Struller, Wiedergutmachung im Strafrecht, 1993. Dabei ist nicht zu übersehen, daß Wiedergutmachung eine gewichtige Form des Täter-Opfer-Ausgleichs darstellt. Vgl. nur B. Bannenberg, Wiedergutmachung in der Strafrechtspraxis. Eine empirisch-kriminologische Untersuchung von Täter-Opfer-Ausgleichsprojekten in der Bundesrepublik Deutschland, 1993.

37. Lehrreich in diesem Sinne Böllinger/Lautmann (Hrsg.), Vom Guten, das noch stets das Böse schafft. Kriminalwissenschaftliche Essays zu Ehren von Herbert Jäger, 1993.

38. Roth, Die Kriminalität der Braven, 1991.

39. Frehsee, Zur Abweichung der Angepaßten, KrimJ 1991, 25 ff.

40. Sykes u. Matza, Techniken der Neutralisierung: Eine Theorie der Delinquenz, in: Kriminalsoziologie, hrsg. von Sack, König, 1968, S.360 ff. Dazu Jäger, Makro-kriminalität. Studien zur Kriminologie kollektiver Gewalt, 1989, S.187 ff.; Eisenberg, Kriminologie, 3.Aufl. 1990, § 24 Rn.5.

41. Vgl. etwa Lesch, Ethik und Moral, Gut und Böse, Richtig und Falsch, in: Grundbegriffe der christlichen Ethik. Hrsg. von Wils, Mieth, 1992, S.64 ff. Vgl. auch Fn.37.

42. Elias, Über den Prozeß der Zivilisation. Soziogenetische und psychogenetische Untersuchungen, 2.Bd., 1976, S.454. Zur Zivilisationstheorie von Elias Jung (Fn.1), S.31 ff.; Heiland, Selbst- und Fremddisziplinierung im Zivilisationsprozeß, in: Frehsee/Löschper/Schumann (Hrsg.), Strafrecht, soziale Kontrolle, soziale Disziplinierung (Jahrb. f. Rechtssoziologie u. Rechtstheorie Bd.15), 1993, S.307 ff.; König, Dieter Senghaas und die Zivilisationstheorie, Leviathan 1993, 453 ff.

43. Vgl. Horn, Gewalt-Aggression-Krieg. Studien zu einer psychoanalytisch orientierten Sozialpsychologie des Friedens, 1988; Gewalt als Phänomen der modernen Gesellschaft. Ein Symposiumsbericht 1988; den Bericht der Anti-Gewalt-Kommission der Bundesregierung Schwind/Baumann (Hrsg.), Ursachen, Prävention und Kontrolle von Gewalt. Analysen und Vorschläge der Unabhängigen Regierungskommission zur Verhinderung und Bekämpfung von Gewalt, Bd.1-4, 1990; Rolinski/Eibl-Eibesfeldt (Hrsg.), Gewalt in unserer Gesellschaft. Gutachten für das Bayerische Staatsministerium des Innern, 1990; Quensel, Ansichten und Diskurse über Gewalt, MSchrKrim 1992, 249 ff.; Muller/Weede, Ungleichheit, Deprivation und Gewalt, KZfSS 1993, 41 ff.; Eckert, Gesellschaft und Gewalt - ein Aufriß, Soziale Welt 1993, 358 ff.; Kunert, Vom Wesen der Gewalt, NDV 1994, 7 ff.

44. Schüler-Springorum (Fn.9), S.281.

45. Versuch eines Überblicks bei Müller-Dietz, Sozialarbeit und Kriminalpolitik - Entwicklungen und Herausforderungen, in: Nickolai/Reindl (Fn.9), S.10 ff. (23 ff.).

46. Popper, Die offene Gesellschaft und ihre Feinde, 2 Bde., 6.Aufl. 1980. Vgl. auch Petev, Praktische Vernunft und politisch-rechtlicher Diskurs in der offenen Gesellschaft, in: Alexy/Dreier (Hrsg.), Rechtssystem und praktische Vernunft (ARSP Beih. 51), 1993, S.219 ff.

47. Vgl. etwa Schüler-Springorum (Fn.9); Jung (Fn.1), S.93 ff.

48. Zuletzt Jung (Fn.1), S.91 ff.; Kaiser, Menschenrechte im Straf- und Maßregelvollzug, in: Festschrift f. R. Schmitt z. 70. Geburtstag, 1992, S.359 ff.; Müller-Dietz, Menschenwürde und Strafvollzug, 1994.

49. Vgl. Fn.32.

50. Busch/Edel (Hrsg.), Erziehung zur Freiheit durch Freiheitsentzug. Internationale Probleme des Strafvollzugs an jungen Menschen. Festgabe z.70. Geburtstag von A. Krebs, 1969.

51. Vom "Grundwiderspruch der Resozialisierung" spricht Schüler-Springorum (Fn.9), S.201 ff.

52. Z.B. Mathiesen, Überwindet die Mauern! Die skandinavische Gefangenenbewegung als Modell politischer Randgruppenarbeit, 1979, S.184 ff.; Papendorf, Gesellschaft ohne Gitter. Eine Absage an die traditionelle Kriminalpolitik, 1985, S.124 ff.

53. Vgl. etwa Lübbe, Selbstverwirklichung und Selbstverantwortung, in: Verrechtlichung und Verantwortung. Überlegungen aus Anlaß der Parole "Weniger Staat, mehr Freiheit" (Studia Philosophica, Supplementum 13), 1987, S.347 ff.; Höffe, Schulden die Menschen einander Verantwortung?, in: Jahrb. f. Rechtssoziologie u. Rechtstheorie 14 (1989), S.12 ff.

54. Lüderssen, Die Krise des öffentlichen Strafanspruchs, 1989, S.38 (für Strafrecht als "generalisierenden Opferschutz").

55. Seelmann, Paradoxien der Opferorientierung im Strafrecht, JZ 1989, 670 ff.; ders., Dogmatik und Wiederentdeckung des Opfers, in: K. Schmidt (Hrsg.), Rechtsdogmatik und Rechtspolitik, 1990, S.159 ff. Vgl. auch Neumann, Die Stellung des Opfers im Strafrecht, in: Hassemer (Hrsg.), Strafrechtspolitik. Bedingungen der Strafrechtsreform, 1987, S.225 ff.

56. Vgl. nur Denninger, Menschenrechte zwischen Universalitätsanspruch und staatlicher Souveränität, in: Kritik und Vertrauen. Festschrift f. P. Schneider zum 70.Geburtstag, 1990, S.45 ff.; Schild, Menschenrechte als Fundament einer Weltverfassung, in: Kerber (Hrsg.), Menschenrechte und kulturelle Identität, 1991, S.165 ff.; Höffe, Ein transzendentaler Tausch: Zur Anthropologie der Menschenrechte, Philos. Jahrbuch 99 (1992), S.1 ff.; Brugger, Stufen zur Begründung von Menschenrechten, Der Staat 1992, 19 ff.

57. Dazu krit. Müller-Dietz (Fn.48), S.10 f.

58. Vgl. Müller-Dietz (Fn.48), S.23 f.

59. Jung (Fn.1), S.22 ff., 131 ff.

60. Sessar, Wiedergutmachen oder Strafen. Einstellungen in der Bevölkerung und in der Justiz - Ein Forschungsbericht, 1992.

61. Vgl. Fn.21.

62. Jung (Fn.1), S.228.

63. Vgl. Lüderssen (Fn.54), S.7 ff.; Seelmann, Neue Unübersichtlichkeit im Strafrecht?, BewH 1991, 123 ff.; Herzog, Gesellschaftliche Unsicherheit und strafrechtliche Daseinsvorsorge, Studien zur Vorverlegung des Strafrechtsschutzes in den Gefährdungsbereich, 1991; P.-A. Albrecht/Hassemer/Voß (Hrsg.), Rechtsgüterschutz durch Entkriminalisierung. Vorschläge der Hessischen Kommission "Kriminalpolitik" zur Reform des Strafrechts, 1992; P.-A. Albrecht u.a., Strafrecht - ultima ratio. Empfehlungen der Niedersächsischen Kommission zur Reform des Strafrechts und des Strafverfahrensrechts, 1992; Prittwitz, Strafrecht und Risiko. Untersuchungen zur Krise von Strafrecht und Kriminalpolitik in der Risikogesellschaft, 1993; Naucke, Schwerpunktverlagerungen im Strafrecht, P.-A. Albrecht, Erosionen des rechtsstaatlichen Strafrechts, beide in: KritV 1993, 135 ff., 163 ff.; Kindhäuser, Sicherheitsstrafrecht. Gefahren des Strafrechts in der Risikogesellschaft, Universitas 1992, 227 ff.; Hassemer, Kennzeichen und Krisen des modernen Strafrechts, ZRP 1992, 378 ff.; Müller-Dietz, Aspekte und Konzepte der

Strafrechtsbegrenzung, in: Festschrift f. R. Schmitt z.70.Geburtstag, 1992, S.95 ff.

64. Zur (ambivalenten) Sanktionsentwicklung Driebold, Sanktionsverzicht? Zur Entwicklung strafrechtlicher Reaktionen seit den 50er Jahren, in: H. Peters (Hrsg.), Muß Strafe sein? Zur Analyse und Kritik strafrechtlicher Praxis, 1993, S.27 ff.

65. Vgl. auch F. Lamott, Alltagsmythen und Politik, in: Festschrift f. Schüler-Springorum zum 65.Geburtstag, 1993, S.123 ff.

66. Krit. auch Walter, Strafvollzug, 1991, Rn.133.

67. Vgl. Müller-Dietz, Lagebeurteilung und neuere Entwicklungen im Strafvollzug, in: Caritas Schweiz (Hrsg.), Die Reform in Form bringen (Bericht 1/93), 1993, S.19 ff. (24 ff.).

68. Vgl. Bausinger, Europa der Regionen: Kulturelle Perspektiven, Leviathan 1993, 471 ff.

69. Busch (Fn.8), S.135.

70. Vgl. Fn.6.

71. Vgl. etwa Sessar, Von einem anderen Umgang mit Straffälligen in unserer Gesellschaft, in: Strafverfolgung und Strafverzicht. Festschrift z. 125jährigen Bestehen der Staatsanwaltschaft Schleswig-Holstein. Hrsg. von Ostendorf, 1992, S.593 ff.; ders., Strafe und Kultur - ein Widerspruch?, in: Ewald/Woweries (Hrsg.), Entwicklungsperspektiven von Kriminalität und Strafrecht. Festschrift f. J. Lekschas, 1992, S.57 ff.

72. Zu reduktionistischen und liberal-rechtsstaatlichen Ansätzen der Rücknahme des Strafrechts Schöch (Fn.9), M. Frommel, Umrisse einer liberal-rechtsstaatlichen Normverdeutlichung durch Strafrecht, in: Festschrift f. Schüler-Springorum, 1993, S.257 ff. Noch weitergehend freilich Lüderssen, Alternativen zum Strafen, in: Strafgerechtigkeit. Festschrift f. Arthur Kaufmann zum 70.Geburtstag, 1993, S.487 ff.; ders., Zurück zum guten alten, liberalen, anständigen Kernstrafrecht? In: Böllinger/Lautmann (Fn.37), S.268 ff.

Die Gründung Bridewells im Kontext der europäischen Armenfürsorge im 16. Jahrhundert

Gerhard Deimling

I. Vorbemerkungen

Die Geschichte der Erziehung Straffälliger war in der Vergangenheit, von seltenen Ausnahmen abgesehen[1], kein Gegenstand historisch-pädagogischer Forschung gewesen. Sie war weitgehend eine Angelegenheit der Rechts-, Sozial- und Wirtschaftshistoriker sowie der Soziologen. Deren Forschungsergebnisse wurden von der Strafrechtslehre und der Kriminologie rezipiert, aber nur selten von Pädagogen zur Kenntnis genommen. Mit der Errichtung des ersten Lehrstuhls für Straffälligenpädagogik im deutschsprachigen Raum an der Bergischen Universität Wuppertal im Jahre 1973 und mit der Berufung von *Max Busch* auf diesen Lehrstuhl im Jahre 1974 wurde ein erster Schritt zu einer eigenständigen, kontinuierlichen und systematischen Erforschung der Geschichte und Theorie der Straffälligenpädagogik getan. *Max Busch* war vor allem an der neueren Geschichte dieses Faches interessiert, wie seine Studien über Johann Hinrich Wichern[2] und Adolph Diesterweg belegen[3].

Im folgenden soll der im kollegialen Diskurs mit *Max Busch* diskutierten Frage nachgegangen werden, welche Konzeption von "Erziehung" der Errichtung Bridewells zur Zeit Edwards VI. zugrunde lag, aus welchen geistesgeschichtlichen Strömungen jener Zeit sich diese ableiten läßt und ob es sich bei dieser Einrichtung anfänglich überhaupt um eine Institution der Strafrechtspflege gehandelt hat, auf die sich eine Geschichte der Straffälligenpädagogik beziehen kann.

II. Die Forschungen Robert von Hippels über die >moderne Freiheitsstrafe<: Rezeption und Kritik in der neueren Literatur

Seit Robert von Hippels (1866-1951) strafvollzugsgeschichtlichen Forschungen[4] wird von einigen Autoren die Auffassung vertreten, daß die "moderne Freiheitsstrafe" im Sinne spezialpräventiver "Besserungs- und Erziehungsstrafe" mit der Gründung des ersten Zuchthauses für Männer in Amsterdam im Jahre 1595 als "Haus der Zucht, d. h. der Erziehung" entstanden ist[5]. In Bezug auf Bridewell vertritt er die Ansicht, daß diese Einrichtung die Aufgabe gehabt habe, "ähnlich wie unsere heutigen Arbeitshäuser des § 362 RStrGB, allerhand müßig gehendes Volk zwangsweise zur Arbeit anzuhalten und dadurch nicht nur abschreckend, sondern auch bessernd auf dasselbe einzuwirken. *Damit haben wir in diesem ältesten englischen Zuchthaus im Prinzip diejenige Art des Strafvollzugs anerkannt, welche für die moderne Freiheitsstrafe überhaupt charakteristisch ist und dieselbe von dem Strafvollzug des Mittelalters scheidet: Zwangsweise Erziehung und Besserung durch Arbeit* anstatt bloß äußerlicher brutaler Abschreckung und Unschädlichmachung"[6]. Der Ansicht von Hippels über die Zuchthäuser in London und in Amsterdam haben sich im In- und Ausland, von wenigen Ausnahmen abgesehen, nahezu alle Rechtshistoriker und Kriminologen angeschlossen, die sich mit der Geschichte der Freiheitsstrafe befaßt haben. Exemplarisch werden im folgenden einige Autoren aus neuerer Zeit genannt, die sich auf die Lehre Rudolf von Hippels berufen und diese teilweise in kritisch modifizierter Weise ergänzt haben.

1. "Zu den schönsten Erfolgen unserer Wissenschaft" gehört nach *Gustav Radbruchs* Ansicht der von Robert von Hippel erbrachte "Nachweis der Abstammung der modernen Freiheitsstrafe, d. h. des *Erziehungsstrafvollzugs*, von den in Amsterdam gegen die Wende des 16. und des 17. Jahrhunderts gegründeten Zuchthäusern"[7]. Selbst wenn diese ihre Vorläufer in England gehabt hätten, würde sich nach Radbruchs Ansicht nichts an der "entscheidenden Tatsache" ändern, "*daß die Weltwirkung des erziehenden Strafvollzuges erst von Amsterdam ausgegangen ist*"[8]
2. In seiner "Einführung in die Geschichte der deutschen Strafrechtspflege" verweist *Eberhard Schmidt* auf die unter *Eduard VI.* in London errichtete Anstalt Bridewell, die er als Vorbild für die beiden holländischen Zuchthäuser bezeichnet[9]. Er hält an der durch die Forschungen R. von Hippels begründeten Meinung fest, "daß die Amsterdamer Anstalten auf kontinentaleuropäischem Boden erstmalig

mit aller Folgerichtigkeit den Gedanken der modernen Freiheitsstrafe, mittels Arbeitstherapie auf die Resozialisierung des Gefangenen hinzuwirken, verwirklicht haben. In ihnen sind die ersten modernen Strafanstalten zu sehen"[10].

3. *Georg Rusche* und *Otto Kirchheimer*[11], die sich auf die Schrift Franz Doleisch von Dolspergs und auf die von diesem ausgewertete Veröffentlichung von Alfred James Copeland[12] stützen, kommen ohne weitere Bezugnahme auf zusätzliche, neue Quellenfunde zu der folgenden Feststellung: "Die erste Anstalt, welche ausdrücklich zum Zweck der Befreiung der Städte von Landstreichern und Bettlern geschaffen wurde, war wahrscheinlich Bridewell in London (1555). (....) Zeitlich führte also England die Entwicklung an; ihr Höhepunkt wurde allerdings aus einer Reihe von Gründen in Holland erreicht"[13].

4. *Hellmuth von Weber*, der den "ideellen Wurzeln des Zuchthausgedankens und ihrer Auswirkungen bei seiner praktischen Verwirklichung" nachgeht[14], konstatiert unter Heranziehung von Quellen, die Robert von Hippel nicht benutzt hat, daß "das Zuchthaus in Amsterdam ebenso wie das Spinnhaus (....) bei seiner Gründung zunächst einmal eine Anstalt der Armenpflege"[15] gewesen sei, gleichwohl hätten an seiner Wiege zugleich auch "Bedürfnisse der Strafrechtspflege" gestanden[16]. Er stellt fest, daß das Zuchthaus in seinen Anfängen kein Strafmittel, sondern "censura" bzw. "disciplina et censura" gewesen sei[17]. Es diente der Ausübung der Sittenkontrolle im Sinne der Aufrechterhaltung von Zucht und öffentlicher Ordnung und stand als Einrichtung sui generis neben dem Rechtsinstitut der Strafe. Hellmuth von Weber bezieht sich in diesem Zusammenhang auf *Juan Luis Vives*[18], der in seiner Abhandlung über die "Unterstützung der Armen" die Einsetzung von zwei Zensoren zur Aufsicht und Zucht über diese gefordert hat[19]. Ihre Aufgabe sollte nicht in der Aburteilung von Verbrechern stehen, sondern in der Ahndung von Müßiggang, Trunksucht, Verschwendung und liederlicher Lebensführung, die durch Strafgesetze nicht erfaßt waren. Das Zuchthaus unterschied sich in seinen Anfängen nicht nur formell, sondern auch materiell dadurch von der Strafe, daß es für den Züchtling keine ehrenrührigen Folgen

hatte: "nullam infamiam importat"[20]. Es findet als Einrichtung des Strafvollzugs auch in der strafrechtlichen Literatur während der ersten Hälfte des 17. Jahrhunderts keine Erwähnung. Als Zwangsarbeitsanstalt für Müßiggänger, die vom Bettel lebten, hatte es die Aufgabe, diese zu zwingen, durch eigene Arbeit ihren Lebensunterhalt selbst zu verdienen. Nicht individualisierende "Erziehung" und "Arbeitstherapie", wie Robert von Hippel behauptete, sondern Bekämpfung der Bettelei und des Müßiggangs als grassierende soziale Übelstände jener Zeit war nach Hellmuth von Webers begründeter Auffassung "der Hauptzweck und eigentliche Gehalt des Amsterdamer Zuchthauses"[21]. Zunächst in den "calvinischen Ländern" entstanden, haben nach seiner Ansicht[22] die Zuchthäuser zuerst in den lutherischen[23] und dann, im letzten Drittel des 17. Jahrhunderts, in den katholischen Ländern Strafcharakter angenommen. Er kommt zu dem Ergebnis, daß erst im ausgehenden 18. Jahrhundert im Geltungsbereich der Josefina[24] und später in den partikularen deutschen Strafgesetzbüchern des 19. Jahrhunderts "Zuchthaus und Gefängnis in ununterbrochener historischer Folge zur Freiheitsstrafe des heutigen Rechts zusammenwachsen. Keine von ihnen brachte den Gedanken des Besserungsstrafvollzugs durch Arbeitstherapie mit"[25].

5. *Gerd Kleinheyer*, der sich im Anschluß an H. von Weber mit einem Teilaspekt der Geschichte der Freiheitsstrafe befaßt, geht der Frage nach dem Herauswachsen der Freiheitsstrafe aus dem peinlichen Strafensystem des gemeinen Rechts und der Genese des Freiheitsentzuges als dem eine Gruppe von Strafen in ihrem Charakter bestimmenden Strafübel[26] nach. Er geht auf die im folgenden noch zu skizzierende Kontroverse von Hippel - Bohne - Schmidt ein, die sich seiner Ansicht nach aus der unterschiedlichen Sicht des Strafzwecks "Prävention" oder "Vergeltung" ergibt und bezeichnet sie als "ein treffliches Beispiel einer ideologisch gebundenen historischen Diskussion"[27]. Seine Untersuchung setzt allein beim "Strafübel" ein, und seine Fragestellung lautet, "wann die Freiheitsentziehung als solche als das Strafübel gewertet wird und wann sie die damit noch verbundenen Strafübel soweit überwiegt, daß gerade die Freiheitsentziehung die Gesamtstrafe charakterisiert"[28]. Als Ergebnis seiner

problem- und begriffsgeschichtlichen Untersuchungen faßt er zusammen: "Erst während des ersten Drittels des 19. Jahrhunderts (....) werden die Freiheitsstrafen von ihrem Kern her, der Freiheitsentziehung, voll als eigenständige Strafengruppe verstanden und dem Strafensystem eingeordnet. Das gleichzeitige Zurücktreten der die körperliche Integrität angreifenden echten Leibesstrafen läßt darauf schließen, daß mit den Freiheitsstrafen Strafübel zur Verfügung standen, die die kriminalpolitischen Bedürfnisse zu befriedigen imstande waren, und zwar, wie hinzuzufügen ist, gerade wegen ihres Kerns, der Freiheitsentziehung"[29]. Er schließt im Blick auf die Wiederbelebung des Vergeltungsgedankens im Strafrecht des 19. Jahrhunderts mit der skeptischen Frage, ob dies daraus zu erklären sei, daß das Erziehungsstrafdenken sich zu jenem Zeitpunkt tatsächlich durchgesetzt habe.

6. Der Strafvollzugshistoriker und erfahrene Vollzugspraktiker *Albert Krebs* widmet den "Forschungen Robert von Hippels über die Entwicklung der modernen Freiheitsstrafe und ihre Bedeutung für das deutsche Gefängniswesen" einen längeren Aufsatz[30], an dessen Ende er resümierend feststellt: "Der Kriminalist von Hippel strebte die Klärung des Sinnes der Strafe und folgerichtig auch des Strafvollzugs an. Dabei wurden die beiden Wurzeln der Vollzugsanstalten, die Armenpflege und die Strafrechtspflege klargelegt. Weiter ergab sich, daß nur durch Zusammenwirken aller wissenschaftlichen Disziplinen die Lebensform "Strafanstalt" erforscht und verstanden werden kann. Die Ergebnisse sind zugleich Voraussetzung für ein konstruktives Wirken der Strafvollzugsbediensteten"[31].

7. *Hans-Dieter Schwind*[32] sieht einen geschichtlichen Zusammenhang zwischen der Gründung der Amsterdamer Zuchthäuser und den englischen "bridewells", die dem "Arbeitszwang im Dienste des Erziehungsgedankens" verpflichtet waren. "'Zucht'-Haus wurde die Anstalt deshalb genannt, weil man das 'zuchtlose' Volk einsperren wollte, um es durch strenge *'Zucht' und harte Arbeit* an ein ordentliches Leben zu gewöhnen. Deshalb wurden - wie in Bridewell - Arbeitsbetriebe (Raspeln von Farbholz und Weben) errichtet".

8. *Torsten Eriksson* widmet unter Bezugnahme auf Robert von Hippels Forschungen in seinem Buch "The Reformers"[33] den beiden Amsterdamer Zuchthäusern ein kurzes Kapitel, in welchem er eine direkte Beeinflussung dieser Einrichtungen durch englische Ideen unter Hinweis auf die Forschungen Thorsten Sellins[34] in Frage stellt. Er datiert mit Simon van der Aa[35] den Erstbezug des Männerzuchthauses von Amsterdam durch zwölf Gefangene auf den 3. Februar 1596, nachdem schon 1588 die Konzeption und die Statuten durch den Rat der Stadt auf der Grundlage eines Memorandums des Ratsherrn Jan Laurentszoon Spiegel entworfen und die räumlichen Voraussetzungen in dem ehemaligen Nonnenkloster des Sankt Clarissa-Ordens geschaffen worden waren[36].

9. Kritisch zur Frage, ob die Amsterdamer Zuchthäuser den Beginn der Freiheitsstrafe im modernen Sinn anzeigen, äußert sich *Hans Joachim Schneider* in seinem Lehrbuch der Kriminologie[37], ohne des näheren die Gründe für seine Zweifel an der Schlüssigkeit der Forschungsergebnisse von Hippels, E. Schmidts, W. Mittermaiers und Lothar Fredes zu nennen. Er vertritt allerdings, durchaus in Übereinstimmung mit Hellmuth von Weber und mit der aus neuerer Zeit stammenden Veröffentlichung Gerd Kleinheyers, unter Hinweis auf das Lebenswerk John Howards und auf Cesare Beccarias Schrift "Über Verbrechen und Strafe" (1764) die Auffassung, daß die moderne Freiheitsstrafe durch die Aufklärung vorbereitet wurde und erst gegen Ende des 18. und zu Beginn des 19. Jahrhunderts entstanden ist.

Das Amsterdamer Zuchthaus, in dem aus Übersee importiertes Holz zur Gewinnung von Farbstoffen zur Textilveredlung von den Gefangenen mit Handsägen zerkleinert wurde, hatte den Namen "rasphuis". Im Jahr 1597 entstand im früheren Ursulinenkloster das Zuchthaus für Prostituierte, Trinkerinnen und widerspenstige Mädchen[38], in welchem das Spinnen von Baum- und Schafswolle die Hauptbeschäftigung war und als "spinhuis" bezeichnet wurde. 1603 folgte das "separate oder sekrete Zuchthaus", in das auf Ersuchen von Angehörigen "ungeratene Personen zur Besserung" eingewiesen wurden[39].

III. Die Kontroverse zwischen Robert von Hippel und Gotthold Bohne

Die von Hippel'sche Definition der "modernen Freiheitsstrafe" bezieht sich auf die "von Staats wegen über den Verbrecher wegen des Verbrechens auf Grund gerichtlichen Urteils verhängte Einsperrung"[40]. Sie grenzt diese von anderen Arten der Freiheitsentziehung, nämlich vom *Zwangsmittel* zur Bezahlung von Schulden[41], vom *Sicherungsmittel*[42], von der *Disziplinarstrafe*[43] und *von der öffentlichen Zwangsarbeit*[44] ab. Unter der Vorherrschaft der Leibes- und Lebensstrafen hatte die Freiheitsstrafe anfänglich eine untergeordnete Bedeutung. Erst um 1600 erhält sie nach von Hippels Ansicht durch die Einführung des Besserungszwecks im Sinne einer "planmäßigen Erziehung des Gefangenen zu Ordnung und Arbeit und damit womöglich zu einem gesetzmäßigen Leben in der Freiheit"[45] ihre moderne Gestalt. Es ist der "Besserungszweck", der die "moderne Freiheitsstrafe" von der Haft in den Kerkern des Altertums und des Mittelalters unterscheidet.

Zwischen 1922 und 1925 erschien ein Werk, das in der Folgezeit Anlaß zu einem heftigen Schulenstreit bot. Es handelt sich um das zweibändige Werk Gotthold Bohnes[46], das in den zwanziger Jahren eine zum Teil polemische Kontroverse hervorrief, in welcher vor allem *Eberhard Schmidt*[47], *Günter Seggelke*[48] und *Franz Doleisch von Dolsperg*[49] Partei für den Standpunkt von Hippels ergriffen. Bohne, der sich mit der Entstehung der Strafhaft als solcher befaßt hat, ohne die mit ihr verbundenen und - wie die Geschichte des europäischen Strafvollzugs gezeigt hat - variablen Strafzwecke wie "Besserung" oder "Erziehung" zu berücksichtigen, kam es darauf an, zu zeigen, daß die Freiheitsentziehung in Form der Strafhaft zuerst in der italienischen Renaissance als Strafmittel verwendet worden ist[50]. An kulturwissenschaftlichen Fragestellungen und Methoden orientiert, die deutlich an *Max Webers* methodologische Arbeiten erinnern[51], versuchte er aufzuzeigen, "daß man die Gründe für das Aufkommen eines neuen Rechtsinstituts nur erkennen und dieses selbst in seiner Eigenart verstehen kann, wenn man seine Wurzeln in der gesamten kulturellen Entwicklung zu finden in der Lage ist, will man nicht der Gefahr einseitiger Wertung und Beurteilung verfallen. Denn die Rechtsgeschichte ist kein isolierter Entwicklungsprozeß, der sich von der übrigen Entwicklung eines Volkes abgrenzen läßt; sie ist vielmehr herausgeboren und erwachsen aus der gesamten sozialen, wirtschaftlichen, politischen und kulturellen Gesamtlage"[52]. Bohne hat unter Ausschöpfung der ihm zur Verfügung stehenden Rechtsquellen den Nachweis erbracht, daß in den Statutarrechten italienischer Städte nach und nach im Verlauf von etwa vierhundert Jahren die Strafhaft das bis dahin vorherrschende System der Leibes-, Lebens-, Ehren- und Vermögensstrafen wenn auch nicht beseitigt, so doch entscheidend ergänzt hat. Daß der Strafhaft der Vergeltungsgedanke zugrunde gelegen hat, wird von ihm nicht bestritten. Es lag nicht in seiner Absicht, den Ursprung der "modernen Freiheitsstrafe", die R. von Hippel, E. Schmidt, G. Seggelke und Fr. Doleisch von Dolsperg nicht als "Vergeltungs-", sondern als "Erziehungsstrafe" verstanden wissen wollten, in den italienischen Stadtrechten des 12.- 16. Jahrhunderts zu suchen.

Als allgemeine Tendenz der Kulturentwicklung in der Renaissance, die sich unter anderem auch auf den Gebieten des Privat- und Handelsrechts, des Prozeß- und Staatsrechts sowie des Strafrechts manifestiert, erkennt er das "allmähliche Hervortreten der neuen Lebensformen und Lebensideale"[53], die sich im Drang nach Individualität und in der Befreiung der Persönlichkeit von geistiger Bevormundung äußert. Das Rechtsinstitut der freiheitsentziehenden Strafhaft ist für Bohne vorläufiges Ergebnis des sozial-kulturellen Individualisierungsprozesses, der in Italien zu seiner ersten Reife gelangt war. Freiheitsentziehung aufgrund richterlichen Urteils ist für ihn nur in einem solchen gesellschaftlichen System möglich, in dem "Freiheit" als individuelles Rechtsgut einen hohen Wert besitzt und dessen Entzug folglich ein empfindliches Strafübel bedeutet.

Während sich Bohnes Erkenntnisinteresse der Frage zuwendet, welche sozial- kulturellen Triebkräfte im Zeitalter der Renaissance die Freiheitsentziehung als Strafe hervorgebracht haben, richtet sich von Hippels Aufmerksamkeit auf die Frage, wann zum erstenmal "erzieherische" Ansätze im Vollzug der modernen Freiheitsstrafe erkennbar werden, die dem Strafvollzug diejenige Richtung geben, in der sich die Reformbemühungen der Neuzeit bewegen. Die Unterschiedlichkeit der beiden forschungsleitenden Gesichtspunkte mußte zwangsläufig zu unterschiedlichen Fragestellungen und methodologischen Entscheidungen und schließlich zu kontroversen Standpunkten führen. Eigens zur Widerlegung Bohnes wurden wissenschaftliche Abhandlungen wie die Seggelkes und Doleisch von Dolspergs angeregt und verfaßt[54], die aber hinsichtlich einer historisch begründeten Entscheidung dieser Fragestellung von vornherein ins Leere laufen mußten, weil sie erstens nicht den Frageansatz Bohnes berücksichtigten und zweitens von einem offensichtlich ungeklärten Erziehungsbegriff ausgingen, der, für die Bereiche des Jugend- und Erwachsenenstrafvollzugs, der Reformpädagogik der deutschen Jugendbewegung und der zwanziger Jahre entlehnt zu sein scheint[55].

Sowohl Robert von Hippel und seine Schüler als auch Gotthold Bohne bezogen sich bei ihren Forschungen nicht auf die tatsächlichen Lebensumstände und Haftbedingungen der Gefängnisinsassen. Gegenstände der Untersuchungen waren vielmehr Gesetzestexte, Statuten, Willenserklärungen einflußreicher Persönlichkeiten, Berichte von Reisenden und überlieferte Haus- bzw. Anstaltsordnungen. Eine empirische, historisch-sozialwissenschaftliche Analyse aller Umstände des tatsächlichen Gefängnisalltags zum Zweck der Prüfung der Hypothesen, ob es sich in Amsterdam und/ oder in Bridewell tatsächlich um Einrichtungen des "Erziehungs-Strafvollzugs" oder in den italienischen Stadtgefängnissen um Einrichtungen der "freiheitsentziehenden Strafhaft" gehandelt habe, wurde von beiden Seiten, wohl wegen des Fehlens ausreichender Quellen, nicht vorgenommen. Die wirklichen Verhältnisse in den "modernen" Gefängnissen bleiben deshalb im Dunkel der Geschichte. Zwischen den von den Autoren behandelten neuen Ideen und Innovationen und deren Realisierung in der Praxis klafft eine große Lücke. Wenn von Hippel und seine Anhänger Bohne vorwerfen, in den italienischen Stadtgefängnissen habe keine "Erziehung" der Gefangenen stattgefunden, so hätte Bohne behaupten können, in Amsterdam bzw. in Bridewell sei keine strafgerichtlich verhängte "freiheits-entziehende Strafhaft" vollzogen worden, denn ob die "moderne Freiheitsstrafe" im Sinne von Hippels tatsächlich "Erziehungs-Strafe" gewesen sei, hätte nur durch den

Nachweis der ausschließlich oder zumindest vorrangig der "Erziehung" dienenden Erziehungsziele und -mittel sowie der alltäglichen Erziehungspraxis und ihrer Resultate über einen längeren Zeitraum erbracht werden können. Andererseits hätte sich die dem "Geist der Renaissance" entsprechende Tendenz der "Individualisierung" und der "personalen Freiheit" auch nur durch adäquate Vollzugseinrichtungen und Maßnahmen der Gefangenenbehandlung jener Zeit empirisch belegen lassen.

Die "Methode" *John Howards*[56], die von ihm besuchten Gefängnisse in England und auf dem Kontinent nach ihrer geographischen Lage, ihrer äußeren und inneren Beschaffenheit, nach Zahl und Klassifikation der Insassen, Zahl, Funktion, Auswahl und Besoldung der Bediensteten, etc. zu klassifizieren, hätte, falls die entsprechenden Quellen vorhanden gewesen wären, vermutlich zu einer präziseren Bestimmung des tatsächlichen Zwecks der Vollzugseinrichtungen jener Zeit beigetragen. Während die Anhänger von Hippels die Auffassung vertreten, daß Freiheitsstrafe ohne den Zweck der Erziehung keine "moderne Freiheitsstrafe" sei, hält Bohne dafür, daß "Erziehung" nicht notwendig zum reinen Begriff der Freiheitsstrafe gehöre. Weder *von Hippel* noch *Bohne* haben bei ihren Forschungen hinreichend berücksichtigt, daß sich seit jeher unter den Etiketten "Erziehungs- und Besserungsstrafe" wie "freiheitsentziehende Strafhaft" in der Wirklichkeit des Strafvollzugsalltags die unterschiedlichen Strafzwecke und -praktiken verbergen können, die potentiell oder faktisch dem "Geist" der gesetzlichen Regelungen ihrer Zeit widerstreiten. Das war im Zeitalter der Renaissance nicht anders als im 16. Jahrhundert, und so ist es wohl auch noch heute.

IV. Die Gründung Bridewells

1. Die geschichtlichen Hintergründe

Die Gründung Bridewells wird in der einschlägigen Literatur stets mit dem englischen *König Eduard VI.* und dem Londoner Bischof *Nicholas Ridleys* in Verbindung gebracht. Eduard VI. wurde am 12. Oktober 1537 als Sohn Heinrichs VIII. und seiner dritten Frau, *Johanna Seymor*, geboren, die bei seiner Geburt starb. Nach dem Tode Heinrichs VIII. im Januar 1547 gelangte der erst neunjährige Eduard VI. auf den englischen Thron. Die Regierungsgeschäfte wurden zunächst von dem Bruder seiner Mutter, dem protestantisch gesinnten Herzog von Somerset und Lord-Protektor des Reiches, *Edward Seymour*, ausgeübt, der aber schon bald aufgrund von innerstaatlichen Machtkämpfen und kirchenpolitischen Auseinandersetzungen mit seinen Rivalen im Geheimen Rat Macht und Einfluß verlor und 1549 hingerichtet wurde[57]. An seine Stelle trat sein Gegenspieler *Dudly-Warwick*, Herzog von Northumberland, der im Friedensschluß mit Frankreich auf die von *Seymour* durch die geplante Vermählung Eduards VI. mit der schottischen Königin *Maria* beabsichtigte Vereinigung Englands und Schottlands verzichtete.

Während der Regierungszeit *Eduards VI.* wurde die englische Kirche grundlegend neu geordnet: schon zu Ostern 1548 erfolgte die Austeilung des Abendmahls in beiderlei Gestalt, die Teilnahme an der Ohrenbeichte wurde den Gläubigen freigestellt, und durch das Common Prayer Book kam es zu einer grundlegenden Liturgiereform. Während der wenigen Jahre seiner Herrschaft galt England als Asyl für die um ihres Glaubens verfolgten Protestanten auf dem Festland. Es entstand eine Flüchtlingsgemeinde, in der sich protestantisch gesinnte Deutsche, Polen, Italiener, Franzosen und Schweizer sammelten. Der polnische Reformator *Johannes a Lasco* (1499-1560) folgte 1549 dem Ruf des Erzbischofs *Cranmer* nach London, wo er die Grundlagen einer protestantischen Gemeindeordnung (Predigtdienst und Sakramentsverwaltung, Diakonie und Kirchenzucht) in seiner seelsorgerlichen Praxis erprobte. Der Pfälzer *Paulus Fagius* (1504 - 1549), der Nachfolger *Johannes Zwicks* in Konstanz war, begab sich zusammen mit *Martin Bucer* nach England und lehrte für kurze Zeit als Professor für Altes Testament in Cambridge. Der lutherische Einfluß in England überwog zu jener Zeit den des Calvinismus.

Als 1533 Heinrichs VIII. Ehe mit *Katharina von Aragon*, einer Tante *Kaiser Karls V.*, durch das erzbischöfliche Gericht von Canterbury für nichtig erklärt, seine zweite Frau, *Anna Boleyn*, von *Erzbischof Cranmer* zur Königin gekrönt und damit der Bruch der Beziehungen zwischen England und dem Papst vollzogen worden war, stand der Hof in den folgenden Jahren unter dem wechselnden Einfluß protestantisch und römisch-katholisch orientierter Parteigänger. Schon vor dem Tode Eduards VI.[58] im Jahre 1553 zeichneten sich Bestrebungen des katholischen Adels und des Klerus ab, den verlorengegangenen Einfluß zurückzugewinnen und die von Heinrich VIII. verfügte Aufhebung der Klostergüter zurückzunehmen.

William Tyndale (1490/91 - 1536) war einer der ersten Wegbereiter der Reformation in England. Er ging 1524 nach Wittenberg, um die reformatorische Theologie Martin Luthers zu studieren. Er übersetzte gemeinsam mit *William Roy* 1525/26 des Neue Testament und einige Schriften *Martin Luthers* ins Englische. Die Verbreitung protestantischen Schrifttums wurde jedoch von Heinrich VIII. und dem englischen Klerus, vor allem von *Thomas Morus* und Kardinal *Wolsey* bekämpft. Tyndale starb 1536, als Häretiker verurteilt, in Antwerpen den Feuertod.

Thomas Cranmer (1489-1556), der während des Aufenthaltes von *Erasmus von Rotterdam* (etwa zwischen 1507 und 1516) in Cambridge studiert hatte, war Anhänger eines humanistisch geprägten reformatorischen Christentums im Geist der Lehre Luthers. Nach der Hinrichtung Thomas Morus ernannte ihn Heinrich VIII. 1533 zum Erzbischof von Canterbury. In dieser Stellung versuchte er, den König für eine teils humanistisch teils protestantisch ausgerichtete Reformation zu gewinnen. Während seines Aufenthaltes in Nürnberg in den Jahren 1532/33 vermählte er sich wegen der Fortgeltung des Zölibats in England heimlich mit einer Nichte des lutherischen Theologen *Andreas Osiander*. Erst unter *Eduard VI.* und dem *Herzog von Somerset* gelang es ihm, Predigt, Liturgie und Kirchenordnung in reformatorischem Sinn neu zu ordnen und das "Common Prayer Book" in die englische Kirche einzuführen. Unter seinem Einfluß entstanden die "42 Artikel", die reformatorische Bekenntnisschrift der englischen Kirche. Er berief den Straßburger Theologen *Martin Bucer* (*1491) in die einflußreiche Stellung als königlichen Lektor der Heiligen Schrift nach Canterbury, wo er am 28. Februar 1551 starb. Im Zuge der Rekatholisierung von Staat und Kirche in England unter *Maria, der Katholischen*[59] wurde *Bucer* posthum der Ketzerprozeß gemacht und seine Gebeine auf dem Scheiterhaufen verbrannt. Auch *Thomas Cranmer*, der sich während des Ketzerprozesses gegen ihn anfänglich als wankelmütig erwies, starb 1553 den Feuertod.

Dasselbe Schicksal erlitt einer der gelehrtesten Theologen Englands, *Nicholas Ridley* (*etwa 1500), der nach dem Studium in Cambridge, an der Sorbonne und in Löwen Kaplan des Erzbischofs *Thomas Cranmer* wurde und diesen maßgeblich bei seinen Kirchenreformen unterstützte. 1547 wurde er Bischof von Rochester und 1550 von London. Er unterstütze die von Eduard VI. auf Betreiben seines Beraters, des Herzogs von Northumberland, geänderte Thronfolgeordnung Heinrichs VIII., derzufolge im Falle seines Todes nicht seine Schwester Maria, sondern die protestantisch gesinnte Jane Grey den Thron besteigen sollte. Letztere war die Enkelin von Maria, einer jüngeren Schwester Heinrichs VIII., die mit einem Sohn des Herzogs von Northumberland vermählt worden war. Mit militärischer Gewalt gelang es Maria (*1516), der einzigen Tochter aus der Ehe Heinrichs VIII. und Katharinas von Aragon, die Krone Englands zu erlangen. Jane, ihr Mann, ihr Schwiegervater, ihr Vater und zahlreiche ihrer Anhänger wurden wegen Hochverrats zum Tode verurteilt und enthauptet. Unmittelbar nach der Thronbesteigung Marias am 20. Juli 1553 wurde auch Ridley verhaftet und im Londoner Tower gefangen gehalten. Sein von Eduard VI. amtsenthobener Vorgänger, *Edmond Bonner*, wurde wieder als Bischof von London eingesetzt. Nach erfolglosen Bekehrungsversuchen zum römischen Katholizismus wurde Ridley am 16. Oktober 1555 in Oxford zusammen mit *Hugh Latimer*, dem reformatorischen Volksprediger und Bibelübersetzer, als Häretiker verbrannt.

2. Humanistische und reformatorische Einflüsse auf die englische Armenpolitik

Zur Aufhellung der geistesgeschichtlichen Hintergründe, die mutmaßlich zur Gründung von Bridewell beigetragen haben, sollen im folgenden, in erforderlicher Kürze, die religiös-humanistischen Impulse aufgezeigt werden, die vom europäischen Humanismus und von der deutschen Reformation ausgingen.

Juan Luis Vives[60], ein spanischer Humanist, hielt sich, unterbrochen durch mehrere längere Aufenthalte in Brügge, auf Einladung des englischen Lordkanzlers *Thomas Morus* in den Jahren 1523-1528 in England auf. Er lehrte am Corpus Christi College in Oxford und unterrichtete *Prinzessin Maria*, für die er einen Studienplan verfaßte und der er seine Schrift "Satellitium Animi" (1524) widmete. *Heinrich VIII.* und seine spanische Gattin[61] besuchten ihn in Oxford und luden ihn zeitweise zu sich auf Schloß Windsor ein[62].

Während eines Zwischenaufenthaltes in Brügge im Winter 1525/26 verfaßte er auf Ersuchen des dortigen Bürgermeisters eine aus zwei Büchern bestehende Schrift zur Armenpflege mit dem Titel "De subventione pauperum"[63], die er im Januar 1526 dem Rat und dem Senat übergab. In dieser Abhandlung vermittelt Vives ein Bild von den sozialen Zuständen einer reichen See- und Handelsstadt, in der sich einerseits Reichtum, Prunk und Genußsucht und andererseits Armut, Bettelei und Vagantentum ausbreiten. Armut bedeutet für ihn nicht nur Mangel an Geld, sondern auch an Körperkraft, Gesundheit, Verstand, Bildung und Urteilsfähigkeit. Er klassifiziert die Armen nach den Ursachen, die sie arm werden lassen und nach der Art ihres Verhaltens, das sie in der Öffentlichkeit zeigen. Es gibt einerseits Arme, so führt er aus, die von einem plötzlichen Unglück betroffen werden, z. B. von Kriegsgefangenschaft, Schuldhaft, Überschwemmungen, Hunger, Seuchen und Krankheiten aller Art. Diese Armen gehören nicht nur der untersten Sozialschicht an; zu ihnen zählt jeder, der aus glücklichen Verhältnissen ohne seine Schuld plötzlich ins soziale Abseits geraten ist. Andererseits gibt es Arme, "die verderblichen Aufwand treiben und die alles in üppigen Schwelgereien verschwenden, wie es nicht einmal reiche Bürger zu Hause treiben. Viel eher geben sie einen Taler für einen Kapaun, einen kostbaren Fisch oder einen edlen Wein aus als ein Reicher einen Groschen. Welcher Lärm bei ihren Schwelgereien! Welches ungeschlachte Getöse! Sie suchen eifriger nach Vergnügungen und dehnen sie länger aus als die Wohlhabenden"[64]. Vives weist auf den Zusammenhang zwischen Armut und Verbrechen hin: die Lebensgewohnheit der Armen "macht sie ungebührlich und unverschämt, diebisch und roh, ihre Mädchen sind schamlos und unzüchtig. Wenn sich eine Gelegenheit (zum Stehlen) fände, so würden sie sich nicht vor Gesetz und Obrigkeit scheuen; mit Berufung auf ihre Armut würden sie alles für erlaubt halten"[65].

Um dem lasterhaften Lebenswandel der vagabundierenden Bettler Einhalt zu gebieten, fordert er, daß diese zur Arbeit angehalten werden: "Wer kräftig genug zur Arbeit ist, soll nicht müßig gehen - was ja Paulus, der Jünger Jesu, verbietet. Gottes Gesetz hat den Menschen der Arbeit untertan gemacht"[66]. Vives lehnt aber trotz des erkannten Bettelunwesens die Bettelei und die "private Unterstützung" nicht grundsätzlich ab, weil nach katholischer Auffassung jener Zeit Gott dem Wohltäter einen Lohn verheißen hat und Wohltätigkeit eine sündentilgende Kraft hat: "Du mußt zwar um der anderen willen wünschen, daß keiner auf fremde Hilfe angewiesen ist; aber für dich ist es gut, wenn dir nie die Gelegenheit fehlt, dir Segen zu erwerben, indem du für die vergänglichen Güter ewige eintauschst"[67]. Eine grundlegende Lösung des sozialen Problems hält er aber nur durch eine neue Organisation der öffentlichen Armenfürsorge für möglich.

Vives ordnet die Armen, für die die öffentliche Armenpflege zuständig sein soll, drei verschiedenen Klassen zu, die jede für sich in mehrere Untergruppen unterteilt werden:

1. die in den Spitälern lebenden, meist alten und kranken Menschen,
2. die Hausarmen, die wegen unverschuldeter Armut ihren Lebensunterhalt nicht mehr selbst bestreiten können,
3. die vagabundierenden öffentlichen Bettler.

Dieser Klassifikation der Armen werden wir in nur geringfügig abgewandelter Form bei der Gründung von Bridewell wieder begegnen. Vives erkennt, daß die in der Vergangenheit geübte private Armenpflege, die von Gott geboten und deshalb Christenpflicht ist, ungeeignet ist, das Armutsproblem zu lösen. Deshalb empfiehlt er der Stadt Brügge, Vorkehrungen für eine zentrale Registrierung, Unterbringung, Überwachung und Versorgung der Armen zu treffen und die dafür erforderlichen Mittel bereitzustellen.

Der Auffassung *Hellmuth von Webers* ist zuzustimmen, wonach es damals nicht so gewesen ist, "daß aus diesen in Humanistenkreisen vertretenen literarischen Forderungen unmittelbar ein Antrieb für die Entstehung des Zuchthauses erwachsen wäre; aber sie stellen doch die Denkfigur bereit, mit der das entstehende Zuchthaus begrifflich erfaßt wurde"[68]. Es ist zu vermuten, daß Vives' Abhandlung über die Unterstützung der Armen aufgrund seines hohen wissenschaftlichen und gesellschaftlichen Prestiges während seiner Aufenthalte in England und noch Jahrzehnte später unter den humanistischen Freunden seines Gastlandes bekannt gewesen ist, auch wenn sie zu jener Zeit noch nicht ins Englische übersetzt wurde[69]. Auch *Ridley* wird aufgrund seiner Studien in Löwen und in Paris in den Jahren zwischen 1524 und 1528 Kenntnis von dieser Schrift erhalten haben.

Die geistesgeschichtliche Bedeutung *Vives*' im Blick auf die Neuordnung des Armenwesens in Europa im 16. Jahrhundert wurde nur selten gewürdigt[70]. Der evangelisch-lutherische Theologe Gerhard Uhlhorn (1826-1901), der mit seinen Forschungen zur "Christlichen Liebestätigkeit" in den letzten hundert Jahren mehrere Pfarrer-, Diakonen- und Sozialarbeitergenerationen beeinflußt haben dürfte, äußert sich sogar abfällig über Vives: "Er ist mit der damaligen Kirche sehr unzufrieden, urteilt oft bitter und hart über sie und macht in seinen Schriften allerlei Reformvorschläge, ohne jedoch auf die lutherische Reformation, für die ihm jedes Verständnis fehlt, einzugehen. Ein korrekter Vertreter der alten Kirche ist er nicht, wie denn seine Schriften auch auf den Index der verbotenen Bücher gekommen sind. Dem entspricht auch seine Abhandlung über die Armenunterstützung. Ein humanistisch-rhetorisches Machwerk ohne tieferen religiös-sittlichen Gehalt, behandelt sie die Frage mehr vom humanen als vom christlichen Standpunkte, wie sie denn auch neben der Schrift und mit ihr in gleicher Linie Aussprüche aus

Cicero und Plato in reicher Zitatenfülle mit prunkender Gelehrsamkeit zur Begründung seiner Vorschläge heranzieht"[71].

Mindestens ebenso stark wie der Einfluß der Schriften des Humanisten *Vives* wird der der Schriften des deutschen Reformators *Martin Luther* auf die Verantwortlichen in Staat und Kirche Englands gewesen sein, zumal diese durch Tyndal, Cranmer und Bucer, die mit Luther und seinen Anhängern in unmittelbarer Verbindung standen, in England bekannt gemacht worden waren.

In seinem Schreiben "An den christlichen Adel deutscher Nation von des christlichen Standes Besserung"[72] vom August 1520 fordert *Luther* die Beseitigung der Bettelei: "Es ist wohl eines der größten Bedürfnisse, daß alle Bettelei in der ganzen Christenheit abgeschafft würde. Es sollte jedenfalls kein Christ betteln gehen. Es wäre leicht eine Ordnung darüber zu machen, wenn wir den Mut und den Ernst dazu faßten, daß nämlich jede Stadt ihre armen Leute versorgte und keine fremden Bettler zuließe, sie hießen, wie sie wollten, es wären Wallfahrtsbrüder oder Bettelorden. Es könnte immer jede Stadt die Ihren ernähren, und wenn sie zu schwach wäre, sollte man in den umliegenden Dörfern auch das Volk ermahnen, etwas dazuzugeben, müssen sie doch sonst so viele Landstreicher und böse Buben unter dem Recht des Bettelns ernähren. So könnte man auch wissen, welche wirklich arm sind und welche nicht[73]".

Im Gegensatz zu Vives[74], der das Almosengeben für ein "verdienstliches Werk" hielt, schied für Luther das Streben des Christen nach Werkgerechtigkeit als Motiv für die private Armenpflege aus. Auch das Betteln aus religiösen Gründen[75], durch das der Bettler die "Armut Christi" nachzuahmen vorgab, um einen höheren Grad an Heiligkeit zu erwerben, lehnte Luther ab: "Wer arm sein will, sollte nicht reich sein; will er aber reich sein, so greife er mit der Hand an den Pflug und hole es sich selbst aus der Erde. Es genügt, daß die Armen ausreichend versorgt sind, daß sie weder Hungers sterben noch erfrieren. Es schickt sich nicht, daß einer auf Kosten der Arbeit anderer müßig gehe, reich sei und gut lebe, während ein anderer schlecht lebt, wie jetzt der verkehrte Brauch geht. Denn St. Paulus sagt: 'Wer nicht arbeitet, soll auch nicht essen'. Es ist niemandem von Gott zugesprochen, von den Gütern der anderen zu leben, als allein den predigenden und die Gemeinden leitenden Priestern, wie St. Paulus 1.Kor. 9,14 sagt, um ihrer geistlichen Arbeit willen, wie auch Christus zu den Aposteln sagt: 'Ein jeder Arbeiter ist würdig seines Lohnes' (Luk. 10,7)"[76].

Zur wirksamen Kontrolle der Armen forderte Luther die Einsetzung von Aufsichtspersonen: "Auch müßte ein Verweser oder Vormund vorhanden sein, der die Armen alle kennt und dem Rat oder Pfarrer meldet, was ihnen fehlt oder wie das am besten geordnet werden könnte. Es geschehen meines Erachtens in keiner Sache so viele Bubenstücke und Betrügereien wie beim Bettel, die alle leicht zu vermeiden wären"[77]. In der "Adelsschrift" steckt Luther den Rahmen ab, in welchem in den folgenden Jahrhunderten kirchliche und staatliche bzw. städtische Armenpflege durchgeführt werden sollte:

1. keine Duldung der Bettelei, da sie weder dem Geber noch dem Nehmer des Almosens zuträglich und zudem theologisch unbegründet ist,
2. Selbsthilfe durch eigene Arbeit, die von jedem, der arbeiten kann, gefordert werden muß,
3. Sicherstellung des Lebensminimums für diejenigen, die nicht oder nicht mehr arbeitsfähig sind,
4. Versorgung nur derjenigen Armen durch die christlichen Gemeinden, die innerhalb einer Parochie oder einer Stadt leben und
5. Ausübung der Aufsicht über die Armen durch kirchengemeindliche bzw. kommunale "Verweser" oder "Vormünder", die die Armen persönlich kennen.

3. Die Anfänge von Bridewell nach dem Text von Richard Grafton[78]

"Nicht lange nach dem Tode des besagten Herzogs und seiner Komplizen[79] trug es sich zu, daß Hochwürden Master Dr. Ridley, damals Bischof von London, vor Sr. Majestät in Westminster predigte. In dieser Predigt richtete er eine umfassende und gottesfürchtige Ermahnung an die Adresse der Reichen, sich gnädig gegenüber den Armen zu verhalten, und er forderte die Mächtigen[80] auf, sich in wohltätiger Weise zu mühen, die Armen zu stärken und zu unterstützen.

Seine Majestät, der Herrscher voller Bereitwilligkeit und Tugend für sein Alter, wie England keinen zuvor hervorgebracht hatte, hervorragend gebildet und erzogen in der Erkenntnis Gottes sowohl von seinem Onkel, dem verstorbenen Reichsverweser[81], als auch von seinen tugendhaften und gebildeten Lehrern, erklärte daraufhin, daß er vornehmlich solche Dinge ausführen wolle, die besonders der Ehre des allmächtigen Gottes entsprächen. Und in dem Bewußtsein, daß eine große Anzahl Bedürftiger in seinem Reich lebte, vor allem in London, um die sich keiner kümmere, ließ er spontan dem besagten Bischof, sobald er seine Predigt beendet hatte, mitteilen, er möchte nicht eher gehen, bevor er mit ihm gesprochen habe (und was ich jetzt schreibe, ist ein unmittelbarer Bericht des erwähnten Bischof Ridley), und, dem Befehl des Königs entsprechend, stellte sich der Bischof zur Verfügung.

Sobald der König Zeit hatte, ließ er den Bischof rufen und in eine große Galerie in Westminster kommen, in der nach des Bischofs Wissen nur er und der König zugegen waren, was Seine Majestät ihm zudem versicherte. Der König forderte den Bischof auf, in einem Stuhl Platz zu nehmen, während er sich selbst auf einen anderen setzte. Beide Stühle schienen vor der Ankunft des Bischofs mit Absicht so plaziert worden zu sein, was den Geistlichen verstummen ließ. Daraufhin begann der König mit der Unterredung, wobei er dem Bischof herzlich für die Predigt und die gute Ermahnung dankte. Dabei ging er auf soviele Dinge ein, die ihm aufgefallen waren, daß der Bischof schließlich sagte: " Truly, truly", denn so pflegte er sich gewöhnlich auszudrücken, "ich hätte niemals gedacht, daß es in der Gnade Eurer Majestät ist, wie ich sie nun sehe".

Zum Schluß lobte der König den Bischof für seine Ermahnung bezüglich der Armenunterstützung. "Aber, mein Herr", sagte der König, "Sie wollen, daß sich die Behörden um dieses Problem kümmern und Hilfsmaßnahmen organisieren, und ich glaube, Sie meinten mich damit, denn ich stehe an höchster Stelle, und daher bin ich der erste, der Rechenschaft ablegen muß vor Gott für meine Nachlässigkeit, falls ich nicht genügend Sorge trage, denn ich weiß, daß es sich um den ausdrücklichen Befehl des allmächtigen Gottes handelt, Mitleid mit seinen armen und bedürftigen Geschöpfen zu haben, denen wir in seinem Namen helfen müssen. Und wirklich, mein Herr, ich bin entschlossen, mich in dieser Hinsicht zu bemühen, und ich zweifle nicht an Ihrer langen und bewährten Weisheit und Bildung, daß Sie wissen, wie diese Hilfe für die Armen auszusehen hat. Auch werden Sie schon mit anderen darüber konferiert haben, auf welche Weise verfahren werden soll. Ich bin begierig, mehr zu erfahren. Ich bitte Sie, offen zu sprechen".

Der Bischof, der damit nicht gerechnet hatte und der von der Weisheit und von dem Eifer des Königs beeindruckt war, war, wie er selbst sagte, so überrascht, daß er nicht wußte, was er sagen sollte. Aber nach einer kleinen Denkpause erklärte er, daß man sich für den Anfang auf London konzentrieren sollte, weil dort die Zahl der Armen sehr groß sei, und dort gebe es viele und weise Bürger. Er zweifle nicht daran, daß diese mitleidig und gnädig seien, wie der Bürgermeister und seine Ratskollegen sowie andere Würdenträger der Stadt. Der Bischof sagte weiter, er zweifle nicht daran, daß es gute Früchte trage, wenn der König freundlicherweise einen Brief an den Bürgermeister von London[82] richtete, in welchem er diesen veranlasse, ihm solche Unterstützung zu gewähren, die nötig ist, diese Angelegenheit zu besprechen und Entscheidungen herbeizuführen. Und er selbst versprach dem König, mit Ernst alles zu tun, was in dieser Sache erforderlich wäre.

Der König bewilligte nicht nur sofort diesen Brief, sondern er bat den Bischof, solange zu warten, bis derselbe geschrieben, unterzeichnet und gesiegelt sei. Er befahl ihm, den Brief nicht nur selbst dem Bürgermeister zu überbringen, sondern diesem mitzuteilen, daß es sein besonderer Wunsch und ausdrücklicher Befehl sei, alles in dieser Sache Erforderliche zu tun. Er erwarte sobald wie möglich eine Nachricht von ihm, was er veranlaßt habe.

Der Bischof war über diesen Brief sehr befriedigt und erfreut. Er hatte nun einen Anlaß, in dieser wichtigen Angelegenheit, für die er sich so eifrig eingesetzt hatte, tätig werden zu können. Noch am selben Abend suchte er den Bürgermeister von London, Sir Richard Dobbs, auf, übergab ihm den Brief des Königs und übermittelte ihm mit Erfolg dessen Auftrag. Der Bürgermeister nahm diesen Brief nicht nur erfreut entgegen, sondern beeilte sich, die Angelegenheit voranzubringen, denn auch er war ihr günstig gesonnen. Und schon am nächsten Tag, einem Montag, bat er den Bischof von London zu einem Essen zu sich, bei dem er versprach, Männer einzuladen, von denen er annahm, daß sie in dieser Sache raten könnten.

Zuerst ließ er zwei Ratsherren und sechs Gemeine kommen, und anschließend erhöhte sich die Zahl der Vorgeladenen auf insgesamt 24. Und am Ende von zahlreichen Konferenzen (denn durch die Sorgfalt des Bischofs wurde das Anliegen ausführlich erörtert) einigte man sich auf ein von ihnen erarbeitetes Buch, in dem sie zunächst neun Gruppen armer Leute unterschieden, und diese ordneten sie nach drei Graden:

I. Die Armen aus Schwäche[83]
1. Das vaterlose Kind oder das Kind armer Leute
2. Der Betagte, Blinde und Lahme
3. Die an Lepra, Wassersucht, etc. erkrankte Person.

II. Durch Unglücksfälle Verarmte[84]
1. Der versehrte Soldat
2. Der verarmte Familienvater[85]
3. Der Schwerkranke

III. Die verschwenderischen Armen[86]
1. Der Aufrührer[87], der alles vergeudet.
2. Der Vagabund, der nirgends seßhaft ist.
3. Die arbeitsscheue Person wie z. B. die Hure und andere.

Für diese verschiedenen Grade von Armen wurden drei Häuser bereitgestellt: zuerst für die Unschuldigen und Vaterlosen, das heißt für die Bettelkinder, die Same und Brutstätte künftiger Bettelei sind. Für diese stellten sie das das frühere Franziskanerkloster in London zur Verfügung, das jetzt Christus-Hospital genannt wird und in dem die armen Kinder in der christlichen Religion unterrichtet werden und man sie Tugend lehrt, die die Bettelei beseitigen sollen.

Für den zweiten Grad wurden das Hospital des Heiligen Thomas in Southwark und das des Heiligen Bartholomäus in West Smithfield vorgesehen, wo sich ständig mindestens 200 kranke Menschen befinden, die dort nicht nur untergebracht und gepflegt, sondern auch ernährt und versorgt werden.

Für den dritten Grad stellten sie Bridewell[88] bereit, wo der Vagabund und die arbeitsscheue Hure gezüchtigt und zur Arbeit gezwungen werden, damit dem lasterhaften Leben des Müßiggangs ein Ende bereitet werden kann.

Für den ehrbaren, aber verarmten Ernährer der Familie trafen sie die Vereinbarung, daß er in seinem Haus und in dem Gemeindebezirk, in welchem er wohnt, wöchentlich eine Unterstützung in Form einer Pension erhalten solle. Ebenso trafen ihre Bestimmungen den Faulenzer, um ihn von der Stadt fernzuhalten, wo er die Bürger durch das Klappern von Tellern und das Klirren von Schellen belästigt. Auch sollte dadurch der gefährlichen Ansteckung[89] anderer, die glauben könnten, ebenfalls mit mehreren Pensionen unterstützt zu werden, entgegengewirkt werden.

Nachdem diese gute Ordnung beschlossen war und die Bürger sich bereit erklärt hatten, diese zu unterstützen, wurde der königlichen Majestät Bericht erstattet. Um diese Pläne zu fördern, war der König nicht nur bereit, eine Stiftung für diejenigen einzurichten, die als Aufseher und Verwalter in den genannten Häusern eingesetzt werden sollten. Er erbat sich sogar das Vorrecht, zum Gründer und Schutzherrn ernannt zu werden[90]. Zur Förderung der besagten Arbeit und um deren fortwährenden Unterhalt zu sichern, bestimmte er aus seiner Gnade und Güte, daß, bevor irgendwelcher Grundbesitz für den Unterhalt des Savoy[91] hergegeben werde, das von König Heinrich VII.[92] gegründet worden war, um Pilgern und Reisenden Zuflucht zu gewähren, das aber nunmehr Herumtreibern, Vagabunden und Huren Obdach böte, die den ganzen Tag in den Feldern lägen und des Nachts dort Unterschlupf suchten, so daß das ganze eher der Fortdauer der Bettelei als der Linderung der Armut diente, daß er also den Grundbesitz, den er von den Meistern und Gesellen dort zuerst übergeben bekomme und der einen jährlichen Wert von 600 Pfund darstellte, der City of London zur Verfügung stellen wollte, um den Unterhalt der Stiftung zu sichern. Zum Zwecke weiterer Unterstützung wurde eine Petition an den König gerichtet des Inhalts, daß man die Erlaubnis erhielte, einen Grundbesitz mit einem jährlichen Wert als unveräußerlichen Besitz zugesprochen zu bekommen. In dem Dokument wurde eine Leerzeile gelassen, damit der König nach seinem Gutdünken eine Geldsumme einsetzen konnte. Als sein Auge auf diese leere Stelle fiel, rief er nach Feder und Tinte und schrieb sodann mit der eigenen Hand und in der Formulierung "Viertausend Mark pro Jahr" ("foure thousand markes by yere") die Geldsumme in das Dokument. Dann sprach der König im Beisein des Kronrats: Herr im Himmel, ich danke Dir von ganzem Herzen, daß Du mir ein so langes Leben[93] geschenkt hast, damit ich dieses Werk zum Ruhm Deines Namens vollenden konnte. Nachdem die Stiftung somit beschlossen war, lebte der König nur noch zwei Tage[94]".

Zur Realisierung des Plans blieb Ridley und den Stadtoberen von London nur wenig Zeit, wie dem folgenden Text[95] zu entnehmen ist:

> "Beim Amtsantritt dieser neuen Königin[96] wurden alle Bischöfe wieder eingesetzt, die ihre Bistümer während der Herrschaft ihres Bruders, Edward VI., aus religiösen Gründen verloren hatten. Diejenigen hingegen, die während der Regentschaft von Edward VI. berufen worden waren, wurden nun durch solche konträrer Religionsauffassung ersetzt. Unter ihnen befand sich auch Edmond Bonner, Doktor der Jurisprudenz, der damals ebenfalls seines Amtes als Bischof von London enthoben und als Gefangener auf Geheiß von Edwards Kronrat nach Marshalsea eingeliefert worden war. Edmond Bonner wurden sowohl die persönliche Freiheit als auch die Bischofswürde zurückgegeben. Dafür wurde Nicholas Ridley, Doktor der Theologie, der das Amt des Bischofs zuvor vom König empfangen hatte, rasch seines Amtes enthoben und als Gefangener in

den Tower of London eingeliefert. Der Grund, warum gegen Bischof Ridley gnadenloser als gegen die anderen verfahren wurde, bestand darin, daß er zu Zeiten Lady Janes auf Anordnung von Edwards Kronrat eine Predigt am Kreuze des Paulus gehalten hatte, in der er die Menschen durch Nennung unterschiedlicher Gründe davon abhalten wollte, Lady Mary als Königin anzuerkennen".

Über praktische Erfahrungen mit der Londoner Armenordnung von 1553 liegen keine historischen Quellen vor. Alle Mitteilungen über die Verwendung Bridewells als "Zuchhaus" oder als "House of Correction" stammen aus einer späteren Zeit, in der unter der Vorherrschaft wechselnder staats- und kirchenpolitischer Interessen zur Zeit Marias und Philipps sowie Elisabeths I mehrfach Änderungen der Zweckbestimmungen vorgenommen wurden.

V. Die Geburt des Zuchthauses aus dem "Geist des Kapitalismus"?

1. In seinem Aufsatz "Die ersten Zuchthäuser und ihr geistesgeschichtlicher Hintergrund"[97] geht *Gustav Radbruch* unter Einbeziehung der religionssoziologischen Studien *Max Webers*[98] der Frage nach, welchen Einfluß die geistesgeschichtlichen Strömungen in der zweiten Hälfte des 16. Jahrhunderts auf die Entwicklung der Idee des Zuchthauses als Einrichtung des "erziehenden Strafvollzuges"[99] gehabt habe. Er vertritt die Auffassung, daß zur Zeit der Regierung Eduards VI. die "reformierte Lehre"[100] Eingang in die englische Staatskirche gefunden und prägenden Einfluß auf die Soziallehre von Staat, Kirche und Gesellschaft genommen habe[101]. Als Vertreter dieser Lehre werden die Bischöfe *Hugh Latimer, Thomas Cranmer und Nicholas Ridley* genannt. Sie standen aber - wie bereits oben ausgeführt - in engerer Verbindung mit Martin Luther und mit den Anhängern der lutherischen Reformation in Deutschland als mit Zwinglianern und Calvinisten.

Nach einem kurzen Abriß der Entstehungsgeschichte von Bridewell, die der Darstellung Doleisch von Dolspergs folgt, stellt er die Hypothese auf, "daß in der Entwicklung des Londoner Zuchthauses religiöse, und zwar *"reformierte Ideen"* wirksam waren"[102]. Auch für die Amsterdamer Zuchthäuser nimmt er einen deutlichen Einfluß des Calvinismus[103] an, weil ihre Gründung in die Zeitspanne zwischen der Erklärung der Confessio Belgica (1561) und der Synode von Dordrecht (1619), d. h. während des Zeitraums der Ausbreitung und der Stabilisierung des Calvinismus und seiner Sozial- und Wirtschaftsethik in den Niederlanden, gefallen sei. Die Einrichtung von Zuchthäusern in Deutschland habe sich anfangs "auf der reformierten Linie" über Bremen (1604)[104] bis in die Schweiz (Bern 1614) vollzogen; von hier aus hätten sie dann auch Eingang in lutherische und katholische Gebiete gefunden.

Radbruch referiert sodann[105] die seiner Ansicht nach für die geistesgeschichtlichen Hintergründe des Zuchthauswesens in der zweiten Hälfte des 16. Jahrhunderts wichtigsten Gedanken *Max Webers* aus dessen Aufsatz "Die protestantische Ethik und der Geist des Kapitalismus":

1) *Luther* habe den Begriff des Berufs geprägt und die Auffassung vertreten, daß der Mensch "auf den Arbeitsplatz, auf dem er steht", von Gott berufen worden sei. Der Arbeit hafte sozusagen "ein Abglanz religiöser Weihe" an. Trägheit und Bettelei seien "entschiedener Verdammnis" verfallen. "Der Armut soll nicht durch Almosen gedient werden, sondern durch Arbeitsbeschaffung und nötigenfalls durch Arbeitszwang"[106].
2) Der Calvinismus, der die lutherische Berufsauffassung noch vertiefe, indem er die Berufsarbeit als Ausdruck "innerweltliche Askese" deute, habe der "Pflicht zur Arbeitsamkeit" zusätzlich die "Pflicht der Sparsamkeit" hinzugefügt. Der aus der Arbeit fließende "Gewinn" müsse "wiederum der Arbeit dienstbar gemacht, d. h. investiert, kapitalisiert werden. So wird die innerweltliche Askese zum Hebel der kapitalistischen Wirtschaft"[107].
3) Die calvinistische Prädestinationslehre sei "zu einem Antrieb wirtschaftlicher Unternehmungslust geworden"[108], weil er den "Gewinn" zwar dem individuellen Genuß entzöge, ihm aber eine religiöse Bedeutung dadurch beimesse, daß er dem Calvinisten als sichtbares Zeichen seiner Bewährung und als Beweis seiner göttlichen Erwählung diene.

2. Radbruch meint also in der Konzeption der ersten Zuchthäuser die folgenden "reformierten Ideen" wiederzufinden: die Abwertung von Bettelei und Almosen, die starke Betonung des protestantischen Berufsgedankens, die nötigenfalls zwangsweise Hinführung des Berufslosen zu einem ihm "von Gott auferlegten Beruf"[109] und die Einübung der innerweltlichen Askese durch "Brechung des Trotzes" und durch "Beugung unter das Arbeitsjoch". Die pädagogische Funktion des Zuchthauses ist dann erfüllt, "wenn es mit Gottes Hilfe gelungen ist, scheinbare 'Verstockung' zu brechen, den Menschen aus der Klammer seines Trotzes zu befreien und dadurch zu beweisen, daß er nicht zu den von Gott Verstockten und Verdammten gehöre"[110].

3. Bei kritischer Betrachtung des Radbruch'schen Aufsatzes sind folgende Feststellungen zu treffen:

1) Bei der Anwendung der Max Weber'schen Thesen auf die Entstehungsgeschichte der ersten Zuchthäuser, vor allem Bridewells, in der zweiten Hälfte des 16. Jahrhunderts, überschätzt Radbruch den Einfluß der "reformierten Ideen". Max Webers Studien beziehen sich nicht auf den *Protestantismus* des 16. Jahrhunderts, sondern auf die wirtschaftlichen und sozialen Ausdrucksformen des *Puritanismus* im 17. Jahrhundert. Die Entstehung Bridewells fällt in eine Zeit, in der in England einerseits die humanistischen Ideen zur Armenpflege (z. B. Juan Luis Vives') nachwirken und andererseits reformatorische Impulse zur Erneuerung von Kirchenverfassung, Liturgie, Predigtamt, Sakramentenlehre und Diakonat während des sehr kurzen Zeitraums zwischen 1547 und 1553 vorübergehend Resonanz finden. Auch im Hinblick auf die Amsterdamer Zuchthäuser kann nicht mit Sicherheit auf ein Wirksamwerden calvinistischen Geistes geschlossen werden: die zwangsweise Anhaltung von Bettlern und Landstreichern zur Arbeit ist in schon in früheren, nichtcalvinistisch geprägten Armenordnungen niederländischer Städte nachweisbar.[111]

2) Die Prädestinationslehre *Calvins*, die im Verlaufe des 16. und 17. Jahrhunderts vielfache Modifikationen erfahren hat, kann nicht widerspruchsfrei auf die Konzeption der ersten Zuchthäuser angewandt

werden: Wenn schon, wie Max Weber hervorhebt, kein Prediger, kein Sakrament, keine Kirche und auch kein Gott[112] dem Menschen die Gewißheit vermitteln kann, erwählt oder verworfen zu sein, wie sollte das ein systematisch organisierter Arbeitszwang je erreichen können? Das Zuchthaus als "Gnadenanstalt" wäre im puritanischen Sinne ein Widerspruch in sich selber gewesen.

3) Wäre das Zuchthaus, wie *Radbruch* annimmt, eine aus calvinistischem Geist und Ethos entstandene Einrichtung gewesen, dann hätte es primär nicht im Dienst der Hilfsbedürftigen, der Bettler und Arbeitsscheuen, sondern der Selbstverherrlichung Gottes gestanden. *Max Weber* kennzeichnet die "Unpersönlichkeit" der sozialen Organisation im Calvinismus als eine "spezifische(n) Färbung, welche die christliche >Nächstenliebe< unter dem Druck der inneren Isolierung des einzelnen durch den calvinistischen Glauben annehmen mußte"[113]. Der erwählte Christ hatte die ausschließliche Aufgabe, den Ruhm Gottes in der Welt durch Vollstreckung seiner Gebote zu mehren. Auch das diakonische Handeln im Sinne wohltätiger Betätigung innerhalb staatlicher, kirchlicher und anderer Einrichtungen, wie etwa eines Zuchthauses, hat diesem Zweck zu dienen. "Die soziale Arbeit des Calvinisten in der Welt ist lediglich Arbeit in >majorem gloriam Dei<. Diesen Charakter trägt daher auch die Berufsarbeit, welche im Dienste des diesseitigen Lebens der Gesamtheit steht"[114]. Für Bridewell zumindest war eine andere Konzeption maßgebend: hier wird -wie Grafton berichtet - das tätige Mitleid mit Gottes "armen und bedürftigen Geschöpfen" zu einem Dienst für Gott, der unmittelbar zunächst nur den Hilfebedürftigen gilt.

4) Schließlich: ein nicht zum persönlichen Konsum bestimmter Gewinn, der als "Kapital" in den Arbeitsprozeß reinvestiert werden und als objektiver Beweis für die persönliche Erwählung hätte gedeutet werden können, war in einem Zuchthaus nicht zu "erwirtschaften", weil die Züchtlinge keine selbständigen Wirtschaftssubjekte waren, die auf eigene Rechnung und eigenes Risiko produzieren und Handel treiben konnten. Eine Eingliederung der Züchtlinge in das

Erwerbsleben der vorkapitalistischen Gesellschaft konnte durch das Zuchthaus schon zu jener Zeit nicht erreicht werden.

VI. Zusammenfassung

Die Streitfrage, um deren Beantwortung es Robert von Hippel und Gotthold Bohne ging, ob die "moderne Freiheitsstrafe" mit der Gründung der ersten "Zuchthäuser" in Bridewell und Amsterdam oder schon früher in den italienischen Städten des 12.-16. Jahrhunderts begann, kann unter Berücksichtigung der Quellen und zeitgenössischen Schriften sowie der Arbeiten Hellmuth von Webers und Gerd Kleinheyers, die die Neuordnung des Armenwesens im Zeitalter des Humanismus und der Reformation betreffen, vorläufig wie folgt beantwortet werden:

1. Bridewell und Amsterdam waren zum Zeitpunkt ihrer Gründung keine Einrichtungen der Strafjustiz, sondern einer erst im Aufbau befindlichen kommunalen Armenpflege. Nicht richterlich verhängter Freiheitsentzug wegen begangener Verbrechen, sondern die klassifizierende Unterscheidung der Armen nach den Ursachen ihrer Armut führte in England wie in Holland zu einer differenzierten Behandlung derjenigen Bevölkerungsgruppe, die sozial desintegriert, ökonomisch unselbständig und ohne fremde Hilfe nicht lebensfähig waren. Was die religiöse Wurzel der Londoner Armenordnung betrifft, so geht aus dem Text von Grafton hervor, daß Nicholas Ridley unterschiedslos allen Armen, die den drei Armenklassen zugerechnet werden, die Würde des "Incognito Christi" im Sinne der Gerichtsrede Jesu: "Was ihr getan habt einem unter diesen meinen geringsten Brüdern, das habt ihr mir getan" (Mt. 25, 40 und 45) zuerkennt.

2. Bridewell bildete zusammen mit dem Christus-Hospital sowie mit den Hospitälern des Heiligen Thomas und des Heiligen Bartholomäus eine räumlich und funktional gegliederte Organisationseinheit mit gemeinsamer Verwaltung, gemeinsamer Ordnung und gemeinsamer Finanzierung. Es diente wie die drei anderen Einrichtungen der primären und sekundären Prävention vor Bettelei und Vagantentum. Präventive

Mittel waren *"Unterricht in der christlichen Religion"* und *"Tugendlehre"* für "arme Kinder" im Christus-Hospital, *Unterbringung, Krankenpflege, Ernährung und Versorgung* für die durch Unglücksfälle Verarmten in den beiden anderen Hospitälern sowie *Züchtigung* und *Arbeitszwang* für die "verschwenderischen Armen" in Bridewell. Die zuletzt genannte Personengruppe stellte eine Restkategorie derjenigen Armen dar, die für ihre Mittellosigkeit persönlich verantwortlich gemacht wurden.

a) Durch Erziehung, Unterricht und Ausbildung sollten elternlose Kinder vor künftiger Armut, Obdachlosigkeit und Nichtseßhaftigkeit bewahrt werden. Das Christus-Hospital in London wurde zum Prototypus der Waisen- und Rettungshäuser[115], die zwischen dem 17. und 19. Jahrhundert in Europa entstehen.
b) Die materielle Versorgung und Pflege alter, behinderter und schwerkranker Menschen in den beiden Hospitälern und die gewährten Hilfen in besonderen Lebenslagen für zahlungsunfähig gewordene Gewerbetreibende war dazu bestimmt, durch Sicherstellung eines bescheidenen Lebensstandards, der sich an den Einkommen vergleichbarer Bevölkerungsgruppen orientierte, ein Abgleiten dieses Personenkreises in das Bettler- und Vagantentum zu verhindern.
c) Die "verschwenderischen Armen", die von Bettelei und Prostitution lebten, obwohl sie wegen ihres Alters und ihres körperlichen Zustandes einer geregelten Arbeit nachgehen und sich ihren Lebensunterhalt selbst verdienen konnten, verloren die religiös legitimierten Privilegien der Almosenempfänger. Bettelei und "unordentliche Lebensführung" waren noch keine strafrechtlich relevanten Delikte, sondern sündhaftes, unmoralisches Handeln, das wie Prostitution und Vagantentum die sich formierende neue gesellschaftliche Ordnung störte. Die ersten Zuchthäuser des 16. Jahrhunderts dienten der mentalen Disziplinierung der nicht an regelmäßige Arbeit gewöhnten Vaganten und Arbeitsscheuen und der Einübung von Arbeitstugenden wie Fleiß, Zielstrebigkeit, Ausdauer, Gehorsam, Ordnungsliebe und Selbstzucht. Dem Rückfall in den "alten Schlendrian" sollte durch strenge

Zucht vorgebeugt werden. Zugleich fungierten die Zuchthäuser als generalpräventive Abschreckungsmittel für potentielle Müßiggänger. Im engeren Sinn handelte es sich bei den im Zuchthaus angewandten Verfahren nicht um Maßnahmen der "Besserung", wie von Hippel annimmt, sondern um Domestikation der "Undisziplinierten", durch die überhaupt erst die elementaren Voraussetzungen für eine - vielleicht beabsichtigte - Erziehung geschaffen werden konnten. Bridewell und Amsterdam sind Synonyme für Repression und Dressur, aber keinesfalls für einen "erziehenden Strafvollzug".

3. Die Zuchthäuser des 16. Jahrhunderts entstanden in politisch ungewöhnlich unruhigen Zeiten: politisch und religiös Andersdenkende wurden nicht toleriert, sondern blutig verfolgt, eingesperrt, gefoltert und meistens mit dem Tode bestraft. Inquisitionsprozesse, Tortur und öffentliche Hinrichtungen erzeugten eine Strafmentalität in der Bevölkerung, die ungeeignet war, eine neue Konzeption von Strafe und deren Verwirklichung im Sinne von "Erziehung" und "Besserung" zu fördern. An "Humanisierung" oder "Pädagogisierung" der staatlichen Strafe wurde zu jener Zeit noch nicht gedacht. Die Strafzwecke waren Abschreckung, Vergeltung und Unschädlichmachung politischer und religiöser Feinde. Im Gegensatz zu den der Strafjustiz verfallenen Delinquenten, zu denen auch zahlreiche in Staat und Kirche einflußreiche Persönlichkeiten zählten, blieb aber das sozial deklassierte Klientel von Bridewell und Amsterdam von Kapitalstrafen verschont, solange es keine Kriminaldelikte beging. "Bridewell" war nicht ein modernisierter "Tower", sondern als Stätte der Züchtigung ein Aliud gegenüber dem Typus des Staatsgefängnisses als Stätte der Tortur und der Hinrichtung.

4. Die Armenordnungen von 1553, auf deren Grundlage Bridewell eingerichtet worden war, entsprachen den in England bekannten Empfehlungen und Ratschlägen sowohl der Humanisten als auch der protestantischen Reformatoren. Sie wurden nur wenige Wochen vor dem Regierungsantritt Marias von den Ratsherren der Stadt London unter Mitwirkung Ridleys abgefaßt und von Eduard VI. gebilligt. Die

Chance, daß sie auch gemäß jenem Geist in die Praxis umgesetzt wurden, von dem sie durchdrungen waren, muß im Blick auf die blutigen "Säuberungen" im Zuge der Rekatholisierung Englands als sehr gering eingeschätzt werden.

5. Es ergeben sich damit begründete Zweifel an der Annahme Gustav Radbruchs, "daß in der Errichtung des Londoner Zuchthauses religiöse, und zwar reformierte Ideen wirksam waren"[116]:

   a) nicht die calvinistische, sondern die lutherische Lehre war während der wenigen Regierungsjahre Eduards VI. maßgeblich,
   b) die Thesen Max Webers über die "innerweltliche Askese", auf die sich Gustav Radbruch bei seiner Erklärung des geistesgeschichtlichen Ursprungs der "erziehenden Strafe" stützt, beziehen sich hauptsächlich auf den Puritanismus des 17. Jahrhunderts und gelten nicht für die besondere religiöse und kirchenpolitische Situation in England während der Regierungszeiten Eduards VI., Marias und Elisabeths I.,
   c) die calvinistische Lehre von der doppelten Prädestination bietet keine plausible Erklärung für die Konzeption einer modernen Erziehungs- und Besserungsstrafe, weil "Erziehung" in calvinistischem Verständnis weder ein Mittel zur Erlangung der Heilsgewißheit noch zur Aufhebung des göttlichen Verwerfungsurteils sein kann.

6. Bridewell und Amsterdam waren Institutionen der Armenpflege, die zum Zeitpunkt ihrer Gründung nicht in Beziehung zur Strafrechtspflege standen. Mehr als zwei Jahrhunderte lang wurde das Klientel der Armenpflege (z. B. Waisen, alleinstehende, verarmte alte Menschen, Sieche und Geisteskranke) in verschiedenen Kombinationen administrativ mit den Zucht- und Arbeitshäusern in Verbindung gebracht[117]. Erst im 19. Jahrhundert findet im Zuge der Kriminalisierung von Bettelei, Arbeitsverweigerung, Prostitution und "unsittlicher Lebensführung" eine Differenzierung des Armenklientels nach kriminalpolitischen Gesichtspunkten statt: es entstehen einerseits getrennte Einrichtungen für nichtkriminelle hilfe-und pflegebedürftige

Personengruppen, dem Zuchthaus werden andererseits gerichtlich abgeurteilte Personen zugewiesen, die sich durch eine als kriminell definierte Lebensweise strafbar gemacht hatten. Das Kriterium, das das Zuchthaus von Gefängnis, Festungshaft und Haft nach dem Reichstrafgesetzbuch von 1871 unterschied, blieb jedoch weiterhin der Arbeitszwang.

7. Unter erziehungswissenschaftlichen Gesichtspunkten stellen die ersten Zuchthäuser des 16. Jahrhunderts noch keine sozial- und straffälligenpädagogischen Einrichtungen dar.

Anmerkungen:

1. Hier sind, außer den Arbeiten Friedrich Wilhelm Foersters (Schuld und Sühne, München 1920) und Herman Nohls (Aufgaben und Wege der Sozialpädagogik, Weinheim 1965), vor allem die einschlägigen Forschungsarbeiten Albert Krebs' (s. Literaturverzeichnis) zu nennen. In den diversen "Geschichten der Pädagogik" wird das Thema nicht behandelt.

2. Max Busch, Johann Hinrich Wichern als Sozialpädagoge, 1957

3. Max Busch, Ansätze zu einer Sozial- und Straffälligenpädagogik im 19. Jahrhundert - Johann Hinrich Wichern und Adolph Diesterweg, in: Straffälligenhilfe. Aktuelle und historische Aspekte der Strafvollzugsreform durch Staat und engagierte Bürger, hrg. von Gerhard Deimling und Josef M. Häußling, Wuppertal 1977

4. Rudolf von Hippel, Beiträge zur Geschichte der Freiheitsstrafe, in: Zeitschrift für die gesamte Strafrechtswissenschaft, Bd. 18, S. 419 ff; 608 ff, Berlin 1898; ders., Deutsches Strafrecht, Bd. I, Allgemeine Grundlagen, Berlin 1925

5. Rudolf von Hippel, Die geschichtliche Entwicklung der Freiheitsstrafe, in: Erwin Bumke (Hrsg.), Deutsches Gefängniswesen. Ein Handbuch, Berlin 1928, S. 10

6. Rudolf von Hippel, Beiträge zur Geschichte der Freiheitsstrafe, Zeitschr. f. die ges. Strafrechtswissenschaft, a. a. O., Bd. 18, S. 425 f. (Hervorhebungen im Original).

7. Gustav Radbruch, Die ersten Zuchthäuser und ihr geistesgeschichtlicher Hintergrund, in: Elegantiae Juris Criminalis. Sieben Studien zur Geschichte des Strafrechts, Basel 1938, S. 38 (Hervorh. vom Verf.)

8. Gustav Radbruch, a. a. O. S. 38 (Hervorh. vom Verf.)

9. Eberhard Schmidt, Einführung in die Geschichte der deutschen Strafrechtspflege, Göttingen 1947, S. 163 f.

10. Eberhard Schmidt, a. a. O. S. 165

11. Georg Rusche/ Otto Kirchheimer, Sozialstruktur und Strafvollzug, Deutsche Ausgabe Frankfurt a. M. und Köln 1974. Zuerst erschienen unter dem Titel "Punishment and Social Structure", New York 1939. Die auf historisch ungesicherten Angaben beruhende Schrift Rusche/Kirchheimers bildet eine der Grundlagen des vollzugsgeschichtlichen Kapitels in dem Buch Thilo Eisenhardts, Strafvollzug, Stuttgart, Berlin, Köln, Mainz 1978, S. 30-33

12. Alfred James Copeland, Bridewell Royal Hospital. Past and Present. A short Account of it as Palace, Hospital, Prison, and School. With a Collection of Interesting Memoranda hitherto Unpublished, London 1888

13. Rusche/ Kirchheimer, a. a. O. S. 61 f. Beide Autoren beziehen sich an dieser Stelle auf Rudolf von Hippels "Beiträge zur Geschichte der Freiheitsstrafe". Das Gründungsdatum 1555 ist falsch.

14. Hellmuth von Weber, Die Entwicklung des Zuchthauswesens in Deutschland im 17. und 18. Jahrhundert. In: Abhandlungen zur Rechts- und Wirtschaftsgeschichte. Festschrift für Adolf Zycha zum 70. Geburtstag am 17. Oktober 1941, Weimar 1941, S. 427

15. H. v. Weber, a. a. O. S. 428

16. H. v. Weber, a. a. O. S. 433

17. H. v. Weber, a. a. O. S. 437

18. Näheres über Vives s. unten S. 12-14

19. H. v. Weber, a. a. O. S. 438

20. H. v. Weber, a. a. O. S. 440

21. H. v. Weber, a. a. O. S. 442

22. H. v. Weber, a. a. O. S. 448

23. H. v. Weber, a. a. O. S. 454

24. "Allgemeines Gesetz über Verbrechen und derselben Bestrafung" Kaiser Josephs II. aus dem Jahre 1787, das an die Stelle der Theresiana vom 31. Dezember 1768 trat.

25. H. v. Weber, a. a. O. S. 467

26. G. Kleinheyer, Freiheitsstrafen und Strafen mit Freiheitsentzug. In: Zeitschrift der Savigny-Stiftung für Rechtsgeschichte, 107. Bd., Germanistische Abteilung, Wien-Köln 1990, S. 102

27. G. Kleinheyer, a. a. O. S. 104

28. G. Kleinheyer. a. a. O. S. 106

29. G. Kleinheyer, a. a. O. S. 131.

30. Erschienen in der Zeitschrift für die gesamte Strafrechtswissenschaft, 79. Bd. (1967), S. 1-27. Wiederabdruck in: Albert Krebs, Freiheitsentzug. Entwicklung von Praxis und Theorie seit der Aufklärung, hrsg. von Heinz Müller-Dietz, Berlin 1978, S. 181-205

31. Albert Krebs, Freiheitsentzug, a. a. O. S. 205

32. Hans-Dieter Schwind, Kurzer Überblick über die Geschichte des Strafvollzugs, in: Schwind/Blau, Strafvollzug in der Praxis. Eine Einführung in die Probleme und Realitäten des Strafvollzuges und der Entlassenenhilfe, Berlin, New York 1976, S. 4 f.(Hervorh. i. Orig.). Die Jahresangabe 1555 für die Gründung Bridewells durch König Eduard VI. ist, wie noch zu zeigen sein wird, falsch.

33. Torsten Eriksson, The Reformers. An Historical Survey of Pioneer Experiments in the Treatment of Criminals", New York/ Oxford/ Amsterdam 1976, S. 11-17

34. Thorsten Sellin, Pioneering in Penology, the Amsterdam Houses of Correction in the Sixteenth and Seventeenth Centuries, Philadelphia 1944

35. Simon van der Aa, The Early History of Prison Reforms in Holland, in: Actes du congrès pénitentiaire international de Washington, Octobre 1910, vol. I (Groningen 1913), p. 487

36. Thorsten Erikson, a. a. O. S. 13

37. Hans Joachim Schneider, Kriminologie, Berlin/ New York 1987, S. 815. Seine Datierung der Gründung Bridewells auf das Jahr 1557 ist ebenfalls falsch.

38. Torsten Eriksson, a. a. O. S. 15

39. Rudolf von Hippel, a. a. O. S. 10

40. Rudolf von Hippel, a. a. O. S. 2

41. Zwangshaft

42. Untersuchungshaft und sichernde Maßnahme

43. im Rahmen der Hauszucht gegen Angehörige und Sklaven sowie gegen Kleriker nach kanonischem Strafrecht

44. opus publicum

45. Rudolf von Hippel, a. a. O. S. 4

46. Gotthold Bohne, Die Freiheitsstrafe in den italienischen Stadtrechten des 12.-16. Jahunderts, Teil I: Das Aufkommen der Freiheitsstrafe, Leipzig 1922, Teil II: Der Vollzug der Freiheitsstrafe, Leipzig 1925

47. Eberhard Schmidt in der Deutschen Literaturzeitung, Jg. 24, Heft 28, S. 2004 ff; ders., Zeitschrift für die gesamte Strafrechtswissenschaft, Bd. 45, S. 309 ff

48. Günter Seggelke, Die Entstehung der Freiheitsstrafe, Breslau 1928

49. Franz Doleisch von Dolsperg, Die Entstehung der Freiheitsstrafe unter besonderer Berücksichtigung des Auftretens moderner Freiheitsstrafe in England, Strafrechtliche Abhandlungen, Heft 244, Breslau 1928

50. Gotthold Bohne, a. a. O., Teil II, S. VIII

51. z. B. Max Weber, Die >Objektivität< sozialwissenschaftlicher und sozialpolitischer Erkenntnis, in: Max Weber, Gesammelte Aufsätze zur Wissenschaftslehre, zweite durchgesehene und ergänzte Auflage, besorgt von Johannes Winckelmann, Tübingen 1951, S. 146-214

52. Gotthold Bohne, a. a. O. S. VIII

53. Gotthold Bohne, a. a. O. S. XI

54. Günter Seggelke, a. a. O. S. 1, bestimmt "Wesen und Begrenzung der Aufgabe" seiner Abhandlung, nachdem er von Hippels Ansicht über die Entstehung "unserer modernen Freiheitsstrafe" als die "herrschende" herausgestellt hat, wie folgt: "Vor kurzem aber hat G. Bohne versucht, die Untersuchungen v. Hippels zu entkräften und das Entstehungsgebiet der modernen Freiheitsstrafe in das Recht der mittelalterlichen italienischen Statuten zu verlegen. Weiter ist Bohne der Meinung, daß die Freiheitsstrafe überhaupt zuerst in der italienischen Renaissance zur Anwendung gekommen sei. Die Prüfung dieser beiden Fragen soll die Aufgabe der folgenden Arbeit sein". Wie nicht anders zu erwarten, stellt er, in einer Anmerkung auf die oben erwähnten Kritiken Eberhard Schmidts bezugnehmend, zusammenfassend am Ende seiner Arbeit (S.153) fest, daß "Bohnes Untersuchungen die herrschende Lehre, daß die Entstehung der modernen Freiheitsstrafe in den Amsterdamer Zuchthäusern von 1595 und 1597 zu suchen sei, nicht widerlegt haben". In der im selben Jahr (1928) erschienenen Schrift Franz Doleisch von Dolspergs heißt es S. 2 f. : "Neuerdings wird nun von G. Bohne in seinem Werk über die Freiheitsstrafe in den italienischen Stadtrechten des 12.- 16. Jahrhunderts (...) eine gegenteilige Anschauung vertreten. Bohne behauptet, daß im italienischen Statutarrecht die Wurzeln unserer modernen Freiheitsstrafe liegen

und daß in der italienischen Renaissance die Freiheitsentziehung in der Form von Strafhaft überhaupt zuerst als Strafmittel Verwendung gefunden habe. Es kann schon hier mitgeteilt werden, daß Bohne für die Richtigkeit dieser beiden Behauptungen keinen genügenden Beweis erbracht hat. Er vermochte in Italien nicht eine Anstalt dieser Art nachzuweisen, die als Vorbild für die holländischen und deutschen Anstalten hätte dienen können". Die ungewöhnliche Schärfe, mit der die Arbeiten Bohnes von Seggelke, Doleisch von Dolsperg und Eberhard Schmidt kritisiert werden, läßt die Heftigkeit des Schulenstreits erkennen, der sich vermutlich nicht nur auf den Gegenstand "Entstehung der modernen Freiheitsstrafe" bezogen haben dürfte, sondern in den kontroversen Auffassungen über Sinn und Zweck der staatlichen Strafe überhaupt zu liegen scheint.

55. Siehe hierzu exemplarisch: Herman Nohl, Der Sinn der Strafe (aus dem Jahre 1925): "Es ist die entscheidende Wendung der letzten Jahrzehnte, daß man im Strafvollzug die Prävalenz der pädagogischen Funktion der Strafe erkannte. Die Erziehung ist, wenn nicht der Sinn der Strafe, so doch der Sinn des Strafvollzugs" (Hervorh. i. Orig.). In: Aufgaben und Wege der Sozialpädagogik. Vorträge und Aufsätze von Herman Nohl, Vorwort von Elisabeth Blochmann, Weinheim/ Bergstr 1965, S. 41.

56. John Howard, The State of the Prisons in England and Wales with Preliminary Observations, and an Account of some Foreign Prisons, Warrington 1777; siehe hierzu auch: Gerhard Deimling, John Howard als Wegbereiter moderner Sozial-und Straffälligenhilfe, in: Zeitschrift für Sozialhilfe und Sozialgesetzbuch, 28. Jg., Dez. 1989, S. 658-644

57. Siehe hierzu: Leopold von Ranke, Englische Geschichte vornehmlich im sechszehnten und siebzehnten Jahrhundert, I. Bd., Berlin 1859, S.224-243

58. Ranke schreibt (a. a. O. S. 238 f.) über Eduard VI.: "Er besaß nicht allein für seine Jahre sehr außerordentliche und mannigfaltige Kenntnisse; die Reliquien, die von seiner Hand übrig sind, zeugen auch von einer seltenen inneren Bildung (....).Studien und Religion aber fallen ihm zusammen: er ist durch und durch Protestant; sein größter Ehrgeiz ist, durch seinen Rang und seine Macht an der Spitze der protestantischen Welt zu stehen". Und an anderer Stelle (S.247): "Er starb mit dem Gebet, daß Gott das Land vor dem Papsttum schützen möge".

59. Leopold von Ranke bezeichnet a. a. O. S. 268 als die vier "großen Acte", die die Rekatholisierungspolitik Marias kennzeichnen die "Abschaffung des Commonprayerbook, die spanische Vermählung (mit Philipp, dem Sohn Kaiser Karls V.), die Herstellung der Obedienz gegen Rom und die Ketzergesetze".

60. Juan Luis Vives wurde 1492 als Sohn eines jüdischen Kaufmanns in Valencia geboren. In seinem Geburtsjahr wurde Granada, die letzte Bastion der Mauren auf der iberischen Halbinsel, nach elfjähriger Belagerung erorbert. Die Juden wurden aus Spanien vertrieben oder zur Taufe gezwungen. Vives Vater wurde Opfer der spanischen Inquisition. Nach seinem Studium in Paris lebte er als Privatlehrer in Brügge. 1520 wurde ihm die Lehrbefugnis an der Universität Löwen erteilt. Nach seiner Rückkehr aus England lebte er bis zu seinem Tod im Jahre 1540 in Brügge. Er stand mit den Humanisten seiner Zeit, insbesondere mit Erasmus von Rotterdam, Thomas Morus und Wilhelm Budaeus in regem geistigem Gedankenaustausch.

61. Ihr dedizierte Vives seine beiden Schriften "Institutio feminae christianae" (1523) und "De ratione studii puerilis"(1523); nachgewiesen bei Estelrich, a. a. O. S. 86

62. Über seinen Aufenthalt am Hofe und in Oxford berichtet Rudolf Heine in der Einleitung zu dem von ihm "Ausgewälten pädagogischen Schriften" Vives', Leipzig o. J., S. XVII-XXIII

63. Die Abhandlung befindet sich im vierten Band der von Gregor Majans herausgegebenen Gesamtausgabe der Werke Vives', Valencia 1783. Gedruckt erschien sie zuerst im September 1526 in Brügge, dann 1532 in Leyden und 1545 in italienischer Übersetzung in Venedig. Der vollständige Titel lautet: De subventione pauperum. Sive de humanis necessitatibus Libri II. Ad Senatum brugensem. Prior de subventione privata quid unumquemque facere oporteat. Alter de subventione publica, quod civitatem deceat. Ab autore ipso recogniti. Additae sunt annotaciunculae in calce libri, ad explicandos aliquot difficiliores locos. Nachgewiesen bei Estelrich, a. a. O. S. 104

64. Juan Luis Vives, De subventione.pauperum, I. Buch, 5. Kap., nach der Übersetzung von Wilhelm Weitzmann, Die soziale Bedeutung des Humanisten Vives (Erlanger Dissertation), Borna-Leipzig 1905, S. 4

65. Juan Luis Vives, a. a. O. S. 4

66. Juan Luis Vives, a. a. O. S. 6

67. Juan Luis Vives, a. a. O. S. 6

68. H. v. Weber, a. a. O. S. 439

69. Siehe hierzu: J. Estelrich, Vives. Exposition organisée à la Bibliothèque Nationale, Paris Janvier-Mars 1941, S. 103-106. Der Katalog enthält Angaben über mehrere Übersetzungen der Schriften Vives in Englische zu seinen Lebzeiten und nach seinem Tod. Bemerkenswert ist die Aufnahme seiner Schrift "Excitationes animi in Deum von 1535 in das Common Prayer Book Eduards VI.(Estelrich, a. a. O. S. 37). Eine englische Übersetzung seiner Abhandlung "De subventione pauperum" wird jedoch nicht nachgewiesen.

70. Eine Ausnahme macht Hellmuth von Weber, a. a. O. S. 438 und 454.

71. Zitiert nach: Gerhard Uhlhorn, Die christliche Liebestätigkeit. Unveränderter fotomechanischer Nachdruck der zweiten verbesserten Auflage von 1895, Neukirchen 1959, S. 616. Die erste Auflage erschien in drei Bänden 1882-90.

72. Im folgenden zitiert nach der Ausgabe: Martin Luther, Die reformatorischen Grundschriften in vier Bänden, Bd. 2: Reform von Theologie, Kirche und Gesellschaft. Neu übertragene und kommentierte Ausgabe von Horst Beintker, Darmstadt 1983

73. Martin Luther, a. a. O. S. 122

74. Siehe Anm. 67, oben S. 13

75. Luther lehnte die Bettelorden, zu denen Franziskaner, Dominikaner, Augustiner-Eremiten, Karmeliten und Serviten zählten, aus theologischen Gründen ab.

76. Martin Luther, a. a. O. S. 123

77. Martin Luther, a. a. O. S. 122

78. Der im folgenden zitierte Text ist ist zweifellos einer der ältesten und authentischsten Texte über die Gründung Bridewells, den Rudolf von Hippel noch nicht kannte. Von Hippel stützt sich auf die von Karl Krohne, Franz von Liszt und Aschrott zitierten englischen Schriften, die erst in der zweiten Hälfte des 19. Jahrhunderts erschienen sind. In einer Fußnote (a.a. O. S. 423) merkt er an: "Vielleicht ist ein mit den englischen Verhältnissen vertrauterer Kollege, insbesondere wenn er an Ort und Stelle arbeiten kann, in dieser Hinsicht erfolgreicher; ich würde es mit lebhafter Freude begrüßen". Der von den Herren K. Bangert und J. Kamm vom Fachbereich Sprach- und Literaturwissenschaften der Bergischen Universität-Gesamthochschule Wuppertal und von mir übersetzte Text wurde entnommen aus: Grafton's Chronicle; on, History of England. By Richard Grafton. To which is added His Table of the Bailiffs, Sherriffs, and Mayors of the City of London. From the Year 1189, to 1558, inclusive. In two Volumes. Vol. I., London 1809. Den Übersetzern sei an dieser Stelle für ihre wertvolle Hilfe herzlich gedankt. - Richard Graftons Geburtsjahr ist nach dem "Dictionary of National Biography. Founded in 1882 by George Smith. Edited by Sir Leslie Stephen and Sir Sidney Lee, Volume VIII, London 1917" (S. 310-312) unbekannt. Er starb etwa 1572. Er war Verfasser von Chroniken und betrieb eine der größten Londoner Druckereien. Er druckte 1535 die erste englische Bibel in der Übersetzung von Coverdale. 1549 druckte er die erste Auflage des Book of Common Prayer und gab 1552-1553 die Actes of Parliament heraus. Bemerkenswert ist die Mitteilung, daß Grafton seine Druckerei seit 1540 innerhalb der Anlagen des aufgehobenen Klosters der Grey Friars (Franziskaner) in unmittelbarer Nachbarschaft Bridewells betrieb, das später "Christ's Hospital" genannt wurde. 1560 wird er als "Chief master of Christ's Hospital" bezeichnet. Weil er die Königsproklamation der Lady Jane Grey gedruckt hatte, fiel er bei Königin Maria in Ungnade und verbrachte einige Wochen im Gefängnis. Nachdem er sich mit ihr arrangiert hatte, war er 1553/54 und 1556/57 Member of Parliament für London. 1562/63 vertrat er Coventry im Parlament. 1559 und 1560 wird er als "Master of Bridewell Hospital" erwähnt.

79. Grafton bezieht sich auf die Hinrichtung von Thomas Seymour, des Herzogs von Somerset, die nach seinen Angaben am 26. Februar 1551 vollzogen wurde. Folgt man dieser Datierung, könnte das Gespräch zwischen Eduard VI. und Ridley im Frühjahr 1551 stattgefunden haben.

80. Bei Grafton: "such as were in aucthoritie".

81. d. i. Thomas Seymour

82. Im Jahr 1551 waren John Lambert und John Cowper Sheriffs und Richard Dabbes (andere Schreibweise: Dobbs) Lord Mayor of the City of London.

83. bei Grafton: "impotencie"; gemeint sind die Armen, die aufgrund körperlicher Schwäche noch nicht oder nicht mehr arbeitsfähig sind.

84. bei Grafton: "poor by casualtie"

85. bei Grafton: "householder"

86. bei Grafton: "thriftless poor"

87. bei Grafton: "rioter"

88. Bridewell befand sich in einem Winkel am Rande der damaligen Stadt London, der von der Themse und der Mündung des Fleet gebildet wurde. 1522 ließ Heinrich VIII. das Schloß für den Besuch Kaiser Karls V. herrichten. Dieser aber zog es vor, im nahegelegenen Kloster der Dominikaner zu wohnen. 1528 und in den folgenden Jahren residierte Heinrich VIII. in Bridewell. 1525 fand in dem Palast eine Sitzung des Parlaments statt. Später wurde der Westflügel dem Bischof von Salesbury überlassen, der andere Teil des Gebäudes war dem Verfall preisgegeben. Siehe hierzu: A. J. Copeland, a. a. O. S. 3-9

89. bei Grafton: "infection"

90. Neben der Kanzel in der Kapelle von Bridewell fand sich (nach A. J. Copeland, a. a. O. S. 35) im 17. Jahrhundert die folgende Widmung."This Edward of fair memory the Sixth,In whom with greatness, goodness was commixt, Gave this Bridewell, a palace in old time,For a chastising house of vagrant crime"

91. damit ist der ehemalige königliche Palast Bridewell gemeint

92. Heinrich VII. regierte von 1485-1509

93. Eduard VI. wäre im Oktober desselben Jahres erst 15 Jahre alt geworden.

94. nach Grafton's Chronicle starb Eduard VI. am 6. Juli 1553; demnach wurde die Armenordnung vermutlich am 3. oder 4. Juli 1553 beschlossen. John Howard (The State of the Prisons, a. a. O. S. 178) datiert die Übergabe des Palasts von Bridewell durch Eduard VI. an die Stadt London auf das Jahr 1552.

95. Grafton's Chronicle, a. a. O. S. 535

96. gemeint ist Maria, die Katholische, die nach Grafton am 20. Juli 1553 in London zur Königin proklamiert worden war.

97. Gustav Radbruch, a. a. O. S. 38-49

98. Max Weber, Die protestantische Ethik und der Geist des Kapitalismus. In: Gesammelte Aufsätze zur Religionssoziologie, Bd. I, 5., photomechanisch gedruckte Auflage, Tübingen 1963, S. 17-206

99. Gustav Radbruch, a. a. O. S. 38

100. Radbruch benutzt den Terminus "reformiert" im Sinne von "calvinistisch". Er befindet sich dabei jedoch nicht in Übereinstimmung mit Max Webers Definitionen und Klarstellungen (s. z. B. Max Weber, a.a.O. S. 83). Vor allem läßt er außeracht, daß Weber die idealtypische Ausprägung des Calvinismus im "Puritanismus" sieht, der erst im Laufe des 17. Jahrhunderts entsteht und der "die asketisch gerichteten religiösen Bewegungen in Holland und England, ohne Unterschied der Kirchenverfassungsprogramme und Dogmen, also mit Einschluß der >Independenten<, Kongretationalisten, Baptisten, Mennoniten und Quäker" (Max Weber, a. a. O. S. 85) einschließt. Daß ">reformiert< ...natürlich keineswegs identisch mit >calvinistisch< ist", wird von Max Weber (a.a.O. S. 89, Fußnote 1), ausdrücklich konstatiert. Radbruch übersieht möglicherweise, daß schon die Confessio Augustana (1530), die lutherische Bekenntnisschrift der ersten Hälfte des 16. Jahrhunderts, den Terminus "reformiert" zur Bezeichnung der aus dem Papsttum herausgeführten und erneuerten Kirche lutherischen Bekenntnisses verwendet.

101. Gustav Radbruch, a. a. O. S. 45

102. Gustav Radbruch, a. a. O. S. 46, Hervorhebung vom Verf.

103. Auch Eberhard Schmidt folgt dieser Deutung Radbruchs, wenn er schreibt: "Aus calvinistischem Geist vollzog sich im 16. Jahrhundert ein Wandel in der Auffassung von Bettelei, Armut und Almosengeben. (....) Calvinistische Berufs- und Arbeitsethik verlangt strenge Bekämpfung von Bettel und Armut mittels Arbeitsbeschaffung, ja Arbeitszwang. Wer verarmt und bettelnd von der Arbeit anderer leben will, hat offenbar Gottes Ruf zur Arbeit, zu der in ihr gesehenen 'innerweltlichen Askese' nicht hören wollen; er muß durch Arbeitszwang, durch Beugung unter hartes Arbeitsjoch in den Zustand eines rechten Verhältnisses zu Arbeit und Berufspflichten und damit zu Gott gezwungen werden. Dem sollten diese Zucht- und Spinnhäuser dienen mit ihrer anstrengenden, nützlichen Arbeit, ihrer strengen Disziplin, ihrer peinlichen Sauberkeit, ihrer Anhaltung zum Gebet und dem ganzen, von vornehmen Bürgern und Bürgerinnen verantwortungsvoll überwachten Anstaltsbetrieb". Siehe hierzu: Eberhard Schmidt, Zuchthäuser und Gefängnisse. Zwei Vorträge, Göttingen, o. J., S. 6 f.

104. Bremen kann im 16. und frühen 17. Jahrhundert nicht uneingeschränkt als "reformiert" bezeichnet werden. Siehe hierzu den Artikel "Bremen" in RGG, Bd. 1, Sp. 1395-1397.

105. Gustav Radbruch, a. a. O. S. 47-48

106. Gustav Radbruch, a. a. O. S. 47

107. Gustav Radbruch, a. a. O. S. 47

108. Gustav Radbruch, a. a. O. S. 48

109. Gustav Radbruch, a. a. O. S. 48

110. Gustav Radbruch, a. a. O. S. 48 f.

111. So z. B. in Ypern (1525), Brügge (1526 und 1562). Siehe hierzu: Gerhard Uhlhorn, Die christliche Liebestätigkeit, a. a. O. S. 614-624

112. Max Weber, a. a. O. S. 94

113. Max Weber, a. a. O. S. 99

114. Max Weber, a. a. O. S. 100

115. z. B. das Halle' sche Waisenhaus von August Hermann Francke, der Lutherhof Johann Daniel Falks in Weimar, die Rettungsanstalt Adelberdt von der Recke-Volmersteins in Düsseltal, das Rettungshaus Christian Heinrich Zellers in Beuggen oder das Rauhe Haus Johann Hinrich Wicherns in Hamburg-Horn

116. Gustav Radbruch, a. a. O. S. 46

117. Aufschlußreich sind die Aufzählungen und Beschreibungen der verschiedenen Landarmen-, Zucht-, Arbeits-, Invaliden- und Waisenhäuser bei P. J. Marperger, Wohlmeynende Gedancken über die Versorgung der Armen, Halle 1735, S. 97-142. Siehe hierzu auch: Dieter Jetter, Grundzüge der Hospital-Geschichte, Darmstadt 1973

Literatur:

Gotthold Bohne, Die Freiheitsstrafe in den italienischen Stadtrechten des 12.- 16. Jahrhunderts. Teil I: Das Aufkommen der Freiheitsstrafe, Leipzig 1922; Teil II: Der Vollzug der Freiheitsstrafe, Leipzig 1925

Max Busch, Johann Hinrich Wichern als Sozialpädagoge, 1957

Max Busch, Ansätze zu einer Sozial- und Straffälligenpädagogik im 19. Jahrhundert - Johann Hinrich Wichern und Adolph Diesterweg. In: Straffälligenhilfe. Aktuelle und historische Aspekte der Strafvollzugsreform durch Staat und engagierte Bürger, hrg. von Gerhard Deimling und Joseph M. Häußling, Wuppertal 1977

Alfred James Copeland, F.S.A., Bridewell Royal Hospital. Past and Present. A short Account of it as Palace, Hospital, Prison, and School. With a Collection of Interesting Memoranda hitherto Unpublished, London 1888

Gerhard Deimling, John Howard als Wegbereiter moderner Sozial-und Straffälligenhilfe. In: Zeitschrift für Sozialhilfe und Sozialgesetzbuch, 28. Jg., Dez. 1989, S. 638-644

Dictionary of National Biography. Founded in 1882 by George Smith. Edited by Sir Leslie Stephen and Sir Sidney Lee. From the Earliest Times to 1900, Volume VIII, London 1917

Die Religion in Geschichte und Gegenwart, 3., völlig neubearbeitete Auflage, Ungekürzte Studienausgabe, Tübingen 1986 (RGG)

Franz Doleisch v. Dolsperg, Die Entstehung der Freiheitsstrafe. Strafrechtliche Abhandlungen, hrsg. von August Schoetensack, Heft 244, Breslau 1928

Thilo Eisenhardt, Strafvollzug, Stuttgart, Berlin, Köln, Mainz 1978

Torsten Erikson, The Reformers. An Historical Survey of Pioneer Experiments in the Treatment of Criminals, New York/ Amsterdam 1976

Juan Estelrich, Vives. Exposition organisée à la Bibliothèque Nationale, Paris Janvier-Mars 1941

Grafton's Chronicle; or, History of England. To which is added his Table of the Bailiffs, Sheriffs, and Mayors, of the City of London. From the year 1189, to 1558, inclusive. In two volumes. Vol. II., London 1809. Original Title: A Chronicle At Large, and Mere History of the Affayres of Englande, And Kinges of the Same, Deduced from the Creation of the Worlde, Unto the First Habitation of Thys Islande: and so by Contynuance Unto the First Yere of the Reigne of Our Most Deere And Sovereigne Lady Queene Elizabeth: Collected out of Sundry Aucthors, Whose Names are Expressed in the Next Page of this Leafe. Anno Domini 1569. Cum priuilegio.

Rudolf von Hippel, Die geschichtliche Entwicklung der Freiheitsstrafe, in: Erwin Bumke (Hrsg.), Deutsches Gefängniswesen. Ein Handbuch, Berlin 1928

Michael Ignatieff, A Just Measure of Pain. The Penitentiary in the Industrial Revolution 1750-1850, London and Basingstoke 1978

Dieter Jetter, Grundzüge der Hospital-Geschichte, Darmstadt 1973

Gerd Kleinheyer, Freiheitsstrafen und Strafen mit Freiheitsentzug, in: Zeitschrift der Savigny-Stiftung für Rechtsgeschichte, hrsg. von Th. Mayer-Maly et al., 117. Bd., Wien-Köln 1990

Albert Krebs, Die Aufgabe des Freiheitsstrafvollzuges. Ideen-und begriffsgeschichtliche Bemerkungen, in: Heinz Müller-Dietz (Hrsg.), Freiheitsentzug. Entwicklung von Praxis und Theorie seit der Aufklärung, Berlin 1978

Martin Luther, An den christlichen Adel deutscher Nation von des christlichen Standes Besserung (1520), in: Martin Luther, Die reformatorischen Grundschriften in vier Bänden, Bd. II, Reform von Theologie, Kirche und Gesellschaft. Neu übertragene und kommentierte Ausgabe von Horst Beintker, Darmstadt 1983

P. J. Marperger, Wohlmeynende Gedancken über die Versorgung der Armen, wes Standts, Alters, Leibs- und Unglücks-Constitution nach selbige auch seyn mögen. Fotomechanischer Neudruck der Originalausgabe 1733 nach dem Exemplar der Universitätsbibliothek Halle , Leipzig 1977

Gustav Radbruch, Elegantiae Juris Criminalis. Sieben Studien zur Geschichte des Strafrechts, Basel 1938

Leopold von Ranke, Englische Geschichte vornehmlich im sechszehnten und siebzehnten Jahrhundert, Erster Band, Berlin 1859

Otto Rusche/ Georg Kirchheimer, Sozialstruktur und Strafvollzug, Frankfurt a. M. und Köln 1974. Zuerst New York 1939: "Punishment and Social Structure"

Eberhard Schmidt, Einführung in die Geschichte der deutschen Strafrechtspflege, Göttingen 1947

Hans Joachim Schneider, Kriminologie, Berlin/ New York 1987

Hans-Dieter Schwind; Kurzer Überblick über die Geschichte des Strafvollzuges, in: Schwind/ Blau, Strafvollzug in der Praxis. Eine Einführung in die Realitäten des Strafvollzuges und der Entlassenenhilfe, Berlin, New York 1976

Günter Seggelke, Die Entstehung der Freiheitsstrafe. Strafrechtliche Abhandlungen, hrsg. von August Schoetensack, Heft 242, Breslau 1928

Sir Leslie Stephen and Sidney Lee (Ed.), The Dictionary of National Biography. Founded in 1882 by George Smith, Vol. VIII, London (published since 1917)

Gerhard Uhlhorn, Die christliche Liebestätigkeit. Unveränderter fotomechanischer Nachdruck der zweiten verbesserten Auflage von 1895, Neukirchen 1959

Juan Luis Vives, De subventione pauperum. Sive de humanis necessitatibus Libri II. Ad Senatum brugensem, Brugis 1526

Wilhelm Emil Wahlberg, Das Princip der Individualisirung in der Strafrechtspflege, Wien 1869

Max Weber, Gesammelte Aufsätze zur Wissenschaftslehre, Zweite durchgesehene und ergänzte Auflage, besorgt von Johannes Winckelmann, Tübingen 1951

Max Weber, Die protestantische Ethik und der Geist des Kapitalismus, in: Max Weber, Gesammelte Aufsätze zur Religionssoziologie, Bd. 1, 5., photomechanisch gedruckte Aufl., Tübingen 1963

Hellmuth von Weber, Die Entwicklung des Zuchthauswesens in Deutschland im 17. und 18. Jahrhundert. In: Abhandlungen zur Rechts- und Wirtschaftsgeschichte. Festschrift für Adolf Zycha zum 70. Geburtstag am 17. Oktober 1941, Weimar 1941, S. 427-468

Wilhelm Weitzmann, Die soziale Bedeutung des Humanisten Vives, Leipzig 1905

Le rôle de la faute antérieure dans le fondement de la responsabilité pénale*

Jacques Léauté †

La notion d'imputabilité pénale a mal vieilli. Elle ne concorde plus avec le droit positif parce qu'elle ne tient pas assez compte de la place prise par la faute antérieure dans le fondement de la responsabilité pénale. La reconnaissance de cette place n'est pas seulement utile au renouveau de la synthèse des règles juridiques en vigueur. Curieusement, elle peut aussi réduire par ailleurs les raisons de l'opposition des pénalistes et des criminologues au sujet du libre arbitre et du déterminisme.

Imputabilité et culpabilité sont les deux composantes de la responsabilité pénale selon la théorie classique.

Première de ces composantes, l'imputabilité est l'existence de la liberté morale de l'auteur de l'infraction au moment où il commet son acte. Le sujet ne pénètre à l'intérieur du droit pénal qu'à la condition d'avoir joui d'un pouvoir d'opter entre le défendu et le permis. Pour répondre du passage par la voie interdite, à l'embranchement des chemins, il faut avoir eu la faculté de prendre l'autre route et n'en avoir pas usé. L'imputabilité n'est d'ailleurs pas seulement la nécessité du libre arbitre. Elle est en outre la présomption légale de l'existence de ce libre arbitre chez tous les êtres humains, présomption essentielle à la conception occidentale de la responsabilité pénale. Chaque individu est réputé doté de liberté morale, sauf preuve contraire. Dans un procès déterminé, pour réussir à détruire cette présomption légale, le droit exige le succès

---

* Jacques Léauté (Paris) hat noch bei der Festakademie für Max Busch anläßlich von dessen 70. Geburtstag am 3.12.1992 mitgewirkt. In Erinnerung an seine Gespräche mit Max Busch über die Bedeutung der "inneren Tatseite" für das materielle Strafrecht, das Strafprozeßrecht und vor allem aber die individuelle Behandlung im Strafvollzug, hat er dem Herausgeber, noch vor seinem eigenen Tod am 17.2.94, diesen Text zum Gedächtnis an seinen Freund Max Busch zukommen lassen.

de la démonstration inverse, qu'une cause de non-imputabilité a supprimé la liberté morale. A la différence de ce qui a lieu au sujet d'une autre présomption légale, la présomption d'innocence, le doute ici ne profite pas à l'accusé. Le doute sur l'étendue du libre arbitre ne met pas à l'abri d'une condamnation. Tout au plus devient-il une raison, peut-être, d'accorder le bénéfice des circonstances atténuantes.

Seconde composante, la culpabilité réside dans l'usage délictueux fait par le délinquant de sa liberté morale. Elle constitue l'étendue de la faute et commande la peine, qui est le prix dont elle se paye et par laquelle elle s'expie. La culpabilité est une notion nuancée, qui va de la faute la plus légère à la plus grave, à travers tous les degrés du libre arbitre et toutes les étapes du cheminement délictueux. En théorie, il ne peut pas y avoir de culpabilité sans imputabilité parce que, dans un système de responsabilité basé uniquement sur la faute, la culpabilité ne se concoit pas sans un minimum de choix. Qu'il s'agisse de faute personnelle directe, consistant dans l'accomplissement matériel d'un acte pénalement interdit, ou de faute personnelle indirecte, source de la responsabilité pénale pour autrui et résidant dans une faute personnelle de choix ou de surveillance d'autrui, ici et là, ce poids de la faute se juge non seulement par rapport à l'état du délinquant au temps de son infraction, mais en considérant aussi l'enchevêtrement des circonstances antérieures qui ont progressivement mené jusqu'au délit. Son appréciation oblige à regarder le passé pour la raison que l'acte criminel s'inscrit dans la suite de ce que le sujet a été auparavant. Dans le réquisitoire du ministère public, dans la plaidoirie de la défense, durant le délibéré, référence est faite au processus par lequel l'accusé ou le prévenu a peu à peu rompu les ponts avec l'honnêteté et orienté sa conduite vers son crime ou son délit. L'instant de l'infraction n'est pas coupé de la chaîne des instants précédents.

Le vieillissement de la notion d'imputabilité ne concerne pas, bien entendu, la présomption légale de liberté morale, qui fait partie des attributs de la dignité humaine et dont l'affirmation est plus nécessaire que jamais. Il a trait à la condition d'instantanéité dont dépend en principe l'imputabilité. A la différence de la culpabilité, l'imputabilité se constate uniquement sur le vu d'un cliché instantané pris au moment de l'infraction tentée ou consommée. Les images antérieures des états mentaux et des circonstances extérieures précédentes ne sont pas à regarder du moment qu'elles ne sont pas les mêmes que celles de la situation à l'instant du passage à l'acte. Seules ces dernières comptent. Cette conception découle d'une interprétation traditionnelle de l'art. 64 c. pén., article aux termes duquel "il n'y a ni crime, ni délit, lorsque le prévenu était en état de démence au temps de l'action, ou lorsqu'il a été contraint par une force à laquelle il n'a pas pu résister". Elle s'est déduite a contrario des deux causes de non-imputabilité établies par cet article. L'imputabilité est l'état d'un prévenu dont la conscience au moment de l'acte criminel n'a pas été obscurcie ou supprimée par la démence et dont la volonté au même moment n'a pas été paralysée par la contrainte. L'art. 64 ne mentionne aucun rôle attribué à la faute antérieure dans la perte du pouvoir de choisir, au moment de l'infraction, entre ce qui est licite et ce qui est interdit.

Il est en contradiction sur ce point avec le droit positif contemporain, qui admet en réalité, dans tous les cas nécessaires, la responsabilité pénale de personnes pourtant privées de liberté morale au moment de leur infraction, quand la privation à ce moment, c'est à dire quand la non-imputabilité au temps de l'action, est l'effet direct d'une faute antérieure de celles-ci.

La contradiction est manifeste dans deux cas au moins. Le premier est celui de l'ivresse. Certains criminels boivent de l'alcool afin de se donner le courage (si le mot courage peut être employé) de commettre un crime qu'ils se sentent sinon trop faibles pour commettre. L'alcool les rend ivres au moment du crime. Au regard de la psychiatrie judiciaire, l'absence de conscience et de volonté sous l'effet de l'alcool à cet instant est une forme de démence au sens juridique du mot. L'homme ivre se trouve dans la situation de démence prévue par l'art. 64, qui devrait, en principe, exclure toute imputabilité. Pourtant les juges du fond punissent souvent les personnes en cause. Ils les font répondre de la faute ayant consisté à boire intentionnellement de l'alcool avant l'infraction parce que cette faute de leur part a libéré le frein retenant jusque-là leurs impulsions. La Cour de cassation laisse faire les juridictions de fond, car elle considère qu'il s'agit là d'une question échappant à son contrôle. Le second cas manifeste se trouve dans certains états de nécessité. Le rôle de la faute antérieure est aussi grand que dans le cas de l'ivresse, mais la terminologie et les catégories juridiques employées sont différentes. Les délinquants se trouvent alors dans une situation de conflit insoluble entre deux devoirs moraux et légaux par suite de leur propre faute antérieure. Sans le vouloir, mais aussi sans prendre les précautions recquises afin d'écarter l'évènement, c'est à dire imprudemment, négligemment, ils ont laissé se créer une situation dont ils ne peuvent plus sortir ensuite sans violer la loi pénale. L'état de nécessité au moment de l'infraction, dans lequel ils se sont mis, est leur faute. Depuis 1958, la Cour de cassation admet l'état de nécessité comme fait justificatif autonome à condition, toutefois, que le dilemme qui enferme moralement la personne n'ait pas pour source sa faute antérieure. Si elle est au contraire relevée, cette faute antérieure exclut l'état de nécessité et rend son auteur responsable.

Deux différences séparent le cas de l'ivresse et celui de la nécessité. Dans le premier la faute antérieure génératrice de culpabilité a été intentionnelle; dans le second cette faute ne réside que dans une imprudence, une négligence. Cette première différence n'exclut pas la parenté des deux situations quant au rôle de la faute antérieure, car la frontière entre la faute intentionnelle et la faute involontaire n'est pas aussi tranchée en fait qu'en théorie. A la limite de leurs domaines respectifs existe une zone intermédiaire dans laquelle se produisent des imprudences et des négligences presque intentionnelles, zone de dols éventuels où, par exemple, une personne boit de l'alcool non pas absolument pour se donner la force de commettre une infraction, mais en sachant qu'elle est menacée de devenir cpable de délinquance, voire de criminalité en état d'intoxication alcoolique.

L'autre différence se rapporte à la technique juridique. L'état de nécessité n'appartient pas à la catégorie des causes de non-culpabilité. Il ne se confond pas avec la contrainte de l'art.64, mais fait partie des faits justificatifs généraux. La distinction cependant n'est pas si fondamentale qu'elle doive rester éternelle. L'avant-projet de Code pénal l'abandonne. Elle appartient à ces différences que les nécessités pédagogiques de l'initiation juridique amènent les auteurs à établir, mais qui ne sont que des manières théoriques de découper une réalité unique. Les faits justificatifs généraux, légitime défense, ordre de la loi, état de nécessité, suppriment le libre arbitre au moment de l'infraction à l'instar des causes de non-culpabilité (avec cette nuance qu'ils suppriment aussi, et par ailleurs, eux seuls, l'élément illégal de l'infraction).

Les deux cas de l'ivresse et de l'état de nécessité ne sont que les plus manifestes. De multiples autres se constatent au cours d'un recensement qui n'est sans doute pas exhaustif. Ainsi en est-il de la contrainte visée par le même art. 64. Disposant qu'il n'y a ni crime, ni délit lorsque le prévenu a été contraint par une force à laquelle il n'a pu résister, l'art. 64 c. pén. implique qu'il y ait, au contraire, crime ou délit lorsque le prévenu aurait pu résister à cette contrainte par une conduite antérieure différente. La faute antérieure intervient aussi dans le cadre de la légitime défense, laquelle cesse d'être un fait justificatif si l'attaque de l'adversaire est elle-même légitime, parce que la personne attaquée se trouve en faute, tel un criminel qu'un mandat d'arrêt ordonne à la police ou à la gendarmerie de capturer. La faute antérieure tient aussi son rôle dans l'ordre de la loi et le commandement de l'autorité légitime quand l'ordre est manifestement illégal ou quand l'autorité de qui émane le commandement est manifestement illégitime, avec la différence que la faute antérieure exclusive du fait justificatif peut être celle d'un autre, celle d'un supérieur ayant autorité sur le subordonné. La faute antérieure est, par ailleurs, incriminée dans les délits d'homicide et de coups et blessures involontaires, où la faute d'imprudence, de négligence ou d'inobservation des règlements se situe généralement avant le fait matériel de l'accident et consiste à n'avoir pas pris, au moment utile, les précautions qui auraient évitées plus tard les blessures ou le décès. Le prévenu perd ensuite le contrôle de l'action génératrice de l'accident, mais n'en est pas moins responsable. La prise en compte d'une faute antérieure explique également la responsabilité pénale des chefs d'entreprise pour les accidents du travail. Une faute personnelle antérieure attribuée à l'employeur y fonde la responsabilité.

La réalité juridique est donc que, de nos jours, l'existence d'instantanéité de l'art. 64 comporte une exception importante: toutes les fois que l'état de non-imputabilité au temps de l'action résulte, directement, d'une faute antérieure, cet état n'empêche pas la seconde composante de la responsabilité pénale qu'est la culpabilité d'exister. L'exception dépasse le cadre de l'art. 64 et celui des deux seules causes de non-imputabilité énoncées par ce texte. Elle s'étend à toutes les causes de non-imputabilté déclenchées par une faute personnelle antérieure dans un rapport de causalité directe entre cette faute personnelle et la non-imputabilité.[1] Elle joue même hors de ces dernières causes, à l'intérieur de l'élément psychologique d'une catégorie d'infractions, celles des délits et contraventions involontaires.

Le renouveau proposé de la notion d'imputabilité consiste à affaiblir la condition d'instantanéité par l'insertion de la réserve constituée par le rôle de la faute antérieure. L'avant-projet de code péanal n'a pas inscrit pareille disposition dans l'art. 40, destiné à remplacer l'art.64 du code actuel. L'art. 40 se borne à déclarer non punissable celui qui n'avait pas de discernement ou de contrôle au moment de l'infraction. Les art. 41 à 45 en font autant à propos des autres causes de non-responsabilité. Il est suggéré d'ajouter un article 45-I à l'avant-projet actuel, selon lequel les articles précédents seraient déclarés applicables "sauf si l'absence d'imputabilité au moment de l'acte a pour cause directe une faute antérieure du prévenu".

La consécration du rôle de la faute antérieure supprimerait les principaux griefs respectifs des pénalistes et des criminologues les uns envers les autres[2]. Certains pénalistes pensent que la criminologie est restée déterministe, ainsi qu'elle l'était dans l'esprit de Lombroso il y a plus d'un siècle. Ils soutiennent que la prise en considération des constatations de cette discipline par le droit pénal serait incompatible avec la présomption de libre arbitre sur laquelle repose l'imputabilité pénale. Ils croient qu'elle nuirait à la répression en portant atteinte aux fondements de cette responsabilité.

La critique des criminologues envers les pénalistes n'est pas moins fondamentale. Nombre d'entre eux estiment que le droit pénal s'écarte de la réalité criminelle en postulant la liberté morale de tous les êtres humains an moment de leurs actes, sauf démence, contrainte, légitime défense, ordre de la loi ou état de nécessité. En réalité, les cas de liberté morale aliénée sont beaucoup plus nombreux. En les négligeant, le droit pénal répute, par fiction, imputables au moment de leur infraction des personnes qui, psychologiquement ou psychiatriquement, ne le sont pas à cet instant. Dans de tels cas, fréquemment, les personnes sont déjà trop avancées sur la voie de la délinquance pour être encore capables de s'arrêter avant de passer à l'acte. Elles ont fait trop de route sur l'iter criminis. Au cours d'une des soirées qu'il organisait chez lui, le philosophe existentialiste chrétien Grabriel Marcel a comparé la situation de ces criminels à celle de certains trains avant un accident de chemin de fer. Engagés sur la voie qui mènent à la collision, lancés à trop grande vitesse, ces trains n'ont plus de chance de s'arrêter à temps. Il faudrait des kilomètres pour stopper le convoi et l'obstacle ne se trouve qu'à quelques centaines de mètres. Le tort est de maintenir la fiction de liberté morale à ce moment dans de tels cas. L'accident est alors inévitable.

La réconciliation entre les pénalistes et les criminologues est possible parce que la criminologie a renoncé depuis longtemps au déterminisme de Lombroso, qui n'a d'ailleurs pas été celui de tous les criminologues, même au début de cette discipline où l'école francaise du milieu social refusait pareil fatalisme. Il est souhaitable que les pénalistes soient persuadés que les criminologues ne négligent plus le rôle de la volonté individuelle. La comparaison avec le train lancé sur les rails n'est qu'approximative. Gabriel Marcel refusait de voir dans les criminels les servants du déterminisme. Les sciences humaines ne prennent plus les personnes pour des résultantes de forces extérieures, ricochant comme des boules inertes sur les bandes d'un billard selon la force et la direction du mouvement donné par le partenaire dont c'est le tour de jouer. Une des caractéristiques de la criminologie, depuis notamment les travaux de Matza[3], est de mettre, au contraire, l'accent sur le fait que le criminel ne devient pas l'auteur d'actes délictueux par contagion, mais par l'effet d'une volonté, qui est la réplique en mal de ce qu'est en bien une conversion. L'intention devient un des paramètres de l'équation criminologique. Elle se joint aux facteurs individuels et sociaux dans une interaction complexe où le passé et le présent, le hasard et le choix, les liens sociaux et la liberté personnelle se cumulent pour entraîner la décision et expliquer le comportement, à l'issue d'un déroulement qui rapproche d'ailleurs la prise de décision criminelle de la prise de nombreuses autres décisions de la vie en général. Le symbole de la balance judiciaire ne convient pas seulement au droit pénal. Il illustre aussi l'analyse criminologique qui, dans le faisceau des causes ayant conduit le criminel à son crime, pèse le poids de la volonté parmi les autres facteurs de passage à l'acte.

Les criminologues ne sont déterministes qu'à la fin du parcours de certains trains lancés à grande vitesse. Ils considèrent que la liberté morale est une valeur qui se conserve ou qui se perd selon l'usage de celui qui en jouit. Certains processus criminels sont, étape par étape, des pertes de liberté, et il ne faut pas considérer seulement la situation à l'arrivée. La liberté morale qui existait au départ a la même importance dans l'hispoire d'une chute. C'est ici qu'intervient en criminologie le rôle de la faute antérieure. Les responsabilités ne peuvent s'appécier qu'en remontant à la faute d'aiguillage cause de la présence du train sur la voie, ou en s'attachant à la vitesse trop grande, origine différée des décès et des blessures.

La faute antérieure n'est d'ailleurs pas toujours intentionnelle. L'enclenchement fatal de l'aiguillage n'est pas universellement une manifestation de volonté destinée et apte à produire cet effet. L'excès de vitesse d'une locomotrice peut être du à une négligence du conducteur. Le train peut même s'être engagé sur la mauvaise voie sans erreur d'aiguillage et sans vitesse excessive disait Gabriel Marcel. Si les boutons des rails sur les traverses ont été mal serrés quand ils ont été vissés; l'éventualité existe que le convoi, par l'inertie de sa masse, continue tout droit dans la mauvaise voie au lieu de prendre la courbe de l'aiguillage qui l'aurait placé sur le bon chemin. De la faute antérieure intentionnelle à l'acte involontaire, la gamme existe pour le criminologue comme pour le juriste. Les juristes, de leur côté, peuvent admettre que la liberté morale constitutive de l'imputabilité disparaisse en fait plus souvent que ne l'exprime l'article 64 du code actuel, du moment que la disparition n'empêche pas la responsabilité à cause du relais pris par la faute antérieure qui en est génératrice.

Il n'y a qu'une réalité humaine. L'écran qui avait été mis sur la faute antérieure dans la définition de l'imputabilité empêchait de la rendre commune aux pénalistes et aux criminologues. L'obstacle s'en va si l'écran est retiré. Toutes les autres causes de malentendu ne sont pas, pour autant, effacées. Du moins peut-on constater que, pour la criminologie et pour le droit pénal, la conciliation entre le libre arbitre et la fatalité progresse par la considération des mutations morales et psychologiques individuelles associées à l'écoulement du temps.

Anmerkungen:

1. C'est par fiction que la minorité pénale se trouve rangée en doctrine parmi les causes de non-imputabilité. L'effet de la minorité n'est pas toujours d'empêcher la conscience et la volonté. Il est seulement de placer le mineur hors de portée des peines proprement dites, non par nature, mais par la volonté du législateur et sauf application de l'art. 2, al. 2, de l'ordonnance du 2 févr. 1945 sur l'enfance délinquante.

2. Cette question faisait l'objet de la préface collective publiée en 1961, La responsabilité pénale, Travaux du colloque de philosophie pénale, 12-21 janvier 1959, Institut de sciences criminelles de Strasbourg, Annales de la Faculté de droit de Strasbourg, Dalloz, préface et postface de J. Léauté. La postface s'intitulait "Entracte", annoncant une suite dont la présente étude constitue un des éléments.

3. Criminologue américain, auteur du livre célèbre Becoming Deviant, Prentice-Hall, Englewood Cliffs, New Jersey, 1969.

Erziehung und Sozialisation in der Zunft des frühen 19. Jahrhunderts

Jürgen Brand

Auch in den ersten Jahrzehnten des 19. Jahrhunderts gingen "Handwerksrecht und Gewohnheit" für den arbeitsrechtlichen Bereich von der Funktion des "Ganzen Hauses"[1] aus. Anders als der Geselle stand der Lehrling unter der Munt[2], der Hausgewalt des Meisters als seinem "zweiten Vater"[3]. Im Gegensatz zu den Gesellen fehlte dem Lehrling der Rückhalt der Gesellenverbindung und die den Gesellen immer gegebene Möglichkeit, den Meister zu wechseln.

Auf diesem Gebiet wird neuerdings vieles, was in der entsprechenden Literatur als Wirklichkeit geschildert wurde, angezweifelt und mehr der "legitimierenden Tradition patriarchalischer Sozial- und Arbeitsmodelle" zugeschlagen[4]. Die Statistik[5] legt allerdings eine differenzierende Betrachtung nahe. Nach Kocka[6] lagen bis zur Mitte des Jahrhunderts die Prozentwerte der Gesellen, die im klassischen Handwerk noch in Kost und Logis bei ihrem Meister weilten, durchweg über 50%.

Wie die von dem Verfasser ausgewertete Spruchpraxis des Elberfelder Fabrikengerichtes zeigt[7], war aber auch in der dezentralen Fertigung[8] (trotz Aufhebung der Zunftorganisation!) die patriarchalische Herrschaft des Meisters in vielen Betrieben noch so unangefochten, daß selbst in den fünfziger Jahren des 19. Jahrhunderts ein Ausbleiben des Gesellen über 22 Uhr hinaus den Meister nach der Rechtsprechung zur Entlassung des betreffenden Gesellen berechtigte. Demnach blieb das "Ganze Haus" ein Ideal, das selbst auf die ideologische Grundlage von "Recht und Gewohnheit" der Verlagsindustrie durchschlug. Auch die zahlreichen Handwerkermemoiren sind durchweg nicht geeignet, diese Leitfunktion für die erste Hälfte des 19. Jahrhunderts zu erschüttern[9]. Die Folgen, die sich daraus für die rechtliche Behandlung von Arbeitskonflikten ergeben, sind beträchtlich. Durch die enge persönliche Beziehung wurde vieles, was wir heute unter den Begriff der arbeitsrechtlichen Streitigkeit subsumieren würden, als nicht justiziabel angesehen. Nach der Ideologie des Handwerks war jede einzelne Werkstatt "eine erweiterte Familie, zugleich aber eine Bildungsanstalt."[10]. Ausgenommen waren lediglich diejenigen Berufsgruppen, die, wie etwa die Bauhandwerker, ihren Arbeitsplatz nicht im Hause des Meisters hatten[11]. Entsprechend streng waren die Sanktionen bei einem Bruch des Vertrauensverhältnisses. Lehrlinge die vor dem Ende der Lehrzeit "ohne gegründete Ursache" die Lehre verließen, durften vor der Zahlung einer Entschädigung von keinem anderen Gewerbetreibenden desselben Gewerbes in die Lehre genommen werden[12]. Im Handwerk verdrängte die Ordnung des ständisch geformten Verbandes noch immer das Individuum als selbstständigen Rechtsträger.

Dieser von einem Teil der Literatur bestrittene Fortbestand des mittelalterlichen Ganzen Hauses in den eigentlichen Handwerksbetrieben[13] hatte in erster Linie Konsequenzen für die Lehrlinge. Die patriarchalische Ausformung des Arbeitsverhältnisses führte auch zu Beginn des 19. Jahrhunderts häufig zu Übergriffen. Die Alltäglichkeit dieser Vorgänge konstatierte das Allgemeine Landrecht schon dadurch, daß es dem "Recht der Zucht" im II. Teil, Achten Titel, einen ganzen Abschnitt reserviert. Er beginnt mit der grundsätzlichen Feststellung daß dem Lehrherrn "das Recht" gebühre, "den Lehrling, nach Erfordernis der Umstände, mäßig zu züchtigen"[14].

Dieses Züchtigungsrecht, das nach § 299 die einem Vater vorgeschriebenen Grenzen nicht überschreiten durfte und nach § 300 in Abwesenheit des Meisters auch dem ersten Gesellen zustand, war eigentlich nichts anderes als kodifiziertes Zunftgewohnheitsrecht. Die 1796 aufgezeichneten "Gebräuche der Papiermacher wie solche in teutschen Landen einst mündlich überliefert gewesen" bestimmten:" ... die Gesellen haben das Recht, bei jedem Versehen den Jungen mit Schlägen zu traktieren, welches auch oft in Mißhandlungen ausfällt"[15] Es wurde für bestimmte unzünftige Gewerbe übernommen, selbst wenn sie als zentralisierter Betrieb eingerichtet waren[16]. Auch die Gewerbeordnung von 1845 orientierte sich hier an der Sonderordnung[17]. Die Einschätzung dessen, was als "Züchtigung" eingestuft wurde und was lediglich als sozial adäquates Verhalten ohne pönalen Charakter aufzufassen war, unterschied sich allerdings erheblich von unseren heutigen Vorstellungen[18].

Da aber auch die eigenen Kinder nicht selten von ihren Eltern verprügelt wurden[19], sind für den vorliegenden Untersuchungsgegenstand die Reaktionen der Betroffenen in den Fällen von Interesse, in denen die Grenzen der überkommenen und gewohnheitsrechtlich tolerierten Züchtigung überschritten wurden und eine "Mißhandlung[20]" vorlag.

Als der Böttcher Carl Scholl in Memel 1819 von seinem Meister mit einem Haselstock so blutig geschlagen wird, daß sein Stubengenosse, ein Soldat, entsetzt ruft, so mörderisch würden noch nicht einmal die Soldaten der "zweiten Klasse" behandelt, spielt weder die Zunft noch die Polizei eine Rolle in den Überlegungen der Beteiligten[21]. Die Mutter begibt sich zu dem Meister und stellt ihn zur Rede. Darauf erklärt dieser, daß der Lehrling "etwas zu viel" bekommen habe. Aber auf anderen Werkstellen bekämen die Jungens wöchentlich ein paarmal Prügel und Scholl habe in vier Jahren noch keinen Schlag erhalten.

Der Gesichtspunkt einer ausgleichenden Gerechtigkeit wird allerdings nicht nur in dieser seltsamen Aufrechnung des Meisters berücksichtigt. Er führt schließlich im Wege des Vergleichs zum Schadensersatz des Meisters in Form einer vorzeitigen Beendigung der Lehrzeit. Der Streit wurde also innerhalb des Ganzen Hauses, d.h. des engeren Regelkreises, beigelegt.

Auch bei dem Begründer des preußischen Realschulsystems, Karl Friederich Klöden, der in seiner Lehrzeit "Lehrbursche, Hausknecht, Bedienter, Dienstmädchen und Küchenmagd in einer Person" war, steigerte sich die Drangsalierung so, daß er wie Scholl daran dachte, zum Militär zu gehen. Eine schlechtere Behandlung als bei seinem Meister hatte er nach seiner Einschätzung auch dort nicht zu fürchten[22]. Auf dem Höhepunkt der Auseinandersetzung mit dem Meister, der zugleich sein Onkel war, kam es zu einer Aussprache, in der von beiden Seiten mit dem Gedanken einer Verlagerung des Konfliktes außerhalb dieses engeren Regelkreises gespielt wurde:

"Der Tag verging ohne irgend ein Ergebnis. Am folgenden Tage kam mein zweiter Oheim, der Glashändler, zu mir auf den Boden und fuhr mich gewaltig an über mein Betragen: Ich hätte ganz unverzeihlich gehandelt, könnte mich über nichts beklagen; wenn der Onkel mit mir nach dem Rechte verfahren wollte, würde es mir schlecht ergehen, usw. .. Ich erwiderte, daß ich es darauf ankommen lasse, aber dann auch geeigneten Ortes aussprechen würde, worüber ich mich zu beklagen hätte; dies Verfahren sei nicht mehr auszuhalten, und Mißhandlungen ließe ich mir nicht gefallen. Der Oheim lenkte indessen allmählich ein und machte mir Vorschläge: Der Onkel wolle mir verzeihen, allein ich sollte wieder arbeiten und dann wolle man die Sache als nicht geschehen betrachten, usw. .."[23].

Über bloße Andeutungen hinaus passiert also auch hier nichts. Man einigt sich auf einen modus vivendi. Unklar bleibt auch, was Klöden unter der Bezeichnung des "geeigneten Ortes" verstand. Daß hierbei an ein ordentliches Gericht gedacht wurde, erscheint schon deshalb unwahrscheinlich, weil in Preußen die Frage des Gerichtsstandes für derartige Klagen Minderjähriger ungeklärt war und die Zweifel, die sich aus den §§ 13, 17 und 18 der Allgemeinen Gerichtsordnung ergaben, erst durch die Kabinettsordre vom 4. Juli 1832 bzw. vom 5. Dez. 1835 beseitigt wurden[24].

Wahrscheinlich war mit dem von Klöden angedrohten "geeigneten Ort" das "Amt", also die Zunftinstanz, gemeint, deren Existenz von Klöden an anderer Stelle[25] erwähnt worden war. Die Scheu der Lehrlinge, ihre Beschwerden vor diese Stelle zu bringen, hatte ihren Grund. Die Lehrlinge bildeten, anders als die Gesellen, keine autonome Teilgruppe des Handwerks, in der das einzelne Mitglied Schutz und Rückhalt gegenüber den Meistern fand. Das "Amt" war nur mit Meistern besetzt, die insofern Partei waren, als sie sich nicht wegen eines bloßen Lehrlings mit ihren Genossen überwerfen wollten. Dies aber war die zwangsläufige Konsequenz, wenn nach der Zunftordnung oder gesetzlichen Vorschriften, wie dem allgemeinen Landrecht[26], die Ältesten oder Vorsteher der Zunft die gesetzlich vorgesehene Sanktion vollzogen und den mißhandelten Lehrling zur Vollendung seiner Lehrzeit bei einem anderen

Meister unterbrachten.

Erst die preußische Gewerbeordnung von 1845 machte bei Streitigkeiten dieser Art zwischen Innungsgenossen eine Ausnahme von der Zuständigkeit des Innungsvorstandes. Im Gegensatz zu den sonstigen Streitigkeiten sollte hier die Gesamtheit der Innung die Frage klären, ob der Lehrherr seine Pflichten vernachlässigt hatte. Außerdem war die Prorogation auf den Rechtsweg augeschlossen. Die Absicht des Gesetzgebers, auf diese Weise Absprachen im kleinen Kreis zu verhindern, war aber auch bei größeren Innungen wenig praktikabel[27].

Der Lehrling im Seilerhandwerk und spätere Direktor am Landesarbeitshaus in Colditz, Johann Gotthilf August Probst hat in seiner autobiographischen Schrift: "Handwerksbarbarei oder Geschichte meiner Lehrjahre. Ein Beytrag zur Erziehungsmethode deutscher Handwerker"[28], beschrieben, wie sein ausbildender Meister zwar von dem versammelten Handwerk wegen seiner Grausamkeit zur Rede gestellt wurde und einen Verweis bekam, daß es aber trotz einer zweiten Einberufung des Amtes in dieser Angelegenheit die größte Mühe bereitete, einen anderen Meister zu finden, der bereit war, ihn zu übernehmen[29].

Diese psychologische Sperre, Angelegenheiten des Ganzen Hauses durch eine fremde Instanz zu schlichten oder entscheiden zu lassen, war naturgemäß bei den Lehrlingen am größten. Sie standen in völliger Abhängigkeit auf der untersten Stufe der sozialen Hierarchie. Der von Probst geschilderte Vorfall, bei dem ein regelrechtes Verfahren vor der Zunft angestrengt wurde, bildet deshalb die Ausnahme in den Biographien. Nach dem Bericht von Probst scheute allerdings seine Mutter davor zurück, "das äußerste" zu wagen und vor "die höhere Obrigkeit" zu gehen.

Der eigentliche Grund für die Scheu, Streitigkeiten in Lehrverhältnissen vor auswärtigen Instanzen abzuhandeln, dürfte aber darin liegen, daß es sich bei der Lehrzeit und der anschließenden Aufnahme in den Gesellenstand um einen langgestreckten Initiationsritus handelte. Darauf deuten nicht nur die ausführlich geregelten Zeremonien nach Abschluß der Lehre hin. Kennzeichnend für diese, von Ethnographen auch als Knaben- oder Jünglingsweihe bezeichnete Einführung in die Welt der Erwachsenen sind Entbehrungen, körperliche Torturen und teilweise auch Entehrungen. Hier sollen die Jungen noch einmal die ganze Macht der Erwachsenenwelt fühlen[30]. Getreu der Maxime "Ein Lehrjunge muß viel leiden"[31], hielt man in den Bedrängnissen der Lehrzeit auch deshalb aus, weil es neben der schon erwähnten, aber mehr theoretischen Möglichkeit, den Lehrling durch die Zunft bei einem anderen Meister unterbringen zu lassen oder aber beim Militär einzutreten, praktisch keine Alternative gab:

> "Was ich machen sollte wußte ich nicht. Ich hatte niemanden, an den ich mich wenden konnte, denn daß mein zweiter Oheim mir nicht gegen seinen Bruder Beistand leisten würde, wußte ich, und außer dem war niemand, dem ich meine Not hätte klagen können. Nur darüber war ich mit mir einig, daß ich mir keine schimpfliche Behandlung gefallen lassen dürfe, da ohnehin schon meine frühere Behandlung alles Maß der Billigkeit überschritt. Von der anderen Seite aber haftete auf dem entlaufenen Lehrling ebenfalls ein schimpflicher Makel, der mir sehr empfindlich war."[32]

Vollends deutlich wurde diese Periode der Entbehrungen unmittelbar vor Schluß der Lehrlingszeit. So führte man in Husum die Lehrlinge vor der Aufnahme in den Gesellenstand mit ungewöhnlichen Kleidern als Narren auf den Gassen umher und trug ihnen die absonderlichsten Aufgaben gegenüber den übrigen Innungsgenossen auf. "Danach, wenn dem Lehrling zum Schluß seiner Lehrzeit noch einmal seine Unwürdigkeit so recht klar vor Augen geführt war, begann der feierliche Actus"[33]. Angetan mit den besten Kleidern stellte sich der Aufzunehmende dem Votum der versammelten Gesellen, die über seine bisherige Führung und die Eignung zur Aufnahme in die Gesellenschaft abstimmen mußten. Nach dem Gelöbnis, daß bezeichnenderweise die Versicherung enthielt, daß er mit keinem "unehrlichen" Gesellen Gemeinschaft pflegen werde und bei keinem "unehrlichen" Meister arbeiten oder Geschenke annehmen wolle, ging man durch den Ort, damit sich der "Junggeselle" der Bürgerschaft zeigte und ihr bekanntgab, "daß er jetzt auch Mensch geworden"[34].

Diese "Menschwerdung" stellte hinsichtlich der Korporation tatsächlich so etwas wie eine Geburt[35] dar und führte denn auch unter der Assistenz von einem "Pfaffen" und mehreren "Paten" zu einem neuen Namen[36]. Er war in einzelnen Handwerken noch in den achtziger Jahren des 19. Jahrhunderts durch den Gesellenschein nachzuweisen. Ohne ihn konnte der wandernde Geselle keine Reisunterstützung erhalten und in bestimmten speziellen Gewerben, wie etwa bei den für den Maschinenbau wichtigen Kupferschmieden, auch in Großstädten keine Arbeit erhalten[37].

Eine Aufnahme in den Kreis der neuen Familie der Genossen konnte nur derjenige verlangen, der sich der Herausforderung gestellt und beim Übergang in die Gemeinschaft der Wissenden die Probe bestanden hatte. Daß man sich hierbei durchaus in einem über das Handwerk hinausreichenden Kontinuitätsstrang begriff, zeigen die Spruchweisheiten, die Frise in seiner Abhandlung (Der vornehmsten Künstler und Handwercker Ceremonial-Politica) aus dem Jahre 1708[38] zu den Lossprechungsgebräuchen anführt: "Wer zu Ehren kommen will / Muß zuvor auch leiden viel"), dann jedoch daran erinnert, "daß die alten Heyden ihre Jugend sehr vexieren / und von anderen aufallerhand Weise honnecken lassen / indem sie selbige in den Tempel der Weißheit geführet."[39]

Hier erhielt der Novize den besonderen status civilis, die Rechtsfähigkeit seines Standes. Zu den "Rites de passage"[40], die den sozialen Akt einer Aufnahme in die "Gesellschaft " [!], d.h. in den "Tempel der Weisheit" [!] begleiten, gehört aber stets, daß die Autorität der "Alten" nicht in Frage gestellt werden darf. Zwischen der Trennung von der früheren Umgebung (Elternhaus) und der Aufnahme in die neue Gemeinschaft liegt eine Zwischen- und Übergangszeit, die von einer besonderen Schutzlosigkeit geprägt ist. Hier muß der Betroffene sich bewähren. Ganz gleich, ob es sich um Studentenvereinigungen, Naturvölker oder um die Orden der Hochreligionen handelt, bei allen diesen Gemeinschaften gibt es eine kultursoziologischer Konstante: Der Bewerber um die Mitgliedschaft, der bei dieser schwierigen "Passage" Außenstehende um Hilfe angeht und die kritische Phase nicht selbst durchsteht, hat die Prüfung regelmäßig nicht bestanden[41].

Ein letzter Rest dieses Verbotes, entstehende Konflikte nach außen zu tragen, findet sich noch heute in § 111 Abs. 2 des Arbeitsgerichtsgesetzes[42]. Danach können zur Beilegung von Streitigkeiten zwischen "Ausbildenden und Auszubildenden" Auschüsse gebildet werden, die paritätisch von Arbeitgebern und Arbeitnehmern zu besetzen sind. Ist ein derartiger Ausschuß nach der Handwerksordnung[43] oder einer Institution des Berufsbildungsgesetzes[44] eingerichtet worden, so hängt die prozessuale Zulässigkeit des arbeitsgerichtlichen Verfahrens von der vorherigen Anrufung dieser Instanz des "Inneren Regelkreises" ab.

In den untersuchten Handwerksbiographien finden sich dementsprechend keine Hinweise auf die tatsächlich erfolgte Einschaltung von Verwaltungsbehörden oder ordentlichen Gerichten zur Regelung arbeitsrechtlicher Streitigkeiten. Die von Bechstedt in seiner Biographie zu diesem Punkt gemachten Angaben erscheinen in zweierlei Hinsicht bemerkenswert. Zunächst handelt es sich nicht um die tatsächliche Anrufung eines Gerichtes, sondern auch hier wieder, wie bei Klöden, nur um eine Drohung, möglicherweise auch nur um Aufschneiderei des betreffenden Gesellen. Im übrigen macht der Geselle, der das "Gericht" gegenüber seinem Meister angeblich als Druckmittel benutzt hat, einen derartig schlechten Eindruck auf den Erzähler, daß dieser seine Herkunft aus Memel verleugnet und ihn als "liederlichen Strick" charakterisiert[45].

Auch der von Probst erwähnte Fall[46] eines polnischen Gesellen, der von den preußischen Handwerksmeistern in der einberufenen Zunftversammlung ungerecht behandelt wurde, endet damit, daß es der Geselle trotz aller Empörung ablehnt, seine Sache "bey der Obrigkeit" anzubringen.

Bei der Untersuchung der Struktur des Arbeitsverhältnisses in der Zunft bzw. im zünftigen Handwerk ist deshalb festzuhalten, daß die Fragen der Kündigung und des Arbeitsplatzes nicht die zentrale Stellung einnahmen, wie dies im Verhältnis zwischen Fabrikanten und Fabrikarbeitern im zentralisierten Betriebe oder bei den verlegten Arbeitskräften der Fall war. Diese Leute waren zum großen Teil verheiratet, bodenständig und damit abhängig. Bis in die letzten Tagen der Zunft galt aber für den Gesellen weiterhin die Maxime: "Ein rechter Wandersmann dürfte nicht lange auf einer Stelle hocken. Es war das Gebot der Zunft, möglichst viel zu erfahren, viel zu lernen, andere Länder, andere Sitten, andere Meister und andere Arbeit kennenzulernen"[47]. Damit war die Art der Konfliktlösung vorgezeichnet. Die Vorstellung, daß der Geselle, der mit seinem Meister vor der Zunft oder gar vor dem Polizeigericht oder dem Magistrat einen Prozeß führte, abends mit seinem Prozeßgegner wiederum an einem Tisch saß, unter einem Dach schlief und morgens mit ihm wieder zusammen an die Arbeit ging, ist geradezu absurd[48]. Die Trennung war deshalb normal. Sie hatte, wie alles im Handwerk, Tradition. Bereits die frühen Zunftordnungen hatten deshalb ein beschleunigtes Verfahren zur Sicherung des Lohnanspruches der wandernden Gesellen vorgesehen[49]. Noch 1840 erklärte der Präsident des "Rates der Gewerbverständigen zu Köln" in einem Gutachten, daß eine Justiz, die die Handwerksgesellen acht bis vierzehn Tage warten lasse, zwecklos sei. Den betreffenden Gesellen böte sich an einem anderen Ort in dieser Zeit schon längst wieder Gelegenheit, eine andere Arbeit aufzunehmen. Das Verfahren der Justiz führe deshalb zu einer doppelten Zeitversäumung[50].

Die Mobilität der Handwerksburschen ermöglichte so einen Ausgleich der Interessen, der heute nur vor dem Hintergrund der damaligen Sozialverfassung verstanden werden kann. Als der Straßburger Meister des Böttchergesellen Bechstedt aus verwandtschaftlicher Rücksichtnahme einen weiteren Gesellen ins Haus nimmt, für den an sich keine Arbeit da ist, erklärt sich Bechstedt sofort bereit zu gehen, und läßt sich nach drei Tagen zu einem anderen Meister vermitteln. Der Wechsel wie auch der Verlust des Arbeitsplatzes werden von dem Betroffenen selbst nicht als justiziabel eingestuft. Man löst den Konflikt, indem man ihn umgeht. Diese Lösung ist nicht nur einfach, sie ist auch durch das Herkommen gedeckt. Möglichst weit herumzukommen und verschiedenartige Arbeitsplätze wahrgenommen zu haben, gehört zum zünftigen Brauch. Auch Bechstedt wandert nach schlechter Behandlung durch den neuen Meister einfach weiter in die nächste Stadt und sucht sich dort einen anderen Arbeitsplatz. Das eingangs zitierte Volkslied schildert genau die Art der Lösung des Konfliktes. Man sagt sich die Meinung, der Geselle schnürt sein Bündel und marschiert einem neuen Arbeitsplatz entgegen.
Dieses Verhalten stellte zugleich die wirksamste Waffe der Gesellen wie auch aller übrigen Arbeitnehmer dar. Die Obrigkeit versuchte, diese Praxis mit der Einführung der Wanderbücher zu bekämpfen. Eine neue Anstellung war nur nach der Bescheinigung des ordnungsgemäßen Verhaltens durch den vorherigen Arbeitgeber möglich. Der Gerbergeselle

Hofmann berichtet in seinen Lebenserinnerungen "Biedermeier auf der Walze"[51] von seinem ersten Arbeitsplatz und den üblichen Entbehrungen. Aber obwohl der Meister unausgesetzt an ihm herummäkelt und das Essen "spottschlecht und Geisenfutter ähnlicher denn einem ordentlichen Gericht" eingeschätzt wurde, so entfaltete das Wanderbuch doch eine disziplinierende Wirkung:

> "Habe aber das meinige als ein ordentlicher Geselle bis zur letzten Stunde getan, auch niemalen den Mund aufgerissen, weil ich noch wenig erfahren und noch weniger Lust hatte, mein Wanderbuch verunzieren zu lassen."[52]

Gleichwohl blieb im handwerklichen Bereich die Auflösung des Arbeitsverhältnisses aufgrund des Wanderzwanges und der spezifischen Sozialstruktur etwas Normales. Den Meistern wurde die Akzeptanz der häufigen Kündigungen dadurch erleichtert, daß nach "Handwerksbrauch" der kündigende Geselle den Ort verlassen mußte[53], sodaß eine Lohnüberbietung durch örtliche Konkurrenz nicht eintreten konnte.

Dies zeigt auch Mengers Charakterisierung eines Meisters aus Leipzig. "Von Meister Winter hieß es bei den Gesellen, er habe acht Gesellen in Arbeit, acht auf der Herberge und acht auf der Landstraße, das heißt, die Gesellen wechseln bei ihm wie in einem Taubenschlage die Tauben"[54]. Konflikte wurden erst dann ausgetragen, wenn der Meister sich weigerte, den ordnungsgemäßen Abschied bzw. den sogenannten Losschein zu erteilen. Er hatte naturgemäß eine besondere Bedeutung dort, wo ein Wechsel nur innerhalb eines gewissen gewerblichen Umkreises möglich war. Demgemäß ist die Situation in den sogenannten Massezünften in denen es zunehmend auch verheiratete Gesellen gab, anders zu bewerten. Hier entwickelten sich soziale und rechtliche Standards, die unserm heutigen Arbeitsverhältnissen zunehmend ähnlicher wurden. Wie die Untersuchung der Spruchpraxis des Elberfelder Gewerbegerichts zeigt, näherten sich in dem klassischen Beschäftigungsbereich, der Textilindustrie, zünftige und und unzünftige Beschäftigungsverhältnisse in ihrem "arbeitsrechtlichen" Regelungsgehalt soweit an, daß die jeweilige Klassifizierung als zünftig oder unzünftig kaum

Rückschlüsse auf die rechtliche Ausgestaltung des Arbeitsvertrages zuläßt.

Für das klassische Handwerk bewirkte auch die rasch voranschreitende Industrialisierung in dieser Hinsicht keine wesentlichen Veränderungen des Arbeitsmarktes. Es ist vielmehr davon auszugehen, daß in diesem Bereich bis etwa 1870 keine nachhaltige Verdrängung durch die Maschine stattgefunden hatte. Dies war zunächst nur in speziellen Bereichen, wie etwa im Textilgewerbe und in der Schwerindustrie der Fall.

Die Nachfrage nach Arbeitskräften wurde im klassischen Handwerk in erster Linie durch Konjunkturgesichtspunkte bestimmt. In diesem Zusammenhang wird auch in den Quellen von Arbeitslosigkeit berichtet[55], aber auch davon, daß der Meister in der Herberge auf reisende Gesellen warteten und dann mit ihnen ein Glas Grog nach dem anderen tranken, um sie zum Abschluß des Arbeitsvertrages zu bewegen[56]. Übrigens wurden auch diese unter Einwirkung von Grog geschlossenen Verträge eingehalten, wie es überhaupt auffallend ist, daß in den Biographien durchweg die Zahlungen pünktlich erfolgen, daß keine Quittungen erteilt und die Kündigungen meistens vierzehntägig nach Handwerksbrauch oder Ortsrecht eingehalten werden. Ausnahmen waren allenfalls dann zulässig, wenn sie durch Polizeirecht überlagert wurden. Nach dem Bericht Bechstedts wurden so in Wien die sogenannten Sprechtage, an denen gekündigt werden konnte, wegen der Knappheit an Bäckerware kurzerhand ausgesetzt[57]. Auch in der ersten Hälfte des 19. Jahrhunderts bestimmt die gemeinsame Sonderrechtsordnung mit ihrem ausgeprägten Ehrenkodex die gegenseitigen Verpflichtungen in einer Weise, daß man nicht von einem "Arbeitsverhältnis" sprechen kann.

Als der Böttchergeselle Scholl nach jahrelanger Wanderung in seine Heimatstadt zurückkehrte, eilte er nicht als erstes zu seiner Mutter, sondern wanderte nach Handwerksbrauch zunächst auf der Herberge ein![58]. Der Leinewebergeselle Benjamin Riedel, der sich von 1803-1816 auf der Wanderschaft befand, schildert in seinem Reisetagebuch anschaulich das Bewußtsein, dieser anderen Welt mit einer anderen Rechtsordnung anzugehören. Nach wechselseitigen Beleidigungen zwischen einem Meister und einem Gesellen auf dem Jahrmarkt in Koschmin hatte der betreffende Meister noch in derselben Nacht das Gewerk zusammenrufen lassen. In Anwesenheit des staatlichen Aufpassers, des Gewerksassors, kommt es zur Verhängung einer Strafe von drei Talern gegen den Gesellen. Als die Mitgesellen sich daraufhin mit diesem solidarisch erklären, werden sie auf das Zunfthaus geladen und zu dem Urteil befragt. Auf die erneute Ablehnung des Spruches durch die Gesellen erklärt der Assessor "wie Pilatus": "Was ich geschrieben habe, habe ich geschrieben, und wie ich gerichtet, dabei verbleibt es..".

Daraufhin werden die opponierenden Gesellen für 24 Stunden in Haft genommen. Nach ihrer Freilassung hält Riedel auf der anschließenden Versammlung eine Rede, in der er den Verruf vorbereitet und an der Unvereinbarkeit der beiden Rechtsordnungen keinen Zweifel läßt:

> "... jeder unter uns, der nicht durch Schulden oder Bande der Liebe behindert wird, der wandere fort aus dieser Stadt, wo man nach Willkür Rechtssprüche und Sentenzen schmiedet, wo man schwach und kurzsichtig genug ist, dem verkehrten Urteile des Assessors, der kein Handwerker ist, folglich keinen Handwerksbrauch versteht, das Siegel aufzudrücken. Es wandere fort, wer ein Gefühl für Beleidigungen hat und seine Ehre gekränkt sieht."

Als die Gesellen einen entsprechenden Beschluß fassen und danach die Stadt truppweise verlassen, lenken die Meister ein. Sie fürchten den Verruf ihrer Stadt durch die Gesellen. Zur Versöhnung feiert man "bei Hörner- und Trompetenschall ein gemeinsames vergnügliches Fest". Alle Meister beteuern ihre Unschuld an dem Ausgang des Verfahrens. Verantwortlich ist der rechtsgelehrte aber gleichwohl rechtsfremde Assessor. Riedel zieht die Quintessenz:"Und wer war der fatale Unheilstifter? Der Assessor."[59]

Das in in der Korporation immer noch wirksame Wertesystem, das aus dem Mittelalter in das 19. Jahrhundert hineinreichte, setzte andere Akzente, als die Gesellschaft des 20. Jahrhunderts. Für einen zünftigen Gesellen, der mit der ausdrücklichen Mahnung freigesprochen worden war, daß "er nichts Altes ab und nichts Neues aufbringen" solle[60], der nicht verheiratet und deshalb ungebunden war, beanspruchten Arbeitsplatz oder Entlohnung nicht den Rang, den sie fur uns heute einnehmen. Höhere Aufmerksamkeit genoß die auch bei Riedel in den Mittelpunkt seiner Rede gestellte handwerkliche Ehre. Ein Brief des Gerbergesellen Hofmann an seine Mutter belegt eindrucksvoll, daß das Arbeitsverhältnis immer noch mehr war als Broterwerb und daß man notfalls eher Hunger litt, als sich unangemessen behandeln zu lassen:

> "Fast alle Tag, liebe Mutter, habe ich an Deinen Gesellentisch gedacht und weiß wohl, wie Du Dich um des Herrn Vater Professionisten gesorgt, daß sie auch das Ihre bekämen. Muß wohl so sein, ist aber nit überall zu finden, und der Herr Vater wird es mir nit übel anrechnen, wenn all diese Umstände mich bewogen, bald fremd zu machen. Bedachte mich denn auch nit lang und dankte dem Meister am 4. May in aller Bescheidenheit für seine Arbeit. Mein Felleisen hatte ich schon gerichtet und trat also meine Abreise auf Darmstadt zu um zwei Uhr mittags an. Das liegt nun schon weit zurück und meine zuweilen, ich hätte wohl doch länger aushalten sollen, zumal ich Arbeit bis anher nit neu gefunden. Eine Ehre aber muß dem geringsten Gesellen, wo er das seine tut, überall widerfahren."[61]

Die Ehre diente im Mittelalter zur Stabilisierung einer personenorientierten ständischen Gesellschaft[62] und war insofern konstitutives Merkmal des Zunftgenossen[63]. Im Gegensatz zu dem heutigen Ehrbegriff war sie eher an äußerlichen Merkmalen orientiert und hatte so die Einhaltung der sozialen Norm, d.h. "Handwerksrecht und Gewohnheit" zum Inhalt. Wer keinen Stand hatte war ehrlos, und wer ehrlos war, verlor den Stand. Im Zuge der Verteidigung ihrer überkommenen Lebensordnung wurde so die Ehre gerade bei den Gesellen zum Inbegriff der zünftigen Ideale und zugleich das Abgrenzungskriterium gegenüber der profanen Welt[64]. Allerdings näherte sich das spezifische Prestige dann zunehmend dem verinnerlichten Ehrbegriff des späten 19. Jahrhunderts an, der uns heute so geläufig ist. Eine Verletzung der Ehre wurde einschneidender gewertet, als der Eingriff in das Arbeitsverhältnis nach heutigen Vorstellungen[65]. § 112 der kurhessischen Gewerbeordnung von 1816 gab dem Gesellen deshalb das Recht, ohne Aufkündigung aus der

Arbeit zu gehen, wenn ein Meister seinen "guten Ruf zu kränken" suchte[66]. Die Unterschiede zum Gesinderecht, das der Herrschaft nicht nur Scheltworte, sondern sogar "geringe Thätlichkeiten"[67] erlaubte, können insofern kaum größer gedacht werden[68]. Auch Bechstedt berichtet von einem Vorfall, der mit einer Schimpfung einen Angriff auf die Ehre enthielt. Nach seiner Schilderung überraschte der Meister in Straßburg die Gesellen und Lehrjungen beim Würfeln während der Arbeit. Er prügelt den Lehrjungen durch und bleibt damit innerhalb des zünftigen Gewohnheitsrechts. Als er aber den Gesellen einen "Taugenichts" und "Faulenzer" nennt, ist die Grenze überschritten: "Ei, da soll Sie ja ein Kreuzhimmeldonnerhagelwetter holen Meister, fuhr ich heraus, wie können Sie mich schimpfen, Sie Grobian" und als der Meister ihn zur Treppe verfolgt, holt Bechstedt mit einem Backspreisel aus und droht dem Meister damit, den Kopf "mitten auseinander" zu schlagen[69].

Andererseits schloß die Ehre die Geltendmachung von Ansprüchen des Einzelnen aus, die sich nicht mit dem genossenschaftlichen Selbstverständnis vertrugen. Dazu gehörten Ansprüche, die auf zusätzlichen Lohn oder ein leistungsabhängiges Entgelt gingen. Die Beratungen einer Kommission, die die Bremische Bürgerschaft 1849 eingerichtet hatte, um die Frage des Tagelohns für Zimmergesellen zu erörtern, verdeutlichen den Zusammenprall von mittelalterlich genossenschaftlicher Auffassung und modernem, auf die konkrete Leistung bezogenem Individualanspruch[70]. Bis dahin, also immerhin bis zur Jahrhundertmitte, erfolgte die Entlohnung auf Grund einer für alle Gesellen geltenden Taxe, die keine Unterschiede bei den einzelnen Arbeitskräften nach dem Grade ihrer jeweiligen Leistungsfähigkeit machte. Dem Zeitgeist entsprechend wurde nun die Überlegung angestellt, ob nicht die Freigabe des Lohns und die dadurch enstehende "freie Concurrenz" "jeden Einzelnen zu einem regen Wetteifer anspornen werde"[71]. Die Kommission kam zu dem Ergebnis, daß eine solche Entlohnung nicht zu empfehlen sei. Nach ihrer Auffassung hing von der gleichen Bezahlung die solidarische Gestaltung des Arbeitslebens und der sozialen Sicherung ab. Es sei zwar grundsätzlich zu begrüßen, daß die "freie Concurrenz" "jeden Einzelnen zu einem regen Wetteifer anspornen werde", allein die Nachteile dieses Systems seien nicht imstande, die Früchte des Wetteifers aufzuwiegen:

> "Wir haben hierbei erwogen [..], daß es ebenso den unerläßlichen Forderungen der Gerechtigkeit, als den Grundsätzen einer wohlgeordneten Staatswirtschaft gemäß sei, alles zu entfernen, was den einzelnen bisher hinderte, den Wohlstand zu erlangen, den er nach dem Maß seiner Kräfte zu erreichen fähig war".

Der besondere Status des Handwerkers verkörperte sich in der Ehre. Der Angriff auf dieses Rechtsgut war deshalb vor handwerksfremden Instanzen nicht zu sanktionieren oder im Wege des Schadensersatzes wiedergutzumachen. Soweit es sich aber um Verletzung des eigentlichen Arbeitsverhältnisses handelte, ist zu berücksichtigen, daß allenfalls die Polizei aber kaum die ordentlichen Gerichte mit den geschriebenen oder ungeschriebenen Normen des Zunftrechts genauer vertraut waren.

Entscheidend war aber, daß eine Anrufung dieser Instanzen der Obrigkeit, die sich unablässig um die Zerschlagung des Korporationsgeistes bemühte, die betreffenden Gesellen selbst zum Rechtsbrecher gemacht hätte. Sie mußte ihre Ehre und damit den status civilis d.h. ihre Rechtsfähigkeit innerhalb der genossenschaftlichen Ordnung, die "ein Teil der Weltordnung"[72] war, beseitigen. Außerhalb dieser Ordnung, etwa mit dem status naturalis der obrigkeitlich bestimmten Ordnung, wollte und konnte der zünftige Handwerker (noch nicht) leben.

Anmerkungen:

1. Zum "Ganzen Haus" Otto Brunner, Das "ganze Haus in der alteuropäischen "Ökonomik", in: ders., Neue Wege der Sozialgeschichte, Göttingen 1956, S. 39 ff; Diethelm Klippel, Der Lohnarbeitsvertrag in Naturrecht und Rechtsphilosophie des 18. und 19. Jahrhunderts, in: Ars Innovandoque Aequitatem Sectandi, Freundesgabe für Alfred Söllner zum 60. Geburtstag, Gießener rechtswissenschaftliche Abhandlungen 6, Gießen 1990, S. 161-184, S. 163 ff.

2. Dazu W. Ogris in: HRG, Stichwort "Munt", "Muntgewalt".

3. O.T. Risch, Zünfte, Gewerbefreiheit gewerbliche Vereine, im Allgemeinen betrachtet und vergleichsweise zusammengestellt, Berlin 1843, S. 92.

4. So Rainer Schröder, Arbeitslosenfürsorge und Arbeitlosenvermittlung im Zeitalter der Aufklärung, in: Hans-Peter Benöhr, Arbeitsvermittlung und Arbeitslosenversorgung in der neueren deutschen Rechtsgeschichte, Tübingen 1991, S. 7-76 (S. 40, 44) und Jan Ziekow in seiner Rezension zu Reinhold Reith (Hg.), Lexikon des Alten Handwerks, München 1990, in: ZRG GA 109 (1992), S. 485.

5. Jürgen Kocka, Arbeitsverhältnisse und Arbeiterexistenzen, Grundlage der Klassenbildung im 19. Jahrhundert, Tabelle 34 (S. 331).

6. A.a.O., Tabelle S. 330.

7. Die Auswertung betrifft die Spruchpraxis von 1841/42 bis 1890 und erscheint Ende 1994 in: Jürgen Brand, Untersuchungen zur Entstehung der Arbeitsgerichtsbarkeit in Deutschland, Zweiter Halbband (Von der Ehre zum Anspruch), Pfaffenweiler 1994.

8. Vgl. hierzur Jürgen Brand, Untersuchungen zur Entstehung der Arbeitsgerichtsbarkeit in Deutschland, Erster Halbband (Zwischen genossenschaftlicher Standesgerichtsbarkeit und kapitalistischer Fertigungskontrolle), Pfaffenweiler 1990, S. 125 ff.

9. Z.B. für die dreißiger Jahre des 19. Jahrhunderts: Adam Henß, Wanderungen und Lebensansichten des Buchbinders Adam Henß, Jena 1845, S. 171; Johann Eberhard Dewald, Biedermeier auf der Walze. Aufzeichnungen und Briefe des Handwerksburschen J. E. Dewald 1836-1838, hg. von Georg Maria Hofmann, in: Deutsche Selbstbiographien aus drei Jahrhunderten, hrsgg. von Gisela Möller, München 1967, S. 475.

10. Tit. IV der Denkschrift des deutschen Handwerkerbundes betr. den Erlaß einer allgemeinen Deutschen Handwerker-Ordnung. Den Hohen Deutschen Regierungen und den Senaten der freien Städte ehrerbietigst überreicht von dem Präsidio des Deutschen Handwerkerbundes und der mit der Ausarbeitung beauftragten Commission, Bückeburg 1864, S. 15.

11. Vgl. § 36 des Gesetzes v. 15. Mai 1821 über die Innungen und Zünfte, Sammlung Großherzogl. S. Weimar-Eisenachische Gesetze, Verordnungen, und Circularbefehle, hrsgg. von F. v. Göckel, 2. Teil, 2. Abt., S. 883.

12. Art. 18 der Allgemeinen Gewerbeordnung für das Königreich Württemberg vom 5. Mai 1928, Regierungsblatt für das Königreich Württemberg, 1828, S. 237.

13. Für das klassische Handwerk ist nach den zahlreichen Handwerkermemoiren die Idee des "Ganzen Hauses" bestimmend geblieben. In den neuzeitlichen Massenzünften, wie sie etwa in der Textilindustrie bestanden, lagen die Verhältnisse teilweise anders.

14. II 8 § 298 ALR.

15. Abgedruckt bei Christoph Halstrick, Das Recht des Papiermacherhandwerkes im deutschsprachigen Raum in der Zeit von 1400 bis 1800 unter besonderer Berücksichtigung der Organisation der Papiermacher, Berlin 1990, S. 154.

16. Vgl. die §§ 15, 16 und 17 des Reglements für die Zeugdruckereien in Berlin von 1802, abgedruckt im Anhang unter Nr. 20.

17. § 151 a.a.O.

18. Vgl. z. B. die Lebenserinnnerungen des Bäckermeisters Christian Wilhelm Bechstedt "Meine Handwerksburschenzeit 1805-1810", Köln 1925, S. 141.

19. Rudolf Stadelmann / Wolfram Fischer, Die Bildungswelt des deutschen Handwerks um 1800, Berlin 1955, S. 133.

20. Art. 19 der Allgemeinen Gewerbeordnung für das Königreich Württemberg vom 5. Mai 1828, Regierungs-Blatt für das Königreich Württemberg 1828 S. 237 ff.

21. Carl Scholl, Lebenserinnerungen eines alten Handwerkers aus Memel, des Böttchers Carl Scholl, hrsgg. v. M. u. J. Rehsener, Stuttgart 1922, S. 57.

22. Karl Friedrich Klöden, Jugenderinnerungen, hrsgg. von M. Jähns, 2. Aufl., Leipzig 1911, S. 211. Zu Klöden: Richard Béringuier, Karl Friedrich von Klöden, in: Vermischte Schriften im Anschluß an die Berlinische Chronik und das Urkundenbuch 1 (1888), hrsgg. vom Verein für die Geschichte Berlins, S. 121 ff.

23. A.a.O., S. 212.

24. GS 1832, S. 175 u. GS 1835 S. 294 zur Aktiv -und Passivlegitimation der "minderjährigen oder großjährigen, noch unter väterlicher Gewalt stehenden Dienstboten, Lehrlinge, Gesellen, Handlungsdiener, Kunstgehülfen, Hand- und Fabrikarbeiter in Injurien-, Alimenten- unnd Entschädigungsprozessen, so wie in solchen Rechtsstreitigkeiten, welche aus ihren Dienst-, Erwerbs- und Kontraktsverhältnissen entspringen".

25. Klöden, S. 189.

26. § 301 II, 8 ALR.

27. Vgl. im einzelnen Aemil Funk, Das Innungswesen und die Verhältnisse der Meister zu den Gesellen und Lehrlingen nach den Grundsätzen der allgemeinen Gewerbeordnung für die preußische Monarchie vom 17. Januar 1845, Wolfenbüttel 1846, S. 171 f.

28. Halle 1790, Neudruck Leipzig 1923

29. Die geradezu haarsträubenden Ungerechtigkeiten, Brutalitäten und Zügellosigkeiten übersteigen allerdings die in den übrigen Biographien gegebenen Schilderungen von Mißständen in einem Maße, daß Zweifel an dem Wahrheitsgehalt der von Probst gemachten Angaben bestehen. Es erscheint wenig glaubhaft, daß die Übergriffe des betreffenden Meisters nicht nur gegenüber den Lehrlingen sondern auch gegenüber den Gesellen und Mitmeistern ohne weitere Folgen vorgenommen wurden. Bemerkenswert ist auch, daß die Schrift anonym erschien, ganz auf der Linie antizünftlerischer Propaganda lag und die autonome Gerichtsbarkeit kritisierte. So wendet sich Probst dagegen, daß "sich die Handwerksmeister obrigkeitliche Gewalt anmaßen, und der Pöbel sich selbst überlassen ist".

30. Darauf geht auch die Doppeldeutigkeit gewisser Riten zurück, die in der germanischen Welt sowohl die Versklavung wie auch die Freilassung bedeuten konnten. Neben dem Scheren des Haupthaares ist hier der Backenstreich zu nennen, dessen Bedeutung für die Entlassung aus einem bestimmten Rechtsverhältnis sich in der katholischen Liturgie bei der Firmung bis zur Reform von 1971 erhalten hat. Vergl. hierzu Ildefons Herwegen, Germanische Rechtssymbolik in der römischen Liturgie, Heidelberg 1913, S. 223.

31. Probst, a.a.O., S.59.

32. Klöden, S. 212.

33. M. Voss, Innungen und Zünfte in Husum, Husum 1896, S.11 ff.

34. Voss, S. 13. Nach Art. 24 des preußischen Strumpfwirkerprivilegs vom 8. Nov. 1725 hatte der Strumpfwirkergeselle, der sich mit einem Lehrjungen gemein machet, trinckt und spielet", 6 Groschen Strafe zu zahlen. (Erasmi, a.a.O., S.170).

35. Durch das Initiationsritual wird nach Carl G. Jung (Man and his Symbols, London 1964, S. 129 f) der Novize auf die ursprüngliche Ebene der Mutter - Kind Beziehung zurückgeführt. Er stirbt einen symbolischen Tod. Von diesem Zustand wird er erlöst durch die Aufnahme in die größere Gemeinschaft. Er wird neu geboren.

36. In der von Stock (Grundzüge der Verfassung des Gesellenwesens, a.a.O., S.94) geschilderten Auflage der Seilergesellen fragt der Altgeselle den zugewanderten Gesellen, "wo er seinen Lehrbraten verschenkt und den Jüngernamen angenommen und wo er seinen Jüngernamen verschenkt und den Gesellennamen angenommen habe." Bei den oberrheinischen Webergesellen hieß es in der Ordnung von 1784: "Ein jeder Meister und Gesell under unß soll vom Handwerkh auch seinen besonderen Namen haben und nicht geduldet werden, er habe denn denselbigen von der Gesellschaft erkaufft" Knut Schulz, Zur Geschichte der deutschen Gesellenverbände, Leipzig 1877 (Neudruck 73), Nr. 101. Zur Redensart "den Jünger-Namen verschenken" s. Leipziger Sammlungen, 8. Bd., Leipzig 1752, S. 1 2. Zum Ritual des "Namenkaufs" vergl. auch Wissel, Des alten Handwerks Recht und Gewohnheit, 2. Aufl., Bd. III, S. 283 ff mit zahlreichen Nachweisen. Zu den zahlreichen Formen des "Gesellenmachens" vgl. Georg Fischer, Volk und Geschichte, S. 197 ff.

37. Bei den Diskussionen auf der außerordentlichen Generalversammlung der Kupferschmiede Deutschlands in Berlin vom 28. Oktober bis zum 1. November 1888 wurde der in dem vorgelegten Statut genannte Vereinszweck der "Beibehaltung des Handwerkgebrauchs" dahingehend präzisiert, daß darunter die "Ansprachen, Gruß und das Fragen um den Namen" zu verstehen seien. F. Saupe, Geschichte des Verbandes der Kupferschmiede Deutschlands S. 32 f, S. 116.

38. A.a.O., S.102.

39. A.a.O.

40. Arnold van Gennep, Les rites de passage, Paris 1909, S. 3 ff., S.146.

41. Richard Thurnwald, Werden, Wandel und Gestaltung von Familie, Verwandtschaft und Bünden, Berlin 1932, S. 279 ff.

42. Arbeitsgerichtsgesetz vom 3. September 1953 (BGBl. I, S.1267), in der Fassung des Gesetzes vom 2. Juli 1979 (BGBl.I, S.358), zuletzt geändert durch Gesetz vom 18.12.1986 (BGBl. I S.2496.

43. 67 Abs. 3 der Handwerksordnung (Gesetz zur Ordnung des Handwerks in der Fassung vom 28. Dezember 1965, BGBl. 1966 I, S.1) wird die in § 111 Abs.2 des Arbeitsgerichtsgesetzes für Handwerksinnungen ausgesprochene Ermächtigung wiederholt, zur Beilegung von Streitigkeiten zwischen Ausbildenden und ihren Lehrlingen Ausschüsse zu bilden, die vor einer Klage im arbeitsgerichtlichen Verfahren anzurufen sind. Der Grundsatz einer außergerichtlichen Klärung, der von den Gerichten stets unter Hinweis auf das besondere Vertrauensverhältnis in der Ausbildungssituation verteidigt worden ist, hat noch zusätzlich eine Ausdehnung dadurch erfahren, daß nach § 100 Nr. 7 des Berufsbildungsgesetzes (BBiG) vom 14. 8. 1969 (BGBl. I, S. 1112, zuletzt geändert am 14. 12. 1976, BGBl. I, S. 3341) die Ausschüsse nun auch dann zuständig sind, wenn der Ausbildende nicht der Innung angehört.

44. Viele andere Ausbildungsbereiche haben inzwischen die aus der bis heute andauernden handwerklichen Tradition entstandene Regelung zum Vorbild genommen. Dazu gehören nach dem BBiG (§ 75) die Gewerbebetriebe, die nicht Handwerksbetriebe oder handwerksähnliche Betriebe sind. Hier ist die Industrie- und Handelskammer für die Ausbildungsstreitigkeiten zuständig. Gleiches gilt nach § 79 BBiG für die Landwirtschaftskammer und nach § 87 BBiG für die Rechtsanwalts-, Patentanwalts- und Notarkammern, nach § 89 BBiG für die Wirtschaftsprüferkammer sowie die Berufskammern für Steuerberater und Steuerbevollmächtigte, nach § 91 Abs.1 BBiG für die Ärzte-, Zahnärzte- und Apothekerkammern. Für den öffentlichen Dienst sowie für den Bereich der Kirchen- und Religionsgemeinschaften gilt nach § 84 des BBiGes ebenfalls dieses Prinzip. Für alle anderen Ausbildungsbereiche besteht die Möglichkeit, die zuständige Stelle durch Rechtsverordnung zu bestimmen (§§ 93, 97 BBiG).

45. Bechstedt, a.a.O., S. 116.

46. Probst, a.a.O., S. 65.

47. Christian Mengers, Aus den letzten Tagen der Zunft, Leipzig 1910, S. 6.

48. Ein Vergleich mit den Arbeitskonflikten der Gegenwart zeigt, daß in den Großbetrieben, die sorgfältig aufgebaute Hierarchie und bestimmte Gremien, wie etwa der Betriebsrat, viele Arbeitsstreitigkeiten entschärfen und beilegen. In Kleinbetrieben herrscht dagegen auch heute noch aufgrund der geschilderten Interessen und der unmittelbaren Konfrontation die Methode, sich einfach "aus dem Wege zu gehen" und einen anderen Arbeitsplatz zu suchen. Vgl. dazu: Falke/Höland/-Rhode/Zimmermann, Kündigungspraxis und Kündigungsschutz in der Bundesrepublik Deutschland, Bonn 1981, S. 62, 606.

49. W. Ebel, Gewerbliches Arbeitsvertragsrecht im Deutschen Mittelalter, Weimar 1934, S.44.

50. Gutachten vom 20 März 1840, HStAD, Reg. Düsseldorf, Nr. 2004, Bl.73 R.

51. Georg Maria Hofmann, Biedermeier auf der Walze, Berlin 1936.

52. A.a.O., S.23.

53. Vgl. z.B. § 151 der Gewerbe-Ordnung für das Königreich Hannover vom 1. 8. 1847.

54. Mengers, S. 39.

55. Klöden, S. 267.

56. Mengers, S. 4.

57. Bechstedt, S. 259.

58. Scholl, S. 131.

59. Gut Gesell', und du mußt wandern. Aus dem Reisetagebuche des wandernden Leinewebergesellen Benjamin Riedel, 1803-1816, bearbeitet und herausgegeben von Friedrich Zollhöfer, Goslar o. J. (1938), S. 18 ff.

60. Formel bei der Freisprechung des ausgelernten Papiermachers, aufgezeichnet nach einer Niederschrift aus dem Jahre 1796, abgedruckt bei Christoph Halstrick, Das Recht des Papiermacherhandwerkes S. 155, Nr. 10.

61. Hofmann, S. 32 f.

62. Gerd Roellecke, Vom Privileg zum Eigentum. Zur Entwicklung der Wirtschaftsverfassung in: Der Staat, 30. Bd. (1991), S. 379-391 (S. 382).

63. Zur Ehre vgl. auch Wissel, 1919, Bd. 1. S. 67 ff.

64. Vgl. dazu Knut Schulz, Handwerksgesellen und Lohnarbeiter, a.a.O., S. 221.

65. Die Nationalsozialisten versuchten mit Hilfe der "sozialen Ehrengerichtsbarkeit" an diesem Traditionsstrang anzuknüpfen. Einzelheiten bei Matthias Frese, Betriebspolitik im "Dritten Reich". Deutsche Arbeitsfront, Unternehmer und Staatsbürokratie in der westdeutschen Großindustrie 1933-1939, Paderborn 1991, S. 244 ff.

66. "§ 112. Ohne Aufkündigung kann der Gesell aus der Arbeit gehen, wenn der Meister an ihm ohne gegebene dringende Veranlassung sich thätlich vergreift, wenn derselbe seinen guten Ruf zu kränken sucht, oder ihm den verdienten und ausgemachten Lohn ungerecht zurückhält." Kurhessische Zunft-Ordnung vom 5. März 1816, Sammlung von Gesetzen, Verordnungen, Ausschreiben und sonstigen allgemeinen verfügungen für die kurhessischen Staaten, 1816, S. 9-48.

67. Vgl. § 77 der preußischen allgemeinen Gesindeordnung vom 8. November 1810.

68. Bei F. Zürn, Handbuch des preußischen Gesinderechts im Gebiete des Allgemeinen Landrechts für die Praxis der Gerichte und der Verwaltungsbehörden, Hannover 1895 heißt es: "geringe Thätlichkeiten sind Thätlichkeiten, die weder den Körper erheblich verletzen, noch das körperliche Wohlbefinden längere Zeit stören; neben dem augenblicklichen Erfolge kommt hauptsächlich die Körperbeschaffenheit des Verletzten infrage." Das Gesinde konnte in diesen Fällen nach der Absicht des Gesetzgebers weder durch die Privatklage noch durch die Stellung eines Antrags auf Strafverfolgung gegen ihre Herrschaft vorgehen (a.a.O.)

69. Bechstedt, S. 211.

70. Bericht der wegen des Tagelohns der Maurer- und Zimmergesellen niedergesetzten Commission, in: Verhandlungen der Bremischen Bürgerschaft vom Jahre 1850.

71. A.a.O., S. 196.

72. Fritz Kern, Recht und Verfassung im Mittelalter, S. 5.

Lucas Cranachs d.Ä.
GERECHTIKAEIT (1537)*
aus der Sicht der Rechtslehre Martin Luthers

Wolfgang Sieg

Bildbeschreibung

Die Pressemitteilung, daß bei Sothey's in London im Juli 1992 eine bisher unbekannte Justitia Lucas Cranachs des Älteren (Öl auf Holz; 70 x 50) versteigert werden soll, weckt Neugier und setzt in Spannung. Die glücklich erlangte Fotografie des Werkes erlaubt erste Schritte der Annäherung.

Daß der Kronacher Maler uns die Justitia nackt vorführt, sollte nicht überraschen. Wenn doch alle unsere Gerechtigkeit wie ein unflätig Kleid ist (Jesaja 64, 5), darf das klassische Symbol der Gerechtigkeit auf jedes Kleidungsstück verzichten. Nur ein Schelm wird bei solchem Verzicht Böses im Sinn haben oder etwa schlicht daran erinnern, daß Zeitgeschmack, Mode und Bestellerwünsche immer auch auf die Darstellung der Justitia Einfluß genommen haben. Der Einspruch Victor Hugos, es stehe der Gerechtigkeit nicht zu, so hübsch und so hoch aufgeschürzt zu sein (wie die Frankfurter Justitia auf dem Römerberg, die allerdings nur ein Knie zeigt), muß deshalb verworfen werden. Ist doch auch die im Bündnis mit der Gerechtigkeit stehende Wahrheit nackt und wer dürfte schon das Bündnis von Wahrheit und Gerechtigkeit in Frage stellen?

Freilich bleiben andere Fragen, wenn der Betrachter Lucas Cranachs neu entdeckter GERECHTIKAEIT gegenübertritt.

---

*Für das Ektrachrom danke ich Sotheby's in London und meiner Tochter Dorothea Zwirner, für das Burckhardt-Zitat meinem Kollegen Dieter Miosge. Die im Text erwähnten anderen Justitia-Darstellungen finden sich bei Otto Rudolf Kissel, Die Justitia, München 1984, und bei Wolgang Pleister/Wolfgang Schild (Hrsg.), Recht und Gerechtigkeit im Spiegel der europäischen Kunst, Köln 1988.

Als erstes trifft ihn ein Blick, dem er nicht ausweichen kann, ein Blick, der ihn gefangennimmt, obwohl er nach innen gerichtet ist und gleichsam durch ihn hindurchzugehen scheint. Ist die Begegnung mit der Gerechtigkeit bestenfalls für den Augenblick und bleibt sie sonst unfaßbar, unerreichbar? Muß sie selbst auf der Suche bleiben und gewinnt sie Gestalt nur im Nachsinnen und im Fragen? Der geneigte Kopf läßt Nachdenklichkeit und Zögern deutlich werden - oder gar Skepsis?

Die klassichen Attribute - Waage und Schwert - wollen nicht recht zu ihrer Trägerin passen. Kann diese zarte Schwerthand die Einsicht vermitteln, daß den Täter die Schärfte des Gesetzes treffen wird? Ist die Waage der Gerechtigkeit wirklich so leicht zu handhaben, daß man sie nur mit zwei Fingern zu halten braucht? Die Zierlichkeit der Waage mag immerhin als Mahnung gelten, daß schon die kleinste Belastung das Gleichgewicht stören kann, ja es bleibt fraglich, ob sich solches Gleichgewicht überhaupt herstellen läßt.

Trotz so vieler offener Fragen wird der Betrachter nicht vollends in Unsicherheit versetzt, wenn er doch wahrnehmen kann, daß auch der Justitia Menschliches nicht fremd ist. Der wertvolle, lässig fallende Halsschmuck betont ihre Weiblichkeit ebenso wie der hauchzarte Schleier, der nichts verbergen will. Was da nicht verborgen wird, ist der schöne Körper einer jungen Wittenbergerin, die auch für eine Eva oder eine Venus hätte Modell stehen können. Wenn Jacob Burckhardt die "empörenden Physiognomien der Weiber bei Cranach" gescholten hat, kann er sie nicht gemeint haben.

Sieht man sich nach anderen nackten Justitia-Darstellungen um, trifft man auf die Justicia des Lucas van Leyden aus der Folge der Sieben Tugenden (1530), auf die Allegorie der gefesselt schlafenden Gerechtigkeit von Matthias Gehrung (1543) und auf die dem Kaiser die Augen verschließende Justicia von Peter Vischer d.J. (1524) in seiner allegorischen Darstellung der Reformation. Eine Schwester der Cranachschen Justitia bewahrt die Roselius-Sammlung in Bremen (nach 1537). Keines dieser Vor- oder Nach-Bilder trägt aber den schönen Namen GERECHTIKAEIT und keines nimmt uns so nachdenklich in den Blick wie Cranachs neuentdecktes Meisterwerk. Werden wir diesem Blick standhalten? Werden wir eine Antwort darauf finden?

Die 1992 wiederentdeckte Justitia-Darstellung GERECHTIKAEIT Lucas Cranachs des Älteren (1537) ist werkgeschichtlich ein weiteres Beispiel dafür, daß der Maler seit den 20-er-Jahren neben biblischen Themen bevorzugt die Welt der antiken Mythologie und Geschichte als Stoffgebiet gewählt hat. Dabei zeigt sich eine bemerkenswerte Vorliebe für idyllische Themen und erotische und erotisch anklingende Vorlagen, mit denen Cranach seinen Auftraggebern entgegenkam und deren besonderen Beifall fand: Adam und Eva, Simson und Delila, Venus und Amor, Apoll und Diana, die drei Grazien, das Urteil des Paris, Judith, Caritas, Lukretia - und nun eben: Justitia[1]. Die werkgeschichtliche Einordnung der Justitia gibt dieser allerdings nur als Akt einen Platz neben anderen entblößten Mädchenschönheiten. Danach wäre sie nichts anderes als die Darstellung weiblicher Nacktheit in bekannter Manier, gleichsam eine Eva oder Venus mit Schwert und Waage als schmückendem Beiwerk.

In der Tat wollen die Attribute der Justitia, vor allem das mächtige Schwert, nicht so recht zu ihrer Trägerin passen; darüber hinaus ist eine Divergenz zwischen Darstellung und Dargestelltem nicht zu übersehen. Hat der Maler diese Divergenz in Kauf genommen und die Justitia nur als weibliche Personifikation verwendet, um Auftraggeberwünschen folgend unverhüllte Nacktheit darzustellen? Oder liegt in der Themenwahl "a somewhat ironic choice since the languidly sensual naked maiden here portrayed seems at a distant remove from the stern characteristics of the Virtue that she personifies"?[2] Beide Erwägungen greifen zu kurz. Immerhin geht es um die Darstellung einer der vier Kardinaltugenden in einer Zeit, deren bewegendste Frage und Sehnsucht gerade die nach der Gerechtigkeit war. Wenn auch die Kunstgeschichte offen läßt, wieweit und in welcher Weise die Kunst Cranachs von dem neuen Glaubens- und Gedankengehalt der Reformation verwandelt worden ist,[3] sollte doch ausgeschlossen werden, daß der Hofmaler des Kurfürsten, eine der stärksten Stützen der Reformation[4], mit der Gerechtigkeit sein Spiel getrieben haben könnte. Im Gegenteil: Liegt es nicht nahe, den Künstler beim Wort, dem Wort GERECHTIKAEIT, zu nehmen und nach Verbindungen zum Rechtsdenken der Reformation zu fragen?

Lucas Cranach war mit Martin Luther in enger Freundschaft verbunden. 1520 war Luther der Pate von Cranachs Tochter Anna, 1525 Cranach, der Katharina von Bora in seinem Haushalt aufgenommen hatte, Brautwerber und Trauzeuge des Reformators, 1526 stand er ihm bei seinem ersten Sohn zu Gevatter. Als Ratsherr der Stadt Wittenberg setzte er sich dafür ein, daß Luther seine Reise zum Reichstag nach Worms (1521) in einem "Rollwäglein" antreten konnte[5]. Luther wiederum schrieb "dem weisen Meister Lukas Cranach, Maler zu Wittenberg, meinem lieben Freund und Gevatter" auf der Rückreise einen Brief, mit dem er vom Reichstag Bericht gab und ankündigte, daß er sich "eintun und verbergen" werde, "weiß selbst noch nicht wo".[6] Ob und inwieweit Cranach sich mit Luthers Veröffentlichungen befaßt hat, ist nicht bekannt. Die lutherische Rechtfertigungslehre als das Zentralthema der Zeit muß den Gevatter des Reformators indes ebenso bewegt haben wie alle seine Zeitgenossen, und auch die Aussagen Luthers zur Obrigkeit und zum Recht[7] waren nicht Gegenstand akademischer Abhandlungen für Theologen, sondern wurden in Wittenberg für die des Lesens kundige Öffentlichkeit gedruckt und weit verbreitet.

Damit ist freilich noch nichts gewonnen für die Frage, ob Cranach bei der Darstellung seiner GERECHTIKAEIT lutherisches Gedankengut mit Bedacht ins Bild setzen wollte. Verbindungslinien könnten gleichwohl sichtbar werden, wenn man den Blick auf die spezifischen Merkmale des Bildes richtet und eine Antwort auf die darin verborgenen Fragen sucht. Dabei geht es weniger um eine Bildinterpretation, als um den Versuch, einen Weg zum Verständnis der GERECHTIKAEIT über die lutherische Lehre vom Recht zu erschließen.

Fragwürdig ist zunächst die bereits erwähnte Divergenz zwischen Darstellung und Dargestelltem, die Präsentation einer Kardinaltugend in der Gestalt eines entblößten Mädchens, dessen zarter Hand man kaum zutrauen will, das mächtige Schwert zu halten. Auch die Handhabung der Waage, die nur vom Ring- und vom Mittelfinger gehalten wird und in Bewegung ist, gibt Fragen auf. Ins Auge fällt ferner die Reduzierung der Justitia auf das Format eines Dreiviertel-Akts und die Verkürzung des Schwertes, das über den Bildrand hinausragt. Ebenso beschnitten sind die beiden Waagschalen.[8] Nicht zu übersehen ist sodann die geradezu demonstrative Hervorhebung des Schamhügels, dessen Obergrenze sich als Verbindungslinie zwischen Schwertgriff und Waagebalken nachziehen läßt. Demonstrativ hervorgehoben erscheint auch der übergroß gemalte Bauchnabel. Und schließlich ist es der geneigte Kopf der Justitia, der nachsinnende nach innen gerichtete Blick, der dem Betrachter nahegeht und ihn ebenso nachdenklich macht, wie die Justitia selbst sich nachdenklich zeigt.

Suchendes Nachsinnen, Nachdenklichkeit oder Skepsis gar: Kann das überraschen in einer Zeit der Umwälzung gerade auch im Verständnis von Recht und Gerechtigkeit? In der prägnanten Formulierung Erik Wolfs ist in Erinnerung zu rufen, daß Luthers Reformation "durch ihre Verwerfung des kanonischen Rechts und ihre weltliche Beurteilung aller Rechtseinrichtungen überhaupt sowie durch ihre Hervorhebung der subjektiven Gewissensentscheidung als letzter moralischer Instanz das Vertrauen in die Geltungskraft objektiver Sitten- und Rechtsnormen bei vielen Menschen untergraben hat."[9] Der Vertrauensverlust in das überlieferte Recht und die dadurch herbeigeführte Rechtsunsicherheit muß darüber hinaus auch als eine der Hauptursache der überall im Reich aufflammenden Unruhen gesehen werden.[10] Als Bürger und (1537 - 1544) Bürgermeister der Stadt Wittenberg war Cranach selbst unmittelbar Betroffener der dortigen Unruhen (1521), die Luther veranlaßt hatten, den Junker Jörg preiszugeben und nach Wittenberg zurückzukehren. Wie anders als fragend, nach innen gekehrt, nachsinnend, könnte ein Wittenberger Ratsherr in dieser Epoche das klassische Symbol der Gerechtigkeit ins Bild setzen?

Die Darstellung einer nackten Justitia ist so ungewöhnlich nicht. Verwiesen sei auf die Justicia des Lucas van Leyden aus der Folge der Sieben Tugenden (1530), auf die Allegorie der gefesselt schlafenden Gerechtigkeit von Matthias Gehrung (1543) und auf die dem Kaiser die Augen verschließende Justicia von Peter Vischer d.J. (1524) in seiner allegorischen Darstellung der Reformation. Eine Schwester der Cranachschen Justitia bewahrt die Roselius-Sammlung in Bremen (nach 1537).[11] Allerdings hat Cranachs GERECHTIKAEIT mit den Vor-Bildern wenig gemein und gibt engere Verwandtschaft mit seinen anderen weiblichen Akten zu erkennen als mit einer herkömmlichen Justitia. Diese Abweichung von der Tradition will auch die Deutung der Nacktheit als

Ausdruck der Reinheit nicht mehr genügen lassen oder als Bezugnahme auf Jesaja 64,5, wonach alle unsere Gerechtigkeit wie ein unflätig Kleid ist.[12]

Lassen wir die erotische Manier der Inszenierung beiseite, nehmen wir bei Cranachs GERECHTIKAEIT vor allem deren Kreatürlichkeit wahr: Eine junge Frau wie andere auch, ohne jede Überhöhung und ohne jedes Pathos. Der übergroß erscheinende Bauchnabel läßt im Gegenteil keinen Zweifel daran, daß es sich um ein geborenes menschliches Wesen handelt, das wie alles Leben zwischen Werden und Vergehen steht. Kreatürlichkeit und Vergänglichkeit wollen schlecht in das Bild einer Kardinaltugend passen, zumal mit dem Schmuck und dem hauchzarten Schleier nochmals Menschliches hinzugegeben wird.

Die scheinbare Inkongruenz zwischen Darstellung und Dargestelltem ließe sich allerdings auflösen, wenn man Recht und Gerechtigkeit höheren Anspruchs entkleiden und auf die Ebene menschlicher Unzulänglichkeit und Vergänglichkeit herabholen dürfte. Eben das entspricht dem reformatorisch-theologischen Verständnis des Rechts. Der Staat ist danach nichts anderes als eine Notordnung des Sündenstandes (status corruptus). Der in Sünde gefallene Mensch kann das Recht auch nicht nur teilweise erkennen. Alles menschliche Recht ist Ausdruck dieser Verfallenheit und auch dem Naturrecht kommt kein metaphysisch höherer Rang als dem gesetzten, positiven, geschichtlich wandelbaren Recht.[13] Luthers Lehre von den "Zwei Reichen" trennt das Reich Gottes von dem der Welt. "Darum muß man diese beiden Regimente mit Fleiß scheiden, und beides bleiben lassen, eins das fromm macht, das ander, das äußerlich Frieden schaffe und bösen Werken wehret."[14] Das Reich Gottes bedarf keiner Gesetze, denn das geistliche Regiment wird regiert "durchs Wort und ohn Schwert, dadurch die Mensch sollen fromm und gerecht werden, also daß sie mit derselben Gerechtigkeit das ewige Leben erlangen... Das andere ist ein weltlich Regiment durchs Schwert, auf daß diejenigen so durchs Wort nicht wollen fromm und gerecht werden zum ewigen Leben, dennoch durch solch weltlich Regiment gedrungen werden, fromm und gerecht zu sein vor der Welt. Und solche Gerechtigkeit handhabet er durchs Schwert. Und wiewohl er derselben

Gerechtigkeit nicht will lohnen mit dem ewigen Leben, so will er sie dennoch haben, auf daß Friede unter den Menschen erhalten werde, und belohnet sie mit zeitlichem Gute. Darum gibt er der Obrigkeit so viel Guts, Ehre und Gewalt, daß sie es mit Recht vor anderen besitzen, daß sie ihm dienen, solche weltliche Gerechtigkeit zu handhaben."[15] Zu solcher weltlichen Gerechtigkeit dürfte eine Justitia, der Weltliches nicht fremd ist und die ihre Natürlichkeit nicht verbirgt, durchaus nicht im Widerspruch stehen.

Gottes weltliches Regiment ist ein Regiment durchs Schwert und dieses ist "ein großer nötiger Nutz in aller Welt, daß Fried erhalten Sünd gestraft und den Bösen gewehret werde."[16] "Darum muß ein Fürst das Recht so fest in seiner Hand haben als das Schwert"[17], ja er versündigt sich ebenso sehr vor Gott, wenn er nicht straft und nicht abwehrt und sein Amt nicht versieht, wie wenn einer mordet, dem das Schwert nicht anvertraut ist.[18] In weiterer Steigerung zeichnet Luther im "Sendbrief von dem harten Büchlein wider die Bauern" (1525) das weltliche Reich als Diener des göttlichen Zornes über die Bösen, dessen Handwerkszeug nicht ein Rosenkranz ist oder ein Blümlein von der Liebe, sondern ein bloßes Schwert[19], und in der Schrift "Von Kaufhandel und Wucher" (1524) heißt es gar, daß man das Schwert frisch und getrost hauen lassen solle, es müsse rot und blutrünstig sein.[20]

Das übergroße Schwert in der Hand der GERECHTIKAEIT wird sicherlich nicht mit dem angemehnten festen Griff gehalten, es gibt diesem Attribut aber besonderes Gewicht und nimmt damit die dem weltlichen Regiment gestellte Aufgabe so ernst, wie es der Reformator eingeschärft hat.

Die Zierlichkeit der Waage steht im Gegensatz zur Mächtigkeit des Schwertes. Die Verwendung der Schüsselwaage entspricht der Tradition, die mit der austarierten Waage Ausgewogenheit und damit Gerechtigkeit versinnbildlicht, während ungleich hohe Waagschalen Ungerechtigkeit bedeuten.[21] Wenn die Waage der GERECHTIKAEIT nicht im Lot ist, wird man dem aber wohl noch eine andere Deutung geben müssen. Cranachs Justitia ist mit ihrem Urteil noch nicht fertig, sie sinnt darüber nach, wie ihr Blick das zum Ausdruck bringt, sie ist noch dabei zu wägen und es bleibt offen, ob sich ein Gleichgewicht herstellen lassen wird. Auch im

Bildaufbau findet die Neigung des Kopfes ihre Entsprechung im Ausschlagen der Waage. Ein weiteres Mal könnte uns hier die Erschütterung der Rechtsordnung und der Rechtseinrichtungen vor Augen geführt werden.

Davon abgesehen steht die Rechtsfindung im weltlichen Regiment, um auf Luther zurückzukommen, ohnehin vor der Schwierigkeit, "den Mittelkern zu treffen".[22] "Und hie hebt sichs auch, daß, wenn man gewisse Regel und Recht stellen will, so viel Fäll und Ausnahmen sich begeben, daß es gar schwierig ist, oder auch unmöglich, alles so genau und eben zu fassen; wie es denn gehet auch in allen Rechten, daß man sie so gewiß und eben nimmermehr kann stellen, es kommen Fälle, die eine Ausnahme gewinnen. Und wo man nicht die Ausnahme ließe gehen, sondern folgete stracks den Rechten nach, so wäre es das allergrößte Unrecht, wie der Heide Terenzius sagt: "Das strengste Recht ist das allergrößte Unrecht". Und Salomo in seinem Prediger lehret auch, man solle nicht allzu recht sein, sondern zuweilen nicht wollen weise sein".[23] "Summum jus" zitiert er ein weiteres Mal in der Auslegung des 101. Psalms, Davids Regentenspiegel (1534), bei der Abwägung zwischen Gnade und Recht, die der Furst gleichermaßen beachten und zwischen denen er entscheiden müsse."[24] Gilt für das Recht "summum jus, summa injuria", so mag von der Gnade gesagt werden: "Eitel Gnade ist die größte Ungnade". Zur richtigen Entscheidung "gehöret Kunst, ja Gottes Gnade zu, ... weil der Mittelkern nicht wohl zu treffen ist".[25] Das in die Waagschale der Entscheidung einzubringende Recht muß danach selbst erst gemessen werden, um herauszufinden, ob es anstehen dürfe oder ob man es gehen lassen müsse.[26] Zu solcher Sensibilität der Messung will passen, daß auch die Zunge der Waage unserer GERECHTIKAEIT den "Mittelkern" (noch?) nicht getroffen hat - eben weil die Abwägung nicht rein mechanisch vorgenommen werden kann, sondern Gottes Gnade bedarf, daß mans treffe.

Die Handhabung der Waage nur mit Ring- und Mittelfinger wirkt verspielt, wenn nicht gar leichtfertig, zumindest aber fragwürdig. In der Rechtsgeschichte kennen wir die Mimik der Hände aus den Bilderhandschriften des Sachsenspiegels. Karl von Amira hat 34 Typen der

Handgebärden ermittelt und geordnet.[27] Karl Koschorrek hat auf eine weitere Handgebärde aufmerksam gemacht, die wie ein Fingerzeig nach unten aussieht und insofern immerhin dem Handgestus der GERECHTIKAEIT ähnlich ist.[28] Ganz allgemein wird damit rechtliche Resignation ausgedrückt, insbesondere der Verzicht auf Antwort oder auf die Inanspruchnahme von Rechtsmitteln. Die leichte Krümmung des Zeigefingers der GERECHTIKAEIT dürfte gegen einen Zeigegestus sprechen, würde aber zu einem Ausdruck der Resignation passen: Was hier entschieden wird, ist mit Rechtsmitteln nicht angreifbar. Wer hier weiter fragen will, wird sich mit der Sprache der Hände in der Kunstgeschichte beschäftigen müssen.

Die Neigung des Waagebalkens nach rechts ist nicht zufällig, sondern wird in der Bildkomposition zusammen mit dem Schwertgriff zur Heraushebung des Schamhügels (mons Veneris) eingesetzt. Nehmen wir für Schamhügel ''Venusberg", treffen wir in der deutschen Mythologie auf den dorthin[29] von Frau Venus gelockten Tannhäuser. Daran angelehnt wird vom Venusberg gesprochen als dem Ort der Venus und daher dem Ort höchsten Sinnengenusses.[30] War die Göttin bei den Minnesängern noch gleichbedeutend mit Frau Minne, mußte sie nach christlicher Anschauung als Vertreterin der sinnlichen Schönheit und Liebe zu einem bösen bestrickenden Geiste herabsinken.[31] Es fällt daher schwer, die Hervorhebung des Venusbergs als Hinweis auf etwas Höheres, Anzustrebendes zu deuten, eher müßte man an Verlockung und Versuchung denken. Oder sollte man beides zugleich im Blick haben und in Beziehung zueinander setzen dürfen? Die abträgliche Bedeutung eines bösen, bestrickenden Wesens verschwindet, wenn Venus als Name des Abend- oder Morgensterns verwendet wird. Sie verschwindet erst recht, wenn wir ihr - auch bei Cranach - als einer Göttin des klassischen Altertums begegnen. Und auch der Venusberg verliert seinen Nymbus als Zauberberg, wenn damit nur noch eine fremde, andere Welt oder weite Ferne beschrieben wird, was bei Grimm mit einem Luther-Zitat belegt wird.[32]

Dürfen wir Venusberg und Venus entgegen allen Bedenken wieder mit dem ursprünglichen Wortsinn von Minne verbinden, klingt sowohl der helfende erbarmende Sinn, die fürsorgliche Liebe an, als auch die erbarmende Liebe Gottes und Christi zu den Menschen.[33] Auch tritt dann eine vergessene rechtliche Kategorie in Erscheinung, denn in der Rechtsprache bezeichnete Minne das freiwillige, gütliche Leisten als Gegensatz zum rechtlichen Zwang.[34] Eine weitere Verbindungslinie führt schließlich zum Rechtsdenken Marthin Luthers.

Im status corruptus des weltlichen Regiments ist zwar auch das Naturrecht diesseitig und dem göttlichen Recht wesensmäßig unähnlich. Aber auch im Sündenstand gibt es ein Recht höherer Qualität, ein aus der Vernunft fließendes natürliches Recht, "denn das oberst Recht und Meister alles Rechten bleibe die Vernunft[35]". Dieses natürliche Recht ist nicht allen zugänglich. "Denn das edle Kleinod, so natürlich Recht und Vernunft heißt, ist ein selten Ding unter Menschenkindern[36]". Damit gleichgesetzt wird die Billigkeit, die daher auch den Rang einer Meisterin aller Rechte erhält:

> "Solche Tugend oder Weisheit, die also kann und soll das strenge Recht lenken und messen, nach dem sich die Fälle begeben, und einerlei guts oder böses Werk nach Unterschied der Meinung und der Herzen richtet, die heißt auf griechisch epieikeia, auf lateinisch aequitas, ich nenne sie "Billigkeit". Denn weil das Recht muß und soll einfältiglich mit dürren kurzen Worten gestellet werden, kann es gar nicht alle Zufälle und Hindernisse mit einfassen. Derhalben die Richter und Herren müssen hie klug und fromm sein und die Billigkeit aus der Vernunft messen und also dann das Recht lassen gehen oder anstehen. Wie ein Hauswirt setzt seinem Gesinde ein Recht, was sie diesen oder den Tag tun sollen. Da stehet das Recht: wer das nicht tut oder hält, soll seine Strafe leiden. Nun mag der eine krank oder sonst ohne sein Schuld verhindert werden, da höret das Recht auf, und wäre gar ein wütiger Hausherr, der seinen Knecht um solchs Nachlassens willen wollte strafen. Also müssen und sollen alle Rechte, welche auf die Tat gestellet sind, der Billigkeit als der Meisterin unterworfen sein um der mannigfältigen, unzähligen, ungewissen Zufälle willen, die sich begeben können und niemand sie kann zuvor abmalen oder fassen."[37]

In weiterer Steigerung spricht Luther sogar von "der Liebe Recht":

> "Denn die Natur lehret, wie die Liebe tut, daß ich tun soll, was ich mir wollt getan haben. Darum kann ich niemand also entblößen, wie gut Recht ich immer habe, so ich selbst nicht gern wollt also entblößet sein; sondern wie ich wollt, daß ein anderer sein Recht an mir nachließe in solchem Fall, also soll ich auf mein Recht auch verzichten.
>
> Also soll man handeln mit allem unrechten Gut, es sei heimlich oder öffentlich, daß immer die Liebe und natürlich Recht oben schwebe: Denn wo du der Liebe nach urteilest, wirst du gar leicht alle Sachen scheiden und entrichten ohn all Rechtsbücher. Wo du aber der Liebe und Natur Recht aus den Augen tust, wirst du es nimmermehr so treffen, daß es Gott gefalle, wenn du auch alle Rechtsbücher und Juristen gefressen hättest, sondern sie werden dich nur irrer machen, je mehr du ihnen nachdenkest. Ein recht gut Urteil, das muß und kann nicht aus Büchern gesprochen werden, sondern aus freiem Sinn daher, als wäre kein Buch. Aber solch frei Urteil gibt die Liebe und natürlich Recht, des alle Vernunft voll ist. Aus den Büchern kommen gespannene und wankende Urteile."[38]

Ist die Waage der GERECHTIKAEIT bei Cranach deshalb aus dem Lot geraten, weil sie sich vom strengen Recht abweichend der Billigkeit, dem Recht der Liebe zuneigen will? Die Frage mag dahinstehen. Jedenfalls wäre solche Abweichung vom Gleichmaß bei Luther nicht nur legitim, sondern nach der Liebe Recht geboten.

Nicht dahingestellt bleiben muß die Frage, warum die GERECHTIKAEIT nur als Dreiviertel-Akt dargestellt, warum das Schwert verkürzt und warum die Waagschalen angeschnitten sind. Handelt es sich doch um ein Symbol der in ihrer Macht begrenzten "äußeren Gerechtigkeit" als Inbegriff des weltlichen Regiments. Die wahre Gerechtigkeit hat damit nichts zu tun, sie kennt kein Gesetz und führt weder Schwert noch Waage, denn gerecht werden wir nicht durch des Gesetzes Werke, sondern allein durch den Glauben.

Anmerkungen:

1. Die Ausführungen zur Werkgeschichte folgen der Cranach-Biographie von Otto Fischer in: "Die Großen Deutschen" Bank 1, Frankfurt/M. - Berlin - Wien, 1966, S. 464, 472. Die Bilddokumente sind wiedergegeben bei M. J. Friedländer/J. Rosenberg, The Paintings of Lucas Cranach, Berlin 1968

2. Auktionskatalog Sotheby´s, Old Master Paintings, London, Wednesdy 8th Juli 1992, S. 68

3. s. Anmerkung 1., Seite 471

4. s. Anmerkung1., Seite 470

5. Richard Friedenthal, Luther, Sein Leben und seine Zeit, Neuausgabe 1982, München, Zürich, S. 325

6. Martin Luther, Ausgewählte Schriften, Sechster Band, Taschenbuchausgabe Insel Verlag Frankfurt/M. 1990, S. 34

7. Dazu zählen vor allem die Schriften "Von weltlicher Obrigkeit, wie weit man ihr Gehorsam schuldig sei" (1523), "Ob Kriegsleute auch in seligem Stand sein können" (1526) und "Von Kaufhandel und Wucher" (1524)

8. Hierbei kann allerdings fraglich sein, ob nicht das Original beschnitten worden ist.

9. Erik Wolf, Große Rechtsdenker der Deutschen Geistesgeschichte, 3. Auflage, Tübingen 1951, (Johann Oldendorp), S. 137

10. s. Anmerkung 5, S. 498

11. Die genannten Justitia-Darstellungen finden sich bei Otto Rudolf Kissel, Die Justitia, München 1984, und bei Wolfgang Pleister/Wolfgang Schild (Hrsg.), Recht und Gerechtigkeit im Spiegel der europäischen Kunst, Köln 1988

12. s. Kissel (Anm. 11), S. 57

13. s. Erik Wolf, Das Problem der Naturrechtslehre, Karlsruhe 1955, S. 40. (Mit diesem Zitat grüße ich meinen alten Freund Rudolf in Erinnerung an die gemeinsam besuchte Vorlesung Erik Wolfs im Sommersemester 1954 in Freiburg i. Br.).

14. Hier und im folgenden beziehen sich die Luther-Zitate auf die kritische Gesamtausgabe seiner Werke, Weimar 1883 ff (WA); WA 11, 252

15. WA 19, 630

16. WA 11, 253

17. WA 11, 272

18. s. Anmerkung 6., Vierter Band, S. 137

19. s. Anmerkung 18, S. 153

20. WA 15, 302

21. s. Kissel (Anm. 11), S. 97

22. WA 51, 206

23. WA 19, 630

24. WA 51, 206

25. WA 51, 206

26. WA 19, 632

27. Karl von Amira, Die Handgebärden in den Bilderhandschriften des Sachsenspiegels. In: Abhandlungen der Kgl. bayer. Akademie der Wissensch. I Kl., Bd. 23, Abt. 2, München 1905, S. 161-263

28. Walter Koschorrek, Die Heidelberger Bilderhandschrift des Sachsenspiegels, Kommentar, Frankfurt am Main 1970, S. 28

29. Am bekanntesten ist die Lokalisierung auf dem Hörselberg bei Eisenach (s. Grimm, Deutsches Wörterbuch: Venusberg 1, Sp. 48)

30. Grimm, Deutsches Wörterbuch: Venusberg 1a (Sp. 48)

31. s. Anmerkung 30: Venus 1 (Sp. 47)

32. s. Anmerkung 30: Venusberg 1 c (Sp. 49): "die wolgegründete verlegung (= widerlegung) ist noch nicht am liecht, sondern schlefft vieleicht bei dem alten Danheuser im Venusberge. Luther 5, 279"

33. s. Anmerkung 30: Minne 2 (Sp. 2239)

34. s. Anmerkung 30: Minne 4 (Sp. 2240)

35. WA 11, 272

36. WA 51, 212

37. WA 19, 632

38. WA 11, 279

Cadres légaux et interventions en matière de délinquance juvénile
Aperçu comparatif*

Martine Mérigeau

L'apparente diversité des dispositifs légaux ne doit pas pourtant occulter l'origine historique commune de l'édification de la justice pénale des mineurs en Europe, ni celle de son évolution actuelle tendant à l'harmonisation de ces principes sous l'égide des instances internationales, que ce soit de l'Assemblée générale des Nations-unies en adoptant le 29 novembre 1985 les "règles de Beijing" concernant l'administration de la justice pénale des mineurs, ou le Comité des ministres du Conseil de l'Europe par la Recommandation (R(87) 220) en date du 17 septembre 1987 sur les réactions sociales à la délinquance juvénile ou plus récemment les principes directeurs dits de Riyadh pour la prévention de la délinquance juvénile (1990) ou les règles minima des Nations-unies pour la protection des mineurs privés de liberté (dites règles de la Havane 1990). Sous l'effet de l'adoption de ces texes internationaux par les Etats et de l'allégeance du législateur par l'adaptation progressive de la loi nationale, les législations sont sur une voie d'harmonisation ou du moins s'engagent à respecter des principes minima concernant le traitement des mineurs. Cette orientation se vérifie notamment dans les pays de l'Euro-

---

* Ce texte consacré aux différents modes de traitement des jeunes délinquants, est le résultat d'une vaste enquête menée dans 17 pays d'Europe: Allemagne, Autriche, Belgique, France, Grèce, Italie, Luxembourg, Pays-Bas, Pologne, Portugal, Royaume-Uni, Suisse, Slovénie, Suède, ex-Tchécoslovaquie.
L' analyse des résultats a été publiée dans le livre "Jeunes délinquants et jeunes en danger en milieu ouvert". Ed. Erès, 1993 Toulouse.
La question centrale développée est celle de la place donnée au milieu ouvert dans le traitement de la délinquance juvénile. Utopie, ou réalité se demande t-on au départ.
C'est parce que l'étude montre aujourd'hui la réalité du traitement en milieu ouvert des jeunes délinquants, que ce texte est dédié à Max Busch qui a tant combattu pour l'imposer définitivement dans les pratiques.

pe de l'Est, aujourd'hui dans une période transitoire suivant les bouleversements politiques, qui sont à la quête de nouveaux modèles législatifs. Que ce soit pour la Slovénie, l'ex-Tchécoslovaquie, ou la Pologne, qui sont les trois pays de l'Est à avoir participé à l'enquête, il convient de garder à l'esprit l'image d'un droit positif transitoire.

1. Régimes juridiques

Afin de simplifier la présentation des divers systèmes juridiques, on distinguera d'une façon schématique deux grands groupes de systèmes:

Le *premier* système, dit *pénal* ou *"modèle de justice"*, consacré par la majorité des pays, est construit à partir d'un fondement pénal, sous une optique prioritairement éducative; on parle alors comme en Allemagne ou aux Pays-Bas de "droit pénal éducatif". Cette double voie, fondée sur la reconnaissance de l'irresponsabilité pénale des mineurs ou/et d'une responsabilité limitée, implique un système de réactions bipolaires, consacrant les mesures éducatives d'un côté et les peines de l'autre.

Le *deuxième* système, dit *"modèle de protection"* ou encore *"welfare model"*, est fondé sur un droit unique, applicable indifféremment

- aux mineurs délinquants (ayant commis un fait qualifié d'infraction),
- aux déviants (mendiants, vagabonds)
- ou en danger (sécurité et moralité compromises). Les mineurs bénéficient d'une présomption de non-imputabilité.

Dans ces différents cas, ce sera toujours le même juge (de la jeunesse), qui sera compétent pour ordonner les mesures uniquement protectrices. En conséquence, ces systèmes prévoient des interventions orientées vers la prévention et l'éducation: l'objectif étant plus l'éducation et la socialisation que le châtiment ou la punition d'une faute.

Ici on suppose que les causes du comportement délinquant sont à rechercher dans le milieu social, économique ou familial du jeune, considéré plus comme une victime que comme un être coupable et responsable.

Conformément à cette optique, ces systèmes n'ont pas retenu la distinction traditionnelle faite entre les peines et les mesures éducatives, puisque toute intervention est par définition éducative et ne fait pas référence à l'infraction commise.

Ainsi en Belgique, la loi du 8 avril 1965 relative à la protection de la jeunesse avait établi un double système de protection, l'un judiciaire, exercé par le tribunal de la jeunesse, l'autre social où la prévention était confiée à des comités de protection de la jeunesse.

Actuellement, quatre des pays consultés connaissent une loi unique avec un double système de protection sociale et indiciaire, s'appliquant aussi bien aux mineurs délinquants qu'aux mineurs en danger: l'Ecosse, le Luxembourg, la Pologne et le Portugal.

D'ores et déjà, il semble que ce système de la voie unique soit battu en brèche (ainsi l'Angleterre et le Pays de Galles, l'Irlande du nord et la Belgique ont déjà procédé à la séparation des domaines de compétence entre les institutions), auquel on substitue de plus en plus des dispositions spéciales tendant à séparer les deux catégories de jeunes en difficulté ou déviants et jeunes délinquants, pour leur appliquer deux régimes différents.

En principe, chaque pays est doté au moins d'une loi voire d'un droit spécial aux mineurs délinquants de nature pénale. Le plus souvent cette législation fera l'objet d'une rédaction spéciale (Allemagne, Autriche...) et ne sera donc pas incorporée dans le droit pénal des majeurs. Mais un certain nombre de pays ne possèdent pas de loi spéciale concernant les mineurs.

Souvent les dispositions concernant les mineurs délinguants font l'objet de quelques dispositions spéciales dans le code pénal. C'est le cas de: la Hollande, de la Suède, de la Suisse, de la Slovénie et de la Grèce.

Ces pays (excepté la Hollande) ne connaissent pas non plus, ni de règles procédurales spéciales, ni de textes légaux sur le traitement pénitentiaire des mineurs (excepté la Grèce depuis une loi de 1989, entrée en vigueur le 1.1.1990). La loi ou le droit spécial applicable aux mineurs délinquants régit essentiellement les effets juridiques, voire les réactions et interventions étatiques aux infractions commises par les jeunes délinquants.

En outre on trouve dans ces législations de nombreuses dispositions dérogatoires au droit commun concernant l'organisation judiciaire (notamment l'existence de tribunaux judiciaires spéciaux de la jeunesse) et des aménagements de la procédure pénale en faveur des mineurs.

Parfois les structures politiques notamment fédérales, d'un pays donné, modifient profondément les lois applicables aux mineurs à l'intérieur même du pays. C'est ainsi qu'en Suisse, l'organisation judiciaire et la procédure applicables aux mineurs relevant des cantons, seront parfois très différentes d'une région à une autre.

C'est aussi le cas de la Belgique qui s'est orientée vers une structure fédérale (loi du 8 août 1988) et a procédé à une nouvelle répartition des compétences, en attribuant à chacune des trois communautés linguistiques (flamande, française et allemande) compétence législative en matière de protection de la jeunesse et d'exécution des mesures de protection judiciaire, visant les mineurs ayant commis un fait qualifié infraction. Cette particularité implique la nécessité de distinguer et de préciser de quelle législation communautaire il est question, lorsque l'on mentionne la Belgique.

Pour parler des systèmes juridiques applicables aux mineurs, il faut inévitablement aborder le problème des seuils d'âge, c'est à dire de la minorité et de la majorité pénale). La question des seuils d'âge est fondamentale en la matière, car de la réponse apportée dépendent la nature de la législation applicable (par ex. droit pénal des mineurs ou droit pénal des adultes) et la délimitation de la compétence des juridictions ou autres institutions en la matière.

A cette question s'ajoute celle de la responsabilité pénale, dont le conception varie d'un pays à l'autre, en fonction de l'importance donnée à l'élément moral de l'infraction commise par un mineur.

Il est à remarquer que le concept de responsabilité morale applicable aux mineurs se détache progressivement du droit pénal des majeurs, en s'articulant, sont traditionnellement autour de la notion du discernement soit autour de la personnalité, étroitement liée à la notion de capacité pénale (c'est à dire l'aptitude à profiter de la sanction) parfois, même comme en Allemagne, ces deux critères vont se chevaucher.

2. Les seuils d'âge

Malgré l'apparente homogénéité des seuils d'âge, il n'en demeure pas moins des différences qui sont difficilement compréhensibles, du point de vue de l'équité.

2.1 La majorité pénale

La majorité pénale, qui peut être définie comme l'âge à partir duquel le jeune délinquant relèvera du droit commun, c'est à dire du droit pénal, est fixée majoritairement à 18 ans (correspondant d'ailleurs à l'âge de la majorité civile).

Seule l'Autriche l'a fixée à 19 ans, l'lrlande du Nord et la Pologne ont adopté le seuil des 17 ans. L'Ecosse et le Portugal l'ont abaissé à 16 ans. Pour ces derniers pays, cela ne traduit pas forcément un renforcement de l'idée répressive à l'égard de cette catégorie de mineurs, car on prévoit souvent un régime de transition au terme duquel ils peuvent relever de loi applicable aux mineurs.

2.2. La minorité pénale

La minorité pénale est par contre l'âge à partir duquel le droit spécial (mesures protectrices prévu pour les mineurs) s'appliquera. Autrement dit cet âge ainsi fixé, sert de délimitation à la compétence des tribunaux: en dessous de cet âge, les enfants "sortent du champ pénal".

Si la plupart des pays ont effectivement fixé ce seuil, on constate de grandes disparités. Le seuil le plus bas a été fixé à 7 ans par la Suisse et la Grèce (l'Ecosse à 8 ans). D'une manière générale, il semble que ce soit autour de l'âge de 13 -14 ans, que le plus grand nombre s'est rallié (14 ans pour l'Autriche, l'Allemagne, l'Italie et la Slovénie, 13 ans pour la France et la Pologne). Seule la Suède a fixé ce seuil à 15 ans.

2.3 La responsabilité pénale

On constate donc des incertitudes au niveau des concepts de responsabilité pénale et de minorité pénale. Dans la plupart des cas, l'âge de la responsabilité pénale coïncide avec celui de la minorité pénale. En revanche la loi grecque opère une nette distinction. Si la minorité est fixée à 7 ans (l'enfant ne peut faire l'objet d'aucune mesure et a fortiori de poursuite pénale), celle de la responsabilité l'est à 12 ans.

En principe les législateurs ont distingué *deux catégories de mineurs*: les enfants, les adolescents. Parfois on en distingue trois avec les jeunes adultes.

Les enfants bénéficient d'une irresponsabilité pénale absolue (ils ne seront pas punissables), et ne relèvent en aucune facon du droit pénal des mineurs (ou des dispositions prévues à cet égard), ni du droit pénal pour les adultes, et ne seront passibles d'aucune mesure.

A la rigueur, l'enfant pourra faire l'objet de mesures strictement de protection, d'assistance et éducatives, réservées le plus souvent aux mineurs en danger et ordonnées par des services socio-éducatifs, administratifs ou tutélaires (Allemagne, Autriche, Slovénie, Portugal) ou par le juge des enfants comme en France et en Hollande.

On distingue d'autre part, *les adolescents*, qui pourront relever de la loi prévue á l'égard des mineurs délinquants, bénéficiant le plus souvent d'une responsabilité pénale atténuée.

Bien que le mineur âgé de 12 ans soit déclaré irresponsable pénalement en Hollande, il pourra faire l'objet de mesures d'instruction effectuées dans le cadre de poursuites pénales (comme les fouilles et examens corporels ainsi que tout acte de perquisitions ou saisies). L'interrogatoire sera mené par le juge des enfants qui fait office de juge d'instruction. Mais les mesures qui seront prises à son rencontre seront de nature exclusivement civile.

L'idée sous-jacente à la responsabilité pénale des mineurs met l'accent sur la capacité pénale, c'est à dire l'aptitude du mineur à profiter de la sanction infligée. Ce n'est qu'à partir du moment où il pourra répondre de ses actes, qu'on pourra lui en imputer les conséquences. Pour évaluer la responsabilité, on aura recours à deux sortes de critères:

- soit à celui du discernement (capacité de comprendre et de vouloir),
- soit à celui de la personnalité du mineur. Ces deux critères pourront être cumulés.

A la responsabilité pénale sont donc liées non seulement la loi spéciale applicable aux jeunes délinquants, mais aussi la question de la capacité pénale et de la nature des sanctions et mesures applicables.

A cet égard, il existe de grandes disparités au niveau des seuils d'âge de la responsabilité pénale allant de 7 ans en Suisse à 18 ans en Belgique et au Luxembourg.

En principe, c'est l'âge au moment de la commission de l'infraction qui sera déterminant.

Peu de législations connaissent un régime particulier applicable aux *jeunes adultes* délinquants, c'est à dire à des jeunes devenus majeurs au regard de la loi civile et pénale. Il existe parfois des dispositions visant à prolonger certaines mesures éducatives au-delà de la majorité pénale.

C'est ainsi que depuis 1975, une mesure de mise sous protection judiciaire a été instituée en France, permettant aux juridictions pour mineurs de prolonger pendant cinq ans et dans la limite des 23 ans, l'exésution des mesures éducatives en milieu ouvert ou en hébergement, prévues par l'ordonnance de 1945. Si la mesure s'exerce en hébergement, sa poursuite au-delà de 18 ans exige le consentement du jeune majeur.

L'Allemagne, la Hollande et la Slovénie, ont introduit une catégorie de jeunes âgés de 18 ans (non révolus), qui pourront être jugés en vertu des règles applicables aux mineurs. Mais en Slovénie et en Hollande, les jeunes adultes dépendront des tribunaux pour adultes et non des tribunaux pour mineurs comme en Allemagne. (En Allemagne, en fait tous les jeunes âgés de moins de 21 ans relèveront des juridictions pour mineurs. C'est le seul pays.)

En Suisse, les jeunes adultes sont âgés de 18 à 25 ans. Le régime portugais distingue également la catégorie des 18-21 ans en prévoyant des mesures spéciales, comme les mesures dites correctives (admonestation, liste d'obligations à remplir, amende, ou placement dans un "centre d'arrêt ou de détention"). Ces mesures seront éventuellement applicables à la catégorie des jeunes âgés de 16 ans à 18 ans.

Le régime juridique allemand distinguant les enfants, les adolescents et les jeunes adultes est un exemple représentatif de ces législations. Il a instauré un régime de responsabilité particulière aux mineurs, qui fait appel autant à la personnalité du mineur qu'au critère de discernement. Concernant ce dernier critère, le régime juridique italien présente la même particularité; le juge appréciera la capacité de comprendre et de vouloir du mineur âgé de 14 à 18 ans.

Le droit allemand distingue en fait:

- les enfants âgés de moins de 14 ans, pour lesquels la loi sur la juridiction de la jeunesse ne s'applique pas (§ 19 du code pénal allemand (StGB) cause de nonimputabilité),
- les mineurs (proprement dits) âgés de 14 à 18 ans (non révolus), relevant du "Jugendgerichtsgesetz" JGG)
- et les jeunes adultes âgés de 18 à 21 ans.

Les mineurs de 14 à 18 ans bénéficient d'une responsabilité pénale limitée en fonction de la personnalité définie par le critère subjectif de maturité, laquelle est donc évaluée selon son développement moral et intellectuel.

Cette dernière règle se retrouve également en Slovénie. En outre s'ajoute le critère lié au discernement car la faculté de comprendre le caractère illicite de l'acte est assortie de la faculté d'agir en fonction de cette appréciation.

Le juge vérifiera donc cette corrélation; au besoin il fera intervenir des experts. Dans tous les cas où le mineur sera reconnu responsable, il sera "redevable" de l'infraction commise et sera passible des conséquences juridiques prévues par la loi sur la juridiction de la jeunesse.

Mais lorsque le tribunal a écarté cette responsabilité, le tribunal de la jeunesse restera compétent pour ordonner des mesures protectrices.

Enfin le droit allemand distingue une classe d'âge spécifique pour les jeunes âgés de 18 à 21 ans (non révolus), appelés les jeunes adultes. Ils sont soumis:

- soit au régime des mineurs délinquants,
- soit à celui des adultes en fonction des critères définis par le § 105 de la loi sur la juridiction de la jeunesse. Deux critères:
  - la nature de l'infraction commise
  - et la maturité.

Ils seront jugés par des tribunaux de la jeunesse et non par les tribunaux de droit commun, sauf cas très exceptionnels, énumérés dans la loi.

En Hollande, on distingue quatre groupes de jeunes:

- Les enfants de moins de 12 ans, qui comme on l'a déjà vu, sont pénalement irresponsables,

- les mineurs âgés de 12 à 16 ans qui seront jugés exclusivement par le droit pénal des mineurs,

- les mineurs de 16 à 18 ans qui relèveront en principe du droit pénal des mineurs, mais exceptionnellement du droit pénal des adultes

- et enfin les jeunes adultes de 18 à 21 ans qui bénéficieront de cette option quant au régime juridique applicable.

Ainsi en Hollande, le juge, eu égard à la personnalité du jeune et à la gravité de l'infraction commise, pourra faire application soit du droit pénal des mineurs délinquants, soit du droit pénal des adultes pour une infraction commise par un jeune adulte.

Mais contrairement à la pratique judiciaire allemande, le droit pénal des mineurs est dans ces cas peu appliqué.

En Suède, l'âge de la responsabilité est fixée à 15 ans; la loi applicable concerne les jeunes délinquants âgés de 15 à 18 ans (non révolus).

3. Juridictions et institutions compétentes

3.1 Le privilège de juridiction

La plupart des législations reconnaissent aux mineurs délinquants un privilège de juridiction et ont instauré des tribunaux spécialisés pour mineurs (ou du moins une chambre spécialisée dans les problèmes des jeunes, comme dans l'exTchécoslovaquie) ou des sections autonomes relevant des juridictions de droit commun, composées de juges et de procureurs.

En revanche, la Suède ne connaît pas de tribunaux de la jeunesse; les services sociaux seront seuls compétents si l'enfant a moins de 12 ans. Jusqu'à l'âge de 15 ans, l'enquête est diligentée par la police mais le règlement du litige relèvera soit du parquet, soit des services de la jeunesse, soit des tribunaux. Il n'existe pas en Suède de tribunaux de la jeunesse au sens de juridictions spécialisés pour les jeunes délinquants. Ceux-ci relèvent des juridictions pénales de droit commun, composées de juges professionnels, assistés d'assesseurs possédant une expérience en matière de traitement et d'éducation.

Dans les pays de l'est, comme en Pologne ce sont des tribunaux de la famille (depuis 1978) qui ont une compétence générale concernant les affaires où sont impliqués des mineurs, qu'ils soient en danger ou délinquants.

Ils remplacent les tribunaux des enfants créés en 1949. Le tribunal de la famille sera compétent lorsqu'un mineur âgé de 13 à 17 ans, a commis un fait qualifié d'infraction. Cela n'exclut pas cependant l'intervention d'organismes publics.

Dans certains pays, comme au Portugal, on note l'accroissement du rôle des services socio-administratifs (appelés Commissions de protection) par rapport aux instances judiciaires. La réforme de 1978 a prévu la possibilité d'intervention de la "Commission de protection" pour des mineurs âgés de moins de 12 ans (organisme administratif dépendant du Ministère de la Justice) qui sont en situation de délinquance et pour lesquels le tribunal des mineurs ne peut pas intervenir.

Mais les parents ne doivent pas s'y opposer; dans ce dernier cas, l'affaire serait transmise au tribunal des mineurs. La nouvelle loi de 1991 a élargi le domaine de compétence de cette commission aux mineurs âgés de moins de 12 ans en état de prédélinquance.

Par ailleurs, il faut faire une place à part au système écossais des "children's hearings" (selon les dispositions du Social Work Act de 1968), non seulement quant à leur composition mais aussi quant à leur domaine de compétence.

Les "children's hearings" sont plus proches d'une instance de type social ou administratif que d'une instance judiciaire. En revanche elle dispose de larges pouvoirs juridictionnels, qu'exerce le "Reporter". Son domaine d'intervention comprend aussi bien les jeunes à protéger que les jeunes délinquants âgés de 8 à 16 ans. Les "children's hearings" ont une compétence générale, s'agissant des infractions commises par des mineurs, excepté celles qui sont définies par le "Lord advocate", qui relèveront due "Sheriff Court" et de la "High Court". Ce sont des infractions graves pour lesquels prévaut la notion d'intérêt public.

Vienne possède sa propre juridiction pénale pour mineurs (Jugendgerichtshof) qui a en outre un compétence générale d'attribution concernant les affaires relevant des juridictions d'instance, des tribunaux de la jeunesse ou de la cour d'assises et les affaires nécessitant des mesures d'ordre tutélaire (de protection) lorsqu'il y a mise en danger du mineur.

Le privilège de juridiction, assorti du principe de spécialisation, a été institué conformément à l'objectif éducatif assigné aux législations sur les mineurs délinquants. Mais le législateur n'a pas complètement exclu des possibilités légales de transfert entre juridictions pour mineurs et juridictions pour majeurs.

Cette question concerne en fait plus spécialement les systèmes de protection comme la Belgique, l'Ecosse, le Luxembourg ou la Pologne.

Parfois, comme en matière d'infractions routières (Belgique, France), les jeunes seront jugés par des juridictions répressives de droit commun. Mais l'exception principale concerne donc les régimes dits de protection.

On observe que les régimes, ne prévoyant pas de peine, au sens pénal du terme, ont toujours la possibilité d'écarter le régime de protection afin de permettre l'application de sanctions, voire de peine, prévues à l'égard des adultes délinquants.

En Belgique comme au Luxembourg, cette possibilité de renvoi est justifiée par le souci de proposer la mesure la plus appropriée.

4. Modes d'intervention

La plus grande distinction concernant les mineurs délinquants a trait aux mesures protectrices par opposition aux peines. Mais si certains régimes de protection excluent purement et simplement le principe de l'application d'une peine à un mineur délinquant (comme la Belgique, ou l'Ecosse ou même encore le Portugal pour les enfants de moins de 6 ans, cela ne veut pas dire qu'ils ne connaissent de mesures de placement en milieu fermé.

Afin de clarifier les types d'intervention et surtout la signification de leur contenu, on a choisi de les classer selon le moment où elles interviennent

- mesures présentencielles (avant-jugement)

- mesures sentencielles (prononcées à la suite d'un jugement)

Il ne s'agit pas dans le cadre de cet exposé de dresser un catalogue exhaustif des interventions, telles qu'elles sont en vigueur dans les système juridiques, mais bien de voir quelles sont les interventions qui sont les plus significatives dans le traitement des mineurs délinquants.

4.1 Les mesures presentiencielles (avant jugement)

Parmi ces mesures, on distinguera celles qui ont un but purement informatif de celles que comportent une privation de liberté.

4.1.1 Mesures provisoires d'information

Le droit des mineurs étant orienté essentiellement sous la connaissance de la personnalité de l'auteur de l'infraction, un certain nombre de mesures constituent des actes d'investigation qui vont de l'enquête sociale ou médico-psychologique ambulatoire au placement en observation.

L'enquête de personnalité est une quasi constante des législations applicables aux mineurs; les experts ont dans ce domaine une place de choix.

Généralement, on trouve deux sortes d'enquête, concernant les mineurs: la première à connotation médicale est destinée à sonder la personnalité du mineur, la deuxième à connotation sociale, à connaître le milieu dans lequel il vit (Allemagne, Angleterre et Pays de Galle, Autriche, Belgique, Ecosse, France, Grèce, Hollande, Irlande du nord, Italie, Pologne, Portugal, Slovénie, Suède, Suisse et ex-Tchécoslovaquie). Dans ces deux cas, l'expert est un intervenant incontournable dans une procédure pénale intentée contre un mineur.

Le rôle de l'expert est donc le fournir au juge des éléments de connaissance et d'évaluation de la personnalité du mineur au moyen d'un examen médicopsychologique. Quelques systèmes de droit rendent l'intervention de l'expert systématique et obligatoire (la France, la

Hollande et la Suisse), au cours de la phase de l'instruction. Ainsi en France, l'expert sera obligatoirement consulté dans le cadre des mesures d'instruction sur la personnalité dont le juge ne peut s'en dispenser que par ordonnance spécialement motivée.

En Allemagne et en Autriche, le juge fera appel à l'expert pour déterminer le degré de maturité du mineur et sa responsabilité pénale. En Allemagne, l'expert interviendra également sur demande du juge pour apprécier le degré de maturité du jeune adulte délinquant (18-21 ans), conditionnant le régime juridique applicable (droit pénal des mineurs ou droit pénal des majeurs).

L'enquête sur le milieu social dans lequel vit le mineur se retrouve dans pratiquement tous les pays; elle est conduite par des travailleurs sociaux ou par l'intermédiaire des services attachés auprès des juridictions des mineurs. En Ecosse, l'enquête sur le milieu social est obligatoire avant que le "children's hearing" ne prenne sa décision sur la mesure à prendre. Eventuellement, on pourra demander l'intervention de psychologues et psychiatres.

C'est en Belgique qu'existe la plus grande palette de mesures provisoires puisque toutes les mesures prévues à titre définitif, à part la réprimande, peuvent être prises à titre provisoire (mesures de garde, de placement ou de surveillance) qui ne sont alors soumises à aucune condition de durée. Elles ne sont pas soumises à un contrôle proprement dit, mais le juge est chargé d'en suivre l'exécution. Par ailleurs, malgré l'importance de ces interventions, les droits du mineur sont mal assurés puisque l'assistance d'un avocat n'est requise qu'au stade du jugement.

Par ailleurs, à titre de mesures provisoires destinées à accompagner le mineur, on trouve l'institution française de la liberté surveillée. Les mesures de liberté surveillée, avec nomination d'un délégué permettent un suivi éducatif du jeune dans son milieu naturel. Cette mesure peut être ordonnée, à titre provisoire, au cours de l'instruction par le juge des enfants ou le juge d'instruction. Elle se traduit par une observation en milieu ouvert. Elle peut être également prononcée à titre d'épreuve, avant que ne soit rendue une décision sur le fond. Enfin, la liberté surveillée peut être imposée à titre définitif.

La dernière catégorie de mesures provisoires sont celles destinées à assurer le bon déroulement de la procédure d'instruction et à éviter tout risque de réitération de l'infraction, comme la détention provisoire ou la garde à vue. Elles sont avant tout préventives et impliquent toutes les deux par la privation de liberté avant jugement qu'elles comportent, une atteinte aux libertés individuelles.

4.1.2 Mesures préventives privatives de liberté

La garde à vue

Elle a un caractère exceptionnel quant aux mineurs délinquants. La France, la Hollande, le Portugal, l'Italie, la Suède, la Pologne connaissent la garde à vue, en tant qu'arrestation provisoire par la police, mais les modalités d'application diffèrent d'un pays à l'autre. Par ailleurs, la durée de la garde à vue lorsqu'elle est possible (en France ou au Portugal mais dans ce cas il s'agira de jeunes majeurs âgés de 16 à 18 ans), n'est pas non plus soumise à des conditions ou dispositions spéciales à l'égard des mineurs. En dehors d'aménagements récents, comme en France, récemment le régime de la garde à vue relève des règles procédurales applicables aux majeurs.

Nous verrons que seule la Hollande a vraiment prévu une procédure spécifique en faveur des mineurs délinquants. La Suède et l'Italie ne mentionnent la garde à vue que dans les cas de flagrance. La durée maximale de la garde à vue en Pologne est de 48 heures. Exceptionnellement elle pourra se prolonger pendant 14 jours.

Le système hollandais présente des particularités très intéressantes d'un point de vue comparatif. En effet la garde à vue des mineurs est possible au domicile des parents du mineur, ou à celui du curateur ou dans un tout autre appartement approprié. Quoiqu'il en soit la garde à vue, comme d'ailleurs la détention provisoire ne peut être envisagée que pour des crimes graves, encourant au moins quatre ans d'emprisonnement.

La détention provisoire
La détention provisoire se retrouve dans tous les systèmes juridiques, à l'exception du Portugal. Mais lorsque le mineur est l'auteur d'un crime, il pourra faire l'objet d'une garde à vue policière ou être placé dans un établissement tutélaire jusqu'à sa présentation au juge.

Les motifs invoqués à une mise en détention provisoire sont pratiquement identiques d'un système à l'autre (danger de fuite, préservation des preuves, protection des témoins et de l'ordre public - notamment en France - nécessités de l'instruction, risque de récidive et gravité de l'infraction).

Le principe de la subsidiarité de la détention provisoire face à d'autres mesures moins graves est parfois hautement proclamé dans les textes de lois (Autriche, Allemagne, France, ex-Tchécoslovaquie, Slovénie et Grèce).

Seules l'Allemagne et la Hollande édictent le principe de proportionnalité de la détention provisoire par rapport à l'importance de l'affaire et de la sanction à attendre.

Le plus souvent c'est la durée de la détention provisoire qui fait l'objet de restrictions envers les mineurs par rapport aux adultes. En outre elle est fixée et délimitée en fonction des catégories d'âge, excepté en Belgique pour le placement en maison d'arrêt d'une durée de 15 jours maximum. La détention provisoire en Hollande connaît une durée maximum de trois fois 30 jours; au terme de ce délai, l'audience de jugement doit avoir obligatoirement lieu.

La détention provisoire est parfois supprimée pour les mineurs de moins de 15 ans en Suède ou de moins de 16 ans en France mais seulement ici, en matière correctionnelle. Elle n'est autorisée en Suède que "dans des circonstances tout à fait exceptionnelles", à l'égard des mineurs de 15 à 18 ans.

Si la détention provisoire est une constante dans les pays consultés, son régime fait l'objet d'aménagement et son exécution est prévue dans des établissements pénitentiaires spécialement habilités et séparés des adultes. Reste à savoir en pratique et dans le quotidien, à quoi ressemble les établissements spécialisés. Les services éducatifs (sociaux) auprès des tribunaux de la jeunesse jouent ici un rôle important comme en France, Autriche, Allemagne, Italie, Hollande, Slovénie et au Portugal. Ils ont pour mission d'assister et d'informer le jeune tout au long de la procédure. Ils ont souvent un rôle consultatif et de proportions concernant des mesures alternatives.

4.1.3 Mesures de classement

Le mécanisme de l'abandon de poursuite semble être la formule de prédilection concernant les réponses apportées à la délinquance juvénile dans pratiquement tous les pays, sans considérer la nature du principe régissant l'action publique (opportunité/légalité). Ce mouvement implique l'accroissement du rôle voire des pouvoirs du ministère public, en matière de traitement de la délinquance juvénile. C'est dans le cadre plus vaste de la diversion c. à. d. de la déjudiciarisation par évitement du procès pénal que les mécanismes de règlement informels se développent.

Le classement fait partie de l'arsenal des réactions étatiques à la délinquance juvénile exceptéé pour la Grèce. On introduit de plus en plus dans les législations, à côté du classement sans suite, le classement dit "conditionnel" assorti de médiation ou de réparation des dommages par l'auteur de l'infraction.

A cet égard, le cas de la France est significatif de l'évolution. Dans les dernières années, on a assisté à la mise en place de projets de médiation-réparation, au niveau de la phase de l'information par le ministère public. La loi du 4 janvier 1993, portant réforme de la procédure pénale a institutionnalisé les nouvelles pratiques de médiation-réparation en matière pénale.) On a ainsi introduit le classement conditionnel, assorti de la médiation en tant que modalité particulière de son pouvoir d'apprécier l'opportunité des poursuites.

Traditionnellement on distingue les pays régis par le principe de légalité (comme l'Allemagne, l'Autriche, l'Italie, le Portugal, la Suède, l'ex-Tchécoslovaquie, la Slovénie ou la Grèce) des pays connaissant le principe d'opportunité des poursuites (comme la Hollande, la Belgique ou la France). En fait, seule l'ex-Tchécoslovaquie exclut catégoriquement les abandons de poursuite. Le Portugal a également exclu les abandons de poursuite devant les juridictions pénales. Ils sont toutefois possibles devant les organismes tutélaires.

D'une façon générale, on constate que les atteintes au principe de légalité en faveur des mineurs sont de plus en plus importantes et consacrées par la loi du moins dans les pays où la légalité des poursuites est la règle. Dans ces cas, les mécanismes d'abandon de poursuite sont minutieusement réglementés par la loi elle-même, excepté pour la Grèce. En Allemagne, en Autriche, en Slovénie et en Italie il existe on outre, le classement pour insignifiance du délit.

Par ailleurs les pays qui connaissent le principe d'opportunité, aménagent de plus en plus les facultés ouvertes par ce mécanisme en imposant par exemple des obligations et notamment celle visant la réparation des dommages par l'auteur de l'infraction (France, Belgique). Mais il s'agit dans ce dernier cas de mesures officieuses, non réglementées où le ministère public dispose d'un pouvoir discrétionnaire d'appréciation de la suite à donner à l'infraction.

En fait dans les pays qui connaissent le principe de légalité des poursuites, tous les mécanismes d'abandon de poursuite ainsi que l'étendue du pouvoir d'appréciation du procureur sont strictement réglementés. Le classement n'est prévu que pour des infractions peu importantes, imposé plus par contraintes économiques (surcharge des tribunaux) que par un choix de politique criminelle.

Parfois le procureur pourra seul procéder au classement, dans les autres cas il devra obtenir le concours du juge. De même, parfois il aura la simple faculté de classer, parfois il en aura l'obligation.

Ainsi en Allemagne, le procureur procédera seul au classement sans suite en l'absence d'intérêt public à la poursuite et lorsque la faute commise est légère.

Le procureur aura l'obligation de classer lorsqu'une "mesure éducative", quelle qu'en soit la nature, a déjà eu lieu et lorsqu'il considère que l'intervention d'un juge ou le déclenchement des poursuites seraient inutiles pour éviter la commission d'infractions futures.

Deux pays ont fait du classement, pris dans une acceptation large, le principal mode de règlement des litiges en formant plus de 70 % des interventions ordonnées à l'égard des mineurs: ce sont la Suède et la Hollande. Ces procédures de classement s'intègrent dans des programmes de déjudiciarisation (diversion) destinés à éviter une poursuite voire un jugement. Certains pays donne la même possibilité de classement au tribunal (Autriche, Allemagne, Slovénie et Pologne). Cette technique s'apparente dans ses effets, au non-lieu judiciaire que connaît par exemple la France.

Par l'imposition de mesures socio-éducatives au classement de la procédure, on cherche à faire prendre conscience de l'existense de la loi pénale et des conséquences de sa violation, tant à l'égard de la société que l'auteur. Cette prise de conscience se veut éducative et vise à engager l'auteur dans un processus de responsabilisation. C'est pourquoi, si le mineur satisfait à l'obligation, il y aura classement de l'affaire.

A cet égard, la législation allemande offre de multiples techniques largement utilisées par la pratique. Le classement peut être opéré à l'initiative du procureur mais aussi du juge (le classement peut ainsi intervenir jusqu'à ce que le jugement ait l'autorité de la chose jugée).

4.2 Mesures

4.2.1 Mesures educatives ou de protection

Sous l'expression mesures educatives on constate une extrême variété de ces modes d'interventions allant d'une simple admonestation à un placement à durée illimitée en mileu fermé.

C'est pour cette raison qu'il convient de procéder à une présentation de ces différentes mesures, que l'on peut toutefois regrouper selon leur intensité. D'une façon générale, on peut distinguer deux grands groupes:

- les mesures éducatives proprement dites (en milieu ouvert)
- et les mesures correctives ou disciplinaires, comportant le plus souvent une privation de liberté, sous forme de placement institutionnel.

Les mesures éducatives ou protectrices constituent le type d'intervention, placé en toute première place dans les législations sur les jeunes délinquants: elles peuvent cependant comporter une certaine restriction de liberté, comme le placement du mineur dans une famille, voire dans une institution, que connaissent de nombreuses législations. Le caractère uniquement protecteur de la personne du mineur, assigné à ce type d'intervention, exemptée de connotation répressive, ne permet pas son exclusion des mesures éducatives. En revanche, le placement en milieu fermé, parce qu'il comporte une réelle privation de liberté ne peut être inséré dans ce cadre.

En France, comme en Italie ou en Belgique on vise à maintenir le jeune dans son milieu naturel (remise du jeune à ses parents ou placement sous liberté surveillée) ou bien à le placer dans des familles d'accueil (ou le confier à des personnes dignes de confiance) ou dans des petites unités d'hébergement ou dans des centres offrant des possibilités de formation scolaire et professionnelle.

Pour les enfants de moins de 13 ans, ils seront remis à l'aide sociale à l'enfance. On trouve des mesures analogues au PortugaL Comme dans pratiquement toutes les législations (Allemagne, Autriche, Grèce, Pologne, Portugal, France, Hollande, Suisse, Slovénie), on retrouve la réprimande ou avertissement. Mais c'est surtout la mise sous surveillance d'un service de protection judiciaire, ou plus généralement toute mesure de surveillance liée à l'institution anglo-saxone de la "probation" qui mérite une attention particulière, s'agissant des modes d'intervention prévus à l'égard des mineurs. Cette mesure présente l'avantage d'être exécutée en milieu ouvert, puisque le mineur est laissé en liberté, tout en assurant sa surveillance, voire son contrôle éducatif par une personne désignée par le juge ou le tribunal des enfants.

Ces modalités caractérisent, par exemple, l'institution de la liberté surveillée, que connaît l'ordonnance du 2 février 1945 (France). Mais dans ce cas, cette mesure pourra également servir d'accompagnement éducatif, car elle pourra s'appliquer aux mineurs condamnés à une peine privative de liberté.

D'une façon générale, on observe que la mise sous surveillance est très largement retenue par la plupart des législations, sous des modalités quelque peu différentes (Angleterre et Pays de Galles, Irlande du nord, Belgique, France, Hollande, Suède, Slovénie, Pologne).

4.2.2 Les placements institutionnels

Le placement institutionnel est une constante des législations sur les mineurs délinquants (Allemagne, Angleterre, Belgique, Grèce, Irlande du nord, Pologne, Portugal, Suède, Suisse, France), mais dans ce dernier pays, les centres fermés n'existent plus depuis 1978. Le placement est considéré comme une mesure éducative. Pourtant de nombreux rapports ont souligné le caractère paradoxal de cette conception de l'éducation si contraignante et surtout le caractère grave (surtout si la durée en est illimitée) et parfois stigmatisant d'une telle mesure (Portugal). Mais d'une façon générale, le recours à cete mesure de placement semble être en régression (Slovénie, Suisse, Belgique).

4.2.3 Mesures correctives

Un mode d'intervention que l'on retrouve dans le système allemand, suisse, hollandais, portugais et slovène est donné par les mesures dites *disciplinaires ou correctives*. Dans une certaine mesure, on peut également y inclure la Pologne, qui prévoit des mesures correctrives. Cependant elles sont plus proches par leurs formes et leurs fonctions de la peine.

La palette de mesures disciplinaires la plus variée est offerte par la législation allemande. D'inégale intensité, elles vont de:

- la simple admonestation (mais également la Suisse) à
- l'injonction d'obligations à réparer le dommage ou
- à s'excuser auprès de la victime ou
- à payer une somme d'argent au profit d'un établissement public,
- jusqu'à une courte privation de liberté appelée mise aux arrêts pouvant aller jusqu'à quatre semaines d'incarcération dans un centre spécial.

Cette dernière mesure connaît trois formes: elle peut avoir lieu pendant le temps libre c. à. d. pendant les weekends (maximum deux weekends), de courte durée (au plus quatre jours), et de longue durée (au moins une semaine, au plus quatre semaines). En outre, cette mise aux arrêts devient une sanction aux incidents à l'exécution d'une directive ou d'une obligation. Mais les mesures disciplinaires n'ont pas la nature juridique d'une peine et n'entraînent pas d'inscription sur le casier judiciaire.

La peine d'emprisonnement
La sanction pénale que chaque système a retenu est la peine d'emprisonnement, excepté pour la Belgique, l'Ecosse, le Portugal et la Pologne qui ont exclu la peine de leur législation envers les mineurs délinquants. Toutefois, on observe que les pays ayant adopté un système de protection de la jeunesse, à voie unique, tout en réfutant officiellement l'incarcération pénale, n'ont pas exclu toute forme de détention à l'égard des mineurs.

Modalités et durée
Un simple aperçu comparatif montre que les dispositifs législatifs, aussi différents qu'ils puissent être, assignent une fonction d'ultima ratio à l'emprisonnement des mineurs; cette sanction, lorsqu'elle est possible, est réservée aux infractions graves.

Les différences par rapport à l'emprisonnement chez les adultes tiennent le plus souvent aux aménagements apportés tant au niveau des conditions d'application de la peine en principe plus restrictives, qu'au niveau des modalités spéciales d'exécution (Allemagne, Irlande du nord, Portugal, Suisse, France et Gréce). Parfois il existe une terminologie spécifique réservée à cette peine "Jugendstrafe" comme en Allemagne, en Autriche ou en Suisse, pour la distinguer de la peine d'emprisonnement pour adultes. L'exécution se déroule dans un établissement pénitentiaire spécial réservé aux mineurs.

Si l'emprisonnement à titre de sanction pénale est une constante des législations, les modalités, notamment la durée et les conditions d'application diffèrent d'un pays à l'autre. Jusqu'à l'âge de 16 ans, la peine d'emprisonnement semble de plus en plus devenir l'exception. Cela tient en partie à l'élévation du seuil de la minorité pénale, au dessous duquel aucune santion pénale ne peut être prononcée mais aussi à la constitution de catégories de mineurs qui, en fonction de leur âge, bénéficieront d'une capacité pénale plus ou moins réduite. Il semble que l'incarcération pénale soit réservée aux plus âgés d'entre eux.

On retrouve assez fréguemment l'excuse de minorité, destinée à diminuer la durée d'emprisonnement par rapport auc adultes (Angleterre, France, Italie, Autriche, Suisse, Ecosse, Pologne, ex-Tchécoslovaquie, mais dans ce dernier pays la peine maximale encourue supérieure à un an.

En fait seule la Grèce connaît encore des peines à durée indéterminée à l'égard des mineurs délinquants. Le juge fixe un minimum et un maximum à l'intérieur des cadres légaux.

L'Allemagne est un des rares pays à avoir supprimé les courtes peines d'emprisonnement inférieures à 6 mois. En outre on a limité la durée des peines à 5 ans pour les mineurs âgés de 14 à 18 ans sauf cas exceptionnels énumérés par la loi. Si l'Allemagne ne connaît pas la courte peine d'emprisonnement, elle dispose d'une mesure corrective "la mise aux arrêts" dont la durée maximum s'élève toutefois à 4 semaines.

S'agissant du choix et de la mise en oeuvre des sanctions on observe l'existence d'un service socio-éducatif attaché au tribunal - institution le plus souvent publique - chargée de faire entre outre des enquêtes sociales, d'assister le jeune au cours de la procédure, et d'émettre des propositions au juge, quant à la mesure à prendre. En réalité ces services jouent un rôle capital.

A titre de sanction pénale, c'est l'amende qui est le plus souvent prononcée.

Les mécanismes de probation, avec en tête le sursis avec mis à l'épreuve font partie intégrante des modes d'interventions prévues à l'égard des mineurs. A titre d'obligation, on retrouve le travail d'intérêt général, la réparation des dommages, l'indemnisation de la victime, des cours d'entraînement social ou des projets éducatifs comme en Hollande. Ce sursis n'existe pas en Grèce.

L'ajournement de peine est prévu en France, en Suisse, en Allemagne et en Autriche.

En France, il peut être simple, ou accompagné d'une mise à l'épreuve, et notamment sous condition de réparer le dommage causé à la victime.

La dispense de peine est également présenté dans de nombreux pays (Hollande, France, Autriche, Suisse, Suède et Allemagne).

Si les techniques de probation sont largement répandues, leur application n'en demeure pas moins ambigüe à l'égard de mineurs délinquants, car elles sont des peines de substitution à l'emprisonnement. Le non-respect d'une obligation imposée par le juge peut entraîner l'incarcération du mineur.

L'alternative à l'emprisonnement qui s'est, dans ces dernières années la plus généralisée, est le travail d'intérêt général (excepté pour la Pologne).

Par ailleurs de nombreuses expériences, ayant trait à la médiation et à la réparation des dommages se développent un peu partout. Parfois, comme dernièrement en France, en Autriche, ces expériences s'institutionnalisent, et s'inscrivent à titre de mesure applicable aux mineurs. En Allemagne la médiation pénale a été entérinée par la loi de 1990, à titre de mesure éducative.

5. Conclusions sur l'importance du milieu ouvert

Concernant les mineurs délinquants, la prise en charge en milieu ouvert se définit par rapport à toute forme de privation de liberté, que ce soit par le biais du placement, de la détention provisoire, de mesures comportant une mise aux arrêts ou de l'emprisonnement. Le milieu ouvert, s'agissant du traitement des jeunes délinquants renvoie à une conception très large de mesures ou de sanctions non privatives de liberté et a fortiori à toutes les alternatives à l'emprisonnement.

L'incarcération sous forme de placement en milieu fermé ou de mise en détention reste selon les rapports, l'ultima ratio, réservée aux cas les plus graves. Au risque de schématiser, il faut néanmoins souligner un rôle fondamental de la politique criminelle menée à l'égard des mineurs délinquants, qui s'articule prioritairement sur la prévention, l'assistance, voire la surveillance des jeunes délinquants. Punir devient une tâche subsidiaire, rendue nécessaire par l'échec des autres mesures. Toute l'évolution du droit pénal des mineurs pourrait se résumer aux efforts entrepris, surtout depuis la deuxième guerre mondiale, à réduire l'incarcération des mineurs à sa portion congrue.

L'évolution des dix dernières années concernant le travail d'intérêt général, la probation, le traitement intermédiaire ainsi que la médiation/réparation montre un véritable engouement pour ces modes d'interventions à l'égard des mineurs. Mais de nombreux doutes sont émis sur l'adéquation des principes proclamés et des pratiques, engendrant nécessairement une profonde disparité entre la faible importance qualitative de la prise en charge en milieu ouvert (notamment sous la forme des nouvelles alternatives à la peine d'emprisonnement) et sa signification quantitative. Par ailleurs l'évolution que l'on constate en matière pénale concernant la multiplication des prises en charge en milieu ouvert, dans la majorité des pays excepté en Grèce, ainsi que la recherche de solutions moins contraignantes qu'une incarcération ou un placement se retrouvent aussi bien en matière pènale qu'en matière de protection judiciaire de la jeunesse.

A travers cette réflexion sur la prixe en charge des mineurs en milieu ouvert et son évolution dans les dernières années se dessine tout le problème de la justice des mineurs; *il s'agit de trouver entre les mesures éducatives et l'emprisonnement qui disparaît, de nouvelles formules qui soient à la fois contraignantes, réhabilitantes et reinsérantes.*

Globalement parlant on observe dans les pays de nombreuses innovations ayant trait aux nouvelles mesures de prise en charge en milieu ouvert. Cette évolution s'accompagne d'une augmentation de leur mise en oeuvre par les praticiens, ces dix dernières années en France, Allemagne, Suisse aussi qu'une baisse du nombre de privations de liberté, quelle que soit sa forme.

Après ce tour d'horizon sur les formes actuelles de prise en charge des mineurs délinquants en milieu ouvert, on ne soulignera jamais assez le *rôle capital joué par le juge des enfants, renforcé par les actions du législateur qui s'en remet largement a sa sagesse, sa bonne foi et son expérience en la matière. en lui octroyant un pouvoir quasi discrétionnaire dans le choix des sanctions ou des mesures à prendre dans chaque cas d'espèce.*

La justice des mineurs est une justice pragmatique, justifiée par le principe d'opportunité de la sanction, pris dans une acception large. Autour de cette prise de position, s'articulent les nouvelles orientations, que l'on peut observer dans chaque pays et notamment le développement de l'idée de la subsidiarité de la procédure pénale (déjudiciarisation). Paradoxalement, la finalité de la procédure pénale intentée contre un mineur délinquant est justement de l'éviter ou du moins de l'abandonner dès que possible. C'est dans cette optique que se développent tous les mécanismes de classement dès l'enregistrement de l'infraction pénale par les services de police et surtout au cours de la phase préparatoire du procès pénal, par le ministère public.

Le classement, sous ses différentes formes (sans suite, conditionnel ou transaction pénale) constitue actuellement, à la lumière des statistiques communiquées, le mode d'intervention privilégié à l'égard des mineurs délinquants, à de rares exceptions près (ex-Tchécoslovaquie). Cette diversification des modes de traitement et surtout l'augmentation considérable de ces traitements extra-judiciaires impliquent un recentrage de la réaction sociale mais aussi, du fait de l'accroissement des pouvoirs du ministère public qui se substitue à l'autorité judiciaire, un réaménagement voire un renforcement des garanties et droits des mineurs, au cours de cette phase préparatoire du procès pènal.

Quant au contenu de la réaction sociale à la délinquance juvénile, on observe une série de nouveaux éléments, traduisant l'ouverture de la justice pénale des mineurs sur l'extérieur.

La prise en compte de la victime dans le procès pénal, ainsi que de la défense de ses intérêts, a amené une redistribution des rôles entre les intervenants (victime, délinquant, société), en amenant toutes les instances à participer au processus de réinsertion de l'auteur. La réparation des dommages causés par l'infraction par son auteur, en tant que prestation directe à accomplir au profit de la victime ou en tant que prestation indirecte au profit de la communauté (par ex. travail d'intérêt général), présuppose une véritable démarche de responsabilisation et de prise de conscience de la faute commise. A cet égard, la médiation pénale, consistant à confronter les deux antagonistes du procès pénal (victime-délinquant) et à les faire participer activement au processus de réconciliation s'intègre parfaitement dans cette démarche. L'effort de réparation constitue une des clefs de voûte des nouvelles réactions sociales.

L'imbrication et la combinaison de ces éléments ainsi que leur crédibilité dans leur mise en oeuvre ont certainement contribué au recul des sanctions (peines/mesures) privatives de liberté.

Jugendgerichtsbarkeit in England und Deutschland - Besondere Aspekte eines Systemvergleichs

Gabriele Bosselmann

Jugendkriminalität ist ein internationales Problem. Die gesellschaftliche Reaktion auf Jugendkriminalität wird zumeist national betrachtet. Internationale Vergleiche sind eher rar, obwohl sie die gedanklich gezogenen Grenzen abschwächen: Gemeinsamkeiten in der Erziehungs-/Strafrechtsidee des Jugendstrafvollzuges, der Definition von Straftatbeständen und den entsprechenden Sanktionsmaßnahmen werden deutlich. Unterschiede weisen die Folgen anderer Jugendgerichtsmodelle auf und können dazu genutzt werden, alternative Handlungsmodelle zu entwickeln.

Modell-Entwürfe zur Jugendgerichtsbarkeit

Als Ansatzpunkte zur Konzeption von Modellen werden in der Literatur die Organisation von Gerichtssystemen, die strafrechtlliche Definition von Kriminalität und die Konzeption gerichtlicher Interventionen genannt. Modellansätze können sich auf das Vorfeld, genauso auf das Gericht beziehen. Im Vorfeld des Gerichtsbereichs werden nachstehende Möglichkeiten diskutiert:

- Input-Minderung in das Jugendgerichtssystem

Angesetzt wird vor dem Justizsystem, indem stärkere Selektionsmechanismen vorgeschaltet werden, so daß die Anzahl der strafrechtlilchen Verfolgungen sinkt. Dies geschieht zum einen, indem der Strafverfolgungsbereich beschränkt bzw. Kompetenzen verlagert werden. Dieser Ansatz wurde in England durchgesetzt, als die polizeiliche Kompetenz erweitert wurde, Jugendliche zu verwarnen, um dadurch ein formales Gerichtsverfahren zu vermeiden.

Ein anderer Weg, der ebenfalls in dem englischen System beschritten wurde, besteht darin, den Zuständigkeitsbereich zu verändern. Mit der "Children and Young Persons Act" (CYPA) beabsichtigte man, die

Gruppe der "children" aus dem Strafbereich auszugliedern und der Zuständigkeit der Zivilseite der Jugendgerichte (care-proceedings) zuzuordnen. Diese Bestimmung trat jedoch nicht in Kraft, so daß Jugendliche generell nach strafrechtlichen Regelungen verurteilt werden. Die Einschränkung der gerichtlichen Kompetenz zugunsten vorgeschalteter Kontrollinstanzen kennzeichnen das Vorgehen.

- Minderung von Straftatbeständen

Die gesetzlichen Regelungen im deutschen Strafgesetzbuch und der englischen Criminal Justice Act definieren, was strafbar ist. Der Ausschluß bestimmter Tatbestände mindert den Umfang sanktionierbarer Handlungen und damit die Zuordnungsmöglichkeiten für begangene Delikte. Die Änderung von Normen oder deren Annullierung reduzieren das Spektrum möglicher, als kriminell zu bezeichnende Verhaltensweisen und bewirken Entkriminalisierung innerhalb gesellschaftlicher Toleranzgrenzen.

Der Ausschluß von Täterkategorien aus dem Strafbereich kann auch durch alternative Gerichtssysteme erfolgen. Aufgrund des dualistischen Prinzips in Deutschland, ein Jugendgericht und ein Vormundschaftsgericht zu haben, können Jugendrichter ein Verhalten nur dann sanktionieren, wenn die Handlung "nach den allgemeinen Vorschriften mit Strafe bedroht ist" (§ 1 JGG).

In England dagegen übernimmt das Jugendgericht die Aufgabe des deutschen Vormundschaftsgerichtes, wodurch die Definition von Zielgruppen erweitert wird, bei denen gerichtlich interveniert werden kann. In den Statistiken steigt das Problem der Jugendkriminalität an.

Die Gerichtsbarkeit wird durch Normsetzungen verändert, indem Verhaltensauffälligkeiten entkriminalisiert werden.

- Änderung jugendgerichtlicher Intentionen

Der Gesetzgeber definiert, welche Ziele und Aufgaben Jugendgerichte haben. Hiermit sind Intentionen verbunden, die darin bestehen können, Recht zu sprechen (i.S.v. Gerechtigkeit) oder auf das zukünftige Wohlergehen des Jugendlichen hinzuwirken. Erziehungsdefizite sollen auch während des Verfahrens aufgezeigt und durch Erziehungsmaßnahmen oder Inhaftierung behoben werden. Vergeltungsgedanken oder Präventionsprinzipien (Recht) haben keinen Einfluß auf die Urteilsfindung,

Verhalten und Persönlichkeit bestimmen über die anzuwendende Maßnahme (Wohlergehen).

Reformbestrebungen richten sich bei diesem Ansatz nicht auf die Institutionen der Gerichtsbarkeit, sondern auf deren Mittel. Ein pädagogisch-psychologisches Vorgehen soll abweichendes Verhalten korrigieren und beheben.

Die institutionellen Veränderungen *innerhalb* des Gerichtssystems werden wissenschaftlich wie folgt beschrieben:

- restricted function

Mit dem Ausschluß bestimmter Täterkategorien aus dem Bereich der Strafverfolgung wurde bereits ein Konzept angesprochen, das auch als "restricted function model" bezeichnet wird (Gardiner 1971, S. 224). Vor allem bei Verbrechen ohne Opfer, wie z.B. Verkehrsdelikten wird die Einstellung strafrechtlicher Verfolgung praktiziert.

- legal-democratic

Hier untersteht das Gericht einer permanenten Kontrolle durch die Öffentlichkeit. Vertreter des demokratischen Systems, die sich aus politischen Parteien rekrutieren, überwachen die Legalität der Gerichtsverfahren. Ihre Aufgabe ist es, öffentliche Interessen während des Verfahrensablaufs zu wahren, die Normanwendung zu kontrollieren. Der Schutz eines öffentlichen Interesses heißt auch, präventive Aspekte bei der Urteilsfindung stärker zu berücksichtigen. Die Befugnisse dieser Vertreter sind nicht immer gleich; die Initiierung von Normänderungen ist gering.

- efficiency

Das efficiency-model kennzeichnet die gegenwärtige Situation von englischer und deutscher Jugendgerichte. Devianz wird in der Persönlichkeit des Täters angesiedelt, die Wirksamkeit vorhandener Sanktionsnormen wird als gegeben angesehen. Die Sanktionspraxis wird optimiert, indem Tätertypen definiert und die adäquate Reaktionsweise für diese Typen abgesteckt wird. Das Gerichtssystem bleibt stabil, instabil ist die Täterpersönlichkeit.

- justice

Nach dem justice-model soll die angeordnete Maßnahme weder zur Resozialisierung dienen, noch potentielle Täter vor Straftaten abschrecken. Die Ausübung von Gerechtigkeit ist oberstes Handlungsprinzip. Die Strafzumessung ergibt sich aus der Schwere der Tat und der kriminellen Gefährlichkeit des Täters. Je mehr Vorstrafen der Angeklagte aufweist und je schwerer das begangene Delikt ist, desto härtere, freiheitseinschränkende Maßnahmen werden verhängt. Letztendlich kommt die Bestimmung, was gerecht ist, einem Tarifdenken nahe. Je öfter man bei Instanzen sozialer Kontrolle auffällig wird, desto repressiver wird die Strafe.[1]

- welfare

Allein die Erziehungsbedürftigkeit des Angeklagten begründet den Strafrahmen. Die fürsorgerisch orientierten Maßnahmen richten sich nach den Bedürfnissen des Jugendlichen, vorhandene Erziehungsdefizite sollen behoben werden. Die Anordnungen sind individuell, entsprechend der Erziehungsbedürftigkeit. Die inhaltliche Ausgestaltung einer Maßnahme obliegt einem Sozialarbeiter. Ihm wird das Weisungsrecht über den Jugendlichen übertragen und er kann dadurch gerichtliche Auflagen kontrollieren, Gebote und Verbote anordnen.

- non-interventionist

Nach Lemert (1967) ist dies das Idealmodell für Jugendgerichte. Er schlägt vor, Jugendliche nur dann einem Gericht zu übergeben, wenn alle anderen Versuche zur Lösung ihrer Probleme fehlgeschlagen sind. "If the juvenile court is to become effective, its function must be reduced to the enforcement of the ethical minimum of youth conduct necessary to maintain social life in a pluralistic society" (S.16). Das Forschungsinstitut der Vereinten Nationen sprach ebenfalls die politische Empfehlung aus, kommunale Ressourcen zu nutzen, statt jugendliche Delinquente auszugliedern und speziellen Institutionen zu übergeben (UNSDRI 1976). Diese Ressourcen bestehen zum einen in der Anwendung bereits bestehender, gesetzlicher Möglichkeiten (alternative Urteilspraxis), zum anderen im Abtasten gesellschaftlicher Toleranzgrenzen.

Will man von einem Dilemma der Jugendgerichtsbarkeit sprechen, so besteht es darin, unterschiedliche Ansätze zu einem Modell zu kombinieren.

Die verschiedenen Zielbestimmungen der englischen und deutschen Gesetzgebung wie Erziehung und Resozialisierung des Täters, zugleich die Berücksichtigung spezialpräventiver Aufgaben, Schuldaspekte und öffentliches Verfolgungsinteresse bewirken neben variablen Urteilsfindungen auch eine Konkurrenz der Professionen, die an Verfahren beteiligt sind. Juristen, Polizei, Sozialarbeiter und Sachverständige bearbeiten den Fall aus ihrem Blickwinkel und tragen zur inhaltlichen Gestaltung o.g. Ziele bei.

Internationaler Vergleich zur Jugendgerichtsbarkeit

Im Rahmen einer internationalen Vergleichsuntersuchung wurde die Jugendgerichtsbarkeit in England/Wales und Deutschland analysiert, empirische Befunde zu beiden Systemen sekundäranalytisch aufbereitet. Die Gemeinsamkeiten und Unterschiede wurden herausgearbeitet.

Eine strukturelle Gemeinsamkeit ist die Eigenständigkeit beider Systeme. Dies belegen die spezifischen Sanktionsnormen, die eigens definierten Intentionen zur Sanktion von Jugenddelikten und die Institution als solche. Im Gegensatz zur allgemeinen Strafgerichtsbarkeit beansprucht die Jugendgerichtsbarkeit in beiden Ländern eine individuelle, täterorientierte Rechtsprechung mit spezialpräventiver Wirkung. Das Sanktionieren devianten Verhaltens wird mit der Erziehungsbedürftigkeit des Jugendlichen begründet, wobei auch repressive Maßnahmen, also Haftstrafen als erzieherisch wirkend betrachtet werden. Der erzieherische Auftrag deutscher Jugendgerichte geht weiter: bereits die Verhandlung und Verurteilung wird als eine erzieherische Chance für den Jugendlichen gesehen. In England wird dagegen eine jugendgemäße, d.h. am Verständnisniveau des Jugendlichen orientierte Verhandlungsführung angestrebt. Beide Länder beanspruchen, in der Konzeption ein Maßnahmerecht bzw. welfare measures formuliert zu haben. Der Strafgedanke des StGB und das Gerechtigkeitsprinzip der Criminal Justice

Act, mit dem Strafe legitimiert wird, ist jedoch für beide Jugendgesetze nachweisbar.

Bestandteil der Straukturmerkmale ist aber auch die Sanktionsgewalt, die den Systemen seitens der Gesetzgeber zugeordnet wird. Ein Vergleich der Sanktionsmöglichkeiten zeigt, daß die Sanktionsgewalt des Juvenile Court begrenzter ist als die des deutschen Jugendgerichtes. Der Bereich definierter Handlungen, die sanktioniert werden können, ist allerdings größer. Der breitere Interventionsspielraum in England resultiert aus dem Zusammenfassen von Zivil- und Strafverfahren in einer Gerichtszuständigkeit und aus der niedrigeren Grenze der Strafmündigkeit, wodurch sich die Gruppe potentieller Devianter vergrößert.

Die Jugendrichter in Deutschland dagegen sind befugt, die Vergehen und Verbrechen Jugendlicher zu sanktionieren; Heranwachsende ab dem vollendeten 18 Lebensjahr können auch nach dem StGB verurteilt werden. Diesem erweiterten Sanktionspotential in Deutschland steht der erweiterte Sanktionsbereich in England gegenüber, ähnlich allerdings sind die Sanktionsinstrumente. Die Maßnahmen, in Abhängigkeit von der Schwere des Delikts betrachtet, verdeutlichen das Prinzip der abgestuften Übelszufügung, auf das nochmals eingegangen werden soll.

Die deutlichsten Unterschiede bei beiden Systemen treten bzgl. der Organisationsstruktur zu Tage. Die Organisationsstruktur bezieht sich auf die Funktion der Gerichte, den Verfahrensablauf und die Rollendefinitionen der Beteiligten. Funktionale Unterschiede ergeben sich aus den Zuständigkeiten, das Jugendgericht führt Strafverfahren, der Juvenile Court care- and criminal proceedings durch. Die doppelte Funktion des Juvenile Court hat jedoch keinen Einfluß auf die Verfahrensstruktur. Beide Verfahren werden nach den Bestimmungen der Magistrates Courts Rules abgewickelt. Dies bedeutet eine Verfahrenssplittung, bei der im ersten Teil die Schuldüberführung erfolgt, im zweiten Teil die Urteilsfindung. Analog erfolgt eine Zweiteilung der Ermittlungstätigkeit. In Deutschland sind die Ermittlungen im Normalfall bis zur Eröffnung der Hauptverhandlung abgeschlossen.

Unterschiedlich sind auch die Rollendefinitionen und die resultierende Interaktionsstruktur der Verfahrensbeteiligten. Insbesondere die Stellung und Rekrutierung der englischen Jugendrichter (Magistrates), die Erziehungsberechtigten, die Polizei und der Jugendliche unterliegen anderen Rollendefinitionen als in Deutschland; die Kooperation der Parteien ist allerdings ähnlich.

Die institutionelle Struktur beider Systeme offenbart, daß englische und deutsche Jugendgerichte sich insgesamt am Konzept des welfare models orientieren. Die Strafelemente des JGG und der CYPA weisen jedoch auf "justice"-Komponenten bei der Rechtsanwendung hin, so daß Anpassung durch Strafe und weniger Erziehung durch Fürsorge im Vollzug realisiert wird.

Vergleichende Detaildarstellung

Wie bereits erwähnt, bestehen zwischen England und Deutschland funktionale Unterschiede in den Gerichtssystemen. Die Kenntnisse um die Zuständigkeiten in Deutschland vorausgesetzt, ist die Zuständigkeit in England wie folgt:

Bis zum 13. Lebensjahr werden Zivil- und Strafverfahren durchgeführt bei

- fürsorge- und schutzbedürftigen Jugendlichen (children in need of care and protection)
- Jugendliche außerhalb elterlicher Kontrolle (beyond control)
- Schulschwänzen (truants).

Bei 10 bis 16 Jährigen werden Strafverfahren durchgeführt

- als summarische Verfahren (non-indictable offences)
- Beweisverfahren bei anklagbaren Delikten (pretrial of indictable offences)
  (vgl. Caemmerer 1952, S. 46).

Die konkreten Auswirkungen dieser Zuständigkeitsbereiche auf die Verfahrensstruktur zeigt die Gegenüberstellung englischer und deutscher Abläufe. Der Ausgangspunkt. ein Verfahren einzuleiten, ist beide Systemen gemeinsam. Die Sanktionierung abweichenden Verhaltens Jugendlicher wird mit einem öffentlichen Verfolgungsinteresse begründet.

In *Deutschland* wird das Strafverfahren mit einer "öffentlichen Klage" veranlaßt. Nachdem die Ermittlungstätigkeit von Polizei und Jugendgerichtshilfe abgeschlossen ist, wird die Akte an die Jugendstaatsanwaltschaft übergeben. Diese hat die Möglichkeit, von einer Strafverfolgung abzusehen und damit das Legalitätsprinzip zu durchbrechen (§ 45 JGG, der insbesondere im Rahmen von Diversions-Projekten angewandt wird). Damit kommt der Jugendstaatsanwaltschaft als letzter Instanz vor der Gerichtsverhandlung eine Filterfunktion zu.

In *England* wird die Filterfunktion durch die Polizei ausgeübt. "The police will operate as a filter: they will conduct a preliminary investigation and then decide whether to feed the case into the system or dispose of it by a caution" (Bottoms 1970, S. 372). Bevor jedoch das Jugendgericht eingeschaltet wird, hält die Polizei Rücksprache mit dem Children's Department, das einer Gerichtsverhandlung zustimmen muß.

Der Antrag auf eine Verhandlung wird bei care-proceedings vom Chlidren's Department, der Polizei oder eines Erziehungsberechtigten gestellt. Bei criminal-proceedings ist in der Mehrzahl der Fälle die Polizei als Antragsteller befugt.[2] Der polizeiliche Antrag allein ist noch keine öffentliche Strafverfolgung. Der Beamte tritt nicht als Vertreter seiner Behörde, sondern als "Untertan im Name der Krone" auf (Kersting 1967, S. 15). Stellt er beim Gericht nicht nur einen Antrag auf Strafverfolgung sondern eine Anklage, so muß er sich während der Verhandlung durch einen Anwalt vertreten lassen.

Von weiterem Interesse sind die Verfahrensabschnitte im Hinblick auf die Urteilsfindung. In *Deutschland* wird bereits die Verhandlung als eine pädagogische Chance zur erzieherischen Beeinflussung des Jugendlichen gesehen. Dazu übernimmt die Jugendstaatsanwaltschaft das Vorverfahren zur Ermittlung des Sachverhaltes.

Unterstützt wird sie von der Polizei, die Angaben zur Tataufklärung, und der Jugendgerichtshilfe, die Angaben zur Täterpersönlichkeit trifft. Auf der Grundlage dieser Informationen vertritt der Jugendstaasanwalt die Anklageseite bei der Hauptverhandlung, wenn der Angeklagte der Tat, "zu deren Elementen insbesondere auch die Verantwortlichkeit im Sinne des § 3 JGG gehört, hinreichend verdächtig ist" (Schaffstein 1977, S. 145).[3]

Der Tatnachweis und die Urteilsverkündung erfolgen in der Regel während einer Sitzung. Nur wenn der Jugendrichter zusätzliche Informationen anfordert, wird das Verfahren ausgesetzt und ein neuer Verhandlungstermin anberaumt. Eine Vertagung kann begründet werden mit unzureichenden Informationen seitens der Ermittlungsbehörden oder mit der Anfertigung eines kriminalbiologischen Gutachtens, wobei der Jugendliche hierzu bis zu 6 Wochen stationär untergebracht werden kann.

Die Informationen des Jugendrichters basieren einerseits auf den Berichten der Ermittlungsbehörden und der Anklagevertretung, andererseits stützt er sich bei der Urteilsbegründung auf die Aussagen der Zeugen und des Angeklagten. Der Angeklagte hat die Möglichkeit, bei der Polizei, der Jugendgerichtshilfe und vor dem Richter, eine unvereidigte Aussage zu machen.

Die Vernehmung des Jugendlichen erfolgt in Form von Verhören, dessen Ablauf von den prozessualen Regelungen be- stimmt wird. Durch Befragung versucht das Gericht, die Tat zu rekonstruieren und die persönliche Situation des Angeklagten zur Erklärung der Tat zu analysieren. Zur Rekonstruktion des Falles orientiert sich der Richter insbesondere an der Aktenlage. Hier sind auch Vermerke zu Vorstrafen enthalten bzw. soziale Auffälligkeiten, die bislang bekannt geworden sind. Die Kenntnis auch früherer Delikte wird damit begründet, eine Längsschnittbetrachtung über die Entwicklung des Jugendlichen anzustellen.

Während der Vernehmung erhält der Jugendliche die Möglichkeit, die Tat aus seiner Sicht darzustellen. Es hängt jedoch von seiner Kommunikationsfähigkeit ab, zusätzliche Aspekte einzubringen, die bis dato unberücksichtigt geblieben sind. Die Verteidigung kann unmittelbar Einfluß auf den Verhandlungsverlauf und damit auf das Ergebnis nehmen.

Eine Verteidigung wird notwendig, wenn

1. "einem Erwachsenen ein Verteidiger zu bestellen wäre;
2. dem Erziehungsberechtigten und dem gesetzlichen Vertreter ihre Rechte nach dem Gesetz entzogen sind;
3. zur Vorbereitung eines Gutachtens über den Entwicklungsstand des Beschuldigten eine Unterbringung in eine Anstalt in Frage kommt" (§ 68 JGG).

Ob durch dieses Verfahren, in dem der Ablauf stark vorstrukturiert, die kommunikative Situation für den Jugendlichen äußerst schwierig und die juristische Fachsprache fremd ist, ein pädagogischer Effekt erzielt wird, ist fraglich. Der Ablauf orientiert sich wenig am Verständnisniveau des Jugendlichen, so daß diese Intention wohl kaum umgesetzt werden kann.

In *England* wird jedes Verfahren in zwei Abschnitten durchgeführt. Zivil- und Strafverfahren verlaufen dabei nach dem gleichen Muster, unterschiedlich ist der Grad der Beweisführung. Die Vorermittlungen werden von der Polizei und dem Children's Department übernommen, die während der späteren Verhandlung mündlich angehört werden.

Der erste Verfahrensabschnitt endet mit der Schuldüberführung des Jugendlichen. Dieser Teil wird in Form eines "juristischen Zweikampfes" geführt. Zwei gleichberechtigte Parteien, die Strafverfolgung und die Anklage, bringen Beweise für die Schuld oder Unschuld des Jugendlichen hervor. Ein englisches Jugendgericht "ist also nicht damit befaßt, herauszufinden, ob jemand eine strafbare Handlung begangen hat oder nicht; die Entscheidung bezieht sich darauf, ob es der strafverfolgenden Partei gelungen ist, dem von ihr Beschuldigten die zur Last gelegten Umstände nachgewiesen zu haben. Ist das Gericht der Überzeugung, daß die strafverfolgende Partei ihre Sache nicht erfolgreich geführt hat, so muß Freispruch erfolgen" (Caemmerer 1952, S. 98).

Für die Beweisführung bei criminal-proceedings folgt daraus, daß die Schuld "beyond reasonable doubt" nachgewiesen werden muß. Die Beweislast im Rahmen von care-proceedings ist niedriger. Auch wenn dieses Verfahren mit der 6ffence-condition'begründet wird muß vom Antragsteller nachgewiesen werden, daß das Wohl des Jugendlichen gefährdet ist, "that he is in need of care and control which he is unlikely to receive unless the court makes an order (Fort 1975, S. 97). On the balance of probabilities judgement should be given to one side" (Smith 1979, S. 51). Es muß also gezeigt werden, daß eine moralische und kriminelle Gefährdung wahrscheinlich ist, die aber noch nicht nachgewiesen werden kann.[4]

Aus dieser Verfahrensstruktur ergibt sich die zentrale Stellung der Verhöre. Neben den Zeugen, den Geschädigten und den Erziehungsberechtigten kann auch der Jugendliche in ein Kreuzverhör genommen werden. Ist er mit einer Aussage unter Eid einverstanden, so können alle Parteien Fragen an ihn richten. Verweigert er das Kreuzverhör, wird die Schuldüberführung schwieriger: Weder vom "Strafverfolger noch vom Gericht können dem Angeklagten Fragen vorgelegt werden, die sich auf die zur Verhandlung stehende Straftat beziehen. Der Umstand, daß vom Angeklagten nicht ohne weiteres eine Erklärung zum Tatbestand verlangt werden kann, soll die strafverfolgende Partei dazu zwingen, unabhängiges Beweismaterial zu erbringen" (Caemmerer 1952, S. 99). Diese Unabhängigkeit soll die Unvoreingenommenheit der Anklage garantieren; bis zur Schuldüberführung des Jugendlichen werden dehalb auch keine Sozialberichte (Social Inquiry Reports) angefertigt.

Die Erstellung des Social Inquiry Report erfolgt auf Antrag des Jugendrichters und wird zur Beginn der zweiten Verhandlung vorgelegt. Er enthält Angaben über "home surroundings, general conduct, school record, medical history" (s. 5 (8) CYPA). Dieser Sozialbericht, der ausschließlich zu der gegenwärtigen Situation des Jugendlichen Stellung nimmt, ist eine wichtige Grundlage für die Urteilsfindung. "The general rule is that character or past behaviour of one of the parties to court proceedings is not relevant" (Smith 1979, S. 45). Kennzeichnend für das englische System ist, daß die Rekonstruktion von Tat und Täterpersönlichkeit sich weniger auf Aktenangaben, als auf die mündlichen Vernehmungen durch den Richter stützt. Für den Jugendlichen wird deshalb die Verteidigung äußerst wichtig, weil er nicht nur die Schuldvorwürfe des Antragstellers abschwächen, sondern die eigene Unschuld "beyond reasonable doubt" nachweisen muß. Eine Verteidigung ist bei care- und criminal-proceedings vorgesehen. Vergleicht man diesen Verfahrensablauf mit dem Anspruch der Überschaubarkeit und Verständlichkeit, der seitens des Gerichts gestellt wird, so ist anzunehmen, daß Jugendliche eine Verhandlung eher als verwirrend erleben. Diese Vermutung konnte im Rahmen einer vergleichenden Wissenschaftsforschung belegt werden, auf deren Gesamtergebnis noch summarisch eingegangen wird.

Im Überblick zeigt sich, daß die Verfahren beider Länder hinsichtlich der Tätigkeiten vergleichbar sind, die zur Rekonstruktion der Tat angestellt werden, verschieden sind die Ermittlung der hierfür erforderlichen Informationen. Dem Hauptverfahren in Deutschland und dem Beweisverfahren in England ist ein Ermittlungsverfahren vorgeschaltet, um eine Erkläung für das delinquente Verhalten zu formulieren. Dennoch gibt es auch besondere Verfahrensvorschriften, die an Bedingungen geknüpft sind.

In *Deutschland* gehört hierzu das vereinfachte Jugendverfahren, Verfahren bei der Gruppe der Heranwachsenden und das Bewährungsverfahren. Das vereinfachte Jugendverfahren wird bei "einfach gelagerten Fällen" (Schaffstein 1977, S. 157) durchgeführt, wenn - auf Antrag der Staatsanwaltschaft - die Anordnung von Zuchtmitteln zu erwarten ist. Das Verfahren wird dann beschleunigt, indem das Zwischenverfahren entfällt. Bei Heranwachsenden ist das beschleunigte Jugendverfahren nicht zulässig. Die Bestimmungen der StPO regeln den Verfahrensablauf gegen Herwachsende (§ 109 JGG).

Das Bewährungsverfahren trifft keine Unterscheidung zwischen Jugendlichen und Heranwachsenden. Der Beschluß, Jugendstrafe zur Bewährung auszusetzen, kann mit dem Urteil, aber auch nachträglich angeordnet werden. . Zugleich wird vom vorsitzenden Richter ein Bewährungsplan erstellt, in dem die Auflagen für die Zeit der Bewährung festgelegt sind und übergibt den Jugendlichen der Aufsicht eines Bewährungshelfers. Bei Verstößen gegen die Auflagen hat der Bewährungshelfer dem Gericht Bericht zu erstatten.

Der deutsche Jugendrichter kann U-Haft bei Flucht-, Verdunkelungs- und Wiederholungsgefahr anordnen. Sie wird in gesonderten Abteilungen allgemeiner Haftanstalten oder einer Jugendarrestanstalt vollzogen.

In *England* sieht das Gesetz keine besonderen Verfahren vor. Dafür können Jugendliche auch vor ein allgemeines Strafgericht gestellt werden, wenn sie gemeinsam mit einem Erwachsenem angeklagt sind (jointly charged with an adult). Das allgemeine Strafgericht führt das Verfahren bis zur Schuldüberführung durch und trennt dann die Verhandlung zur Urteilsfindung. Auch für die Revision von Urteilen bestehen keine besonderen Verfahrensvorschriften. Die Sozialarbeiter sind verpflichtet, im Abstand von 6 Monaten dem Jugendrichter einen Bericht über die Legalbewährung vorzulegen, mit dem zugleich der Antrag auf die Urteilsrevision begründet werden kann. Nach Anhörung des Antragstellers entscheidet dann das Jugendgericht.

Flucht-, Verdunkelungs- und Wiederholungsgefahr sind zwar auch die Gründe für einen englischen Jugendrichter, U-Haft (remand) anzuordnen. Der Vollzug ist jedoch unterschiedlich. So besteht die Möglichkeit, eine Kaution bei Gericht zu hinterlegen, um den Vollzug auszusetzen. Wird für den Jugendlichen keine Bürgschaft übernommen, so geht das Weisungsrecht an die "local authority" (Sozialdienste auf kommunaler Ebene) über. Die Unterbingung in eine Haftanstalt wird veranlaßt, wenn der Jugendrichter dem Jugendlichen "so unruly a character" zuschreibt (criminal proceedings). "If the court certifies that he is of so unruly a character, that he cannot safely be committed to the care of the local authority the court may commit a juvenile to a remand centre, if available, or a prison" (Smith 1979, S. 59). Bei care-proceedings bewirkt die Bezeichnung des Jugendlichen "at risk" die stationäre Unterbringung während des Verfahrens in ein Community Home (Einrichtung zur Betreuung verwaister oder verwahrloster sowie delinquenter Jugendlicher).

Vergleich von Konzeption und Wirklichkeit

Um die generelle Annahme, daß Gesetzgebung und Wirklichkeit (Empirie) nicht in allen Punkten übereinstimmt, wurde die Erforschung der Jugendgerichtsbarkeit mit den gesetzlichen Grundlagen verglichen. Ergebnis ist, daß in England und Deutschland die Sanktionspraxis weniger von einem Täter- und Erziehungsgrundsatz geleitet wird, wie er als jugendtypisch angesehen wird. Weder die handlungsanweisenden Prinzipien (Subsidiarität, Spezialprävention, Verhältnismäßigkeit der Maßnahme), noch die erzieherische Wirkung des Urteils sind empirisch nachgewiesen. Die Strafzumessung erfolgt nach dem Prinzip der abgestuften Übelszufügung. Die spezialpräventive Intention wird durch dieses Tarif-Denken bei der Strafzumessung durchbrochen, so daß eine persönlichkeitsorientierte Sanktionspraxis nur in sehr geringem Maße erfolgt.

Die Gerichtswirklichkeit muß auch unter dem Aspekt der Selektion betrachtet werden. Der Bezeichnung "individuell-flexibel", wie sie der Gesetzgeber verwendet, können die Merkmale "schematisch-selektiv" gegenüber gestellt werden, um die Realität zu kennzeichnen. Auch das englische Modell intendiert "welfare" für den Jugendlichen, ein "punitive ethos" herrscht jedoch in der Rechtssprechung vor. Die Möglichkeiten der care-proceedings senken zwar die Anzahl der Strafverfahren, erhöhen aber das Strafmaß für die Jugendlichen, die einem criminal-proceeding unterliegen.

Diesem organistorischen Erfolg muß die Anwendungspraxis nun inhaltlich folgen, um Erziehung und Strafe bei Jugendkriminalität gesellschaftlich funktional zu lösen.

Anmerkungen:

1. Die weiteren Ausführungen basieren im wesentlichen auf die Veröffentlichungen von Junger-Tas (1979) und Lemert (1976)

2. Weitere Antragsteller sind nach Mumford (1976)
   - a servant of the crown
   - a police officer
   - a local authority
   - the Greater London Council
   - the council of a county districr
   - anybody designated as a public body.

3. Den Instanzenweg bei Anlage und Übergabe von Strafakten beschreibt G.Kunigk: Die staatsanwaltschaftliche Tätigkeit. Stuttgart 1975

4. "A local authority therefore only has to prove that it is more likely than not that a child is in, for instance, moral danger and needs to care and control of the local authority" (Smith 1979, S. 52).

Literatur:

Bosselmann, G.: Jugendgericht und Juvenile Court. Internationale Vergleichsuntersuchung zur empirischen Erforschung der Jugendgerichtsbarkeit in England/Wales und der Bundesrepublik. Zentralblatt für Jugendrecht und Jugendwohlfahrt, 2/83, S. 62-68

Bottoms, A.E.: On the Decriminalization of English Juvenile Courts, in: Hood, R. (ed.), Crime, Criminology and Public Policy. London 1974, S. 319 ff

Caemmerer von, D.: Probation. Berlin 1952

Ford, D.: Children, Courts, and Caring. A Study of the Children and Young Persons Act. London 1975

Gardiner, J.A.: Research Models in Law Enforcement and Criminal Justice. Law Society Review 1971, S. 223 ff

Häußling, J.M.: Einführung in das strafrechtliche und strafprozessuale Denken. Freiburg 1969

Häußling, J.M., Brusten, M., Malinowski, P.: Jugendkonflikte in der internationalen Vergleichsforschung. Stuttgart 1981

Junger-Tas: Juvenile Court Structures: Problems and Dilemma. Den hague 1979

Kersting, U.: Die Jugendkriminalität in der BRD, in England und Wales, in Österreich, in Schweden und in der Schweiz. Hamburg 1967

Lemert, E.W.: Choice and Change in Juvenile Justice. British Journal Law and Society 1/1976, S. 59-75

Morris, A.: Juvenile Justice: Where Next ? Howard Journal of Penology and Crime Prevention 18/1976, S. 26-38

Müller-Dietz, H.: Die Bewährungshilfe in Praxis und kriminologischer Forschung. In Kury, H. (Hg.), Prävention abweichenden Verhaltens. Köln 1982, S.423-472

Mumford, M.: A Guide to Juvenile Court Law. London 1974

Narr, W.: Theoriebegriff und Systemtheorie Bd 1. Stuttgart 1972

Schaffstein, F.: Jugendstrafrecht. Köln 1977

Smith, R.: Children and the Courts. London 1979

United Nations: Juvenile Justice - An International Survey. UNSDRI Social Defence Research Institute. Publ. No. 12. Rome 1979

II.

Kriminalpolitik und Kriminologie

Kriminalprognose und Vertrauen*

Horst Schüler-Springorum

I. "Spring und Du wirst selig sein"

Dies ist die Überschrift eines Berichtes, den das ZEIT-Magazin vom 21. August 1992 dem Bungee-Springen widmete. Die Situation unmittelbar vor dem Start in die Tiefe wird dort wie folgt beschrieben:

> Du merkst förmlich, wie deine Körpertemperatur steigt. Der elektrische Hautwiderstand sinkt, Milliarden von Zellreaktionen steigern ihr Tempo. Im Stirnhirn hat sich der Befehl zum Sprung gebildet. Von dort ist diese Information zu den Erinnerungszentren, die im ganzen Gehirn verteilt sind, geschossen, dort wurde das elektrisch kodierte Vorhaben mit allen mögliche Erfahrungen und gespeicherten Situationen verglichen ...
> Übers Rückenmark blitzt ein Befehl zu den Nebennieren. ... Sie schütten soviel Streßhormone wie möglich in die Blutbahn .. die wichtigsten davon; Adrenalin, Nor-Adrenalin, Cortison.
> Dein Herz schlägt schneller. Und stärker. Die Blutgefäße sind erweitert. ... Die äußeren Wahrnehmungen sind reduziert ...

---

*Es handelt sich um die überarbeitete Schriftfassung meines Vortrages aus Anlaß der akademischen Feier zum 70. Geburtstag von Max Busch am 3. Dezember 1992 in Wuppertal. Die persönliche Reminiszenz, mit der ich die Ausführungen seinerzeit einleitete, sei hier in Kurzfassung wiedergegeben.

Im Jahr 1955 war ich als Rechtsreferendar im Zuge einer damals noch einmonatigen Ausbildungsstation im hessischen Strafvollzug dem jungen Gefängnisfürsorger Dr. Busch in der Strafanstalt Kassel-Wehlheiden zugewiesen. Nach wenigen Tagen beauftragte er mich, einen Gefangenen in seinem Haftraum aufzusuchen, um im Gespräch einen persönlichen Eindruck von der Begründetheit seines Gesuchs auf bedingte Entlassung zu gewinnen. Ich sprach lange mit ihm, und nach allem was er mir erzählte, war dieser Eindruck natürlich sehr günstig.

Das dem Vorgesetzten Dr. Busch hierüber erstattete Referat schloß mit meiner unbedenklichen Befürwortung einer möglichst baldigen Entlassung. Dieser widerlegte mir daraufhin aus seinen Unterlagen und Dokumenten Stück für Stück alle kriminalprognostisch wesentlichen Angaben des Mannes: "Damit Sie ein für allemal lernen, nicht zu früh zu vertrauen!"

So viel hirnelektrischer und neurophysiologischer Aufwand im Körper, einfühlbar wie er dem Nichtspringer ist, erscheint auf den ersten Blick dennoch erstaunlich. Der Bungee-Springer, auch der, der sich zum ersten Mal in die Tiefe fallen läßt, *weiß* doch, daß er, von den Gummiseilen sanft aufgefangen, lebend unten ankommen wird, daß er "selig sein" wird. Wo bleibt da die Ruhe der Gewißheit? Würde denn ohne solche Gewißheit überhaupt ein Mensch springen? Oder macht allein der Umstand, daß "alle möglichen Erfahrungen und gespeicherten Situationen" den Bungee-Sprung noch nicht enthalten, den Unterschied aus? Gibt es ähnliche Meß-Reportagen über die letzten Augenblicke vor einer Hinrichtung?

Im folgenden wird sich zeigen, daß der Bungee-Report so manches mit dem Thema dieses Beitrags zu tun hat; man denke nur an Kategorien wie Erfahrung und Erwartung, Restrisiko und menschliche Grundbefindlichkeit. Es wird sich zeigen, in welchen Zusammenhängen sie uns wiederbegegnen.

II. Vertrauen und Prognose - zwei nahe Verwandte

Auf einen ersten Blick erscheint "Prognose" nur als gelehrtes Pendant zum Alltagsbegriff "Vertrauen". Denn beiden gemeinsam ist die unverkennbare *Zukunfts*orientierung. So gesehen, sind ziemlich alle unsere großen und kleinen Lebensentscheidungen irgendwie vertrauenshaltig. "Es wird schon gut gehen", lautet die Devise, handele es sich nun um eine Reise in die Ferien oder um die gemeinsame Lebensreise, um ein Überholmanöver auf der Landstraße oder um den ersten Tag im neuen Beruf. Selbst der schlichte Satz "Ich vertraue Dir" ist ein Wechsel auf die Zukunft.

Erste Einsichten in das, was Vertrauen ausmacht, drängen sich auf: Vertrauen ist eindeutig positiv gefärbt. Ohne dies hätten wir es - neutral ausgedrückt - mit bloßer "Erwartung" zu tun und - negativ gefärbt - mit "Befürchtung", "Besorgnis" oder ähnlichem. Vertrauen ist somit eine Antizipation des Günstigen, ist vielleicht suspendiertes Mißtrauen, ist jedenfalls "positive Erwartung". Eben deshalb impliziert Vertrauen aber auch Unsicherheit, und zwar begriffsnotwendig. Wer sich einer künftigen Entwicklung hundertprozentig sicher ist, hat Gewißheit und braucht nicht mehr zu vertrauen. Zugleich wird deutlich, daß die Alternative Gewißheit oder Vertrauen auch eine Frage der subjektiven Wahrnehmung ist. Schließlich besteht Vertrauen gerade darin, die genannte Unsicherheit aus irgendwelchen Gründen und auf irgendeine Art und Weise zu überspielen oder sonstwie zu überbrücken. Vertrauen setzt seinem begriffsnotwendigen Unsicherheitsfaktor also seine ebenso begriffsnotwendig positive Komponente entgegen.

Läßt sich alles dies, vielleicht nur etwas gehobener ausgedrückt, auch für die Prognose sagen? Zum Teil lassen die Parallelen sich in der Tat leicht herstellen. Die Unsicherheit ist ihr mit dem Vertrauen ersichtlich gemeinsam; man nehme nur die tägliche Wetter-Prognose als schlagenden Beweis. Damit ist die Zukunftsbezogenheit auch der Prognose mitgeliefert; sie ist, übersetzt, ja Voraus-Erkenntnis. Als solche aber ist sie, im Gegensatz zum Vertrauen, zunächst neutral. Das heißt, eine Prognose kann entweder "positiv" oder "negativ" ausfallen. Was nun als positiv oder als negativ gilt, erscheint dabei weithin definitionsabhängig (und die Definition wiederum interessenabhängig), wie z.B. mit Wirtschaftsprognosen, Versicherungsprognosen, Börsenprognosen usw. angedeutet sei. Doch hat das Spiel mit Interessen und Definitionen auch seine Grenzen: Die ungünstige Diagnose, die zu einer ungünstigen Prognose führt, ängstigt nicht nur den Patienten, sondern ist auch für den Arzt eine "ungünstige" Prognose (allenfalls nicht für einen Interessenten an späterem Transplantat).

Bleibt die Frage, wie sich das beim Vertrauen gefundene Moment, die Unsicherheit zu überbrücken, bei der Prognose wiederfindet. Hierzu sei zunächst die noch zu erörtende Behauptung aufgestellt, daß es geradezu den "Sinn" von Prognosen ausmacht, ihren Unsicherheitsfaktor zu minimieren; eine Behauptung, die sich offenbar auf die *Methode* bezieht, wie Prognosen zustandekommen.

Manche dieser Zusammenhänge finden sich in Sprichworten und Redensarten wie selbstverständlich wieder. "Wer einmal lügt, dem glaubt man nicht" - hier wird Mißtrauen am offenbar vertrauenswichtigen Gut der Wahrhaftigkeit festgemacht. "Lügen haben kurze Beine" setzt eine Art Systemvertrauen hiergegen - oder das Vertrauen in verräterische Fehlleistungen des Lügners? "Jung gefreit" hat angeblich "niemand gereut", wobei offenbleibt, ob es sich um eine Art vertrauensbildende Beschwörung handelt oder den Niederschlag von stati-stischer Erfahrung. "Unrecht Gut gedeihet nicht": auch hinter diesen Vertrauensspruch würde man heute wohl ein "angeblich" setzen. Wer hingegen "einmal aus dem Blechnapf frißt", erscheint gnadenlos der damit eingeleiteten self-fulfilling prophecy ausgesetzt.

III. Von der Prognosehaftigkeit des Strafrechts

Prognosen sind im Strafrecht eine vertrauter Topos. Daß von denen, die Strafrecht handhaben, Prognosen verlangt werden, gehört heute zu ihrer Allgemeinbildung. Der nachstehende verkürzte Überblick soll einen Einblick in die vorherrschenden Denkschemata vermitteln.

Am Anfang -, und der liegt noch gar nicht so weit zurück (MEY 1967, SCHNEIDER 1967) - stand die Entlassungsprognose, bezogen auf den Strafvollzug. Nach geltendem Recht ist eine solche vorzeitige Entlassung auf Bewährung möglich, "*wenn verantwortet werden kann zu erproben*, ob der Verurteilte außerhalb des Strafvollzugs keine Straftaten mehr begehen wird" (§ 57 StGB). Derselben an "erproben" und "verantworten" anknüpfenden Formel bedienen sich sowohl § 67 d StGB, wo es um die Entlassung aus dem Maßregelvollzug geht (z.B. aus einer psychiatrischen Unterbringung oder aus der Sicherungsverwahrung): "... ob der Untergebrachte außerhalb des Maßregelvollzuges keine rechtswidrigen Taten mehr begehen wird", als auch § 88 JGG, wo es um die Entlassung aus dem Jugendstrafvollzugs geht: "ob er außerhalb des Jugendstrafvollzuges einen rechtschaffenden Lebenswandel führen wird". Der hinter den nuancierten Formulierungen sich verbergende Kern einer solchen "Befreiungsprognose" ist allemal derselbe.

Daneben gilt es natürlich die "Internierungsprognosen", an denen sich entscheidet, ob es zu einem strafrechtlichen Freiheitsentzug überhaupt kommen muß. So wird in bestimmten Obergrenzen eine Freiheitsstrafe bis zu zwei Jahren dann von vornherein zur Bewährung ausgesetzt, "wenn zu erwarten ist, daß der Verurteilte sich schon die Verurteilung zur Warnung dienen lassen und künftig auch ohne die Einwirkung des Strafvollzugs keine Straftaten mehr begehen wird" (§ 56 StGB; für Geldstrafen vgl. § 59 StGB); bei der auszusetzenden Jugendstrafe finden wir wieder die entsprechende Erwartung eines "rechtschaffenen Lebenswandels" (§ 21 JGG). Bei den Maßregeln stoßen wir auf eine Art härterer Gangart: über die Unterbringung in der Sicherungsverwahrung und im psychiatrischen Krankenhaus entscheidet eine tatbezogene "Gesamtwürdigung des Täters"; sie führt ihn hinter Gitter, wenn er "infolge eines Hanges zu erheblichen Straftaten ... für die Allgemeinheit gefährlich ist" (§ 66 StGB) bzw. wenn "von ihm infolge seines Zustandes erhebliche rechtswidrige Taten zu erwarten sind und er deshalb für die Allgemeinheit gefährlich ist (§ 63 StGB; vgl. auch §§ 64, 67 b StGB u. SCHÜLER-SPRINGORUM 1989). Schließlich sei die in § 17 JGG eröffneten Möglichkeit ge-nannt, Jugendstrafe wegen "schädlicher Neigungen des Jugendlichen, die in der Tat hervorgetreten sind", dann zu verhängen, wenn "Erziehungsmaßregeln oder Zuchtmittel zur Erziehung nicht ausreichen"; hier werden ersichtlich prognosehaltige Merkmale einmal wie ein Ist-Zustand ("nicht ausreichen") und überdies wie eine Art Eigenschaft ("schädliche Neigungen") formuliert, wobei die auf diese Gründe gestützte Jugendstrafe wiederum nach Maßgabe der zuvor genannten Erwartungen oder Erprobungen von vornherein oder später zur Bewährung ausgesetzt werden kann.

Schon diese wenigen klassischen strafrechtlichen Prognosetypen haben zu Systematisierungen angereizt. Im Vordergrund steht die Unterscheidung zwischen "Sozialprognose" und "Gefährlichkeitsprognose". Von der ersten spricht man, wenn sie sich auf das künftige Wohllverhalten des Täters bezieht ("positive" Prognose keiner künftigen Straftaten mehr oder - moralisch aufgeputzt - eines "rechtschaffenen Lebenswandels"), von der zweiten, wenn die als vom Täter ausgehend gedachte Gefahr für die Allgemeinheit den Anknüpfungspunkt für Maßregeln der Sicherung gegen Gefährliche hergibt. Genau besehen ist der Unterschied aber nur ein solcher der Facon de parler. Denn das

Objekt der Prognose ist hier stets das zukünftige *Verhalten* eines Menschen.

Daneben hat FRISCH (1983) die Kategorie der "Wirkprognose" in die Diskussion gebracht, die die voraussichtliche Wirkung einer Sanktion oder Behandlung in die jeweilige Prognosefrage einbezieht. Ein Beispiel bot bereits das "nicht ausreichen" von anderen Mitteln als Voraussetzung für eine Jugendstrafe (§ 17 JGG); und nach § 47 StGB z.B. soll es zur Verhängung einer Freiheitsstrafe von unter sechs Monaten nur dann kommen, denn diese "zur Einwirkung auf den Täter ... unerläßlich" erscheint. Daß darüber hinaus der Binnenbereich des Strafvollzugs von solchen Wirkprognosen alltäglich lebt, liegt nahe: Die in den "Vollzugsplan" aufzunehmenden "besonderen Behandlungsmaßnahmen", die Entscheidung über die Aufnahme in eine Anstalt "des offenen Vollzugs" oder in eine "sozialtherapeutischen Anstalt", die Erlaubnis, einer Arbeit, Ausbildung oder Weiterbildung unter der Voraussetzung nachzugehen, daß dies "dem Ziel dient, Fähigkeiten für eine Erwerbstätigkeit nach der Entlassung zu vermitteln", sind nur einige von vielen typischen Beispielen (vgl. §§ 7, 10, 9, 39 StVollzG). Indessen fragt sich wie zuvor schon beim Unterschied zwischen Gefährlichkeits- und Sozialprognosen so auch hier, inwieweit die "Wirkprognose" wirklich eine selbständige, von der bloßen "Rückfallprogose" sich abhebende Kategorie darstellt. Denn in beiden Fällen dürfte schon die Prognose selbst eine Entscheidung sein, die auf eben ihrer prognostizierten Wirkungs beruht.

Mit der Zentralkategorie "Vertrauen" hingegen haben die hier skizzierten strafrechtlichen Prognosen zwar manches, doch nicht alles gemein. Dies Zwischenfazit gilt es zu erläutern.

Gemeinsam ist auch den Kriminalprognosen die (oben so genannte) "positive Färbung" von Vertrauen. Denn die strafrechtliche Fragestellung zielt allemal - wenn auch in verschiedener Formulierung - auf ein auch juristisch "positives" Ziel: Ist Sozialverhalten (oder wenigstens Legalverhalten) zu erwarten? Kann "verantwortet werden zu erproben ..."? Ist dieser Mensch denn wirklich im strengen gesetzlich geforderten Sinne "gemeingefährlich"? Wäre doch selbst die so defätistisch klingende Gefährlichkeitsprognose gar nicht erst gefragt, wenn nicht wenigstens die Hoffnung bestünde, sie zu verneinen und die Haft zu vermeiden.

Hierüber hinaus reicht die Parallele allerdings nicht. Wo im allgemeinen Leben Vertrauen enttäuscht wird, steht der (oder die) Vertrauende im Zweifel desillusioniert da, darf wie der Kreditgeber, den sein Schuldner versetzte, seinen guten Glauben dort suchen, wo er ihn gelassen hat und die Ent-Täuschung wörtlich, nämlich als Aufhebung einer Selbsttäuschung verarbeiten. Anders der Richter (oder Staatsanwalt oder Vollzugsleiter pp): Im Kriminaljustizsystem steht im Fall der Fehlprognose regelmäßig eben jene Sanktion zur Verfügung, die zu vermeiden zunächst prognostisch vertretbar erschienen war. Das ist in den meisten Fällen der Freiheitsentzug, wenn es nicht z.B. "ausreicht, die Bewährungszeit zu verlängern" oder es aus anderen Gründen weiterzuversuchen (vgl. §§ 56 f StGB, 26 JGG, 11 ff, 14 StVollzG). Das bedeutet, daß die Kriminalprognose nicht jenes zeitlich unbegrenzte Vertrauen impliziert, wie es etwa in den germanischen Sprachwurzeln der "Trauung" steckt oder in der Auferstehungsformel des christlichen Glaubensbekenntnisses. Die strafrechtliche Prognose ist vielmehr immer Vertrauen auf Zeit; ist "es" gutgegangen, wird der Fall als damit erledigt, das Prognosevertrauen rückwirkend als berechtigt gewesen fingiert.

Die zweite Komponente des Vertrauens war die von Unsicherheit und Risiko. In der Kriminalprognose steckt die natürlich auch. Doch während beim allgemeinen Vertrauen es dem (oder der) Vertrauenden anheimsteht, dies Risiko einzuschätzen oder auch einzuengen, Vertrauen zu "schenken" oder dies lieber nicht zu tun, ist unser Prognose-Risiko von vornherein mehr oder weniger eng definiert. Es richtet sich auf ein bestimmtes menschliches Sozialverhalten, in der Regel auf Straffälligkeit oder nicht. Wie man dieses Risiko zu "objektivieren" versucht, wird uns im nächsten Abschnitt beschäftigen.

Zuvor sei nur noch ein kurzer Ausblick gewagt auf weitere Fälle von strafrechtsrelevanten Prognosen, die über die bisher diskutierten hinausgehen und die schier unbegrenzte Prognosehaltigkeit des Strafrechts illustrieren. Einmal sensibilisiert, wird man nämlich fündig auf Schritt und Tritt. Als erstes fallen einem die Untersuchungshaft-Gründe der Flucht- und der Verdunkelungsgefahr ein (§§ 112 ff StPO; vgl. z.B. auch § 247 StPO für den Bereich der Hauptverhandlung); und etwa das Jugendstrafrecht steckt bei näherem Besicht voller "Wirkprognosen" seiner pädagogisch gemeinten Reaktionen. Doch auch die Dogmatik der Straftat selber gibt so manches her. Jede im Versuchsstadium steckengebliebene (und gleichwohl strafbare) Tat impliziert einen prognostischen Irrtum des Täters. Das beliebte Problem der Abweichungen der Realität von dem Kausalverlauf, den der Täter sich vorstellte, ist allgemein ein solches von Fehlprognosen aus der Täterperspektive. Bei der Strafzumessung sind die Wirkungen zu berücksichtigen, "die von der Strafe für das künftige Leben des Täters in der Gesellschaft zu erwarten sind" (§ 46 StGB). Wird er überhaupt verurteilt, so mag ihm das als eine Fehlprognose seiner Verteidigung erscheinen. Eben hierfür wiederum enthalten die Rechtsmittel ein Angebot, es angesichts jener Fehlprognose noch einmal zu versuchen. So hält das Verfahren selber Strukturen für die von der Justiz Enttäuschten bereit: nämlich für ein "Abarbeiten der Enttäuschung in Bahnen, die der Struktur nicht schaden" (LUHMANN 1983, S.234).

IV. Über die Methoden

Zum guten Ton der Prognose-Methodologie gehören die statistische, die intuitive und die klinische Methode. Man könnte allen dreien, die hier natürlich nicht im einzelnen darzustellen sind, getrost das Wörtchen "sogenannt" voranstellen.

Daß sogar die statistische Prognose Objektivität nur vortäuscht, hat seinen prognosespezifischen Grund. Zwar basiert sie auf tatsächlichen, mit möglichst großen Zahlen arbeitenden Rückfallstatistiken. Aber ihre Zahlen und Tafeln, kumulierten Risikomerkmale (wie z.B. Vorstrafen, Ausbildungsstand usw.) und ermittelten Rückfallprozentsätze leiden allemal darunter, daß sie jeweils nur im (längeren) Rückblick gewinnbar, also zwangsläufig ("Schnee von gestern") sind. In der deutschen Strafrechts*praxis* spielen sie bekanntlich so gut wie keine Rolle (SPIESS 1993, S.287).

Die intuitive Methode ist deshalb eine sogenannte, weil bei ihr der juristische Entscheidungsträger in Wirklichkeit ja nicht über den Daumen peilt. Seine "Intuition" ist vielmehr (stärker oder schwächer) erfahrungsgetränkt, mag dies nun eine lange Berufserfahrung, eine reflektierte Alltagserfahrung oder beides zugleich sein (KAISER 1993, S.561). Ohne diese könnte, da die intuitive Methode in der Praxis an der Tagesordnung ist, strafrechtliches Prognostizieren wohl überhaupt kaum überleben.

Die klinische Methode ist nur scheinbar eine solche, weil die Experten, derer die Justiz sich hier bedient, keineswegs "Kliniker" sein müssen. Wohl aber sind die als Prognosehelfer zugezogenen Gutachter Psycho-Forensiker verschiedener Provenienz. Ihr Einsatz ist teuer und entsprechend selten, wenngleich für die gravierendsten Entscheidungen gesetzlich vorgeschrieben (§§ 80a, 246 a, 414, 415, 454, 563 StPO). Die Trefferquote der klinischen Methode ist die relativ beste, wohl weil speziell auf die Prognosefrage hier der meiste Aufwand entfällt.

Alle Prognosemethoden dieser Art (wie auch ihre Kombinationen zu sog. Strukturprognosen) zielen im Rahmen eines strafrechtlichen Entscheidungsprogramms auf künftiges Verhalten von Individuen. Dabei wird nicht selten übersehen, wie vielschichtig das Entscheidungsprogramm selber strukturiert ist. Verlangt wird ja in aller Regel nicht eine Antwort auf die Frage, ob jemand in Zukunft Straftaten (oder bestimmte Delikte) begehen (oder wieder begehen) werde. Die Prognosefrage ist vielmehr jeweils mit einer Serie von Bedingungen verknüpft: *wenn* die Bewährungszeit so oder so lang festgesetzt wird, *wenn* dem Probanden ein Bewährungshelfer (oder der Helfer Herr X oder die Helferin Frau Y) zugeordnet wird, *wenn* die persönliche, berufliche, familiäre oder soziale Situation sich in bestimmter Weise entwickelt, was alles wiederum durch eine Vielzahl als risikomindernd gedachter Weisungen und Auflagen mitgesteuert werden kann (vgl. die im Gesetz wiederholt in Bezug genommenen §§ 56 a ff StGB, 22 ff JGG). Erst das Ensemble solcher Kurskorrekturen der prognostischen

Grundfrage führt dann zu der dichotomen Entscheidung "Prognose günstig" oder "Prognose ungünstig". Insofern sind, wie schon angemerkt, alle Prognosen zugleich auch "Wirkprognosen" im zuvor genannten Sinne. Diese Vielschichtigkeit des Instrumentariums bildet gewissermaßen die Methode hinter allen Prognosemethoden.

Daß auch die Kriminalprognose nie eindeutig sein, nie eine Trefferquote von 100% erzielen wird, versteht sich von selbst; eben deshalb läßt sie Raum für Vertrauen. *Wem* aber vertraut z.B. der in den meisten Fällen "intuitiv" prognostizierende Richter? Wirklich seiner Intuition? Dahinter verbirgt sich doch zwangsläufig ein Stück Vertrauen gegenüber dem "Probanden"; denn deren keiner ist - Mensch wie er ist - nicht für eine Überraschung gut. Insoweit enthält auch jede Kriminalprognose ein Element "inter-personellen Vertrauens".

Im Fall einer "klinischen" Prognose erscheint dieses Vertrauen durch den Sachverständigen mediatisiert. Daß das Gericht ihm in den meisten Fällen folgt, zeigt die Verlagerung des justiziellen Vertrauens auf den Experten. Manche Richter glauben sogar zu wissen, welcher Gutachter wie viel solchen Vertrauens verdient, welch anderer immer noch wieviel Risiko mitliefert. Hinzu kommt, daß der Prognose-Sachverständige aus einem weiteren Grund faktisch wie eine zusätzliche Vertrauensbremse wirkt: Stellt er eine günstige Prognose und die geht fehl, so droht ihm womöglich sogar eine strafrechtliche Haftung wegen Fahrlässigkeit (§§ 222, 230 StGB), - ein Malheur, vor dem Richter von Gesetzes wegen geschützt sind (denn Rechtsbeugung ist nur als vorsätzlich begangene strafbar, § 336 StGB). Auch dem Sachverständigen droht dies Malheur freilich allenfalls wegen einer fehlgehenden *günstigen* Prognose; denn wenn er einem Probanden, der "an sich" eine *günstige* Prognose verdiente, fälschlich eine *ungünstige* stellt (= Problem der sog. false positives, vgl. SPIESS aaO S. 1993, S.291 f), bleibt dies im Zweifel folgenlos, wenn der so Prognostizierte in den Freiheitsentzug kommt oder in ihm verbleibt; denn fahrlässige Freiheitsberaubung ist nicht strafbar.

V. Kriminalprognose und Vertrauen

Das Résumé aus alledem sollte nicht schwierig sein: Ja, auch die Kriminalprognose hat mit Vertrauen zu tun. Sie ist nur nicht - im Gegensatz zu vielen zwischenmenschlichen Beziehungen - primär auf Vertrauen aus, sondern auf möglichst objektivierbare, möglichst rational gewonnene Verhaltenserwartungen, auf die Graduierung (und Prozentuierung!) der Berechenbarkeit von Verhalten, auf möglichst zeit- und umständeresistente Verläßlichkeiten. Wo aber das ganze Prognosegeschäft im Verhältnis zu seinem Anlaß allzu kompliziert wird, wo es gewissermaßen zu viel Lärm um ein zu wenig gravierendes Kriminalitätsrisiko macht, wird denn auch vorgeschlagen, es einfach zu lassen - juristisch gesagt eine günstige Prognose zu unterstellen und es mit dem Menschen einfach erst (noch) einmal in "Freiheit" zu *versuchen* (FRISCH aaO 1983, S.126 ff).

Wo dem nicht so ist und deshalb eine Kriminalprognose gefordert bleibt, haftet ihr allerdings jenes unausweichliche Restrisiko an, das sich der Objektivierbarkeit und rationalen Begründbarkeit von Verhaltenserwartungen entzieht. Gerade dessen Inkaufnahme stellt wie gezeigt das Vertrauenselement in der Kriminalprognose dar, macht diese erst zum interpersonellen Ereignis. In einer einschlägigen Fachdiskussion wurde das Allgemein-Vertrauen einmal treffend als "Verzicht auf Zusatzinformationen" charakterisiert. Dieser Verzicht kann im Alltagsleben mehr oder weniger weit gehen (Aids-Risiko als Beispiel). Bei der Kriminalprognose ist es nicht selten die Unmöglichkeit, Zusatzinformationen überhaupt zumutbar zu gewinnen, die solchen Verzicht bewirkt. Und wieder tritt - umso profilierter - die Vertrauenskomponente der Kriminalprognose zutage.

Dies Vertrauen greift nicht ins Leere, sondern trifft auf beim Probanden. Wie es bei ihm auftrifft, wird darüber mitentscheiden, ob die günstige Prognose "sich selbst erfüllt", weil der Proband sie erfüllt, etwa weil der vielleicht überraschende Vertrauenserweis zum positiven Stigma wird, zum Schuh, den der Vertrauen Empfangende sich anzieht. Hier zeigt sich, wie viel zwischenmenschlich unberechenbare "Interpersonalität" im ganzen Prognose- und Bewährungsspiel mit enthalten ist - zum Glück; denn im Vollzugsspiel, d.h. im gleichfalls prognosehaltigen Alltag des Haftvollzugs, der ja erst einmal auf einem negativen juristischen Urteil über die Persönlichkeit aufbaut, erscheint das entsprechende Vertrauensquantum von vornherein problematisch gemindert.

Dennoch dürfte ein Mehr an Vertrauen im gesamten strafjustiziellen Bereich sich durchaus bewußt investieren lassen, handele es sich nun um die (kriminalprognostisch ausgelösten) Beziehungen zwischen Richter und Täter, zwischen Bewährungshelfer oder vergleichbaren Funktionsträgern und ihren Probanden oder zwischen Vollzugsbediensteten bzw. Fachdiensten der Anstalt und Gefangenen. Aichhorn, Makarenko und andere haben bekanntlich gezielt damit gearbeitet, ihre erfahrungsgesättigten Prognosen immer wieder mit scheinbar ungerechtfertigtem Vertrauen anzureichern und aus solchen Investitionen Vertrauenskapital zu schlagen. Dabei wird es freilich immer wieder auch einmal geschehen, daß Prognosevertrauen enttäuscht wird, weil ein Mensch - mehr oder weniger frei - sich gegen die ihm zugetraute Verhaltenserwartung entscheidet. Wie könnte es auch anders sein? Ist doch jedes Vertrauen selber eine Art von freiem Fall.

Literatur:

Frisch, W., Prognoseentscheidungen im Strafrecht, Heidelberg & Hamburg 1983

Kaiser, G., Kriminologie, 9. Auflage, Heidelberg 1993

Luhmann, N., Legitimation durch Verfahren, Frankfurt 1983

Mey, H.-G., Prognostische Beurteilung des Rechtsbrechers: Die deutsche Forschung, in: Handbuch der Psychologie (U. Undeutsch, Hg.), Bd. 11, Göttingen 1967, S.511 ff.

Schneider, H.-J., Prognostische Beurteilung des Rechtsbrechers: Die ausländische Forschung. in: Handbuch der Psychologie (U. Undeutsch, Hg.), Bd. 11, Göttingen 1967, S.397 ff.

Schüler-Springorum, H., SV ohne Hang?. in: MschrKrim 1989, S.147 ff

Spiess, G., Stichwort Kriminalprognose, in: Kaiser, Kerner, Sack & Schellhoss, Hg., Kleines Kriminologisches Wörterbuch, 3. Aufl. Heidelberg 1993, S.286 ff.

Die "Anfangsjahre der Führungsaufsicht"

Empirische Daten und theoretische Perspektiven zur Entwicklung einer umstrittenen Institution Erinnerungen an Diskussionen auf einem 'Nebengleis' der Kriminalpolitik[1]

Manfred Brusten

Am 01. Januar 1975 wurde in der Bundesrepublik Deutschland eine neue Institution der 'Besserung und Sicherung' eingeführt: Die Führungsaufsicht, eine Art 'Bewährungshilfe' für Straftäter mit negativer 'Legal-Prognose'. Als eine der vielen Neuerungen des 'Zweiten Gesetzes zur Großen Strafrechtsreform' verbanden sich mit dieser Führungsaufsicht insbesondere zwei Zielvorstellungen: Wiedereingliederung besonders schwieriger Straftäter und Schutz der Öffentlichkeit von ihnen. Doch selbst nach vielen Jahren praktischer Erfahrung sind die grundlegenden Konflikte und unterschiedlichen Standpunkte, die für die Entwicklung und Gestaltung dieser Institution von Anfang an kennzeichnend waren, bis heute noch immer nicht überwunden (vgl. hierzu u.a. Dertinger/Marks 1990 und Lemke/Vetter 1992).

Auch wenn im Folgenden vor allem die empirische Analyse der Entwicklung der Probanden-Struktur der Führungsaufsicht in ihren ersten zehn Jahren im Vordergrund stehen wird[2], so darf bei aller Vorliebe für die Beschäftigung mit der konkreten Praxis der Führungsaufsicht doch nicht übersehen werden, daß diese Institution zugleich auch ein wesentliches Element eines allgemeineren sozialen Wandels strafrechtlicher Sanktionen in unserer Gesellschaft darstellt, und daß daher die am Beispiel der Führungsaufsicht zu beobachtenden Entwicklungen in einem breiteren gesellschaftlichen Kontext zu sehen sind. Zu diesen allgemeineren Veränderungen im Bereich strafrechtlicher Sozialkontrolle gehören:

a) die 'Verlagerung' strafrechtlicher Sozialkontrollen von 'repressiven und totalen Institutionen' zu 'weicheren' sozialen Kontrollen (soft control) durch 'ambulante Institutionen mit sozialpädagogischer Orientierung'[3]

b) die gleichzeitige Ausweitung des Netzes formeller staatlicher Sozialkontrollen (net-widening) im Hinblick auf Qualität, zeitliche Dauer und Intensität der Interventionen bis in das Privatleben der davon Betroffenen hinein; wenn auch oft unter dem 'Vorwand' der hierzu förderlichen Vertrauensbeziehungen und Hilfen.

Daß eine solche Betrachtungsweise gerade im Fall der Führungsaufsicht besonders naheliegt, ergibt sich schon aus ihrer seltsamen 'Zwitterfunktion', nach der sie einerseits als 'ambulante Alternative zum Aufenthalt in geschlossenen Anstalten der Psychiatrie und der 'Entziehung' gedacht ist, andererseits aber auch als verlängerte soziale Kontrolle (und Hilfe) für Straftäter, die bis 1975 ihre Haftstrafen voll verbüßten, anschließend aber dann in Freiheit entlassen wurden, während sie sich nunmehr als 'Vollverbüßer' anschließend noch einmal jahrelang der Führungsaufsicht stellen müssen und zudem strafbar machen, wenn sie die ihnen in dieser Zeit auferlegten Weisungen nicht erfüllen (vgl. Jacobsen 1985, S. 61 im Anschluß an Brusten 1983, S. 1616). Dabei waren diese innere Widersprüchlichkeit und die divergierenden kriminalpolitischen Interessen in der Formulierung der mit der Führungsaufsicht verbundenen Zielvorstellungen: Ausbau sozialer Kontrolle und Überwachung zum Schutz der Allgemeinheit versus stärkere Behandlungsorientierung und ambulante Resozialisierung - schon für die gesamte gesetzgeberische Diskussion um die Führungsaufsicht - besonders kennzeichnend[4].

Die gesetzlichen Normen der Führungsaufsicht sind insofern also nicht zuletzt das Resultat eines sehr viel allgemeineren und in sich widersprüchlichen politischen Kompromisses (vgl. Floerecke/Brusten 1985, S. 204-218).

1. Die quantitative Entwicklung der 'Probandenstruktur'

Besonders kennzeichnend für die neue Institution Führungsaufsicht war von vornherein ihre, von den gesetzlichen Bestimmungen her recht heterogene Klientel (vgl. Tabelle 1):

1. Straftäter mit 'negativer Legal-Prognose', für die Führungsaufsicht de facto eine zusätzliche Kontrolle/Hilfe durch eine Führungsaufsichtsstelle und einen Bewährungshelfer bedeutet: vor allem 'Vollverbüßer' (nach § 68f StGB) und die aus Sicherungsverwahrung entlassenen Probanden (§ 67d, 4); aber im Grunde auch die Rückfalltäter' (nach § 68, 1, 1) sowie Straftäter bestimmter Delikte (nach § 68, 1, 2).

2. Straftäter mit besonderen 'psychischen Problemen', für die Führungsaufsicht aufgrund ihrer relativ 'positiven Legalprognose' zumindest mehrheitlich eine ambulante Alternative zum Aufenthalt in einer Anstalt bedeutet. Hierzu gehören Probanden, die gemäß § 67d, 2 aus dem Maßregelvollzug bedingt entlassen wurden (einschl. entsprechender Überleitungsfälle nach Art. 314/2 EGStGB), aber auch Probanden, bei denen gemäß § 67b, 2 die Vollstreckung einer Maßregel zur Bewährung ausgesetzt wurde, und solchen, bei denen gemäß § 67c nach Vollzug einer Freiheitsstrafe die ursprünglich angeordnete anschließende Unterbringung zur Bewährung ausgesetzt wird.

Betrachtet man nun noch einmal die quantitative Entwicklung der Probanden in den ersten 10 Jahren, dann werden sofort zwei herausragende Trends deutlich: (a) die starke Zunahme der 'Vollverbüßer' (Anstieg auf über 80% der Neuzugänge)[5] und (b) der kontinuierliche Rückgang der Probanden mit 'psychischen Problemen' (auf insgesamt nur noch rund 15% der Neuzugänge).

Tabelle (1)
Die Entwicklung der Probandenstruktur der FASt Köln von 1975-1984 nach gesetzlicher Grundlage für die Unterstellung unter Führungsaufsicht

Gesetzliche Grundlage Unterstellung unter FA		Jahr der FA-Unterstellung 1975 1976	1977 1978	1979 1980	1981 1982	1983 1984	1975-1984. insgesamt	
§ 68 (1)1	Rückfalltäter	3%	12%	7%	5%	3%	35	5,4%
§ 68 (1)2	Täter best.Delikte	4%	2%	2%	2%	1%	13	2,0%
§ 68f	'Vollverbüßer'	2%	32%	55%	72%	81%	362	56,0%
§ 67d, 4	Entlassung aus Sicherheitsverwahrung	--	--	1%	--	1%	2	0,3%
§ 67d, 2	Maßregelaussetzung zur Bewährung	1%	7%	4%	-	1%	13	2,0%
§ 67c	Maßregelaussetzung nach Strafverbüßung	6%	10%	5%	4%	4%	34	5,3%
§ 67b, 2	Bedingte Entlassung aus Maßregelvollzug	22%	35%	26%	17%	9%	125	19,3%
Art.314/2	Überleitungsfälle aus Maßregelvollzug	62%	2%	--	--	--	63	9,7%
Summe: N = 100%		100	57	153	170	167	647	100,0%

KA = 13

Führungsaufsicht bedeutete also - quantitativ gesehen - schon sehr bald immer eindeutiger vor allem 'Hilfe und Kontrolle' bei Straftätern mit 'negativer Legal-Prognose', während ihre ursprünglich gleichgewichtige Funktion als 'ambulante Alternative zu totalen Institutionen' immer weiter abnahm. Daß dies auch interne Folgen für die Entwicklung der Führungsaufsicht hatte, lag auf der Hand, denn die von den 'Gesetzesmachern' noch heftig diskutierten 'therapeutischen' Aufgaben der Führungsaufsichtsstellen wurden angesichts der tatsächlichen Entwicklung ihrer Klientel in zunehmendem Maße obsolet. Dies zeigt sich besonders deutlich dann, wenn man einmal die Klientel der Führungsaufsicht in 'therapiebedürftige' und 'nicht-therapiebedürftige' Probanden unterteilt, wobei Probanden, die nach Ansicht des jeweils zuständigen Gerichts in die Psychiatrie oder eine Entziehungsanstalt eingewiesen werden sollten, als 'therapiebedürftig' eingestuft wurden und jene Probanden, die zu Freiheitsstrafen oder zu Sicherungsverwahrung verurteilt wurden, als 'nicht-therapiebedürftig'. Wie Tabelle (2) zeigt, galten demzufolge am Ende des Untersuchungszeitraumes nur noch 11% der Neuzugänge als 'therapiebedürftig', 89% dagegen 'als nicht-therapiebedürftig'.

Tabelle (2)
Die Entwicklung der Probandenstruktur im Hinblick auf die von Richtern eingeschätzte Therapiebedürftigkeit

Einschätzung der Probanden als	Jahr der FA-Unterstellung 1975 1976	1977 1978	1979 1980	1981 1982	1983 1984	1975-1984 insgesamt	
nicht therapiebedürfig: Strafvollzug/Sicherungsverwahrung	39%	54%	70%	80%	89%	460	71,2%
therapiebedürftig: Psychiatrie/Entziehungsanstalt	61%	46%	30%	20%	11%	186	28,8%
Summe: N = 100%	100	57	152	170	167	646	100%

KA = 14

Tabelle (3)
Verurteilungen von FA-Probanden zu Freiheitsstrafen und/oder Maßregelvollzug

Art der Verurteilung	Jahr der FA-Unterstellung 1975 1976	1977 1978	1979 1980	1981 1982	1983 1984	1975-1984 insgesamt	
nur Freiheitsstrafe	8%	40%	63%	78%	85%	373	61,6%
Freiheitsstrafe und Maßregel	57%	36%	21%	16%	10%	147	24,3%
nur Maßregel	35%	24%	16%	6%	5%	86	14,2%
Summe: N = 100%	100	55	141	152	158	606	100%

KA = 54

Tabelle (4)
"Schuldfähigkeit" der FA-Probanden in der zeitlichen Entwicklung

Beurteilung der Schuldfähigkeit	Jahr der FA-Unterstellung 1975 1976	1977 1978	1979 1980	1981 1982	1983 1984	1975-1984 insgesamt	
schuldfähig	35,7%	59,3%	62,8%	64,9%	76,4%	369	62,1
vermindert schuldfähig	27,6%	20,4%	22,6%	31,1%	21,0%	148	24,9%
schuldunfähig	36,7%	20,4%	14,6%	4,1%	2,5%	77	13,0%
Summe: N = 100%	98	54	137	148	157	594	100%

KA = 66

In die gleiche Richtung der 'Problemverlagerung' in der konkreten Arbeit mit den Probanden der Führungsaufsicht weisen die Ergebnisse der Untersuchung, wenn die 'Verurteilung zu Freiheitsstrafen und/oder Maßregelvollzug' oder aber die 'Beurteilung der Schuldfähigkeit der Probanden' als Kriterien der Einstufung herangezogen werden; vgl. hierzu die Tabellen (3) und (4).

Die hier wiedergegebene Entwicklung der Probanden-Struktur ist nun aber vor allem deshalb erwähnenswert, weil nicht zuletzt wegen der ursprünglich wesentlich zahlreicher erwarteten 'schuldunfähigen' oder 'vermindert schuldfähigen' Probanden in der vorangegangenen Diskussion um die 'Normgenese' der Führungsaufsicht u.a. die Forderung erhoben worden war, die Führungsaufssichtsstellen zu 'therapeutischen Zentren' auszubauen, da anderenfalls eine angemessene Betreuung gerade dieses Probandenkreises mit z.T. erheblichen Persönlichkeitsstörungen und starken Hospitalisierungserscheinungen nicht gewährleistet weren könne (vgl. hierzu auch die Diskussion bei Jacobsen 1982, S. 733).

Für die Beurteilung der Führungsaufsicht dürfte nicht zuletzt aber auch die 'Deliktstruktur' ihrer Probanden von Bedeutung sein (vgl. Tabelle 5). So stand (und steht weiterhin) an der Spitze aller Delikte, die Führungsaufsichts-Probanden laut Taturteil zur Last gelegt werden, Diebstahl; und dieser wiederum deutlich überrepräsentiert bei den 'Vollverbüßern'. Zählt man auch 'Raub und Erpressung' sowie 'Betrug und Unterschlagung' als Eigentumsdelikte, dann wurden am Ende der ersten 10 Jahre Führungsaufsicht bereits 78% der Probanden lt. Taturteil wegen eines Eigentumsdeliktes unter Führungsaufsicht gestellt. Auffällig abnehmend war dagegen der Anteil der Probanden, die wegen eines Sexualdeliktes verurteilt worden waren.

Tabelle (5)
Deliktstruktur der Führungsaufsichts-Probanden (lt. Taturteil)

Art des Deliktes[6]	Anzahl der registrierten Delikte abs.	in %	Anteil der Probanden, die wegen dieser Delikte verurteilt wurden 1975-84 (N = 599)	1975-1980 (N= 290)	1981-1984 (N = 309)
Diebstahl	301	37,8%	50,3%	49,0%	51,5%
Sexualdelikte	88	11,0%	14,7%	18,3%	11,3%
Raub/Erpressung	82	10,3%	13,7%	12,4%	14,9%
Betrug/Unterschlagung	73	9,2%	12,2%	13,1%	11,3%
Körperverletzung	67	8,4%	11,2%	9,0%	13,3%
BTM Mißbrauch	47	5,9%	7,8%	7,2%	8,4%
Mord und Totschlag	22	2,8%	3,7%	3,1%	4,2%
Brandstiftung	17	2,1%	2,8%	3,4%	2,3%
Sonstige Delikte	100	12,5%	16,7%	15,2%	18,1%
Summe	797	100%			

KA = 61

2. Richterliche Weisungen als Mittel strafrechtlicher Sozialkontrolle

Daß die Anordnungen von Führungsaufsicht weniger ein Hilfsangebot darstellten, als vor allem ein Mittel der sozialen Kontrolle, wird insbesondere an den 'Weisungen' oder Auflagen deutlich, mit denen ein Proband unter Führungsaufsicht gestellt wird. Die Verpflichtung, diese Auflagen gegebenenfalls über viele Jahre hinweg erfüllen zu müssen, stellen nämlich nicht nur eine erhebliche persönliche Belastung der jeweiligen Probanden dar, sie müssen vielmehr bei Nichtbefolgen der Auflagen sogar mit erheblichen Sanktionen rechnen.

a) Widerruf der Unterstellung unter Führungsaufsicht als Sanktion

Bei Probanden, deren Unterbringung im Maßregelvollzug zugunsten einer Unterstellung unter Führungsaufsicht (nach den §§ 67 b, 2, 67 (c) und 67 d, 2) ausgesetzt wurde, kann das Gericht nach § 67 g StGB diese 'Vorteilsgewährung' widerrufen. Das ist vor allem dann der Fall, wenn der Verurteilte entweder während der Dauer der Führungsaufsicht eine rechtswidrige Tat begangen oder gegen Weisungen gröblich verstoßen oder sich der Aufsicht und Leitung des Bewährungshelfers bzw. der Aufsichtsstelle beharrlich entzogen hat und wenn sich daraus ergibt, daß der Zweck der Maßregel seine 'Unterbringung' erfordert.

Schon allein diese relativ unpräzise Formulierung des Gesetzestextes macht die potentielle Abhängigkeit der Probanden vom Gericht, von der Führungsaufsichtsstelle und vom Bewährungshelfer deutlich; schließlich bietet sie nahezu unbegrenzte Definitions- und Interpretationsmöglichkeiten und damit Chancen zu einer höchst selektiven Anwendung. Denn was 'gröbliche Verstöße' oder 'beharrliches Entziehen' bedeutet, ist ebenso eine Frage der Einschätzung wie etwa die zusätzlich geforderte Schlußfolgerung, 'das sich daraus ergibt, daß ...'.

b) Kriminalstrafen für 'Gehorsamsverweigerung' und Nicht-Annahme staatlich verordneter Hilfen

Auch Probanden, bei denen keine besonderen 'Vorteils-Gewährungen' widerrufen werden können, wie also z.B. die 'Vollverbüßer', sind nicht vor 'gerichtlichen Nachstellungen' gefeit. Sie können - so § 145a StGB - mit einer Freiheitsstrafe bis zu einem Jahr oder mit Geldstrafe bestraft werden, wenn sie gegen richterliche Weisungen gem. § 68b, 1 StGB verstoßen und dadurch den Zweck der Maßregel gefährden.

Derartige Kriminalstrafen für die 'Nichtbeachtung von Weisungen', und damit praktisch für 'Gehorsamsverweigerung' und 'Nichtannahme staatlich verordneter Hilfemaßnahmen' sind vorgesehen für 'Vollverbüßer' (gem. § 68f), 'Rückfalltäter' (gem. § 68, 1, 1), Entlassene aus Sicherungsverwahrung (gem. § 67d, 4) und jene, die wegen eines bestimmten Deliktes (gem. § 68, 1, 2) unter Führungsaufsicht gestellt wurden.

Auch wenn die 'Tat' (d.h. die Nichtbeachtung von Weisungen) nur nach Anhörung des für den Probanden zuständigen Bewährungshelfers auf Antrag der Führungsaufsichtsstelle (§ 68a) verfolgt wird, sind doch sowohl die Tatsache, daß derartige 'Weisungsverstöße' massenhaft vorkommen, als auch die Tatsache, daß sie dennoch nur relativ selten strafverfolgt werden (lt. Stat. Bundesamt nur in ca. 0,4% aller Fälle), allseits bekannte 'Geheimnisse', deren Lösung - wie bei allen 'unpraktikablen' Gesetzen - vor allem in 'informellen Arrangements' der betroffenen Akteure, in der 'geschickten' Nutzung und Auslegung der 'Ermessungsspielräume' und damit in den 'Grauzonen' zwischen Gesetzestext und Gesetzesimplementation liegt. Denn, obwohl 'grundsätzlich jede Einzelhandlung, die gegen eine Weisung nach § 68b, 1 'verstößt' zu einer Strafanzeige führen kann, so ist doch nach Ansicht kompetenter Rechtsgelehrter und Kommentatoren der Zweck der Maßregel erst dann gefährdet, wenn sich aus dem Verstoß gegen die Weisung in Verbindung mit dem Gesamtverhalten (!?) des Probanden eine bestimmte Wahrscheinlichkeit (!?) ergibt, daß er sich zu einer der Strafgesetze respektierenden Lebensführung nicht mehr motivieren läßt. Dies aber werde meist nur bei groben oder beharrlichen Verstößen, selten bei bloßen Nachlässigkeiten der Fall sein (s. Lackner 1977, S. 543).

Dabei fungieren die jeweils konkret zuständigen Bewährungshelfer in der Regel als erste 'Selektionshürde'. Hauptgründe für ihre Zurückhaltung sind ihre Bemühungen um eine Aufrechterhaltung des Vertrauensverhältnisses zum Probanden und Bedenken hinsichtlich der rechtsstaatlichen Zulässigkeit der Regelung des § 145a StGB. Besonders schwerwiegende Weisungsverstöße, die sie dann schließlich doch der Führungsaufsichtsstelle melden, müssen dort eine zweite 'Selektionshürde' überwinden; jedenfalls kommt es dort ihretwegen noch längst nicht zugleich zu einem Strafantrag nach § 145a StGB. Vorgezogen werden zunächst schriftliche 'Ermahnungen' und 'Anhörungen' des Probanden; möglich sind aber auch 'informative Berichte' an das zuständige Gericht und Anregungen zu 'Weisungsänderungen' oder erst einmal Ausschreibung des Probanden zur Aufenthaltsermittlung, wenn - was häufig vorkommt - der Kontakt 'abgebrochen' ist; und auch schon gestellte Strafanträge lassen sich hinterher durchaus wieder zurücknehmen, wenn inzwischen die Kooperationsbereitschaft und die Verhaltenskonformität des Probanden wiederhergestellt sind. Strafanträge fungieren insofern offensichtlich auch als 'symbolisch eingesetzte Strafandrohungen' (vgl. Floerecke/-Brusten 1985, S. 265).

Im übrigen scheint sich ein nicht unerheblicher Teil möglicher Strafverfolgungen wegen 'Weisungsverstoß' auch dadurch zu 'erledigen', daß Probanden während der Dauer der Führungsaufsicht - trotz Führungsaufsicht - erneut straffällig werden und dann selbstverständlich wegen dieser Straftaten 'verfolgt' werden.

Doch wie auch immer diese 'Grauzonen' zwischen Gesetzestext und Praxis der Gesetzesanwendung im einzelnen aussehen mag, mit dem quantitativen Anstieg der 'Vollverbüßer' unter den Probanden der Führungsaufsicht trat jedenfalls nach und nach eine bemerkenswerte qualitative Funktionsverlagerung der Führungsaufsicht ein: mehr Überwachung der Einhaltung strafbewehrter Weisungen.

Damit entwickelte sich die Führungsaufsicht auf 3-fache Weise ganz eindeutig immer mehr zu einer Institution der Ausdehnung staatlicher Sozialkontrolle, und zwar nicht nur

a) dadurch, daß Personen, die vor Inkrafttreten der Strafrechtsreform keinerlei Sozialkontrollen durch Strafvollstreckungsbehörden mehr unterlagen ('Vollverbüßer'), nun jahrelang unter Führungsaufsicht stehen, sondern auch

b) dadurch, daß diese 'Vollverbüßer' einen immer größeren Anteil an der Klientel der Führungsaufsicht ausmachen und die Arbeit mit diesem Teil der Klientel sich in zunehmendem Maße auf reine Kontrollaktivitäten beschränkt, und

c) dadurch, daß sowohl Führungsaufsichtsstellen als auch Bewährungshelfer in der Wahrnehmung der ihnen übertragenen Kontrollaufgaben nun ihrerseits wiederum andere Institutionen und Personen (Polizei, Einwohnermeldeämter, Arbeitsämter, Arbeitgeber, Nachbarn etc.) einschalten, um die Überwachung ihrer Haupt-Klientel überhaupt sicherstellen zu können.

Kriminalpolitisch wie kriminalpädagogisch bedenklich ist daher nicht nur die Tatsache, daß sich 'Vollverbüßer' de facto sehr häufig der Kontrolle ihres Verhaltens (im Hinblick auf die Einhaltung der Weisungen) erfolgreich entziehen, sondern auch, daß 'ausgerechnet' Führungsaufsichts-Probanden, die bereits vor ihrer Unterstellung unter Führungsaufsicht 'bewiesen' haben, daß sie mit dem 'Leben in Freiheit' oft nicht gerade bestens zurechtkommen, nun - unter Androhung harter Sanktionen - ein wesentlich höheres Maß an Konformität, Unterwerfung, Anpassung und 'ordentlichem Lebenswandel' abverlangt wird als allen übrigen, sogenannten 'Normalbürgern', denen vorher keine 'ungünstige Legal-Prognose' gestellt wurde und die ohne Führungsaufsicht 'zurechtkommen' müssen.

Damit stellte sich zu Recht die zentrale Frage, ob die Pönalisierung der Weisungen überhaupt ein taugliches und zugleich rechtsstaatlich vertretbares Mittel zur 'Motivierung' der hiervon betroffenen 'kriminell schwer Gefährdeten' sein kann (vgl. Lackner 1977, S. 303 und Jacobsen 1982, S. 746).

Neben derartigen 'kriminalpolitisch normativen Diskussionen' über 'allgemeine' und 'strafbewehrte' Weisungen im Rahmen der Führungsaufsicht stellt sich selbstverständlich auch die empirische Frage nach der konkreten Anwendung dieser Rechtsvorschriften. Geht man hierzu von den Ergebnissen unserer Untersuchung aus, dann erhielten immerhin 77% der Probanden 'strafbwehrte' Weisungen, während nur insgesamt 11% ohne Auflagen 'davonkamen' (vgl. Tab. 6)[7]. Dabei ist - was für die Bewertung der Führungsaufsicht als Instanz sozialer Kontrolle anbetrifft -nicht gerade unwichtig, daß (a) die Zahl der Fälle 'ohne Weisungen' im Laufe der Jahre kontinuierlich immer weiter abnahm: von zunächst 24,5% in den Jahren 1975/76 auf nur noch 3,2% in den Jahren

1983/84 und (b) die Tendenz, jeweils gleich mehrere Weisungen zu erteilen, im gleichen Zeitraum zunahm.

Tabelle (6)
Das Verhältnis von "strafbewehrten" und "allgemeinen" Weisungen

Art der Weisung	Anzahl der Probanden mit entsprechenden Weisungen abs.	in %	
nur strafbewehrte Weisungen (§ 68b, 1, StGB)	115	19,6%	76,9%
sowohl strafbewehrte als auch allgemeine Weisungen	336	57,3%	
nur allgemeine Weisungen (§ 68b, 2 StGB))	72	12,3%	
keine Weisungen	63	10,8%	
Summe	586	100%	

KA = 74

Von besonderer Bedeutung sowohl für die Führungsaufsichts-Probanden als auch für die Einschätzung der Führungsaufsicht als Institution staatlicher Sozialkontrolle sind die 'strafbewehrten' Weisungen. Tabelle (7) zeigt, wie die Richter von den in § 68b, 1 StGB festgelegten Weisungsmöglichkeiten Gebrauch gemacht haben. An der Spitze steht die Auflage, jeden Wechsel des Wohnortes oder des Arbeitsplatzes unverzüglich der Aufsichtsstelle zu melden, an zweiter Stelle die Auflage, sich im Falle der Erwerbslosigkeit an das zuständige Arbeitsamt zu wenden, und an dritter Stelle, sich zu bestimmten Zeiten bei der Aufsichtsstelle oder einer bestimmten Dienststelle zu melden. Die Überwachung der Führungsaufsichts-Probanden beschränkt sich somit also ganz überwiegend auf die Sicherstellung des Aufenthaltsortes und die Arbeitswilligkeit.

Diese höchst selektive Nutzung des vorgegebenen Weisungskatalogs des § 68b, 1 StGB durch die Gerichte und Strafvollsteckungskammern entspricht offensichtlich in erster Linie Praktikabilitätsabwägungen hinsichtlich der späteren Kontrollierbarkeit der Weisungen und weniger dem

Versuch, mit den erteilten Weisungen alle Verhaltensbereiche, in denen der Proband 'gefährlich' oder 'gefährdet' sein könnte, einer umfassenden Verhaltenskontrolle zu unterwerfen, wie es die 'Gesetzesmacher' ursprünglich einmal durchaus beabsichtigt hatten.

Neben den genau spezifizierten 'strafbewehrten' Weisungen des § 68b, 1 StGB kann das Gericht auch andere 'allgemeine' Weisungen gemäß § 68b, 2 erteilen. Auch Verstöße gegen diese Auflagen können für den Probanden durchaus negative Konsequenzen haben: von einer 'schlechten Beurteilung' durch den Bewährungshelfer oder den Richter (z.B. im Hinblick auf die Überprüfung der Dauer der Führungsaufsicht) bis hin zum Widerruf der Führungsaufsicht als Alternative zur Unterbringung in einer Anstalt.

Tabelle (7)
Die Nutzung des Katalogs "strafbewehrter Weisungen" durch die Gerichte

	Anzahl der registrierten Weisungen		Anzahl der Probanden mit strafbewehrten Weisungen, die entsprechende Auflagen erhielten	
Anzahl der Weisung in der Rangfolge des § 68b, 1 StGB	abs.	in %	1975-1984 (N = 451)	1981-1984 (N = 277)
Kein Verlassen von Wohn- u. Aufenthaltsort ohne Erlaubnis	95	11,6%	21,1%	18,8%
Auflagen in Bezug auf 'Orte mit bis Strafanreiz', Personen, Tätigkeiten, Gegenstände, KFZ	22	2,7%	4,9%	5,1%
regelmäßige Meldung bei der Führungsaufsichtsstelle	126	15,4%	27,9%	35,0%
jeden Wechsel von Wohn- und Arbeitsplatz melden	410	50,1%	90,9%	92,1%
Meldung beim Arbeitsamt bei Erwerbslosigkeit	165	20,2%	36,6%	39,7%
Summe	818	100%		

Wie Tabelle (8) deutlich zeigt, lagen auch bei den 'allgemeinen' Weisungen vor allem solche Auflagen eindeutig an der Spitze, die sich auf die Bereiche 'Wohnen' und 'Arbeit' beziehen, während viele andere Lebensbereiche, die im Gesetz für die Erteilung von Weisungen eigens genannt werden, offensichtlich praktisch überhaupt nicht kontrollrelevant sind. Stattdessen erteilten die Gerichte jede Menge Weisungen, die gesetzlich nicht ausdrücklich kodifziert sind; hierzu gehörten 'Verbot von Alkoholkonsum in der Öffentlichkeit', Meldungen beim Gesundheitsamt, Aufnahme ärztlicher Behandlungen, Aufsuchen von Drogenberatungsstellen, Meiden homosexueller Kreise und die Beachtung der Anweisungen des Vormundes. Darüber hinaus haben auch die 'allgemeinen' Weisungen, wie die Untersuchung belegt - mit Ausnahme der Auflage, ein straffreies Leben zu führen (!) - in den ersten 10 Jahren der Führungsaufsicht generell zugenommen.

Tabelle (8)
Die Erteilung "allgemeiner" Weisungen durch die Gerichte

Nach § 68b, 2 StGB genannte Lebensbereiche für die Erteilung von Weisungen	Anzahl der registrierten Weisungen		Anzahl der Probanden, mit "allgemeinen" Weisungen, die entsprechende Auflagen erhielten	
	abs.	in %	1975-1981 (N = 408)	1981-1984 (N = 235)
Bereich 'Wohnen'	212	27,3%	51,9 %	57,4%
Bereich 'Arbeiten'	189	24,3%	46,3%	51,5%
straffreie Lebensführung	118	15,2%	28,9%	23,8%
Wirtschaftl. Verhältnisse, Freizeit Ausbildung, Unterhaltspflichten	13	1,7%	3,2%	3,0%
sonstige, nicht speziell in § 68b, 2 genannte Bereiche	243	31,3%	59,5%	60,0%
Summe	775	100%		

3. Die Dauer der Führungsaufsicht als Indikator ihres Kontrollcharakters

Wesentliches Element des Kontrollcharakters der Führungsaufsicht ist ohne Zweifel ihre zeitliche Dauer, d.h. die Anzahl der Jahre, in denen ein Proband 'unter Aufsicht' steht. Das Gesetz läßt den zuständigen Gerichten in diesem Punkt relativ 'freie Hand': § 68c StGB schreibt lediglich vor, daß die Führungsaufsicht mindestens zwei Jahre, höchstens aber 5 Jahre dauern soll und daß das Gericht die Höchstdauer im Verlauf der Unterstellung auch wieder abkürzen kann. Tabelle (9) zeigt, daß sich die Richter bei immerhin 30% der Fälle für die Höchstdauer der Führungsaufsicht entschieden haben, während ihnen die Mindestdauer von 2 Jahren offensichtlich nur sehr selten als angemessen erschien; allerdings mit leicht 'positiver Entwicklung in der zweiten Hälfte des Untersuchungszeitraums aufgrund der sich ändernden Zusammensetzung der Klientel.

Tabelle (9)
Dauer der Unterstellung unter Führungsaufsicht

	Anzahl der Probanden			
Länge der Führungsaufsicht nach Gerichtsbeschluß-Urteil	1975-1984 abs.	in %	1981-1984 abs.	in %
2 Jahre	50	8%	31	9%
3 Jahre	235	37%	151	45%
4 Jahre	121	19%	50	15%
5 Jahre	194	30%	95	28%
nicht festgelegt	38	6%	9	3%
Summe	638	100%	336	100%

KA: 22 KA: 3

Da die Führungsaufsicht jedoch für jene Probanden, die ansonsten ihr Leben in geschlossenen Anstalten der Psychiatrie hätten verbringen müssen, sicherlich eine humanere und von den Probanden selbst in der

Regel auch bevorzugte Alternative darstellt, während sie für die übrigen Probanden, insbesondere für die sogenannten 'Vollverbüßer' meist zusätzliche soziale Kontrolle bedeutet, erscheint es sinnvoll, die Probanden wiederum nach der ihnen von Richtern bescheinigten 'Therapiebedürftigkeit' zu unterscheiden. Das Ergebnis dieser Differenzierung zeigt, daß die Dauer der Führungsaufsicht bei 'therapiebedürftigen' Probanden im Durchschnitt tatsächlich etwas länger ausfällt als bei 'nicht therapiebedürftigen" (vgl. Tabelle 10).

Tabelle (10)
Dauer der Führungsaufsicht bei "Therapiebedürftigkeit" der Probanden

richterliche Einschätzung der Probanden	Dauer der Führungsaufsicht 2 Jahre	3 Jahre	4 Jahre	5 Jahre	nicht festgelegt	N (100 %)
nicht therapiebedürftig: Strafvollzug/Sicherungsverwahrung	9%	42%	15%	28%	6%	448
therapiebedürftig: Psychiatrie/Entziehungsanstalten	5%	25%	28%	36%	5%	187
Summe	48	235	121	193	38	635

KA = 25

Noch aufschlußreicher ist die Gegenüberstellung der zeitlichen Dauer von Freiheitsstrafe und Führungsaufsicht. Daraus ergibt sich, wie Tabelle (11) zeigt, folgendes: 1. die Dauer der Führungsaufsicht steigt ganz eindeutig mit der Länge der Freiheitsstrafe, 2. die Dauer der Führungsaufsicht übersteigt bei den meisten Probanden die Dauer ihrer Freiheitsstrafe und 3. die Dauer der Führungsaufsicht übersteigt die Dauer der Freiheitsstrafe umso mehr, je kürzer die vorangegangene Freiheitsstrafe war; oder anders ausgedrückt, Probanden mit geringeren Freiheitsstrafen werden im Durchschnitt 'dafür' vergleichsweise länger unter Führungsaufsicht gestellt.

Tabelle (11)
Länge der Freiheitsstrafen und Dauer der Führungsaufsicht
(bei Probanden mit Strafausspruch: N = 527)

Länge der Freiheitsstrafen	Dauer der Führungsaufsicht 2 Jahre	3 Jahre	4 Jahre	5 Jahre	nicht festgelegt	N (100 %)
bis 1 Jahr	7%	36%	21%	25%	11%	44
1 - 2 Jahre	14%	38%	17%	26%	5%	144
2 - 3 Jahre	6%	44%	17%	28%	5%	205
3 - 4 Jahre	3%	43%	21%	27%	6%	63
4 - 5 Jahre	14%	33%	13%	33%	7%	30
über 5 Jahre	--	16%	25%	50%	9%	32
Summe	42	204	92	150	30	518

KA = 9

Tabelle (12)
Das Verhältnis der Dauer von Freiheitsstrafen und Führungsaufsicht bei Probanden, die ausschließlich zu Freiheitsstrafen verurteilt wurden

Länge der Freiheitsstrafen	Dauer der Führungsaufsicht 2 Jahre	3 Jahre	4 Jahre	5 Jahre	nicht festgelegt	N (100 %)
bis 2 Jahre	15%	40%	13%	28%	4%	116
2 - 3 Jahre	6%	48%	17%	26%	3%	176
über 3 Jahre	6%	46%	9%	31%	9%	81
Summe N	33	167	51	104	18	373
%	9%	44%	14%	28%	5%	100%

KA = 6

Da Tabelle (11) auch alle Fälle umfaßt, bei denen Probanden neben ihrer Freiheitsstrafe auch noch zu einer Maßregel verurteilt wurden, und die Führungsaufsicht daher zumindest partiell auch als positive Alternative zur Maßregel verstanden werden kann, erscheint es zweckmäßig, das Verhältnis von Freiheitsstrafe und Führungsaufsicht einmal gesondert bei jenen Probanden zu untersuchen, die nur zu einer Freiheitsstrafe verurteilt wurden. Das Ergebnis (vgl. Tabelle (12)) ist eindeutig. Alle Probanden, die zu Freiheitsstrafen von 'bis zu 2 Jahren' verurteilt wurden, mußten sich - schon allein wegen der zweijährigen Mindestdauer der Führungsaufsicht - vergleichsweise lange unter Führungsaufsicht 'bewähren'; 40% sogar weit mehr als die 'doppelte Zeit'. Aber auch von den Probanden, die zu 2-3 Jahren Freiheitsstrafe verurteilt worden waren, standen über 90% hinterher noch einmal wesentlich länger unter Führungsaufsicht als unter 'Gefängnisaufsicht".

Tabelle (13)
Das Verhältnis von Freiheitsstrafe und Führungsaufsicht bei "Vollverbüßern" (N = 366)

Länge der Freiheitsstrafen	Dauer der Führungsaufsicht 2 Jahre	3 Jahre	4 Jahre	5 Jahre	nicht festgelegt	N (100 %)
bis 2 Jahre	16%	40%	11%	29%	4%	97
2 - 3 Jahre	6%	49%	15%	26%	4%	171
über 3 Jahre	7%	53%	8%	26%	6%	66
Summe N	31	158	41	90	14	334
%	9%	47%	12%	27%	4%	100%

KA = 32

Besonders problematisch ist das Verhältnis der Dauer von Freiheitsstrafe und Führungsaufsicht jedoch bei den sogenannten 'Vollverbüßern', die vor der Strafrechtsreform nach Verbüßen ihrer Haftstrafe völlig 'frei' gewesen wären. Tabelle (13) zeigt, daß auch hier die Dauer der Führungsaufsicht in den allermeisten Fällen die Dauer der Freiheitsstrafe bei weitem übersteigt und daß vor allem 'Vollverbüßer' mit relativ kurzen Freiheitsstrafen vergleichsweise lange zusätzliche soziale Kontrollen durch Führungsaufsicht hinnehmen müssen.

4. Ansatzpunkte zu einer neuen kriminalpolitischen Diskussion zur 'Abschaffung' der Führungsaufsicht

Vor allem am Beispiel der 'Vollverbüßer', der inzwischen quantitativ gewichtigsten Teilgruppe der Führungsaufsichtsprobanden, werden die seit Anfang an bestehenden Probleme der Führungsaufsicht besonders deutlich. Zwar hat das Bundesverfassungsgericht noch 1980 die 'Verfassungsmäßigkeit der Führungsaufsicht' mit höchst bemerkenswerten 'Erkenntnissen' unterstrichen und dabei u.a. festgestellt, daß es sich bei der Führungsaufsicht für Vollverbüßer keineswegs um eine nach Art. 103, III GG verbotene 'Doppelbestrafung' handele, sondern lediglich um eine an die ursprüngliche Verurteilung angeschlossene Maßregel der Besserung und Sicherung, also nur um eine 'Nebenfolge der Verurteilung', und daß Führungsaufsicht darüber hinaus insbesondere auf der Erwägung beruhe, daß gerade den Vollverbüßern, die wegen einer Negativ-Prognose nicht in den Genuß einer Strafrest-Aussetzung zur Bewährung gekommen wären, solche Hilfe dennoch nicht versagt werden sollte, so stellt sich doch die Frage, ob und inwieweit sich denn nun die Vollverbüßer tatsächlich von den Probanden der Bewährungshilfe unterscheiden und ob die Führungsaufsicht überhaupt die in sie gesetzten Hoffnungen erfüllen kann. Hierzu wäre zunächst anzumerken, daß viele der im Rahmen unserer Untersuchung befragten Bewährungshelfer an den meisten der von ihnen betreuten Vollverbüßer keine Anzeichen besonderer Gefährlichkeit und Gefährdetheit haben entdecken können; sie betonen vielmehr ausdrücklich, daß sich die Vollverbüßer in der Regel 'durch Nichts' vom Durchschnittsprobanden der Bewährungsaufsicht unterscheiden (Floerecke 1985, S. 123)[8]. Sollte diese Einschätzung auch nur in etwa stimmen, dann scheint nun in der Tat die eigentliche 'Weichenstellung' zur Karriere der Vollverbüßer in den Strafvollzugsanstalten zu liegen, denn wer die dort geforderte 'Anpassung' und 'Unterwerfung' leistet, wird nicht nur (gem. § 57 StGB) vorzeitig aus der Haft entlassen und stattdessen einem Bewährungshelfer 'anvertraut', ihm droht auch keine jahrelange 'Führungs-Aufsicht' hinterher. Wem dagegen keine 'positive Diagnose' während der Haft bescheinigt wird, der wird dafür nun nicht nur wesentlich länger den 'resozialisierenden Wirkungen' des Strafvollzugs ausgesetzt, sondern - seit 1975 - auch nach 'Absitzen' (einer mindestens zweijährigen) Strafhaft für meist viele Jahre einer aufgezwungenen ambulanten Hilfe unterworfen, die zwar de facto nahezu ausschließlich eine staatliche Überwachung darstellt und die ihn zusätzlich mit Weisungen 'überzieht', deren Nichtbeachtung wiederum als Straftat gilt. Damit ist vor allem den strafanstaltsinternen Diagnosegremien eine Entscheidungsmacht über das Lebensschicksal von Menschen zugekommen, die diesen angesichts der gegenwärtigen 'Diagnoseverfahren' und der diesen zugrundeliegenden Praxis-Erfahrungen (mit dem Verhalten von Menschen unter den besonderen Bedingungen der 'totalen Institution' Gefängnis) ohne ordnungsgemäßes Gerichtsverfahren (bei dem dann ja zumindest auch die jeweilige Gefängnissituation selbst und die Unabhängigkeit der Beurteiler zur Diskussion stehen könnte) überhaupt nicht zugemutet werden kann.

Wesentlich bedrückender ist allerdings die inzwischen vorzufindende 'Anpassung' der Führungsaufsicht-Praktiker selbst, obwohl weder die gesetzlichen Bestimmungen zur Führungsaufsicht, die selbst unter den wenigen damit befaßten 'Gesetzesmachern' (unter 'Ausschluß der Öffentlichkeit') höchst kontrovers diskutiert wurden, noch die bisherigen Praxiserfahrungen mit der Führungsaufsicht ein derartiges Arrangement mit dem 'was nun einmal da ist' rechtfertigen, statt - was ja immerhin auch denkbar wäre - beharrlich für die Wieder-Abschaffung oder Korrektur dieser Maßregel der 'Besserung und Sicherung' einzutreten[9].

Anmerkungen:

1. Der hier vorliegende Beitrag greift in erster Linie auf Ergebnisse einer empirischen Untersuchung zurück, die vor nunmehr fast 10 Jahren abgeschlossen wurde und die damals eine Art erster Versuch war, die Führungsaufsicht anhand der Entwicklung ihrer Klientel am Beispiel einer Großstadt (Köln) empirisch zu evaluieren (vgl. Brusten 1986) - zehn Jahre nach Inkrafttreten der entsprechenden Gesetze. Dennoch: ein Beitrag, der auf derartig 'altes Material' zurückgreift, bedarf hierzu einer gesonderten Begründung. Diese könnte darin bestehen, daß die ersten zehn Jahre der Institution Führungsaufsicht die für sie entscheidenden Weichen gestellt haben und daß daher nachfolgende Untersuchungen und Debatten wenig Neues erbracht haben. Doch liegt der Hauptgrund für den Rückgriff auf die Zeit von 1975-1985 in diesem Fall ganz anders. Es sind vor allem die Erinnerungen an lebhafte akademische Auseinandersetzungen mit Max Busch, zu dessen Ehre die hier vorliegende Gedächtnisschrift herauskommt, in dem dieser Beitrag veröffentlicht wird. Es sind die Erinnerungen an den Sozial-Pädagogen Max Busch, der mit großem Engagement für die Integration von Sozialarbeit und Sozialpädagogik in der Strafrechtspflege eintrat und für den weitgehenden Ersatz von Strafmaßnahmen, sozialem Ausschluß und Einkerkerung durch Maßnahmen professioneller Sozialarbeit und Sozialpädagogik. Die damals neugeschaffene 'Führungsaufsicht' als Abkehr von der ehemaligen 'Polizeiaufsicht' und Alternative zur stationären Verwahrung psychisch Auffälliger war daher für ihn ohne Zweifel zumindest ein Schritt 'in die richtige Richtung', auch wenn er die hier näher beschriebenen immanenten Gefahren dieser Institutionalisierung von Führungsaufsicht sicherlich nicht verkannte. Aber mit Max Busch konnte man darüber fruchtbar streiten; daher dieser Beitrag zu seinem Gedenken.

2. Hierbei handelt es sich um eine Teilstudie eines wesentlich umfangreicheren Forschungsprojektes zur 'Genese und Implementation der Führungsaufsicht' (vgl. Brusten 1982, Floerecke/Brusten 1984, Floerecke 1986, 1990 und 1992), das von der Deutschen Forschungsgemeinschaft (DFG) finanziell unterstützt wurde. Informationsquelle für die hier vorliegende Erhebung waren vor allem die bei der Führungsaufsichtsstelle Köln geführten Personalbögen und - soweit zur Informationsergänzung notwendig - dort vorliegende Akten. Insofern handelt es sich lediglich um eine exemplarische Totalerhebung aller FA-Probanden einer Großstadt; mit einer Ersterhebung in der Zeit von Juni 1979 bis März 1980 und Ergänzungserhebungen in den Jahren 1982, 1984 und 1985. Auch wenn die Klientel der FASt Köln - wie der Vergleich mit anderen FA-Stellen zeigt - von Anfang an einen außergewöhnlich hohen Anteil an 'Vollverbüßern' auswies (und insofern nicht repräsentativ ist), so lassen sich die hier gewonnenen Erkenntnisse doch im Hinblick auf ihre Aussagen zur generellen Entwicklung der FA-Klienten (und somit nicht zuletzt auch auf die Entwicklung der Führungsaufsicht als Institution) durchaus verallgemeinern. Dies gilt umso mehr, als 'Repräsentativität' in diesem Zusammenhang sowieso zwangsläufig ungewiß bleiben muß, solange die Abhängigkeit der Probandenstruktur einer FASt von den jeweiligen lokalen Kontext-Bedingungen (wie z.B. das Vorhandensein von Gefängnissen, psychiatrischen Krankenhäusern und Entziehungsanstalten im 'Einzugsgebiet') noch weitgehend ungeklärt ist. Daß das Kölner Untersuchungssample darüber hinaus - zumindest gemessen an bestimmten sozialstatistischen 'Eckdaten' - insgesamt jedoch keineswegs außergewöhnliche Strukturen aufweist, das zeigt nicht zuletzt der Vergleich mit den damaligen Bundes- und Landesstatistiken.

Alterskategorie der Probanden	Bundesstatistik 1984 abs.	in %	Landesstatistik NRW 1984 abs.	in %	Untersuchungsample Köln 1975 - 1984 abs.	in %
Jugendliche	290	2,7	140	3,8	34	5,2
Heranwachsende	770	7,2	355	9,6	69	10,5
Erwachsene	9638	90,1	3212	86,6	557	84,4
Summe	10687	100,0	3707	100,0	660	100,0

3. Daß derartige Veränderungen - auch im Hinblick auf die Führungsaufsicht - nicht zuletzt ein Produkt der Kriminalpolitik sind, zeigt u.a. die kriminalstatistische Entwicklung nach der 'Großen Strafrechtsreform von 1969' mit ihrer epochalen Abkehr von der bis dahin vorherrschenden Philosophie der 'Abschreckung' zugunsten der 'Resozialisierung'. Neben dem deutlichen Rückgang der 'Freiheitsstrafen' (von 221.375 im Jahre 1968 auf 114.557 im Jahre 1990), dem Rückgang der Strafgefangenen-Zahlen (von 48.501 im Jahre 1968 auf 39.178 im Jahre 1990) und dem Anstieg der 'Geldstrafen' (von 361.074 im Jahre 1968 auf 512.343 im Jahre 1990), sind hier vor allem die rapide Zunahme der Probanden der Bewährungshilfe (von 28.654 im Jahre 1968 auf 131.381 im Jahre 1990) und die Zunahme der Probanden der Führungsaufsicht auf 12.462 im Jahre 1990 zu beachten. Damit standen in der Bundesrepublik (alt) - unbeschadet der mit dieser Entwicklung verbundenen positiven Aspekte - 1990 weit mehr Menschen unter staatlicher Kontrolle als vor der Strafrechtsreform vor ca. 20 Jahren. Addiert man zu diesem Zweck die Zahl der Strafgefangenen mit der der Probanden der Bewährungshilfe und Führungsaufsicht, dann standen im Jahre 1968 insgesamt 77.155 Personen unter der Kontrolle dieser Institutionen, während es 1990 mit insgesamt

183.021 bereits mehr als doppelt so viele waren; dabei stand dem Rückgang um insgesamt 9.323 Strafgefangenen (unter repressiver Kontrolle der totalen Institution eines Gefängnisses) ein Anstieg um 115.189 Probanden der BHW und FA (unter ambulanter sozialpädagogischer Kontrolle eines Bewährungshelfers) gegenüber.

4. So führte unter den 'Gesetzgebern' vor allem der § 145 StGB (bzw. vorher § 429 E 62), der die Ahndung von Weisungsverstößen der 'Vollverbüßer' regeln sollte, immer wieder zu heftigen Kontroversen, in deren Verlauf viele der damaligen Strafrechtlehrer (so u.a. Grünwald, Schulz, Jescheck und Preiser) die Ansicht vertraten, daß diese Regelung 'mit rechtsstaatlichen Grundsätzen nicht vereinbar', 'in einem Rechtsstaat nicht vertretbar', oder 'rechtsstaatlich bedenklich' sei bzw. eine Vorschrift, die 'ein dem modernen Strafrecht fremdes polizeistaatliches Gesicht' trage (alle Zitate aus Floerecke/Brusten 1985, S. 253 ff.).

5. Diese Entwicklung war allerdings bereits recht früh erkannt worden (vgl. z.B. Jacobsen 1982, S. 753) und eigentlich auch von vornherein vorauszusehen gewesen, nicht jedoch im gleichen Maß offensichtlich die sich daraus ergebenden Konsequenzen für die Führungsaufsicht als Institution. Andererseits - das ergibt die Analyse der Gesetzesentstehung - scheint die Führungsaufsicht aus der Sicht der damaligen Gesetzesmacher trotz der sich speziell zu dieser Probandengruppe abzeichnenden Probleme und Konflikte oder vor allem gerade wegen der Vollverbüßer geschaffen worden zu sein (vgl. Floerecke/Brusten 1985, S. 224 ff.).

6. In der Regel wurde jeweils nur das Delikt erfaßt, daß eindeutig im Vordergrund der Urteilsbegründung stand. Nur wenn eine solche eindeutige Festlegung nicht möglich war, wurden mehrere wesentliche Delikte erhoben, so daß schließlich bei insgesamt 599 Probanden, bei denen Informationen über Delikte zu erhalten waren, insgesamt 797 Delikte in die Untersuchung einbezogen wurden. Unter 'sonstige Delikte' wurden lediglich Delikte zusammengefaßt, die jeweils insgesamt weniger als 2 % der Delikte ausmachten.

7. Die ursprüngliche Idee der Gesetzesmacher, die 'Vollverbüßer' durch bestimmte Maßnahmen der sozialen Kontrolle einer wirksamen sozialpädagogischen Betreuung zuzuführen, um so ihre 'Resozialisierung' zu fördern, läßt sich in der Praxis schon deshalb kaum realisieren, weil zum einen die meisten Vollverbüßer versuchen, sich den Maßnahmen der Führungsaufsicht zu entziehen, weil sie diese als ein zusätzliches und nicht gerechtfertigtes Übel ansehen (wobei aufgezwungene Hilfe sowieso durchgängig als wirkungslos zu betrachten ist) und weil zum anderen weder den Bewährungshelfern noch den Führungsaufsichtsstellen die für eine wirksame Resozialisierung von Vollverbüßern erforderlichen Mittel und sozialtherapeutischen Interventionsmöglichkeiten zur Verfügung stehen (vgl. Floerecke 1985, S. 123).

8. Andererseits ist sicherlich nicht zu übersehen - aber auch im Hinblick auf die potentiellen Möglichkeiten und die Wirksamkeit der Hilfe und Kontrollen durch Führungsaufsicht zu beachten -, daß der allergrößte Teil der FA-Probanden bereits 'früher' schon einmal wegen einer Straftat verurteilt worden war; bei den Probanden der FASt Köln traf dies Anfang der 80er Jahre für ca. 95% der Fälle zu; und über 60% der Probanden hatte bereits vorher einmal unter Bewährungsaufsicht gestanden, rund 10% sogar schon einmal unter Führungsaufsicht.

9. Daß eine derartige Praxis-Politik zumindest denkbar ist, zeigt nicht zuletzt ein recht frühes Papier der Landearbeitsgemeinschaft der Bewährungshelfer in Baden-Württemberg (1985), dem Ergebnisse einer internen Arbeitstagung, einer Fragebogenaktion und Vorarbeiten eines Fachausschusses zugrunde liegen, und das zu dem Schluß kommt, daß sich 'die Führungsaufsicht als eigenständiges kriminalpolitisches Instrument der 'Besserung und Sicherung' nicht bewährt habe. Aus rechtspolitischen, kriminalpolitischen und ökonomischen Gründen sei die Führungsaufsicht daher wieder abzuschaffen. Der überwiegende Teil der jetzigen FA-Probanden solle in Zukunft besser von der 'klassischen' Bewährungshilfe betreut werden, wobei für Vollverbüßer Hilfsangebote auf freiwilliger Grundlage sicherzustellen seien. Im Gegensatz zu den ansonsten üblichen Stellungnahmen ziehen die Baden-Württemberger Bewährungshelfer auch konkrete Konsequenzen in der Form detaillierter Vorschläge zur Änderung des Strafgesetzbuches; denn: "Den ihr vom Gesetzgeber zugedachten Aufgaben konnte die Führungsaufsicht bisher nicht gerecht werden".

Literatur:

Arbeitskreis "Sozialarbeiter in den Führungsaufsichtsstellen des Landes NRW", 10 Jahre Führungsaufsicht - ein Erfahrungsbericht, unveröffentlichtes Papier von einem Treffen am 12.06.1985 in Dortmund

Bieker, R./Gith, E., Die 'Adressaten-Perspektive'. Eine empirische Untersuchung zur Genese und Implementation strafrechtlicher Sanktionsnormen am Beispiel der Bewährungshilfe und der Führungaufsicht, in: KrimJ. 3/1982, S. 205-212

Brusten, M., Der 'labeling approach' in seiner Beziehung zur Praxis der Bewährungshilfe und Führungsaufsicht, in: Bewährungshilfe 3/1978, S. 201-218

Brusten, M., Genese und Implementation strafrechtlicher Normen zur Führungsaufsicht. Theoretischer Bezugsrahmen und Konzeption einer empirischen Untersuchung, in: KrimJ. 3/1982, S. 194-204

Brusten, M., Zwischen Hilfe und Kontrolle. Eine empirische Untersuchung zur Struktur und Entwicklung der Probanden der Führungsaufsicht, in: Kerner/Kury/Sessar (Hg.), Deutsche Forschungen zur Kriminalitätsentstehung und Kriminalitätskontrolle, Köln 1983, S. 1613-1650

Brusten, M., Immer mehr 'Vollverbüßer' - immer mehr 'Zwangshilfen', zehn Jahre Führungsaufsicht: Zur Entwicklung einer umstrittenen Strafrechtsreform, in: Bewährungshilfe 3/1986, S. 273-291

Brusten, M., Crime Trends in Western Germany: The Use and Usefulness of Crime Statistics for Criminal Policy, in: Brusten/Graham/Herriger/Malinowski (eds.), Youth Crime, Social Control and Prevention. Theoretical Perspectives and Policy Implications, Centaurus-Verlag, Paffenweiler 1986, S. 176-209

Brusten/Dose/Friedemann/Wolff, Gerichtshilfe, Bewährungshilfe und Führungsaufsicht als Instanzen sozialer Kontrolle, in: Bewährungshilfe 1/1980, S. 46-50

Dertinger Ch./Marks E. (Hg.), Führungsaufsicht. Versuch einer Zwischenbilanz zu einem umstrittenen Rechtsinstitut, Forum-Verlag, Bonn 1990

Floerecke, P., Die aufgezwungene Hilfe: Vollverbüßer als Adressaten der Führungaufsicht, in: KrimJ. 2/1985, S. 120-124

Floerecke, P./Brusten, M., Genese und Implementation der gesetzlichen Normen zur Führungsaufsicht, unveröffentlichter Abschlußbericht eines DFG-Forschungsprojektes, Wuppertal, Februar 1985

Floerecke, P., Determinanten der Normsetzung. Sozio-politische, organisatorische und interaktive Einflußfaktoren auf die Gesetzgebungsarbeit am Beispiel der Führungsaufsicht, in: Kriminalsoziologische Bibliographie 1986, S. 23-46

Floerecke, P., Die Entstehung der Gesetzesnormen zur Führungsaufsicht. Die Gesetzgebung von 1962 bis 1975 und die Anwendungspraxis der Führungsaufsicht. Forum-Verlag, Bonn 1989

Floerecke, P., Anatomie der Strafgesetzgebung. Eine vergleichende soziologische Analyse der Normsetzungsprozesse zur Führungsaufsicht und zum Demonstrationsstrafrecht, Centaurus-Verlag, Pfaffenweiler 1992

Jacobsen, H.F., Führungsaufsicht und Social Coping. Ein Institut der Strafvollstreckung unter sozialisationstheoretischer Perspektive, in: Kury, H. (Hg.), Prävention abweichenden Verhaltens - Maßnahmen der Vorbeugung und Nachbetreuung. Heymanns-Verlag, Köln 1982, S. 717-785

Jacobsen, H.F., Führungsaufsicht und ihre Klientel, Köln 1985

Kerner, H.J., Tabellen zur Entwicklung und zur Struktur der Führungsaufsicht in der Bundesrepublik Deutschland, in: Dertinger Ch./Marks E. (Hg.) 1990, S. 77-117

Lackner, K., StGB. Strafgesetzbuch mit Erläuterungen, Beck-Verlag, München 1977

Landesarbeitsgemeinschaft der Bewährungshelfer in Baden-Württemberg, Alternativen zur Führungsaufsicht, unveröff. Papier vom 18.02.1985

Lemke, M./Vetter, K., Die Führungsaufsicht wieder abschaffen? in: Bewährungshilfe 2/1992, S. 146-151

Schulz,. E.M., Die Führungsaufsicht. Entstehungsgeschichte, Rechtscharakter und praktische Handhabung in Baden-Württemberg in den Jahren 1975-1978, Peter Lang-Verlag, Frankfurt/M./-Bern 1982

Praxisbezogene Wissenschaft zwischen Kriminalpädagogik, sozialer Therapie und Delinquenzprophylaxe

Günther Kaiser

I.

Obwohl der Strafvollzug, einschließlich dem Jugendstrafvollzug, zeitüberdauernd nahezu die gleichen Gebrechen aufweist, haben sich die Konzepte im Umgang mit dem Straffälligen erheblich gewandelt. Vokabeln, Begriffe und Zielvorstellungen, die noch vor etwa 30 Jahren beachtliche Attraktivität entfalteten, wurden alsbald angefochten, sind mitunter in Vergessenheit geraten oder durch Alternativkonzepte ersetzt worden. Die einst als Fortschritt gepriesene "sozialpädagogische Wendung des Strafrechts"[1] hat an Überzeugungskraft verloren. Selbst die Humanisierung der Strafen findet keinen uneingeschränkten Beifall mehr[2]. Der Politik wird überdies vorgeworfen, daß ihr "die Visionen für die Weiterentwicklung des Strafvollzugs abhanden gekommen" seien[3]. Wissenschaftliches Schrifttum, Tagungsmaterialien und Kommissionsberichte spiegeln die Veränderungen wider. In Leben und Werk des Vollzugspraktikers und Erziehungswissenschaftlers Max Busch brechen sich diese Strömungen. Die nähere Betrachtung der Ansätze in den fünfziger Jahren läßt alsbald erkennen, daß das "neue Beginnen" nach dem Zusammenbruch 1945 vorwiegend in der Anknüpfung an Ideen der Weimarer Zeit und des westlichen Auslandes bestand. Dabei wurde erwartungsgemäß und als Reaktion auf die menschenverachtende Behandlung der Straffälligen im "Dritten Reich"[4] der Pädagogik besondere Beachtung geschenkt. Kennzeichnend hob Max Busch, damals noch Fürsorger in der Strafanstalt Kassel, in einer seiner frühen Veröffentlichungen hervor, daß nach dem Zweiten Weltkrieg "die Einsichten der Psychologie und Pädagogik auch in Deutschland wieder zur Anerkennung" gelangten[5]. Denn die wachsende Einsicht in die Bedeutung der Erziehung und der Durchführung der Freiheitsstrafe mache eine Vertiefung und Verfeinerung der Behandlung des Rechtsbrechers im Strafvollzug notwendig. Vor allem in der Erziehungswissenschaft glaubte man, die Leitbilder, die Maßstäbe und die menschengerechten Methoden entnehmen zu können. Als "Kriminalpädagogik" suchte man sie zu nutzen und einzubinden. So erschienen um 1960 gleich drei Werke mit dem Anspruch einer systematischen Kriminalpädagogik[6].

II.

Demgemäß verwundert nicht, daß die Erziehungswissenschaft und ihre Konzepte im Programm der Freiburger Tagung zur Kriminologie und dem Vollzug der Freiheitsstrafe 1960 breite, ja herausragende Bedeutung gewannen[7]. Auch Max Busch, dessen Gedächtnis diese Schrift gewidmet ist, wirkte an der betreffenden Veranstaltung mit[8]. Er mischte sich insofern kritisch in den Diskurs der Straffälligenpädagogik ein, als er "Erziehung im Strafsystem" nicht nur als Aufgabe, sondern vielmehr "als Problem" begriff[9]. Es war zugleich meine erste persönliche Begegnung mit ihm. Von seinem Vortrag ist mir vor allem in Erinnerung geblieben, daß und wie entschieden er sich der strafrechtlich-kriminologischen Vereinnahmung widersetzte und darauf beharrte, daß die Erziehung im Jugendstrafvollzug sich an der allgemeinen oder an der Sozialpädagogik zu orientieren habe und nicht an einer "künstlich geschaffenen Kriminalpädagogik". Eindeutig stellte er die Selbständigkeit der Erziehung heraus und lehnte es ab, Pädagogik im Vollzug als angewandte Kriminologie[10] oder als Zweig der Kriminalpolitik zu betrachten. Im entschiedenen Gegensatz zur Auffassung von Peters sei die Pädagogik der Strafe und den strafrechtlichen Bestrebungen nicht immanent. In der von ihm abgelehnten Position erblickte er die Gefahr der Überdeckung der Pädagogik durch sachfremde Argumentation[11]. Wenn auch, so meinte Busch, der in den zwanziger Jahren von Wulffen und Francke[12] geprägte und gedeutete Begriff der Kriminalpädagogik in der aktuellen wissenschaftlichen Diskussion gleichsam eine Auferstehung feiere, so dürfe dies nicht darüber hinwegtäuschen, daß dieser Begriff nicht nur unglücklich, sondern geradezu gefährlich sei. Auch die Anordnung durch Peters könne von der wissenschaftlichen Pädagogik her nicht bejaht werden. Wenn die Kriminalpädagogik zusammen mit der Kriminalpolitik die "Behandlungslehre" des Rechtsbrechers innerhalb der Kriminologie sei, dann könne das für das Denksystem der Juristen zutreffen. Jedoch müsse der Pädagoge feststellen, daß die kriminalwissenschaftliche Anordnung der Pädagogik am Rechtsbrecher die Erziehung im Strafvollzug entscheidend verfälsche, wenn nicht gar unwirksam mache. Das Verbrechen als Ausgangspunkt zu nehmen, sei verfehlt. Denn dies habe nur eine ganz periphere Bedeutung.

Bei alledem gehe es auch gar nicht um die Methodenfrage der Pädagogik, sondern um den systematischen Ort dieser Erziehung, um die Frage der Stellung im System der Wissenschaften, den der Begriff Kriminalpädagogik präjudiziere. Dadurch, daß die Pädagogik im Strafvollzug als Kriminalpädagogik in das Jugendstrafrecht eingefügt werde, entstehe die Gefahr der Einengung und Verkrampfung erzieherischen Handelns. Es gebe keine Pädagogik für Diebe oder für Sittlichkeitsverbrecher, sondern lediglich eine Erziehung für gefährdete, verwahrloste und fehlentwickelte sowie für psychisch gestörte Jugendliche. Außerdem sei es für die Behandlung nicht entscheidend, ob das Fehlen der Eltern eine Heimunterbringung notwendig macht, oder ob eine Straftat schädliche Neigungen erkennen läßt und eine Jugendstrafe veranlaßt[13].

III.

Derartige Erwägungen, die einen genauen pädagogischen Standpunkt zur Geltung bringen und darauf beharren, nahmen die künftige Kritik gegenüber "unreflektierter Pädagogisierung" weitgehend vorweg. Sie sollten wenige Jahre später vollends zur Distanzierung der Sozialpädagogik von dem System strafrechtlicher Sozialkontrolle führen bis hin zur Entstehung einer Verweigerungshaltung, ja bis zur "Antipädagogik[14]" sowie zum postulierten "Ende der Erziehung"[15] und des Erziehungsanspruchs überhaupt. Freilich beruht diese Entwicklung auch auf der mangelnden Aussagekraft und dem Leerformelcharakter herkömmlicher Postulate der Erziehungswissenschaft[16]. Schon vor der kritischen Wende hatte der Begriff Kriminalpädagogik seine prägende Bedeutung nahezu eingebüßt[17]. Er war durch Konzepte anderer Professionen weitgehend abgelöst und ersetzt worden; entsprechend wurde nunmehr zunehmend von Sozialisation statt von Erziehung gesprochen. Vertreter des labeling-Ansatzes kritisierten ferner die "Therapie als Alibi der Gesellschaft" sowie die "zwangsweise und instrumentalisierte Anpassung an bürgerliche Standards" oder "Pathologisierungstendenzen im Strafvollzug"[18]. Derartige Kritik zielt namentlich auf die befürchtete Ausweitung staatlicher Machtinteressen bishin zu einer aufgezwungenen Orientierung an vorgegebenen Wertmaßstäben.

Pädagogisches Bemühen war und ist sich stets selbst genug. Die Frage nach dem "Erfolg" stellt sich ihm strenggenommen nicht; sie ist ihm fremd und gehört eigentlich anderen Konzepten, vielleicht auch Professionen, an. "Erfolgskontrolle" wurde jedoch jetzt allgemein, also weit über die Pönologie hinaus, zum Stichwort und zur beherrschenden Leitidee, an der sich auch der Umgang mit Straffälligen zu messen hatte. Verhaltensmodifikation und soziale Therapie, vorbereitet und evaluiert durch die sogenannte Behandlungsforschung, rückten nunmehr in den Vordergrund[19]. Da mit dem Anspruch harter Überprüfbarkeit ausgestattet, erschien ein solches Vorgehen als wissenschaftlich überlegener. Wie sich allerdings später erweisen sollte, wurden die Probleme damit nur vorläufig gelöst, zum Teil bloß verlagert. Man gelangte gleichsam "vom Regen in die Traufe", weil auch die Erfolgskontrolle oder moderner die Evaluationsforschung voller Tücken steckt. Trotz Fortentwicklung und verfeinerten methodischen Instrumentariums ist die Lage heute alles andere als geklärt. Vielmehr dauert der Streit auch hier unverändert an.

So hat die Kontroverse um Behandlung, Vorbeugung oder Sicherung des Straftäters während der letzten zwei Jahrzehnte erneut große Bedeutung erlangt. Aufgrund von amerikanischen Sekundäranalysen, die hauptsächlich Behandlungsprojekte der fünfziger und sechziger Jahre zum Gegenstand genommen hatten, war man zu dem Ergebnis gelangt, daß sich durch eine Behandlung im Rahmen der Kriminaljustiz, insbesondere im Strafvollzug, keine positiven Erfolge erreichen lasse[20]. Allerdings wiesen die ausgewerteten Primärforschungen erhebliche methodische Mängel auf. Auch deshalb scheinen die neueren Situations- und Trendanalysen einer anderen Einschätzung zuzuneigen[21]. In einer Analyse fachübergreifender Evaluationsforschung[22] wird überdies klargestellt, daß es unmöglich sei zu ermitteln, welche Wirkungen die Programme der sechziger und siebziger Jahre auf die Einstellungs- und Verhaltensänderung tatsächlich gehabt hätten: Weder in den Bereichen der Erziehung noch auf den Gebieten der Gesundheit, des Wohnungswesens oder sonstiger Sozialpolitik habe man beeindruckende Ergebnisse erzielt. Die Gründe dafür werden vor allem in der begrenzten Anwendung von Experimentalbedingungen auf die Interventionsprogramme vermutet. Es sei schwierig, Dienstleistungen wie die Behandlung unter experimentaler Kontrolle zu bringen. Nichtexperimentelle Formen der Behandlungsforschung jedoch lieferten eine nur sehr begrenzte Problemlösung, zumal sie sich allzu leicht der Kritik aussetzen.

So ist nach den Jahren partieller Behandlungseuphorie diese geradezu in ihr Gegenteil und d.h. in die Abkehr vom Behandlungsgedanken[23] umgeschlagen. Die Entwicklung ist unter dem Thema "Krise des Behandlungsgedankens" inzwischen oft zitiert und hinlänglich beschrieben worden. Begleitet wird diese kriminalpolitische Diskussion, in welcher Vertreter unterschiedlicher Grundpositionen an einem Strang ziehen, was die Verwerfung jeglicher "Behandlung" betrifft, von grundsätzlich herrschaftskritischen Auffassungen bis hin zum von der Foucault-Rezeption beeinflußten modernen Abolitionismus. Zwar stand auch Max Busch der Behandlungsideologie kritisch gegenüber. Gleichwohl hielt er am Erziehungsgedanken, insbesondere im Jugendstrafvollzug, fest. Allerdings bemängelte er, daß die Erziehung wegen ihrer idealistischen Übertreibung in Verruf geraten sei. Solange Behandlung auf Gesamtkonzeptionen und Lebensentwürfe gerichtet sei, müssen eine solche zwangsweise versagen. Werde Erziehung aber reduziert und auf Förderungsangebote beschränkt, so sei sie auch heute noch sinnvoll und für die Resozialisierung unverzichtbar[24].

Die individualpräventive Sanktions- und Behandlungsforschung weist durchweg Unterschiede in der Legalbewährung der Vergleichsgruppen aus. Mit zunehmender Gleichförmigkeit des Sozialprofils und der Legalbiographie von Personen der Experimentalkontrollgruppen verringern sich allerdings die Unterschiede im späteren Legalverhalten. Die Untersuchungsergebnisse lassen damit zugleich eine beachtliche Breite an Austauschbarkeit und Alternativität der Sanktionsmittel erkennen. Dabei bleibt häufig offen, ob die günstigere Bewährung der Behandelten auf die besondere Selektion oder die spezifische Art der Behandlung zurückzuführen ist.

Diese Frage ergibt sich auch für den offenen Strafvollzug, die Therapie Drogenabhängiger sowie für die Strafaussetzung zur Bewährung, den Täter-Opfer-Ausgleich und selbst für die weniger formalisierten Erziehungsverfahren[25]. Gleichwohl hat sich jene Frage vor allem auf die Beurteilung der sozialtherapeutischen Behandlung zugespitzt[26]. Mit ihr scheint sich als Prüfstein zugleich das Schicksal der Spezialprävention zu verbinden. Immerhin zeigt die Meta-Evaluation von deutschen Studien zur Sozialtherapie, daß trotz aller Mängel in der Durchführung die sozialtherapeutisch Behandelten eine - obschon geringfügig - günstigere Legalbewährung als die entsprechenden Vergleichsgruppen aufweisen[27].

Hingegen ist die Methodenkritik an der Begleitforschung für Sozialtherapie teilweise überzogen, zumal die Frage des Erfolgsbegriffs erhebliche Schwierigkeiten aufwirft. Dies gilt selbst für den Fall, daß man nur die Legalbewährung mit einer Risikozeit von drei bis fünf Jahren zum Maßstab nimmt. Wird man im allgemeinen der Auffassung zuneigen, bei einer Legalbewährungsrate von mehr als 70 Prozent von "Erfolg" zu sprechen, so fällt eine solche Beurteilung offenkundig schwerer, wenn sich die Mißerfolgsrate in ähnlicher Höhe bewegt. Enttäuschungen bleiben daher nicht aus. Lediglich bei den Gruppen der Alkoholiker und süchtigen Drogentäter hat man sich aufgrund der zahlreichen Fehlschläge daran gewöhnt, eine Rate von 30 Prozent bereits als "Erfolg" zu verbuchen[28]. Hingegen wird man sich noch immer schwertun, entsprechende Prozentsätze auch als Erfolg sozialtherapeutischer Behandlung oder sozialpädagogischer Bemühungen gelten zu lassen, obwohl bei den hier in Betracht kommenden Zielgruppen das kriminogene Mängelprofil keinesfalls einfacher gelagert ist. Ein "Erfolg" liegt jedoch immer dann vor, wenn für eine bestimmte Kriminalsanktion die optimale Rückfallrate im Vergleich zu anderen Sanktionen erreicht wird. Daher kann es nur darauf ankommen, zu ermitteln, ob die fragliche Behandlung besseren Erfolg verspricht als die übliche Strafverbüßung[29].

Mit der Blickschärfung für die Folgenorientierung in der Strafrechtspflege[30] gehört die Erfolgsbeurteilung zu den wichtigen Aufgaben der Sanktions- und Behandlungsforschung. Wie schwierig und vielschichtig diese Fragen auch sein mögen, die Kriminologie kann nicht von der Aufgabe entbunden werden, sich um die wissenschaftliche Beantwortung zu bemühen. Dabei erfüllt die empirische Kontrolle eine wichtige Funktion. Durch sie werden über die juristische Kontrolle hinaus die Entscheidungsprozesse durchsichtig gestaltet und die Folgen verdeutlicht. In dieser Aufgabe und ihrer Erfüllung ist in erster Linie die moderne Legitimation der Sanktions- und Behandlungsforschung zu erblicken.

IV.

Demgemäß sollten aus den gewonnenen Erkenntnissen auch Folgerungen für die Delinquenzprophylaxe gezogen werden. Kennzeichnend war ein Sammelband der "Wuppertaler Beiträge zur Straffälligenpädagogik, Delinquenzprophylaxe und Rehabilitation", deren Möglichkeiten und jener sozialer Therapien gewidmet[31]. Obwohl es sich bei dieser Thematik zugleich um die Erarbeitung eines integrierten Studiengangs handelte, lassen sich in Max Buschs "pädagogischen Versuchen zur Delinquenzprophylaxe"[32] die Vorbehalte und Skepsis auch hier nicht verkennen. Wie Busch ausführt, müsse unter erziehungswissenschaftlichen Aspekten neu und unabhängig von kriminologischen, soziologischen und juristischen Einteilungsgesichtspunkten geprüft werden, welcher Prophylaxebegriff praktikabel und konkretisierbar sei. Zwar werde in diesem Bereich als Funktion des Pädagogen die Früherkennung von Delinquenzgefährdungen unter dem Aspekt genannt, daß den Gefährdeten, seinen Eltern und Lehrern wirksame Hilfen zur Beseitigung oder Neutralisierung der intra- und interindividuellen Spannungen und Konflikte gegeben werden könnten. Aus den Diskussionen um den integrierten Studiengang Sozialwissenschaften in Wuppertal habe sich aber auch ergeben, daß im Hinblick auf die Delinquenzprophylaxe noch wenig Strukturierung und Planung, und noch viel weniger an der Gesamtkonzeption vorhanden seien. Selbst gegenüber dem gängig gewordenen Konzept der primären, sekundären und tertiären Prävention erhebt Busch unter erziehungswissenschaftlichen Gesichtspunkten Einwände[33]. Dabei geht es ihm vor allem und wiederum um Distanz gegenüber der Kriminalitätsbekämpfung, d.h. einer zu engen Kooperation mit Polizei und Justiz.

V.

Hingegen räumt Busch einigen praktischen Ansätzen wie Jugendberatungsstellen, Erziehungs- und sozialen Trainingskursen, Behandlungsprogrammen auf Gemeinwesenbasis sowie Rechtserziehung im schulischen und außerschulischen Bereich eine sozialpädagogisch positive Weiterentwicklung ein. Dabei verlor er die Professionalisierung der Sozialarbeit und das berufliche Ethos der Sozialerzieher nicht aus den Augen. Von seinem pädagogischen Selbstverständnis her konnte er sich zu einer "Erziehung als Strafe"[34] nicht verstehen. Von der Notwendigkeit einer Zusammenarbeit von Wissenschaft und Praxis überzeugt, stand er aber auch einer "unschuldigen und reinen Erziehung" als "Konstrukten lebensferner Phantasie" ablehnend gegenüber[35].

Geschult an den historischen Analysen zur Gefangenenfürsorge durch Wichern und Diesterweg im 19. Jahrhundert verlor er nie das Augenmaß bezüglich des Machbaren und der Erneuerung[36], auch nicht vor vier Jahrzehnten in den fünfziger Jahren, als er die Möglichkeiten der Entziehung beim Vollzug der Freiheitsstrafe noch optimistischer einschätzte. Kritisch sich selbst, den Grenzen der eigenen Arbeit und seiner Profession gegenüber suchte er seine Position zu bestimmen. Dabei war er sich bewußt, daß Erziehung "immer in dieser unzulänglichen und vorläufigen Welt" stattfindet sowie "stets unter den nicht idealen Rahmenbedingungen zu realisieren" ist, "weil sie weder bis zum Idealzustand der Welt warten noch sich verweigern kann... Wenn aber begriffen wird, daß Erziehung als solche ein oft mühsames, wenig

Anerkennung findendes, mit Zumutung und Belastung verbundenes Geschäft ist, dann wird man auch unter den Bedingungen des Strafvollzugs handeln können"[37]. Busch machte das Schicksal der Strafgefangenen zu sehr zu seinem eigenen, als daß er sich in eine Haltung der Verweigerung hätte flüchten können. Sein als Begründung angeführter Rückgriff auf Achtung und Schutz der Menschenwürde verweist überdies auf eine Dimension, die in den Jahren 1955 und 1960 noch kaum konkrete Konturen gewann, aber zwischenzeitlich im internationalen Strafvollzugsrecht herausragende Bedeutung erlangt hat und damit zugleich den Bemühungen in Intervention und Prävention Inhalte und Grenzen setzt.

Anmerkungen:

1. So Grünhut, M.: Die soziale Gerichtshilfe. In: Mitteilungen der Internationalen Kriminalistischen Vereinigung, neue Folge, 4. Band. Berlin, Leipzig 1930, 3-26 (21); noch zustimmend von Mollenhauer, W.: Sozialpädagogik in der Strafrechtspflege. In: Kriminologie und Vollzug der Freiheitsstrafe, hrsg.v. Th. Würtenberger. Stuttgart 1961, 49-61 (49) zitiert.

2. So etwa Sessar, K.: Von einem anderen Umgang mit Straffälligen in unserer Gesellschaft. In: Strafverfolgung und Strafverzicht, hrsg.v. H. Ostendorf. Köln u.a. 1992, 593-607 (599).

3. So Abschlußbericht der Expertenkommission Hessischer Justizvollzug. Wiesbaden 1993, 19, an dem auch Max Busch mitgewirkt hat.

4. Vgl. dazu Kaiser, G., Kerner, H.-J., Schöch, H.: Strafvollzug. Ein Lehrbuch. 4. Aufl. Heidelberg 1992, 18f., 93ff. m.N. ; vgl. ferner Wolff, J.: Jugendliche vor Gericht im Dritten Reich. Nationalsozialistische Jugendstrafrechtspolitik und Justizalltag. München 1992, 266ff., 345ff.

5. Vgl. Busch M.: Gedanken zur Behandlung junger Männer im Strafvollzug. ZfStVo 6(1955), 209-222 (209, 211), zur geschichtlichen Entwicklung des Problems und unter Hinweis auf den XII. Internationalen Kongreß für Strafrecht und Gefängniswesen in Den Haag 1950.

6. Siehe Hellmer, J.: Kriminalpädagogik: Eine Einführung in ihre Probleme. Berlin 1959; Nass, G.: Kriminalpädagogik. Köln u.a. 1959; Peters, K.: Grundprobleme der Kriminalpädagogik. Berlin 1960; die Fortsetzung des kriminalpädagogischen Diskurses läßt sich dem dreibändigen Sammelwerk zur Kriminalpädagogik, hrsg.v. K.-J. Kluge, veröffentlicht in Darmstadt im Jahr 1977, sowie der Zeitschrift "Kriminalpädagogische Praxis", entnehmen.

7. Vgl. den von Th. Würtenberger (Fn.1) herausgegebenen Tagungsband über den 10. Internationalen Lehrgang in Freiburg v. 2.-8. Oktober 1960 zu "Kriminologie und Vollzug der Freiheitsstrafe".

8. Vgl. Busch, M.: Psychologische und pädagogische Fragen des Jugendstrafvollzugs. In: Kriminologie und Vollzug der Freiheitsstrafe (Fn. 5), 125-142.

9. So die spätere Formulierung M. Buschs: Erziehung als Strafe. ZfStVo 1990, 133-139 (133).

10. Anders etwa Hellmer, J.: Kriminalpädagogik als Kriminologie. RdJ 8(1960), 123-126.

11. Busch (Fn.6), 127.

12. Wulffen, E.: Kriminalpädagogie: Ein Erziehungsbuch. Leipzig 1916; Francke, H.: Kriminalpädagogik. In: Handbuch der Pädagogik, hrsg.v. Nohl-Pallet. Bd.5. Langensalza 1929, 195ff.

13. Busch (Fn.6), 128ff.

14. Von Braunmühl, E.: Antipädagogik. Studien zur Abschaffung der Erziehung. Weinheim u.a. 1975.

15. Giesecke, H.: Das Ende der Erziehung. Neue Chancen für Familie und Schule. Stuttgart 1985.

16. Kritisch Wolff: Delinquenz als Problem der Schulpädagogik. Frankfurt 1978, 18ff. m.N.

17. Dem steht auch das dreibändige Werk von K.-J. Kluge (Fn.4) nicht entgegen. Denn auch es spiegelt die hier skizzierte Ablösung und Fortentwicklung wider. Gleichwohl konnte sich in den Handlungsfeldern der sog. Bindestrich-Pädagogik wie z.B. Drogenpädagogik, Medienpädagogik, Umwelt- und Verkehrspädagogik der Erziehungsbegriff halten, ja seine Stellung bis zur Gegenwart gar noch festigen. Selbst im Jugendstrafrecht dauert das Plädoyer für den Erziehungsbegriff an; vgl. hierzu Schlüchter, E.: Plädoyer für den Erziehungsgedanken. Berlin u.a. 1994.

18. Siehe Hilbers, M., Lange, W.: Abkehr von der Behandlungsideologie? KrimJ 5(1973), 52-59 (55ff.); Sack, F.: Abweichendes Verhaltens aus soziologischer Sicht - Folgen für die Sozialarbeit. In: Gesellschaftliche Perspektiven der Sozialarbeit, hrsg.v. H.U. Otto. Neuwied u.a. 1973, 129-149 (140f.); Strasser, P.: Unschädlichmachen. KrimSozBibl 5(1978), H.18, 33-57 (43ff., 54f.).

19. Vgl. Kaiser, G.: Zum Stand der Behandlungs- und Sanktionsforschung in der Jugendkriminologie: Dargestellt am Beispiel des Jugendarrests. MschrKrim 52(1969), 16-28; neuerdings Kury, H.: Behandlungsforschung. In: Kleines Kriminologisches Wörterbuch, 3. Aufl., hrsg.v. G. Kaiser u.a. Heidelberg 1993, 59-71, jew. m.N. Demgemäß wird auch im Abschlußbericht der Expertenkommission hessischer Justizvollzug Wiesbaden 1993, 33, eine "institutionelle Erfolgskontrolle" empfohlen.

20. So Lipton, D.S., Martinson, R., Wilks, S.: The Effectiveness of Correctional Treatment: A survey of treatment evaluation studies. New York 1975.

21. Vgl. Thornton, D.M.: Treatment Effects of Recidivism: A reappraisal of the "Nothing Works" Doctrine. In: Applying Psychology to Imprisonment, ed. by McGurk et al. 1987, 181-189 (186ff.)

22. Rossi, P., Wright, J.: Evaluation Research: An assessment. Annual Review of Sociology 10(1984), 331-352.

23. Rath, C.M.: Die Kritik am Behandlungsvollzug. Wolffenbüttel 1987, 268.

24. Busch, M.: Erziehung hinter Gittern? In: Jugendstrafvollzug zwischen Erziehen und Strafen. Pädagogische Ansätze - Konzepte - Perspektiven, hrsg.v. W. Elbling u.a. Saarbrücken 1993, 9-23 (9ff.).

25. Siehe hierzu Heinz, W., Hügel, Chr.: Erzieherische Maßnahmen im deutschen Jugendstrafrecht. Abschlußbericht. Bonn 1987, 71ff., 95; ob aber wie Sessar (Fn.2), 604 meint, "aufmerksames Wegsehen meist die beste Pädagogik ist", erscheint im Hinblick auf die gefährdeten Opferbelange und die neueren fremdenfeindlichen Handlungen mindestens zweifelhaft, ja bedenklich.

26. Vgl. Dünkel, F.: Legalbewährung nach sozialtherapeutischer Behandlung. Freiburg 1980; Ortmann, R.: Resozialisierung im Strafvollzug. Theoretischer Bezugsrahmen und empirische Ergebnisse einer Längsschnittstudie zu den Wirkungen von Strafvollzugsmaßnahmen. Freiburg 1987.

27. Siehe Lösel, F., Köferl, P., Weber, F.: Meta-Evaluation der Sozialtherapie. Qualitative und quantitative Analysen und Vorschläge zur Behandlungsforschung in sozialtherapeutischen Anstalten des Justizvollzugs. Abschlußbericht. Stuttgart. 1987, 255; ferner Lipsey, M.: The Effect of Treatment on Juvenile Delinquents: Results from meta-analysis. In: Psychology and Law, International Perspectives, ed. by F. Lösel et al. Berlin et al. 1992, 131-143 (142). Zwar scheinen sich nach der neueren Längsschnittuntersuchung von Ortmann, R.: Zur Evaluation der Sozialtherapie - Ergebnisse einer experimentellen Längsschnittstudie zu Justizvollzugsanstalten des Landes Nordrhein-Westfalen. Vortrag anläßlich der Fachbeirats- und Kuratoriumssitzung des MPI Freiburg am 18.2.1994, (erscheint in ZStW 106[1994]), die Probanden in sozialtherapeutischen Anstalten generell von den vergleichbaren Probanden des Regelvollzuges nicht durch eine bessere Legalbewährung zu unterscheiden. Stellt man jedoch auf jene Behandelten ab, die im Gegensatz zur Gruppe der Abbrecher, mit mindestens 30 Monaten mehr als doppelt so lange therapiert worden sind, so verändern sich die Relationen erheblich, insb. bei der späteren Sozialbewährung. Im übrigen hat die Vergleichsuntersuchung gezeigt, in welch beachtlichem Umfang auch die Probanden des Regelvollzuges an Vollzugslockerungen wie Urlaub und Behandlungsmaßnahmen teilhaben, so daß sich die Behandlungsunterschiede weitgehend auf Häufigkeit und Intensität der therapeutischen Angebote reduzieren. Freilich alle vergleichende Effizienzbetrachtung nutzt nichts und jegliche Erfolgskontrolle fällt ins Leere, wenn es an behandlungsgeeigneten Probanden mangelt sowie entsprechende Einrichtungen des Strafvollzuges wie z.B. in Hessen nicht ausgelastet sind; siehe Abschlußbericht der Expertenkommission (Fn.3), 20.

28. Dazu Kurze, M.: Strafrechtspraxis und Drogentherapie. Eine Implementationsstudie zu den Therapieregelungen des Betäubungsmittelrechts. Wiesbaden 1993, 44ff.; ferner Hellebrand, J.: Bekämpfung der Rauschgiftkriminalität durch sinnvollen Einsatz des Strafrechts. Wiesbaden 1993, 150ff., jew. m.N. mit dem verallgemeinerungsfähigen Befund, daß mindestens 50% der Probanden die Therapie abbrechen oder aus der Therapie ausgeschlossen werden und nur bei optimalen Bedingungen der Therapie eine Haltequote von etwa 50% zu erreichen ist; siehe auch Baumgart, M. Ch.: Illegale Drogen - Strafjustiz - Therapie. Eine empirische Untersuchung zu den strafjustitiellen Anwendungsstrukturen der §§35, 36 BtMG. Freiburg 1994, 449ff., insb. 467ff.

29. Siehe dazu Morris, N., Tonry, M.: Between Prison and Probation. Intermediate punishments in rational sentencing system. New York et al. 1990, 37ff., 82ff.

30. Vgl. Hassemer, W.: Über die Berücksichtigung von Folgen bei der Ausübung der Strafgesetze. In: FS für Coing. Bd.2. München 1982, 493-524 (498ff.); kritisch Müller-Dietz, H.: Strafzumessung und Folgenorientierung. In: FS für Spendel. Berlin u.a. 1992, 413-433 (431f.) unter Hinweis auf "die Folgen der Folgenorientierung", die als "typische Spätgeburt des aufklärerischen Strafrechts" erscheint.

31. Vgl. Vorbeugungsstrategien, hrsg.v. G. Deimling und J.M. Häußling. Wuppertal 1977.

32. M. Busch in: Vorbeugungsstrategien (Fn.28), 9-31.

33. M. Busch (Fn.29), 12f.

34. M. Busch (Fn.7), 133ff.; zur Geschichte und zur sog. "schwarzen Pädagogik" und den Quellen zur Naturgeschichte der bürgerlichen Erziehung K. Rutschky: Schwarze Pädagogik. Frankfurt/M. u.a. 1988.

35. M. Busch (Fn.7), 137; insb. gegen S. Müller und H.U. Otto: Damit Erziehung nicht zur Strafe wird, Bielefeld 1986.

36. Vgl. Busch (Fn.4), 209, 216f., 221f.; ferner Busch, M., Krämer, E.: Strafvollzug und Schuldproblematik. Pfaffenweiler 1988.

37. M. Busch (Fn.7), 137.

Gewaltkriminalität Jugendlicher

Möglichkeiten und Chancen der Gewaltprävention

Edwin Kube

1. Ausgangslage

Gewalt als die unmaskierte Ausdrucksform sozialschädlicher Aggression ist zu einem wissenschaftlichen Modethema geworden. Dennoch mangelt es schon an Konsens über den Kern und die Konturen des Gewaltbegriffs. Ist wesentlicher Bestandteil der Gewalt etwa die sog. strukturelle Gewalt, die manche in der Beschneidung individueller Entfaltungsmöglichkeiten, in der Beeinträchtigung menschlicher Entwicklungspotentiale sehen? Auch das gesicherte Wissen über Gewalt ist bescheiden. Zwar sind die Gewaltphänomene zumindest in Umrissen aufgehellt; es verblieben aber bisher deren Entstehungszusammenhänge weitgehend im dunkeln. Dies beeinträchtigt die rationale Antwort auf sich anbahnende oder aktuelle, z. T. uns überrollende Gewaltereignisse. Geraten wir unter eine Lawine von Gewalt, die nur noch eine Schadensbegrenzung erlaubt?

Wovor man sich allerdings hüten muß, ist einer emotionalen Dramatisierung zu verfallen, monokausal zu argumentieren und nostalgisch die "guten alten (angeblich gewaltarmen) Zeiten" zu glorifizieren. So dramatisiert man derzeit häufig - getragen von Kulturpessimismus - die Gewalt in Massenmedien. Man sieht in ihr nicht selten die primäre Ursache für die heutige Gewalteskalation.

Auch wenn speziell das Lernen von Gewalt - gerade im Fernsehen - als scheinbarem Mittel zur Lösung individueller Probleme in seiner kriminogenen Wirkung nicht verkannt werden soll, hat die Diskussion um die Effekte von Gewaltdarstellungen eine lange Tradition.

So sprach sich bereits Platon in seiner "Politeja" für eine Zensur der Märchen und Sagen aus, um eine negative Beeinflussung der Wertvorstellungen von Kindern zu verhindern. Und Seneca äußerte in Briefen an Lucilius die Befürchtung, die Beobachtung von Gladiatorenkämpfen könne wegen der Brutalität schädliche Effekte ausüben. Die Odyssee gar vermittelt uns recht grauenhafte Gewaltszenarien. Dazu nur ein Zitat: "Jetzt holten sie den Ziegenhirten Melantheus; und sie schnitten ihm Nas' und Ohr'n mit grausamem Erze ab, entrissen und warfen die blutige Scham vor die Hunde, hauten dann Hände und Füße vom Rumpf mit zürnendem Herzen". Schon dieser kurze Auszug aus einem unumstrittenen europäischen Kulturwerk macht uns deutlich, daß detailgetreue Gewaltdarstellungen kein Spezifikum der Gegenwart bilden und schon gar nicht auf das Fernsehen beschränkt sind (Kunczik, s. 108 ff. mit weiteren Beispielen).

"Wir sind nicht machtlos, aber oft hilflos". Diese Aussage eines ostdeutschen Polizeibeamten charakterisiert die derzeitige Lage bei der versuchten Eindämmung und der Strafverfolgung krimineller Gewalt - auch in Westdeutschland.

Was soll Polizei den auch gegen "joy-rider" erfolgreich unternehmen, die allabendlich mit entwendeten Kraftfahrzeugen Verfolgungsjagden veranstalten und als Kinder strafrechtlich nicht verantwortlich sind? Was soll Polizei gegen Vandalen erfolgreich unternehmen, die auf dem Schulgelände (und Schulweg) Mitschüler quälen, körperlich mißhandeln und Schutzgelder erpressen? Was soll Polizei gegen eine Flut menschenverachtender Anschläge und von Randale gegen Ausländer erfolgreich unternehmen, wenn zuschauende Bürger Beifall klatschen und Politik allzu lange die Augen vor Problemlösungen, zumindest Problemregulierungen verschlossen hielt? Was soll schließlich Polizei, was sollen aber auch Staat und Gesellschaft insgesamt erfolgreich unternehmen, wenn die Gefahr besteht, daß - wie in Liverpool geschehen - Kinder als Täter ein Kleinkind ermorden oder - wie in der Ostschweiz geschehen - Jugendliche ein im Pkw mitfahrendes befreundetes Mädchen erdrosseln, bloß weil es ihnen lästig erschien?

Zum Phänomen krimineller Gewalt ist in Deutschland festzustellen: Einzelne Bereiche der polizeilich registrierten Gewaltkriminalität - z.B. Raubüberfälle - entwickeln sich in den alten und neuen Bundesländern in besorgniserregender Weise. Dazu kommt ein erhebliches Dunkelfeld, weil der Polizei nur ein Teil der Delinquenz bekannt wird. Die Anlässe für Gewalt werden nichtiger, die Brutalität der Gewaltausübung steigt an. Das Sicherheitsgefühl der Bevölkerung - insbesondere von alten Menschen und Frauen - ist beeinträchtigt. Größer als in den alten Bundesländern ist die Verunsicherung der Bürger im Osten der Bundesrepublik. Inzwischen gehen in den neuen Bundesländern über 90 % der Bevölkerung davon aus, daß sie auf der Straße nicht mehr sicher vor Kriminalität sind.

Der Anteil der Gewaltkriminalität an der Gesamtkriminalität betrug nach der Polizeilichen Kriminalstatistik 1992 in den alten Bundesländern einschließlich Gesamt-Berlin 2,4 %. Das ist scheinbar wenig. Das sind aber rund 133.000 Gewaltdelikte. Damit nahm die Zahl dieser Straftaten 1992 gegenüber dem Vorjahr um. 6.600 Fälle zu. Mehr als die Hälfte der Gewaltkriminalität machen gefährliche und schwere Körperverletzungen aus (55,8 %). Die Zahl der Gewaltdelikte in den alten und neuen Bundesländern belief sich 1992 auf 150.678.

1992 wurden im Bundesgebiet ca. 119.000 Tatverdächtige wegen Gewaltstraftaten registriert, darunter ca. 35.000 Nichtdeutsche (= knapp 33 %). An den Gewalttatverdächtigen betrug der Anteil der Kinder 2,6 %, der Jugendlichen 14,7 % und der Heranwachsenden 15,8 %. Kurzfristig betrachtet fällt auf, daß der Anteil jüngerer Tatverdächtiger zunimmt (was nicht zuletzt ein Zuwandererproblem darstellen dürfte). Nach der Kriminalitätsbelastungszahl (Tatverdächtige auf 100.000 Einwohner einer bestimmten Altersgruppe) dominieren die 16- bis 21 jährigen als Tatverdächtige, die 18- bis 21jährigen als Opfer.

Hier wird deutlich, daß sowohl die Täter- als auch die Opferrolle mit dem Lebensstil zusammenhängt. Hervorzuheben ist des weiteren gerade die immens anwachsende Kriminalitätsbelastungszahl der 14- bis 18jährigen Tatverdächtigen bei Raub, räuberischer Erpressung und räuberischem Angriff auf Kraftfahrer von 171,4 im Jahr 1985, über 264,4 fünf Jahre später, auf 332,5 im Jahr 1992 (bezogen auf die alten und neuen Bundesländer).

1.1 Zur polizeilichen Reaktion auf Gewaltkriminalität

Gewaltdelikte (ausgenommen nicht gravierende Körperverletzungsdelikte) werden offensichtlich von der Polizei besonders intensiv strafrechtlich verfolgt. Dafür spricht schon die durchschnittlich hohe Aufklärungsrate bei diesen Straftaten. Bei der Prävention von Gewaltkriminalität liegen die Aktivitäten der Polizei auf verschiedenen Ebenen: Prävention durch Präsenz und Repressionsdruck sowie - nachrangig - Prävention durch Aufklärung potentieller Gewaltopfer. Der Schwerpunkt polizeilicher Präventionsmaßnahmen konzentriert sich dabei im Alltagsgeschäft auf die präventablen Delikte der Straßenkriminalität, vor allem auf Raubdelikte. Dies geschieht nicht zuletzt durch den Einsatz spezieller Ermittlungs- und Fahndungseinheiten. Neben der Polizei werden zunehmend in besonders belasteten Zonen von Großstädten kommunale und - nicht problemlos - private Sicherheitskräfte tätig.

Bei manchen Gewaltdelikten - etwa den gewaltaffinen Feldern der Organisierten Kriminalität (z.B. Mädchenhandel oder Schutzgelderpressung) oder Delikten reisender Gewalttäter, bedient sich die Polizei spezifischer Methoden und Instrumente, beispielsweise des (im Strafverfahren mit der Staatsanwaltschaft abgestimmten) Einsatzes verdeckter Ermittler oder auch einschlägiger Meldedienste (u.a. neuerdings für fremdenfeindliche Straftaten).

Bei anderen Segmenten der Gewaltdelinquenz - wie z.B. gewalttätigen Ausschreitungen bei Fußballveranstaltungen - praktiziert die Polizei zielgruppenorientierte Konzepte der Fan-Begleitung. Zur Zeit bereiten gerade in Großstädten Jugendcliquenj-banden der Polizei besondere Sorgen. Hier stellt sich für die Vollzugspolizei jeweils das Problem der effektiven Zusammenarbeit mit den sozialen Diensten.

Bei der "stillen!" Gewalt im Bereich der Familie und Partnerschaft nimmt die Polizei - neben der klassischen Gefahrenabwehr und Strafverfolgung - de facto "Feuerwehrfunktionen" im Rahmen der Krisenintervention wahr.

Bei der Bekämpfung terroristischer Gewalt besteht seit längerem ein Ermittlungsnotstand, also nicht mehr nur wie in den 70er und Anfang der 80er Jahre ein Fahndungsnotzustand. Dies hat der kürzlich verübte Anschlag auf die Justizvollzugsanstalt Weiterstadt wieder einmal verdeutlicht. Durch perfektionierte Strategien der Spurenvermeidung und -beseitigung laufen die herkömmlichen Methoden der Kriminaltechnik und übrigens auf Fahndungsansätze - wie beispielsweise die Rasterfahndung - weitgehend ins Leere. Damit relativiert sich hier das Prinzip der Prävention durch Repression.

1.2 Justitielle Aspekte

Generalprävention des heutigen Strafrechts scheint teilweise zu versagen. Zur Zeit wird dies bekanntlich von manchen gerade bezogen auf die mit dem Drogenkonsum (als Gewalt gegen den eigenen Körper) verknüpfte Kriminalität behauptet.

Die Sanktionsforschung verdeutlicht, daß Strafen beim Delinquenten wenig bewirken, zuweilen leichtere oder formlose Erledigungen sogar günstigere Auswirkungen auf Sozial- und Legalbewährung aufweisen. Gerade gegenüber dem Gewalttäter sind Strafen - unter präventiven Aspekten - prinzipiell wenig erfolgreich. Denn aversive Maßnahmen lösen oft aversive Reaktionen auf der Gegenseite aus, wie nicht zuletzt die Eskalation bei der politisch motivierten Gewalt zeigt. Außerdem wird Verhalten, das nur hie und da zu Mißerfolg (= Bestrafung) führt, besonders hartnäckig gelernt.

Zudem scheint die Spezialprävention - insbesondere auch in der Form der Ersatzsozialisation im Strafvollzug - nur selten geeignet zu sein, zur Beendigung der kriminellen Karriere von Gewalttätern beizutragen.

Trotz vielfaltiger polizeilicher und justitieller Anstrengungen verschlechtert sich - wie gerade auch die Polizeiliche Kriminalstatistik 1992 und die polizeiliche Alltagserfahrung zeigen - in quantitativer und qualitativer Hinsicht die Sicherheitslage bei der Gewaltkriminalität.

Um die objektive Sicherheitslage und das Sicherheitsgefühl nicht noch weiter destabilisieren zu lassen, ist besondere Aufmerksamkeit gerade den in West und Ost gewalttätigen Jugendbanden/Jugendcliquen zu schenken. In den alten Bundesländern beträgt bei diesen Gruppierungen in einzelnen Großstädten der Ausländeranteil insgesamt bis zu 80 %. Vorrangige Beachtung muß jedoch die oft in Gruppen begangene fremdenfeindliche Kriminalität finden. Schon unsere historische Hypothek gebietet dies. Hier ist aber auch die Gefahr der Aufschaukelung der Gewalt durch Auseinandersetzungen mit der linken Szene und mit ausländischen Gruppierungen gegeben.

Für den zu Ehrenden, Prof. Dr. Max Busch, gibt es naheliegend eine pädagogisch orientierte Grundannahme: Es ist davon auszugehen, daß die meisten Menschen durch positive Interventionen veränderbar sind und die Zahl derer, bei denen nur noch eine Schutzfunktion und eine "Bekämpfung" ihrer Kriminalität sinnvoll und notwendig ist, sehr gering bleibt. Zumindest gehören die Jugendlichen, mit denen wir in der Anfangsphase krimineller Entwicklungen zu tun haben, nicht zu dem Personenkreis, der zu bekämpfen ist. Es ist kein grundloser Optimismus, repressive Maßnahmen durch konstruktives Agieren zu ersetzen, wo immer dies auch nur irgendwie möglich ist.

2. Kriminalität von Jugendbanden/-cliquen

Auffällig ist, daß beim Straßenraub (ohne Taschenraub) bundesweit ein hoher Anteil Minderjähriger polizeilich in Erscheinung tritt. 1992 betrug dieser knapp 40 %. Der beachtliche Anstieg der Straßenraubfälle im Jahre 1991 traf dabei fast ausschließlich auf Großstädte ab 500.000 Einwohner zu.

Diese Kriminalitätsentwicklung ist insbesondere vor dem vermehrten Auftreten gewalttäiger Jugendbanden zu sehen, über die gerade aus den größten Städten - insbesondere Frankfurt a.M., Hamburg, Berlin, Köln, Dresden und Leipzig - berichtet wird.

Danach terrorisieren in einzelnen Großstädten ein bis zwei Dutzend "street gangs" von jeweils mehreren Dutzend Mitgliedern vor allem jugendliche Straßenpassanten. Unter Verwendung von Messern, genagelten Baseball-Schlägern, Reizgas und sonstigen Waffen - selten Schußwaffen - werden die Opfer oft brutal zusammengeschlagen und zuweilen auch gedemütigt. Im Winter löst sich ein Teil der Banden - nur vorübergehend auf.

Ohnehin fluktuieren die Cliquen und der Mitgliederkreis insgesamt sehr stark. Hierarchische Strukturen sind selten und dann nur ansatzweise erkennbar. Um einen Kreis von wenigen kriminell besonders aktiven "Meinungsführern" gruppieren sich die eigentlichen Bandenmitglieder, die das weitere Gewaltpotential darstellen. Der Rest sind sozusagen Mitläufer, die häufig wechseln und nur zu einem geringen Anteil in der Gruppe Straftaten begehen.

Das Alterspektrum der Gruppenmitglieder liegt schwerpunktmäßig zwischen 14 und Anfang 20 Jahren; Bildungsniveau und Sozialisation sind defizitär. Nach einer Analyse der AG "Gruppengewalt" der Berliner Polizei besuchten 1992 in Berlin noch 69 % der Tatverdächtigen die Schule, 85 % von ihnen lebten im elterlichen Haushalt. Der Anteil der strafunmündigen Kinder betrug 10 %. Opfer wurde in 80 % der Fälle der männliche Jugendliche, der im Durchschnitt etwas jünger als der Tatverdächtige ist. Übrigens definiert die Berliner Polizei als Gruppengewalt die Delikte Raub, räuberische Erpressung, Körperverletzung, Bedrohung, Sachbeschädigung und Begleitstraftaten (z.B. unerlaubter Waffenbesitz), wenn die Tatverdächtigen zumindest zu zweit gehandelt haben und nicht älter als 25 Jahre sind.

Orientierungssuche, Abenteuerlust, Imponiergehabe, Erleben von Macht und Kompensation eigener Desintegrationserfahrungen und Konflikte, Konsumwünsche usw. dürften einige Gründe für den Anschluß an Banden darstellen. In der Clique bietet sich dem Jugendlichen vor allem Ersatz für fehlende soziale Verankerung und für fehlende aktive Alltagserfahrung der Wirklichkeit. Während - vereinfacht gesagt - im Westen Gewalt Jugendlicher oft auch Protest gegen die Fertigkeit des Lebensvollzuges in einer durchorganisierten Welt bedeuten kann, dürfte im Osten dem Protest eher Signalcharakter für die Überforderung durch neue Lebensstile und soziale Erwartungen zukommen.

Die Erscheinungsformen der Gewalt sind facettenreich. So hat sich nach der Wiedervereinigung - zumindest vorübergehend das Gewaltpotential von "Fußballfans" (sog. hooligans), die sowohl bei nationalen als auch internationalen Fußballveranstaltungen Straftaten gegen die körperliche Unversehrtheit, Sachbeschädigungen und Diebstähle begehen, drastisch erhöht. Vor allem in den neuen Bundesländern kam es zu schwerwiegenden Ausschreitungen. Dies verwundert nicht. Immerhin ist dort ca. jeder zehnte junge Mensch unter 25 Jahren ohne Arbeit, wobei allerdings kein monokausaler Zusammenhang zwischen Arbeitslosigkeit und Hooliganismus hergestellt werden soll.

Die Eindämmungs- und Bekämpfungsstrategien gegen Cliquen- und Bandenkriminalität sind vielfältig. Sie reichen von gezielter polizeilicher Präsenz über street-work, Fan-Betreuung bis zum Ausbau von angemessenen, die Motive zum Bandenanschluß berücksichtigenden Freizeitangeboten. Gerade bei den Freizeitangeboten besteht ein erhebliches Defizit in den neuen Bundesländern. So gab es beispielsweise in Leipzig vor der Vereinigung 82 Jugendfreizeiteinrichtungen. Anfang 1992 waren es noch 4 kommunale Einrichtungen. Einige wurden kommerzialisiert, der Rest aufgelöst. Inzwischen ist von der Bundesregierung für die neuen Bundesländer ein Programm gegen Jugendgewalt aufgelegt worden. Das bis Ende 1994 zu realisierende Vorhaben umfaßt die Förderung von 123 Projekten mit 60 Millionen DM. Wie komplex Anti-Gewalt-Konzepte bezogen auf Jugendcliquen - schon wegen des hohen Ausländeranteils unter den Straftätern - anzulegen und daher schwierig umzusetzen sind, hat eine im August 1991 vom Berliner Senat eingesetzte Kommission zur Verhinderung und Bekämpfung von Gewalt in einem ersten Bericht verdeutlicht.

Geboten erscheinen spezielle Integrationsbemühungen gerade gegenüber jungen ausländischen Mitbürgern - allerdings nicht nach dem Mosaik-Prinzip im Sinne einer multikulturellen Gesellschaft. Das Prinzip der staatsbürgerlichen Identität darf nicht aufgegeben werden. Ansonsten wären "Überfremdungsängste" und die Ablehnung auch schon hier länger wohnender Ausländer eine naheliegende Konsequenz. Dies wiederum könnte den Nährboden für Ausländerhaß und zusätzliche gegen

Fremde gerichtete Kriminalität darstellen. Immerhin treten (nach einer Befragung, deren Ergebnisse Anfang Juni 1993 die Bundesjugendministerin bekanntgab) in den neuen Bundesländern 75 % der unter 24 jährigen für eine Aufnahmebegrenzung von Asylbewerbern ein.

Ebenso wichtig ist daher die Unterbindung des ungezügelten Zuzugs von Nicht-EG-Ausländern insbesondere auch durch Schlepperorganisationen, wobei abzuwarten bleibt, was die Änderung des Asylrechts ergeben wird. Andernfalls wären vielfältige soziale Konflikte die Folge. Dazu zählt nicht zuletzt auch die Ausländerkriminalität.

Damit soll nicht die Gefahr erheblich steigender Ausländerkriminalität - vor allem bei den Gewaltdelikten - dramatisiert werden. Angedeutet werden soll vielmehr, daß gerade in Ballungszentren bei weitem größere Anstrengungen zugunsten der Berufs- und sonstigen Lebenschancen der zweiten und vor allem dritten Generation der sog. Gastarbeiter unternommen werden müssen. Denn insgesamt leben derzeit - neben Illegalen - ca. 6,9 Mio Ausländer in der Bundesrepublik Deutschland. Inzwischen scheinen sich in Deutschland ähnliche soziale Desintegrationsentwicklungen anzubahnen, wie sie in europäischen Metropolen und noch verstärkt in den Cities der USA seit längerem zu beobachten sind. Der angebliche Schmelztiegel Nordamerika ist kein Modell mehr; er ist längst explodiert.

In den USA haben sich zudem die "klassischen" stadtteilbezogenen Jugendbanden häufig des örtlichen Rauschgifthandels bemächtigt. Dies führte zu einer zunehmenden Brutalisierung bei den gewalttätigen Auseinandersetzungen. Denn der Konkurrenzkampf tobt jetzt auch innerhalb der einzelnen "gang". Hunderte bandenbezogener Tötungen in Großstädten waren die Folge dieser Entwicklung.

3. Fremdenfeindliche Kriminalität

Besorgniserregend ist die Entwicklung und Brutalität bei der fremdenfeindlichen Kriminalität, wobei nur ein geringer Teil von den Staatsschutzstellen der Polizei dem rechtsextremistischen Lager unmittelbar zugeordnet wird. Während zu Beginn des Aufkommens dieser Kriminalität der Schwerpunkt in den neuen Bundesländern lag, häufen sich inzwischen die einschlägigen Straftaten in der alten Bundesrepublik. Etwa acht von zehn bekanntgewordenen Delikten entfallen auf die alten Bundesländer. In den Medien stellt sich die kriminalgeographische Lage bekanntlich anders dar.

Mit mehr als einem Viertel der fremdenfeindlichen Gesamtstraftaten ist Nordrhein-Westfalen am schwersten betroffen, gefolgt von Niedersachsen, Baden-Württemberg und Hessen. Dabei ist allerdings zu beachten, daß die Zahl der in den Bundesländern lebenden Ausländer erheblich variiert. Nimmt man die Anzahl der Ausländer (ohne Stationierungsstreitkräfte, Touristen, Durchreisende, Pendler und Illegale) zur Grundlage, so ist ihr Risiko, Opfer zu werden, zur Zeit in Mecklenburg-Vorpommern, Sachsen-Anhalt und Brandenburg am höchsten.

Für das Jahr 1992 wurden dem BKA 6.336 fremdenfeindliche Delikte - darunter 604 Angriffe gegen Personen (vom Tötungsdelikt bis zur Körperverletzung) und 596 Brandanschläge/Brandstiftungen - gemeldet. Im ersten Halbjahr 1993 hat sich in der Bundesrepublik die Anzahl fremdenfeindlicher Straftaten im Vergleich zum gleichen Vorjahreszeitraum - wohl nicht zuletzt als Nachwirkung auf die Solinger Morde - mehr als verdoppelt. Bis Ende 1993 wurden dann 6721 derartige Delikte registriert.

In knapp 50 % der Fälle lag 1992 übrigens der Tatort in Kleinstädten und ländlichen Gemeinden. In fast jedem zweiten Fall (49 %) wurde die Straftat am Wochenende verübt. Wie bereits 1991 war auch 1992 die spontane Tatbegehung (mit höchstens kurzfristiger Planung) des lokalen Täters charakteristisch. Nur vereinzelt haben -wofür das Auffinden von Molotowcocktails und Waffen sprechen - umfangreichere Planungen offenbar überörtlich agierender Täter stattgefunden.

Da die Tataufklärungsquote ca. 20 % beträgt, kann zur Täterseite nur wenig Verläßliches gesagt werden. Immerhin fällt das geringe Alter der Tatverdächtigen auf. Sieben von zehn Tatverdächtigen waren 1992 unter

21 Jahre alt. Soweit Gruppen agieren, geraten die Skinheads in den Blickpunkt (1992: 13,8 % der 4.669 Tatverdächtigen, bei denen positive oder negative Angaben zu einer Organisations-/Gruppenzugehörigkeit gemacht wurden).

Nicht ausgehen kann man davon, daß die Skinheads mit nationalsozialistischen Emblemen und neonazistischen - insbesondere rassistischen - Parolen politisch nur provozieren wollen und damit grundsätzlich nicht dem Rechtsextremismus zuzuordnen seien. Zumindest scheint der Neonazismus unterschwelliger - wenn auch kein verfestigter - Bestandteil ihrer Gesinnung zu sein.

Zur differenzierten Betrachtungsweise mahnt Zachert (S. 271): "Gruppenzugehörigkeit und Gruppenbestand unterliegen einer ständigen Fluktuation; Gruppenbildung und -auflösung sind in der Regel zufallsbedingt. Sogar der Wechsel der Mitglieder von rechts- zu linkstendierenden Gruppen ist nicht ungewöhnlich. Es gibt politisch rechts- aber ebenso linksorientierte Skinheads und auch sogenannte "Mode- und Tagesskins", die lediglich dem "Outfit" frönen.

Es erscheint also äußerst problematisch, den Begriff "Skinheads" überhaupt zu benutzen, da hierin eine nicht zu schematisierende Jugendbewegung zu sehen ist. Die Labilität dieser Bewegung macht sie aber zugleich auch anfällig für links- und vor allem für rechtsextremistische Agitation."

Auch eine noch nicht veröffentlichte Studie von Eckert/ Willems/Würtz von der Universität Trier (Fremdenfeindliche Gewalt - eine Analyse von Täterstrukturen und Eskalationsprozessen), in der ca. 1.400 Ermittlungsakten zu fremdenfeindlichen Straftaten analysiert und Gerichtsurteile über 140 Täter entsprechender Straftaten aus neun Bundesländern ausgewertet wurden, zeigt, daß es zu einfach wäre, diese Straftaten mehr oder weniger ausschließlich dem Tätertyp des Rechtsradikalen/Rechtsextremisten zuzuschreiben. Die Wissenschaftler unterscheiden zwischen vier Tätertypen, nämlich neben dem "Rechtsradikalen Täter" den "Fremdenfeind/Ethnozentristen", den "Jugendlichen Schlägertyp" bzw. "Kriminellen Jugendlichen" sowie schließlich den "Mitläufer".

Gerade der Tätertyp des "Fremdenfeindes" verdeutlicht, daß bei diesem zwar der formelle Bildungsstand sehr gering ist. Diese Täter sind jedoch überwiegend weder beruflich noch schulisch gescheitert. Die in der Sozialwissenschaft für fremdenfeindliche Straftäter teilweise in Anspruch genommene Desintegrationsthese läßt sich hier nicht halten. Dasselbe gilt für den Tätertyp des "Mitläufers". Auch bei ihm liegt ganz überwiegend ein geregeltes Arbeitsverhältnis vor. Er kommt aus einem Mittelschichtelternhaus; für ihn ist Alkoholmißbrauch nicht typisch. Durch Freizeitkontakte (insbesondere die Musikszene) gerieten solche Straftäter (vorübergehend) in Kontakt zu Skinheads oder ähnlich gewaltgeneigte Gruppierungen. Gruppendruck, Imponiergehabe gegenüber Freunden, falschverstandene Mutproben führen zu fremdenfeindlichen Straftaten.

Solche Jugendliche sehen sich offenbar teilweise legitimiert durch Äußerungen von Eltern, Nachbarn oder Bekannte, durch Äußerungen, die Fremde diskriminieren und zu Sündenböcken stempeln. Man glaubt, insbesondere Asybewerbern gegenüber sozial benachteiligt zu sein. Mißbrauchsfälle werden generalisiert. Solche Mechanismen führen schließlich zu Umfrageergebnissen, von denen einzelne in der Vergangenheit das besonders betrübliche Ergebnis aufwiesen, daß bis 30 % der Befragten Gewaltakte gegen Asylbewerber als legitim bezeichnen.

Hier wird deutlich, daß wir es uns zu einfach machen, wenn wir jeden fremdenfeindlichen Straftäter mehr oder weniger zum Rechtsradikalen/Rechtsextremisten stempeln. In diesen Gesamt rahmen paßt es, wenn 60,2 % der in den Jahren 1991 und 1992 wegen eines fremdenfeindlichen Delikts ermittelten Tatverdächtigen vorher polizeilich nicht in Erscheinung getreten sind. Diese Aussagen sollen keine Bagatellisierung des Rechtsextremismus darstellen. Ganz im Gegenteil: Zum einen besteht bei der generellen Extremismusthese die Gefahr, daß Straftäter des Typs "Fremdenfeindliche Täter" in die rechtsextremistische Szene gedrängt werden und ein solches Selbstbild aufbauen. Zum anderen verstellen wir uns durch kurzschlüssige Zuordnungen den politischen Weg, solche jungen Leute zu einem sozial angemessenen Verhalten zurückzuführen. Und immerhin waren zwei Drittel der von Eckert/-

Willems/Würtz untersuchten Straftäter unter 21 Jahre. Sie dürften schon daher wegen ihres Alters der politischen Bildung zugänglich sein. Zumindest sind entsprechende Anstrengungen für evtl. nachwachsende fremdenfeindliche Straftäter verstärkt zu unternehmen. Eine solche Sichtweise dürfte auch - wie das o. a. Zitat von Max Busch verdeutlicht - seiner sozialpädagogischen Auffassung nahekommen.

Bei der Aufhellung der Hintergründe der von jungen Menschen kollektiv begangenen Gewaltdelikte zeigen sich Unterschiede bei einem Ost-West-Vergleich: Zu erkennen ist, daß der Wertewandel in den neuen Bundesländern hin zu Selbstentfaltung, Partizipation, Spontaneität, Toleranz, Flexibilität und Innovation, aber auch zu mitmenschlicher Gleichgültigkeit und zu unterschiedlichsten Formen individueller Egoismen Verunsicherung und Spannungen mit sich bringt. Jugendliche generell - insbesondere aber die im Osten der Bundesrepublik lebenden - erfahren alltäglich die Diskrepanzen zwischen realen Anforderungen der Umwelt an Fähigkeiten und selbstaktivem Handeln einerseits sowie eigenen Kompetenzen andererseits.

Konflikte und Interaktionsbrüche im Spannungsfeld zwischen sozialer Aktivität und selbst erlebter Identität führen zu Orientierungs- und Schutzsuche in Gleichaltrigengruppen und dort oft zu destruktivem Verhalten. Die Familie und Nachbarschaft bieten weder emotionale Bindung noch gar richtungweisende Lenkung. Zusammengebrochen ist die vormalige realsozialistische Nischen- und Gruppenkultur. Denn mit der Auflösung der staatlichen Strukturen "verfiel auch das Innenleben der informellen Sozialbeziehungen" (Klinger, S. 154).

Jugendgewalt kann so interpretiert werden als mißlungene Bewältigung eingeschränkter sozialer Fähigkeiten,als Ergebnis von Entfremdungsprozessen und einer damit verbundenen Orientierungslosigkeit und Identitätskrise. Der Inhalt des Konflikts ist daher von nachrangiger Bedeutung. Schon diffuser Gewaltaktionismus kompensiert die eigene Unsicherheit und Ich-Schwäche (vgl. Kräupl, S. 20 ff.).

Durch Aggression gegen den Fremden, den Ausländer, geht man zudem der Artikulierung des Konflikts gegenüber dem Einheimischen, dem

Vertrauten, aus dem Wege. Die Anonymität der Situation ermöglicht die Degradierung und Entpersönlichung des Opfers. Insoweit dürfte im Osten der Bundesrepublik - bei ca. 1 % Ausländer - Gewaltbereitschaft und Gewaltausübung nicht nur aus Existenzangst des sozial Schwachen gegenüber dem "Eindringling" zu erklären sein. Aggression ist gerade auch Ausdruck mangelnder Kompetenzausbildung im Umgang mit dem Fremden im doppelten Sinn: zum einen der fremden, weil neuen Arbeitswelt in einer marktwirtschaftlich ausgerichteten Gesellschaft, zum anderen der fremden, weil anonymer gewordenen sozialen Umwelt. Anschluß an Cliquen und Gewaltausübung "machen damit Sinn"; denn sie geben dem Jugendlichen Halt, Orientierung und vermitteln Dominanz. Sein Handeln wird einordenbar in ein ihm einleuchtendes (wenn auch für andere nicht nachvollziehbares) Argumentationsfeld. Dabei greift er auf - in der früheren DDR eingeübte - Schwarz-Weiß-Modelle zurück und braucht sich nicht durch (medial vermittelte) Meinungsvielfalt verunsichern zu lassen. Fazit: wie vieles - ist auch das Gewaltphänomen - in Ost und West zwar insgesamt ähnlich, aber dennoch nicht gleich.

Vor diesem Hintergrund ist auch der Rechtsextremismus in den neuen Bundesländern differenziert zu bewerten. Er scheint dort zwar weiter anzuwachsen. Durch intensive Agitation und Propaganda wurde und wird das Scheitern des Kommunismus/Sozialismus und die Suche ehemaliger DDR-Bürger nach einem neuen politischen Standort genutzt. Den Anhängern des verstorbenen Neonazis Kühnen gelang es dabei beispielsweise, eine beachtliche Anzahl Jugendlicher als Sympathisanten und Mitläufer für öffentlichkeits- und medienwirksame Auftritte zu gewinnen.

Bei Bewertung der "Gewalttätigkeiten Jugendlicher" ist aber trotz dieser offenkundigen Annäherung an rechtsextremistische Erscheinungsformen vor einer vorschnellen Gleichsetzung mit *dem* Rechtsextremismus zu warnen. Denn eine Ausgrenzung der gefährdeten Jugendlichen könnte gerade eine verstärkte Hinwendung zum Rechtsextremismus zur Folge haben. Aggressive fremdenfeindliche Verhaltensweisen junger Menschen aus den neuen Bundesländern dürften nur selten unmittelbarer Ausdruck eines rechtsextremistischen Rassismus sein. Eher ist anzunehmen, daß solchem Handeln - wie erwähnt - in erster Linie Kompetenzdefizite sowie soziale und wirtschaftliche Ängste zugrundeliegen. Das macht die Straftaten nicht weniger schändlich. Solche Zusammenhänge zu erkennen, ist jedoch für Präventivmaßnahmen essentiell.

Inzwischen ist feststellbar, daß Angehörige autonomer Gruppen, aber auch Ausländercliquen in Großstädten, militant gegen Ausländerfeindlichkeit vorgehen. Ziel ihrer Angriffe sind Skinheads und "Rechte". Wenn "crime time" ist, werden auch mal "Nazis aufgehauen". Hier zeigen sich erste Ansätze für einen besonders problematischen gegenseitigen Eskalationsprozeß. Zu den gravierendsten Straftaten dieser Eskalation zählten 1992 die Tötung eines Rechtsextremisten am 04.04.92 in Berlin durch eine Gruppe vermummter Ausländer, der Totschlag zum Nachteil eines "Punk" am 09.05.92 in Magdeburg durch eine Gruppe Skinheads sowie die Tötung eines Angehörigen der Hausbesetzerszene am 21.11.92 in Berlin bei einer Auseinandersetzung zwischen "linken" und "rechten" Jugendlichen.

Die Aufschaukelung äußert sich auch darin, daß Gruppen der gewaltbereiten linken Szene den Themenkreis Rassismus und Faschismus als Vorwand für staatsfeindliche gewaltsame Aktionen aufgreifen. Die Ausschreitungen Autonomer gegenüber dem Bundespräsidenten am 08.11.1992 bei der Berliner Großdemonstration sind dafür ein beredtes Beispiel. Inwieweit übrigens bei einzelnen Gruppierungen - auf der "linken" und auf der "rechten" Seite - pseudopolitische Verhaltensmuster von bloßen Bereicherungsdelikten (etwa bei Plünderungen von Geschäften) ablenken sollen bzw. als Rationalisierung für die Straffälligkeit an den Tag gelegt werden, ist eine offene Frage.

Es liegt auf der Hand, daß bei dieser Ausgangslage zur Vermeidung weiterer Eskalation schnell und wirksam mit allen Mitteln des Polizei- und Strafrechts gerade gegen Störer und Tatverdächtige des rechtsextremistischen einschließlich fremdenfeindlichen Spektrums als derzeit virulentem Gewaltpotential vorgegangen werden muß. Zuständige Kommissionen der Polizei haben umfangreiche Maßnahmenkataloge ausgearbeitet. Die Maßnahmen reichen von verbesserter Zusammenarbeit innerhalb der Polizei, mit dem Verfassungsschutz oder der Justiz über verstärkte Polizeipräsenz bis zur Ausschöpfung der Fahndungsmöglichkeiten, der Einrichtung spezieller Ermittlungsgruppen und der kriminalpolitischen Objektschutzberatung. Eingerichtet wurde ein polizeilicher Meldedienst. Inzwischen übernahm bekanntlich der Generalbundesanwalt einige Srafverfahren aus dem Bereich Rechtsextremismus, und das BKA hat eine Gruppe (Unterabteilung) "Rechtsextremismus/Rechtsterrorismus" aufgebaut.

Bei aller Bedeutung operativer Maßnahmen ist gerade vor dem Hintergrund eines in der Politologie angenommenen konstanten rechtsextremen Einstellungspotentials zwischen 5 und 10 % in der Wahlbevölkerung der alten Bundesrepublik und rechtsradikaler Anfälligkeit mancher Bürger in den neuen Bundesländern nach der Zeit kommunistischer Indoktrination mit einem längerfristigen "Bodensatz" auch gewalttätig vorgetragener Aktionen im Sinne von Anschlägen, unfriedlich verlaufenden Aufmärschen oder Blockaden zu rechnen. Vergleichbares gilt übrigens ebenso für das linksextreme Spektrum. Schon deswegen sollten die von der Anti-Gewaltkommission der Bundesregierung angestellten rechtspolitischen Überlegungen und Vorschläge zur Bewältigung unfriedlicher Demonstrationen und von Blockaden (z. B. Evaluierung des novellierten Versammlungsrechts und evtl. Neufassung des Tatbestandes des Landfriedensbruchs, § 125 StGB, bzw. Novellierung des Nötigungstatbestandes, § 240 StGB) ernstgenommen und umgesetzt werden. Zum Schutz von Ausländerunterkünften sind auch spezifische, gesetzliche Eingriffsbefugnisse - wie räumlich und zeitlich begrenzte Versammlungsverbote - in Betracht zu ziehen.

Die von dem rechtsextremistischen Potential ausgehenden Gefahren können durch wirksame polizeiliche und justitielle Strategien in Schach gehalten werden. Insoweit hilfreich sind auch verwaltungsrechtliche Maßnahmen (wie etwa die Auflösung der "Nationalsozialistischen Front" - einer Gruppe von etwa 70 Personen - durch den Bundesinnenminister). Zur Beseitigung der Ursachen erscheinen jedoch politische Gestaltungskraft sowie sozial- und bildungspolitische Maßnahmen unverzichtbar. Solange diese Maßnahmen nicht greifen, werden auch in Zukunft genügend Auslösefaktoren für rechtsextremistisch gefärbte gewalttätige Aktionen vorhanden sein. Das rechtsextremistische Gewaltpotential beträgt übrigens schätzungsweise ca. 6.000 Personen. Die Zahl der rechtsextremistisch Organisierten dürfte sich auf etwa 45.000 belaufen.

4. Bewertung und Konsequenzen

Wie dramatisch das Gewaltphänomen war, ist und sich entwikkeln wird, bleibt teilweise im dunkeln; zumindest gibt es unterschiedliche Bewertungen dazu. Ist evtl. die Geschichte der Gewalt im abendländischen Kulturkreis - ausgenommen in Kriegszeiten - die Geschichte ihrer Domestizierung? Ist die totale Bändigung der Gewalt überhaupt ein realistisches und auch nur wunschenswertes Ziel? Kommt der Gewalt im Bagatellbereich u. U. eine wichtige Ventilfunktion zu? Zumindest fällt auf, daß Gewalt zunehmend brutaler, aber vor allem auch zunehmend beziehungsloser und irrationaler eingesetzt wird. Man denkt dabei unwillkürlich an Bertold Brechts Ballade "Jakob Apfelböck", der seine Eltern totschlug. Nun steht er ganz allein in der Welt: "Und als sie einstens in den Schrank ihn sahn / Stand Jakob Apfelböck im milden Licht / Und als sie fragten, warum er's getan / Sprach Jakob Apfelböck: Ich weiß es nicht."

Die Kriminalitäts- einschließlich Aggressionstheorien (und dabei sowohl die Theorien zur Entstehung von Gewaltverbrechen als individuelles Ereignis als auch als gesellschaftliches Phänomen) können trotz der Vielfalt bisheriger Ansätze nicht befriedigen. Dies gilt übrigens ebenso für die Theorien zur Kriminalitätsentwicklung und damit zur Entwicklung des kriminellen Gewaltphänomens auf Makroebene bzw. zur kriminellen Karriere des Gewalttäters auf Mikroebene.

Die Hauptmängel der heutigen theoretischen Ansätze bestehen in deren

- fehlenden empirischen Absicherung
- beträchtlichen Realitätsferne
- mangelhaften Praxisrelevanz.

Ursachenrelevant sind - bei eher pragmatischer Sicht - offenbar insbesondere Sozialisationsdefizite der gesellschaftliche Wertewandel/die Erosion des Rechtsbewußtseins, aktuelle ungünstige soziale und räumliche (nicht zuletzt wohnliche) Verhältnisse, das Lernen am Modell (auch durch Presse, Film und Fernsehen), das Lernen am Erfolg (z.B. die Gewalttat wird nicht sanktioniert), die starke, z.T. negative Orientierung an Gleichaltrigengruppen sowie Mängel der Sozialstruktur auf der Makroebene (z.B. subjektiv empfundene soziale Benachteiligungen).

Solche Faktoren sind in ihrem komplexen und dynamischen Beziehungsgeflecht zu sehen, also etwa mit der möglichen Folge gegenseitiger Verstärkung. Sie führen zu bestimmten Definitions- und Bewertungsweisen, zu Bedürfnis- und Motivstrukturen Einstellungen und Verhaltensmustern, wie, auf sich aufmerksam zu machen, durch unberechenbare und "sinnlose" Gewalt Angst auszulösen, unausgelebten Aktivitätsstau abzureagieren sowie soziale Benachteiligung oder Existenzängste und Kompetenzdefizite zu kompensieren.

Manche gehen davon aus, daß wegen der demographischen Situation bei uns rein quantitativ die Gewaltkriminalität mittelfristig abnehmen dürfte. So waren 1987 ca. 61 % der Tatverdächtigen von Gewaltdelikten zwischen 14 und 29 Jahren alt. Diese Altersgruppe stellte einen Anteil von etwa 25 % der Gesamtbevölkerung dar - in absoluten Zahlen etwa ca. 15 Millionen. Bevölker-ungsprognosen des Statistischen Bundesamtes aus dem selben Jahr gehen davon aus, daß sich diese Altersgruppe in der alten Bundesrepublik im Jahr 2000 auf 10 Millionen und im Jahr 2010 auf 7,6 Millionen Personen reduzieren wird. Bei rein statistischer Betrachtung hätten wir bereits im Jahr 2000 dort einen Rückgang der Gewaltkriminalität um etwas mehr als 16 % zu erwarten.

Solche von manchen Theoretikern gern in Anspruch genommenen, Konzepte sind für die praktische Kriminalpolitik jedoch unbrauchbar. Denn nicht nur die demographischen Annahmen sind fragwürdig, wie der Zuzug von Volksdeutschen aus dem Osten oder der Zustrom von Asylbewerbern zeigt. Auch besteht die Gefahr, daß aufgrund gesellschaftlicher Entwicklungen soziale Konflikte zunehmend zu gewalttätigen Entladungen führen. Das wird insbesondere bei der skizzierten fremdenfeindlichen Kriminalität deutlich.

Die kulturellen Muster der Aggressionskontrolle sind (da der unmittelbare Einfluß auf die biologischen Gewaltursachen und Kontrollmuster nicht besteht bzw. aus ethischen Gründen ausgeschlossen ist) gezielt - und zwar über das Polizei- und Strafrecht weit hinausgehend - zu pflegen und auszubauen. Dabei kommen neben staatlichen Steuerungspotentialen zur Tabuisierung und Bindung von Aggressionen auch vielfältige sozialpädagogische Anwendungsbereiche - gerade für Jugendliche in den neuen Bundesländern - in Betracht. Bei letzterem wird es - sicherlich ganz im Sinne von Max Busch - insbesondere darum gehen müssen, erlebnispädagogische Ansätze - nicht nur als Abenteuerersatz, sondern auch als Beziehungsarbeit verstärkt zu erproben.

Gefordert sind in Ost und West vor allem Eltern und Schule. Erziehung und Bildung sind jedoch bekanntlich schwierig geworden. Die Gesellschaftsordnung überliefert keine einheitlichen Wertvorstellungen mehr. Die Orientierungsmaßstäbe wechseln in unserer schnellebigen Zeit vielmehr ständig. Seit längerem sucht man nach neuen Wertbegriffen und Werthierarchien, die - je nach politischer Einstellung - das bisherige System ergänzen oder z. T. ablösen sollen. In diesem Zusammenhang ist etwa die Postmaterialismusdiskussion hervorzuheben. Kennzeichnend für unsere Gesellschaft ist also ihre Pluralität und damit auch die Vielfalt der Lebensstile. Verwiesen sei insoweit nur auf unsere ausländischen Mitbürger.

Charakteristisch ist aber auch die Permissivität der sozialen Normen und ihrer Durchsetzung. Was aber wollen junge Menschen? Sie wollen u.a. die Grenzen ihres (erlaubten) Tuns ausloten, ja gezielt überschreiten. Revolten Jugendlicher werden auch brutaler, weil die Grenzziehung zwischen Erlaubtem und Unerlaubtem immer diffuser wird und die Freiräume im Normenbereich (nicht im persönlichen Handlungsumfeld) immer großzügiger abgesteckt werden.

Diese Ausgangslage erschwert die unter Aspekten der Kriminalprävention erforderliche, an Wertmaßstäben ausgerichtete schulische - aber auch schon elterliche - Erziehung. Kleinster gemeinsamer Nenner sollte für den Schulbereich die Werteordnung unseres Grundgesetzes sein.

4.1 Das Beispiel Schule

Langfristig werden Rechtsgehorsam und Toleranz - etwa gegenüber Fremden - nur dann unsere Gesellschaft prägen, wenn - neben dem Elternhaus - die Schule im Rahmen der Erziehung entsprechende Werte und das Rechtsbewußtsein fördert. Auch die Gewaltkommission der Bundesregierung hat den Erziehungsauftrag der Schule besonders unterstrichen (Schwind/Baumann, Bd. 1, S. 68 ff.)

Rechtsbewußtsein setzt sowohl Wissen um die eigenen Rechte als auch um deren Grenzen und die Verantwortung des einzelnen für die Umwelt voraus. Die "Vernormung" aller Lebensbereiche macht diese Aufgabe besonders kompliziert, aber auch besonders notwendig. Erforderlich ist aber nicht nur die kognitive Wissensvermittlung, sondern ebenso die affektive Bindung an das Recht und nicht zuletzt zudem die didaktisch angemessene Vermittlung von Problemlösungsstrategien für den Alltag.

Das bisherige Dilemma der schulischen Erziehung rührt teilweise daher, daß sie einerseits allzu oft der falschen Fragestellung, nämlich "Anpassung oder Konfliktorientierung" aufgesessen ist und andererseits insgesamt Permissivität auch dann an den Tag legte,wenn Orientierung geboten gewesen wäre. Offenbar vernachlässigen nicht wenige Lehrkräfte insgesamt ihren Erziehungsauftrag; sie sehen sich praktisch nur als Vermittler von Wissen gemäß dem vorgegebenen Lehrplan.

Gerade vor dem Hintergrund der Gewalt in der Schule, die inzwischen auch in der Bundesrepublik Deutschland extrem zuzunehmen scheint (nach einer noch nicht veröffentlichten Studie von Klaus Hurrelmann, Universität Bielefeld, beteiligen sich rund 6 % aller Schüler ab und zu oder regelmäßig an aggressiven Aktionen und 16 % der Schüler werden unterschiedlich häufig Opfer dieser Gewalt) stellt sich die Frage nach gewalteindämmenden Maßnahmen, die über den allgemeinen Appell an den Erziehungsauftrag der Lehrerschaft hinausgehen. Zunächst sind die richtigen Fragen zu stellen. Beispielhaft lauten die entsprechenden Fragen in dem Papier des Staatlichen Schulamtes für die Stadt Frankfurt am Main "Die Gewaltdiskussion in der Öffentlichkeit und die Situation an Frankfurter Schulen - Bestandsaufnahme und Handlungsperspektiven":

"- Wie verhalte ich mich adäquat in einer Situation, die zu eskalieren droht?
- Wie läßt sich schulintern und dem Erziehungsauftrag der Schule gemäß eine gemeinsame Aufarbeitung eines Falles von Gewalt mit allen Beteiligten durchführen?
- Welche Möglichkeiten gibt es, die Gefahr der Gewalteskalation rechtzeitig zu erkennen, adäquat einzuschätzen und abzuwehren bzw. abzubauen?
- Wie können die außerunterrichtlichen Orte und Zeiten der Gewalt (z. B. Schulhof, Pausen) umgestaltet und strukturiert werden?
- Wie können gravierende Sozialisationsdefizite der Kinder in der Schule aufgefangen und aufgearbeitet werden?
- Wie lassen sich negative Schülerkarrieren rechtzeitig erkennen und vermeiden?
- Wie kann es gelingen, den tabuisierten Formen der Gewalt, insbesondere der Gewalt gegen Mädchen und Frauen, besser zu begegnen?
- Wie könnte ethisches Lernen gefördert werden?
- Wie entsteht im Kollegium bzw. in der Schulgemeinde der notwendige gemeinsame Handlungskonsens?
- Wie können Schulleitung, Kollegium und Schulgemeinde Schritte einer Weiterentwicklung der Schule, einer Gestaltung nach innen und einer Vernetzung nach außen in Gang setzen und in Gang halten?"

Bei der Beantwortung der Fragen stellt sich das Ursachenproblem. Weshalb werden Schüler (zunehmend) gewalttätig? Dazu gibt es inzwischen einige Studien mit ähnlichen Ergebnissen. In der Untersuchung aus Hamburg Langer/Wilhelm (vgl. Schwind, S. 199 ff.) wurden 1992 die Schulleiter nach ihren Motivhypothesen zur Gewalt in Schulen befragt, und zwar in offener Form, also ohne Antwortvorgaben. Dabei ergab sich das folgende Bild: 44 (von 169) Schulen führten "Sozialisationsdefizite" an, 33 Schulen das "Erziehungsverhalten der Eltern" und 21 Schulen die "soziale Lage", in der Kinder und Jugendliche aufwachsen müssen.

"Stichworte zu den *Sozialisationsdefiziten*: fehlendes Schuldbewußtsein; nachlassendes Unrechtbewußtsein; eine niedrigere Hemmschwelle bei verbalen und körperlichen Aggressionen; das Auftreten von Aggressionen aus nichtigen Anlässen; eine extreme Ich-Bezogenheit; Rücksichtslosigkeit; Intoleranz; Gleichgültigkeit; mangelndes Einfühlungsvermögen; mangelnder Respekt vor Erwachsenen;

Stichworte zum *Erziehungsverhalten der Eltern*: Eltern empfänden Gewaltanwendung bei der Durchsetzung von Interessen zunehmend als normal; das Erziehungsverhalten der Eltern impliziere Gewaltbereitschaft nach der Devise "Wehr dich, schlag zu!"; Gewalttägigkeit werde von den Eltern in Beratungsgesprächen bagatellisiert; Eltern seien häufig nicht bereit oder fähig, mit Kindern gewaltfreie Konfliktlösungsstrategien zu entwickeln und zu erproben; Eltern würden die Erziehungsarbeit der Schule zuschieben, ihre Rolle zunehmend nicht mehr im Erziehungsprozeß sehen; Eltern fehlten die Vorbilder;

Stichworte zur *sozialen Lage*: Hier wurden genannt u.a. die fehlende "soziale Durchmischung" im Einzugsbereich der Schule; die Schüler belastende Spannungen in den Familien aufgrund von Arbeitslosigkeit der Eltern; Scheidung der Eltern, welche die Kinder nicht verkraften; beengte Wohnungsverhältnisse; fehlende Freizeitangebote im Stadtteil, die attraktiv, unentgeltlich und jederzeit für kleinere Kinder zugänglich sind; verstärkte Drogenszene im Umfeld der Schule; negativer Einfluß von Jugendbanden im Stadtteil.

Konflikte mit ausländischen Schülern wurden von 20 Schulen gemeldet; diese verweisen insbesondere auf Konflikte, die aus dem jeweiligen kulturell geprägten Moral- und Ehrbegriff resultieren (z.B. Gewaltanwendung zum Zwecke der Genugtuung)."

Dazu kommen auch noch schulbezogene Faktoren, wie das Ausmaß des Interesses von Lehrern und Eltern an der schulischen Ordnung, die von den Schülern erlebte Größe der Schule bzw. des Ausmaßes der Unpersönlichkeit der Schule, das schulische Belohnungs- und Bestrafungssystem, die Unterrichtsgestaltung, der Grad des vermittelten Rechtsbewußtseins, Über- oder Unterforderung der Schüler, Reaktionen Dritter auf Schulversagen und nicht zuletzt der Anteil verhaltensgestörter Schüler.

Die unabhängige Gewaltkommission der Bundesregierung hat u.a. zur Verringerung der leistungsbedingten Schulfrustration als gewaltpräventiv angeregt, schulschwache Schüler mehr als bisher zu fördern sowie im Rahmen der Schulpflicht berufspraktische Programme einzurichten. Insbesondere für schulunwillige Schüler ab 14 Jahren sollte alternativ die Möglichkeit eines Berufspraktikums bestehen, das geeignet ist, das Selbstwertgefühl dieser Jugendlichen zu erhöhen. Die Kommission schlug aber auch beispielsweise eine Änderung der gewaltfördernden schulökologischen Voraussetzung vor: Mammutschulen sollten aufgelöst werden. An ihre Stelle müßten durch bauliche Umgestaltung kleine Schuleinheiten und durch organisatorische Maßnahmen kleinere Schulklassen bzw. kleinere Kurse treten. Daß solche Forderungen sehr schnell an die Grenzen finanzieller Machbarkeit stoßen, ist eine andere Frage.

Auch die Kultusministerien der Länder haben inzwischen das Gewaltproblem aufgegriffen. Beispielsweise versucht das Ministerium für Bildung, Jugend und Sport des Landes Brandenburg bei der Eindämmung von Rechtsextremismus und Gewalt den Schulen u.a. durch folgende Maßnahmen zu helfen:

- Förderung außerunterrichtlicher Aktivitäten zur Veränderung des sozialen Klimas an Schulen
- Erweiterung des pädagogischen Angebotes über den unterrichtlichen Bereich hinaus durch die Errichtung von Ganztagsschulen
- Fortbildungsangebote für Lehrerinnen und Lehrer zum Thema Gewalt

- Institutionalisierung und Intensivierung der pädagogisch-psychologischen Beratung an Schulen
- Einführung von Erziehungs- und Ordnungsmaßnahmen gegen gewalttätige Schüler und Schülerinnen
- Kontinuierliche und systematische Zusammenarbeit von Schule, Erziehungsberechtigten, Kirchen und Partnern der außerschulischen Sozial- und Jugendarbeit zur Verhinderung, Aufdeckung und Wirkungsbegrenzung von sozialen und politischen extremen Gruppenbildungen
- Zusammenarbeit mit den Ordnungsbehörden im Rahmen regionalen Erfahrungsaustausches.

Die Palette der Maßnahmen ließe sich fortsetzen. So wären etwa beispielsweise Maßnahmen sinnvoll wie Hausbesuche des Klassenlehrers, Elternstammtische oder (vermehrte) Klassenlehrerstunden. Insgesamt sollte durch diese Maßnahmenaufzählung primär verdeutlicht werden, daß Gewaltprävention - wie Kriminalitätsvorbeugung insgesamt - eine ressortübergreifende und gesamtgesellschaftliche Aufgabe darstellt.

4.2 Sonstige Maßnahmen

Während die soeben skizzierte (vorwiegend) primäre Prävention Gewaltkriminalität an der Wurzel treffen und - grundsätzlich langfristig - idealtypisch die "tieferen" Ursachen krimineller Verhaltensweisen beseitigen soll, geht sekundäre Prävention - prinzipiell kurzfristig - Kriminalität an der Oberfläche an. Mit sekundärer Prävention wird - täterbezogen - angestrebt, aktuell gefährdete oder tatbereite Personen durch eine Veränderung der aggressions-/kriminalitätsfördernden situativen Umwelt und in diesem Rahmen auch durch aktive Stützung normangepaßten Verhaltens von der Straftatbegehung abzuhalten. Opferbezogen soll sekundäre Prävention das potentielle Opfer gegen seine Verwundbarkeit immunisieren (z.B. durch Aufklärungskampagnen des kriminalpolizeilichen Vorbeugungsprogramms). Teritäre Prävention zielt postdeliktisch darauf ab, den überführten Straftäter vor dem Rückfall zu bewahren.

Die Palette der sekundären Gewaltprävention ist - selbst bezogen auf den schmalen Ausschnitt der hier näher betrachteten Gewaltphänomene - nahezu unüberschaubar. Mehr oder weniger willkürlich seien einzelne Präventionsaspekte angeführt. Im sozialen Bereich zählen dazu u.a.:

- Freizeitwerkstätten für Jugendliche
- Jugendlokale als Treffpunkt für kontaktsuchende Jugendliche
- Multinationale Jugendzentren
- Mädchentreffs
- Spielwohnungen/-häuser für Kinder
- Ferienangebote und -aktivitäten für junge Menschen
- Ausbildungsprojekte für Jugendliche
- Erlebnispädagogische Angebote (nicht nur als Abenteuerersatz sondern auch) als Beziehungsarbeit
- Aufsuchende Sozialarbeit/street work
- Sleep-ins, also Übernachtungsmöglichkeiten für Jugendliche ohne große Formalitäten.

Aus dem baulichen Bereich bzw. Wohnumweltbereich ist beispielsweise zu nennen:

- Revitalisierung der Innenstädter (bezogen auf Abend- und Nachtzeit)
- Nachbesserung des Wohnumfeldes von Großwohnanlagen
- Schließung unübersichtlicher Unterführungen
- Verbesserung der Straßenbeleuchtung
- Erhöhung von Reinigungsintervallen bezüglich Straßen und Plätzen.

Insgesamt wird auch hier deutlich, daß Prävention ein ressort- und ämterübergreifendes Aufgabenfeld darstellt sowie Polizei und Justiz insoweit eher am Rande tangiert werden.

Zu den kurzfristigen sekundärpräventiven Maßnahmen zählen aber ebenso polizeiliche Taktiken - etwa zur Bekämpfung der femdenfeindlichen Kriminalität. Auch dazu einige Maßnahmenfelder:

- Verstärkte Schutzmaßnahmen bei Ausländerunterkünften im Rahmen des Streifendienstes durch offene und verdeckte Überwachung
- Sensibilisierung der Bewohner von Ausländerunterkünften zum Schutz vor Anschlägen, insbesondere zum vorbeugenden Brandschutz
- Sicherheitsgespräche mit den Betreibern und Verantwortlichen von Ausländerunterkünften
- Baulich-technische Sicherheitseinrichtungen an/in Ausländerunterkünften
- Verbesserung der Kommunikationsmöglichkeiten zwischen Ausländerunterkünften und Polizei
- Verstärkte Überwachung von Ausländerunterkünften durch die Dezernate Staatsschutz und Fahndung der Kriminalpolizei
- Einrichtung örtlicher Sonderkommissionen/Ermittlungsgruppen
- Einrichtung von Sonderermittlungsgruppen beim LKA
- Intensive Aufklärung im Bereich Rechtsextremismus und Skinheads durch Kräfte S und K
- Aufruf der Bevölkerung zur Mithilfe bei der Aufklärung fremdenfeindlicher Straftaten
- Verstärkter Informationsaustausch mit Verfassungsschutzbehörden und Staatsanwaltschaften
- Durchführung von Observationen an erkannten Szenetreffpunkten bzw. einzelner Personen

5. Erfolgserwartung

Was ist von der Gewaltprävention zu erwarten?
Da in der Bundesrepublik Deutschland wissenschaftlich anspruchsvolle und damit valide Evaluierungen zu Präventionsprogrammen und -maßnahmen nicht vorliegen, bedarf es eines Blickes ins Ausland. Vorweg ist dabei zu erkennen, daß es naiv wäre, stets eindeutige und im internationalen Vergleich identische Ergebnisse vorfinden zu wollen. Bei sich teilweise widersprechenden Evaluierungsergebnissen erscheint empfehlenswert, die gemeinsamen Erfolgselemente und -bedingungen heraus-

zuschälen. So kann man etwa bei Vorbeugungsprogrammen durch massenmediale Informationen - trotz divergierender Forschungsergebnisse - feststellen, daß eine wesentliche Bedingung für den Präventionserfolg im Sinne der Einstellungsänderung des potentiellen Straftatenopfers die zielgruppenorientiert, an Lebensstil und Überzeugung des Rezipienten ausgerichtete Information darstellt.

Des weiteren zeigen Evaluierungen von Präventionsmaßnahmen, daß bei eindimensionalen Ansätzen die Auswirkungen auf Kriminalitätsvorkommen und Ausmaß der Kriminalitätsfurcht relativ beschränkt sind. Dies gilt beispielsweise für die häufig überschätzte Präventionswirkung einer verbesserten Straßenbeleuchtung. Am ehesten positiv einzuschätzen sind dabei Maßnahmen, die räumlich beschränkt sind und sorgfältig die konkreten Gegebenheiten berücksichtigen.

In den Niederlanden hat man inzwischen eine Meta-Evaluierung durchgeführt, d.h., man hat eine Vielzahl von Erfolgsbewertungen auf ihre gemeinsamen Erkenntnisse hin überprüft (Polder a.a.O., S. 2 ff):

Als Ergebnis läßt sich feststellen, daß Prävention nur dann erfolgversprechend ist, wenn "nicht gekleckert sondern geklotzt wird". Dabei darf aber das Kriminalitätsproblem in dem Raum, der Ziel der Maßnahmen ist, nicht zu dramatisch sein. Bei schwerwiegenden Kriminalitätsproblemen ist das Ergebnis des Präventionsprogramms zunächst weitgehend offen. Dabei fällt auch die "kriminelle Karriere" eines geographischen Raumes ins Gewicht. Zwei Strategien haben sich bei der Meta-Evaluierung als besonders präventionsrelevant herausgestellt:

- Die Erhöhung des Mißerfolgsrisikos für den Täter sowie
- die Erhöhung der Sanktionswahrscheinlichkeit.

Darüber hinaus war von Bedeutung, inwieweit die Schwelle für die kriminelle Energie, die der Täter aufzuwenden hat, angehoben werden konnte. Dabei kommt es jeweils weniger auf die bloße Veränderung als darauf an, daß der potentielle Täter die Veränderung wahrnimmt. Bezogen auf einzelne Projekte bedeutet dies, daß beispielsweise bei der beabsichtigten Reduzierung von Delinquenz und (überzogener) Kriminalitätsfurcht auf Bahnhöfen durch Kontrollpersonen diese in solcher Zahl vorhanden sein müssen, daß potentielle Täter und potentielle Opfer sie in ihrer Funktion wahrnehmen können.

Bei sozial gefährdeten Jugendlichen aus Randgruppen wurde beispielsweise festgestellt, daß am ehesten noch bei einem umfassenden Stützprogramm Effekte erzielt werden. D.h., daß ein zusammenhängendes Angebot gemacht werden muß, das sich vor allem auf die Gebiete Unterricht, Arbeit und Freizeit bezieht. Dies setzt aber in besonderer Weise eine intensive Kooperation vor allem der einschlägigen staatlichen und kommunalen Ämter voraus.

Auch wenn ausländische Präventionsprojekte und Evaluierungsergebnisse nicht sozusagen im Maßstab 1 : 1 auf uns übertragbar sind, so können sie doch zum einen den Lösungsvorrat bei der Gewaltprävention generell erweitern, zum anderen mit einer gewissen Filterfunktion erfolgversprechende Strategien oder Einzelmaßnahmen augenscheinlich machen. In der Bundesrepublik Deutschland sind die in die Wege geleiteten Präventionsmaßnahmen bisher noch weitgehend konventionell ausgerichtet. Einzelne Institutionen sind jedoch dabei, umfassendere Konzepte der Verbrechungsvorbeugung anzugehen.

Insoweit wäre es sehr zweckdienlich, wenn mehr als bisher kriminalpräventive Foren/Räte auf kommunaler Ebene installiert werden könnten. Gerade vergleichbare Einrichtungen auf Länderebene oder Bundesebene wären dazu aufgerufen, ausländische Erfahrungen zu eruieren, zu bewerten und auf die deutschen Verhältnisse zu transformieren.

6. Schlußbemerkung

Für die Bekämpfung der Gewaltkriminalität durch Polizei und Justiz müssen die erforderlichen Instrumente - auch gesetzlicher Art - zur Verfügung stehen. Allerdings wäre es zu wenig, vorwiegend auf die Erfolge des Repressionsansatzes zu bauen. Denn in einem Rechtsstaat muß stets sozusagen die Klinge für repressiv-einschneidende Operationen teilweise stumpf bleiben.

Dies hat zur Folge, daß der Prävention von Kriminalität und dabei vor allem der Vorbeugung krimineller Gewalt mehr Bedeutung zugemessen werden muß. Vielleicht müssen wir aber auch demnächst lernen, daß man - sogar bei professionellerer und umfassenderer Prävention - schon dann besonders erfolgreich war, wenn es gelungen ist, die negativen Konsequenzen von Kriminalität und damit auch von Gewalt zu begrenzen, selbst wenn die Verbrechen nicht verhütet werden konnten. Dies ist zumindest die skeptische Auffassung eines Sachkenners aus den von Kriminalität stark heimgesuchten USA (Reiss a.a.O., S. 24).

Für uns muß heute eine solche Aussage Anlaß eher für Ansporn als für Resignation sein - ganz unter dem Motto: "Wehret den Anfängen, bevor es zu spät ist".

Literatur:

Eckert, R.: Nullsummenideologien in der Gewaltforschung, Soziologische Revue 1992, S. 127 ff.

Felson, R. B./Tedeschi, J. T. (Eds.) Aggression and Violence, Social Interactionist Perspectives, Washington 1993

Greß, F. u.a.: Neue Rechte und Rechtsextremismus, Opladen 1988

Heitmeyer, W. u.a.: Gesellschaftliche Desintegrationsprozesse als Ursachen von fremdenfeindlicher Gewalt und politischer Paralysierung. Aus Politik und Zeitgeschichte, Beilage zur Wochenzeitung: Das Parlament B 2-3 vom 8.1.1993, S. 3 ff.

Herrman, L.: Gefahr im Verzug, Konfrontationen mit jugendlicher Gewaltkriminalität, der Kriminalist 10/1991, S. 414

IPOS: Einstellungen zu aktuellen Fragen der Innenpolitik 1992 in Deutschland, Mannheim 1992

Klinger, F.: Soziale Konflikte und offene Gewalt, Deutschland Archiv 2/1993, S. 147 ff.

Korfes, G.: In: Festschrift für John Lekschas, Bonn 1992, S. 165 ff.

Kräupl, G.: Gruppengewalt Jugendlicher in den ostdeutschen Bundesländern, Magazin für die Polizei 6/1992, S. 20 ff.

Kube, E.: Kriminalitätsvorbeugung - eine auch kommunale Aufgabe, Archiv für Kommunalwissenschaften II/1993, S. 331 ff.

Kunczik, M.: Gewaltdarstellungen - ein Thema seit der Antike, Media Perspektiven 3/1993, S. 108 ff.

Neidhardt, W.: In: Bundeskriminalamt, Was ist Gewalt?, Wiesbaden 1986, S. 109 ff.

Pilz, G.: Gewaltbereite Fußballfans - Was kann man tun, was soll man nicht tun?, DVJJ-Journal 1-2/1992, S. 88 ff.

Polder, W.: Crime Prevention in the Netherlands: Pilot projects evaluated, The Hague 1992

Reiss, A.: Crime Prevention in urban communities: a western perspective. Annales Internationales de Criminologie 1992, Bd. 30, Nr. 1 und 2, S. 24 ff.

Rolinski, K.: In: Festschrift für Jürgen Baumann zum 70. Geburtstag, Berlin 1992, S. 523 ff.

Schiffer, E.: Die Integration von Ausländern, Kriminalistik 11/1991, S. 699 ff.

Schneider, H. J.: Verhütung und Kontrolle der Gewalt, Juristenzeitung 15, 16/1992, S. 769 ff.

Schwind, H.-D.: Kriminologie, Heidelberg, 5. Aufl. 1993

Schwind, H.-D./Baumann, J.: Ursachen, Prävention und Kontrolle von Gewalt, Bde. 1 - 4, Berlin 1990

Wassermann, R.: Polizei und Massenprotest. Begünstigt Toleranz die Erosion des Rechtsbewußtseins?, Die Polizei 1/1992, S. 1 ff.

Zachert, H.-L.: Fremdenfeindlichkeit - eskaliert die Gewalt gegen Ausländer?, Die Polizei 11/1992, S. 268 ff.

Objektive Zurechnung, Fahrlässigkeit und Unrechtsschwere bei den erfolgsqualifizierten Delikten

Konrad Hobe

Die bereits mit der Reform durch das 3. StRÄG 1953 aufgeworfenen Probleme der systemgerechten Einordnung und auch der inhaltlichen Neubestimmung der erfolgsqualifizierten Delikte erscheinen trotz reichhaltigen Schrifttums hierzu[1] auch heute noch nicht gelöst. Dieses mag damit zusammenhängen, daß in den letzten Jahren im Bereich von Fragen, die zwar erheblich weiterreichender sind, aber auch die genannten Probleme der erfolgsqualifizierten Delikte betreffen, grundlegende Bewegungen stattgefunden haben. Als Stichworte seien hierfür die objektive Zurechnung und die Fahrlässigkeit genannt, die gleichfalls - sogar in noch größerem Umfang - Gegenstand von Untersuchungen waren[2]. Eine Erörterung der genannten Probleme der erfolgsqualifizierten Delikte, wie sie hier vorgenommen werden soll, kann sich allerdings mit diesen umfassenden Fragen nur mit Bezug auf das hier angeschnittene Thema und teilweise lediglich thesenhaft befassen. Auch hinsichtlich der erfolgsqualifizierten Delikte selber muß sich die Untersuchung mit einigen Aspekten begnügen.

Zunächst zur Themenabgrenzung: Die Bezeichnung "erfolgsqualifizierte" Delikte umfasst zwar alle Vorsatzdelikte, die als Grunddelikte in einem besonderen Strafrahmen zu einer schwereren tatbestandlichen Folge führen[3]. Für die Zwecke dieser Untersuchung wird der Ausdruck jedoch mit Hinblick auf das geltende Recht in einem engeren Sinne genommen. Gemeint sind hier allein solche Straftatbestände, in denen der Täter durch das Vorsatzdelikt einen weiteren tatbestandlichen Erfolg fahrlässig oder leichtfertig herbeigeführt hat[4]. Hierher werden auch die Fälle gerechnet, in denen der - leichtfertig - herbeigeführte weitere Erfolg in dem Tatbestand als Regelbeispiel eines besonders schweren Falles genannt ist.[5]

Hinsichtlich der Bezeichnung wird bei dieser engeren Fassung allerdings in Kauf genommen, daß der traditionelle Ausdruck "erfolgsqualifiziert" nunmehr gerade für Delikte verwendet wird, für die er an sich nicht mehr zutrifft, weil diese Delikte seit der Einführung des Erfordernisses, daß der Täter "die Folge wenigstens fahrlässig herbeigeführt hat" durch das 3. StRÄG von 1953 - § 56 aStGB - ausdrücklich nicht mehr, wie der Ausdruck der Sache nach meint, allein durch den Erfolg qualifiziert sind. Eine andere Bezeichnung hat sich jedoch noch nicht durchgesetzt.

Aus dem Kreis dieser Delikte befaßt sich die vorstehende Untersuchung zum Zweck der Konzentration lediglich mit dem Hauptfall, der Herbeiführung des Todes[6], und läßt die anderen Fälle der Herbeiführung einer weiteren Folge bei diesen Delikten, also insbesondere die Herbeiführung einer schweren Körperverletzung, der Todesgefahr oder der Gefahr einer schweren Gesundheitsschädigung[7] außer Betracht.

I.

Die erfolgsqualifizierten Delikte lassen sich in einer ersten Annäherung als "Vorsatz - Fahrlässigkeits - Kombinationen" - die Leichtfertigkeit dabei als Form der Fahrlässigkeit gesehen[8] - bezeichnen[9]. Diese Kennzeichnung kommt jedoch auch Idealkonkurrenzfällen sowie den Tatbeständen zu, in denen der Vorsatzteil nicht bereits ein eigenes Delikt bildet. Die erfolgsqualifizierten Delikte sind lediglich Fälle dieser Kombinationen.

Näheres ergibt sich bei einem Blick auf die Struktur, die die Kombination hier annimmt[10]. Von der Struktur her läßt sich bei diesen Tatbeständen das Vorsatzdelikt, ohne damit allerdings seinen eigenen Deliktscharakter auszuschöpfen, als Konkretisierung der Tathandlung des Fahrlässigkeitsdelikts verstehen. Es handelt sich somit strukturell bei den erfolgsqualifizierten Delikten um Fahrlässigkeitdelikte, bei dem das Verhalten, das ungewollt den weiteren Erfolg verursacht, tatbestandlich umschrieben ist[11].

Das macht es erforderlich, zunächst auf das Fahrlässigkeitsdelikt überhaupt, hier eingeschränkt auf das fahrlässige Erfolgsdelikt, einzugehen. Nach dem allgemeinen strafrechtlichen Ansatz, Verhaltensweisen und ihre Erfolge zunächst nach der sehr weit gefaßten Äquivalenztheorie einer Person zuzuordnen und diese Zuordnung dann weiter zu konkretisieren, gehört es auch zu dem Fahrlässigkeitsdelikt, daß der Täter den Erfolg in diesem Sinn herbeigeführt haben muß.

Der Kausalzusammenhang nach Maßgabe der Äquivalenztheorie ist eine notwendige, aber naturgemäß keineswegs hinreichende Voraussetzung auch für die Annahme fahrlässig - tatbestandsmäßigen Verhaltens[12]. Damit ist die Frage aufgeworfen, welche weiteren Voraussetzungen beim Fahrlässigkeitsdelikt vorliegen müssen.

Hierfür ist Ausgangspunkt in tatsächlicher Hinsicht, daß wohl ein jedes willensgetragene menschliche Verhalten auch ungewollte Auswirkungen hat[13]. Genauer: das vom Willen getragene Verhalten setzt auch Risiken nicht gewollter weiterer Erfolge, wobei sich ein jedes dieser Risiken auf vielfältige Weise verwirklichen kann[14]. So kann sich z.B. ein ungewollt gesetztes Todesrisiko in einer Weise verwirklichen, die naheliegend, sich sogar aufdrängend ist, aber auch in einer Weise, die ganz fernliegend ist und nur durch kuriose, ungewöhnliche Umstände eintritt.

Ferner: Man kann annehmen, daß zur Rechtsordnung als einer Friedensordnung eine allgemeine Sorgfaltspflicht gehört, nach der der einzelne zur Vermeidung nicht gewollter, aber vorhersehbarer und auch tatsächliche vermeidbarer schädlicher Folgen seines Verhaltens verpflichtet ist[15]. Sache des Strafrechts ist es, zu bestimmen, in welchem Umfang eine Nichtbeachtung der Sorgfaltspflicht auch strafrechtlich relevant und zu sanktionieren ist[16].

Das heißt im einzelnen: Die Frage, die Mißachtung welcher Sorgfaltspflicht strafrechtlich verboten ist, betrifft eine spezifische Problematik der Fahrlässigkeitsdelikte. Die weitere Frage, welche Verwirklichungen des Risikos, das durch Nichtbeachtung dieser Sorgfalt entstanden ist, zurechenbar sind, um strafrechtliche Relevanz zu begründen, verweist in einen anderen Zusammenhang, nämlich in den umfassenderen der Reichweite der strafrechtlichen Tatbestände und letztlich des Strafrechts überhaupt[17]. Dieser Kontext gibt auch den Rahmen ab für die Frage nach der strafrechtlichen Sorgfaltspflicht. Zunächst sei deshalb der zweiten Frage, der Frage nach der strafrechtlichen Relevanz einer Risikoverwirklichung nachgegangen.

Eine geschaffene Gefahr enthält stets ein ganzes Bündel möglicher Realisierung[18]. Jeder eingetretene Erfolg war vorher als eine mögliche Form der Verwirklichung eines Risikos "da". Ein Risiko hat sich nur dann nicht verwirklicht, wenn es gar nicht kausal geworden ist, z.B.: ein Autoschlosser vergißt nach dem Reifenwechsel die Radschrauben fest anzuziehen; außerdem funktioniert wegen mangelhafter Reparatur die Hupe nicht. Der Pkw-Fahrer erleidet wegen der lockeren Radschrauben einen tödlichen Unfall. Die Gefahr, die durch die fehlerhafte Hupe entstanden ist, hat sich nicht verwirklicht. Die Aussage, eine Gefahr habe sich nicht verwirklicht, meint jedoch in den meisten Fällen, sie habe sich nicht in strafrechtlich relevanter Weise verwirklicht. D.h. das Ergebnis folgt nicht aus den Tatsachen, sondern aus ihrer Beurteilung.

Generell läßt sich hier folgendes annehmen. Die Zurechnung eines Erfolges wäre unverständlich, wenn er nicht, über die Äquivalenz hinaus, auch in einem sozialen Sinn noch als Ausdruck des Täterverhaltens anzusehen ist. Das Strafrecht kann mit seinen Reaktionen den einzelnen nur für solche Erfolge verantwortlich machen, die ihm auch im sozialen Sinn zugerechnet werden können.

Das hat verschiedene Konsequenzen. So wird ein strafrechtliches Verbot nicht aufgestellt, um Folgen zu verhindern, die nur auf ganz ungewöhnliche Weise, durch bestimmten atypischen Kausalverlauf[19], eingetreten sind oder die Realisierung einer Alltagsgefahr darstellen.[20] Im vorstehenden Zusammenhang ist insbesondere die Beurteilung der Intervention eines anderen, sei es des Opfers oder eines Dritten, von Interesse.

Hinsichtlich des Verhaltens des Opfers und des Eingreifens eines Dritten geht es um die Abgrenzung der verschiedenen Verantwortungsbereiche. Den Einzelheiten der dazu vertretenen Auffassungen[21] braucht hier jedoch nicht nachgegangen zu werden. Letztlich dürfte es darauf ankommen, ob das Verhalten des anderen das Täterverhalten in seinem sozialen Sinn verdrängt. Hilfreich kann hier auch Burgstallers Formulierung sein, wenn man den dort erwähnten Risikozusammenhang auf die objektive Zurechnung bezieht: " Bei nachträglichem Fehlverhalten eines Dritten oder des Verletzten selbst den Risikozusammenhang auszuschließen, ist dann angebracht, wenn das nachträgliche Fehlverhalten für den eingetretenen Enderfolg ein derart großes erlebnismäßiges Gewicht erhält, daß es den Zusammenhang dieses Erfolges mit dem Verhalten des Täters ganz in den Hintergrund treten läßt."[22] Das ist jedenfalls dann gegeben, wenn das Opfer oder der Dritte grob fahrlässig[23], gänzlich unverständlich handeln.

Diese Abgrenzung legitimiert sich aus der Interpretation der strafrechtlichen Tatbestände, letztlich aus der Reichweite[24] der strafrechtlichen Verbote schlechthin: es ist nicht Aufgabe des Strafrechts, in den in dieser Weise ausgegrenzten Fällen zu sanktionieren, selbst wenn der Täter in strafrechtlich relevanter Weise sorgfaltswidrig gehandelt hat[25]. Sie ergeben sich aus der Beurteilung der Risikoverwirklichung.[26] Der Ausdruck "objektive Zurechnung" sollte sich auf diesen Aspekt beschränken[27], nicht zuletzt, um die strafrechtliche relevante Form der Risikoverwirklichung von dem nunmehr zu erörternden ganz anderen Problem der strafrechtlich relevanten Form des Risikoverhaltens zu unterscheiden. Außerdem wird die objektive Zurechnung sonst zu einem Sammelbecken unzusammenhängender Elemente.[28]

Mit Hinblick auf die Verhaltensweisen, die zu dem Risiko geführt haben, können weitere Formen der Risikoverwirklichung strafrechtlich irrelevant sein. Hier bestehen als spezifische Probleme der Fahrlässigkeitsdelikte die strafrechtliche Relevanz eines Verhaltens, das eine spezielle Sorgfaltspflicht außer acht läßt, ferner, eines Verhaltens, für das eine spezielle Sorgfaltspflicht nicht besteht. Die erfolgsqualifizierten Delikte gehören zu der zweiten Gruppe, während die meisten Fahrlässigkeitsdelikte zur ersten Gruppe gehören. Zunächst sind einige Ausführungen zur ersten Gruppe als Einstieg in die gemeinsame Grundproblematik beider Gruppen geboten.

Hinsichtlich der speziellen Sorgfaltspflicht dürfte im wesentlichen die folgende so oder so formulierte Übereinstimmung bestehen.

Es gibt im sozialen Leben eine Fülle von Sorgfaltspflichten. Sie bedeuten einerseits den Schutz des einzelnen vor Gefahren, begrenzen aber andererseits auch den Schutz. Dies geschieht einmal im Interesse der Handlungsfreiheit, ausserdem aber auch im Interesse der Reibungslosigkeit bestimmter Abläufe, z.B. des Straßen- oder des Luftverkehrs, der Arbeit in einem Industriebetrieb usw. Diesen Einrichtungen wird solche Bedeutung beigemessen, daß in ihrem Interesse der einzelne Einschränkungen seines Schutzes hinnehmen muß[29].

Es verdient, hervorgehoben zu werden, daß diese speziellen Sorgfaltspflichten nicht ohne weiteres als strafrechtliche Sorgfaltspflichten anzusehen sind. Maßgeblich ist vielmehr, ob sie auch vom Strafrecht als Grundlage einer Reaktion anerkannt ist. Für die Reibungslosigkeit des Ablaufs gelten viele Regeln, die lediglich auch der Gefahrvermeidung dienen. Es ist mit der Setzung der Regeln noch offen, inwieweit die Nichtbeachtung gerade einer solchen Sorgfaltspflicht auch strafrechtlich zu ahnden ist. Dieses ergibt sich nur aus der Aufgabenstellung des Strafrechts selber. Es bedarf also noch der Kriterien zur Bestimmung der strafrechtlichen Relevanz dieser Sorgfaltspflicht.

Generell läßt sich sagen, daß strafrechtlich relevant ein Verhalten nur sein kann, wenn eine Abwägung ergibt, daß der vom Täter beanspruchte Freiheitsraum oder das zum reibungslosen Ablauf Erforderliche den Schutz des Opfers unerträglich beeinträchtigt, so daß zur Aufrechterhaltung der Rechtsordnung als einer Friedensordnung eine strafrechtliche Reaktion geboten ist. Dementsprechend ist eine Sorgfaltspflicht strafrechtlich irrelevant, wenn sie in diesem Sinn unerträgliche Gefährdungen gestattet[30] oder tolerierbare Risiken verbietet. Allgemein sind ferner angesichts der Gewichtigkeit des strafrechtlichen Reaktionsapparates geringfügige Fälle ausgeschlossen. Letztlich wird mit dieser Abwägung bestimmt, ob es sich um "die Schaffung einer nicht mehr tolerierten Gefahr gegenüber dem Rechtsgut"[31] handelte[32].

Im einzelnen ist nicht zuletzt nach dem Ursprung der zu beurteilenden Sorgfaltspflicht zu differenzieren. Wenn sie auf dem Recht beruht, so handelt es sich um eine Grenzziehung, die grundsätzlich auch für das Strafrecht gilt. Anders, wenn es sich um "Kunstregeln", "Vorschriften", "Normen", "Richtlinien" oder "Empfehlungen"[33] von nicht staatlichen

"Normen", "Richtlinien" oder "Empfehlungen"[33] von nicht staatlichen "Normungsverbänden"[34] u. dgl. handelt. Hier können Sorgfaltspflicht und strafrechtliche Beurteilung leichter auseinanderfallen[35]

Besteht eine strafrechtlich anerkannte Sorgfaltspflicht, so gibt es bei ihrer Einhaltung auch strafrechtlich erlaubte Risiken[36]. Die Verwirklichung dieses Risikos ist ein Unglück, aber kein Unrecht[37]. Aber auch bei Verletzung dieser Sorgfaltspflicht braucht ein relevantes Risiko nicht entstanden zu sein. Wird durch die Verletzung der Sorgfaltspflicht ein Risiko geschaffen, so braucht die eingetretene Verwirklichung dieses Risikos nicht zu denen zu gehören, um deren Vermeidung willen die Sorgfaltspflicht aufgestellt wurde: der Erfolg liegt außerhalb des Schutzzweckes der Norm[38]. Der Umfang des Schutzzweckes ergibt sich aus der Interpretation der Norm selber. Aber selbst wenn der eingetretene Erfolg innerhalb des Schutzzweckzusammenhanges liegt, kann die Sorgfaltspflichtverletzung sich nicht auf das Risiko ausgewirkt haben, weil dieses in der selben Höhe auch ohne die Verletzung eingetreten wäre. Es fehlt dann der Risikozusammenhang[39].

Bei den erfolgsqualifizierten Delikten besteht eine andere Situation. Bei ihnen gibt es eine so oder so geartete spezielle Sorgfaltspflicht nicht. Es gibt keine, jedenfalls keine rechtlich relevante Regeln über das sorgfältige körperlich Verletzen, Vergewaltigen oder Berauben.

Es kann jedoch, wie oben dargelegt, mit Hinblick auf die Rechtsordnung als Friedensordnung von einer allgemeinen Sorgfaltspflicht ausgegangen werden, die auf die Vermeidung ungewollter schädlicher Folgen bei allem willentlichen Verhalten, also auch dann, wenn dieses bereits ein Vorsatzdelikt ist, abzielt. Auch wer ein Vorsatzdelikt begeht, muß nach dieser Pflicht die Gefahr eines weiteren objektiv zurechenbaren Erfolges vermeiden. Auch der Körperverletzer, der Vergewaltiger, der Räuber sind verpflichtet, über das Verbot dieser Handlungsweisen hinausgehende objektiv zurechenbare schädliche Folgen zu vermeiden[40].

Die Frage ist, unter welchen Voraussetzungen die Verletzung dieser Pflicht strafrechtlich relevant ist.

Hat der Täter den Erfolg durch ein Vorsatzdelikt herbeigeführt, das auch Grunddelikt eines erfolgsqualifizierten Deliktes ist, so steht dem

Interesse des Schutzes des Opfers weder ein Interesse an dem reibungslosen Ablauf einer Einrichtung noch ein legitimes Freiheitsinteresse des Täters entgegen. Es ist vielmehr durch dieses Vorsatzdelikt in typischer Weise ein intolerables Risiko gesetzt.

Zum Fahrlässigkeitsdelikt gehört somit als Verletzung einer Sorgfaltspflicht die Schaffung eines intolerablen Risikos, dessen Verwirklichung nach ihrem sozialen Sinn noch Ausdruck des Täterverhaltens ist. In dieser Umschreibung ist die subjektive Unrechtsseite durch den Ausdruck "Schaffung" lediglich ganz allgemein gekennzeichnet. Es ist grundsätzlich belanglos, auf welche Weise der Täter dieses Risiko geschaffen hat, wenn er nur nicht hinsichtlich der Verwirklichung des Risikos vorsätzlich gehandelt hat. Hinzuzusetzen ist hier auf der subjektiven Unrechtsseite allerdings noch, daß der Erfolgseintritt vorhersehbar und die Schaffung des Risikos vermeidbar gewesen sein muß[41]. Sonst kann die Verletzung einer Sorgfaltspflicht kein Unrecht sein. Auch sind beide Merkmale nicht notwendig mit der objektiven Unrechtsseite gegeben[42].

Die strafrechtlich relevante Verletzung der Sorgfaltspflicht löst sich in diese einzelnen objektiven und subjektiven Unrechtsmerkmale auf. Trotzdem sollte sie als genereller Orientierungspunkt nicht aufgegeben werden[43].

Das Vorhandensein eines Vorsatzdeliktes, das auch das Grunddelikt eines erfolgsqualifizierten Deliktes ist, war im vorstehenden lediglich ein Argument für die Annahme fahrlässigen Verhaltens. Eine andere Frage ist, ob nunmehr auch ein erfolgsqualifiziertes Delikt anzunehmen ist, oder lediglich Idealkonkurrenz zwischen Vorsatz- und Fahrlässigkeitsdelikt. Das ist eine Frage der Unrechtsschwere.

II.

Wenn ein Vorsatzdelikt und ein Fahrlässigkeitsdelikt tateinheitlich zusammentreffen, so ist dafür nach geltendem Recht mit der Idealkonkurrenz eine bestimmte Unrechtsstufe vorgesehen. Um eine höhere Unrechtsstufe anzunehmen, müssen demnach weitere Gesichtspunkte, die eine Unrechtserhöhung begründen, vorliegen.

Aus der Kombination allein ergibt sich kein höherer Unrechtsgehalt[44]. Ob sich aus der Eigenart des Vorsatzdeliktes, das als Grunddelikt dient, etwas anderes ergibt, wird später zu erörtern sein[45].

Eine gesteigerte Form liegt indessen jedenfalls dann vor, wenn die einzelnen objektiven und subjektiven Unrechtsmerkmale, soweit sie graduierbar sind, in einer mit Hinblick auf den Rechtsgüterschutz gesteigerten Form vorliegen. Bei einem Fahrlässigkeitdelikt liegt es nahe, nach verschiedenen steigerungsfähigen Elementen der Fahrlässigkeit Ausschau zu halten, obwohl es auch ganz andere einfügbare Elemente sein könnten. Unter dem Gesichtspunkt der Steigerungsfähigkeit ergibt sich: Der Täter kann ein besonders hohes Risiko geschaffen haben, das für ihn nicht nur vorhersehbar war, sondern sich ihm geradezu aufdrängte, ob er es nun bemerkt hat oder nicht, und das ohne weiteres vermeidbar war.

Aber damit ist der Kreis der in Betracht kommenden Gesichtspunkte noch nicht erschöpft. Das Grunddelikt fügt sich in den Fahrlässigkeitsteil des erfolgsqualifizierten Deliktes ohne weiteres als Konkretisierung des sonst beim Fahrlässigkeitsdelikt farblos bleibenden "Schaffens" ein. Die damit im Tatbestand sichtbar gewordene "sinnstiftende Verhaltenstendenz"[46] braucht sich jedoch nicht auf den Vorsatzteil und das tatbestandlich näher Umschriebene zu beschränken. Der Täter kann vielmehr Verhaltenstendenzen an den Tag legen, die gerade dazu führen, daß es zu der sich aufdrängenden erhöhten Gefahr kommt. Diese Tendenz ergibt sich aus einer Beurteilung des Verhaltenssinnes. D.h. es wird neben psychologischen Momenten - die sogar völlig zurücktreten können - insbesondere der tatsächliche Ablauf beurteilt. Es kommt darauf an, ob der Täter durch sein Verhalten den Erfolgseintritt zwar nicht gewollt, aber doch, objektiv gesehen, mit einer vielleicht unreflektierten und damit unbewußten "Strategie"[47] intensiv gefördert hat. Es kann eine "besondere Handlungsintensität"[48] vorliegen. Er gerät damit hinsichtlich des weiteren Erfolges in die Nähe zur Vorsatztat[49]. Die Beurteilung der Verhaltenstendenz steht nicht isoliert neben den anderen Merkmalen. Insbesondere läßt sich von ihr aus bestimmen, ob das vom Täter geschaffene Risiko erhöht war[50]. Man kann davon ausgehen, daß in den einzelnen Grunddelikten die weitergehende Gefahr latent vorhanden ist und daß sie sich - häufig blitzartig - durch entsprechend intensives Täterverhalten zur aktuellen großen Gefahr zuspitzt. Gesetzestechnisch läßt sie sich, in einem spezifischen, für die erfolgsqualifizierten Delikte geltenden Sinn als "Leichtfertigkeit" bezeichnen[51]. Die Leichtfertigkeit wäre somit in den Tatbeständen der erfolgsqualifizierten Delikte, in denen sie nicht erwähnt ist, als ungeschriebenes strafeinschränkendes Tatbestandsmerkmal zu ergänzen[52].

Mit den Momenten, ob der Täter durch eine entsprechende Strategie im Rahmen des leicht Vorhersehbaren und des ohne weiteres Vermeidbaren ein erhöhtes Risiko geschaffen hat, wird eine Form besonders gefährlichen Verhaltens erfaßt. Das Vorsatzdelikt läßt sich als aggressiver Akt verstehen. Eine Aggression als Fall willentlichen menschlichen Verhaltens kann streuen, d.h. aus der aggressiven Gesamthaltung heraus zu weiteren verletzenden Folgen führen. Die Aggression hat dann einen vom Willen umfaßten Kern, umgeben von einem Streufeld. Die Aggression ist besonders gefährlich, wenn sie, objektiv gesehen, eine Strategie verkörpert, die böse Erfolge aus dem Streubereich sozusagen dicht an den Kern heranrückt. In diesem Fall provoziert die gewollte Aggression geradezu die weitere Folge. Beides zusammen konstituiert das einheitliche Phänomen einer Streuaggressivität.

Dieser weitere Erfolg kann dem Aggressiven als möglich erschienen sein. Er kann ihn aber auch, obwohl er ihn durch sein Verhalten fördert, wegen der Konzentration auf das gewollte Ziel, überhaupt nicht wahrnehmen, obwohl er bei diesem Vorgehen besonders leicht vorhersehbar und auch vermeidbar war.

Die durch die einzelnen Merkmale umschriebene spezifische Streuaggressivität stört in besonderem Maße den Rechtsfrieden und rechtfertigt damit die Annahme einer höheren Unrechtsstufe[53].

Eine höhere und besonders leicht vorhersehbare Gefahr, auf die der Täter intensiv hingearbeitet hat, begründet dabei den höheren Unrechtsgehalt eines Verletzungsdelikts nur, wenn sich die Gefahr im Erfolg ausgewirkt hat. Das ist der Fall, wenn der objektiv zurechenbare Erfolg ohne das Verhalten, das sich in seinem objektiven Sinn als ein gefahrerhöhendes intensives Hinwirken darstellt, nicht eingetreten wäre. Ob es kriminalpolitisch geboten ist, bereits die intensive Schaffung einer besonders hohen Gefahr als solche zu pönalisieren, ist eine andere Frage, die hier ausgeklammert bleibt.

Es ist eindeutig, daß diese höhere Unrechtsstufe nicht im Rahmen der bestehenden Idealkonkurrenz - Regelung erfaßbar ist. Es wäre allerdings untunlich, deshalb den Strafrahmen für die Idealkonkurrenz zu erweitern. Dieses würde zu Unzuträglichkeiten bei anderen Formen der Idealkonkurrenz führen[54].

Betrachtet man die einzelnen Vorsatzdelikte, die der Gesetzgeber als Grunddelikte verwendet hat, so zeigt sich, daß sich aus ihrer Verbindung mit dem Fahrlässigkeitsdelikt weitgehend die Umschreibung einer solchen Streuaggressivität ergibt[55]. Mit der Vergewaltigung schafft der Täter in aller Regel eine brisante Situation, die blitzartig für das Opfer lebensbedrohend wird, wenn es sich wehrt und nun der Täter während der Vergewaltigung panikartig mit fataler Folge reagiert. Das heißt, daß mit der Vergewaltigung regelmäßig eine Handlungsintensität erreicht wird, mit der auch weitere schlimme Folgen in engem Zusammenhang stehen. Auch beim Raub ist durch die Gewaltanwendung in der Regel bereits die brisante Situation geschaffen, die, zur Brechung des Widerstandes des Opfers, fatale Folgen haben kann. Bei der Geiselnahme liegt mit dem Vorsatzdelikt ebenfalls regelmäßig eine streuaggressive weitere Gefährdung vor. Anders ist es z.B., wenn der Täter besondere Maßnahmen zum Schutz der Geisel getroffen hat. Auch bei der Körperverletzung, die selber zur weiteren fatalen Folge führt, liegt in der Regel streuaggressives Verhalten vor. Anders ist es allerdings z.B. bei einer Rauferei, bei der die weitere fatale Folge zwar vorhersehbar, aber doch durch das Verhalten nicht direkt provoziert war. Ausserdem kann bei bestimmten Konstellationen die höhere Unrechtsstufe wegfallen. Hierzu sogleich unter III.

Mit Hinblick auf die genannten unrechtserhöhenden Merkmale ergibt sich einiges für die Struktur der erfolgsqualifizierten Delikte.

Wenn das erfolgsqualifizierte Delikt als erhöhte Unrechtsstufe die Zuspitzung einer Gefahr ist, so ist es sinnvoll, als Vorstufe ein Vorsatzdelikt zu nehmen, das typischer Weise in sich bereits die Tendenz zu dieser höheren Gefahr trägt[56]. D.h. es ist sinnvoll, als Vorstufe solche Delikte auszuscheiden, die in der Regel diese typische Gefahr nicht mit sich bringen, obwohl sie im Einzelfall, etwa einer Beleidigung oder eines Diebstahls, durchaus auch von ihnen ausgehen kann.

Aus dem Zweck des Gesetzes, dem Umschlagen der im Grunddelikt ruhenden erhöhten Gefahr entgegenzutreten, ergibt sich ferner, daß "typische" Gefahren alle die von dem Grunddelikt ausgehenden sind, die unter Berücksichtigung entsprechenden Täterverhaltens leicht in eine erhöhte Gefahr übergehen können, gleichgültig, ob sie durch den Erfolg oder durch das Verhalten vermittelt werden. Ob dieses auch bei einem anderen Delikt entsprechend geschehen kann, ist unerheblich[57].

Offen ist damit allerdings noch, warum nicht durch die Strafrahmen einem erhöhten Unrechtsgehalt auch dann Rechnung getragen wird, wenn es sich um ein hier untypisches Delikt - wie die Beleidigung, den Diebstahl - oder um ein nicht bereits als solches strafbares Verhalten handelt, die zur qualifizierten Fahrlässigkeit führen. Diese Frage wirft grundsätzliche Probleme der Unrechtsstufung und der kriminalpolitischen Konzeption auf, denen hier nicht weiter nachgegangen werden kann. Es sei lediglich vermerkt, daß dann das durch die Grunddelikte einigermassen fest umrissene Gebiet verlassen würde.

Es sei nunmehr die hier versuchte Abgrenzung anhand der Erörterung typischer Konstellationen näher dargelegt und insbesondere mit der Rechtsprechung zu diesen Fallgestaltungen verglichen.

III.

Der BGH hat seine Auffassung zu den erfolgsqualifizierten Delikten insbesondere mit Hinblick auf § 226 StGB entwickelt. Grundlegend sind die Ausführungen zum sog. Rötzel-Fall, der inzwischen 24 Jahre zurückliegt[58]. Dort ist folgendes ausgeführt. Für § 226 StGB sei über die Kausalität hinaus eine "engere Beziehung" zwischen der Körperverletzungshandlung und dem tödlichen Erfolg erforderlich. Dieses ergebe sich "aus Sinn und Zweck des § 226 StGB": "Entgegengewirkt werden sollte mit der Schaffung der Vorschrift der der Körperverletzung anhaftenden spezifischen Gefahr des Eintritt des qualifizierenden Erfolges". § 226 StGB liege deshalb nur vor, wenn sich in dem Erfolg "die dem Grundtatbestand eigentümliche Gefahr niedergeschlagen hat."[59]

Dem BGH geht es mit dieser Argumentation, die er anhand eines Falles des besonderen Opferverhaltens und auch mit Hinblick auf Drittinterventionen entwickelt hat, nicht um die Bestimmung der Grenze, die sich für die Fahrlässigkeitsdelikte schlechthin ergibt. Denn bei Verneinung des erwähnten "Niederschlags" der Gefahr kann noch, wie es in der Entscheidung ausdrücklich heißt[60], Idealkonkurrenz in Betracht kommen. Es geht ihm darum, ein Kriterium für die höhere Unrechtsstufe, die die Annahme des erfolgsqualifizierten Delikts legitimiert, zu entwikkeln.

Unter der Annahme, daß in dem Grunddelikt bereits stets gesteigertes Unrecht verkörpert ist, ist es plausibel, daß sich der für die erfolgsqualifizierten Delikte erforderliche höhere Unrechtsgrad dann verwirklicht hat, wenn das Grunddelikt sich auf den Erfolg ausgewirkt hat, dort also seinen Niederschlag gefunden hat.

Nun hat nach Auffassung des BGH der Niederschlag nicht mehr stattgefunden, wenn der Erfolg "unmittelbar erst ... durch das Verhalten des Opfers selbst"[61] herbeigeführt wurde. Das ist nicht überzeugend[62]. Das Verhalten hat seinen Niederschlag in dem Erfolg gefunden, der objektiv zurechenbar ist. Bereits bei der einfachen Fahrlässigkeit ist ein Erfolg dem Täter jedoch objektiv zurechenbar, wenn das Opferverhalten nicht solches erlebnismäßige Gewicht erhält, daß es den Zusammenhang zwischen dem Zweiterfolg und dem Täterverhalten ganz in den Hintergrund treten läßt. Konsequent muß dieser Grundsatz auch gelten, wenn das Täterverhalten in einem Vorsatzdelikt besteht: Der Unrechtscharakter des Vorsatzdelikts hat seinen Niederschlag in dem Erfolg gefunden, wenn das erlebnismäßige Gewicht des Opferverhaltens nicht völlig überwiegt. Das heißt, es kann seinen Niederschlag in einem Erfolg auch dann finden, wenn diesen unmittelbar das Opfer herbeigeführt hat. Damit zeigt sich, daß das Kriterium der Unmittelbarkeit die Grenze an der falschen Stelle zieht.

Geht man davon aus, daß sich der für das erfolgsqualifizierte Delikt erforderliche gesteigerte Unrechtsgehalt nur verwirklicht hat, wenn der Täter im Rahmen des Grunddelikts durch Verhalten, das sich objektiv als intensives Hinwirken im Rahmen einer Gesamtaggressivität darstellt, eine leicht vorhersehbare große Gefahr geschaffen hat, die sich nun auswirkt, so ergibt sich auch, welches Kriterium statt dessen maßgeblich ist: es kommt darauf an, ob das Verhalten des Opfers durch die Art der Begehung der Vortat vorgeformt ist, das Opfer zu seinem Verhalten soz. provoziert wurde.

So lag es im Rötzel-Fall, bei dem § 226 StGB hätte zur Anwendung kommen müssen[63]. In späteren Entscheidungen über die Rolle des Verhaltens des Opfers hat der BGH unter dem Aspekt der Unmittelbarkeit sinngemäß nur noch die objektive Zurechnung, die bereits zur einfachen Fahrlässigkeit erforderlich ist, geprüft und auf ein unrechtserhöhendes Merkmal gar nicht mehr abgestellt. So soll es bei § 226 StGB bereits genügen, wenn die Folge oder die Tat "nach Art, Ausmaß und Schwere den Eintritt des Todes besorgen läßt"[64]. Das ist jedoch bereits für die einfache Fahrlässigkeit erforderlich. Allerdings lag auch in den entschiedenen Fällen streuaggressives Verhalten, das zu einem erhöhten Risiko führte, vor[65].

Beim Eingreifen Dritter hat sich nach Auffassung des BGH - entsprechend der hinsichtlich des Opferverhaltens entwickelten Theorie - jedenfalls bei § 226 StGB das Täterverhalten nicht im Erfolg niedergeschlagen, weil er gleichfalls unmittelbar erst durch den Dritten herbeigeführt wurde. Auch hier ist das Kriterium der Unmittelbarkeit nicht überzeugend. Der allgemeine Grundsatz, daß der Zweiterfolg dem Täter dann objektiv zurechenbar ist, wenn das Drittverhalten, das den Erfolg unmittelbar herbeigeführt hat, nicht mit seinem erlebnismäßigen Gewicht ganz überwiegt, gilt auch, wenn das Täterverhalten in der Begehung eines Vorsatzdelikts bestand. Auch in diesen Fällen hat das Verhalten des Täters, da es objektiv zurechenbar ist, im Erfolg seinen Niederschlag gefunden.

Auch hier kommt es vielmehr darauf an, ob der Täter durch sein Verhalten im Rahmen des Grunddelikts das schädigende Verhalten des Dritten vorbereitet, soz. provoziert hat, und damit eine leicht vorhersehbare, große Gefahr geschaffen hat. Das ist z. B. anzunehmen, wenn der Täter das Opfer auf einer unübersichtlichen belebten Straße niedergeschlagen hat, wo es überfahren wird[66]. Anders ist es, wenn ein Arzt den Tod durch einen leichten Kunstfehler herbeiführt. Auch dann ist der Tod objektiv zurechenbar. Der Täter hat aber nicht auf ihn hingearbeitet. Er ist nicht Bestandteil einer Gesamtaggressivität. Im sog. Hochsitz - Fall[67] hätte deshalb § 226 StGB nicht angenommen werden dürfen[68]. Dagegen wäre im sog. Geiselnahme - Fall[69] eine zurechenbare Todesfolge gem. § 239b Abs. 2 StGB zu bejahen gewesen.

Mit der - hier als Beispiel genommenen - vorsätzlichen Körperverletzung ist nicht selten die Gefahr verbunden, daß das Opfer stürzt oder fällt und erst dadurch zu Tode kommt. Auch diese Gefahr läßt sich als eine typische Gefahr des Grunddelikts ansehen, weil sie sich leicht durch eine spezielle Vorgehensweise des Täters zu einer besonders großen, sich aufdrängenden entwickelt. Ob dies der Fall ist, hängt davon ab, ob die vorsätzliche Körperverletzung nach ihrem objektiven Sinn darauf angelegt war, daß das Opfer auch in höchst gefährlicher Weise stürzen oder fallen kann, so daß dieses im Rahmen der Gesamtagggressivität des Täters liegt. Damit ergibt sich, daß eine Theorie, die nur die Erfolge genügen läßt, die unmittelbar, z.B. durch die Verletztheit selbst eintreten, zu kurz greift[70].

Der BGH hat zu einem solchen Fall ausgeführt:

> "Entscheidend ist also, ob den beiden Schlägen des Angeklagten, das - nach Lage der Dinge unmittelbare - Risiko eines tödlichen Ausganges, z.B. durch Aufschlagen mit dem Kopf auf der Bordsteinkante auf Grund der Schläge, anhaftete."[71]

Soweit er hier auf die Unmittelbarkeit abstellt, ist die Entscheidung wenig überzeugend, weil der Erfolg gerade nicht mehr durch die Verletztheit, sondern durch die weitere, durch die Verletztheit vermittelte Folge zustande kam. In Wahrheit stellt der BGH auf den auch hier nicht eindeutigen Begriff der Unmittelbarkeit gar nicht ab. Er macht die Entscheidung vielmehr davon abhängig, ob "die Körperverletzung nach Art, Ausmaß und Schwere den Tod des Opfers besorgen läßt[72]".

Geht der fatale Erfolg als Nebenwirkung von der Handlung und nicht von dem Erfolg des Grunddelikts aus, so kann auch sie die Verwirklichung einer typischen Gefahr sein[73]. Dies ist anzunehmen, wenn auch sie sich durch entsprechende Strategie zu einem erhöhten Risiko zuspitzen läßt. Diese ist z.B. bei der Vergewaltigung und dem Raub bereits nach dem Gesetz gegeben[74]. Bei ihnen ist gerade die Handlung und nicht der Erfolg gefährlich. Das selbe sollte auch für den umstrittenen Fall der Nebenwirkung einer vorsätzlichen Körperverletzung gelten, soweit auch sie leicht durch entsprechende Strategie in das erhöhte Risiko übergehen kann[75].

Nach Abschichtung dieses Bereichs erhöhten Unrechts sei abschließend zu der Frage zurückgekehrt, ob nicht doch schlechthin bei Vorliegen des Grunddelikts die höhere Unrechtsstufe erreicht ist, selbst wenn sie die Fahrlässigkeit nicht, wie dargelegt, qualifiziert. Die Rechtsprechung des BGH tendiert dahin, von dem ursprünglich mit dem Merkmal des Unmittelbaren geforderten engeren - und damit unrechtserhöhenden - Zusammenhang ersatzlos abzusehen[76].

Ferner liegt auch nach den hier vorgeschlagenen Kriterien in der Regel bei Verwirklichung des Grunddelikts bereits die erhöhte Unrechtsstufe vor. Auch ist die hier versuchte Abgrenzung nicht immer eindeutig. Innerhalb der erfolgsqualifizierten Delikte gäbe es dann zwei lediglich für die Strafzumessung bedeutsame Unrechtsstufen und in diesem Bereich keine Idealkonkurrenz. Allerdings würde die Abgrenzung zur Idealkonkurrenz nicht überflüssig, sondern lediglich in den Bereich der Strafzumessung verschoben[77]. Abgrenzungsschwierigkeiten sind unvermeidbar. Auch gibt es, trotz der grundsätzlichen Korrespondenz der Tatbestände der erfolgsqualifizierten Delikte mit der höheren Unrechtsstufe, wie gezeigt, Situationen, in denen nach der hier vorgeschlagenen Abgrenzug die höhere Unrechtsstufe nicht gegeben ist. Die verbleibenden Fälle unterscheiden sich - abgesehen von dem bereits durch die Idealkonkurrenz erfaßten Unrechtsgehalt des Grunddelikts - nicht von Fällen neutralen Verhaltens, die gleichfalls eine Gefahrensituation enthalten. Außerdem ist nicht zu verkennen, daß der Gesetzgeber, der neuerdings bei erfolgsqualifizierten Delikten stets Leichtfertigkeit fordert, dieses Delikt auf schwerere Fälle eingrenzen will. Dieses spricht dafür, die Form des erfolgsqualifizierten Delikts den genannten eindeutig schwereren Fällen vorzubehalten. Der erwähnten Tendenz der Rechtsprechung kann demnach nicht gefolgt werden.

Anmerkungen:

1. z.B.: Oehler, Das erfolgsqualifizierte Delikt als Gefährdungsdelikt, ZStW 69, 1957, S.503; Hirsch, Zur Problematik der erfolgsqualifizierten Delikte, GA 1972, S. 65; Geilen, Unmittelbarkeit und Erfolgsqualifizierung, in: Festschrift für Hans Welzel, 1974, S. 655; Maiwald, Der Begriff der Leichtfertigkeit als Merkmal erfolgsqualifizierter Delikte, GA 1974, S. 257; Tenckhoff, Die leichtfertige Herbeiführung qualifizierter Folgen, ZStW 88, 1976, S. 897; Lorenzen, Zur Rechtsnatur und verfassungsrechtlichen Problematik der erfolgsqualifizierten Delikte, 1981; Wolter, Zur Struktur der erfolgsqualifizierten Delikte, JuS 1981, S. 168; Küpper, Der "unmittelbare" Zusammenhang zwischen Grunddelikt und schwerer Folge beim erfolgsqualifizierten Delikt, 1982; Hirsch, Anmerkung zu BGH v. 30. 6. 1982 - 2 StR 226/ 82 (Hochsitz - Fall), JR 1983, S. 78; Puppe, Anmerkung zu BGH v. 30. 6. 1982 - 2 StR 226/82 (Hochsitz - Fall), NStZ 1983, S.22; Stree, Anmerkung zu BGH v. 30.6.1982 - 2 StR 226/82 (Hochsitz-Fall), JZ 1983, S. 75; Maiwald, Zurechnungsprobleme im Rahmen erfolgsqualifizierter Delikte - BGHSt 31, 96, JuS 1984, S. 439; Wolter, Der "unmittelbare" Zusammenhang zwischen Grunddelikt und schwerer Folge beim erfolgsqualifizierten Delikt, GA 1984, S. 443; Hirsch, Der "unmittelbare" Zusammenhang zwischen Grunddelikt und schwerer Folge beim erfolgsqualifizierten Delikt, in: Festschrift für Dietrich Oehler, 1985, S.111; Rengier, Erfolgsqualifizierte Delikte und verwandte Erscheinungsformen, 1986; Rengier, Opfer- und Drittverhalten als zurechnungsausschließende Faktoren bei § 226 StGB, jura 1986, S. 143; Wolter, Anmerkung zu BGH vom 18. 9. 1985 - 2 StR 378/ 85 (Geiselnahme - Fall), JR 1986, S. 465; Paeffgen, Die erfolgsqualifizierten Delikte - eine in die allgemeine Unrechtslehre integrierbare Deliktsgruppe ?, JZ 1989, S. 220; Rudolphi in SK StGB I (5. Aufl. 1989),§ 18; Küpper, Grenzen der normativierenden Strafrechtsdogmatik, 1990, S. 108 - 111; Cramer in Schönke/ Schröder Strafgesetzbuch Kommentar, 24. Aufl. 1991, § 18; Jakobs, Strafrecht Allgemeiner Teil, 2. Aufl. 1991, 9/ 28 - 37; Maurach / Zipf, Strafrecht Allgemeiner Teil, Teilband 1, 8. Aufl. 1992, § 36, Rnn. 18 - 23; Roxin, Strafrecht, Allgemeiner Teil, Band I, 1992, § 10 Rnn. 108 - 117; Uekotter, Das Merkmal Leichtfertigkeit bei strafrechtlichen Erfolgsdelikten und erfolgsqualifizierten Delikten, Diss. jur. Münster, 1993.

2. Aus dem kaum noch übersehbaren Schrifttum seien hier genannt: Lenckner, Technische Normen und Fahrlässigkeit, in: Festschrift für Karl Engisch, 1969, S. 490; Roxin, Zum Schutzzweck der Norm bei fahrlässigen Delikten, in: Festschrift für Wilhelm Gallas, 1973, S. 241; Burgstaller, Das Fahrlässigkeitsdelikt im Strafrecht, 1974; Roxin, "Schuld" und "Verantwortlichkeit" als strafrechtliche Systemkategorien, in: Festschrift für Heinrich Henkel, 1974, S.171; Schmidhäuser, Fahrlässige Straftat ohne Sorgfaltspflichtverletzung, in: Festschrift für Friedrich Schaffstein, 1975, S. 129; Wolter, Objektive und personale Zurechnung von Verhalten, Gefahr und Verletzung in einem funktionalen Straftatsystem, 1981; Puppe, Kausalität der Sorgfaltspflichtverletzung - BGH, NJW 1982, 92, JuS 1982, S. 660; Burgstaller, Erfolgszurechnung bei nachträglichem Fehlverhalten eines Dritten oder des Verletzten selbst, in: Festschrift für Hans - Heinrich Jescheck, Band I, 1985, S. 357; Armin Kaufmann, "Objektive Zurechnung" beim Vorsatzdelikt ?, in: Festschrift für Hans - Heinrich Jescheck, Band I, 1985, S. 251; Rudolphi in SK StGB I (7. Aufl., 1986), vor § 1, Rnn. 38 - 81; Wegscheider, Zum Begriff der Leichtfertigkeit, ZStW 98, 1986, S. 624; Küper, Überlegungen zum sog. Pflichtwidrigkeitszusammenhang beim Fahrlässigkeitsdelikt, in: Festschrift für Karl Lackner, 1987, S. 247; Puppe, Die Beziehung zwischen Sorgfaltswidrigkeit und Erfolg bei den Fahrlässigkeitsdelikten, ZStW 99, 1987, S. 595; Struensee, Objektive Zurechnung und Fahrlässigkeit, GA 1987, S. 97; Herzberg, Die Sorgfaltswidrigkeit im Aufbau der fahrlässigen und der vorsätzlichen Straftat, JZ 1987, S. 536; Struensee, Der subjektive Tatbestand des fahrlässigen Delikts, JZ 1987, S. 53; Frisch, Tatbestandsmäßiges Verhalten und Zurechnung des Erfolgs, 1988; Jescheck, Lehrbuch des Strafrechts Allgemeiner Teil, 4. Aufl. 1988, S. 247 - 259, S. 520 - 540; Burgstaller, Spezielle Fragen der Erfolgszurechnung und der objektiven Sorgfaltswidrigkeit, in : Festschrift für Franz Pallin, 1989, S. 39; Lampe, Tat und Unrecht der Fahrlässigkeitsdelikte, ZStW 1989, 101, S. 3; Maurach/ Gössel/ Zipf, Strafrecht Allgemeiner Teil, Teilband 2, 7. Auflage, 1989, §§ 42 - 47; Roxin, Finalität und objektive Zurechnung, in: Gedächtnisschrift für Arthur Kaufmann, 1989, S. 237; Roxin, Bemerkungen zum Regreßverbot, in: Festschrift für Herbert Tröndle, 1989; Küpper, Grenzen (o. Fn. 1), bes. S. 100 - 108; Cramer in Schönke/ Schröder (o. Fn. 1), § 15 Rnn. 105 - 127; Jakobs, AT (o. Fn. 1), 7/ 1 - 103 und 9/ 1 - 27; Wolter, Tatbestandsmäßiges Verhalten und Zurechnung des Erfolgs Überlegungen zu der gleichnamigen Monographie von Wolfgang Frisch, GA 1991, S. 531; Roxin, AT (o. Fn. 1), § 11, Rnn. 36 - 112, § 24; Burgstaller, Normative Lehren der objektiven Zurechnung, in: Criminal Law Theory in Transition Finnish and Comparative Perspectives/ Strafrechtstheorie im Umbruch Finnische und vergleichende Perspektiven, 1992, S. 383; Maurach/ Zipf, (o. Fn. 1), § 18, Rnn. 36 - 67; Puppe, Vorsatz und Zurechnung, 1992; Reyes, Theoretische Grundlagen der objektiven Zurechnung, ZStW 105, 1993, S. 108.

3. Sie umfaßt damit auch die Fälle, in denen der Täter den weiteren Erfolg vorsätzlich herbeigeführt hat, und insbesondere die bis 1953 aktuellen Tatbestände der weder vorsätzlichen noch fahrlässigen Erfolgsherbeiführung durch eine Vorsatztat. Vgl. Roxin, AT (o. Fn. 1), § 10 Rn. 108 f., ferner S/S - Cramer, 2 § 18.

4. Dreher/ Tröndle, StGB, 46. Aufl. 1993, § 18 Rn. 2; S/S - Cramer, 2 § 18. Vgl. Fnn. 5 - 7.

5. Vgl. § 330 Abs. 4 S.2 Nr. 2 StGB (Leichtfertige Herbeiführung einer schweren Körperverletzung), § 218 Abs. 2 S.2 Nr. 2 StGB (leichtfertige Herbeiführung der Gefahr des Todes oder einer schweren Körperverletzung).

6. Als Beispiele seien genannt die vorsätzliche Körperverletzung, die Aussetzung, die Vergiftung und die Freiheitsberaubung, jeweils mit Todesfolge (§§ 226, 221 Abs. 3, 229 Abs. 2, 239 Abs. 3 StGB). Diese Tatbestände hatten ihre Vorläufer bereits im RStGB von 1871. Nach der Reform von 1953, die mit dem 2. StrÄG von 1969 lediglich eine überarbeitete Fassung erhielt, blieben sie im wesentlichen unverändert. Als Beispiele seien ferner genannt der sexuelle Mißbrauch von Kindern (§ 176 Abs. 4 StGB), die Vergewaltigung (§ 177 Abs. 3 StGB), jeweils mit Todesfolge, ferner der Raub mit Todesfolge (§ 251 StGB) sowie der erpresserische Menschenraub und die Geiselnahme mit Todesfolge (§§ 239 a Abs. 3, 239 b Abs. 2 StGB). Es handelt sich um Tatbestände, die nach 1953 erneut umgestaltet wurden. Bei ihnen ist, der grundsätzlichen Tendenz dieser "neueren" Tatbestände entsprechend, hinsichtlich des weiteren Erfolges, des Todes, Leichtfertigkeit, gedacht als gesteigerte Form der Fahrlässigkeit, erforderlich.
Es seien schließlich das Herbeiführen einer Explosion durch Kernenergie und die Herbeiführung einer Sprengstoffexplosion genannt, bei denen die Verursachung des Todes eines Menschen nicht nur gleichfalls leichtfertig erfolgen muß, sondern ausserdem noch in die Form des Regelbeispiels eines besonders schweren Falles gebracht ist (§ 310 b Abs. 3 S. 2, § 311 Abs. 3 StGB).

7. Weitere Folge können bei erfolgsqualifizierten Delikten auch die Gefahr des Todes oder einer schweren Gesundheitsschädigung sein (§ 218 Abs. 2, S. 2 Nr. 2 StGB), oder, bei einem Tätigkeitsdelikt, die Gefahr für Leib oder Leben eines anderen oder für fremde Sachen von bedeutendem Wert sein (§ 315 a Abs. 1 Nr. 1; § 315 c Abs. 1 Nr. 1 i.V. m. Abs. 3 Nr. 1 StGB). Nicht hierher gehört eine Mehrzahl weiterer Fälle in Regelbeispielen, in denen gleichfalls die Gefahr die weitere Folge ist, weil in Bezug auf sie Vorsatz erforderlich ist, z.B. in § 94 Abs. 2 S. 2 Nr. 2; § 99 Abs. 2 S. 2, Nr. 2; § 100 Abs. 2 S. 2; § 113 Abs. 2 S. 2 Nr. 2; § 121 Abs. 3 S. 2 Nr.3; § 125a S. 2 Nr. 3 StGB. Vgl. Dreher/ Tröndle (o. Fn. 4), § 18 Fn. 2.

8. S/S - Cramer, 106, 205 § 15; vgl. unten Fn. 50.

9. z.B. Küpper, Grenzen (o. Fn. 1), 108; Roxin, AT (o. Fn. 1), § 10, Rnn. 108,109, Burgstaller, Normative Theorien (o. Fn. 2), S. 386; Jescheck, AT (o. Fn. 2), S.515; Jakobs, AT (o. Fn. 1), 9/ 30.

10. Damit ist nicht ausgeschlossen, daß die hier gefundenen Ergebnisse in der einen oder der anderen Weise auch für diese anderen Kombinationen zutreffen. Das ist jedoch eine eigene Untersuchung wert.

11. Maurach/Gössel/Zipf, AT 2 (o. Fn. 2), § 43 Rn. 117; Rengier, Erfolgsqualifizierte Delikte (o. Fn. 1), S. 148.

12. Vgl. Maurach/Zipf, AT 1 (o. Fn. 10), § 18 Rn 19, vgl. ferner Roxin, AT (o.Fn. 1), § 11 Rn. 10; Burgstaller, Normative Theorien (o. Fn. 2), S. 385, bezogen auf die Zurechnung des Erfolges.

13. Vgl. Maurach/Zipf, AT 1 (o. Fn.1), § 16 Rnn. 4, 28, 29.

14. Vgl. Frisch, Tatbestandsmäßiges Verhalten (o. Fn. 2), S. 64.

15. S/S - Cramer, 131 § 15. Es handelt sich um einen Fall, in dem "das Recht auf sozialer Ebene Erwartungen schafft, dessen Nichtbeachtung als Enttäuschung angesehen wird" Reyes, Theoretische Grundlagen (o. Fn. 2), S. 116 m.w.Nw..

16. Das strafrechtliche Verbot, das aus dieser Beurteilung folgt, ist dabei nur ein Fall möglicher Reaktionen auf den genannten tatsächlichen Befund. Auf die ungewollten Auswirkungen willentlichen Verhaltens können sich ganz unterschiedliche und unterschiedlich legitimierte Normenkomplexe beziehen. So können ungewollte Folgen, wie gewollte die Verletzung zivil- oder öffentlichrechtlicher Pflichten darstellen und entsprechende Verpflichtungen zum Schadensersatz oder auch belastende Verwaltungsakte nach sich ziehen.
Aber schon die allgemeine rechtliche Sorgfaltspflicht ist bereits nur ein Fall einer umfassenden und auch anders konkretisierten Sorgfaltspflicht. Es kann bereits aus dem Gesichtspunkt des Taktes oder der Höflichkeit geboten sein, bestimmte ungewollte aber vorhersehbare Nebenfolgen des Verhaltens zur Vermeidung irritierter Reaktionen anderer tunlichst zu vermeiden.
Alle diese Normenkomplexe - die rechtlichen wie die anderen - wenden sich mit jeweils eigener Sanktion letztlich im Interesse der Enkulturation oder doch des friedlichen menschlichen Zusammenlebens gegen die menschliche Neigung, nur das, was man selber will, im Auge zu haben und weitere Konsequenzen, die anderen lästig, nachteilig oder schädlich sein können, außer acht zu lassen.

17. Zu den hier vertretenen verschiedenen Ansätzen vgl. Rudolphi in SK StGB I, Rnn. 57 ff vor § 1; Roxin, AT (o. Fn. 1), § 11, Rnn. 36 ff, 104 ff; Jakobs, AT (o. Fn. 1), 7/ 36; Frisch, Tatbestandsmäßiges Verhalten (o. Fn. 2), S. 71 ff.

18. Vgl. Rudolphi in SK StGB I, Rn. 63 vor § 1.

19. Rudolphi (o. Fn.2), vor § 1 Rn 62.

20. Maurach/Zipf, AT 1 (o. Fn. 1), § 18 Rn. 59; Puppe, Die Beziehung (o. Fn. 2), S. 608.

21. Vgl. Wolter, Objektive und personale Zurechnung (o. Fn. 2); Maurach/ Zipf AT 1 (o. Fn. 1), § 18, Rn 46 u. passim; Rudolphi in SK StGB I, vor § 1, Rnn. 72 ff; Roxin, AT (o. Fn. 1), Rnn. 104 ff; S/S - Lenckner 100 ff vor §§ 13; S/ S - Cramer 178 § 15; Jakobs AT (o. Fn. 1), 7/ 72 ff.

22. Burgstaller, Erfolgszurechnung (o. Fn. 2), S. 370, vgl. a. S.365. Ähnlich stellt Maiwald, Zurechnungsprobleme (o. Fn. 1), S. 442, darauf ab, ob der Zweiterfolg noch das "Werk" des Täters ist. Dieser Ausdruck ist allerdings nur treffend, wenn man unter "Werk" auch ungewollte Resultate des Verhaltens versteht. Vgl. ferner Puppe, Kausalität (o. Fn. 2), S. 292; dieselbe, Die Beziehung (o. Fn. 2), S. 611; Rudolphi in SK StGB I, vor § 1 Rnn. 72 - 74; S/ S - Cramer, 148 - 153 § 15.

23. Vgl. Burgstaller, Erfolgszurechnung (o. Fn. 2), S.365; vgl. a. Rengier, Erfolgsqualifizierte Delikte (o. Fn. 1), S. 162. Maurach/Zipf, AT 1 (o. Fn. 1), § 18 Rn. 48, m.w. Nw., lassen dagegen ärztliche Nachlässigkeit schlechthin genügen.

24. Roxin, AT (o. Fn. 1), § 11, Rnn. 40, 85 ff.

25. Vgl. Maiwald, Zurechnungsprobleme (o. Fn. 1), S. 442.

26. Allerdings hinsichtlich der Bestimmung des erlebnismäßigen Übergewichts auch unter Berücksichtigung des Täterverhaltens, das zu dem Risiko führte.

27. Ähnlich Frisch (o. Fn. 2), S. 35, 526; dagegen Roxin, AT (o. Fn. 1), bes. § 11 Rn. 42.

28. Reyes, Theoretische Grundlagen (o. Fn. 2), S. 129 m. w. Nw., befaßt sich mit dieser Kritik, ohne sie m.E. jedoch widerlegen zu können.

29. S/ S - Cramer, 131 ff, 144, 145 § 15; Roxin, AT (o. Fn. 1), § 14 Fnn. 43 ff, § 24 Fnn. 14 ff; Frisch, Tatbestandsmäßiges Verhalten (o. Fn. 2), S. 72, 92.

30. Es ist also auch möglich, daß die strafrechtliche Sorgfaltspflicht verletzt ist, obwohl die sonstigen Sorgfaltspflichten beachtet wurden. Vgl. Burgstaller, Das Fahrlässigkeitsdelikt (o. Fn. 2), S. 53.

31. Frisch, Tatbestandsmäßiges Verhalten (o. Fn. 2), S. 34.

32. In diese Richtung ging bereits Burgstaller, Das Fahrlässigkeitsdelikt,(o. Fn. 2), S. 40, wenn er betonte, daß die Gefährlichkeit der Tat, um pflichtwidrig zu sein - gemeint ist die strafrechtliche Pflichtwidrigkeit - sozialinadäquat sein muß. Vgl. ferner Rudolphi in SK StGB I, Rnn. 63 vor § 1; Roxin, AT (o. Fn. 1), § 11 Rnn. 55 ff; Jakobs, AT (o. Fn.1), 7/ 35 ff; S/ S - Cramer 144 - 146 § 15.

33. Frisch, Tatbestandsmäßiges Verhalten (o. Fn. 2), S. 101.

34. Frisch, Tatbestandsmäßiges Verhalten (o. Fn. 2), S. 102.

35. Vgl. ausführlich Lenckner, Technische Normen (o. Fn. 2), Burgstaller, Das Fahrlässigkeitsdelikt (o. Fn. 2), S. 45 - 54 und Frisch (o. Fn. 2), S. 90 - 117.

36. Vgl. oben Fnn. 28 und 29.

37. Lenckner, Technische Normen (o. Fn. 2), S. 493.

38. Rudolphi in SK StGB I, vor § 1 Rnn. 63 ff; Burgstaller, Normative Theorien (o. Fn. 2), S. 389 f; S/ S - Cramer 159 - 177 § 15; Roxin, AT (o. Fn. 1), § 11 Rn. 41 mit Anm. 62; Rengier, Erfolgsqualifizierte Delikte (o. Fn. 1), S. 154 ff. Kritisch zur Schutzzwecklehre Frisch, Tatbestandsmäßiges Verhalten (o. Fn. 2), S. 80 ff.

39. Burgstaller, Spezielle Fragen (o. Fn. 2), S. 61; derselbe, Normative Theorien (o. Fn. 2), S. 391. Vgl. ferner z.B. Rudolphi in SK StGB I, vor § 1 Rnn. 65 ff; Roxin, AT (o. Fn. 1), § 11 Rnn. 43 ff.

40. Es ist deshalb nicht angängig, wie der BGH will, mit der Verletzung des Verbotes hinsichtlich des Grunddeliktes auch stets eine Verletzung der Sorgfaltspflicht hinsichtlich des weiteren Erfolges anzunehmen (E. vom 22.9.1971 - 3 StR 146/ 71; BGH St. 24, 213). Es ergibt lediglich die Eigenart des Grunddelikts, daß mit ihm regelmäßig eine intolerable Gefahr hinsichtlich des weiteren Erfolges gesetzt ist. So auch Burgstaller, Spezielle Fragen (o. Fn. 2), S. 56; Rudolphi in SK StGB I, § 18 Rn.3.

41. Vgl. Jescheck, AT (o. Fn. 2), S. 510; S/ S - Cramer, 124, 125 § 15. Kritisch Roxin, AT (o. Fn. 1), § 24 Rn. 13.

42. Dies wird z.B. deutlich an dem Fall BGH vom 22. 10. 1986 - 3 StR 377/86, der das Tatgeschehen allerdings nur sehr kurz wiedergibt: Das Opfer stirbt, für die Täter unvorhersehbar, an den nicht näher genannten Folgen der ihm versetzten Faustschläge. Die Verurteilung erfolgte insoweit allein aus § 223 StGB, obwohl die Täter das Opfer in eine typische Gefahrenlage der vorsätzlichen Körperverletzung gebracht hatten, und der Ablauf, der zum Tode führte, offensichtlich nicht völlig ungewöhnlich war.

43. Ganz anders Schmidhäuser, Fahrlässige Straftat (o. Fn. 2); anders wohl auch Roxin, AT, (o. Fn. 1) § 24, Rnn. 10, 14.

44. Vgl. bereits Lorenzen, Zur Rechtsnatur (o. Fn. 1), S. 77 - 83. Jakobs, AT (o. Fn. 1), 9/ 39.

45. s.u. III. a.E.

46. Küpper, Der gemeinsame Tatentschluß als unverzichtbares Moment der Mittäterschaft, ZStW 105, 1993, S. 295, 298.

47. Puppe, Vorsatz (o. Fn. 2), S. 39 will den Vorsatz normativ als "sinnvolle Strategie der Herbeiführung des Erfolges" fassen. Es handelt sich darum, ob das Verhalten eine "geeignete Methode" (S. 39) bedeutet: "Stellt das Verhalten des Täters in Verbindung mit seinem Wissen nach allgemeinen Maßstäben die Anwendung einer Tatbestandsverwirklichungsstrategie dar, so ist es nach allgemeinen Maßstäben eine Tötungshandlung, eine Körperverletzungshandlung, eine Sachbeschädigungshandlung" (S. 39). Es erscheint möglich, diesen Ansatz auf die unvorsätzlichen Auswirkungen einer solchen Strategie zu erweitern.

48. BGH vom 23 7. 1991 - 1 StR 419/ 91.

49. Illustrativ z.B. BGH vom 2. 4. 1986 - 2 StR 81/ 86: Der Täter hatte seine Ehefrau aufs schwerste mißhandelt. Sie starb an den Verletzungen. Der BGH hob die Verurteilung wegen Mordes auf, weil der vom LG angenommene naheliegende bedingte Tötungswille nicht nachgewiesen sei. Für die erneute Verhandlung weist der BGH auf § 226 StGB hin. Vgl. a. z.B. Rengier, Erfolgsqualifizierte Delikte (o. Fn. 1), S. 133.

50. Der hier vertretenen Auffassung nahe kommt die plausibel weiter differenzierende Darlegung von Wolter. Er schlägt im Anschluß an Geilen (Unmittelbarkeit (o. Fn. 1)) vor, "aus dem Kreis der nicht schon per se lebensgefährlichen Grundhandlungen diejenigen auszusondern, die für einen Durchschnittsbeobachter ... vollkommen (tötungs-)ungefährlich sind." (Zur Struktur (o. Fn. 1), S. 176). Auch er stellt also insoweit auf den Handlungscharakter ab. Vgl. ferner derselbe, Der "unmittelbare" Zusammenhang (o. Fn.), S. 447. Vgl. a. Rengier, Erfolgsqualifizierte Delikte (o. Fn. 1), S. 125, der auf das "Täterverhalten" hinweist.

51. Vgl. Wolter, Zur Struktur (o. Fn. 1), S. 177; ebenso Paeffgen, Die erfolgsqualifizierten Delikte (o. Fn. 1), S. 224. Roxin, AT (o. Fn. 1), § 24, Rn. 80 spricht bei der Leichtfertigkeit von der "besonders gefährlichen Handlung". Auf die nähere Auseinandersetzung mit dem Begriff der Leichtfertigkeit (besonders Maiwald, Der Begriff der Leichtfertigkeit (o. Fn. 1), Tenckhoff, Die leichtfertige Herbeiführung (o. Fn. 1), Wegscheider, Zum Begriff der Leichtfertigkeit (o. Fn. 2), ferner Uekotter, Das Merkmal Leichtfertigkeit (o. Fn. 1), dieser mit umfangreicher Zusammenstellung) muß hier verzichtet werden.

52. Zur generellen Beschränkung der erfolgsqualifizierten Delikte auf Leichtfertigkeit hins. der weiteren Folge tendiert auch Roxin, AT (o. Fn.), § 10, Rn. 111.

53. Von dieser Basis aus wären auch die rigorosen Strafrahmen der bestehenden erfolgsqualifizierten Delikte, die z. T aus ganz anderen, nur historisch zu erklärenden Zusammenhängen stammen, zu überprüfen. So bereits Hälschner, Das gemeine deutsche Strafrecht, 1881, S. 329, Fn. 1, ferner z.B. Jakobs, AT (o. Fn. 1), 9/ 37 m.w.Nw., Roxin, AT (o. Fn. 1), § 10 Fn. 111.

54. Vgl. Hirsch, Zur Problematik (o. Fn. 1), S. 67 f.

55. Vgl. Wolter, Der " unmittelbare" Zusammenhang (o. Fn. 1), S. 448: " Insgeamt zeichnet die echten erfolgsqualifizierten Delikte ein über die fahrlässige Straftat hinausreichender qualifizierter Verhaltens- und Gefährlichkeitsunwert ... , ein entsprechender qualifizierter Fahrlässigkeitsvorwurf ... sowie ein dann auch erhöhter ... Erfolgsunwert ... aus."

56. Vgl. Oehler, Das erfolgsqualifizierte Delikt (o. Fn. 1), S. 513.

57. a.A. Roxin, AT (o. Fn. 1), § 10 Rn.115.

58. Der Täter hatte im Obergeschoß des Hauses seiner Mutter die Hausgehilfin tätlich angegriffen und ihr eine tiefe Oberarmwunde sowie einen Nasenbeinbruch beigebracht. Vor den fortdauernden Angriffen versuchte die verängstigte Frau durch das Fenster ihres Zimmers auf einen Balkon zu flüchten. Dabei stürzte sie ab und verletzte sich tödlich. - BGH v. 30. 9. 1970 - 3 StR 119/70; NJW 1971, 152.

59. o. Fn. 57.

60. o. Fn. 57.

61. o. Fn. 57.

62. Kritisch zum Unmittelbarkeitserfordernis bereits Geilen, Unmittelbarkeit (o. Fn. 1), S. 676. Er selber will stattdessen "eine auf die abstrakten Tatbestandsmerkmale zurückgreifende Isolierung der Risikofaktoren" (S. 679) vornehmen und für die erfolgsqualifizierten Delikte nur die von dort ausgehenden Gefahren gelten lassen. Diese Lösung, die sich der Letalitätstheorie nähert (vgl. Wolter, Zur Struktur (o. Fn. 1), S. 176), hat sich jedoch in dieser Form nicht durchgesetzt.

63. So auch Rengier, Opfer- und Drittverhalten (o. Fn. 1), allerdings mit der zu kurz greifenden Begründung, die ein erfolgsqualifiziertes Delikt bereits annimmt, wenn die für die Idealkonkurrenz erforderlichen Voraussetzungen vorliegen.

64. BGH vom 30. 6. 1982 - 2 StR 226/ 82 (BGH St. 31, 96, 99).

65. In der E. vom 17. 3. 1992 - 5 StR 34/ 92 ging es um den folgenden Sachverhalt: Die Täter mißhandelten das Opfer im 10. Stock eines Wohnhauses in der Nähe eines offenen Fensters, zu dem es während einer Mißhandlungspause hinhumpeln durfte. Das Opfer, von den Schlägen benommen, geriet in Panik und stürzte sich, unter Verlust der Selbskontrolle und nicht mehr eigenverantwortlich handelnd, zum Fenster hinaus zu Tode. Der BGH bejaht die Unmittelbarkeit: Körperverletzung und Todesfolge seien "durch die Beeinträchtigung des psychischen Zustandes des Opfers, der auf der Körperverletzung beruht, so eng miteinander verknüpft, daß sich im Tod des Opfers jene Gefahr verwirklicht hat, die bereits der Handlung anhaftete." Das ist aber das bereits für die objektive Zurechnung des Erfolgs des geschaffenen Risikos Erforderliche. Der Unterschied zu dem anders entschiedenen Rötzel-Fall liegt nur im Grad der Panik. Der BGH hat zu Recht § 226 StGB angenommen, weil das Vorgehen der Täter die geschaffene erhöhte Gefahr provozierte. Vgl. Dreher/ Tröndle, StGB (o. Fn. 4), § 226 Rn. 2.

In dem Sachverhalt der E. des BGH vom 9.3. 1994 - 3 StR 711/ 93 wurde das alkoholkranke und betrunkene Opfer nach der Mißhandlung schwerverletzt in ein Krankenhaus gebracht, wo es bei sofortiger stationärer Behandlung hätte gerettet werden können. Sie kehrte jedoch trotz Belehrung nach Hause zurück um weiter zu trinken. Drei Tage später starb sie an den Folgen einer der wegen ihrer Rückkehr unbehandelt gebliebenen Verletzungen. Der BGH bejaht den unmittelbaren Zusammenhang, weil sich in dem Tod die dem Grundtatbestand anhaftende Gefahr niedergeschlagen habe. Er führt dann aus: " Dieser Zurechnungszusammenhang ist auch nicht durch die Weigerung der Inanspruchnahme erforderlicher ärztlicher Behandlung unterbrochen worden, denn der Tod der Verletzten ist auf Grund eines Geschehensablaufs eingetreten, der nicht außerhalb der Lebenswahrscheinlichkeit lag". Damit wird auch hier für § 226 StGB der Sache nach lediglich festgestellt, ob die für die einfache Fahrlässigkeit erforderliche objektive Zurechenbarkeit gegeben war. Der Tod lag angesichts der Brutalität des Vorgehens und der Schwere der zugefügten Verletzungen auch hier innerhalb der Streuaggressivität.

66. Wolter, Zur Struktur (o. Fn. 1), S. 117. A.A. Jakobs, AT (o. Fn. 1), 9/ 35.

67. BGH vom 30. 6. 1982 - 2 StR 226/ 82; BGH St 31, 96. Der Täter hatte den jagdlichen Hochsitz umgeworfen, auf dem das Opfer in 3,50 m Höhe saß. Das Opfer erlitt einen Knöchelbruch, der im Krankenhaus behandelt wurde. Infolge einer unzulänglichen ärztlich Betreuung bei der dortigen Entlassung verstarb das Opfer. Auch hier stellt der BGH sinngemäß allein auf die objektive Zurechnung zum Fahrlässigkeitsdelikt ab, ohne auf ein unrechtserhöhendes Merkmal zu achten.

68. Kritisch dazu, daß der BGH in diesem Fall "die Kriterien von Unmittelbarkeit und Fahrlässigkeit vermengt", auch Küpper, Grenzen (o. Fn. 2), S. 109. Kritisch auch Hirsch, Anmerkung (o. Fn. 1) und Stree (o. Fn. 1). Vgl. ferner Puppe, Anmerkung (o. Fn. 1).

69. BGH vom 18. 9. 1985 - 2 StR 378/ 85 (BGH St. 33, 322): Die Polizei erschießt eine nach dem Bankraub im Fluchtauto mitgenommene Geisel, die sie in der irrigen Annahme, es seien keine Geiseln genommen, für einen der Bankräuber hielt. Trotz des Irrtums handelt es sich - anders als der BGH annahm - um die Verwirklichung einer für die Geiselnahme typischen Gefahr. Die Geiselnahme bringt diese streuaggressiven Gefahren nahezu zwangsläufig mit sich. Im Ergebnis wie hier auch Roxin, AT (o. Fn. 1), § 10 Rn. 117, Wolter, Anmerkung (o. Fn. 1).

70. Gegen ein Genügenlassen der Verletzungsletalität auch Wolter, Zur Struktur, (o. Fn. 1), S. 175; derselbe, Der "unmittelbare" Zusammenhang (o. Fn. 1), S. 446. Differenzierend zur Letalitätstheorie Paeffgen, Die erfolgsqualifizierten Delikte (o. Fn. 1), S. 225. Umfassend zur Verletzungsletalität auch Küpper, Der "unmittelbare" Zusammenhang (o. Fn. 1); kritisch hierzu Wolter, Der "unmittelbare" Zusammenhang (o. Fn. 1), S. 448. Ferner Rengier, Erfolgsqualifizierte Delikte (o. Fn. 1), S. 208 m.w. Nw. Anders Roxin, AT (o. Fn. 1), § 10, Fn. 115.

71. BGH v. 11. 5. 1988 - 3 StR 110/88; NStE 1989 Nr. 1 zu § 226 StGB.

72. S. Fn. 70.

73. Ebenso Wolter, Der "unmittelbare" Zusammenhang (o. Fn. 1), S.444. Anders Jakobs, AT (o. Fn. 1), 9/ 35.

74. S/S - Lenckner 13 § 177; S/S - Eser 4 § 251; Rengier, Erfolgsqualifizierte Delikte (o. Fn. 1), S. 213.

75. So war es im Pistolenfall - tödlicher Schuß löst sich durch Zuschlagen mit der Pistole - gewesen: BGH vom 2. 2. 1960 - 1 StR 14/ 60 (BGH St. 14/ 110); S/ S - Stree 5 § 226; Rengier, Erfolgsqualifizierte Delikte (o. Fn. 1), S. 213 ff. A.A. Roxin, AT (o. Fn. 1), § 10 Rn. 116.

76. Auch Rengiers Ausführungen (Erfolgsqualifizierte Delikte, ferner: Opfer- und Drittverhalten, beides o. Fn. 1), laufen insoweit auf das selbe hinaus.

77. Vgl. Hirsch, Zur Problematik (o. Fn. 1), S. 75.

Der Täter zwischen Strafrecht und Kriminologie

-Vom Erkenntnisinteresse typologischen Denkens in Norm- und Tatsachenwissenschaften -

Josef M. Häußling

Im engen Gedankenaustausch mit dem Freund Max Busch entwickelte der Autor erstmals die Überlegungen zu diesem Thema für seine Antrittsvorlesung als Rektor. Sie sind als Dokument der Wirkungsgeschichte eines Denk- und Wahrnehmungsstils dem verstorbenen Freund verpflichtet - und gewidmet.

Wir reden vom *Täter* als dem *Straftäter*, und jedermann meint zu wissen, wer und was das ist; denn die Straftat als ein soziales Phänomen (Durkheim), das jeder so gut vor Augen hat wie dessen Urheber, den Straftäter, wird der Alltagsmeinung durch strafgesetzliche Definitionen geliefert. Und diese in den Strafrechtsnormen angelegten Ausformungen der Straftaten und der Straftäter haben einerseits ihre eigene Begriffsgeschichte, andererseits aber auch ihren realen Widerpart in der Alltagsmeinung über Straftat und Straftäter. Und seit mit der Verwissenschaftlichung des Strafrechts die Anforderungen an die Eindeutigkeit der in den Strafrechtsnormen verwendeten Begriffe gestiegen sind, hat diese Strafrechtswissenschaft mit der zureichenden Erfassung ihrer Begriffsinhalte, eben der Realität von Straftat und Straftäter, zunehmend Probleme.

Denn einerseits führen diese Stufen der Verwissenschaftlichung einen neuen Grad der Abstraktion mit sich, entfernen sich also vom einmaligen Ereignis der konkreten Straftat und seinem individuellen Täter, andererseits wird diejenige Tatsachen- und Seinswissenschaft, die sich mit den Straftaten und Straftätern befaßt, die Kriminologie als empirische Wissenschaft vom Verbrechen, zunehmend wichtiger für die Erfassung des Begriffsinhalts. Mit anderen Worten, es scheint sich zwischen der notwendigen Allgemeinheit der Geltung und Anwendung strafrechtlicher Normen und der empirisch individuellen Erforschung der Straftaten und der Täter eine nur schwer zu überbrückende Kluft aufzutun.[1]

Die seit längerer Zeit geführten wissenschaftlichen Auseinandersetzungen zwischen der Strafrechtswissenschaft als einer Normwissenschaft und insbesondere der Kriminalsoziologie als einer empirischen Sozialwissenschaft belegen dieses Wirtschaftsdilemma. Man könnte nun über diese Kontroverse wie über mannigfache Auseinandersetzungen gegensätzlicher wissenschaftlicher Standpunkte angesichts eines sogenannten Fortschritts auch der Sozialwissenschaften in der Erwartung hinweggehen, daß man auf dem Weg zu einer übergreifenden Wahrheit sei; doch dieser Einstellung stünden zwei besondere Schwierigkeiten entgegen:

Zum einen kann eine geschriebene Rechtsordnung - das spätestens seit 1871 reichseinheitlich kodifizierte deutsche Strafrecht ist hierfür ein exemplarischer Fall - angesichts der Einheitlichkeit seiner Anwendung für die in ihm normierten Inhalte nicht von veränderlichen empirischen Erkenntnissen abhängen; zum anderen muß der Gesetzgeber im Bereich der Kriminalpolitik auch angesichts kontroverser sozialwissenschaftlicher Positionen eindeutige gesetzliche Aussagen machen, wenn ein Mindestmaß an Rechtssicherheit gewährleistet sein soll.

Die erstgenannte besondere Schwierigkeit: sozialwissenschaftlichen "Fortschritt" mit der einheitlichen Anwendung einer geschriebenen Rechtsordnung in Einklang zu bringen, hat im Geltungsbereich des bundesdeutschen Strafrechts zu einer Auseinandersetzung der Strafrechtsdogmatik, das heißt der strafrechtswissenschaftlichen, systematischen Verarbeitung des Strafrechts, mit der empirisch vorgehenden Kriminologie geführt; denn für eine empirische Sozialwissenschaft, wie insbesondere die Kriminalsoziologie, ist eine normativ festgelegte Vorgabe angesichts des sozialen Phönomens Straftat und Straftäter nicht annehmbar.

Welcher Sozialwissenschaftler, der diesen Namen verdient, möchte sich seinen wissenschaftlichen Gegenstand normativ verkürzt vorgeben lassen? Schon darum scheint die Kluft zwischen den Strafrechtswissenschaftlern, die Strafrechtsdogmatiker sind, und den empirisch arbeitenden Kriminologen unüberbrückbar.[2]

Gerade klassische Definitionen der Kriminologie verankern diese Wissenschaft voll und ganz in der Tatsachen-, nicht in der Normwelt.

"Kriminologie ist die geordnete Gesamtheit des Erfahrenswissens über das Verbrechen, den Rechtsbrecher, die negativ soziale Auffälligkeit und über die Kontrolle dieses Verhaltens. Ihr Wissenschaftsgebiet läßt sich mit den drei Grundbegriffen Verbrechen, Verbrecher und Verbrechenskontrolle zutreffend kennzeichnen. Ihnen sind auch Opferbelange und Verbrechensverhütung zugeordnet."[3]

Die zweitgenannte Schwierigkeit hat mit der kritischen Verarbeitung der Gesetzgebung der Bundesrepublik Deutschland als Rechts- und Sozialstaat zu tun. Vor allem im Bereich der Strafrechtspflege haben gesetzgeberische Regelungen weitreichende *Kontroversen* über deren gerade so und nicht anders vorgenommene normative Aussagen ausgelöst, *an denen* die empirisch orientierte Sozialwissenschaft maßgebend beteiligt war. An Beispielen fehlt es hier nicht, wie u.a. es die Diskussion um den § 129 a StGB (Bildung terroristischer Vereinigungen, Sympathisantenunterstützung etc.), den Komplex der §§ 218, 218 a und b, 219 (Schwangerschaftsabbruch) oder den Erlaß des "Betäubungsmittelgesetzes" von 1981 (Fixer, Dealer, heilen statt strafen) an den Tag legen.

Jede Kriminalpolitik sucht nach der Lösung und Integration dieser gegensätzlichen Standpunkte in einem sachgerechten Gesetzgebungsakt. Das in Kraft gesetzte Gesetz soll den Belangen aller dienen, ohne daß der einzelne - hier der Täter einer Straftat - der Allgemeinheit geopfert werden darf. Verdeutlichen wir dieses Dilemma an einem Zitat, das die Frage der Zurechnung der Straftat behandelt, das "Erfolgszurechnung" und die damit verbundene "Kriminalisierung" anspricht. Seitens der Kriminalsoziologie wird festgestellt, daß es erst ihre neuere Entwicklung möglich gemacht habe, "Zurechnung" als soziale Prozesse, als Ergebnisse von Entscheidungen, als Gegenstände sozialer Interaktion zu denken und individueller zu erforschen."[4]

Der Gesetzgeber im Strafrechtspflegebereich, wie der urteilende und gesetzanwendende Richter, werden in diesem Verständnis von Sozialwissenschaft und Strafrecht einem ihnen nur schwer nachvollziehbaren Selbstverständnis ausgesetzt, denn sie sind Agenten der Kriminalisierungsprozesse. Dieses kann allenfalls von einem sozialwissenschaftlich orientierten Rechtswissenschaftler dann geteilt werden, wenn er mit dem Glauben an den Fortschritt der Sozialwissenschaften und hier insbesondere der Kriminologie die Ablösung der Rechtswissenschaft selbst oder zumindest deren Überführung in die empirisch und nicht normativ angelegte Sozialwissenschaft für möglich hält.

Unabhängig von der deutschen Wissenschaftslage auf diesem Gebiet findet sich in der "Weltgeschichte des Rechts" von William Seagle[5] ein solch zwingender "Übergang" vom Strafrecht zur Kriminologie dargestellt.[6] Er bringt sie unter seinen Ausführungen zum "Monopol der Gewalt", das der moderne Staat um jeden Preis in seine Hand zu bringen sucht. Seagle zieht gegen die "Vagheit" verschiedener Delikttatbestände zu Felde, die es mit "Radikalen", "Unruhestiftern" und "Arbeitsverhetzern", mit "Erregung öffentlichen Ärgernisses", "Verletzung der öffentlichen Moral" u. ähnlichem[7] zu tun hätten, die ohnehin nicht mit dem Prinzip *nullum crimen nulla poena sine lege* vereinbar seien; diese "Unzulänglichkeit des Strafrechts" sei nur ein "Symptom für die dem klassischen Strafrechtssystem innewohnenden Widersprüche", da es "wie jedes Recht", "auf einer Reihe von Fiktionen" beruhe; "diese Fiktionen seien nun in völligem Widerspruch mit allen soziologischen und physikalischen Erkenntnissen zu einem absurden Extrem geführt worden".[8] Lapidar wird dann festgestellt: "Wohl kaum ein anderes Rechtsgebiet ist wissenschaftlich so schlecht fundiert wie das Strafrecht."[9] Konkret denkt Seagle vor allem an die mit der moralischen Verantwortlichkeit der klassischen Strafrechtslehre verbundenen Schuldausschließungsgründe angesichts jeglicher Form der Unzurechnungsfähigkeit; deren Behandlung müßte doch allein der hier kompetenten Fachwissenschaft, der Psychatrie, zur Feststellung überlassen werden. Als Konsequenz aus alledem wird mit dem amerikanischen Richter Wendell Oliver Holmes festgestellt, daß die Hälfte des Strafrechts mehr Schaden als Nutzen angerichtet habe,[10] daß das Strafrecht ein "tragischer

Mißgriff" sei und man nunmehr begonnen hätte, "den Kriminologen mehr Gehör zu schenken als den Juristen".[11] Auf den Begriff der Schuld käme es weniger an als auf den einer "sozialen Gefährlichkeit".[12] Schon bei der Behandlung jugendlicher Delinquenten sei man dazu übergegangen, sie "nicht mehr als Verbrecher, sondern als ein soziales Problem" zu betrachten.[13] "Und die optimistischsten Kriminologen gehen bereits so weit zu verkünden, daß der Tag nicht mehr fern sei, an dem die Gerichte sich darauf beschränken werden, die Tatbestandsmäßigkeit eines Verbrechens festzustellen, wohingegen der Urteilsspruch und jede weitere Phase des Strafvollzugs einem Ausschuß von kriminologischen Experten überlassen bleiben."[14]

Damit wird wohl am schärfsten deutlich, wie zwei "Befreiungsakte" der Menschheit so aufeinandertreffen, daß der Konflikt sich in zwei Wissenschaften niederschlägt: der Strafrechtswisenschaft und der empirischen Kriminologie. Dort die am Menschen als freiem Selbstgesetzgeber und seinem Gesetzgebungswerk orientierte Normwissenschaft; hier die den Norminhalt selbst in Frage stellende und scheinbar voraussetzungslose empirische Sozialwissenschaft. Jede dieser Wissenschaften gehört als Wissenschaft der "Freiheit" des Menschen an, da jede für sich Ausdruck einer "Aneignung" der vorgegebenen Welt darstellt.

Seagle stellt allerdings abschließend realistisch fest, daß "diese neue Kriminologie nur ein schöner Traum und ein sehr gefährlicher dazu sei".[15] Auch wenn einerseits die "klassische Strafrechtswissenschaft ... eine Absurdität im Lichte der Wissenschaft" darstelle, müsse man "die positivistische Kriminologie dagegen" als "eine Absurdität im Lichte der Wirklichkeit" ansehen.[16]

Nun scheint es aber, daß sich das kontinentaleuropäische Strafrecht, insbesondere die strafrechtlichen Kodifikationen ab Code d'Instruction Criminelle (1808), dem Code Pénal (1810) und vor allem dem Bayerischen Strafgesetzbuch von 1813 des genialen Paul Johann Anselm von Feuerbach (1755 1833), als Akte der selbstgesetzgeberischen Emanzipation des Menschen der Neuzeit nur schwer an den in Anschlag gebrachten Wissenschaftsmaßstäben empirischer Sozialwissenschaften messen lassen kann. Dem steht gerade der Ursprung dieser "Selbstgesetzgebung" des Menschen der Neuzeit aus der Aufklärung und der kantischen Philosophie entgegen, die gewissermaßen in der Norm ein "universale ante rem" setzten. Immanuel Kant sah den "Staat als die "Vereinigung einer Menge von Menschen unter Rechtsgesetzen", führte den Menschen als Vernunftwesen insoweit als Selbstgesetzgeber ein, als er im Rahmen des kategorischen Imperativs "aus Achtung fürs Gesetz eine Selbstbindung autonom eingeht".[17]

Darauf gestützt, stellt Feuerbach scharf die Funktion des Strafgesetzes heraus: dieses allein bestimmt, was strafbar ist.[18] Ernst Beling formuliert rund 100 Jahre später fast wortgleich: "Die Übertretung des Gesetzes ist allein schon hinreichend, um ihn (sc. den Täter) der Strafe für würdig zu halten";[19] denn nur auf dem Boden dieser Gesetze ist Strafe überhaupt möglich und auf diesem Boden wird der bis heute wirksame Grundsatz formuliert: *nullum crimen sine lege*.

Diese Gesetzesbestimmtheit der Straftat und die damit verbundene Beschreibung strafbaren Tuns gibt dann jeder künftigen Strafgesetzgebung grundlegende Maßstäbe vor (§ 1 StGB). Und wie wir heute wissen, ist mit dieser rechtsstaatlichen Forderung auch verbunden, daß der Gesetzgeber sich um diejenige eindeutige Begrifflichkeit bemühen muß, die allein erlaubt, strafbares Verhalten von nichtstrafbarem klar abzugrenzen. Dieses dem Gesetzgeber von der Verfassung aufgegebene Bestimmtheitsgebot erfordert einerseits den notwendigen Grad von Abstraktheit der Begriffsbildung, um die allgemeine Anwendung auf individuelle Fälle tragen zu können. Zum anderen muß ihr aber auch genügend Anschaulichkeit innewohnen, um den gemeinsamen Inhalt, das strafbare Tun eines Menschen, konkret zu bezeichnen; in vielem wird darum in der Folgezeit der konkret allgemeine Begriff Hegels in diese Diskussion eingeführt, ohne daß man die von Hegel damit gekennzeichnete "schlechte Allgemeinheit" ernst nimmt.

Kant hat in der transzendentalen Ästhetik seiner "Kritik der reinen Vernunft" festgestellt, daß Gedanken ohne Inhalte leer, Anschauungen ohne Begriffe blind seien[20]; die strafrechtliche Begriffsbildung hat nun bis heute in der Beschreibung strafbaren Tuns ihren Weg zwischen notwendiger Allgemeinheit und genügender Anschaulichkeit angesichts des sozialen Phänomens "strafbaren Verhaltens" gesucht. Noch Feuerbach maß im *nullum crimen sine lege* als grundlegender Forderung den Gesetzgeber und alle seine Interventionen an der klaren gesetzlichen Grundlage. Heute ist dieser Verfassungsgrundsatz des Art. 103 Abs. 2 GG zu einem rechts- und sozialstaatlich gleichermaßen relevanten Problem strafrechtlicher Begriffsbildung geworden. Denn schließlich sollen Tat wie Täter so eindeutig bezeichnet werden, daß ein bestimmtes rechts- und sozialrelevantes Verhalten als strafwürdig ausgewiesen werden soll.

Doch um auf den Abstraktionsgrad rechtlicher Begriffsbildung von heute zu rekurrieren, so hat sich das kodifizierte Strafrecht nicht nur weit entfernt von allen aufzählenden Beschreibungen möglicher Straftaten oder der individualisierenden Bezeichnung von Straftätern in der Form der Kasuistik des Allgemeinen Landrechts für preußische Staaten von 1794 mit seinen nahezu 20.000 Paragraphen für die Bereiche des Zivil- und Strafrechts (demgegenüber enthält der Code Civil 2281, das BGB 2385 Paragraphen). Das heute kodifizierte Strafrecht stellt gerade neben die verhaltenstypischen Beschreibungen der besonderen Straftatbestände einen allgemeinen Teil mit grundlegenden Normierungen u.a. über Mittäter, über Teilnehmer von Straftaten oder auch über die versuchte Straftat. Mit dieser Gesetzgebungsarbeit und ihrem Abstraktionsgrad war notwendigerweise eine "Distanz" zum Norminhalt verbunden. Und was dann die Auseinandersetzung zwischen der an diesem Strafsatz orientierten normativen Strafrechtswissenschaft und der empirischen Sozialwissenschaft heute ins allgemeine Wissenschaftsinteresse rückt, ist darum nicht "Atavismus" einer Strafrechtswissenschaft auf der einen und kritische Sozialwissenschaft auf der anderen Seite, sondern das Zusammentreffen zweier, auf verschiedener Abstraktionsstufe ihre Begriffe operierender Wissenschaften. Sie beide bemühen sich zwar um den gleichen Begriffsinhalt, sie gehören auch gleichermaßen zu der wissenschaftlichen Selbstfindung und Selbstbefreiung, damit zur Emanzipation des modernen Menschen, doch sie agieren auf einer zeitversetzten Abstraktionsstufe.

Die jeweilige Abstraktionsstufe im Rahmen der gesetzlichen Ausformung der Straftat und des Straftäters wird nun tiefgreifend beeinflußt vom Verfassungsgrundsatz nullum crimen sine lege. Seiner Funktion nach dient dieser *nullum-crimen-sine-lege*-Satz hier dem Schutz des einzelnen gegen den Staat. Er konkretisiert eine Garantie für jenen gegen diesen und nimmt den Staat selbst in die Pflicht, mit seinem Strafmonopol verantwortlich umzugehen. Seinem Ziel entsprechend hat dieser Staat seine Strafgesetze dem Norminhalt nach eindeutig bestimmt zu erlassen. Generalklauseln wie "gesundes Volksempfinden", Bezeichnungen wie "Staatsfeind", "Volksschädling" oder "Gewaltverbrecher" in der nicht weit zurückliegenden Kodifikation der NS-Zeit[21] haben vorgeführt, wie man eine Strafrechtsordnung pervertieren kann, wenn man die Nähe zum Volke zwar plastisch und kriminalpolitisch wirksam, aber begrifflich unscharf in die Gesetzesnormierung hineinträgt.

Darum verpflichtet der nullum-crimen-sine-lege-Satz auch verfassungsrechtlich zu bestimmter Abstraktion der Strafrechtsbegriffe. Das muß dann zu Problemen führen, wenn das Gesetz allgemein vom Täter einer Straftat spricht, aber den individuell verantwortlichen Einzelnen mit seiner Tat meint.

Die kriminalsoziologische Leistung besteht nun vor allem darin, sich dieser individuellen Nähe zu stellen und offener dem Phänomen "abweichendes Verhalten" als eines möglicherweise Strafbaren eine eigene Beschreibung bzw. Erklärung zu geben. Diese wissenschaftliche Arbeit einer kriminologischen oder kriminalsoziologischen Einstellung hat anders als die Strafrechtswissenschaft mit der Nähe der Einzelphänomene fertig zu werden, um dann ihre aus empirischer Nähe gewonnenen Erkenntnisse in allgemeinere Feststellungen zu überführen. Und gerade diese Feststellungen können uns zu einer gemeinsamen Wissenschaftsgrundlage zurückführen.

Das Gesetz bietet die Straftat und den Straftäter dem Strafrechtswissenschaftler anders an, als der empirische Forscher dieses soziale Phänomen vorfindet. Kontroversen um die Betrachtung und dann auch Behandlung des gleichen Gegenstandes sind unausweichlich. Angesichts der Diskussion, wie sie etwa ab der Jahrhundertwende in der Strafrechtsdogmatik und der damaligen Kriminalsoziologie oder auch Kriminalbiologie geführt wurde, dreht sich diese Auseinandersetzung zumeist um das Problem: welche Objektivität kann man gesellschaftlichen

Phänomenen in der wissenschaftlichen Erkenntnis abgewinnen? Mit anderen Worten: Welche Objektivität können Sozialwissenschaften erreichen, wenn sie, anders als die Naturwissenschaften, das vom Menschen selbst Hervorgebrachte, die "Kultur", die organisierte Gesellschaft, wissenschaftlich erforschen? Denn diese gesellschaftlichen Phänomene gehören eng der subjetiven menschlichen Ausdruckswelt an. Daß man sich mit dieser Fragestellung der Kultur- und Gesellschaftswissenschaften im weitesten Sinne wieder einmal mit Kants Allgemeingültigkeit menschlicher Erkenntnis im Vorstellungsbereich auseinandersetzen mußte, daß vor allem die Soziologie Max Webers sich mit dem vielberufenen "Idealtypus" diesem Erkenntnisdilemma stellte[22], daß Franz von Liszt nach Grundeinstellungen und Klassifikationen von Verbrecher und Verbrechen suchte[23] und schließlich Ernst Beling, den Engisch "den Protagonisten des Typusgedankens im Strafrecht"[24] nennt, seine "Lehre vom Verbrechen"[25] (1906) auf einen einheitlichen Verbrechenstypus hin konzipierte, macht nur deutlich, wie sehr die jeweilige sozialwissenschaftliche Begriffsbildung um wissenschaftliche Bestimmbarkeit und Bestimmtheit zwischen Allgemeinheit und Individualität rang. Hier schien sich inhaltlich wie methodisch der "Typus" als Zwischengebilde anzubieten, da er einerseits von den individuellen menschlichen Äußerungen geprägt, andererseits doch Allgemeinheit, ja selbst Objektivität der sozialwissenschaftlichen Erkenntnis zu gewährleisten schien.

Alfred Schütz bestimmte diese neue Wissenschaftslage exemplarisch dahin, daß der subjektive Sinn menschlichen Handelns objektiv, nämlich "wissenschaftlich" definiert werden muß, und er baut den "objektiven Sinnzusammenhang" der "sozialen Strukturen der Lebenswelt" aufgrund eines Wissensvorrates (Vor-Wissen, Vor-Verständnis) und der ihm eigenen Axiome, Idealisierungen, (vor allem aber) Typisierungen auf"[26]. Für ihn ist diese "im Wissensvorrat angelegte Typik" konstituierend für jeden sozialwissenschaftlichen Erkenntnisvorgang, da sie allein mir etwa "Vertrautes" erschließt.

Die Geburt des Typusbegriffes ist nicht zu trennen von der besonderen Situation der sogenannten Kulturwissenschaften, die angesichts der Naturwissenschaften das allgemeine gesellschaftlicher Gegebenheiten

(Durkheim "soziale Tatbestände"), "konkret" und "deskriptiv" fassen wollen; der Typus ist eben "konkreter als der Begriff", wie es Engisch ausdrückt. Doch ehe wir am "Täter" diese methodisch wie inhaltlich gleichermaßen zentrale Funktion des Typus für Strafrechtswissenschaft und Krimonologie erproben, ist noch sein begriffsgeschichtlicher Standort zu kennzeichnen: hier kann ich mich kurz fassen, da sowohl Engisch, insbesondere für Wissenschaftslogik und Strafrecht[27] und Larenz, insbesondere für Rechtswissenschaftsmethodik und Zivilrecht[28], das Wesentliche gesagt haben.[29]

Stets finden wir in der Kennzeichnung des "Typus" eine besondere Art von Gedankengebilde, das "in der objektiven Wirklichkeit selbst begründet" ist, wie es Überweg in seiner Logik von 1874 bereits feststellt[30]. Er ist gewissermaßen ein "universale in re", um es in der Terminologie der Scholastik auszudrücken, ein konkret Allgemeines, das in der Sache selbst angelegt ist, er ist die der Wirklichkeit immanente "Entelechie", deren "Bauplan", deren "Struktur" oder auch deren "reale Gestaltungstendenz". Die Begriffsgeschichte des "Typus" läßt sich weder trennen von der Entwicklung der Geistes- und Kulturwissenschaften, noch vor allem vom Lebensbegriff, wie ihn die Philosophie Wilhelm Diltheys zum Beispiel in seinen "Typen der Weltanschauung" ausführt[31] oder wie Eduard Spranger in seinen "Lebensformen"[32] zum "strukturell richtigen Sehen geistiger Erscheinungen" in nachhaltigen Überlegungen die sechs "idealen Grundtypen der Individualität" entwickelt[33]; Spranger legt diese Idealtypen "als Schemata oder Normalstrukturen an die Erscheinungen der historischen und gesellschaftlichen Wirklichkeit an"[34].

Der "Typus" führt uns als *Evokation der Wirklichkeit des Menschen* in ein Verhältnis zu sich selbst, er sucht in diesem konkret Allgemeinen das Individuelle als etwas Vertrautes zu fassen, wie es Schütz für die Aneignung der Lebenswelt ausdrückt[35], oder "das Typische im Individuellen", da dem Menschen am Wiedererkennen gelegen sei (Thomas Mann).

Nietzsche hat hier prägnant, wie so oft, wenn es um den Begriff des "Lebens" geht, festgestellt, daß jedes Erkennen Leben voraussetze und an der Erhaltung des Lebens Interesse habe müsse. Unter dieser Idee entwirft er 1974 in seiner zweiten unzeitgemäßen Betrachtung "Vom Nutzen und Nachteil der Historie für das Leben"[36] eine Typologie von Lebenshaltungen, denen Erkenntniseinstellungen zugeordnet werden:

- Monumentalistische Geschichtsbetrachungen für den tätigen und strebenden Menschen
- antiquarische für den Bewahrenden und Verehrenden
- die kritische für den Leidenden und der Befreiung Bedürftigen.

Doch vor der Prüfung des Lebens- und Wirklichkeitsbezuges des Strafrechts und der Kriminologie noch ein Wort zum methodischen und inhaltlichen Problem des "Idealtypus". Sigwart hatte in der Logik (1878) von "Typen" gesprochen, die wir uns "entwerfen", die wir als die ideal vollkommenen betrachten, um an ihnen die einzelnen Exemplare zu messen"[37]. Steht ein solcher "Idealtypus" nicht nach Funktion wie Inhalt dann im Gegensatz zu dem, was man "empirischer Typus", "Realtypus" oder "Häufigkeitstypus" nennt, und wie wir ihn offenbar für den sogenannten "kriminologischen Tätertyp" vermuten?

Georg Jellinek hatte für seine Staatslehre (1914) diesen "Idealtypus" erstmals dem empirischen gegenüber gestellt: Dieser ideale Typus, meint er, hat wesentlich teleologische Bedeutung: "es ist das Telos jeglichen Dinges und jeglicher menschlicher Erscheinung, ihm zum Ausdruck zu bringen. Er ist kein Seiendes, sondern ein Seinsollendes. Damit ist er zugleich Wertmaßstab des Gegebenen. Was ihm entspricht, ist gut und hat das Recht, sich durchzusetzen und dazusein; was ihm nicht entspricht, ist zu verwerfen und zu überwinden."[38] Georg Jellinek geht es um den Idealtypus des besten Staates, um daran einen Maßstab für die Qualität seiner Institutionen zu gewinnen.

Wenn nun Max Weber von Jellinek diesen Terminus übernimmt, so bildet er ihn, entgegen Jellineks axiologischer Verwendung, in eine nur logische Funktion um: "Der Gedanke des Seinsollens, Vorbildlichen von diesen in rein logischem Sinn idealen Gedankengebilden" ist sorgsam fernzuhalten. Es handelt sich um die Konstruktion von Zusammenhängen, welche unserer Phantasie als zugänglich motiviert und also objektiv möglich, unserem nomologischen Wissen als adäquat erscheinen". Und da Weber seine Soziologie dann "verstehend" nennt, wenn sie soziales Handeln zum Gegenstand hat, ohne daß der subjektiv gemeinte Sinn des Einzelnen für die Objektivität des gesellschaftlich-geschichtlichen Lebens steht, wird dieser "reine Typus" als idealtypische Konstruktion" eingeführt. Damit wird von Weber eine objektive, der Idee nach wertfreie Gesellschaftswissenschaft begründet. Mit einer anderen als einer logischen Vollkommenheit hat dieser "Idealtypus" nichts zu tun, gleich wie erkenntnisleitend er ist[39]. Darum ist sein Idealtypus letztlich auch kein "Schema, in welches die Wirklichkeit als Exemplar" einzuordnen ist.

Will aber jegliche Typizität, wie sie gerade das Strafrecht nach Beling in seine Entwicklung integriert hat, nicht gerade einer solchen "Einordnung" dienen? Anders gefragt, kann das Strafrecht mit dem Typus überhaupt anders umgehen als den hinter dem Typus stehenden Menschen, den Straftäter hier, empirisch einzuordnen?

Doch kehren wir zu unseren Anfangsüberlegungen zurück. In ihnen hatten wir den (Selbst-)Gesetzgebungsakt des modernen Menschen als Demonstration seiner Freiheit erkannt. Wir hatten dort weiterhin festgestellt, daß die in das Gesetz aufgenommenen Inhalte - in unserem Falle der Täter einer Straftat - damit der empirisch-sozialwissenschaftlichen Erforschung ausgesetzt werden. Das Resultat ist darum: Erst mit dem Zusammentreffen der Strafrechtswissenschaft als Normwissenschaft mit der empirisch orientierten Kriminologie gegen Ende des 19. Jahrhunderts wird das Typusproblem aktuell. Denn einerseits griff das Strafrecht nach dieser Möglichkeit einer tat- wie tätertypisierenden Normierung menschlichen Verhaltens im Rahmen des *nullum-crimen-sine-lege*-Satzes. Andererseits waren die mit der Entwicklung der Kriminologie verbundenen Humanwissenschaften wie Medizien, Psychologie und Soziologie an der Erstellung einer Typologie des Verbrechers und des Verbrechens orientiert. In beiden Fällen entstand durch diese am menschlichen Verhalten ausgerichtete am Anschaulichen orientierte "Begriffsbildung" eine neuartige Diskussion, ob der Norminhalt das auch ist, was er sein soll. Normwissenschaft und Seinswissenschaft trafen über der typischen Ausformung menschlichen Verhaltens im Strafgesetz zusammen; sie beeinflußten von da an tiefgreifend die Kriminalpolitik. Franz von Liszt hatte am nachhaltigsten diese neue Lage - damals noch für beide Lager, das der Norm- wie der Tatsachenwissenschaften - definiert[40]: daß der Gegenstand der Bestrafung, damit auch der Strafrechtswissenschaft, nicht das Verbrechen, sondern der Verbrecher, nicht der Begriff, sondern der Mensch bildet. Er übernimmt dann die Verbrechertypisierung Wahlbergs nach "Gelegenheits-" und "Gewohnheitsverbrecher", formt sie aber entsprechen der Kriterien dreier Strafzwecke (Abschreckung, Besserung und Sicherung) zu der dann bekannten Dreiteilung um: Augenblicksverbrecher, besserungsfähige und unverbesserliche Zustandsverbrecher.

In der Folgezeit entstehen im Anschluß an diesen Ansatz vielfältige kriminologische Typologien, von denen im deutschen Sprachraum diejenige Exners,[41] Aschaffenburgs[42] (Zufallsverbrecher, Affektverbrecher, Gelegenheitsverbrecher, Vorbedachtsverbrecher, Rückfallverbrecher, Gewohnheitsverbrecher, Berufsverbrecher), Mezgers[43] (Situationsverbrecher und Charakterverbrecher mit jeweiligen Unterteilungen: Gelegenheitsverbrecher - dann auch Neigungsverbrecher, Hangverbrecher, Zustandsverbrecher), schließlich die wohl bekannteste von Seelig und Weindler[44] bzw. nach Seelig/Bellavic[45] zu nennen sind; letztere definieren in einer "integrierten Einteilung" nach charakterlichen Eigenschaften und spezifischen Verhaltensweisen acht Hauptgruppen:

- arbeitsscheue Berufsverbrecher
- Vermögensverbrecher aus geringer Widerstandskraft,
- Verbrecher aus Angriffslust,
- Verbrecher aus sexueller Unbeherrschtheit,
- Krisenverbrecher,
- den primitiv-reaktiven Verbrecher,
- den Überzeugungsverbrecher und
- den Verbrecher aus Mangel an Gemeinschaftsdisziplin.

All diese Typisierungsversuche, wie man vor allem auch auf Typologien für Jugendliche ausgedehnt hat, haben Strafrechtswissenschaften und Kriminologie in der Folgezeit nicht enger zusammengeführt, sondern im Gegenteil in zwei getrennten wissenschaftlichen Lagern belassen. Der Mensch als Selbstgesetzgeber mit der daran orientierten Strafrechtswissenschaft und der Mensch als Forscher im empirischen Bereich der

Sozialwissenschaft, hier der Kriminologie, scheinen verschiedenen Welten anzugehören; und könnte die Strafrechtswissenschaft sich zur Not noch mit kriminologischen Vertretern einer Kriminalitätstheorie verständigen, nicht möglich scheint dies zu sein mit denjenigen, die den Vorgang der Kriminalisierung auf alle beteiligten Instanzen des Staates und der Gesellschaft ausdehnen (Kriminalisierungstheorie) und ihnen gewissemaßen die Entstehung von Kriminalität in dieser Form anlasten.

Das bloße Gegenüber zweier Wissenschaften mit dem Unverständnis jeweils für die Position des anderen hat sich selbst ad absurdum geführt, da man zu erkennen beginnt, daß der Mensch der Neuzeit auf ganz verschiedenen Bereichen seine Welt und seine Gesellschaft selbstverantwortlich zu gestalten hat. Dies leistet er als Selbstgesetzgeber und Normwissenschaftler so gut wie als Forscher der empirischen Sozialwissenschaften im Wahrnehmen und Erkennen des Eins von Einzelexistenzen und Gesellschaft.

Das Medium ihrer Erkenntnistätigkeit sind Begriffe und letztlich auch Typologien. Die *Distanz* des Gesetzgebers zum Norminhalt und die *Nähe* des Forschers zum Forschungsgegenstand bedingen sich in der jeweils gewählten Sprache und ihrem Abstraktionsgrad; im Typus aber und seiner Wirklichkeitsnähe heben sie sich auf und fügen die anschauliche Wahrnehmung des Individuellen als Ganzes in die Erkenntnis ein. Führt nun der Weg der vollen "Erfahrung der sozialen Wirklichkeit" nur über Typisierungen, wie es Schütz vorschlägt, dann könnte das auch dem eigentlich Betroffenen, in unserem Beispielsfalle dem Täter, zugute kommen. Dieser steht zwischen zwei wissenschaftlichen Gegebenheiten, ja zwischen zwei Grundorientierungen unserer gegenwärtigen Kultur: der Selbstgesetzgebung des Menschen, die unter das Stichwort *Freiheit* gehört, und der empirischen Wissenschaft mit der Orientierung an einer Wirklichkeitserkenntnis, die unter das Stichwort *Wahrheit* gestellt ist. Der Täter, der einer von uns ist, zählt auf beides: sowohl auf das Gesetz, das ihn schützt, wie auf die Wissenschaft, die ihm seinen Zustand erklärt und ihm zur Selbsterfahrung in seinem Sein verhilft. In keinem Fall will und soll er Objekt einer der beiden Gegebenheiten werden: nicht Objekt der hinter dem Gesetz stehenden staatlichen Macht, aber auch nicht Objekt eines wissenschaftlichen Planspiels, in dem er auf der neuzeitlichen Bühne der Selbsterfahrung des

Menschen als freiem Individuum geopfert würde.

Der Täter ist letztlich der uns alle angehende Testfall, ob wir Gesetzgebung und Wissenschaft mit der Verantwortung für die Freiheit aller so zu verbinden wissen, daß wir uns in unserer Existenz als einem stets unfertigen Selbstentwurf zurechtfinden. Darüber hinaus aber stellt sich uns die Frage, ob wir uns der Erfahrung der neuartigen Wechselbeziehung zwischen Freiheit der Selbstgesetzgebung und der Wahrheitsorientierung der damit nicht manipulierbaren wissenschaftlichen Erkenntnis so öffnen, daß diese Erfahrung auch zur Grundlage der Wahrnehmung des ganzen Menschen wird.

Denn nur der ganze Mensch gewinnt alle seine Fähigkeiten zur vollen Entfaltung seiner Kultur. Die Aufgabe jeder Wissenschaft ist es - gleich, wo sie Erkenntnis und Anschauung einsetzt - für jeden Menschen in der Gesellschaft, die Erfahrung seiner Freiheit und unlösbar damit seiner Verantwortung möglich zu machen.

Anmerkungen:

1. "Die Kluft wird nicht kleiner, wenn man der Heroisierung des Verbrechens in Literatur, Dichtung und Philosophie das Wort redet und sein Verständnis in dem bekannten Satz Nietzsches ausspricht: "Der Verbrechertypus, das ist der Typus des starken Menschen unter ungünstigen Bedingungen, ein krank gemachter starker Mensch." F. Nietzsche, Götzendämmerung, Werke in drei Bänden, München 1955, Bd. II S. 1020

2. "... Im Verlauf der letzten Jahrzehnte ist auch in der Bundesrepublik ein Kriminologisches Paradigma entwickelt und verfeinert worden, das sich von dem positivistischen Ansatz grundlegend unterscheidet. Für diesen als interaktionistisch oder als labeling approach bezeichneten Ansatz sind die Ursachen der Kriminalität gerade nicht bei den Tätern selbst zu suchen. Kriminalität wird vielmehr als Ergebnis eines gesellschaftlichen, viele Akteure und Operationen einschließenden Interpretations- und Interaktionsprozesses verstanden. Sie kann damit nur mittels Analyse ihrer gesellschaftlichen Produktionsbedingungenerklärt werden. Im Mittelpunkt des Erkenntnisinteresses stehen daher die Setzung und Anwendung von Normen, die Selektivität von Normsetzung und -anwendung und Kriminalisierungsprozesse." Hartmut Schellhoss (Hrsg.), Kleines Kriminologisches Wörterbuch, Heidelberg, 2. Aufl. 1985, S. 272 f. (273)

3. Günter Kaiser, Kriminologie, Eine Einführung in die Grundlagen, 8. Aufl. Heidelberg 1989, S. 1

4. Fritz Sack, Die Kriminologie auf fremdem Boden, in: Klaus Luedersen (Hrsg.), Vom Nutzen und Nachteil der Sozialwissenschaften für das Strafrecht, Frankfurt 1980, S. 61

5. William Seagle, Weltgeschichte des Rechts, Eine Einführung in die Probleme und Erscheinungsformen des Rechts (Originalausgabe: "The Quest for Law", New York 1941), München/-Berlin 3. Aufl. 1967, Sonderausgabe 1969

6. Ebd. S. 341 ff.

7. Ebd. S. 344

8. Ebd.

9. Ebd.

10. Wendell Oliver Holmes, Collected Legal Papers, 1920, S. 139, zit. n. Seagle a.a.O. S., 450

11. Seagle, a.a.O., S. 346

12. Ebd.

13. Ebd.

14. Ebd. S. 347

15. Ebd.

16. "Viele Hymnen sind zum Lobe dieser oder jener bürgerlichen Freiheiten oder verfassungsmäßigen Grundrechte gesungen worden. Aber das materielle Strafgesetzbuch selbst ist die größte von allen bürgerlichen Freiheiten." Doch nur eine soziale Revolution kann das repressive Strafrecht von heute in ein präventives Strafrecht von morgen verwandeln. Bis zu dieser Umwälzung bleibe das geltende Strafrecht weiterhin zweigleisig, "nämlich vergeltend, abschreckend und sozial präventiv", "damit im Grunde atavistisch". Seagle, a.a.O., S. 351

17. Immanuel Kant, Metaphysik der Sitten, Anfangsgründe der Rechtslehre. Hamburg 1954, S. 137 f, bes. S. 130/139

18. Paul Johann Anselm von Feuerbach, Lehrbuch des gemeinen in Deutschland gültigen peinlichen Rechts, 14. Auflage Giessen 1847 (Neudruck Aalen 1973). An anderer Stelle: (§ 80) "Der objektive Grund aller Strafbarkeit ist das Vorhandensein einer Tatsache, welche unter der Drohung eines Strafgesetzes enthalten ist."

19. Ernst Beling, Die Lehre vom Verbrechen, Tübingen 1906; im selben Zusammenhang fügt Beling die Feststellung hinzu, daß "heute nur fest umrissene Verbrechenstypen unter die Strafdrohungen fallen können". Den Umriß des Verbrechenstypus aber geben enumerativ erschöpfend die positivrechtlich angegebenen Tatbestände meint er dann (S. 21).

20. Immanuel Kant, Kritik der reinen Vernunft, 12. Auflage Leipzig 1922, S. 107 mit dem prägnanten Satz: "Der Verstand vermag nichts anzuschauen und die Sinne nichts zu denken", so daß nach ihm nur aus der Vereinigung beider Erkenntnis entspringen könne.

21. Vgl. B. Rüthers, Die unbegrenzte Auslegung. Vom Wandel der Privatrechtsordnung im Nationalsozialismus, Tübingen 1968. Die von Bernd Rüthers hier für das Zivilrecht geleistete eindrucksvolle Arbeit der Analyse des Verhältnisses des NS-Regimes zur Zivilrechtsgesetzgebung und Zivilrechtspraxis steht für das Strafrecht in gleicher Gründlichkeit noch aus. Vgl. auch ders., "Wir denken die Rechtsbegriffe um ... " Weltanschauung als Auslegungsprinzip, Zürich 1987

22. Max Weber, Wirtschaft und Gesellschaft, Grundriß der verstehenden Soziologie (1921), hrsgg. von Johannes Winckelmann, 5. Auflage Tübingen 1976

23. Franz von Liszt, Lehrbuch des deutschen Strafrechts, 21./22. Auflage 1919, § 3 II, § 4 I, 4-6, § 5 III. Erstmals hatte von Liszt in "Der Zweckgedanke im Strafrecht" (Marburger Universitätsprogramm 1882, Abh. I, S. 126 ff) entsprechende Einteilungen und Typologien im Hinblick auf die Wirkungen von Strafen auf den Täter entwickelt; seine Dreiteilung - Gelegenheitsverbrecher, besserungsbedürftiger Verbrecher und unverbesserlicher Verbrecher - hat strafrechtspolitisch in bedenklicher Weise Geschichte gemacht.

24. Karl Engisch, Die Idee der Konkretisierung in Recht und Rechtswissenschaft unserer Zeit, Heidelberg; ders., Sinn und Tragweite juristischer Systematik, studium generale 10, (1957), S. 173 ff., neu abgedruckt in; ders., Beiträge zur Rechtstheorie, hrsgg. von Paul Bockelmann, Arthur Kaufmann, Ulrich Klug, Frankfurt 1984, S. 114 ff.

25. Ernst Beling, Lehre vom Verbrechen, Tübingen 1906, S. 21 ff., D. 72 ff., S. 82 ff.

26. Alfred Schütz, Der sinnhafte Aufbau der sozialen Welt, Wien 1932 (Neudruck Frankfurt 1975), S. 90

27. Karl Engisch, Aufgaben einer Logik und Methodik des juristischen Denkens, studium generale 12 (1959), S. 76 ff., neu abgedruckt in: ders., Beiträge zur Rechtstheorie, o.a.O., 1984, S. 64 ff.

28. Karl Larenz, Methodenlehre der Rechtswissenschaft, Berlin 5. Auflage 1983 Kap. 6.2

29. Zum ganzen begriffsgeschichtlichen und vor allem methodengeschichtlichen Vorgang nach wie vor grundlegend: Carl. G. Hempel und Paul Oppenheim, Der Typusbegriff im Licht der neuen Logik. Wissenschaftstheoretische Untersuchungen zur Konstitutionsforschung und Psychologie, Leiden 1936; schließlich später von Hempel wieder aufgenommen und fortgeführt: Carl G. Hempel, Typologische Methoden in den Sozialwissenschaften, 1952; ergänzt in "studium generale" Jg. IV

Heft 7, August 1951 und Jg. V Heft 4, Mai 1953) mit den hier gesammelten 12 Beiträgen zur Bedeutung des Typus in verschiedenen Einzelwissenschaften.

30. Überweg. Logik, 4. Auflage 1874

31. Wilhelm Dilthey, Typen der Weltanschauung. Gesammelte Schriften 1911, Bd. VIII., S. 75 ff.

32. Eduard Spranger, Lebensformen, Geisteswissenschaftliche Psychologie und Ethik der Persönlichkeit, erstmals 1914, vor allem 1921, München/Hamburg 1950.

33. Ebd. S. 101 ff.

34. Ebd. S. 114

35. Alfred Schütz, a.a.O., S. 90

36. F. Nietzsche, Gesammelte Werke in drei Bänden, München 1955, Bd. I

37. Christoph Sigwart, Logik, 2. Bde., Tübingen 3. Auflage 1904 (1878), S. 77

38. Georg Jellinek, Allgemeine Staatslehre, Berlin 3. Auflage, 1914, S. 34 f.

39. Max Weber verfaßte übrigens als Einleitungsteil zur "Soziologischen Kategorienlehre" für die geplante "Verstehende Soziologie" diese Orientierung als Grundriß; abgedruckt in Max Weber, Wirtschaft und Gesellschaft. Grundriß der verstehenden Soziologie (1921), hrsgg. von Johannes Winckelmann, 5. Auflage Tübingen 1976.

40. Franz von Liszt, Strafrechtliche Vorträge und Aufsätze, Berlin 1905 (Neudruck 1970) insbes. Bd. I S. 126 ff. Bd. II S. 1 ff. S. 230 ff.: vgl. Gustav Radbruch, Einführung in die Rechtswissenschaft, 11. Aufl. Stuttgart 1964, S. 138 f. u. S. 144 ff.

41. Franz Exner, Die psychologische Einteilung des Verbrechers, in: Schweizerische Zeitschrift für Strafrecht 38 (1925), S. 1 ff.: ders., Kriminalbiologie in ihren Grundzügen, Hamburg 1939, S. 254 ff. (2. Aufl. 1944; 3. Aufl. als Kriminologie, Berlin 1949).

42. Gustav Aschaffenburg, Das Verbrechen und seine Bekämpfung: Einleitung in die Kriminalpsychologie für Mediziner, Juristen und Soziologen, Heidelberg 2. Aufl. 1923; ders., Handbuch der Psychiatrie, Leipzig 1924.

43. Edmund Mezger, Kriminologie. Ein Studienbuch, München/Berlin 1951, S. 168 ff.

44. Ernst Seelig/Karl Weindler, Die Typen der Kriminellen. (Grazer Kriminologische Schriften), Berlin/München 1949, S. 7 ff. (19).

45. Ernst Seelig/Hanns Bellavic, Lehrbuch der Kriminologie, Darmstadt 3. Aufl. 1963, S. 66 ff.

Literatur:

Gustav Aschaffenburg, Das Verbrechen und seine Bekämpfung: Einleitung in die Kriminalpsychologie für Mediziner, Juristen und Soziologen, Heidelberg 2. Aufl. 1923

Gustav Aschaffenburg, Handbuch der Psychatrie, Leipzig 1924

Ernst Beling, Lehre vom Verbrechen, Tübingen 1906

Ernst Beling, Grundzüge des Strafrechts, Tübingen 5. Aufl. 1919

Wilhelm Dilthey, Typen der Weltanschauung, Gesammelte Schriften 1911, Bd. VIII.

Karl Engisch, Einführung in das juristische Denken, Stuttgart 1956

Karl Engisch, Aufgaben einer Logik und Methodik des juristischen Denkens, studium generale 12 (1959), S. 76 ff., neu abgedruckt in: ders., Beiträge zur Rechtstheorie, a.a.O. 1984, S. 64 ff.

Karl Engisch, Beiträge zur Rechtstheorie, hrsgg. von Paul Bockelmann, Arthur Kaufmann, Ulrich Klug, Frankfurt 1984

Karl Engisch, Auf der Suche nach Gerechtigkeit. Hauptthemen der Rechtsphilosophie, München 1971

Franz Exner, Die psychologische Einteilung des Verbrechers, in: Schweizerische Zeitschrift für Strafrecht 38 (1925), S. 1 ff.

Franz Exner, Kriminalbiologie in ihren Grundzügen, Hamburg 1939, S. 254 ff. (2. Aufl. 1944: 3. Auflage als Kriminologie, Berlin 1949).

Paul Johann von Feuerbach, Lehrbuch des gemeinen in Deutschland gültigen peinlichen Rechts, 14. Auflage Giessen 1847 (Neudruck Aalen 1973)

Carl G. Hempel, Typologische Methoden in den Sozialwissenschaften, 1952

Carl G. Hempel und Paul Oppenheim, Der Typusbegriff im Licht der neuen Logik. Wissenschaftstheoretische Untersuchungen zur Konstitutionsforschung und Psychologie, Leiden 1936

Wendell Olivier Holmes, Collected Legal Papers, 1920

Georg Jellinek, Allgemeine Staatslehre, Berlin 3. Aufl., 1914

Günther Kaiser, Kriminologie. Eine Einführung in die Grundlagen, 8. Aufl. Heidelberg 1989

Immanuel Kant, Kritik der reinen Vernunft; (Philosophische Bibliothek Bd. 37), 12. Aufl. Leipzig 1922

Immanuel Kannt, Metaphysik der Sitten. Anfangsgründe der Rechtslehre. (Philosophische Bibliothek, Bd. 42), Hamburg 1954

Ernst Kretschmer, Körperbau und Charakter, 26. Aufl., Berlin 1977

Karl Larenz, Richtiges Recht: Grundzüge einer Rechtsethik, München 1979

Karl Larenz, Methodenlehre der Rechtswissenschaft, Berlin 5. Aufl. 1983

Franz von Liszt, Lehrbuch des deutschen Strafrechts, 21./22. Aufl. 1919

Franz von Liszt, Strafrechtliche Vorträge und Aufsätze, Berlin 1905 (Neudruck 1970)

Edmund Mezger, Kriminologie. Ein Studienbuch, München/Berlin 1951

Gustav Radbruch, Einführung in die Rechtswissenschaft, 11. Aufl. Stuttgart 1964

Bernd Rüthers, Die unbegrenzte Auslegung. Vom Wandel der Privatrechtsordnung im Nationalsozialismus, Tübingen 1968

Bernd Rüthers, "Wir denken die Rechtsbegriffe um ..." Weltanschauung als Auslegungsprinzip, Zürich 1987

Fritz Sack, Die Kriminologie auf fremdem Boden, in: Klaus Luedersen (Hrsg.), Vom Nutzen und Nachteil der Sozialwissenschaften für das Strafrecht, Frankfurt 1980

Alfred Schütz, Der sinnenhafte Aufbau der Sozialen Welt, Wien 1932 (Neudruck Frankfurt 1975)

Hartmut Schellhoss, Stichwort Kriminologie, in: Günther Kaiser, Hans-J. Kerner, Fritz Sack, Hartmut Schellhoss (Hrsg.), Kleines Kriminologisches Wörterbuch, Heidelberg 2. Aufl. 1985

William Seagle, Weltgeschichte des Rechts. Eine Einführung in die Probleme und Erscheinungsformen des Rechts (Originalausgabe: "The Quest for Law" New York 1941), München/Berlin 3. Aufl. 1967, Sonderausgabe 1969

Ernst Seelig, Karl Wendler, Die Typen der Kriminellen (Grazer Kriminologische Schriften), Berlin/München 1949

Ernst Seelig, Hanns Bellavic, Lehrbuch der Kriminologie, Darmstadt 3. Aufl. 1963

Christoph Sigwart, Logik, 2. Bde., Tübingen 3. Aufl. 1904 (1878)

Eduard Spranger, Lebensformen, Geisteswissenschaftliche Psychologie und Ethik der Persönlichkeit, erstmals 1914, vor allem 1921, München/Hamburg 1950

Überweg, Logik, 4. Aufl. 1874

Max Weber, Wirtschaft und Gesellschaft. Grundriß der verstehenden Soziologie (1921), hrsg. von Johannes Winckelmann, 5. Aufl. Tübingen 1976

III.

Straffälligenhilfe und Jugendhilfe

Soziale Arbeit im Labyrinth des Jugendstrafrechts

Zum Verhältnis von Erziehen, Helfen und Strafen*

Siegfried Müller / Heinz Sünker

Max Busch hat 1987 in seiner Würdigung des Lebenswerkes von Albert Krebs - zu dessen 90. Geburtstag - festgestellt: "Die Entwicklung der sozialpädagogischen Diskussion um die Strafrechtspflege ist weitergegangen. Es wird heute die Frage gestellt, ob man junge Menschen unter 18 Jahren überhaupt einsperren dürfe, sei es in Jugendstrafanstalten, sei es in geschlossenen Heimen. Weiter wird diskutiert, ob die strafrechtliche und kriminologische Argumentation überhaupt dem Erscheinungsbild und der Genese abweichenden Verhaltens Jugendlicher 'gerecht' und angemessen sein kann. Die Abschaffung der Gefängnisse wird gefordert, ohne daß sie allerdings irgendwo bis jetzt völlig abgeschafft worden wären. An die Jugendhilfe stellt sich die sehr konkrete Frage, wie es mit den "Alternativen" bestellt ist, die dann für besonders schwierige Jugendliche und als Reaktion auf gesellschaftlich nicht tolerierbare Verhaltensweisen zur Verfügung stehen müßten, und zwar nicht nur als Konzepte und lokale Modelle" (Busch 1987, S. 475f.; s. auch Busch 1985; Arbeiterwohlfahrt 1993; Plewig 1994).

Bereits 1980 hatte der 5. Jugendbericht auf das "Ungenügen" derzeitiger Handlungsformen der Jugendhilfe sowie die stigmatisierenden Folgen bestimmter Diagnoseprozesse angesichts der realen Lebenslagen und Lebenswirklichkeiten Jugendlicher heute verwiesen (Fünfter Jugendbericht 1980, S. 44, 184ff). Daß die darin eingelassene Problematik sich bis in die Gegenwart nicht erledigt hat, zeigen Überlegungen, die Mollenhauer/Uhlendorff zur Frage einer 'pädagogischen Diagnostik' anstellen. Auch sie argumentieren um der Realitätshaltigkeit sozialer Arbeit willen für eine Diagnostik, die die Lebenslagen von Individuen in den Mittelpunkt des Interesses stellt; insbesondere im Falle jener Individuen, die als "schwierige" Jugendliche gelten. Und sie gelangen zu der - gerade auch mit Bezug auf die Themenstellung von Max Busch - herausfordernden Schlußfolgerung: "Eine sozialpädagogische Diagnose sollte ihre Behauptungen in mindestens zwei Dimensionen formulieren; sie soll Auskunft geben über die Lebensthematik, mit der die diagnostizierte Klientel befaßt ist, und sie soll Tätigkeiten benennen, die dieser Thematik entsprechen und zugleich geeignet sind, die Bildungsbewegung weiterzutreiben, in der sich der Jugendliche befindet, und zwar in einer für ihn selbst befriedigenden und für andere sozial erträglichen Richtung" (Mollenhauer/Uhlendorff 1992, S. 18).

Angeschlossen wird damit an die Erkenntnis, daß Soziale Arbeit - hier als übergreifende Bestimmung für das genommen, was als Sozialarbeit und Sozialpädagogik häufig getrennt verhandelt wurde und wird - es in einer besonderen Weise mit dem spannungsvollen und häufig widersprüchlichen Verhältnis von Individuum und Gesellschaft zu tun hat (vgl. schon Mollenhauer 1959; weiter Winkler 1988; Sünker 1994).

Gesellschaftliche Entwicklungsprozesse, die sich vor dem Hintergrund einer zunehmenden Vergesellschaftung von Gesellschaft mit der Folge eines erhöhten Integrationsbedarfs in und von Gesellschaft analysieren lassen, und die sich als Entwicklung gesellschaftlicher Widersprüche durch Individuen hindurch in immer wieder neuen, zugleich das Spannungsverhältnis von Sozialdisziplinierung und Emanzipation verlängernden, Aufgabenzuschreibung an diese ereignen, bilden dabei die Folie, auf der professionell wie institutionell orientierte Reflexionen der Disziplin anzustellen sind.

Sozialdisziplinierung und Emanzipation haben dabei als Bezugsgrößen auch dort zu gelten, wo, wie im Falle des "schwierigen" Jugendlichen und des Jugendstrafrechts, prima facie nur der eine Pol zu gelten scheint. Als Herausforderung steht damit bei allen Auseinandersetzungen zum Thema die Frage auf der Tagesordnung, wie es sich - auch um der professionellen Identität und Aufgabenstellung willen (vgl. Mollenhauer/Uhlendorff 1992, S. 132ff.) - mit dem Pol "Emanzipation" verhält.

Zugleich wird damit behauptet, daß - jenseits von Pädagogisierungsstrategien - am pädagogischen Paradoxon, wie es Nelson exemplarisch formuliert hat, festzuhalten ist: "Ist das Ziel der Erziehung vernünftige Selbstbestimmung, d.h. ein Zustand, in dem der Mensch sich nicht durch äußere Einwirkung bestimmen läßt, vielmehr aus eigener Einsicht urteilt und handelt, - so entsteht die Frage, wie es möglich ist, durch äußere Einwirkung einen Menschen zu bestimmen, sich nicht durch äußere Einwirkung bestimmen zu lassen" (Nelson 1948, S. 30).

1. Erziehung statt Strafe?

Als sich die Vertreter der Jugendgerichtsbewegung 1912 auf dem Dritten Jugendgerichtstag in Frankfurt/M. zusammenfanden, um über das Thema "Erziehung und Strafe - Sühne und Besserung" zu diskutieren, hatten sie sich bereits lange vorher auf eine Parole geeinigt, die bis heute in ihren verschiedenen Variationen eine erstaunliche Persistenz erwiesen hat: "Erziehung *statt* Strafe". In dieser Parole kam die Hoffnung zum Ausdruck, mit der Erziehung das zu erreichen, wozu die vergeltende Strafe ganz offensichtlich nicht in der Lage war: "Die Besserung der besserungsfähigen und besserungsbedürftigen" jugendlichen Straftäter, wie Franz von Liszt, die prominenteste Figur der deutschen Rechtsreformbewegung dies bereits Ende des vergangenen Jahrhunderts formuliert hatte (v. Liszt 1905, S. 166). Das Interesse richtete sich nunmehr in erster Linie - aber keineswegs ausschließlich - auf den Täter. Er sollte erzogen werden. Wie und wozu - darüber herrschte keineswegs Einigkeit. Als Minimalkonsens hinsichtlich des Erziehungszieles galt der rechtschaffende Lebenswandel, die Legalbewährung. "Erziehung *statt* Strafe" hieß natürlich nicht, daß nicht mehr gestraft werden sollte. Die Strafen sollten subsidiär sein und sie sollten nicht mehr wie bisher lediglich vergelten, sondern einem guten Zweck dienen: der Erziehung. Strafe also als Erziehungsstrafe.

An diesem Diskurs über die "Pädagogisierung des Jugendrechts" (Peukert 1986, S. 68 ff.), dessen argumentativer Ausgangspunkt die in der Reichskriminalstatistik von 1882 erstmals gesondert ausgewiesenen jugendlichen (12- bis 18jährigen) Straftäter[1] waren, beteiligten sich fast ausschließlich Juristen. Ganz offensichtlich in der Erwartung einer pädagogischen Legitimierung und inhaltlichen Fundierung ihrer programmatischen Parole[2] Erziehung *statt* Strafe haben die Vertreter der Jugendgerichtsbewegung das getan, was man in solchen Fällen tut: man lädt einen Pädagogen ein. So hielt dann der damals sehr bekannte Moralpädagoge Friedrich Wilhelm Foerster das Hauptreferat. Die Erwartungen wurden enttäuscht und der Eklat war perfekt, wenn auch nicht unvorhersehbar.[3]

In völliger Verkehrung der Fronten plädierte Foerster für den Vorrang der Strafe. Sein Credo lautete: "*Erst* Strafe, *dann* Erziehung" (Foerster 1913, S. 15). Das Maß der Strafe habe sich dabei ausschließlich am Unrechtsgehalt der Tat zu orientieren, während ihre inhaltliche Gestaltung pädagogischen Prinzipien zu gehorchen habe, also nicht lediglich vergeltend sein dürfe. Umgekehrt aber wäre es auch eine Illusion, wenn man meine, in der Erziehung ohne Strafe auskommen zu können. "Es gibt", schreibt Foerster (1913, S. 11 f.), "gar keine durchgreifende Erziehung ohne Strafe, am wenigsten gegenüber jugendlichen Delinquenten ..., denn Erziehung ist Unterwerfung des Subjekts unter das Objektive" und "das Strafrecht ist die Elementarsprache, durch welche die objektiven Lebensmächte dem Subjekt ihren Willen verständlich machen". Ohne die "Orthopädie der Sühne" lasse sich die Verwahrlosung nun mal nicht korrigieren.

Lagen die Positionen von Foerster und den Vertretern der Jugendgerichtsbewegung wirklich so weit auseinander, wie man aufgrund der konträren Parolen vermuten würde? Ja und nein.[4] Der Strafrechtler Mittermaier wandte sich in der Diskussion zwar entschieden gegen Foersters These vom Vorrang der Strafe, machte dabei aber zugleich deutlich, daß man eigentlich doch das gleiche wolle. "Die Strafe", sagt er, "die Foerster so in den Vordergrund gestellt hat, wollen auch wir - aber wir wollen sie in der Erziehung verwirklichen" - und zwar aus zwei Gründen: Zum einen, weil die vergeltenden Strafen ein zu "grobschlächtiges" Instrument für eine "Orthopädie der Sühne" sind; und zum anderen, weil die Jugendlichen noch nicht über jene Einsicht verfügen, die eine Sühne voraussetzt. Aufgabe der (öffentlichen) Erziehung sei es daher, die Jugendlichen so zu erziehen, daß sie auch in der Lage seien, die Sühne auf sich zu nehmen. Also doch nicht "Erziehung *statt* Strafe", sondern "Erziehung *als Voraussetzung der* Strafe"?

Pieplow (1989) hat recht mit der Feststellung, daß der Erziehungsbegriff der Jugendgerichtsbewegung primär eine "Chiffre" war, mit der das rein vergeltende Strafen gegenüber den jugendlichen Delinquenten zurückgedrängt, oder doch zumindestens subsidiarisiert werden sollte. Da der Strafe jedoch gleichzeitig eine erzieherische Aufgabe zugeschrieben wurde, wurde die "Chiffre Erziehung" zugleich zu einer sinnstiftenden Figur der Strafe und einer - dann erzieherisch begründeten - Strafverschärfung (vgl. Dörner 1991, S. 204 ff.).

"Erziehung *statt* Strafe?" Das Jugendstrafrecht hat zu einer Klärung des Verhältnisses von Erziehung und Strafe nicht beigetragen, indem es beides wollte: erziehen *und* strafen. Das eine täter- und das andere tatorientiert. So bestimmte dann auch in der Folgezeit - bis heute - der Versuch, das Verhältnis von Erziehung und Strafe im Jugendstrafrecht und in der jugendstrafrechtlichen Sanktionspraxis zu bestimmen, den jugendstrafrechtlichen Diskurs[5], an dem sich die Pädagogen allenfalls am Rande beteiligt haben. Es gibt wohl kaum eine Verknüpfung der Begriffe von Erziehung und Strafe, die nicht in diesen Diskurs irgendwann einmal eingebracht worden ist: Erziehung *statt* Strafe, Erziehung *und* Strafe, Erziehung *als* Strafe, Erziehung *in der* Strafe, Erziehung *neben* der Strafe, Erziehung *durch* Strafe, Strafe *statt* Erziehung, Strafe *als* Erziehung etc. (vgl. Nothacker 1985, S. 358 ff.).

Auffallend an dieser Diskussion ist dreierlei: Erstens die lediglich formale Bestimmung des Erziehungsbegriffs, zweitens die erzieherische Zweck-Instrumentalisierung der Strafe und drittens ein fast idiosynkratisches Verhältnis der Strafjuristen zu ihrem ureigensten Mittel: der Strafe. Sie wollen in erster Linie erziehen, und wenn sie strafen, dann soll das Übel doch einem guten Zwecke dienen: Es soll den Jugendlichen erziehen oder doch wenigstens beeindrucken. Ein inhaltlich nicht konkretisierter Erziehungsbegriff hat - so jüngst noch Walter (1990) - den Vorteil, daß er offen ist auch für die ex-post-Zuordnung neuerer Maßnahmen, die - würden sie als Strafe deklariert - in der Bevölkerung eine geringere Akzeptanz hätten. Über einen formalen Erziehungsbegriff läßt sich allerdings das Verhältnis von Erziehung und Strafe nicht bestimmen.[6]

So bleibt erstens die Frage nach dem, was Erziehung ist, und es bleibt zweitens die Frage danach, ob die staatliche Strafe sich als Mittel für spezialpräventive Zwecke rechtfertigen läßt. Die erste Frage ist eine erziehungswissenschaftliche Frage; die zweite ist eine rechtsphilosophische Frage nach der Straf*gerechtigkeit* und eine kriminalpolitsche Frage nach der Straf*klugheit*.[7]

2. Was ist Erziehung?

"Müssen uns", fragt der Erziehungswissenschaftler Jürgen Oelkers in seinen pädagogischen Anmerkungen zu Peter Handkes *"Kindergeschichte"* (Oelkers 1981), "die Dichter sagen, was 'Erziehung' ist?" Sie müssen es nicht, aber sie können es in einer besonders prägnanten Weise, *insofern* sie "Erfahrungen beschreiben, die man "Erziehung" nennen kann": Erfahrungen, die Eltern mit Kindern und die Kinder mit Eltern machen; Erfahrungen also innerhalb einer *Beziehung*. Sind diese Beziehungserfahrungen das, was Erziehung ausmacht, was das Wesen des Erzieherischen ist? Erziehung ist ein relationaler Begriff, was vor allem im sokratischen Begriff der Mäeutik, der Kunst des Hervorbringens der dem Gegenüber innewohnenden Vernunft, zum Ausdruck gebracht wird.

Die Bestimmung dessen, was Erziehung ist, setzt zudem voraus, daß man es von dem abgrenzt, was es nicht ist. Erst durch die Differenz zu dem, was es nicht ist, kann man erkennen, was es ist (vgl. Treml 1987, S. 16 ff.). Erziehung ist nicht das Herstellen und Machen von etwas, "nicht die Zurichtung von Subjekten" - also nicht *techne* -, sondern Hervorbringung, also: *poiesis*, und zwar *auto-poiesis*. Das Ziel der Erziehung ist Bildung, ist "reflexive Selbstkonstitution von Subjektivität" (Herrmann 1987, S. 106). Dieses Ziel kann nicht - wie Luhmann/Schorr (1982) die pädagogische Tradition aufnehmend festgestellt haben - technologisch hergestellt werden. Autonom handelnde, reflexive Subjekte können nicht gemacht werden. Was die Erziehung bewirkt und was nicht, zeigt sich - so Herbart - erst, wenn der Zögling erwachsen ist. Das Erziehen ist, modisch gesprochen, kontingent. Daraus kann man nun nicht schließen, daß man die Kinder sich getrost selbst überlassen sollte, da sie - wie die Anti-Pädagogen meinen - ohnehin am besten wüßten, was sie wollen und was für sie gut ist.[8] Sie wissen es eben nicht immer. Wenn man die Idee von einer gelingenden Entwicklung zu einem autonom handelnden, reflexiven Subjekt - die ebenso verfehlt wie mißbraucht werden kann - nicht aufgeben will, dann gibt es zwischen der pädagogischen Allmacht und der pädagogischen Ohnmacht nur einen praktischen Weg: die Hilfe und Unterstützung, Ermutigung und Förderung, das Behüten, und das Setzen von Grenzen - solange, bis die Heranwachsenden mündig sind. Dies ist die Verpflichtung und Verantwortung der Erziehenden und nicht ihr Recht (vgl. auch Wigger 1993).

Was Erziehen in dem hier angedeuteten Verständnis konkret heißt, hat - systematisch und bis heute gültig und unübertroffen - Friedrich Schleiermacher in seinen "Vorlesungen aus dem Jahre 1826" dargelegt.[9] "Die Erziehung" - schreibt er - "setzt den Menschen in die Welt, insofern sie die Welt in ihn hineinversetzt; und sie macht ihn die Welt gestalten, insofern sie ihn durch die Welt läßt gestaltet werden" (Schleiermacher 1902, S. 492). Genau diese Dialektik von Zivilisation und Subjektivität ist es, was Erziehung ausmacht: Die Ermöglichung der Aneignung "der im kulturellen Erbe gebundenen Handlungsweisen und -inhalte" einerseits und die Hervorbringung (poiesis) des noch nicht Dagewesenen (Winkler 1982, S. 17). "Erziehen ist" - so Andreas Flitner (1982, S. 63) - "ein bedeutsames *Begleiten* und denkendes *Mitwirken* an dem, was im Zusammenleben von Menschen, also unabhängig von der Erziehung, *von selbst* geschieht. Dieses von selbst Geschehende wird ... verstärkt, korrigiert und vor schädlichem Einfluß bewahrt". Erziehen heißt - mit Schleiermacher (1957, S. 66 ff.) geredet - Verhüten, Unterstützen und Gegenwirken.[10]

Verhüten - oder wie man heute treffender sagen würde: *Behüten* - heißt zunächst einmal, den Kindern unter Berücksichtigung ihres Entwicklungsstandes die "Erlebnisse und Eindrücke" zu "ersparen, mit denen sie nicht fertig werden können - vor allem solche, die sie bedrohen, die ihnen Angst machen, die sie erschrecken oder auf andere Weise überfordern" (Flitner 1982, S. 65). Behüten heißt zweitens, Sicherung und Schaffung von Lebensräumen für Kinder; und es heißt drittens, das Auswählen einer "geistigen Umwelt". Gegen alle diese Dimensionen von Behüten gibt es erhebliche Einwände, aber keine Alternative. Die Vermittlung von Geborgenheit - und dies erscheint mir die wichtigste Dimension des Behütens - und des Loslassens ist ein situativ stets neu zu bewältigender Balanceakt, der am stärksten gefährdet ist durch die Illusion der Erwachsenen über die Machbarkeit einer gewünschten Persönlichkeit (vgl. Sünker 1989a). Was machbar ist, also was pädagogisch geplant werden kann, "ist immer nur ein mehr oder weniger notwendiger Rahmen, gleichsam eine Bedingung der Möglichkeit dafür, daß sich etwas für die Entwicklung der Persönlichkeit ereignen *kann*" (Giesecke 1984, S. 66)[11]. Nicht mehr und nicht weniger: So ist das nun mal mit einem so kontingenten Phänomen wie dem Erziehen.

Die hier angedeuteten Probleme treten nun auch, wenn auch in einer anderen Weise, bei dem auf, was Schleiermacher als *Unterstützung* bezeichnet hat. Unterstützen, als der wichtigste Teil der Erziehung heißt, etwas zu "fördern, was ohnehin geschieht" (Flitner 1982, S. 91); in Anerkennung dessen, was mit *auto-poiesis* bereits angesprochen wurde: Hervorbringung eines autonom handlungsfähigen - also mündigen - Subjekts. Dies läßt sich - im Gegensatz zu dem Erlernen von Fertigkeiten - nicht machen, nicht technologisch herstellen. Eine Gesinnung, wie Schleiermacher es nennt, kann man nicht herstellen. Sie *bildet* sich allenfalls heraus. Um dies zu ermöglichen, können die Erzieher lediglich Bedingungen schaffen, die diese Hervorbringung unterstützen und nicht dem Zufall überlassen. Die wichtigste Voraussetzung der Unterstützung ist das *Verstehen* von Kindern und die wechselseitige *Verständigung*.

Der problematischste Teil der Erziehung ist das *Gegenwirken*: der Widerstand der Erzieher gegen Handlungen, Neigungen und Einstellungen, die *sie* für schädlich oder schlecht halten - und das Ziehen von Grenzen. Das umstrittenste Mittel der Gegenwirkung ist die Strafe in allen ihren Variationen. Wenn man sich vergegenwärtigt, was den Kindern im Namen der Gegenwirkung alles angetan wurde (vgl. Rutschky 1977) und noch angetan wird (vgl. Trube-Becker 1982), dann stellt sich die Frage, ob die Gegenwirkung und die Strafe als ihre schärfste Form überhaupt einen Ort *in* der Erziehung hat (vgl. Scheibe 1967). Natürlich werden im Umgang und im Aufwachsen mit Kindern permanent Grenzen gezogen und müssen - so Korczak (1967, S. 47) - die Grenzen zwischen den Rechten der Kinder und der Erwachsenen abgesteckt werden. Redl (1971, S. 203 ff.) hat in seinen Abhandlungen über das Grenzproblem in der Erziehung gleich zwanzig verschiedene Möglichkeiten der Reaktion auf solche Grenzverletzungen genannt: von dem dezenten Hinweis, daß man eine Grenzverletzung bemerkt hat, über die Ermahnung bis hin zur Strafe, dem heikelsten und zumeist auch wirkungslosesten Versuch einer Verhaltenssteuerung. Läßt sich die Strafe in der Erziehung überhaupt pädagogisch rechtfertigen? "Strafen müssen" - schreibt Andreas Flitner (1982, S. 86) - wenn sie überhaupt zur Erziehung eingesetzt werden und pädagogisch gerechtfertigt sein sollen - "eine aufbauende Komponente haben, mit der sich die Verletzung der Grenze und die Verletzung der Beziehung überwinden läßt. Sie müssen auf das Wiedergutmachen, Wieder-in-Ordnung-bringen der Situation verweisen... Die Strafen als Sühne, als Rache, als Schadenzufügen, als Abschreckung - sie alle haben in der Erziehung keinen Ort".

Anders formuliert: die Strafe hat einen Ort in der Erziehung nur, wenn sie erstens in die *Beziehung* von Erwachsenen und Kindern integriert ist, wenn sie zweitens die Grundlagen dieser Beziehung nicht zerstört und wenn sie drittens die Möglichkeit der Auseinandersetzung mit der Verfehlung nicht blockiert. Dennoch bleibt sie eine selten in die Erziehung integrierte Handlung, und die mit ihr verbundene Spekulation auf den guten Zweck verfehlt sie in der Regel systematisch. Denn Strafen erzeugen Angst vor Bestrafung und steuern damit - wenn überhaupt - das Verhalten auf der untersten Stufe der Moralität (vgl. Colby/Kohlberg 1978).

Wenn aber die Strafe - und sei es nur in den Grenzregionen - einen Ort in der Erziehung hat, dann macht die Parole "Erziehung *statt* Strafe" keinen Sinn, es sei denn, daß die staatlichen Strafen die Voraussetzungen überhaupt nicht erfüllen können, die mit ihrer Verortung in die Erziehung verknüpft sind - was der Fall ist - und sie somit einer anderen Begründung bedürfen, um gerechtfertigt zu sein. Wir verlassen damit den erziehungswissenschaftlichen Diskurs, indem wir uns der rechtsphilosophischen Frage nach der Rechtfertigung staatlichen Strafens zuwenden.

3. Läßt sich die Strafe rechtfertigen?

Staatliches Strafen - und nur um dies geht es im folgenden - ist, so der Abolitionist Nils Christie (1986, S. 17), das beabsichtigte Zufügen von Leid, von Schmerz. Wenn man es schon nicht ganz abschaffen könne, so müsse es auf ein möglichst niedriges Schmerzniveau reduziert werden. Wenn man wie Christie die Strafe *lediglich* als ein Übel betrachtet, dann muß man sie *konsequent* abschaffen. Denn wenn man - im Sinne der Menschenrechte - vom Dasein der Freiheit und des freien Willens des Menschen ausgeht, dann ist die Übel-Reaktion Strafe auf die Übel-Aktion Verbrechen gleichbedeutend mit einem Rückfall hinter die Menschenrechte. Die Strafe läßt sich - so Schild[12] mit Bezug auf Kant und Hegel - sinnvoll nur denken und rechtfertigen, wenn man sie *nicht nur* als ein Übel ansieht. "Der einzig sinnvolle Begriff von Strafe kann nur erarbeitet werden, wenn man in ihr und ihrer Voraussetzung" - (der Straftat) - "nicht nur ein Übel sieht, sondern sie auf die menschliche Freiheit bezieht" (Schild 1982, S. 369).

Wenn man die Rechtsordnung, deren Inhalte die Strafe und Straftat ja sind, nicht als freiheitseinschränkendes Übel ansieht, sondern als ein freiheitsverbürgendes Gutes, also als Bedingung und Verwirklichung der Freiheit selbst, dann ist die Straftat eine Negation der Bedingungen freiheitlichen Zusammenlebens. Ein solches Handeln ist nicht verallgemeinerbar. Es kann nicht - um an den Kant'schen Imperativ zu erinnern - zur Grundlage des Handelns unter den Bedingungen der Freiheit gemacht werden. Die Strafe als Negation der Negation hört dann auf Zwang - und damit Übel - zu sein, wenn sie sich gegen ein Handeln wendet, das selber Zwang und dadurch Unrecht ist. Mit einer nur so zu rechtfertigenden Strafe wird der Geltungsanspruch universalistischer, freiheitsverbürgender Normen nicht aufgegeben.

Mit der Strafe wird der Straftäter - so Hegel - "als Vernünftiges geehrt", weil seine Tat als Ausdruck seines freien Willens ernstgenommen wird. Die Straftat darf dem Täter nicht genommen werden. Sie muß auf seine eigene Verantwortung hin bezogen werden. Er muß die Verantwortung für sein Handeln übernehmen. Er muß sie verantworten - und sich von ihr distanzieren. Nur so kann er zeigen, daß "er kein Verbrecher ist, sondern nur eine Straftat begangen hat, von der er sich lossagen kann. Es geht daher im Strafrecht nur um die Tat, nicht um die Qualität des Menschen, nicht um den Täter selbst" (Schild 1982, S. 379). Genau darauf hat Beccaria (1876), den die Vertreter des Täterstrafrechts so gerne zitieren (vgl. Simonsohn 1969, S. 9), in seinem Plädoyer gegen die absolutistische Willkür eines Täterstrafrecht so vehement hingewiesen.

Wenn mit der Strafe der Straftäter "als Vernünftiges geehrt" wird, dann hat dies als unabdingbare Voraussetzung, daß sein strafbares Handeln Ausdruck seines freien Willens ist, daß er - um einen anderen Begriff zu verwenden - ein vernünftiges Subjekt, also mündig ist. Ist diese Freiheit des Willens, die immer auch die Freiheit beinhaltet, Unrecht zu begehen, nicht vorhanden, dann sind die (Straf-)Taten auch kein strafwürdiges Unrecht. Deshalb gibt es - so noch einmal Schild (1982, S. 379) - für die "Taten von Geisteskranken ... auch kein Strafproblem", geschweige denn für die Handlungen von Kindern. Geisteskranke werden behandelt und Kinder werden erzogen. Die einen, weil sie krank sind, die anderen, weil sie noch nicht mündig sind. Das Ziel der Erziehung ist die Mündigkeit. Das heißt nun umgekehrt auch, daß diejenigen, die als mündig angesehen werden - die Erwachsenen -, nicht mehr erzogen werden müssen und nicht mehr zwangsweise erzogen werden dürfen. Und was ist mit den Jugendlichen, deren Status durch eine doppelte Negation charakterisiert ist? Sie sind - um das Moratorium zwischen Kindheit und Erwachsensein (vgl. Erikson 1961) rechtlich zu definieren - *nicht mehr* Kinder und *noch nicht* Erwachsene. Damit offenbart sich das ganze Dilemma eines tat- *und* täterorientierten Jugendstrafrechts. Die Jugendlichen sind einem doppelten Zugriff ausgeliefert: Der Strafe *und* der Erziehung, wobei - in besonderer Weise bei den Heranwachsenden - die Reklamierung des Erziehungsgedankens oft als eingriffsintensivierende Legitimationsfigur fungiert (vgl. Pfeiffer 1991). Also "Erziehung *als* Strafe"?

Was einst als Fortschritt gefeiert wurde, und wohl auch war, steht - wenn auch erst in Ansätzen - heute wieder zur Disposition: der Erziehungsgedanke im Jugendstrafrecht.[13] Es spricht vieles dafür, sich von den Illusionen zu verabschieden, daß mit dem Jugendstrafrecht und unter den Bedingungen des (Jugend-)Strafrechts erzogen werden kann, wenn man das Ziel der Erziehung - die Mündigkeit - nicht auf die Legalbewährung reduziert und damit aufgibt. Wenn man sich vom Erziehungsgedanken im Jugendstrafrecht, der den repressiven Charakter einer wilhelminischen Kadetten-Pädagogik nie ganz überwunden hat[14], verabschiedet - wofür wir plädieren -, wenn man also diese unseelige Allianz von (Straf-)Justiz und (Sozial-)Pädagogik aufkündigt, so ist damit die Frage, was die Strafe soll und die Erziehung kann, noch keineswegs beantwortet. Sie ist - was schon ein Fortschritt wäre - zunächst erst einmal institutionell entkoppelt. Beide Institutionen wären dann auf sich selbst verwiesen. Die Strafjustiz auf das *Strafen* und die Sozialpädagogik auf die *Hilfe* für die Jugendlichen. (Das heißt allerdings nicht, daß in der sozialen Arbeit nicht auch Kontrolle ausgeübt wird.)[15]

Nun bedarf allerdings der zuvor - mit Bezug auf die Gerechtigkeit - entwickelte *absolute* Strafbegriff einer wichtigen Präzisierung. Die Strafe ist zwar ihrem *Wesen* nach kein Übel, sie tritt aber - da sie Zwang ist - als Übel in *Erscheinung* und ist somit - will sie nicht pure Vergeltung sein - einem Zweck unterworfen: der Re-Integration des Straftäters in die Gesellschaft. Als "Sozialisierungsstrafe stellt sie die Vermittlung der Vergeltung der Tat ... und Gnade dar" (Schild 1982, S. 381). Gnade nicht im Sinne von Begnadigung, sondern im Sinne einer durch den Gedanken der Toleranz geprägten *Strafklugheit*. Die Strafe darf den Täter nicht aus der Gesellschaft ausschließen. Sie soll ihm eine neue Chance geben. Da die Strafe ein Prozeß ist - der sich vom Schuldspruch bis zum Strafvollzug erstreckt - muß bereits der Schuldspruch als eine, in vielen Fällen ausreichende, Strafe angesehen werden. Wenn der Schuldspruch und seine Anerkennung durch den Täter bereits Strafe ist, dann macht auch die Parole "Diversion *statt* Strafe" keinen Sinn; schon gar nicht, wenn die informelle Erledigung des Strafverfahrens, die stets Geständigkeit - also Schuldanerkennung - voraussetzt, mit dem Zwang der Erfüllung von Auflagen verbunden ist. Schadenswiedergutmachungen, Arbeitsauflagen, Betreuungsweisungen, soziale Trainingskurse und der vielgepriesene Täter-Opfer-Ausgleich sind, sofern sie zwangsweise auferlegt werden, Strafen, deren Nichterfüllung andere Strafen zur Folge haben. Daß sie auch einen erzieherischen Effekt haben *können*, ändert daran nichts.

Also doch "Erziehung *durch* Strafe"? Nein, und dies in einer konsequenten Weise, und aus wenigstens zwei Gründen. Zum einen, weil die staatliche Strafe, auch in dem zuvor genannten Verständnis einer Vermittlung von Vergeltung und Gnade, keinen Ort in der Erziehung hat. Daran ändert auch die Verpflichtung nichts, nach der sich die Gestaltung der Strafe am Zweck der Re-Integration des Täters in die Gesellschaft zu orientieren hat. Zum anderen, weil damit die realen oder auch nur unterstellten Erziehungsdefizite - also Eigenschaften des Täters - zur Legitimationsgrundlage der Strafe werden. Ein solches Jugendstrafrecht rückt in die gefährliche Nähe eines Gesinnungsstrafrechts. Wenn in der Erziehung nicht gestraft werden soll und die Strafe nicht erzieht, hilft dann wenigstens das Helfen?

4. Sozialarbeit als Hilfe?

In der sozialen Arbeit wird der Hilfebegriff, für Scherpner (1962) die zentrale Kategorie der Fürsorgewissenschaft (vgl. dazu auch Müller 1993), in unterschiedlichen Wortzusammenhängen gebraucht (Erziehungshilfe, Sozialhilfe, Familienhilfe, Jugendgerichtshilfe etc.) und - in kritischer Absicht - mit dem Kontrollbegriff konfrontiert. Dem Hilfebegriff liegt stets die Annahme zugrunde, daß "etwas fehlt" (Brumlik/-Keckeisen 1976), daß ein Defizit vorhanden ist, das es zu kompensieren gilt. Dabei wird unterschieden zwischen *materiellen* Hilfen (Sachleistungen und Einkommenstransfers) einerseits und den *immateriellen* Hilfen wie Beratung, Unterstützung. Therapie, Pflege, Erziehung etc. andererseits, die sich unter die allgemeine Kategorie der personenbezogenen Dienstleistungen subsumieren lassen. Nur um diese institutionalisierten, professionell erbrachten Hilfen geht es im folgenden.[16]

Die konstitutive Voraussetzung der Hilfe ist die Hilfsbedürftigkeit, ihre Bestimmung das zentrale Problem in der sozialen Arbeit. Im Gegensatz zu den polit-ökonomischen und moralisch-normativen Bestimmungsversuchen erscheint es uns sinnvoll, die Frage der Hilfsbedürftigkeit auf der phänomenologischen Ebene zu diskutieren, und zwar als eine Frage des gesellschaftlich und institutionell geprägten Aushandelns zwischen denen, die Hilfe erbeten und denen, die Hilfen erbringen.[17]

Zunächst eine Abgrenzung: Hilfsbedürftig sind Personen, die eine Leistung erbeten und bedürfen. Personen, die einer Leistung bedürfen, aber - aus welchen Gründen auch immer - "nicht in der Lage sind, diese Leistung angemessen zu erbitten" sind nicht *hilfsbedürftig*, sondern *hilflos* (Brumlik 1984, S. 115). Eindeutige Kriterien für die treffende Zuschreibung der Eigenschaft *hilflos* - "die zugleich garantieren, daß eine Leistung nicht gegen den Willen der als 'hilflos' vermuteten Person erbracht wird - existieren nicht" (Brumlik 1984, S. 116). Wenn man von den Prämissen ausgeht, daß die Hilfsbedürftigkeit weder wegdefiniert noch aufoktroyiert werden darf, dann bleibt allein die Möglichkeit, sie in einem verständigungsorientierten Prozeß auszuhandeln.

In diesem - von Brumlik/Keckeisen (1976) vorgeschlagenen - Modell der diskursiven Ermittlung von Hilfsbedürftigkeit, in dem auch über die Hilfen verhandelt wird, kann keiner der Verhandlungspartner seine Definition gegen den anderen durchsetzen. Es ist ein Verständigungsprozeß, der auf Seiten des Klienten Einsichtsfähigkeit und auf Seiten des Helfers Offenheit voraussetzt. Denn nur so kann es zu einer *Vermittlung* der kulturell und lebensgeschichtlich geprägten Deutungen des Klienten und der durch Normalitätsstandards bestimmten Deutungen des Helfers[18] kommen. Dies setzt in einem hohen Maße ein sanktionsfreies Verhandeln voraus, d.h. der Klient muß die Deutungsangebote des "Helfers" - und die damit korrespondierenden Hilfsangebote - konsequenzlos ablehnen können.

Personen, die zu einem solchen Diskurs nicht in der Lage sind, sind in dem zuvor genannten Sinn nicht per se als hilfsbedürftig anzusehen. Sie sind hilflos und die an diese Eigenschaft anknüpfenden Leistungen sind allenfalls *fürsorgliche* Hilfen, die von den Hilfen abzugrenzen sind, die das Ergebnis eines Aushandlungsprozesses sind. Leistungen, die aufoktroyiert werden, sind nicht einmal das. Sie sind - je nach Kontext - soziale Kontrolle oder Strafe. Es gibt keine strafende Hilfe und keine helfende Strafe.

Wenn dann nun in der Erziehung nicht gestraft werden soll, die Strafe nicht erzieht und die Hilfe ihre Unschuld verloren hat, dann bleibt am

Schluß die Frage, welche Konsequenzen dies für das Verhältnis von Strafjustiz und Sozialpädagogik hat. Wir wollen dies aspekthaft aufzeigen an der Institution der Jugendgerichtshilfe, also an jener Schnittstelle, an der zwei unterschiedliche Diskurse mit ihren je spezifischen Logiken und Konsequenzen aufeinandertreffen, überlagern und durchkreuzen.[19]

JugendgerichtshelferInnen befinden sich in einem - auf der Interaktionsebene nicht lösbaren - strukturellen Dilemma, das mit der Formel vom Inter-Rollenkonflikt nur unzureichend charakterisiert ist. JugendgerichtshelferInnen wollen helfen und - wenn es denn notwendig und möglich ist - auch erziehen.[20] Dies ist, wenn auch mit Einschränkungen, im Rahmen der Jugendhilfe durchaus möglich. Denn über die Konstituierung von Mitwirkungs- und Gestaltungsrechten der Leistungsempfänger bei den Hilfen zur Erziehung besteht - und das ist der Fortschritt des neuen Kinder- und Jugendhilfegesetzes gegenüber dem alten Jugendwohlfahrtsgesetz (JWG) - durchaus die Möglichkeit der Etablierung eines diskursiven Aushandlungsprozesses, dessen Gelingen auch davon abhängt, daß die SozialarbeiterInnen sich von einem expertokratischen Professionsverständnis (vgl. Dewe et al. 1984; Olk 1986) verabschieden.

Die Chance zu helfen, d.h. problembezogene und lebensweltorientierte Hilfen anzubieten und auszuhandeln, wird allerdings durch die "Unterordnung der Jugendgerichtshilfe unter das JGG" (Kiehl 1991, S. 184) weitgehend wieder zunichte gemacht. Die Tatsache, daß in beiden Gesetzen identische Maßnahmen aufgeführt sind, darf nicht darüber hinwegtäuschen, daß es sich dabei auf der einen Seite um sozialstaatliche Leistungs*angebote* und auf der anderen um Strafsurrogate handelt. Die Jugendgerichtshilfe kann sich der Entdifferenzierung nur entziehen, indem sie sich konsequent von Strafjustiz distanziert und sich auf sich selbst besinnt: auf ihre sozialpädagogische Kompetenz, die allein identitätsstiftend ist.[21] Im Souterrain der Justiz läßt sich nun mal nur eine inferiore professionelle Identität entwickeln. Hier bleibt die Jugendgerichtshilfe der "Dackel des Oberförsters"[22] - auch wenn die lange Leine ihres Herrchens ihr das Gefühl von Eigenständigkeit vermittelt. Wenn die Jugendgerichtshilfe sich aus dieser Umklammerung der Justiz nicht löst, bleibt sie in der permanenten Gefahr, die Strafe pädagogisch zu legitimieren und zu garnieren. "Strafe ist eine rechtsstaatliche Notwendigkeit ..., Hilfe ist auch eine sozialstaatliche Leistung". Die Realisierung des staatlichen Strafanspruchs "darf nicht mit der sozialstaatlichen Leistungsverpflichtung verbunden werden" (Feltes/Sievering 1990, S. 5). So lautet denn am Schluß unsere Parole: "Helfen *und* Strafen".

Die Justiz soll strafen, und zwar mit Bezug auf die Kriterien der Strafgerechtigkeit und der Strafklugheit.[23] Die Sozialarbeit soll helfen, und zwar klienten- und lebensweltorientiert. Wenn diese Grenzziehung nicht gelingt, dann hätte Michel Foucault (1977, S. 392) mit seiner - für die Sozialarbeit vernichtenden - Bemerkung recht, daß sich der Justizapparat nur deswegen liberal in Szene hat setzen können, weil die Sozialarbeit einen Teil seiner "Sanktions- und Kontrollgewalten" übernommen hat. Das historisch-gesellschaftliche Spannungsverhältnis von Sozialdisziplinierung und Emanzipation wäre dann in einer Weise aufgelöst, die der Rede von der "verwalteten Welt" die von der "kontrollierten" zur Seite stellen würde. Dagegegen erinnert die Geschichte der Disziplin und die des Themas an die Unabgegoltenheit der Bemühungen um eine Verbesserung der Konstitutionsbedingungen von Subjektivität im Sinne von Reflexionskraft und Handlungskompetenz eben jenseits systermisch vermittelter Zugriffe, also modern gesprochen im Sinne von autonomer Lebenspraxis.

Anmerkungen:

* Vgl. dazu Müller (1993)

1. Als bedrohlich wurden dabei sowohl der hohe Anteil der jugendlichen Straftäter und der jugendlichen Vorbestraften als auch deren jährliche Steigerungsraten angesehen. Daß die Interpretationen der statistischen Daten - auf die in fast allen Beiträgen über die Notwendigkeit und Dringlichkeit einer Reform der strafrechtlichen Behandlung Jugendlicher Bezug genommen wurde (vgl. Simonsohn 1968) - keineswegs so beweiskräftig wie dargestellt waren, darauf hat bereits ansatzweise Ruscheweyh (1918, S. 12 ff.) hingewiesen (vgl. dazu ausführlich Peukert 1986, S. 82 ff.).

2. Vgl. dazu die von Köhne, dem Vorsitzenden des Dritten deutschen Jugendgerichtstages, formulierte Erwartung (Verhandlungen 1913, S. 24).

3. Die Irritationen, die Foerster auslöste, sind u.a. auch ein Indiz dafür, wie wenig die Vertreter der Jugendgerichtsbewegung die erziehungswissenschaftliche Literatur zum Verhältnis von Erziehung und Strafe überhaupt zur Kenntnis genommen haben. Dies betrifft in besonderem Maße die Publikationen von Foerster, einem damals international bekannten Pädagogen (vgl. dazu Hipler 1988), der seine auf dem Dritten deutschen Jugendgerichtstag vorgetragenen Thesen bereits in mehreren Publikationen (vgl. dazu Pöggeler 1955) ausführlich dargelegt hatte. Die lapidare Bemerkung von Peukert (1986, S. 90), daß es sich bei Foerster um einen "zum Katholizismus und zu den Mächten der Ordnung konvertierten ehemaligen 'anarchistischen Atheisten'" handele, der mit "Überzeugungseifer" gegen die "pädagogischen Weichheiten" zu Felde zog, wird weder der Person Foersters noch seinem umfassenden Werk auch nur ansatzweise gerecht.

4. Diese Frage zu beantworten ist ausgesprochen schwierig, weil die Positionen der Vertreter der Jugendgerichtsbewegung sehr heterogen sind. Eine Übereinstimmung mit Foerster bestand vor allem darin, daß man das vergeltende Strafrecht gegenüber den Jugendlichen ablehnte. Übereinstimmung bestand auch darüber, daß die Strafe nicht abgeschafft werden sollte. In allen anderen Fragen zum Themenbereich von Strafe und Erziehung läßt sich eine klare Frontstellung Foersters gegenüber den - die Jugendgerichtsbewegung geprägten - Positionen der "modernen Strafrechtsschule" erkennen. Wichtig erscheint uns in diesem Zusammenhang zweierlei: Zum einen Foersters Plädoyer für eine strikte Trennung von (Rechts-)Strafe und (öffentlicher) Erziehung, und zweitens sowohl seine - mit Bezug auf die soziale Ordnung vorgenommene - Rechtfertigung der Strafe als auch die Bestimmung der konkreten Strafe mit Bezug auf die Gerechtigkeit. Strafe ist für Foerster nicht Vergeltung, sondern Sühne im Sinne von Versöhnung (vgl. dazu Rohrbach 1978, S. 100 ff).

5. Vgl. hierzu, um nur einige Publikationen der letzten Jahre zu nennen, die Arbeiten von Albrecht (1987); Beulke (1989); Bietz (1981); Bohnert (1983); Busch (1990); Cornel (1987); Dünkel (1993); Feltes (1992); Gerken/Schumann (1988); Heinz (1990); Kerner (1985); Maelicke (1993); Plewig (1985); Prim (1993); Rössner (1989, 1990); Schüler-Springorum (1982); Steinert (1993); Walter (1990); Wolff/Marek (1990) und Wolf (1984). Einen umfassenden Überblick der Publikationen vor 1985 gibt Nothacker (1985).

6. Insofern geht es Pieplow (1989), der dafür plädiert, auch künftig den jugendstrafrechtlichen Erziehungsbegriff aus strategischen Gründen lediglich als Chiffre zu verwenden, nicht um eine Klärung von Erziehung und Strafe (und ihr Verhältnis zueinander). Er befürchtet zu Recht, daß eine Konkretisierung des Erziehungsbegriffs durch die Pädagogik darauf hinausläuft, ihn entweder neu zu bestimmen (indem man ihn pädagogisch "auflädt") oder ihn ganz aus dem Jugendstrafrecht zu streichen (wofür ich plädiere). Die Beibehaltung eines bewußt unscharfen Erziehungsbegriffs ist - zumal mit den Begründungen von Pieplow - wissenschaftlich nicht vertretbar und kriminalpolitisch ein Etikettenschwindel. Daran ändert auch der sicherlich richtige Hinweis nichts, daß es in der "Gesetzgebungspolitik ... kein einmaliger Vorgang ist", daß erst "eine mehr oder minder falsche Überschrift eine Gesetzesinitiative mehrheitsfähig" gemacht hat (so Pieplow 1989: 16).

7. Bei der Frage nach der Rechtfertigung der Strafe ist es notwendig, zwischen dem Strafproblem in der Erziehung und dem *staatlichen* Strafens streng zu unterscheiden. Zu den Problemen des Versuchs einer einheitlichen Begründung der Erziehungs- und Rechtsstrafe vgl. Rohrbach (1978, S. 165 ff.).

8. Vgl. dazu die Arbeiten von Flitner (1982) und Winkler (1982) zur Auseinandersetzung mit der Anti-Pädagogik.

9. Vgl. dazu sowohl Rohrbach (1978, S. 67 ff.) als auch Scheibe (1967, S. 133 ff.).

10. Bei den folgenden Überlegungen beziehen wir uns auf Andreas Flitner (1982), der anhand der Schleiermacher'schen Kategorien der Frage nachgeht, was Erziehung heute ist. Wir entscheiden uns damit für eine der vielen möglichen Positionen. Ausschlaggebend ist für uns in diesem Zusammenhang die Anschlußfähigkeit an eine bildungstheoretisch begründete Sozialpädagogik, wie sie z.B. Heinz Sünker (1989) vorgelegt hat.

11. Giesecke (1987: 13 ff.) spricht in diesem Zusammenhang dann auch nicht mehr von Erziehung als der zentralen Aufgabe pädagogischen Handelns, sondern von der Ermöglichung des Lernens. Erziehung setzt - so sein zentrales Argument - immer *ein* bestimmtes Menschenbild voraus, das in einer pluralisitischen Gesellschaft jedoch seinen Geltungsanspruch verloren hat. Giesecke reduziert damit den (professionellen) Pädagogen auf die Rolle des Lernhelfers.

12. Bei den folgenden Überlegungen zur Rechtfertigung staatlichen Strafens beziehen wir uns auf die Arbeiten von Schild (1979, 1982, 1984, 1986), der mit Bezug auf Kant und Hegel für eine absolute Straftheorie plädiert. Seine Hegel-Interpretation unterscheidet sich dabei von jenen Interpretationen, die Hegel als einen Wiedervergeltungstheoretiker darstellen - und ihn damit systematisch mißverstanden haben.

13. Vgl. dazu Feltes (1991).

14. Am deutlichsten kommt dieser repressive Charakter heute noch in den Kommentaren zu den Zuchtmitteln zum Ausdruck. Aber auch die Vertreter der Jugendgerichtsbewegung haben stets betont, daß es für sie keine durchgreifende Erziehung ohne Strafe gibt. Sie befanden sich damit keineswegs im Gegensatz zu den pädagogischen Klassikern, die allesamt - von Comenius über Francke, Rousseau, Campe, Pestalozzi, Basedow bis hin zu Schleiermacher - das Strafen in der Erziehung rechtfertigten (so Francke) oder doch zumindestens entschuldigten (so Schleiermacher). Vgl. dazu zusammenfassend Scheibe (1967) und Rohrbach (1978).

15. Vgl. dazu Bellebaum et al. (1985) und Greven (1985).

16. Die Hilfen, die in familiären, verwandschaftlichen und nachbarschaftlichen Kontexten erbracht werden (vgl. dazu Olk 1988), werden hier ebensowenig betrachtet, wie die informelle Hilfen in alltäglichen Kontexten (vgl. Nestmann 1988) und die ehrenamtlich erbrachten Hilfeleistungen (vgl. Müller/Rauschenbach 1988).

17. Auf den gesellschaftlichen Bedingungen und Voraussetzungen des Helfens (vgl. Braun 1984; Gouldner 1984; Müller 1982; Sahle 1987; Ortmann 1988) kann hier ebenso nur hingewiesen werden wie auf den gesellschaftlichen Wandel der Formen des Helfens (vgl. Luhmann 1979).

18. Vgl. dazu vor allem Thiem-Schräder (1989).

19. Vgl. dazu exemplarisch Foucault (1975)

20. Ob sich unter den Bedingungen des Strafrechts die - mit der neueren Diskussion zur "Sozialarbeit als gerechte Praxis" verbundenen - Hoffnungen (vgl. Brunkhorst/Otto 1989) einer Moralerziehung durch die Gemeinschaft zur Gesellschaft (vgl. Brumlik 1989) realisieren lassen, steht noch offen. Wichtiger erscheint uns in diesem Zusammenhang jedoch der Versuch, bei einer Grundlegung der sozialen Arbeit an die Theorien der Gerechtigkeit (Rawls) und der moralischen Entwicklung (Piaget, Kohlberg) anzuschließen (vgl. dazu auch Garz 1987; Müller/Thiersch 1990; Rauschenbach/Thiersch 1987).

21. Vgl. dazu Müller et al. (1984) und Gildemeister (1983).

22. So ein Graffito, mit dem ein(e) Teilnehmer(in) den Titel einer Arbeitsgruppe (Der Richter und sein Jugendgerichtshelfer) eines Jugendgerichtstages umfirmierte (siehe Breymann 1991). Wir finden diesen Graffito insofern treffend, weil hier die strukturelle Hierarchisierung der Beziehung von Justiz und Sozialpädagogik auf den Punkt gebracht wird.

23. In diese Richtung weist das neue österreichische Jugendstrafrecht (öJGG 1988), in dem sowohl der Behandlungsgedanke "etwas zur Seite geschoben" als auch der Strafanspruch reduziert wird (Bogensberger 1991, S. 236).

Literatur:

Albrecht, P.-A., Jugendstrafrecht, München 1987.

Arbeiterwohlfahrt, Jugend ohne Zukunft? Befähigen statt Strafen, Diskussionspapier der AWO-Kommission Jugendhilfe und Jugendkriminalrecht, Bonn 1993.

Beccaria, C., Verbrechen und Strafen. 2. Auflage, Wien 1876.

Bellebaum, H. et al. (Hrsg.), Helfen und helfende Berufe als soziale Kontrolle, Opladen 1985.

Beulke, W., Wieviel Erziehung ist im Jugendstrafrecht möglich?, in: Rössner (1989, S. 65-99).

Bietz, H., Erziehung statt Strafe?, in: Zeitschrift für Rechtspolitik 14, 1981, S. 212-220.

Bogensberger, W., Strafrecht (fast) ohne Strafe, in: DVJJ-Journal Nr. 136, 1991, S. 235-242.

Bohnert, J., Strafe und Erziehung im Jugendstrafrecht, in: Juristenzeitung 39, 1983, S. 517-523.

Braun, H., Helfen im Sozialstaat, in: Braun, H/Hahn, A. (Hrsg.), Kultur im Zeitalter der Sozialwissenschaften . Friedrich H. Tenbruck zum 65. Geburtstag. Berlin 1984, S. 93-109

Breymann, K., Was erhofft und erwartet die Justiz (nicht) von der Sozialarbeit?, in: Bundesministerium der Justiz (Hrsg.), Jugendgerichtshilfe - Quo vadis?, Bonn 1991.

Brumlik, M., Was heißt Helferkompetenz?, in: Müller et al. (1984, S. 115-123).

Brumlik, M., Kohlbergs "Just-Community" - Ansatz als Grundlage einer Theorie der Sozialarbeit, in: Neue Praxis 19, 1989, S. 374-383.

Brumlik, M./Keckeisen, W., Etwas fehlt - Zur Kritik und Bestimmung von Hilfsbedürftigkeit für die Sozialpädagogik, in: Kriminologisches Journal 8, 1976, S. 241-262.

Brunkhorst, H./Otto, H.-U., Soziale Arbeit als gerechte Praxis, in: Neue Praxis 19, 1989, S. 372-374.

Busch, M., Erziehung junger Gefangener, in: Unsere Jugend 37, 1985, S. 126-138

Busch, M., Unsere Jugend, die Strafrechtspflege und der Strafvollzug, in: Unsere Jugend 39, 1987, s. 475-476

Busch, M., Erziehung als Strafe, in: Zeitschrift für Strafvollzug und Straffälligenhilfe 1990, S. 133-139.

Christie, N., Grenzen des Leids, Bielefeld 1986.

Colby, A./Kohlberg, L., Das moralische Urteil: Der kognitionszentrierte entwicklungspsychologische Ansatz, in: Steiner, G. (Hrsg.), Die Psychologie des 20. Jahrhunderts. Band VII: Piaget und die Folgen, Zürich 1978, S. 348-366.

Cornel, H., Ist Erziehung ohne Strafe möglich?, in: Maelicke, B./Ortner, H. (Hrsg.), Alternative Kriminalpolitik, Weinheim/Basel 1987, S. 89-102.

Dewe, B./Ferchhoff, W./Peters, F., Professionelle Kompetenz im Wandel: alte Probleme und neue falsche Propheten?, in: Müller et al. (1984, S. 297-337).

Dörner, Ch., Erziehung durch Strafe, in: DVJJ-Journal Nr. 136, 1991, S. 204-210.

Dünkel, F., Thesen zu einer Neukonzeption, in: Neue Kriminalpolitik 4, 1992, Heft 3, S. 30-34

Erikson, E.H., Kindheit und Gesellschaft, 2. Auflage, Stuttgart 1961.

Feltes, Th., Erziehung im Jugendstrafrecht, in: Otto, H.-U./Hirschauer, P./Thiersch, H. (Hrsg.), Zeit-Zeichen sozialer Arbeit, Neuwied 1992, S. 73-83.

Feltes, Th./Sievering, O. (Hrsg.), Hilfe durch Kontrolle? Frankfurt/M. 1990.

Flitner, A., Konrad, sprach die Frau Mama ...., Berlin 1982.

Foerster, F.W., Strafe und Erziehung - Sühne und Besserung, in: Verhandlungen (1913, S. 9-21).

Foucault, M. (Hrsg.), Der Fall Riviére, Frankfurt/M, 1975.

Foucault, M., Überwachen und Strafen, Frankfurt/M. 1977.

Fünfter Jugendbericht 1980, Bericht über Bestrebungen und Leistungen der Jugendhilfe. Deutscher Bundestag. Bonn

Garz, D., Sollen wir vielleicht doch eingreifen?, in: Kriminologisches Journal 19, 1987, S. 212-228.

Gerken, J./Schumann, K.F., Ein trojanisches Pferd im Rechtsstaat. Der Erziehungsgedanke in der Jugendgerichtspraxis, in: dies. (Hrsg.), Ein trojanisches Pferd im Rechtsstaat, Pfaffenweiler 1988, S. 1-10.

Giesecke, H., Skeptische und engagierte Notizen über Pädagogik, in: Winkel, R. (Hrsg.), Deutsche Pädagogen der Gegenwart. Band 1, Düsseldorf 1984, S. 65-86.

Giesecke, H., Das Ende der Erziehung, Stuttgart 1985.

Gildemeister, R., Als Helfer überleben, Neuwied/Darmstadt 1983.

Gouldner, A., Reziprozität und Autonomie, Frankfurt/M. 1984.

Greven, M.Th., Repressive Hilfe - Helfende Berufe in den totalen Institutionen des Strafvollzuges, in: Bellebaum, A./Becher, H.J./Greven, M.Th. (Hrsg.), Helfen und helfende Berufe als soziale Kontrolle, Opladen 1985, S. 53-79.

Heinz, W., Die Bedeutung des Erziehungsgedankens für Normsetzung und Normanwendung im Jugendstrafrecht der Bundesrepublik Deutschland, in: Wolff/Marek (1990, S. 28-50).

Herrmann, U., Verantwortung statt Entmündigung, Bildung statt Erziehung, in: Zeitschrift für Pädagogik 33, 1987, S. 105-114.

Hipler, B. (Hrsg.), Friedrich Wilhelm Foerster: Manifest für den Frieden, Paderborn 1988.

Kerner, H.-J. (Hrsg.), Diversion statt Strafe? Heidelberg 1985.

Kiehl W.H., Jugendgerichtshilfe: Soziale Arbeit im Spannungsfeld zwischen Jugendhilfe und Jugendstrafrecht, in: Wiesner, R./Zarbode, W. (Hrsg.), Das neue Kinder- und Jugendhilfegesetz (KJHG) und seine Umsetzung in die Praxis, Köln u.a. 1991, S. 173-202.

Korczak, J., Wie man ein Kind lieben soll, Göttingen 1967.

Kriegsmann. H., Strafe und Erziehung. Referat auf dem Dritten deutschen Jugendgerichtstag, in: Verhandlungen (1913, S. 24-39).

Liszt, F. v., Strafrechtliche Aufsätze und Vorträge. Band I (1875-1891), Berlin 1905.

Luhmann, N., Formen des Helfens im gesellschaftlichen Wandel, in: Otto/Schneider (1979, S. 21-43).

Luhmann, N./Schorr, K.E., Das Technologiedefizit der Erziehung und die Pädagogik, in: dies. (Hrsg.), Zwischen Technologie und Selbstreferenz, Frankfurt/M. 1982, S. 11-40.

Mittermaier, W., Strafe und Erziehung, Sühne und Besserung. Diskussionsbeitrag auf dem Dritten deutschen Jugendgerichtstag, in: Verhandlungen (1913, S. 40-42).

Mollenhauer, K., Die Ursprünge der Sozialpädagogik in der industriellen Gesellschaft, Weinheim 1959.

Mollenhauer, K./Uhlendorff, U., Sozialpädagogische Diagnosen. Über Jugendliche in schwierigen Lebenslagen, Weinheim 1992.

Müller, B./Thiersch, H. (Hrsg.), Gerechtigkeit und Selbstverwirklichung, Freiburg/Br. 1990.

Müller, C.W., Wie Helfen zum Beruf wurde, Weinheim 1982.

Müller, S./Otto, H.-U./Peter, H./Sünker, H. (Hrsg.), Handlungskompetenz in der Sozialarbeit/ Sozialpädagogik. Band II: Theoretische Konzepte und gesellschaftliche Strukturen, Bielefeld 1984.

Müller, S./Otto, H.-U. (Hrsg.), Damit Erziehung nicht zur Strafe wird, Bielefeld 1986.

Müller, S./Rauschenbach, Th. (Hrsg.), Das soziale Ehrenamt, Weinheim/München 1988.

Müller, S., Erziehen, Helfen, Strafen, in: Peters, H. (Hrsg.), Muß Strafe sein?, Opladen 1993, S. 217-232

Müller, S., Vom (vorläufigen) Ende der Fürsorgewissenschaft, in: Gilde Soziale Arbeit 47, 1993, Heft 2, S. 63 - 66

Nelson, L., Die sokratische Methode, in: ders., 3 Schriften zur kritischen Philosophie, Wolfenbüttel 1948, S. 15-48.

Nestmann, F., 1988, Die alltäglichen Helfer, Berlin/New Nork 1988.

Nohl, H., Der Sinn der Strafe, in: ders., Pädagogik aus 30 Jahren, Frankfurt/M. 1949, S. 161-172.

Nothacker, G., "Erziehungsvorrang" und Gesetzesauslegung im Jugendgerichtsgesetz, Berlin 1985.

Oelkers, J., Müssen uns die Dichter sagen, was "Erziehung" ist?, in: Neue Sammlung 21, 1981, S. 273-284.

Olk, Th., Abschied vom Experten, Weinheim/München 1986.

Olk, Th., Zwischen Hausarbeit und Beruf, in: Müller/Rauschenbach (1988, S. 19-36).

Ortmann, F., Über die Erwartbarkeit von Hilfe, in: Müller/Rauschenbach (1988, S. 37 -50).

Otto, H.-U./Schneider, S. (Hrsg.) Gesellschaftliche Perspektiven der Sozialarbeit. Erster Halbband, unveränderter Nachdruck, Neuwied/Darmstadt 1979.

Peukert, D.J.K., Grenzen der Sozialdisziplinierung, Köln 1986.

Pieplow, L., Erziehung als Chiffre, in: Walter (1989, S. 5-57).

Plewig, H.-J., Diversion statt Strafe?, in: Kriminologisches Journal 17, 1985, S. 59-68.

Plewig, H.-J., Erziehungs-Konzept im JGG - Berichterstattung als Sozialdisziplinierung, in: Albrecht, P.-A. et al. (Hrsg.), Festschrift für Horst Schüler-Springorum, Köln 1994, S. 321-339.

Pfeiffer, Ch., Unser Jugendstrafrecht - eine Strafe für die Jugend?, in: DVJJ-Journal Nr. 135, 1991, S. 114-129.

Prim R., Der Erziehungsgedanke im Jugendkriminalrecht und die Bedingungen pädagogischen Handelns mit delinquenten Jugendlichen, in: DVJJ-Journal Nr. 143, Heft 3, S. 263-269

Pöggeler, F., Allgemeine Charakteristik der Pädagogik Friedrich Wilhelm Foersters, in: Antz, J./Pöggeler, F. (Hrsg.), Friedrich Wilhelm Foerster und seine Bedeutung für die Pädagogik der Gegenwart, Ratingen 1955, S. 128-155.

Rauschenbach, Th./Thiersch, H. (Hrsg.), Die herausgeforderte Moral, Bielefeld 1987.

Reble, A., Das Strafproblem in Beispielen, Bad Heilbrunn 1965.

Redl, F., Erziehung schwieriger Kinder, München 1971.

Rohrbach, J., Schuld und Strafe, Kastellaun 1978.

Rössner, D. (Hrsg.), Toleranz-Erziehung-Strafe, Hofgeismarer Protokolle Nr. 266, Hofgeismar 1989.

Rössner, D., Erziehung und Strafe - die verkannte Zweispurigkeit des Jugendstrafrechts, in: Wolff/Marek (1990, S. 18-27).

Ruscheweyh, H., Die Entwicklung des deutschen Jugendgerichts, Weimar 1918.

Rutschky, K., Schwarze Pädagogik, Frankfurt/M. u.a. 1977.

Sahle, R., Gabe, Almosen, Hilfe, Opladen 1987.

Scheibe, W., Die Strafe als Problem der Erziehung, Weinheim/Berlin 1967.

Scherpner, H., Theorie der Fürsorge, 2. Auflage, Göttingen 1962.

Schild, W., Die Aktualität des Hegel'schen Strafbegriffs, in: Heintel, E. (Hrsg.), Philosophische Elemente der Tradition des politischen Denkens, Wien/München, S. 199 ff.

Schild, W., Strafe - Vergeltung oder Gnade?, in: Schweizerische Zeitschrift für Strafrecht, 1982, S. 364-384.

Schild, W., Ende und Zukunft des Strafrechts, in: Archiv für Rechts- und Sozialphilosophie 70, 1984, S. 71-112.

Schild, W., Über die Schwierigkeit, zur Schuld(lehre) im Strafrecht nein oder ja zu sagen, in: Müller/Otto (1986, S. 29-44).

Schleiermacher, F., Pädagogische Schriften. Hg. von C. Platz, 3. Auflage, Langensalza 1902.

Schleiermacher, F., Pädagogische Schriften. 2 Bände. Hrsg. von Th. Schulze und E. Weniger, Band I: Die Vorlesungen aus dem Jahre 1826. Band II: Pädagogische Abhandlungen und Zeugnisse, Düsseldorf/München 1957.

Schüler-Springorum, H., Zur aktuellen Diskussion über Strafe und Erziehung in der deutschen Jugendgerichtsbarkeit, in: Hanack, E.-W./Russ, P./Wendisch, G. (Hrsg.), Festschrift für Hanns Dünnebier, Berlin/New York 1982, S. 649-659.

Steinert, H., Das staatliche Strafen und das schlechte Gewissen, in: Neue Kriminalpolitik 4, 1992, Heft 3, S. 34-35

Sünker, H., Bildung, Alltag und Subjektivität, Weinheim 1989.

Sünker, H., Pädagogik und Politik für Kinder, in: Melzer, W./Sünker, H. (Hrsg.), Wohl und Wehe der Kinder. Pädagogische Vermittlung von Kindheitstheorie, Kinderleben und gesellschaftlichen Kindheitsbildern, Weinheim 1989a, S. 10-29.

Sünker, H., Soziale Arbeit und Vergesellschaftung der Gesellschaft, in: Thiersch, H./Grunwald, K. (Hrsg.), Zeitdiagnose Soziale Arbeit, Weiheim 1994 (im Druck).

Simonsohn, B. (Hrsg.), Jugendkriminalität, Strafjustiz und Sozialpädagogik, Frankfurt/M. 1969.

Thiem-Schräder, B., Normalität und Delinquenz, Bielefeld 1989.

Treml, A., Einführung in die Allgemeine Pädagogik, Stuttgart u.a. 1987.

Trube-Becker, E., Gewalt gegen das Kind, Heidelberg 1982.

Verhandlungen des Dritten Deutschen Jugendgerichtstages, Hrsg. von der Deutschen Zentrale für Jugendfürsorge, Leipzig 1913.

Walter, M. (Hrsg.), Beiträge zur Erziehung im Jugendkriminalrecht, Köln et al. 1989.

Walter, M., Der Erziehungsgedanke im Jugendstrafrecht - Abschied oder Reformulierung?, in: Wolff/Marek (1990, S. 51-61).

Wigger, L., Das Recht auf Erziehung. Hegels Analyse des modernen Erziehungsverhältnisses, in: Marotzki, W./Sünker, H. (Hrsg.), Kritische Erziehungswissenschaft - Moderne - Postmoderne, Bd.2, Weinheim 1993, S. 129-154.

Winkler, M., Stichworte zur Antipädagogik, Stuttgart 1982.

Winkler, M., Eine Theorie der Sozialpädagogik, Stuttgart 1988

Wolff, J./Marek, A. (Hrsg.), Erziehung und Strafe, Godesberg 1990.

Wolf, G., Strafe und Erziehung nach dem Jugendgerichtsgesetz, Marburg 1984.

Kriminalitätsverarbeitung durch die Sozialarbeit - Konsequenzen für einen alternativen Umgang mit Straffälligen

Peter Moll / Richard Reindl

1. Phänomenologie der Kriminalität

Folgt man der kriminologischen Literatur der letzten Jahre in ihrer Beschreibung des Phänomens "Kriminalität" und unterscheidet man einmal nicht nach Dunkelfeld und Hellfeld, also nach bekannt gewordenen bzw. verfolgten Delikten und solchen, die unentdeckt geblieben sind, - kann man grob folgende Dreiteilung von Kriminalität hinsichtlich ihrer gesellschaftlichen Verortung vornehmen:

Es gibt in unserer Gesellschaft zum einen die sog. Kriminalität der Mächtigen, manchmal auch als Makrokriminalität bezeichnet. Hierbei handelt es sich insbesondere um die Bereiche Wirtschaftskriminalität, Umwelt- und Computerkriminalität, Organisierte Kriminalität, ins. Drogenhandel, Mißbrauch politischer Ämter etc.. Ihren Ort hat diese Form der Kriminalität in den oberen Etagen von Gesellschaft, Staat und Wirtschaft.

Der zweite Bereich umfaßt die sog. Kriminalität der Angepaßten oder wie sie in einem Buchtitel bezeichnet wird, die "Kriminalität der Braven". Hierzu gehören alle Bereiche der berufsspezifischen Kriminalität von Ärzten, Rechtsanwälten, Handwerkern, Amtsleitern usw. sowie die Kavaliers- und Massendelikte der Normalbürger, angefangen von der Steuerhinterziehung, Spesenbetrug, über den Versicherungsbetrug, bis hin zum Diebstahl am Arbeitsplatz. Ihren gesellschaftlichen Ort hat diese Kriminalität, wie unschwer zu vermuten ist, bei der breiten Schicht der unbescholtenen Bürger.

Schließlich läßt sich ein dritter Bereich von Kriminalität davon unterscheiden, der klassischerweise unter Kriminalität subsumiert wird, die Kriminalität der Sozialschwachen mit den Delikten rund um das Vermögen bzw. Eigentum, den Körperverletzungsdelikten und dem, was ansonsten unter die Bagatellkriminalität fällt.

Mit dieser groben Auflistung soll zunächst nichts anderes ausgesagt werden, als daß Kriminalität in unserer Gesellschaft massenhaft vorkommt, normal ist und keine gesellschaftliche Gruppierung das alleinige Monopol auf kriminelle Handlungen besitzt. Dementsprechend evident ist auch die Tatsache, daß weitaus der größte Teil der kriminalisierbaren Konfliktfälle außerhalb des Strafrechts geregelt wird und dabei eine Fülle verschiedener Bewältigungstechniken entwickelt wird.

Ein zweiter wichtiger Schluß ist hieraus zu ziehen: Kriminalität ist nicht an eine Minderheit abweichender Persönlichkeitstypen gebunden, sondern stellt eine Minderheit von Ereignissen im Lebensalltag **jedes** Menschen dar.

Erhebliche Unterschiede zwischen den genannten Kriminalitätsbereichen treten allerdings auf in der öffentlichen Wahrnehmung und in der Art und Weise ihrer Bearbeitung. Während in der Regel - von sensationellen und fast schon exemplarischen Ausnahmen abgesehen - in den beiden ersten Bereichen der Kriminalität andere Verarbeitungsformen als Justiz und Sozialarbeit üblich sind, findet vorwiegend und in aller Regel die Kriminalität der Sozialschwachen Eingang in die justizielle Verarbeitung und im Gefolge dann in die Verarbeitung durch die Sozialarbeit. Unser Kriminalitätsbild weist also eine soziale Schieflage auf.

2. Kriminalität als konflikthaftes Lebensereignis

Im folgenden soll dennoch nur das Spektrum der Kriminalität interessieren, die den Sozialschwachen zugeschrieben wird.

In diesem Bereich haben wir es, genauer betrachtet, zumeist mit Phänomenen zu tun, deren Hintergrund soziale Probleme, Routinestörungen, Ärgernisse, persönliche Lebenskatastrophen usw. bilden. Diese Kriminalität stellt, wie viele andere Formen nichtstrafwürdiger sozialer Abweichung auch, den Bewältigungsversuch eines ernsthaften Lebensproblems dar. Insofern greift die justizielle Sicht einer solchen

Handlung als Verstoß gegen strafrechtlich geschützte Normen zu kurz. Ein Beispiel zur Veranschaulichung:

Ein Konflikt zwischen zwei Kneipenbesuchern, der vorläufig mit einem Faustschlag endet, interessiert strafrechtlich gesehen als Verletzung einer Rechtsnorm. Da nur Personen Strafrechtsnormen verletzen können, wird in Täter und Opfer eingeteilt. Der Konflikt erhält - definiert als Normverletzung durch eine konkrete Person - Einzug in das strafjustizielle Verfahren. Nach der Taxierung der Schwere der Schuld und der Schwere der Normverletzung wird aus den verschiedenen Rechtsfolge-Möglichkeiten eine Sanktion für den Täter ausgewählt, die geeignet ist, die beschädigte Norm zu "entschädigen" und dadurch den Rechtsfrieden wiederherzustellen.

Kriminalität als sozialen Konflikt zu sehen, stellt die Frage nach der Schuld nicht abstrakt, sondern aus der Verantwortung des und für den Menschen. Darum kann die adäquate Reaktion nicht das Fälligwerden von Strafe sein, sondern die Befähigung zur Verantwortung durch die Wiederherstellung von Beziehungen.

Kriminalität ist nicht nur ein Phänomen, das sich ereignet. Kriminalität ist zugleich ein theoretischer Begriff, der per definitionem zugleich eine Außensicht auf das Phänomen auflegt und es so kategorisiert. Kriminalität ist also immer Definitionssache, wobei die Definition dessen, was kriminell ist, immer einem Wandel unterworfen ist. Das hängt ab von Kultur, Zeit, gesellschaftlichen Mehrheiten, materiellen Gegebenheiten und vielen anderen mehr. Kriminalität wird gleichzeitig völlig unterschiedlich definiert, wissenschaftliche Reflexion und alltägliche Meinung sind hier in der Regel nicht deckungsgleich. Kriminalität stellt nur einen kleinen Ausschnitt abweichenden Verhaltens von Menschen dar, der freilich besonders kritisch von der Öffentlichkeit beobachtet wird.

Kriminalität ist auch zu verstehen als Ausdruck von schwerwiegenden, für den Betroffenen destruktiven Konfliken mit dem sozialen Umfeld. Diese Konflikte signalisieren Störungen, die in der Person und im Umfeld liegen. Konsequenz für die Sozialarbeit zur Kriminalitätsverarbeitung heißt, daß z. B. "Resozialisierung" nicht nur etwas sein darf, um das sich ein einzelner bemüht, sondern auch gleichzeitig das Gemeinwesen über seine Veränderungsbedürftigkeit nachzudenken hat.

Deshalb stellt sich auch die Frage nach der Schuld nicht abstrakt; wie gravierend ist der Verstoß gegen rechtliche und ethische Normen? Es bleibt dann auch relativ, und wäre dann in der Tat bürokratisch abzuhandeln: welcher Schaden ist entstanden, und wie ist er auszugleichen? Entscheidend ist die Frage nach der Verantwortlichkeit des einzelnen, eine Verantwortlichkeit, die mehr ist als Zurechnungsfähigkeit - sondern einen ganz wesentlichen Teil der Persönlichkeit ausmacht. Von daher ist die Frage nach der Schuld wichtig im Blick auf die Entfaltung von Perspektiven für die Persönlichkeit in der Zukunft.

Darum kann die adäquate Reaktion auf eine Straftat nicht das Zumessen von Strafe sein, die sich an der Schwere der Schuld orientiert. Es geht um die Befähigung des "Täters" zur Verantwortlichkeit, d.h. die Intervention darf nicht ihr Schwergewicht auf das Kurieren der Defekte (Therapie) legen, sondern konsequent einsetzen beim Verstärken der positiven Anteile.

Dies kann nicht in Isolation und Absonderung geschehen, sondern muß in einem Akt der Auseinandersetzung mit der Wirklichkeit erfolgen, die konfliktträchtig ist - nur so ist Beziehung wiederherzustellen als oft schmerzhafter Prozeß für alle Beteiligten.

3. Folgerungen für die Sozialarbeit in der Straffälligenhilfe

Um Beziehungen wiederherzustellen - als eine Aufgabe der Straffälligenhilfe - bedarf es bestimmter Voraussetzungen oder auch eines bestimmten Settings, auf das im nachfolgenden eingegangen werden soll.

Für die traditionelle Sozialarbeit im Umfeld der Justiz ist Kriminalität ja in dem Maße interessant, in dem sie mit psychosozialen Problemen und Problemlagen einhergeht.

Dadurch, daß die Sozialarbeit mit dem Phänomen erst "aus zweiter Hand" zu tun hat (davor gab es bereits einen Kontakt zwischen der normverletzenden Person und den Strafverfolgungsbehörden), sind die wichtigsten Definitionen bereits gefallen; es ist festgelegt, wer Täter und wer Opfer ist: das Ärgernis, der soziale Konflikt, das Problem, ist als qualifizierter Normbruch definiert, und bei Abschluß des Verfahrens ist festgelegt, wer in welchem quantitativen Ausmaß schuldig und unschuldig ist.

Für die Sozialarbeit ist dies eine denkbar ungünstige Ausgangsbasis. Dadurch, daß nicht die Betroffenen selbst ihre Lebenssituation und ihren Hilfebedarf definieren, fehlt die Grundlage für ein erfolgversprechendes Arbeitsbündnis. Sozialarbeit muß daher zunächst zusammen mit den Betroffenen Anstrengungen unternehmen, in relativer Unabhängigkeit jene Lebens- und Problemlagen zu eruieren, die mit den Mitteln und dem Handlungsrepertoire von Sozialarbeit angegangen werden können und vom jeweiligen Betroffenen und vom Helfer als sinnvoll angesehen werden. Es geht also zuallererst um die Verständigung über die subjektive Lebenslage. Diese Verständigung kann u. U. zu einem völlig anderen Ergebnis führen als die Definition der Justiz.

Es kommt also entscheidend darauf an, ob Sozialarbeit eine eigenständige Problemsicht entwikelt: Sozialarbeit bliebe dann strafrechtsimmanent und sich selbst systemfremd, wenn sie die justiziellen Definitionen übernimmt und in für sie weiterverarbeitbare Wendungen umdefiniert: Überspitzt ausgedrückt würden dann aus Konfliktbeteiligten bzw. Tätern sozialdefizitäre, persönlichkeitsschwache oder kranke Mängelwesen. Sozialarbeiterische Hilfen in diesem Sinne fungierten als Äquivalent zur Strafe. Sozialarbeit wird zuständig für die individuelle Behebung von vordefinierten Problemsituationen beim Täter und bildet für die Justiz ein Hilfsinstrument für einen gleichsam chirurgischen Persönlichkeitseingriff, der das kriminelle Faktum "wegoperieren" soll.

Als eigenständige Legitimation könnte Sozialarbeit dann lediglich für sich in Anspruch nehmen, die sozialen Begleiterscheinungen des Justizkontakts zu verarbeiten bzw. die sozialen Härten des Justizsystems auszubügeln (vgl. Gegenwirkungsgrundsatz in §3 StVollzG).

3.1. Straffälligenhilfe als Lebenshilfe

Wenn Sozialarbeit ihrem Selbstverständnis zufolge Beziehungs- und Lebenshilfe für die Betroffenen sein soll, kann die Grundlage für ein Arbeitsbündnis nicht die Fremddiagnose "schuldhafte Normverletzung", "kriminell", "straffällig" sein. Vielmehr ist hier ein Ansatz zu wählen, der die Lebenssituation und Lebenslage der Betroffenen in all seinen Dimensionen berücksichtigt und wahrnimmt, also eine ganzheitliche und systemische Problemsicht gewährleistet. Darüberhinaus entbindet dies die Sozialarbeit von der ausschließlichen Indienstnahme durch die Justiz. Nicht der Verfahrensablauf steht im Zentrum sozialarbeiterischen Bemühens, sondern die konkreten Menschen. Diesen, und niemandem anders, ist Sozialarbeit verpflichtet. Deren Lebenslagen und Problemsituationen stehen im Mittelpunkt. Derzeit läßt sich eine massive Verschlechterung der Lebenslagen Straffälliger konstatieren, deren Ursachen sowohl im Abbau sozialpolitischer Maßnahmen bestehen, als auch in einer Verschärfung der öffentlichen Stimmung gegenüber straffälligen Menschen. Diese Situation und die Hilfeerwartung der Menschen ergibt die Notwendigkeit zur Zusammenarbeit mit anderen lebenslagenstützenden und existenzsichernden Hilfesystemen, wie Wohnungslosenhilfe, Schuldnerberatung, Suchtkrankenhilfe.

Der Straffällige bleibt immer Mensch, auch wenn die Tat noch so unmenschlich war, darum verbietet sich die Reduzierung seiner Persönlichkeit auf die Rolle des Täters. Mit der Etikettierung beginnt die Stigmatisierung. Ein Mensch, eine Tat, eine Situation, tragen auf einmal das Kennzeichen des Absoluten. Das geschieht viel seltener in positiven Bezügen - in der Geschichte gelegentlich in den Beinamen mancher Fürsten und Könige zu finden. Selbstverständlicher ist dieses Phänomen in der Belegung von Personen mit negativen Beurteilungen, die haften bleiben. Ein Mensch wird festgelegt - es ist, wie wenn aus einer Momentaufnahme ein ganzer Film gestaltet würde.

Dieses Phänomen ereignet sich tagtäglich und niemand scheint gefeit dagegen: Es wird geredet vom Dieb, Betrüger, Räuber, Mörder. Als sei einer, der eine Tat begangen, sein Leben lang Täter, als sei diese Tat

Eigenschaft seiner Persönlichkeit, als sei seine wahre Persönlichkeit die des Täters: Täterschaft als Eigenschaft - wesenshaft, dauerhaft.

Solche Einstellungen finden sich auch wieder in der Formulierung von Sozialprognosen. Auch hier wird zu oft Vergangenheit und Gegenwart hochgerechnet und zu wenig von den individuell auszuhandelnden Zielen her entwikelt. Der Mensch aber ist immer mehr als die Differenz zwischen Möglichkeiten und Unmöglichkeiten.

Darum muß die Hilfe immer konsequent bei der Person bleiben, um so die Möglichkeiten entdecken und fördern zu können. Manchmal könnte jedoch der Verdacht entstehen, daß die "Schwere der Schuld" nicht nur bei der Strafzumessung und willentlich oder unwillentlich bei der Gestaltung des Vollzuges ihre Rolle spielt, sondern auch beim sozialpädagogischen Angebot der Hilfe: Die Leitfrage dazu lautet: Was ist angemessen, was verdient der Klient? In der Sprache der Sozialarbeit ist dies gut zu verbergen: Der Klient soll nicht überfordert werden.

Es geht nicht um ein Zuteilen, sondern um Beteiligung, das schließt auch mit ein, daß nicht nur ein objektiver Bedarf gedeckt, sondern auch subjektive Bedürfnisse befriedigt werden. Vermieden werden muß, daß sich im helfenden Handeln folgender Ablauf ergibt: was steht einem zu? - ich bin nicht zuständig. Das Ergebnis sind die Zustände, die wir jetzt haben. Dabei erfordert Straffälligenhilfe Identifikation und Solidarisierung. Diese dürfen jedoch nicht zum Selbstbetrug des Verwischens von Realitäten führen. Distanz und Fremdheit müssen ertragen und aufgearbeitet, nicht aber soziologisch wegargumentiert oder emotional verharmlost werden.

Die Realität ist zu akzeptieren und auszuhalten. Die eigene Distanz ist zu erkennen und zuzulassen, nur so kann sie aufgearbeitet werden. Gerechtigkeit ist nicht, einfach alles rechtfertigen. Straffälligenhilfe kann nicht an gesellschaftlichen Wertmaßstäben vorbei oder durch deren Aufhebung realisiert werden. Der Mensch ist eben auch nicht nur Opfer oder Nutznießer seiner Verhältnisse, er ist eben mehr als das Produkt seiner Umgebung. Not muß als Not bezeichnet werden - sie relativiert sich nicht für den Einzelnen angesichts des Elends dieser Welt.

Die Position der Straffälligenhilfe muß eindeutig sein. Sie ist keine wertfreie, neutrale Instanz. Würde sie diese Position einnehmen - und sei es auch nur in der Rolle des Vermittlers - würde sie zur Sozialtechnokratie verkümmern.

Wenn die Person im Mittelpunkt steht, dann darf sie nicht verobjektiviert werden, auch wenn die Motive noch so ehrenwert erscheinen. Der "Straftäter" ist als solcher gemeint und nicht auf seine Existenz als Gegenüber etwa zum Opfer zu reduzieren. Straffälligenhilfe ist darum auch kein Derivat der Opferhilfe, auch wenn sie sich so vielleicht besser verkaufen ließe. Hilfe für Straffällige stellt einen hohen Wert an sich dar, weil sie ein Ausdruck hoher ethischer Verantwortung ist, wo sich der Einzelne oder die Gemeinschaft auch den nicht verschließen, der sich durch die Straftat unbewußt oder bewußt gegen sie stellt. Ein Blick in die Kulturgeschichte der Menschheit zeigt, daß es immer auch ein Kennzeichen einer Hochkultur war, daß sie es zulassen konnte, daß Menschen sich nicht normgerecht verhielten, daß sie Anderssein akzeptierte und nicht ausgrenzte. Ein Ausfluß dieser Haltung ist im Gnadenrecht der Regenden zu finden, das es auch heute noch gibt. Ein Stück davon spiegelt sich auch in einer Entscheidung des Bundesverfassungsgerichts von 1974 wieder, wo es heißt: "Nicht nur der Straffällige muß auf die Rückkehr in die freie menschliche Gesellschaft vorbereitet werden: diese muß ihrerseits bereit sein, ihn wieder aufzunehmen. Verfassungsrechtlich entspricht dies dem Selbstverständnis einer Gemeinschaft, die die Menschenwürde in den Mittelpunkt ihrer Ordnung stellt und dem Sozialstaatsprinzip verpflichtet ist. Als Träger der aus der Menschenwürde folgenden und ihren Schutz gewährleistenden Grundrechte muß der verurteilte Straftäter die Chance erhalten, sich nach Verbüßung seiner Strafe wieder in die Gemeinschaft einzuordnen. Vom Täter aus gesehen erwächst dieses Interesse an der Resozialisierung aus seinem Grundrecht aus Art. 2 Abs. 1 i.V.m. Art. 1 GG. Von der Gemeinschaft aus betrachtet verlangt das Sozialstaatsprinzip staatliche Vor- und Fürsorge für Gruppen der Gesellschaft, die aufgrund persönlicher Schwäche oder Schuldunfähigkeit oder gesellschaftlicher Benachteiligung in ihrer persönlichen und sozialen Entfaltung behindert sind; dazu gehören auch die Gefangenen und Entlassenen".

3.1.1 Einsichten über Erfolgskriterien

Dies schließt ein hierarchisches Gefälle im Verhältnis Helfer-Straffälliger aus. Straffälligenhilfe ist nicht die Instanz, die etwas zu gewähren hat, entscheidet, ob der Klient Zuwendung verdient. Ein solches Verhalten wäre eine infantile Gleichsetzung der eigenen Rolle und Person in ein Verhältnis "Gott - Mensch". Straffälligenhelfer sind nicht die "Väter" in der Geschichte vom verlorenem Sohn. Sie sind in der Rolle der Brüder, handeln auf der gleichen Ebene und sind darum Partner. Mehr können sie nicht sein - aber auch nicht weniger.

Die Legitimation von Straffälligenhilfe leitet sich auch nicht von ihrem Beitrag für den Erfolg justiziellen Handelns ab. Ihre Existenzberechtigung ist nicht an günstige Rückfallquoten oder an eine bestimmte Prozentzahl von legalbewährten oder sozialbewährten Probanden gebunden. Sozialarbeit in der Form von Straffälligenhilfe ist nicht das Allheilmittel für Kriminalität. Das gesellschaftliche Problem Kriminalität läßt sich nicht umdefinieren in ein sozialpädagogisches mit der verheißungsvollen Perspektive: Wenn alle Straftäter ausreichend sozialpädagogisch versorgt werden, verschwindet auch die Kriminalität. So attraktiv diese Vorstellung auch sein mag, sie führt sich selbst ad absurdum. Auch von dem verwandten, bei manchen Instanzen der Strafverfolgung noch vorhandenen Gedankenmodell einer Gesellschaft ohne Kriminalität und der damit einhergehenden Bekämpfung möglichst aller Kriminellen gilt es sich zu verabschieden. Wenn man zudem die eingangs kurz skizzierte Phänomenologie der Kriminalität in unserer Gesellschaft ernst nimmt, bedeutet dies gleichzeitig eine Reihe weiterer handlungsleitender und mehr oder weniger in der Öffentlichkeit präsenter Grundannahmen über Bord zu werfen: z. B. die Annahme,

- daß die normale Reaktion auf normverletzendes Verhalten Strafe sein muß;
- daß Kriminalität eine Gefahr für das Zusammenleben in der Gesellschaft und für die innere Sicherheit des Staates bedeutet und mit allen Mitteln bekämpft werden muß:
- daß nur das Prinzip des Gegenschlags kriminalitätsverhindernd und präventiv wirksam ist;

- daß die staatlichen Instanzen der Polizei und der Strafjustiz das Monopol und die alleinige Kompetenz zur Bewältigung von inkriminierten Ereignissen haben;
- daß das Strafrecht das probate Mittel darstellt, gesellschaftliche Konflikte zu lösen. In diesem Zusammenhang sei nur an die derzeitige Debatte um die Gewaltproblematik bei Jugendlichen erinnert.

Das Fallenlassen dieser Grundannahmen löst sicherlich nicht die in manchen Kreisen befürchteten anarchischen Zustände aus. Dies würde die normbildende Kraft von Strafrecht und Strafjustiz weit überschätzen. Es entbindet jedoch die Straffälligenhilfe und die Kriminalpolitik von utopischen Zielen und macht eher nüchternen und realen Einschätzungen und Handlungsweisen Platz. Vermutlich läßt erst das Eingeständnis von der Normalität von Kriminalität in unserer Gesellschaft es zu, eine vernünftige, rationalere Kriminalpolitik zu betreiben und beinhaltet für die Sozialarbeit in diesem Bereich die Chance, jenseits von erfolgsorientierter Kriminalitätsbekämpfung Angebote und Dienstleistungen zur Lebenshilfe für die klassischen Verlierer des Kriminaljustizsystems, die Sozialschwachen, vorzuhalten.

3.1.2. Dienstleistung statt Pädagogisierung

Resozialisierung wie Sozialisierung geschehen ja nicht im luftleeren Raum, sie vollziehen sich vielmehr in einer nicht intakten Gesellschaft. Dieses Wissen befreit Straffälligenhilfe von einer idealisierenden Zielsetzung und moralisierenden Beurteilung und ermöglicht damit ein Handeln, das auch ein Scheitern zuläßt.

Wohin soll denn integriert werden? In eine Gesellschaft, die geprägt ist von immer mehr Abgrenzung, Ausgrenzung? Wer sind die Helfer denn selbst, daß sie den Anspruch erheben, anderen auf diesen Weg beratend und begleitend beizustehen? Straffälligenhilfe kann im Blick auf die Handelnden bezogen doch allenfalls auf der Basis der Solidarität der Unvollkommenen geschehen.

Und die Gesellschaft? Dort wäre doch - bis hin zu denen, die auf demokratischer Basis legitimiert regieren - schon unter Anwendung der von ihnen erlassenen Gesetze nicht nur Kritik zu üben, sondern zuweilen sogar -"Strafe" fällig - dies erst recht unter den auch sonst im Bereich des abweichenden Verhaltens angewandten Maßstäben der Moral. Auch die in § 2 Strafvollzugsgesetz normierte Zielvorstellung eines Lebens in sozialer Verantwortung erscheint schier utopisch angesichts einer heute in weiten Teilen unsozialen Gesellschaftsstruktur.

Dieses Eingeständnis kann Straffälligenhilfe befreien von überzogenen Ansprüchen, die sie entweder selbst oder andere an sie setzen. Hilfe kann darum in aller Bescheidenheit und Demut erfolgen und nicht vor dem Hintergrund der idealistischen Vorgabe einer möglichen oder tatsächlichen gerechten Welt. Diese Haltung kann Erfolgsdruck, der auf der Straffälligenhilfe lastet, befreien, ebenso von der Wiederverurteilung im doppelten Sinne bei Nichtgelingen. Zum prozeßhaften Geschehen gehört das Scheitern mit dazu - Krise ist immer auch Lebenschance.

Der Wechsel in der Zielperspektive, also nicht eine imaginäre intakte Gesellschaft, sondern die real vorfindbaren Lebensverhältnisse zum Ausgangspunkt der Bemühungen zu nehmen, erfordert in der Hilfe für Straffällige eine Schwerpunktverlagerung. Gefragt ist nicht so sehr die therapeutische Behandlung des Rechtsbrechers und die Vermittlung von Moral für einen neuen Menschen, der in eine bessere Gesellschaft paßt. Vielmehr ist entlang der je spezifischen Lebenslage eines Betroffenen die Hilfe zu entwickeln, die er jetzt braucht.

Sozialarbeit bzw. Straffälligenhilfe ist als Dienstleistungsinstitution zu verstehen, die Leistungen anbietet, um die inkriminierten Lebensereignisse konstruktiv zu verarbeiten und Kriminalisierungen bzw. Stigmatisierungen nach Möglichkeit zu verhindern. Dabei zielen die Interventionen nicht in erster Linie auf die defizitäre Person des Täters, sondern auf die Bewältigung der schwierigen Situation.

Die Orientierung am Bedarf der Betroffenen, oder moderner formuliert: die Orientierung am Kunden erfordert eine deutliche Angebotsstruktur, die bei der Entwicklung des Produktes den Abnehmer einbezieht, um nicht am Markt vorbei zu produzieren. Gerade Straffälligenhilfe erfordert dabei ein hohes Maß an Flexibilität. Es gibt keine vorgefertigten Rezepte, die dem Klienten verordnet werden können - diese bleiben unwirksam. Es sind dagegen gemeinsam Konzepte zu entwickeln - die sich am Menschen und seiner Lebenslage orientieren.

Gefragt sind dabei Vermittlungsleistungen, die die Betroffenen in die Lage versetzen, in Auseinandersetzung mit der ojektiven Lebenslage seinen individuellen Lebensentwurf, seinen Lebensstil zu realisieren. Dazu gehört als Aufgabe der Straffälligenhilfe insbesondere die Zugänge zu Ressourcen wie Wohnung, Arbeit, Einkommen, soziale Beziehung, Gesundheit, Bildung etc. zu vermitteln, das Selbsthilfepotential der Betroffenen zu stärken aber auch sich an der Gestaltung der Infrastruktur zu beteiligen. Dies bedeutet in jedem Fall, auch kriminal- und sozialpolitisch tätig zu werden. Insofern könnte man sagen, der Schwerpunkt der Hilfe verlagert sich von der Therapie hin zum Ressourcenmanagement.

3.1.3 Ziel: Verbesserung der Lebenslagen

Straffälligenhilfe hat immer eine politische Dimension, indem sie Sozial- und Rechtspolitik auf die Verpflichtung der Gesellschaft zur Menschlichkeit (Grundrechte) und zur Hilfeleistung hinweist, konstruktive Ansätze aktiv unterstützt und dabei Öffentlichkeit herstellt.

Straffälligenhilfe hat Kriminalität nicht zu bearbeiten oder/und zu verarbeiten und damit ihre Ursache und Wirkung zu reduzieren und zu kaschieren. Sie hat immer auch eine politische Dimension wahrzunehmen.

Sie hat Öffentlichkeit herzustellen. Sie muß die Wirklichkeit der Kriminalität in ihrer Vielschichtigkeit hineinstellen in die Lebensbezüge der gesellschaftlichen Gruppen. Sie darf sie nicht aus der Welt nehmen, insofern sind nicht nur Mauern zu überwinden, sondern Breschen in unsere Köpfe zu schlagen. Straffälligenhilfe hat dabei bei allen Konfrontationen zu moderieren, damit nicht neue Barrien errichtet werden. Wo Beziehung zerstört ist, muß Beziehungsarbeit einsetzen.

Straffälligenhilfe hat Anwaltsfunktion. Die Grundrechte sind in den einzelnen Politikbereichen konsequent einzuklagen. Straffälligenhilfe ist Ausfluß des Rechts- und Sozialstaatsprinzips unseres Grundgesetzes. Sie ist damit befugt, einzuwirken auf die Rechts- und Sozialpolitik. Sie nimmt einen gesellschaftlichen Auftrag wahr und ist gleichzeitig nicht privatisierbar, als es eben nicht ins Belieben freier gesellschaftlicher Gruppen gestellt werden darf, ob sie sich dieser Aufgabe widmen oder nicht.

Die Teilhabe der Gesellschaft, etwa in Engagement ehrenamtlicher und hauptamtlicher Mitarbeiterinnen und Mitarbeiter berechtigt ihre Vertreter auch zum kritischen Gegenüber. In diesem säkularen Staat ist nichts gottgegeben, schon gar nicht die Verwaltung der Gerechtigkeit durch die Justiz und ihre Organe. Ein kritisches Gegenüber ist nötig, das freilich das System nicht als solches verteufelt, sondern konstruktive Ansätze unterstützt.

Staat und Gesellschaft sind nicht identisch. Gerade in einer säkularen und pluralen Gesellschaft müssen Tendenzen des Absolutismus staatlicher Reglementierung energisch in ihrem Keim erstickt werden. Der Staat hat für die Rechtssicherheit zu sorgen, den ordnenden Rahmen zu schaffen und das freie Spiel der Kräfte zur Sicherung des Gemeinwohls zu fördern.

Das beinhaltet auch die Finanzierung der Arbeit ohne inhaltliche Vorgaben. "Wer zahlt, schafft an" - diese zwar weitverbreitete Haltung ist dennoch antiquiert - denn es sind ja schließlich nicht irgendwelche Mittel, die hier verteilt werden, sondern die Steuern der Bürger, die der Staat lediglich verwaltet. Gerade in Zeiten des Auseinanderklaffens zwischen Aufgabenstellungen und Vorhandensein von Mitteln zur Erledigung - muß eine stärkere Kontrolle im Blick auf den Einsatz der Mittel erfolgen. Hier muß endlich der unbefriedigende Zustand im Blick auf die Absicherung der Straffälligenhilfe beseitigt werden.

Gerade in einem Bereich, in dem der Staat das Gewaltmonopol besitzt (also auch in der Belegung mit Strafe, Verfolgung und Ahndung von Verstößen gegen die Normen), darf er keine dominierende Rolle in der

Zielsetzung, Gestaltung und Durchführung der sozialen Intervention einnehmen. Er hat diese zu initiieren, zu finanzieren, zu gewährleisten, aber nicht primär durchzuführen. Wo es darum geht, Beziehung wiederherzustellen, darf das moderierende Element in diesem Prozeß nicht das sanktionierende sein. Weil die Betroffenen in dieser Situation bereits mit einem hohen Ausmaß behördlicher Reaktion konfrontiert sind, kann Kriminalitätsverarbeitung - soweit sie durch Sozialarbeit überhaupt verarbeitbar ist - im wesentlichen nur durch diejenigen geschehen, die nicht mit dem Sanktionsbereich identifiziert sind. Es bedarf dazu der freien Initiativen und Verbände, die ihre Verankerung, ihr Beziehungsgeflecht in überschaubaren, erlebbaren und kommunikationsfähigen Gemeinwesen haben.

3.2 Straffälligenhilfe als Konflikthilfe

Folgt man konsequent dem Verständnis von Kriminalität als eines sozialen Konflikts, in dem Beziehungen gestört oder zerstört werden, muß die Intervention der Sozialarbeit konsequent dort einsetzen, wo die Isolation beginnt. Der Ort, der Zeitpunkt sind das Bekanntwerden der Tat. Hier erfolgt die entscheidene Weichenstellung auf dieser Ebene. Hier beginnt die Festlegung: Der Mensch wird vom Bürger zum Täter, er wird so gesehen, beginnt selbst, sich so zu sehen. Seine Ganzheitlichkeit als Person und seine Vielfältigkeit als soziales Wesen beginnen sich aufzulösen. Eine neue Wirklichkeit greift Raum, die Autonomie wird zurückgeschraubt, das Maß der Fremdbestimmung nimmt zu. Die Teilhabe am Leben wird eingeschränkt.

Genau diese gilt es jedoch zu erhalten, um die Kette der negativen Reaktionen von Abkehr und Ausgrenzung zu unterbrechen. Dies muß Konsequenzen für unsere Arbeit haben - Konsequenzen, die Mut erfordern, unbequemer sind, weil sie einen Bruch mit alten Traditionen bedeuten und das Verlassen eingefahrener Gleise erfordern.

An erster Stelle muß die Vermeidung von Ausgrenzung stehen. Dafür gibt es ethische, pädagogische, therapeutische, praktische aber auch finanzielle Gründe. Soziales Handeln, sozialarbeiterisches Handeln, sozialpolisches Handeln auf dem Feld der Kriminalität erfordert einen entscheidenden Beitrag im Bereich der Konfliktregulierung. Sie hat damit Vorrang vor Resozialisierung.

Das hat praktische Konsequenzen: Es sind Ressourcen zu verlagern, weil neue kaum zu erschließen sind, es sind neue Partner zu berücksichtigen, mit denen gearbeitet werden muß, es sind neue Anforderungen an die Qualifikation zu stellen, die durch Aus- und Fortbildung zu sichern sind. Und - das ist wohl das schwerste - die Straffälligenhilfe muß sich lösen von der Täterzentrierung in ihren Köpfen.

Sozialpädagogische Interventionen sind dann darauf gerichtet, konfliktbezogene und nicht täterbezogene Ergebnisse zu erzielen. An die Stelle der fallbezogenen Persönlichkeitsgenese tritt die Erfassung der situativen Merkmale des Konflikts und aktueller Beziehungsmuster. Hinzu kommt die Einbeziehung der Perspektive des Geschädigten. Nicht die parteiliche Unterstützung eines Klienten gegenüber der Justiz, sondern die Vermittlung zwischen den widerstreitenden Interessen der Konfliktparteien rückt ins Zentrum von Sozialarbeit.

Eine derartige Umgestaltung der Straffälligenhilfe zur Konflikthilfe birgt die Chance, ein Stück Kriminalpolitik jenseits von Schuld und Sühne in die Strafjustiz hineinzutragen und der Sozialarbeit zu mehr Autonomie zu verhelfen.

Wenn Sozialarbeit im Bereich des Kriminaljustizsystems immer mit der Realität ganz unten konfrontiert ist (Schüler-Springorum, S. 79f.)und diese Problemnähe automatisch Distanz zum System schafft, stellt sich selbstkritisch die Frage, inwieweit sich Sozialarbeit bzw. Straffälligenhilfe im Interesse ihrer gesellschaftlichen Anwaltsfunktion, im Interesse der Glaubwürdigkeit ihrer Interventionen und im Interesse ihrer Bewältigungskompetenz schwieriger Situationen, die Nähe zu einem System leisten kann, dessen systemimmanente Logik im Umgang mit Menschen auf die Ideologie vom" Mehr-desselben" setzt, die in der Verschärfung von Strafrecht, der permanenten Ressourcensteigerung zur Bekämpfung von Kriminalität und als kriminell etikettierten Personen und in der Eskalation von Sanktionen probate Mittel findet.

Alternative Kriminalitätsverarbeitung muß Abschied nehmen von der Strafe. Schon in den Ansätzen des Handelns von Straffälligenhilfe ist alles zu vermeiden, was letztlich doch nur wieder Strafcharakter hat, nur vielleicht pädagogischer, humaner. Einen humanen Vollzug von Strafe kann es nicht geben. Angesichts steigender Kriminalität, steigender Zahl der Verurteilten und geringerer Chancen der Resozialisierung in der Freiheit aufgrund der allgemeinen Wirtschaftssituation braucht die Straffälligenhilfe, um die Hoffnung nicht zu verlieren und die Arbeit nicht als sinnlos erscheinen zu lassen, ein Ziel, eine konkrete Utopie: Sie rechnet - wenigstens im letzten Grunde - mit dem Überflüssigwerden des Strafvollzugs, mit der Möglichkeit des straffreien Umgangs zwischen Menschen.

Literatur:

Bianchi H., Alternativen zur Strafjustiz, München 1988

Busch M., Förderung und Qualifizierung von Hilfeangeboten -Für wen und in welchem Umfang benötigen wir eine spezielisierte Straffälligenhilfe?, in: Bundesarbeitsgemeinschaft für Straffälligenhilfe e.V. (Hrsg.), Alternativen im Umgang mit Straffälligen. Dokumentation der Fachtagung am 16./17.11.1992, Bonn 1993, S. 37 - 49

Denkschrift der Evangelischen Kirche in Deutschland, Strafe - Tor zur Versöhnung?, Gütersloh 1991

Frehsee D., Zur Abweichung der Angepaßten, in: Kriminologisches Journal, Heft 1, 1991, S. 25 - 45

Hanak G./Stehr J./Steinert H., Ärgernisse und Lebenskatastrophen, Bielefeld 1987

Müller S./Otto H.-U. (Hg.), Damit Erziehung nicht zur Strafe wird, Bielefeld 1986

Nickolai W./Reindl R. (Hrsg.), Sozialarbeit und Kriminalpolitik, Freiburg 1993

Roth S., Die Kriminalität der Braven, München 1991

Schüler-Springorum H., Kriminalpolitik für Menschen, Frankfurt 1991

Freie Straffälligenhilfe in den neuen Bundesländern

Ziele, Aktivitäten und Erfahrungen der DBH[1]

Erich Marks

In memoriam Professor Dr. Max Busch

Max Busch hat sich in den Jahren 1990 - 1993 mit besonderer Hingabe und in vielfältiger Weise im Bereich der sozialen Strafrechtspflege in den neuen Bundesländern engagiert. Noch wenige Wochen vor seinem plötzlichen Tod haben wir in einem langen Gespräch eine Zwischenbilanz unserer Erfahrungen zum Entwicklungsprozeß der Straffälligenhilfe, der sozialen Dienste der Justiz und des Strafvollzuges in den fünf neuen Bundesländern gezogen und gemeinsame Publikationspläne geschmiedet. Die nachfolgenden Anmerkungen sollten zu einem Buchbeitrag über aktuelle Fragen der freien Straffälligenhilfe erweitert werden. Das gemeinsame Buch bleibt ungeschrieben; der nachfolgende Text an dieser Stelle in Verbundenheit zu meinem langjährigen Lehrer und Freund Max Busch.

Die Hintergründe und Entwicklungen des Engagements der Deutschen Bewährungshilfe e.V. (DBH)[2] in den fünf neuen Bundesländern möchte ich einleitend kurz in fünf Phasen des deutsch-deutschen Miteinanders skizzieren.

Phase 1: Internationaler Erfahrungsaustausch

Mitte der 80-er Jahre führte die DBH Studienbegegnungen mit Teilnehmern aus Großbritannien, den Niederlanden, Frankreich und anderen europäischen Ländern durch. Gleichzeitig stellten wir ebenso erstaunt wie ernüchtert fest, daß wir so gut wie nichts wußten über die einschlägigen Strukturen oder eine vergleichbare Praxis in der DDR.

Wäre hier nicht schon lange ein Studienaustausch fällig gewesen? Nach diversen Kontakt- und Genehmigungsproblemen hätte es - wenn nicht alles ganz anders gekommen wäre - im Herbst 1989 eigentlich einen deutsch - deutschen Studienaustausch unter der Rubrik "internationale Beziehungen" geben sollen.

Phase 2: Prozeß der wechselseitigen Informationen und des Voneinander-Lernens mit der Perspektive einer staatlichen Konföderation.

Zeitlich war dies Ende 1989/Anfang 1990. Das unbefriedigend geringe Wissen über Hilfsangebote für Straffällige und das Strafrechtssystem der DDR war unsererseits immer noch vorhanden. Und wir haben unterstellt, daß vermutlich diejenigen, die auf dieser Strecke in der DDR arbeiten, auch relativ wenig wissen über das, was in der BRD passiert. Und deshalb der Plan: komprimierte Informationen über die eigenen Strukturen und Erfahrungen zusammenzustellen und wechselseitig in den jeweiligen Fachzeitschriften zu veröffentlichen und einer möglichst breiten Leserschaft zugänglich zu machen. Im Mittelpunkt beispielsweise erster Gespräche im Ost-Berliner Justizministerium standen die gegenseitige Information sowie Vereinbarungen, im Kontakt zu bleiben und den Informations- und Erfahrungsaustausch künftig zu intensivieren und zu institutionalisieren.

Phase 3: "Nationaler Prozeß des Aufbruchs" (Frühsommer 1990)

Es gab viele Ideen. Die Entwicklung war fortgeschritten. Es bestanden inzwischen gute Kontakte mit Personen und zentralen Stellen - vor allem zu Ministerien und Forschungseinrichtungen der DDR - und es war wirklich die Phase des Erfindens und des Ausdenkens. Es war eine kurze Periode des Nachdenkens über ein konförderiertes Deutschland. Für unser Arbeitsfeld wurde die Frage gestellt: Wären Ansätze aus den Erfahrungen mit den Schieds- und Konfliktkommissionen der DDR oder einzelne Formen der materiellen Versorgung Strafentlassener auch im

Westen vorstellbar? Wie könnte es in der DDR mit den besonderen Brigaden weitergehen und was beispielsweise könnte von den vielfältigen Erfahrungen der westdeutschen Bewährungs- und Gerichtshilfe in das in Vorbereitung befindliche Reformgesetz zur Strafaussetzung (Bewährungshilfe) in der DDR einfließen?

Phase 4: Der Beitritt.

Wiederum mußten sich alle Beteiligten auf eine völlig neue Situation einstellen und gänzlich neue Planungen beginnen, ohne auf das bis dahin Erarbeitete in nennenswertem Maße zurückgreifen zu können. Zum 19. Juli 1990 hatte das Justizministerium der DDR alle einschlägig an der Wiedereingliederung mitarbeitenden Ministerien, Institutionen, Arbeitsgruppen und auch einzelne Praktiker nach Berlin eingeladen.[3] Der Tenor der Beiträge dieser Konferenz läßt sich wie folgt wiedergeben: "Hier geht gar nichts mehr. Es ist ein explosionsartiger Anstieg der Kriminalität zu verzeichnen. Eine ständig steigende Kriminalitätsfurcht ist in der Bevölkerung festzustellen. Diejenigen, die bislang tätig waren in Kommissionen, Kollektiven, besonderen Brigaden und Wiedereingliederungsstellen, sind kaum mehr aktiv und werden mit jedem Tag weniger. Die bislang Zuständigen sind einfach nicht mehr an ihrem Platz. Neue Initiativen, die sich gebildet hatten, können noch nicht richtig das tun und sich ausdehnen und aktiv werden, wie sie es gerne möchten. Das einzige, was ansteht, ist: Ihr aus dem Westen müßt die Lage analysieren. Ihr habt offensichtlich Personal dafür und kennt Euch ein bißchen aus. Ihr müßt nach der Analyse Programme erstellen und am besten diese Programme auch noch gleich hier durchführen, sonst wird es ganz graußlich enden." Die Erwartungen, die im Sommer 1990 von unseren Gesprächspartnern in der DDR gegenüber der DBH geäußert wurden, waren für diesen, alles in allem doch recht kleinen Verband, schlicht eine Nummer zu groß.

In einer Vorstandsarbeitsgruppe, und später dann mit immer mehr aktiven Mitstreitern, haben wir zu analysieren und aufzuschreiben versucht, was wir vermutlich maximal zu leisten im Stande sein würden und wo genau der dringendste Handlungsbedarf lag. Gerne erinnere ich mich an die intensiven Beratungen dieser Zeit mit wenigen verbliebenen bzw. neuen Ansprechpartnern aus der DDR, die, um der betroffenen Menschen willen, ihr Engagement eher noch intensivierten. Aus den Beratungen haben sich im Sommer/Herbst 1990 insgesamt vier Bereiche herauskristallisiert, in denen nach gemeinsamer Einschätzung besonderer Handlungsbedarf bestand und in denen die DBH ihre Mitarbeit anbieten sollte und wollte.[4]

Im ersten Bereich geht es um die Unterstützung beim Aufbau der staatlichen sozialen Dienste der Justiz. Die Entscheidung der Justizverwaltungen der neuen Bundesländer, die neu geschaffenen Stellen für Bewährungshelfer/-innen, Gerichtshelfer/-innenund Sozialarbeiter/-innen im Strafvollzug nahezu ausschließlich mit "Landeskindern" zu besetzen, haben wir sehr begrüßt und unsere Mithilfe in Form eines Qualifizierungsprogrammes für diese Mitarbeiter angeboten. Seit Ende 1991 werden nun im Auftrag der Justizministerkonferenz zunächst 200 Mitarbeiter der sozialen Dienste der Justiz, die mit sehr unterschiedlichen beruflichen Vorerfahrungen eingestellt wurden, in einem berufsbegleitenden Programm für ihre neue Aufgabe qualifiziert.[5]

In einem weiteren Bereich bemühen wir uns durch gezielte Information, Fachveranstaltungen und Pressekontakte um Öffentlichkeitsarbeit für die neuen Formen der Straffälligenhilfe und um die so notwendige Einbeziehung der Bevölkerung in die Bemühungen um eine Verankerung des Resozialisierungsgedankens. Ein stets aufs Neue schwieriges Unterfangen, selbstverständlich nicht nur in den neuen Bundesländern. So haben wir denn auch Interesse bei vielen Journalisten gefunden, eher selten ist jedoch über unser Arbeitsfeld wirklich etwas substantielles geschrieben oder im Rundfunk oder Fernsehen gesendet worden.

Einen dritten Bereich stellt die Projektarbeit dar. Es bestand die Hoffnung, daß man vielleicht das eine oder andere modellhaft ausprobieren und dafür auch die erforderlichen finanziellen Mittel bekommen könnte. Hier mußten die Hoffnungen und Planungen aufgrund fehlender öffentlicher Zuschüsse und anderer Mittel sehr bald auf ein Minimum reduziert werden. Im Mittelpunkt der Projektarbeit in den neuen Ländern, an der wir unmittelbar beteiligt sind, steht der Täter-Opfer-Ausgleich. Als Beispiele sind hier insbesondere das Dresdener Modellprojekt sowie die Bemühungen um eine landesweite Einführung des Täter-Opfer-Ausgleich im Rahmen der Sozialen Dienste der Justiz in Brandenburg und Sachsen-Anhalt zu nennen.[6]

Ein vierter und in mehrfacher Hinsicht zentraler Bereich ist die freie Straffälligenhilfe[7]. Hier sind vor allem zwei Teilbereiche zu nennen: Zum einen die Aktion Partnerschaft, die die DBH im April 1991 zusammen mit ihren korporativen Mitgliedern ins Leben gerufen hat und in der West-Vereine und -Verbände entsprechenden Zusammenschlüssen in den neuen Bundesländern solidarische Unterstützung anbieten und durch Aufnahme und Pflege persönlicher Beziehungen den Austausch suchen.[8] Es war und ist unser Anliegen, daß all jene kleinen Initiativen der freien Straffälligenhilfe, die mit sehr großem Engagement arbeiteten, aber mit vielen widrigen Umständen finanzieller und organisatorischer Art, erst in der DDR, dann in den "neuen Ländern", zu kämpfen hatten, Kontakte aufbauen und Partnerschaften eingehen konnten mit Vereinen und Projekten im Westen, die in ähnlichen Arbeitsfeldern tätig sind. Die Aktion Partnerschaft wurde im Rahmen einer Konferenz und in Anwesenheit des damaligen Justizministers Kinkel eingeleitet. Es sind Kontakte vermittelt worden, es hat eine erste Tagung im November 1991 in Kehlheide gegeben - man könnte sagen, eine Vorlauftagung zu diesen Wittenberger Tagen. Zum anderen sollte ein Förderprogramm "Freie Straffälligenhilfe" aufgelegt werden. Dies mit der Absicht der gezielten Unterstützung und Beratung all derjenigen, die freie Straffälligenhilfe in den neuen Ländern aufbauen. Form, Inhalt und Umfang des Unterstützungsbedarfes sollten durch die Projekte selbst festgelegt werden.

Sowohl bei der Aktion Partnerschaft, als auch bei den Überlegungen für ein Förderprogramm haben wir uns von folgenden Grundüberlegungen/Prinzipien leiten lassen. Erstens: Es soll kein pauschaler Transfer bestehender Konzepte und Projektstrukturen der freien Straffälligenhilfe des Westens in den Osten erfolgen. Zweitens: Es sollte eine Partnerschaft sein zwischen den Vereinen und Projekten. Bewußt eine "Partnerschaft" und keine "Patenschaft". Im Rahmen von Partnerschaften sollten nach unserer Idee insbesondere Kontakte für Austausch und Zusammenarbeit aufgebaut werden. Und es sollte auch - viel stärker war es gedacht, als es dann tatsächlich geschehen ist - zum Teilen kommen. Denn es ist eklatant, wenn man sieht, unter welchen materiell-finanziellen Schwierigkeiten die jungen Vereine in den neuen Ländern arbeiten. Den westlichen Partnern geht es auch nicht gerade blendend; auch im Westen ist Straffälligenhilfe ein randständiger Bereich. Und dennoch ist die ökonomische Grundlage der westlichen Vereine größtenteils ungleich besser und stabiler. Drittens: Es soll solidarische Hilfe für die neuen Projekte und Vereine und die sie tragenden Personen in den neuen Ländern geleistet werden.

Die Geschichte des Förderprogramms beginnt damit, daß wir versucht haben, diese Grundsätze mit jenen inhaltlichen Schwerpunkten zu verbinden und aufzuschreiben, die vermutlich beim Aufbau einer freien Straffälligenhilfe in den neuen Bundesländern eine zentrale Rolle spielen würden. Nun können wir zurückblicken auf einen 1 1/2-jährigen Vorlauf des Förderprogramms Freie Straffälligenhilfe, der, in immer neuen Anläufen, vor allem geprägt ist durch langwierige und nicht selten enttäuschende Verhandlungen mit diversen Zuschußgebern. Alles mögliche ist probiert worden. Einiges schien sehr hoffnungsvoll, ging dann aber doch wieder nicht. Insgesamt ist festzustellen, daß sich auch hier wieder gezeigt hat, wie randständig doch unter dem Strich im gesamten "Politgeschäft" diese Straffälligenhilfe ist. Es sind eineinhalb Jahre der Suche nach dem richtigen Weg einer Unterstützung dessen, was Sie in Ihrer Praxis leisten.

Diese Wittenberger Tage bilden nun den offiziellen Beginn des Förderprogramms Freie Straffälligenhilfe in den neuen Bundesländern. Bewußt sind die Wittenberger Tage dem Bundesministerium für Familie und Senioren (BMFuS) als "Planungstagung" dargestellt worden. Damit ist gemeint, daß die exakten Inhalte und Schwerpunkte des Förderprogrammes erst durch unsere gemeinsamen Überlegungen ab Wittenberg festgelegt werden sollen.[9] Diese Vorgehensweise ist ein wenig außergewöhnlich, da es Ministerien normalerweise gewohnt sind, daß ein detailliertes inhaltliches Konzept zusammen mit einem Kosten- und Finanzierungsplan eingereicht wird. Auf der Basis dieser Unterlagen werden dann, ggf. mit Änderungswünschen und Kürzungen, Mittel bewilligt - oder auch nicht bewilligt. Wir haben dem Ministerium mitgeteilt, daß wir nur sehr vorläufig inhaltlich festschreiben können, wovon wir nach unserem Kenntnisstand vermuten, daß es im Rahmen des Förderprogrammes geschehen sollte. Die endgültige Programmgestaltung würden wir erst einreichen können nach den Wittenberger Tagen und weiteren konzeptionellen Beratungen mit den Projekten und Vereinen der neuen Bundesländer. Das BMFuS zeigte sich freundlicherweise mit diesem Verfahren einverstanden. Auch wenn es die Ministerin oder Mitarbeiter des BMFuS hier heute nicht direkt hören können, so möchte ich doch meinen herzlichen Dank für die gewährte Unterstützung zum Ausdruck bringen. Für die Wittenberger Tage heißt dies aus meiner Sicht, daß es vorrangig um eine gemeinsame Bestandsaufnahme und um Analysen geht, die dann darauf aufbauend auch in konkretere Planungen dessen münden sollen, was im Förderprogramm geschehen soll.

Ort und Umstand unserer Beratungen haben mich zu einem kleinen Beitrag zur inhaltlichen Einführung inspiriert, den ich gern, in Gestalt von 7 Thesen zur Straffälligenhilfe im allgemeinen wie im besonderen, vortragen möchte.

These 1: Punktuelles Handeln setzt globales und ganzheitliches Denken voraus.

Ich habe mit großem Interesse und Spannung das Buch von Friedrich Schorlemer[10] aus Wittenberg gelesen, in dem viele Dokumente und Berichte über aktive Reformgruppen in der DDR abgedruckt sind. Und es macht sehr deutlich, welches die zentralen Themen seinerzeit waren. Im Mittelpunkt standen Fragen der Ökologie, der internationalen Kooperation und der gesellschaftlichen Auseinandersetzung mit der ersten, zweiten, dritten und vierten Welt. Und dies in der Tat sind unbestrittenerweise wohl die zentralen Themen- und Problembereiche, die uns derzeit alle beschäftigen (sollten) und die manchmal, wenn wir in unseren jeweiligen Spezialgebieten tätig sind, doch ein bißchen zu kurz kommen. In einem Manifest, das in diesen Tagen von Marion Dönhoff u.a. veröffentlicht wurde, heißt es u.a.: "wir müssen unseren Lebensstil ändern. Das wird für alle schmerzhaft und schwierig sein, aber es ist nicht einzusehen, warum es uns so schwer fallen sollte, freiwillig zur Erhaltung des inneren Friedens Verzichte zu leisten, die jeder im Falle eines Krieges selbstverständlich auf sich nehmen würde."[11]

Das hier eingeforderte Umdenken muß sich wiederfinden im konkreten Handeln, auch in der Praxis der Straffälligenhilfe. Teilen muß neu gelernt werden, selbstverständlich auch zwischen West und Ost und innerhalb eines Arbeitsfeldes, wie beispielsweise der Straffälligenhilfe.

These 2: Auch ein Straffälliger ist ein Ausländer im Sinne des aufziehenden Zeitgeistes.

Ich kann hier nicht über Straffälligenhilfe sprechen, ohne nicht wenigstens kurz auf die aktuellen Probleme mit der Gewalt gegen Ausländer einzugeben. Es wird in 14 Tagen in Frankfurt am Main ein großes Konzert geben, zu dem verschiedene Künstler und Gruppen unter dem Motto: "HEUTE DIE, MORGEN DU!" eingeladen haben. Es ist erforderlich, daß sich zu dieser Problematik auch die Straffälligenhilfe äußert, daß die Straffälligenhilfe ihr Menschenbild und ihr Selbstverständnis der Arbeit zum Ausdruck bringt. Es gilt das Motto der großen friedlichen Kölner Demonstration gegen Fremdenhaß, das aus dem Kölnischen Dialekt übersetzt lautet: "Arsch hoch und Zähne auseinander!"

These 3: Straffälligenhilfe bleibt Bürgersache.

Zurückblicken können wir auf eine 150-jährige Tradition der freien Straffälligenhilfe und des konkreten Bürgerengagements für Straffällige. Auf Details zur geschichtlichen Entwicklung der Straffälligenhilfe kann ich an dieser Stelle nicht eingehen.[12] Im wesentlichen möchte ich zwischen zwei Ausprägungen der freien Straffälligenhilfe unterscheiden. Da ist zum einen die *Freie Hilfe*: Einzelpersonen und freie Bürgergruppen, meist christlich/weltanschaulich und humanistisch motivierte Laien, halten Briefkontakte zu Inhaftierten, besuchen sie im Gefängnis und sind auch nach der Entlassung "normale" und "feste" Ansprechpartner. Zum anderen gibt es die stärker institutionalisiertere Form freie Straffälligenhife in Initiativen, Gruppen, Vereinen und Verbänden.

Daß nur die Gesellschaft selbst jene Ausgrenzungsprozesse, die nach wie vor als Folge von registrierter Straffälligkeit eintreten, verhindern, mildern oder wieder aufheben kann, zählt zu den Grundeinsichten und Binsenweisheiten der Zunft. In unserer arbeitsteiligen Dienstleistungsgesellschaft haben der (Sozial-)Staat und die von ihm beauftragten und finanzierten Sozialagenturen es in vielen Fällen zu Recht per gesellschaftlicher Delegation übernommen, professionell und spezialisiert (Grund-)Betreuungsangebote anzubieten. Ohne bürgerschaftliche und freigesellschaftliche Einmischung, durch eigene unmittelbare Mitwirkung in der Betreuung von Opfern und Tätern, und durch kritische Begleitung und Auseinandersetzung mit der Tätigkeit der spezialisierten Institutionen geht es aber nicht. Die vorbehaltlose und differenzierte Auswertung einschlägiger DDR-Erfahrungen mit dem seinerzeitigen Schöffensystem, mit Konflikt- und Schiedskommissionen und vielem anderem mehr, ist mir in diesem Zusammenhang ein wichtiges Anliegen.

These 4: Unsere Hilfe ist oftmals Strafe genug.

Damit komme ich noch einmal zurück auf unser Grundverständnis von, sowie den Umgang mit, Kriminalität. Ziel und Praxis der Straffälligenhilfe kann und soll es nicht sein, die Kriminalität "mit Stumpf und Stil" ausrotten. Kriminalität ist normal, ist normaler Bestandteil einer jeden Gesellschaft und sollte in ihrer allenthalben verbreiteten Alltäglichkeit möglichst wenig durch ideologische Menschenbilder, hilflose Tagespolitik und verbreitetes Stammtischgeflüster in unzulässiger Weise versimplifiziert und verdrängt werden.

Die Forderung nach einer rationalen Kriminalpolitik, die auch eine aktive Einbeziehung möglichst breiter Kreise der Region einbezieht, kann nicht oft genug wiederholt werden. Ganz aktuell leben wir wieder in einer Phase der stärker erlebten Kriminalitätsfurcht, über die ausführlich in den Medien berichtet wird. Ebenso schnell wie falsch ist dann die Forderung vom berühmten "Otto-Normalverbraucher" zu hören, daß nun aber mal kräftig durchgegriffen werden müsse. Ganz im Sinne des bekannten Watzlawick-Prinzipes "mehr desselben"[13], werden allgemein härtere Strafen und konkret ein Mehr an Strafvollzug gefordert. Nun werden wir wohl auf absehbare Zeit nicht ganz ohne Strafvollzug auskommen. Aber es muß klar sein:

Der Strafvollzug ist die ultima ratio, das letzte Mittel. Und wir müssen nun gerade in den neuen Ländern besondere Aufmerksamkeit darauf verwenden, daß Alternativen zum Strafvollzug ernst genommen werden und ebenso nachhaltig auf- und ausgebaut werden und nicht alle Kraft nur in den Aufbau von stationären Einrichtungen geht. Und in diesem Kontext ist die Zielsetzung und die konkrete Ausgestaltung der Praxis von Straffälligenhilfe ein permanenter Diskurs. Gerade in Zeiten leerer öffentlicher Kassen und knapper Ressourcen allgemein, bedarf es der Kreativität bei der Festlegung konkreter Schritte und methodischer Ansätze zur Erreichung der gesteckten Ziele.

These 5: Klappern gehört zum Handwerk.

Das "Gefängnis" hat eine irre Faszination. Ich habe es in Diskussionen zum Thema Straffälligenhilfe in den vergangenen zwanzig Jahren leider immer wieder erlebt : Nach 1/4 Stunde bringt jemand - eher zufällig - das Stichwort "Strafvollzug" oder "Gefängnis". Dies genügt nicht selten, um dann für den Rest der Debatte sich ausschließlich mit Vollzugsfragen zu befassen. Die inhaltliche Auseinandersetzung mit Alternativen scheint schrecklich schwierig.

Auch im Kontakt mit der Presse geschieht regelmäßig das Gleiche: Zumindest die vermeintlich besseren Fotos, Fernsehbilder und sogar Hörfunk-Hintergrundgeräusche liefert das Gefängnis: Mauern, Türen, Schlösser, etc. - wie wenig foto- und telegen erscheint dem einschalt- und auflagenquoten-bewußten Journalisten dagegen häufig eine ambulante Beratungsstelle. Meines Erachtens liegt hier ein wichtiges Arbeitsfeld der Straffälligenhilfe noch weitgehend brach: Information der Öffentlichkeit, oder im neuen Sprachgebrauch des (Sozial-)Managements ausgedrückt: Kommunikationsarbeit und public relations. Dies bedeutet eben auch, daß Straffälligenhilfe mehr sein muß als die persönliche Hilfe für den einzelnen Straffälligen - so zentral wichtig und alternativlos sie auch ist. Straffälligenhilfe muß auch eine kriminalpolitische Kraft sein, die sich in den o.g. Bereichen aktiv beteiligt und einmischt.

These 6: Straffälligenhilfe benötigt Strukturen für effiziente Zusammenarbeit.

Ohne Arbeitsteilung einerseits und konkretes gemeinsames Handeln andererseits sind die vielfältigen Ziele und Aufgaben einer modernen Straffälligenhilfe nicht zu bewältigen. Dies erfordert entsprechende Absprachen, die durch klare Strukturen erleichtert und teilweise erst ermöglicht werden. Im Bereich der deutschen Bewährungs- und Straffälligenhilfe existiert hier durchaus noch Nachholbedarf. Die Kommunikationswege erweisen sich nicht selten als zu langwierig und beschwerlich zwischen der lokalen Ebene der Praxis (Vereine, Projekte, Initiativen), der überregionalen Ebene (Landesverbände und -arbeitsgemeinschaften), der nationalen Ebene (DBH, BAG-S[14]) und der internationalen Ebene (CEP).[15]

Außerhalb der unmittelbaren verbandlichen Strukturen der Straffälligenhilfe, ist die interdisziplinäre Zusammenarbeit, nahezu auf allen Ebenen, bislang nur schwach entwickelt. Beispielsweise auf regionaler Ebene erscheint die Etablierung von Arbeitsgemeinschaften sinnvoll in denen die staatlichen Sozialen Dienste der Justiz und die Träger der freien Straffälligenhilfe ebenso selbstverständlich mitarbeiten wie Vertreter von Polizei, Arbeitsamt, Sozialamt, Justizvollzugsanstalt, Jugendbehörde, etc.. Die neuen Herausforderungen in der unmittelbaren Hilfe für Straffällige und andere Personengruppen und das Erfordernis einer stärkeren "Kriminalpolitik von unten"[16] sowie der Aufbau einer regionalen Kultur der Kriminalitätsbewältigung, erfordern gerade auf der lokalen und regionalen Ebene eine deutlich verbesserte Kooperation zwischen den unterschiedlichen Behörden, Verbänden und Projekten.

These 7: Die Straffälligenhilfe der neuen Bundesländer hat besondere Innovationschancen.

Es ist schon oft gesagt, beschworen und gefordert worden, daß in den neuen Ländern eine eigene und spezifische Straffälligenhilfe aufgebaut werden muß. Die Chance des Um- und Aufbaus der Straffälligenhilfe in den neuen Ländern muß wirklich zu einem eigenen innovativen Weg genutzt werden, der eben nicht alles ungeprüft übernimmt, was an Maßnahmen, Strukturen, Organisationsformen und Finanzierungskonzepten im Westen der Republik existiert. Teilweise hat es den Anschein, als ob dieser notwendige Prozeß durch Kommunikationsbarrieren zwischen West und Ost behindert wird. Die Wittenberger Tage sollten nach unserer Planung und Hoffnung ein Forum des Aufbruchs werden. Lassen Sie mich in diesem Sinne - frei nach Luther schließen - selbst wenn morgen die Welt zusammenbräche, so würde ich noch heute ein Apfelbäumchen pflanzen.

Anmerkungen:

1. Durchgesehener und um Fußnoten ergänzter Vortragsmitschnitt zur Begrüßung und Einführung der ersten Wittenberger Tage der freien Straffälligenhilfe vom 7. bis 9. Dezember 1992 in Wittenberg.

2. Vereinfacht ausgedrückt, beginnt die Vereinsgeschichte mit der Einführung der bis dahin gesetzlich nicht geregelten Straf(rest)aussetzung zur Bewährung im Jahre 1951. Geleitet von ausländischen Vorbildern stand die Einführung der Bewährungshilfe auf der Tagesordnung des Bundestages. Schnell war Einigkeit darüber erzielt worden, daß es nicht nur um die Einführung einer neuen Form der ambulanten Bewährungs*kontrolle* als Alternative zum Strafvollzug, sondern insbesondere auch um Bewährungs*hilfe* gehen mußte. Einigkeit über den bestmöglichen Arbeitgeber für die einzustellenden Wohlfahrtspfleger (Bewährungshelfer) bestand jedoch nicht. Diskutiert wurde eine Ressortierung bei den Kommunen, den Kirchen, den Wohlfahrtsverbänden und auch bei der Justiz. Unter anderem auch auf Initiative des Bundesjustizministeriums kam es zur Gründung des Vereins, der sogleich mit der Durchführung einer Versuchsreihe beauftragt wurde. Zunächst waren nur 10 Bewährungshelfer in fünf Städten tätig. Nach erfolgreichem Projektverlauf kam es dann bereits 1953 zur gesetzlichen Verankerung der Bewährungshilfe im Jugendgerichtsgesetz sowie im Strafgesetzbuch und, mit Ausnahme der Stadtstaaten, zur institutionellen Verankerung von Bewährungshilfe als Teil der Justiz. In späteren Jahren hat es dann weitere modellhafte Erprobungen gegeben, Stichworte dazu mögen sein: "Gerichtshilfe", "Führungsaufsicht", "Haftentscheidungshilfe", "gemeinnütziger Arbeit zur Abwendung von Ersatz-Freiheitsstrafen" und zu Beginn der 80-er Jahre dann die modellhafte Erprobungen des Täter-Opfer-Ausgleichs. Heute fördert die DBH

als bundesweit aktive Fachvereinigung für Soziale Arbeit, Strafrecht und Kriminalpolitik hauptsächlich alle Bestrebungen, die der Praxis und Reform von Gerichts-, Bewährungs- und Straffälligenhilfe dienen. Einen neueren und zentralen Arbeitsschwerpunkt bildet die Förderung des Täter-Opfer-Ausgleichs. In ihren Arbeitsschwerpunkten fühlt sich die DBH vor allem der Idee verpflichtet, Fortschritte im Umgang von Staat und Gesellschaft gegenüber Straffälligen sowie Opfern von Straftaten kontinuierlich zu entwickeln. Zu den wichtigsten Bereichen des ständigen Arbeitsprogrammes gehören u.a.:

(1) Veranstaltung von Kongressen, Tagungen und Seminaren über das DBH-Bildungswerk,

(2) Herausgabe von Publikationen (Fachzeitschriften, Schriftenreihe, Materialien und Verzeichnisse), und die

(3) Initiierung, Durchführung und Begleitung von Versuchsreihen und Modellprojekten.

Mitglieder der DBH sind die jeweiligen Landesverbände der Bewährungs- und Straffälligenhilfe, regional tätige freie Träger der Straffälligenhilfe, Arbeitsgemeinschaften und Personenvereinigungen sowie Einzelpersonen.

Wenige Worte zur Struktur: Wir sind ein Bundesverband und doch nicht ausschließlich verbandlich strukturiert im klassischen Sinne. Aus der "bunten Mitgliedschaft" sind im Wesentlichen zu nennen: die regionalen und landesweiten Zusammenschlüsse von Vereinen der freien Straffälligenhilfe, einige hundert Einzelmitglieder und die sogenannten Fachgruppen des Vereins, die Arbeitsgemeinschaften der Bewährungshelfer/-innen, Gerichtshelfer/-innen und Sozialarbeiter/-innen im Strafvollzug.

3. "Vermerk über Verlauf und Inhalt des Beratungsgesprächs über Möglichkeiten und Methoden des Aufbaues einer staatlichen Straffälligenhilfe am 19. 7.1990 im Ministerium der Justiz in Ostberlin

Das Ministerium der Justiz der DDR hatte zu dieser Arbeitsgruppe Vertreter verschiedener DDR-Ministerien (Ministerium für regionale und kommunale Aufgaben, Ministerium des Inneren, Ministerium für Arbeit und Soziales, Ministerium für Jugend und Sport), sowie Vertreter der Akademie der Wissenschaft, der Generalstaatsanwaltschaft und weitere Praxisvertreter eingeladen. Als Gäste aus Westberlin waren Herr Beckmann, Leiter der Jugendbewährungshilfe, und Herr Detert, Leiter der Sozialen Dienste der Justiz, eingeladen. Für die Deutsche Bewährungshilfe nahmen Herr Mutz, Direktor des Amtsgerichts in Ravensburg, und Herr Marks, Geschäftsführer der DBH, teil. Zu Beginn der Besprechung wurde seitens des Ministeriums der Justiz durch Herrn Staatssekretär Dr. Walther und Frau Schüler festgestellt, daß eine Einflußnahme auf die inhaltliche Ausgestaltung der Sozialen Arbeit in der Strafrechtspflege nicht mehr gegeben sei nachdem zwischenzeitlich feststehe, daß die einschlägigen Gesetze der BRD bald unverändert in der DDR gelten werden. Es gehe deshalb jetzt nur noch darum, die Strukturen einer staatlichen Straffälligenhilfe festzulegen. Hierbei werde man sich weitgehend an den Erfahrungen der BRD orientieren. Um dies auf den Weg zu bringen, denke man an ein Rahmengesetz für die Institutionalisierung der Bewährungs- und Gerichtshilfe in den künftigen Ländern.

In der Diskussion wurde unwidersprochen von mehreren Teilnehmern aus der DDR herausgestellt, daß in der DDR alle personellen, sächlichen und ideellen Voraussetzungen dafür fehlten, das System der Sozialen Arbeit in der Strafrechtspflege der BRD zu übernehmen. Es gebe in der DDR keine Sozialarbeiter die für die Tätigkeit als Gerichts- oder Bewährungshelfer bzw. im Strafvollzug ausgebildet seien. Derzeit existierten so gut wie keine funktionierenden Einrichtungen der Straffälligenhilfe mehr und für diesen Bereich würden offensichtlich derzeit auch nirgends Geldmittel zur Verfügung gestellt. Als besondere Schwierigkeit erweise sich der Umstand, daß die Bevölkerung, die sich mit ihrem in Auflösung begriffenen Staat nicht mehr identifiziere, die bislang institutionell

abgesicherte gesellschaftliche Mitverantwortung für die Wiedereingliederung Straffälliger nicht mehr trage.
Seitens der DDR-Teilnehmer wurde betont, daß entgegen bisheriger Erwartungen und Hoffnungen auch das Engagement derer zunehmend schwinde, die bislang in großer Zahl als Schöffen und Mitglieder von Konflikt- und Schlichtungskommissionen aktiv am Wiedereingliederungsprozeß beteiligt gewesen seien. Dort wo sich Initiativen durch engagierte Mitbürger erhalten bzw. neu gebildet hätten, drohten auch diese Projekte zu erlöschen, weil selbst die wenigen Mittel fehlten, um ein Minimum der strukturellen und materiellen Probleme zu lösen.
Die DDR-Teilnehmer äußerten die Befürchtung, daß als Folge des eingetretenen Wandels die stark angestiegene Kriminalität vor dem Hintergrund fehlender sozialer Hilfen und der nicht mehr recht funktionierenden Strafgerichtsbarkeit eine ernsthafte Krise herbeiführen werde. Es bestehe deshalb akuter Handlungsbedarf. Unter anderem müsse mit dem Aufbau einer funktionierenden flächendeckenden Straffälligenhilfe im weitesten Sinne begonnen werden.
Nach Einschätzung des Ministeriums der Justiz werde das weitere Vorgehen vom Inhalt des zweiten Staatsvertrages und der Etablierung der Länderzuständigkeiten abhängen. Hinsichtlich der folgenden Punkte, die sofort in Angriff genommen werden sollten, wurde die Deutsche Bewährungshilfe um Unterstützung gebeten:

- Entsendung von Experten der Sozialarbeit aus der Bundesrepublik, die beim Aufbau der staatlichen Straffälligenhilfe mithelfen;
- Aus- und Fortbildung von Mitarbeitern der Straffälligenhilfe;
- Übersendung von Fachliteratur;
- Vermittlung von Kontakten zwischen den Trägern der Straffälligenhilfe in der Bundesrepublik und der DDR.

Berlin, den 19. Juli 1990, gez. Heinz Beckmann, Jürgen Mutz, Erich Marks"

4. Im Juli 1990 formulierte die DBH-Arbeitsgruppe Neue Bundesländer (Heinz Beckmann, Erich Marks, Jürgen Mutz): für ein Arbeitsprogramm 'Straffälligenhilfe in den neuen Bundesländern":
Generelles Ziel: (Mithilfe beim) Auf- und Ausbau von Sozialer Arbeit im Bereich des Strafrechts in den neuen Bundesländern durch

1. *Begleitung des Auf- und Ausbaues staatlicher Dienste*
   - Kriminalpolitische Stellungnahmen
   - Information und Beratung
   - Kooperation mit staatlichen Stellen
   - Berufsbezogene Qualifizierung
   - Fortbildung
2. *Förderung nichtstaatlicher Einrichtungen, Vereine und Initiativen*
   - Information und Beratung
   - Forum für Austausch von Informationen und Erfahrungen
   - Fortbildung
   - Vermittlung von Partnerschaften
   - Projektbezogene Kooperationen
   - Kooperation mit staatlichen Stellen
3. *Einbeziehung der Öffentlichkeit*
   - Allgemeine Information
   - Zielgruppenarbeit
   - Medienkontakte
   - öffentliche Veranstaltungen

- Regionalkonferenzen
4. *Förderung von Modellen und Projekten*
   - Initiierung
   - Information und Beratung
   - Übernahme der (Mit-)Trägerschaft
   - Auswertung/Evaluation"

5. Vgl. hierzu Wegener: Aufbau der ambulanten sozialen Dienste in der Justiz in den neuen Bundesländern, in: BewHi 2,3/1991, 172-175; Finger: Zum Aufbau der Bewährungshilfe und der sonstigen sozialen Dienste in der Justiz in den neuen Ländern, in: BewHi 2,3/1991, 161-171; Rensmann/Thörner: Qualifizierungsprogramm für die Sozialen Dienste der Justiz in den neuen Bundesländern, in: BewHi 3/1992, 239-246.

6. Ausführliche Informationen und Beratung zum Themenkomplex Täter-Opfer-Ausgleich sind erhältlich über das *DBH-Servicebüro für Täter-Opfer-Ausgleich und Konfliktschlichtung*, Mirbachstraße 2, 5300 Bonn 2.

7. Vgl. Barth/Klepzig: Resozialisierung im Wandel in BewHi: 2,3/1991, 177-183.

8. "Die Deutsche Bewährungshilfe e.V. und ihre korporativen Mitglieder haben auf einer Sitzung am 16.4.1991 eine *Aktion Partnerschaft* für den Aufbau einer freien und justiznahen Straffälligenhilfe in den fünf neuen Bundesländern und im Ostteil Berlins vereinbart. Die aktuelle Situation der Bewährungs- und Straffälligenhilfe im Bereich der ehemaligen DDR ist äußerst problematisch. Umfangreiche personelle, sächliche und finanzielle Hilfen sowie Beratung durch Vereine und Vereinigungen im Westen sind dringend erforderlich. Die Deutsche Bewährungshilfe und ihre korporativen Mitglieder haben hierzu folgende Erklärung abgegeben:

Erklärung zur Aktion Partnerschaft

1. In den neuen Bundesländern ist die Förderung einer freien und justiznahen Bewährungs- und Straffälligenhilfe - parallel zum Aufbau der sozialen Dienste in der Justiz - unerläßlich.
2. Die Deutsche Bewährungshilfe e.V. und ihre korporativen Mitglieder bieten hierzu ihre solidarische Unterstützung an.
3. In der *Aktion Partnerschaft* soll Hilfe so geleistet werden, wie sie benötigt wird.
4. Es kommen namentlich in Betracht:
   a. Der Abschluß von Vereins-Partnerschaften mit dem Ziel einer dauerhaften Zusammenarbeit
   b. Finanzierungshilfen
   c. organisatorische, fachliche und persönliche Beratung
   d. Entsendung von Mitarbeitern
   e. Aufnahme von Hospitanten
   f. finanzielle, sächliche und persönliche Beteiligung an Fortbildungsmaßnahmen, sowie Gewährung von Stipendien zur Teilnahme an Tagungen
   g. Erteilung schriftlicher Informationen und Übersendung einschlägiger Literatur
   h. Überlassung sächlicher Mittel zur Ausstattung von Projekten und Büros.
5. Angestrebt wird der unmittelbare Kontakt durch die Aufnahme und Pflege persönlicher Beziehungen von Verein zu Verein.
6. Grundsätzlich folgt die Partnerschaft geographisch den politischen Partnerschaften zwischen Ländern, Regionen oder Kommunen.

7. Zur Unterstützung von Vorhaben, Projekten und Vereinen, die keine direkten Partner haben, wird im Rahmen des DBH-Fonds "Neue Bundesländer" ein Sonderkonto zur Aktion Partnerschaft eingerichtet. Die Mittel dieses Kontos sollen auch zur Abschwächung finanzieller Ungleichgewichte dort dienen, wo westdeutsche Partner finanziell weniger gut gestellt sind.
8. Die DBH übernimmt die Aufgaben einer Anlauf-, Beratungs-, Vermittlungs- und Koordinierungsstelle. Sie sorgt für die Umsetzung partnerschaftsübergreifender und bundesweiter Planungen. Zur Finanzierung dieser DBH-Tätigkeiten ist ein staatlicher Zuschuß zu beantragen.
9. Es werden auch die Bewährungs- und Straffälligenhilfevereinigungen, die noch nicht Mitglied in der DBH sind, aufgefordert, sich an der *Aktion Partnerschaft* zu beteiligen."

9. Auszug aus dem zweiten DBH-Antrag an das Bundesministerium für Familie und Senioren für ein *Förderprogramm Freie Straffälligenhilfe in den neuen Bundesländern:* (Dieser Antrag bildet die Grundlage des jetzt bis 1994, mit einem deutlich reduzierten Zuwendungsbetrag, bewilligten Projektes)

"I. Ausgangslage

Hilfen für Straffällige und Opfer von Straftaten müssen in den neuen Bundesländern praktisch "von Null" aufgebaut werden. Das gilt zunächst und insbesondere auch für den institutionellen Aufbau freier Träger zur Durchführung einschlägiger Projekte und Programme. Ähnlich wie die Wirtschaft in den neuen Bundesländern mit neuester Technologie investiert, sollte auch dieses Arbeitsfeld mit den effizientesten Konzepten, Methoden und Organisationsformen aufgebaut werden können. Dies erfordert nicht nur Projektarbeit und eine entsprechende Ausbildung der Fachkräfte, sondern auch, den Know-how-Transfer aus Westprojekten in die neuen Bundesländer zu organisieren. Erfreulicherweise sind viele Menschen in den neuen Bundesländern, trotz größter struktureller und finanzieller Schwierigkeiten der Vereine und Initiativen, im Aufbau einer freien Straffälligenhilfe engagiert.

Aus allen denkbaren Gründen bedarf das vorhandene Engagement der gezielten Unterstützung, soweit die Projekte und Vereine dies wünschen. Gerade der Aufbau von Hilfsangeboten für Straffällige, deren Familien und zunehmend auch deren Opfer durch freie Träger ist in den neuen Bundesländern von besonderer Bedeutung. Die Angebote der freien Träger werden wohl eher akzeptiert als jene staatlichen Einrichtungen, denen die Bürger, wegen ihrer Erfahrungen aus der DDR, wohl noch auf längere Zeit mit Skepsis begegnen werden.

Zur Förderung freier Träger hat die DBH bereits Anfang 1991 eine "Aktion Partnerschaft" ins Leben gerufen, bei der Trägervereine aus den alten Bundesländern entsprechende Initiativen beim Aufbau der freien Straffälligen- und Strafentlassenenhilfe vor Ort in den neuen Ländern unterstützen. Die hier aufgebauten Kommunikationsstrukturen können für das FÖRDERPROGRAMM FREIE STRAFFÄLLIGENHILFE genutzt werden.

Kontakte bestehen zu nahezu allen (insgesamt ca. 40) Vereinen und Initiativen der Freien Straffälligenhilfe in den neuen Bundesländern und Ostberlin. Die DBH verfügt über die erforderlichen Kenntnisse hinsichtlich der konkreten Arbeitsbedingungen und Aufbauprobleme der einschlägigen Projekte in den neuen Bundesländern. Bei den Projekten und Trägervereinen ist die DBH bekannt und akzeptiert.

Die konkreten Nachfragen nach Beratung und Förderung sind sehr hoch. Die im FÖRDERPROGRAMM FREIE STRAFFÄLLIGENHILFE vorgesehenen Schwerpunkte wurden durch umfangreiche Recherchen ermittelt und in enger Absprache mit den Projektverantwortlichen in den neuen Ländern entwickelt.

II. Grundsätze des Förderprogramms

- Festlegung und Umsetzung der einzelnen Schwerpunkte des FÖRDERPROGRAMMES sollen sich ausschließlich am konkreten Beratungs- und Förderbedarf der Projekte orientieren.
- Die abschließende Schwerpunktsetzung in der Realisierung des FÖRDERPROGRAMMS muß geprägt sein von hoher Flexibilität und Bereitschaft zu Programmkorrekturen.
- Das FÖRDERPROGRAMM ist zeitlich befristet bis 1995/96. Nach dem Selbstverständnis des Programms ist eine bedarfsorientierte Aufbauhilfe im Sinne einer gezielten und solidarischen "Hilfe zur Selbsthilfe" zu leisten.
- Die Realisierung der einzelnen Programmteile erfolgt im Sinne einer subsidiären Angebotsstruktur.

- Im Rahmen der Programmrealisierung soll mit allen im Arbeitsfeld tätigen Verbänden und Institutionen zusammengearbeitet werden. Jährlich sollte eine eintägige Auswertungs- und Planungsbesprechung mit dem BMFuS erfolgen.

III. Schwerpunkte des Förderprogramms:

a Projektbezogene Serviceleistungen, Beratungen und Förderungen
  - Ausbau der Aktion Partnerschaft
  - Einzelberatungen durch Experten (auf Honorarbasis)
  - Unterstützung bei der Vorbereitung und Durchführung von Tagungen und Veranstaltungen
  - Servicepaket Buchhaltung
  - Servicepaket Personalverwaltung
  - Servicepaket zur EDV-gestützten Projektverwaltung
  - Servicepaket Mittelaquisition und -verwaltung (öffentliche Mittel, EG-Mittel, Spenden, Bußgelder, etc.)

b Projektübergreifende Serviceleistungen, Beratungen und Förderungen
  - Förderung von örtlicher und (über-)regionaler Kooperation
  - Erstellung und Verteilung von Materialienheften
  - Dokumentation aller einschlägigen Initiativen und Projekte
  - Erstellung und Verleih eines Informationsstandes mit erweiterbaren Grundbausteinen für die Öffentlichkeitsarbeit der Projekte

c Tagungen und Fortbildungsprogramm
  - Veranstaltung von Fachtagungen und Symposien
  - Fortbildungsprogramm (Bausteinsystem) für hauptamtliche Mitarbeiter, die vorrangig mit Straffälligen arbeiten
  - Informationsseminare für Laien (Freie Helfer, Anstaltsbeiräte, Schöffen, u.a.)

d Modellverbund von Werkstattprojekten

Modellhafte Einzelprojekte bzw. Projektvorhaben verschiedener freier Träger in allen neuen Bundesländern und Ostberlin sollten gezielt zu modellhaften Werkstattprojekten ausgebaut und zu einem Modellverbund zusammengefaßt werden. Anders als bei wissenschaftlich begleiteten Pilotprojekten, in denen grundsätzlich neue Methoden und Konzepte zunächst modellhaft erprobt werden, bevor über eine dauerhafte und ggf. flächendeckende Einführung entschieden wird, kommt den Werkstattprojekten die Aufgabe von Lehrprojekten mit bereits kurzfristiger Ausstrahlung auf thematisch vergleichbare Projekte in anderen Regionen zu. Als thematische und methodische Schwerpunkte bieten sich insbesondere an: Wohnprojekte, Arbeitsprojekte, Schuldnerberatung, zielgruppenübergreifende Beratungsangebote, Möglichkeiten zur Schadenswiedergutmachung und Konfliktschlichtung, Einbeziehung von Laien, Hilfen für Opfer von Straftaten, Familienprojekte, etc. Für das gesamte Gebiet der neuen Bundesländer und Ostberlin sollten maximal 10 entsprechende Werkstattprojekte zu einem Modellverbund ausgewählt bzw. gebildet werden. Durch das FÖRDERPROGRAMM würden für diese Projekte Konzepte, Arbeitshilfen und Projektbegleitungen entwickelt oder vermittelt sowie Zuschüsse zur Proekterstausstattung geleistet. "

10. Friedrich Schorlemmer: Worte öffnen Fäuste - Die Rückkehr in ein schwieriges Vaterland, München 1992.

11. Dönhoff/Miegel/Nölling/Schmidt/Schröder/Thierse: Ein Manifest - weil das Land sich ändern muß, Reinbek 1992.

12. Vgl. hierzu den Sammelband von Kerner (Hrsg.): Straffälligenhilfe in Geschichte und Gegenwart - Beiträge und Dokumente zur Entwicklung von Gerichtshilfe, Strafaussetzung, Bewährungshilfe, Strafvollzug und Strafentlassenenhilfe, Bonn 1990, mit weiteren Hinweisen.

13. Watzlawick/Weakland/Fisch: Lösungen - Zur Theorie und Praxis menschlichen Wandels, Bern/Stuttgart/Wien 1974.

14. Die Bundesarbeitsgemeinschaft für Straffälligenhilfe (BAG-S) e.V. ist ein Zusammenschluß aller Wohlfahrtsverbände (Arbeiterwohlfahrt, Deutscher Caritasverband, Deutscher Paritätischer Wohlfahrtsverband, Deutsches Rotes Kreuz, Diakonisches Werk der EKD, Zentrale Wohlfahrtsstelle der Juden in Deutschland) und der Deutschen Bewährungshilfe. Ein wesentliches Anliegen der BAG-S ist die fachliche Förderung der Straffälligenhilfe auf Bundesebene. Dabei dient die BAG-S sowohl der Beratung, Abstimmung und Weiterentwicklung der Arbeit der Mitgliedsverbände auf diesem Gebiet, wie auch der Förderung des öffentlichen Bewußtseins für die Aufgaben der Integration und Resozialisierung von Straffälligen.

15. Die CEP (CONFÉRENCE PERMANENTE EUROPÉENNE DE LA PROBATION) ist die ständige Europäische Konferenz für Straffälligen- und Bewährungshilfe mit Sitz in den Niederlanden. Die CEP fördert die internationale Zusammenarbeit in der Bewährungs- und Straffälligenhilfe und anderen verwandten Bereichen wie gemeinnützige Arbeit, Hilfe für Angeklagte vor und nach dem Urteil. Sie vermittelt insbesondere den Erfahrungs- und Informationsaustausch für die Mitarbeiter in der Bewährungs- und Straffälligenhilfe. Sie bemüht sich um gemeinsame Lösungen für Probleme, die sich aus der Gesetzgebung, der Rechtswissenschaft und der Praxis der Sozialarbeit ergeben. Sie unterstützt wissenschaftliche Forschung in den Feldern der Bewährungs- und Straffälligenhilfe und der nicht freiheitsentziehenden Maßnahmen. 11 nationale Justizministerien und 14 nationale Vereinigungen aus 16 europäischen Ländern sind ordentliche Mitglieder der CEP.

16. Vgl. hierzu Marks: Anmerkungen zur kontrollierten Fortschreibung einer Jugendstrafrechtsreform durch die Praxis, in: Bundesministerium der Justiz (Hrsg.): Jugendstrafrechtsreform durch die Praxis, Bonn 1989.

Sozialpädagogik in der Jugendstrafrechtspflege - ein überholtes Konzept?

Horst Viehmann

I. Rechtspolitik und ihre Parolen

Dem britischen Premier John Major wird es zugeschrieben, angesichts des furchtbaren Unglücks, durch das der 3-jährige James Bulger in Liverpool von der Hand zweier 10-jähriger Kinder einen grausamen Tod fand, gesagt zu haben, man müsse endlich aufhören immer nur nach Erklärungen für delinquentes Verhalten auch von Kindern und Jugendlichen zu suchen, man müsse sich wieder auf Verurteilung und Strafe besinnen (im erwähnten Fall 15 Jahre Freiheitsentzug - für 10-jährige Kinder!). Ähnliche Äußerungen sind auch in der kriminalpolitischen Diskussion nach den ausländerfeindlichen Ausschreitungen in den Jahren 1992 und 1993 in Deutschland zu hören gewesen: Man solle aufhören immer nur zu entschuldigen, man müsse wieder verurteilen.

Die Äußerungen sind vor dem Hintergrund einer wachsenden registrierten Kriminalitätsbelastung der jungen Generation zu sehen, die sich in Europa und weltweit, insbesondere seit den politischen Umstürzen zu Beginn der 90er Jahre, gezeigt hat, und einer darauf fußenden, von den Medien und Meinungsumfragen berichteten Kriminalitätsfurcht der Bevölkerung. Dabei ist allerdings nicht ausgemacht, ob und wie der statistisch feststellbare Kriminalitätsanstieg von Kindern und Jugendlichen wirklich eine solch verbreitete Furcht rechtfertigende Bedrohung der Bevölkerung darstellt und ob es tatsächlich so etwas wie eine manifeste Kriminalitätsfurcht in der Bevölkerung gibt. Bei genauer Betrachtung muß die Antwort - jedenfalls für Deutschland - differenzierter ausfallen.

1. Kriminalstatistik und Realität

Der statistische Anstieg der Kinder- und Jugendkriminalität setzt sich im wesentlichen aus lästiger Bagatell- und Eigentumskriminalität zusammen.

Die lebens- und gesundheitsbedrohenden Gewalttaten Jugendlicher machen in diesem Spektrum einen marginalen Anteil aus (ca. 1 bis 1,5 %). Sie sind bedrohlich für bestimmte Gruppen von Menschen, nicht integrierte Ausländer z.B., Menschen jüdischen Glaubens, Behinderte, Schwache. Das kann ausufern auf andere Gruppen, auf andere Täter und auf Felder diesseits und jenseits von Kriminalität. Das muß außerordentlich ernstgenommen werden. Dazu bedarf es umfassender, kurzfristig und langfristig angelegter Maßnahmen und Strategien polizeilicher, justitieller und vor allem gesellschaftlicher Art. Gleichwohl - bei aller Betroffenheit über die Taten jugendlicher Gewalttäter -, die Kriminalitätslage durch Handlungen der jungen Generation in der Bundesrepublik ist nicht so, wie es manche publizistischen Stimmen einer unaufgeklärten Bevölkerung aus welchen Motivationen auch immer, zu vermitteln versuchen: Explodierende Zunahme der Verbrechen[1] - das ist gerade nicht die Wirklichkeit in diesem Lande Deutschland, in dem wir leben.

Viele dieser Argumentationsmuster, die sich der Statistik bedienen, sind nicht seriös. Sie zeichnen eher verzerrte Darstellungen der Wirklichkeit, insbesondere dann, wenn sie zu populistischen Wahlkampfargumentationen mißbraucht werden. Ein aufschlußreiches Beispiel gibt insoweit die Polizeiliche Kriminalstatistik von 1993, nach der die Tötungsdelikte enorm zugenommen haben. Bei näherer Betrachtung des statistisch richtigen Ergebnisses stellt sich heraus, daß die Aufklärungsarbeit der Berliner Ermittlungsgruppe zur Regierungskriminalität in der früheren DDR für dieses Ergebnis ursächlich war und nicht eine etwa gestiegene Mordlust im Jahre 1993. Diese Arbeitsgruppe ermittelte auch zu den zahlreichen Tötungen an der innerdeutschen Grenze seit 1951. Zum Großteil wurden die Ermittlungen im Jahre 1993 abgeschlossen und natürlich sind ihre Ermittlungsergebnisse in die Statistik für 1993 aufgenommen worden.[2]

Die Folge: Eine enorme Steigerungsrate der Tötungsdelikte, mit der sich gegenüber einer unwissenden Öffentlichkeit in eine bestimmte Richtung gut diskutieren läßt. Allerdings ist diese Argumentation schlicht falsch. Vielleicht muß auch noch deutlicher gemacht werden, daß die statistischen Zahlen nur einen Teil der Realität des Kriminalitätsgeschehens wiedergeben. Einsichtig wird dies, wenn man die Gesamtzahl der sich ereignenden Straftaten in den Blick nimmt. Die Schätzungen fangen bei 50 Millionen an und gehen bis zu 500 Millionen Straftaten jährlich hinauf. Die Polizeiliche Kriminalstatistik erfaßte im Jahre 1993 gerade einmal ca. 7 Millionen. Etwa 3 Millionen wurden aufgeklärt, in ca. 1 Million Fälle wurden Anklagen erhoben. Verurteilungen erfolgten in 750.000 angeklagten Fällen.[3]

Das bedeutet, daß nur ein Bruchteil der sich tatsächlich ereignenden Straftaten offiziell bekannt wird. Der Großteil bleibt im Dunklen. Diese Erkenntnis müßte eigentlich sehr beunruhigen. Daß sie dies nicht tut, liegt an dem Mechanismus des "Was ich nicht weiß, macht mich nicht heiß" oder weniger sprichwörtlich gesagt, an der präventiven Kraft des Nichtwissens. Es braucht uns auch deshalb nicht zu beunruhigen, jedenfalls nicht im augenblicklichen dramatisch-hysterischen Sinn, weil dieses Phänomen so alt ist wie die Statistiken und also schon lange von uns ertragen und im wesentlichen auch verkraftet wird. Hinzu kommt, daß die unbekannt gebliebenen Fälle überwiegend Bagatelltaten sind. All das heißt nicht, wir sollten uns um dieses Dunkelfeld nicht kümmern! Jedenfalls die gefährlichen Straftaten, etwa die Organisierte Kriminalität des Waffen- oder des Drogenhandels, verdienen unsere erhöhte Aufmerksamkeit, aber auch Wohnungseinbruch und Kfz-Diebstahl, Bedrohung, Erpressung und ähnliches.

Angesichts dieser Realität und solcher Unterschiede zwischen dem Dunkel- und dem Hellfeld kommt es auf einige Prozentpunkte mehr oder weniger in der Kriminalstatistik, also im Hellfeld, nicht an. Vielleicht sind Steigerungen oder Abnahmen lediglich Verschiebungseffekte zwischen den beiden Feldern, verursacht durch eine größere Sensibilität der Bevölkerung oder eine größere Anzeigebereitschaft aus versicherungsrechtlichen Gründen oder ähnliches. Das grundsätzliche Problem der Kriminalität und deren Reduzierung wird dadurch nicht tangiert. Es war schon immer und bleibt als gesellschaftliches Phänomen eine wichtige Aufgabe der Gesellschaft und der von ihr eingesetzten Instanzen. Dies muß ohne tagespolitische Aufgeregtheiten oder standespolitische Interessen angegangen werden. Im Vordergrund müssen rationale Erwägungen nach Effizienz und ökonomischem Nutzen stehen. Diese Aufgabe muß auf der Basis der Einsichten wissenschaftlicher Forschung bewältigt werden. Die aktionistische Unruhe, die bei Erscheinen der jährlichen Kriminalstatistik regelmäßig entsteht, und das aus der Statistik von kriminologischen und statistischen Laien, aber auch von Kriminalisten und (Kriminal-)Politikern ins Bild gesetzte Szenario einer von jugendlicher Alltagskriminalität gefährdeten Gesellschaft sind reine Panikmache.[4]

2. Kriminalitätsfurcht und ihre Begründetheit

Auch die Berichte und Kommentare zur Kriminalitätsfurcht scheinen eher eine Übernahme einer durch Medienberichterstattung verbreiteten Scheinwirklichkeit zu sein als auf Realität zu beruhen. Durch eine exzessive, eher auf Auflagensteigerung denn auf solide Information setzende Berichterstattung in zahlreichen Presse- und Fernsehberichten werden einzelne, meist besonders abscheuliche Straftaten sehr beeindruckend in Szene gesetzt. Die entsprechenden Kommentare tun ein übriges. Der Eindruck einer durch schwerste Verbrechen gekennzeichneten Wirklichkeit bleibt dann häufig nicht aus. Das schafft ein bestimmtes Bewußtsein in der Bevölkerung, aus dem auch die Furcht entstehen kann, selbst einmal Opfer einer solchen Tat werden zu können. Dieser Effekt wird - auch von Medien verstärkt - zur angeblich verbreiteten Furcht vor Kriminalität.

Man könnte hier von doppelten Realitätsverkennungen reden. Einmal ist die Gefahr, tatsächlich Opfer einer Straftat zu werden, viel geringer als gefürchtet, vermutet und suggeriert wird. Aus der Polizeilichen Kriminalstatistik von 1992 läßt sich errechnen: Alle drei Minuten geschieht in Deutschland eine Gewalttat. Eine solche Aussage muß erschrecken. Allerdings wird dabei übersehen, daß sich das Risiko der Gewaltkriminalität auf 80 Mio. Menschen verteilt. Das heißt, im statistischen Durchschnitt müßte der Mensch 533 Jahre alt werden, bis ihn das erste - registrierte - Gewaltdelikt ereilt.[5] Natürlich bedarf auch dieses Statistikergebnis der Interpretation, aber es macht die Dramatisierung der Bedrohung durch Kriminalität deutlich.

Zum andern scheinen die Menschen diese Bedrohung für sich selbst auch nicht zu empfinden, glaubt man nicht den kurzschlüssigen Umfragen der Meinungsforschungsinstitute, sondern seriösen kriminologischen Untersuchungen.[6] Professionell befragte Bürger berichten weniger über selbsterlebte Opfersituationen oder Kriminalität im Nahbereich. Sie glauben überwiegend vielmehr von schlimmen Situationen in anderen Stadtteilen oder Gegenden zu wissen, von denen sie aus der Zeitung oder aus dem Fernsehen erfahren haben. Leider hat dieses aus zweiter Hand vermittelte Wissen zur Folge, daß vorbeugende Maßnahmen von einzelnen Menschen geschaffen werden, die deren Lebensqualität beeinträchtigen. Das macht diese Panikmache so besonders ärgerlich. Da könnte es helfen, die Panikmacher zur Verantwortung zu ziehen, aber leider werden diese Mechanismen, Ursache und Wirkung, Panikmache und unnötige Kriminalitätsvorbeugung, nicht aufgedeckt. Das wäre ein ebenso nötiger Bestandteil einer verantwortungsvollen Kriminalpolitik wie eine Entdramatisierung der Alltagskriminalität.

3. Was folgt daraus oder was sollte gerade nicht als politische Forderung erhoben werden?

Aus dieser sehr komplexen Gemengelage von Wirklichkeit und Scheinwelt wird viel zu leichtfertig von Medien, Stammtischexperten und auch seitens der Politik auf Bedrohung und Furcht geschlossen. Mit solchen eher zweifelhaften Schlußfolgerungen werden dann Initiativen populistischer Machart gefordert, versprochen und begründet. So kommen die Forderungen zustande, daß man wieder mehr verurteilen und weniger nach Erklärungen suchen müsse. So kommen wir zu dem Alltagsmythos: "Wehret den Anfängen"[7], wehret ihnen insbesondere durch das Strafrecht und - wie es der gegenwärtigen kriminalpolitischen Stimmung in unserem Land entspricht - durch Verschärfung des Strafrechts.[8] Aus verantwortungsbewußter kriminalpolitischer Sicht ist dies unnötig und findet in Kriminalitätslage und Kriminalitätsfurcht keine Rechtfertigung. Die entsprechenden Forderungen sind offensichtlich populistische, vielleicht wahlkampfbedingte Aktionismen.[9]

Statt der spektakulären Forderungen nach Verschärfung des Jugendstrafrechts, ist es verantwortungsvoller, solide Justizarbeit zu gewährleisten und die Bevölkerung darüber aufzuklären, wie die Kriminalitätslage wirklich ist und in welch gravierender Weise strafrechtliche Sanktionen, auch die häufig geschmähte Strafaussetzung zur Bewährung, die Lebensentwicklung junger Menschen belasten können.

Die Begründung in der kriminalpolitischen Diskussion des Jahres 1993, das Jugendstrafrecht biete keine ausreichende Möglichkeit, der Gewaltkriminalität Herr zu werden, stellt eine Verharmlosung des vorhandenen jugendstrafrechtlichen Instrumentariums des JGG dar. Sie hat sich auch insofern negativ ausgewirkt, als sie junge Menschen geradezu ermutigt haben dürfte, das Jugendstrafrecht und seine Sanktionen nicht ernst zu nehmen.

Eine ganz andere, sicherlich nicht strafrechtlich zu beantwortende Frage ist es, wie sich die nach zahlreichen Berichten wohl zunehmende Brutalisierung des Umgangs junger Menschen miteinander und wie die wohl auch brutaler durchgeführten Auseinandersetzungen von Teilen der jungen Generation mit den Etablierten der Gesellschaft sich auf unser gesellschaftliches und staatliches Klima und dessen Struktur auswirken werden. Da kommen genügend bedrohliche Bilder über unsere gemeinsame Zukunft in den Blick:

- z.B. die Perspektivlosigkeit und die Randständigkeit vieler junger Menschen; was wird, wenn diese in das gesellschaftstragende Alter hineingewachsen sind und ihre Rolle nicht übernehmen können?

- z.B. die soziale Gerechtigkeit in unserem demokratischen Land, das nur auf gesellschaftlichem Konsens gedeihen kann; was wird, wenn dieser Konsens durch wachsende Armutsbetroffenheit auf der einen Seite und die zunehmende Prosperität der Erbengeneration auf der anderen Seite zerstört wird?

Sorgen sollten wir uns also schon um die Skinheads, die Punks, die Autonomen machen, und nicht nur um sie. Die Jugend als solche muß stärker wahrgenommen werden, ihre Risiken, ihre Chancen und auch ihre Hoffnungen. Rechtzeitig muß dies geschehen, nicht erst, wenn sie durch Brutalität und Straftaten auf sich aufmerksam macht.

II. Rechtspolitik und ihre Instrumente

Geht man davon aus, daß die Forderungen nach schärferen Strafen und weniger Erklärungen nicht auf bloß scharfe Strafen an sich oder auf Rachereaktionen zielen, sondern daß sie zweckorientiert zur Kriminalitätsreduzierung eingebracht worden sind, muß man sich mit ihnen auseinandersetzen. Dabei wird schnell erkennbar, daß sie von zwei unrealistischen Unterstellungen getragen werden:

- der Eignung harter Strafen zur Beseitigung des Kriminalitätsproblems und
- der Möglichkeit wirksamer Bekämpfung von Kriminalität, ohne deren Ursachen zu kennen oder zur Kenntnis genommen zu haben.

1. Können harte Strafen Kriminalität wirksam eindämmen?

Es gibt so gut wie keine über Plausibilitätserwägungen hinausgehende Annahmen, die für eine generalpräventive Wirkung von Strafen, insbesondere von Freiheits- oder Jugendstrafen sprechen, läßt man einmal mögliche Langzeitwirkungen von Strafrecht in Richtung auf Normbewußtsein und Justizvertrauen der Bevölkerung außer acht.[10] Die Drohung mit Freiheitsstrafe an sich und ihre (kaum) erwartete Realisierung haben - wenn überhaupt - allenfalls geringfügige unmittelbare Auswirkungen auf das Verhalten der Bevölkerung.

Vielleicht können Strafdrohungen durch Strafgesetze so etwas wie ein ethisches Bewußtsein für strafrechtlich geschützte Güter und Werte innerhalb der Bevölkerung schaffen und so langfristig Normtreue erzeugen. Man sollte in dieser Hinsicht aber eher skeptisch sein. Wenn

Tatgelegenheit und Tatmotivation gegeben sind, werden nicht nur die "typischen Kriminellen" schwach. Die Kriminalität der "Mächtigen" und der "Braven"[11] entlarvt diesen Mythos der Unterscheidung zwischen Kriminellen und Nichtkriminellen. Steuerrecht und Steuerpraxis, Straßenverkehrsrecht und das tatsächliche Geschehen auf unseren Straßen sind nur zwei allseits bekannte Anschauungsfelder.

Vielleicht braucht man Strafrecht auch, weil seine Existenz und seine Umsetzung in Strafgerichtsbarkeit so etwas wie Vertrauen in die Autorität und die Stabilität des demokratischen Staates schaffen können, wie begründet dieses Vertrauen auch immer sein mag. Dabei kommt es wesentlich auf verläßliche und rechtsstaatliche Justiz an. So gesehen hat Strafrecht Funktionen, aber nicht den Nützlichkeits- wert, der immer wieder im Bemühen um Reduzierung von Kriminalität behauptet wird.[12] Für die Verschärfung von Strafdrohungen, also höherer und häufigerer Freiheitsentzug, gelten die gleichen Kriterien. Hinzu kommt die Gefahr, daß in der Praxis tatsächlich längere Strafen verhängt und vollstreckt werden. Das ist zum einen mit immensen Kostensteigerungen verbunden und läßt die Frage nach der Nutzen-KostenRelation schärfer entstehen[13] und erhöht zum anderen die entsozialisierende Wirkung für den betroffenen Menschen im Einzelfall.

Die Forderung nach schärferer Bestrafung könnte auch die Überlegung einschließen, daß für den individuellen Straftäter durch eine längerfristige Gesamterziehung in einer (Jugend-)Strafanstalt eine positive künftige Entwicklung frei von Kriminalität erreichbar sei. Aber auch diese Variante macht die Forderung nicht besser. Nahezu einhellig wird unter Experten die Erziehungsfähigkeit vollstreckter Freiheits- und Jugendstrafen bezweifelt und die Zweifel werden größer, je länger die Verbüßungsdauer ist. Die unterstellten positiven Wirkungen der Kriminalitätsverhinderung stellen sich eben nicht ein. Für künftiges rechtstreues Verhalten bestrafter junger Menschen haben vollstreckte Freiheitsstrafen eher gegenteilige Effekte, wirken eher kriminalitätsverfestigend.[14]

Einzelne Stimmen in dem politischen Verschärfungschor lassen noch andere Motivationen als die der Besserung von Straftätern erkennen.[15]

Ein Jahr Zuschlag auf freiheitsentziehende Sanktionen würde jedenfalls ein weiteres Jahr dafür sorgen, daß der so "Behandelte" keine Straftaten begehen würde, war kürzlich in der ZDF-Sendung "1.000 Hertz" aus rechtspolitischem Munde zu hören - eine vordergründig einleuchtende Überlegung. Sie ist aber ebenso kurzsichtig! Die Rückfallgefahr nach der Entlassung wird größer! Die Gefährlichkeit des Täters nimmt zu! Je länger, desto entsozialisierter. Das wissen wir doch! Sinn bekommt die Überlegung, wenn man so lange wegsperrt, bis physische Unfähigkeit für weitere Delinquenz erreicht ist. Aber wo soll das enden? Was soll das kosten? Und rechtsstaatlich? Menschenrechtlich? Diese Überlegung offenbart Denkkategorien, die zu Ende gedacht, lebenslange Freiheitsstrafen für Wiederholungstäter (vgl. die rechtspolitische Diskussion in den USA) und die Todesstrafe auch für nichtkapitale Delikte denkbar machen.

Das sind zwar keine Wahrscheinlichkeiten zeitnaher Art im derzeitigen Deutschland. Ein Trost ist diese Versicherung indes nicht. Dagewesen ist dies alles schon in jüngerer und älterer Geschichte unseres Landes. Wie Zeiten sich ändern können, haben wir doch erst kürzlich erfahren können. Wer hat denn vor zehn Jahren daran gedacht, daß in unserem Land junge Menschen anderen, anders aussehenden, anders gläubigen und anders denkenden Menschen nachts, wenn diese schlafen, das Haus über dem Kopf anzünden und nicht wenige dazu Beifall klatschen? Wer hat denn vor wenigen Jahren noch daran gedacht, daß rechts- und jugendpolitisch argumentiert wird, es reiche nicht mehr aus, Jugendliche und Kinder in Einzelfällen geschlossen unterzubringen, wie es heute nach unseren Gesetzen mit rechtlichen Absicherungen möglich ist? Vielmehr müßten geschlossene Heime als solche wieder vorhanden sein, um mit renitenten Kindern und Jugendlichen fertig zu werden.

2. Wir müssen uns um Ursachen und Erklärungen bemühen

Bei der Suche nach Lösungen von Problemen darf man nicht auf das Bemühen verzichten, nach Erklärungen für Problementstehungen zu suchen. Nur dann, wenn Gründe und Ursachen bestimmten Verhaltens bekannt sind, kann man zielorientiert versuchen, das Verhalten über Veränderungen seiner Bedingungen zu unterbinden oder zu verändern.[16] Das leuchtet ganz generell ein und entspricht auch unseren täglichen Erfahrungen. Natürlich gilt dies auch für die Kriminalität, ihre Erscheinungsformen und ihre Ursachen. Da gibt es gesicherte Erkenntnisse. Untersuchungen beispielsweise zur Gewaltkriminalität führen zu Einsichten, die man - soweit ersichtlich - übereinstimmend dahin interpretieren kann, daß die entscheidende Ursache für Kriminalität - neben entwicklungspsychologisch bedingten Normbrüchen - die konkrete Lebenslage eines Menschen innerhalb der Gesellschaft ist.[17]

Dabei spielen Mängel materieller, sozialer und ökonomischer Art eine ebenso bedeutende Rolle wie Frustrationen aus sozial enttäuschten Erwartungen. Die neuen Bundesländer und ihre spezifische gesellschaftliche und ökonomische Lage nach der sogenannten Wende des Jahres 1989 sind treffende Bestätigungen dieser von der amerikanischen US-Violence Commission schon Anfang der 70-er Jahre vorgelegten Erkenntnisse. Die Verfügbarkeit von rechtlich anerkannten Möglichkeiten zur Erreichung von konkreten Lebenszielen wie materiellem Wohlstand, materieller und sozialer Unabhängigkeit und Einflußmöglichkeiten im gesellschaftlichen Gestaltungsprozeß spielen die wesentliche Ursache in den Entstehungsbedingungen von Kriminalität.[18]

Dazu gehören natürlich auch die konkreten persönlichen Befähigungen, gesellschaftlich nerkannte Ziele zu erreichen. Wer in unserer modernen Industriegesellschaft beispielsweise weder lesen noch schreiben kann, ist - wenn er nicht ausreichende Kompensationsmöglichkeiten hat - nicht ausreichend befähigt, über die normalen, gesellschaftlich und gesetzlich anerkannten Wege zu materieller oder sozialer Anerkennung zu kommen und geht vielleicht den für ihn einzig verfügbaren Weg über Gewalt und Kriminalität. Das alles heißt nun nicht, daß der Weg zur Kriminalität durch die erwähnten Defizite struktureller, gesellschaftlicher und persönlicher Art immer unvermeidbar ist. Die empirischen Befunde deuten aber darauf hin, daß bei entstandener Kriminalität verschiedener Ausprägungen (Gewaltkriminalität, Alltagskriminalität, Beschaffungskriminalität etc.) diese Defizite im konkreten Fall vorhanden und auch häufig mitursächlich waren.

III. Sozialpolitik als Rechtspolitik

Eine Politik, die nicht lediglich die Ergebnisse von Meinungsumfragen zur Grundlage ihrer Entscheidungen und für Maßnahmen zur Kriminalitätsverhütung machen will, muß - wie vorstehend skizziert - die Ursachen und Hintergründe in den Blick nehmen. Wer dies tut, wird dem strafrechtlichen Konzept der Repression und einer Praxis des verschärften Strafens nach dem Motto "mehr-von-demselben" grundsätzlich eine Absage erteilen müssen, will er solide und langfristig Kriminalität eindämmen. Man wird dabei nicht umhinkönnen, auf aktuelle Herausforderungen wie die fremdenfeindlichen Ausschreitungen und Gewalttaten kurzfristig zu reagieren, durch Aufzeigen von Grenzen und durch Wiedergutmachung von Verletzungen und Schäden, letztlich auch durch Freiheitsentzug als "ultima ratio". Da werden wir von der Vergangenheit eingeholt, in der wir es versäumt haben, die Grundlagen für normkonformes Verhalten zu schaffen.

Insoweit müssen wir allerdings auch den gewaltigen politischen und gesellschaftlichen Umbrüchen unserer Zeit Tribut zollen. In erster Linie aber werden wir sozial- und jugendpolitisch reagieren und agieren, werden wir die Bedingungen ändern müssen, aus denen Kriminalität erwächst. Wie vorstehend gesagt: Die Verfügbarkeit von rechtlich anerkannten Möglichkeiten, sein persönliches, sein soziales und gesellschaftliches Ziel zu erreichen, spielt eine entscheidende Rolle. Nur so läßt sich eine stabile Befriedung innerhalb der Gesellschaft für die Zukunft erreichen. Das heißt auch, daß besonderes Augenmerk auf die Verbesserung von Lebenslagen gerichtet werden muß.

Das strafrechtlich-repressive Konzept und dessen Intensivierung verschlingen Unsummen von Geld. Eine Verlängerung verhängter Freiheitsstrafen und ihr entsprechender Vollzug um ein oder mehrere Jahre würde den Steuerzahler viele Millionen, wenn nicht Milliarden DM kosten.[19] Wirkliche Erfolge würden damit kaum erzielt.[20] Schon aus diesem Grunde ist dieser Ansatz verfehlt. Auch die Verbesserung von Lebenslagen verschlingt Unsummen. Aber sie kann in Übereinstimmung mit wesentlichen Zielen unserer sozialen Demokratie und unseres Verständnisses von Menschenrecht und Menschenwürde erfüllt bzw. angestrebt werden. Sie hat zudem die größere Wahrscheinlichkeit, Kriminalität in weiten Bereichen eindämmen zu können. Sie ist vordergründig unpopulär, weil man für nicht Leistungsbereite oder für nicht Leistungsfähige viel zu viel Geld ausgebe, und hat in Wahlkampfzeiten kaum Chancen angepackt, geschweige denn realisiert zu werden. Die derzeitige Diskussion um die Dauer des Bewilligungszeitraums von Arbeitslosenhilfe und über die Höhe von Sozialhilfeleistungen macht das Dilemma deutlich.

In diesen Kontext gehören auch Medienkommentare zu den erlebnisorientierten sozialpädagogischen Maßnahmen. Die Aufenthalte auf Schiffen oder im Ausland außerhalb des gewohnten sozialen Umfeldes werden als Zumutungen für die Gesellschaft gegeißelt, statt sie als lohnende Investitionen in die Zukunft einzelner Jugendlicher, aber auch in die Zukunft der Gesellschaft insgesamt und deren Friedensfähigkeit zu sehen. Solche Zeiten machen eigentlich rechtspolitische Moratorien notwendig. Sie könnten dazu genutzt werden, rechtspolitische Wintervorräte zu sammeln. Aber es bleibt uns ja keine Wahl. Verantwortliche Politik erträgt keinen Stillstand. Damit soll nicht etwa dem ständigen Herumbasteln an alten und immer neuen Strafgesetzen das Wort geredet werden. Vertrauen in eine Rechtsordnung kann sich nur entwickeln, wenn Gesetze Bestand haben. Vertrauen braucht auch Zeit. Indes - die auch rechtspolitisch notwendigen Verbesserungen von Lebenslagen dulden keinen Aufschub. Wir brauchen sozialpolitische und jugendpolitische Sofortprogramme, jugendpolitische Marshallpläne, wenn man so will.

IV. Sozialpädagogik und Jugendkriminalrecht

Zu dieser Option der Verbesserung der Lebenslagen gehören auch die sozialpädagogischen Maßnahmen im Jugendkriminalrecht, die sogenannten neuen ambulanten Maßnahmen[21], deren Ziel es ist, persönliche Defizite auszugleichen und in diesem Bemühen Kompetenzen zu vermitteln und Förderungen zu ermöglichen, Kompetenzen und Förderungen, zu denen auch die Sensibilisierung für Recht und Unrecht und die Einsichtsvermittlung in Opferleid und Opferbedürfnisse gehören.

Die neuen ambulanten Maßnahmen gehören spätestens seit dem 1. JGG-Änderungsgesetz aus dem Jahre 1990 zu den etablierten Reaktionsmöglichkeiten des Jugendgerichtsgesetzes. Der Gesetzgeber des Jahres 1990 hat sie in der Überzeugung in das Reaktionsrepertoire des Jugendgerichtsgesetzes aufgenommen, daß sie gegenüber freiheitsentziehenden Sanktionen die humaneren, effizienteren und auch kostengünstigeren Maßnahmen im Bemühen um die Eindämmung von Jugendkriminalität darstellen. Die Aufnahme in das Gesetz war der Abschluß einer Entwicklung, die als die "ambulante Bewegung" der 80er Jahre in die Geschichte des Jugendkriminalrechts eingehen wird. Die neuen Regelungen entsprechen den Leitlinien der Minimum Standard Rules der Vereinten Nationen von 1986 zur Jugendstrafrechtspflege, den Empfehlungen des Europarats von 1987 zu den gesellschaftlichen Reaktionen auf Jugendkriminalität und den Einsichten aus empirischen Forschungen der Kriminologie, der Psychologie und der Sozialpädagogik.

Ihre seit Beginn der 80-er Jahre zunehmende Anwendung in der Sanktionspraxis westdeutscher Gerichte führte nicht zu der von Skeptikern befürchteten Ausweitung der sozialen Kontrolle, obwohl die Gerichte nicht im intendierten Ausmaß die neuen ambulanten Maßnahmen als ausschließliche Reaktion anordneten. Die verstärkte Anwendung der neuen ambulanten Maßnahmen führte auch nicht - trotz Zunahme informeller Erledigungen sozusagen als Begleiterscheinung und Vorfelderledigung - zu der vorausgesagten Zunahme der Kriminalitätsbelastung junger Menschen. Es kam insoweit vielmehr nach jahrzehntelangem Anstieg der registrierten Zahlen zu einer Stagnation und in manchen Kriminalitätsbereichen sogar zu einer Absenkung der Belastung.[22]

Die Sozialpädagogik kann in der Fortentwicklung des Jugendkriminalrechts und in der Praxis der Jugendstrafrechtspflege durchaus als eine positive Errungenschaft bewertet werden, die den modernen Erkenntnissen von Kriminologie und Pädagogik entspricht. Aber trotz fast euphorischer Akzeptanz in der Praxis, insbesondere der Jugendhilfe/Jugendgerichtshilfe und der sozialen Dienste der Justiz, erst recht aber bei den freien Trägern der Jugendhilfe, die über die intensivsten Erfahrungen mit sozialpädagogischen Maßnahmen in der Jugendgerichtsbarkeit verfügen, ist die Verbreitung und Anwendung ins Stocken geraten. Die

Gründe liegen nicht in kriminalrechtlicher oder kriminologischer Ungeeignetheit oder rechtsstaatlicher Unzulänglichkeit der Maßnahmen. Sie liegen auch nicht an der teils vermißten dogmatischen Stringenz des Gesetzes. Es sind die knappen finanziellen Ressourcen. Die Kämmerer trocknen sozusagen einen wichtigen Reaktionsstrang der Jugendstrafrechtspflege aus. Es ist derselbe finanzpolitische Kurzschluß, der vielen Aktivitäten der Jugendhilfe den Geldhahn abdreht.

Diese kurzschlüssige Finanzpolitik wird sich rächen. Die Rückkehr zur repressiven Freiheitsentziehung wird teurer werden. Schon die jetzige Überlastung des Jugendstrafvollzugssystems dürfte aus der übergreifenden Sicht eines Landeshaushalts kurz-, mittel- und langfristig zu einer mindestens entsprechenden, wahrscheinlich höheren finanziellen Belastung führen. Die Forderung nach geschlossenen Heimen ist ein Beispiel dafür. Ein solches Heim - verantwortlich geführt - würde nach Schätzungen des Jugendministeriums in Bonn pro Tag und pro Jugendlichen etwa 450 DM kosten. Ambulante Maßnahmen, auch personell intensive, sind weniger kostspielig. Nicht nur unsere Jugend- und Rechtspolitiker müßten diesen Vorschlägen entschieden entgegentreten. Erst recht die Haushaltsexperten wären aus ihrer richtig wahrgenommenen Verantwortlichkeit verpflichtet, dieser Idee einen Riegel vorzuschieben. Sie müßten darüber hinaus erkennen, daß der Abbau sozialpädagogischer Maßnahmen wie auch der Abbau von Projekten und Initiativen der Jugendhilfe ähnlich verheerende Auswirkungen haben werden wie die Auflösung vieler Jugendtreffs und Jugendclubs in den neuen Bundesländern unmittelbar nach der Wende. Die jetzigen Programme zur Eindämmung von Jugendgewalt sind viel teurer. Pflicht der Kämmerer wäre es, sich gerade in diesen Umbruchszeiten im Hinblick auf die Jugendförderungen antizyklisch zu verhalten, d.h. gerade in Zeiten schwerer gesellschaftlicher und sozialer Umbrüche bedarf es der verstärkten Bereitstellung finanzieller Mittel, um die negativen Auswirkungen der Rezession für die künftige Entwicklung junger Menschen aufzufangen. Wenn es nicht gelingt, den derzeitigen Irrweg des Abbaus von Fördermaßnahmen für junge Menschen zu sperren, werden wir uns in den kommenden Jahren über steigende Kriminalität und über zunehmende jugendliche Gewalt nicht wundern müssen. Es ist wie in vielen Bereichen des Lebens auch hier: wer versäumt, rechtzeitig zu investieren, wird auf der Strecke bleiben oder - um mit Gorbatschow zu reden - wer zu spät kommt, den bestraft das Leben.

V. Der soziale Trainingskurs im Jugendkriminalrecht

Eine der bedeutendsten sozialpädagogischen Maßnahmen im Jugendkriminalrecht ist der sogenannte soziale Trainingskurs. Er ist seit dem Ersten Gesetz zur Änderung des Jugendgerichtsgesetzes aus dem Jahre 1990 fester Bestandteil der Reaktionspalette des Jugendgerichtsgesetzes. Er ist rechtsdogmatisch als Weisung im Rahmen der Erziehungsmaßregeln ausgestaltet. Er zielt auf eine problem- oder handlungsorientierte Aufarbeitung der zur Straftat führenden Schwierigkeiten des Jugendlichen im Rahmen von Gruppenarbeit ab und versucht, dem Jugendlichen Lösungsmöglichkeiten sichtbar zu machen und Hilfestellungen zu geben.[23]

Zunächst als reine Alternative zum Jugendarrest gedacht, hat sich gruppenpädagogische Arbeit mit jungen Straffälligen zu einem eigenständigen sozialpädagogischen Instrument jugendstrafrechtlicher Intervention entwickelt, mit dem jungen Straffälligen Möglichkeiten zu problemspezifischer Konfliktverarbeitung, zur Stärkung von Kommunikations- und Konfliktfähigkeit, zur Entwicklung von Selbstwertgefühl und Selbstbewußtsein und zum Erlernen von sozialverantwortlichen Verhaltensweisen eröffnet werden können.

Der Begriff "sozialer Trainingskurs" vermittelt neben der zeitlichen Festlegung (Kursdauer), der bei einer Sanktion hohe Bedeutung zukommt, auch inhaltliche Vorstellungen in Richtung auf soziales Lernen zur Beseitigung von Defiziten, die delinquentes Verhalten auslösen können. Die sozialen Trainingskurse sollen in der Regel eine Dauer von drei bis höchstens sechs Monaten haben und in aufeinander abgestimmten Phasen verlaufen, die von einer diagnostischen Orientierung bis zu Veränderungsprozessen im Verhalten der Kursteilnehmer reichen.[24]

Der Vater des sozialen Trainingskurses ist Max Busch. Auf ihn und seine große Untersuchung "Soziale Trainingskurse im Rahmen des Jugendgerichtsgesetzes" Anfang der 80-er Jahre (1979 bis 1983) geht die

Aufnahme des sozialen Trainingskurses in den Katalog der Weisungen des § 10 JGG zurück. Der Abschlußbericht aus dem Jahre 1983, verfaßt von Max Busch, Gunhild Hartmann und Norbert Mehlich, ist in mehreren Auflagen vom Bundesministerium der Justiz in der Reihe "recht" herausgegeben worden und gehört heute noch zu den gefragtesten Informationsbänden zum Jugendstrafrecht. Die Ergebnisse der Untersuchung lassen hoffen, so schrieb der damalige Bundesminister der Justiz Engelhard in seinem Geleitwort, daß soziale Trainingskurse im Bereich der Jugendgerichtsbarkeit einen festen Platz unter den Erziehungsmaßregeln gewinnen und die Reaktionsmöglichkeiten der Jugendrichter wesentlich bereichern werden. Sieben Jahre später hatte sich die Idee von Max Busch durchgesetzt. Es ist lange über die Bezeichnung gestritten worden. Es gab zahlreiche kritische Stimmen, die eher der unbefristeten erzieherischen Gruppenarbeit den Vorzug geben wollten. Noch heute ist mir ein eindringliches Telefongespräch aus dem Jahre 1989 in Erinnerung, in dessen Verlauf mich Max Busch geradezu beschwörend bat, gegenüber den Änderungsforderungen standfest zu bleiben. Ich bin heute mehr denn je der Überzeugung, daß er recht hatte.

Inzwischen ist der soziale Trainingskurs auch in der Praxis etabliert. Schwierigkeiten bereiten die zuvor beschriebenen finanziellen Engpässe. Gleichwohl konnte der Vorsitzende der Deutschen Vereinigung für Jugendgerichte und Jugendgerichtshilfen e.V., Prof. Dr. Pfeiffer, in seinem Vorwort für die dritte Zwischenbilanz der Bundesarbeitsgemeinschaft für ambulante Maßnahmen nach dem Jugendrecht unter dem Titel "Ambulante Maßnahmen und sozialpädagogische Jugendhilfe - Angebote für junge Straffällige"[25] im Jahre 1992 schreiben: "Während in den Projektbeschreibungen des Jahres 1985 die Arbeitsweisung klar dominierte, entfallen dieses Mal die häufigsten Nennungen auf soziale Trainingskurse und die erzieherische Gruppenarbeit. Offenkundig hat eine Verlagerung zu einer inhaltlich anspruchvolleren Sozialpädagogik stattgefunden."

Das Ziel, das Max Busch mit seinem Eintreten für die sozialen Trainingskurse und allgemein für Sozialpädagogik im Jugendstrafrecht vor Augen hatte, wird aus einer Passage seines Vor- wortes zur 3. Auflage des Abschlußberichtes im Herbst 1985[26] deutlich: "Wir sind nach wie vor der Auffassung, daß für eine allgemeine Einführung von sozialen Trainingskursen die zureichenden wissenschaftlichen Voraussetzungen geliefert werden konnten, auch wenn Forschung über diesen Bericht hinaus erforderlich ist, um Fragen der Praktiker zu beantworten, Hilfen für die Bewältigung der komplizierten und komplexen Aufgabenstellungen zu geben und einer konstruktiven, befähigenden und nicht diffamierenden und isolierenden Jugend(straf)rechtspflege den Weg zu ebnen."

In diesem Sinne hat das Bundesministerium der Justiz im Jahre 1992 erneut einen Forschungsauftrag zur Praxis und Effizienz der sozialen Trainingskurse in Auftrag gegeben. Er wird an der Universität Greifswald von Herrn Prof. Dr. Dünkel und Mitarbeitern durchgeführt. Das Ergebnis dürfte bald vorliegen.

VI. Ausblick

Sozialpädagogische Maßnahmen im Jugendstrafrecht haben sich als notwendige und angemessene Reaktionsmöglichkeiten auf jugendliches kriminelles Verhalten zwischen Jugendstrafe und informellen Erledigungen erwiesen. Sie - insbesondere der soziale Trainingskurs - könnten darüber hinaus eines Tages, wenn nicht schon heute, den Jugendarrest als Sanktion weitgehend überflüssig machen. Vielleicht könnte dies über eine Umwandlung des Jugendarrestes, auch unter entsprechender Bezeichnungsänderung, in einer Art stationären sozialen Trainingskurs geschehen, der - etwa nach dem Muster der in Hamburg bereits jetzt geübten Praxis[27] - als geschlossene Eingangsphase mit sich anschließenden Lockerungen und Öffnungen strukturiert werden sollte. Eine solche Praxis ist schon jetzt möglich; § 87 JGG eröffnet einen solchen Weg. Vielleicht ist es ein steiniger Weg, aber einer, der die Mühe lohnt. Vielleicht geht die eine oder andere Landesjustizverwaltung einen solchen Schritt mit - ähnlich wie Hamburg oder sogar noch ein Stück weiter. Das Land Brandenburg scheint eine solche Maßnahme schaffen zu wollen.[28] Die Praxis wird das Angebot annehmen, wenn es funktioniert. Vielleicht können wir die Fortführung der Reform des Jugendkriminalrechts wiederum mit einer "Reform durch die Praxis" beginnen und später gesetzlich umsetzen.

Die Frage bleibt, warum dies und anderes an praktischer Reform mehr nicht schon jetzt geschieht. Die Antwort könnte in meinen Eingangsbemerkungen zu dem Märchen von der explodierenden Jugendkriminalität, dem daraus wachsenden medialen Kunstprodukt Kriminalitätsfurcht der Bevölkerung und den dadurch wiederum veranlaßten - rechtspolitisch unverantwortbaren - Forderungen nach mehr Verurteilen und weniger Erklären liegen.

Frage und Antwort weisen auf eine andere rechtspolitische Notwendigkeit hin, die von der Justiz und der Justizverwaltung geradezu sträflich vernachlässigt wird: Die Bevölkerung muß verantwortungsbewußt und regelmäßig durch entsprechende Öffentlichkeitsarbeit über die Kriminalitätsproblematik und die Bewältigungsmöglichkeiten aufgeklärt werden. Wir dürfen diese Aufklärung weder Wahlkämpfern noch Verbandsfunktionären überlassen. Ich denke an einen in regelmäßigen Abständen von unabhängigen kriminologischen Forschungsinstituten erstellten Bericht über die Kriminalitätslage, ähnlich dem Bericht der fünf Weisen zur Wirtschaftslage oder dem Bericht des Wehrbeauftragten zur Lage der Bundeswehr.

Max Busch war jedenfalls davon überzeugt, daß eine solche Öffentlichkeitsarbeit notwendig ist. In seinem "Überblick über die Entwicklung sozialer Trainingskurse" anläßlich des vom Bundesministerium der Justiz veranstalteten Bielefelder Symposiums zu den neuen ambulanten Maßnahmen im Jahre 1984[29] sagte er, die heutige Situation treffend voraussehend: "Wie sich bereits in der Vergangenheit bei einer Vielzahl von Reformen und Innovationen im Bereich der Jugendstrafrechtspflege zeigte, ist unabhängig von der Frage der Mitwirkung der Öffentlichkeit bei der Durchführung eine umfassende Information möglichst weiter Kreise sinnvoll. Jugendbehörden, Jugendwohlfahrtsausschüsse, freie Organisationen, örtliche Initiativen und interessierte Bürger müssen für eine konstruktive Kriminalpolitik gewonnen werden, zumal einschränkende und repressive Tendenzen in diesem Bereich gerade in den letzten Jahren aktiv und lautstark zurückgekehrt sind. Gerade wenn mit Angst und Verunsicherung angesichts einer angeblich stark wachsenden Jugendkriminalität agiert wird, bedarf es einer aktiven Ansprache des Teils der Öffentlichkeit, der zu differenziert humanen und konstruktiven kriminalpolitischen Überlegungen bereit ist."

Max Busch war von der Notwendigkeit und vom Nutzen der sozialpädagogischen Maßnahmen im Jugendkriminalrecht überzeugt. Er hat für diese Konzeption gekämpft und Erfolg gehabt. Sein Konzept ist heute angesichts der sozialen und gesellschaftlichen Umbrüche in Deutschland und Europa notwendiger denn je.

Anmerkungen:

1. Vgl. etwa: "Bild" vom 7. Juni 1994: "Kriminalität - Nur Panikmache? Wo leben Sie, Herr Minister."; Bonner Generalanzeiger vom 22. April 1994: "Im Würgegriff der Kriminalität?"

2. Vgl. C. Pfeiffer/P. Wetzels "Die Explosion des Verbrechens?" - Zu Mißbrauch und Fehlinterpretationen der Polizeilichen Kriminalstatistik, Neue Kriminalpolitik 1994, S. 32 ff.

3. Vgl. A. Kreuzer, Kriminologische Dunkelfeldforschung, NStZ 1994, S. 10

4. W. Heinz, Jugendkriminalität (noch unveröffentlichtes Manuskript), 1994, VII., Nr. 1,S. 61

5. Vgl. P.A. Albrecht, Das Strafrecht im Zugriff populistischer Politik, Neue Justiz, S. 193, 195

6. Vgl. dazu KFN Forschungsberichte 1993, Bilsky/Mecklenburg/Pfeiffer/Wetzels: Kriminalitätsfurcht und kriminelle Viktimisierung im Leben älterer Menschen in den alten und neuen Bundesländern, Zwischenbericht zur KFN-Opferbefragung 1992

7. W. Heinz, Fußnote 4. , VI., S. 59 ff.

8. W. Heinz, Fußnote 4. , VI. S. 59 ff.

9. Vgl. dazu insgesamt P.A. Albrecht, Fußnote 6. ; D. Frehsee, Zu den Wechselwirkungen zwischen (Kriminal)Politik und Gewalttaten Jugendlicher vor rechtsextremistischem Hintergrund, Kriminologisches Journal, 1993, S. 260 ff.; W. Heinz, Fußnote 4.

10. Vgl. dazu T. Feltes, Verhaltenssteuerung durch Prävention - Konsequenzen aus empirisch-kriminologischen Erfahrungen, Monatszeitschrift für Kriminologie und Strafrecht 1993, S. 343 ff. mit weiteren Nachweisen

11. D. Frehsee, Zur Abweichung der Angepaßten, Kriminologisches Journal, 1991, S. 25 ff.

12. N. Christie, Überlegungen zum Konzept Verbrechen, Kriminologisches Journal, 1988, S. 50 ff., 59

13. Vgl. dazu T. Feltes, Fußnote 10. S. 346

14. Vgl. insgesamt Feltes, Fußnote 10. , S. 353; W. Heinz, Fußnote 4., mit zahlreichen weiteren Nachweisen

15. R. Kusch, Rheinischer Merkur vom 2. Juli 1993

16. T. Feltes, Fußnote 10. , S. 352

17. Vgl. dazu T. Feltes, Fußnote 10. , S. 342, 344; W. Heinz, Fußnote 4., VII., S. 63

18. T. Feltes, Fußnote 10. , S. 342, 343; W. Heinz, Fußnote 4., VII., S. 63

19. T. Feltes, Fußnote 10. , S. 350

20. T. Feltes, Fußnote 10., S. 353; W. Heinz, Fußnote 4. , VI., S. 60, 61

21. Bundesministerium der Justiz, Reihe "recht", Bielefelder Symposium: Neue ambulante Maßnahmen nach dem Jugendgerichtsgesetz, 1986

22. Vgl. C. Pfeiffer, Steigt die Kriminalität in den alten Bundesländern?, DVJJ-Journal, 1991, S. 317 ff., 319

23. Begründung des Entwurfs der Bundesregierung eines Ersten Gesetzes zur Änderung des Jugendgerichtsgesetzes vom November 1989, BT-Drucks. 11/5829 vom 27. November 1989, S. 11

24. Begründung des Entwurfs der Bundesregierung eines Ersten Gesetzes zur Änderung des Jugendgerichtsgesetzes vom November 1989, BT-Drucks. 11/5829 vom 27. November 1989, S. 16

25. Schriftenreihe der Deutschen Vereinigung für Jugendgerichte und Jugendgerichtshilfen e.V., 1992, Band 20, S. 6

26. Bundesministerium der Justiz, Reihe "recht", Busch/Hartmann/Mehlich: Soziale Trainingskurse im Rahmen des Jugendgerichtsgesetzes, 1985, S. 5

27. K. Hinrichs, Vom Vollzug der U-Haft verschonte Heranwachsende in einer offenen Jugendarrestanstalt, DVJJ-Journal, 1992, S. 133 ff.; derselbe, Abwendung von Untersuchungshaft durch Verschonung in die Arrestanstalt, Jugendarrestanstalt Hamburg-Wandsbek, Januar 1994, noch unveröffentliches Manuskript

28. Vgl. Ev. Jugend- und Fürsorgewerk/EJF gemeinnützige Heimbetriebs-GmbH, Konzept einer Einrichtung zur Abwendung der Untersuchungshaft, Dezember 1993

29. Bundesministerium der Justiz, Reihe "recht", Bielefelder Symposium: Neue ambulante Maßnahmen nach dem Jugendgerichtsgesetz, 1986, S. 12

Soziale Trainingskurse für straffällig gewordene Jugendliche

Ein theoriegeleitetes Konzept delinquenzpädagogischen Handelns in der Praxis

Willi Seitz / Philipp Walkenhorst

1. Kriminologische und psychologische Grundlegungen zum Ansatz "Soziale Trainingskurse"

Soziale Trainingskurse im Bereich der Jugendstrafrechtspflege (auch als "Erziehungskurse", "Übungs- und Erfahrungskurse" bezeichnet) werden definiert als "ambulantes gruppenpädagogisches Angebot für straffällig gewordene Jugendliche, das durch jugendrichterliche Entscheidungen (§10 JGG) oder im Bewährungsverfahren (§ 21 und 27 JGG) angeordnet oder auch auf Veranlassung des Jugendstaatsanwalts (§ 45 JGG) oder des Jugendrichters (§ 27 JGG) durchgeführt wird" (Busch 1983, 20). Im Hintergrund dieser Entwicklung stand die schon seit längerem geführte Diskussion um Alternativen zur Freiheitsstrafe sowie um Alternativen zur formellen gerichtlichen Verurteilung jugendlicher Straftäter. Die Kritik an der weitgehend als unbefriedigend und ineffizient beschriebenen Sanktionspraxis des Jugendgerichtswesens führte im Rahmen einer "inneren Reform" der Jugendstrafrechtspflege seit Mitte der 70-er Jahre zur Konzeptualisierung und Erprobung sogenannter "Neuer ambulanter Maßnahmen".

Dazu zählen Arbeitsweisungen, Betreuungsweisungen, erzieherische Gruppenarbeit (Soziale Trainingskurse) und der Täter-Opfer-Ausgleich. Verbindender Gedanke dieser Maßnahme war, die bis dahin nur unzureichend genutzten erzieherischen Möglichkeiten des Jugendgerichtsgesetzes (JGG) einerseits durch neue Konzepte der Zusammenarbeit der Verfahrensbeteiligungen, andererseits durch inhaltliche Neugestaltung der Verfahrens- und Sanktionspraxis auszuschöpfen. Der dem Jugendgerichtsgesetz zugrundeliegende Erziehungsgedanke sollte dadurch stärker zum Ausdruck gebracht werden, daß

a) die vorhandenen pädagogischen Möglichkeiten des JGG stärker genutzt werden und

b) die in Untersuchungen festgestellten problematischen Nebenwirkungen des Jugendgerichtsverfahrens (Stigmatisierung) und bestimmter Sanktionen (z. B. des Arrests) soweit wie möglich reduziert werden (vgl. Heinz 19924, 22 f.).

"Soziale Trainingskurse" als ein Bestandteil dieser "Inneren Reform" im Bereich der Sanktionen wurden erstmals Ende der 60er Jahre unter der Bezeichnung "Erziehungskurse" in einer Denkschrift der Arbeiterwohlfahrt (1967) zur Reform des Jugendstrafrechts (hier § 64) erwähnt. 1974 führte der Caritas-Verband Koblenz die ersten Kurse für straffällig gewordene Jugendliche in der Bundesrepublik durch. Hintergrund dieses Versuches war die Unzufriedenheit der Fachkräfte über das sinnlose "Absitzen" von Wochenendarresten in Gerichtsgefängnissen und Jugendarrestanstalten (vgl. dazu Caritas-Verband Koblenz 1981, 29 f.). Demgegenüber sollten die Kurse eine aktive Auseinandersetzung der straffällig gewordenen Jugendlichen mit sich selbst, ihren Verfehlungen und Handlungsalternativen ermöglichen (vgl. dazu auch Eisenberg 1993[5], 145-146). Seitdem sind überall in Deutschland (sehr unterschiedliche) methodische und inhaltliche Konzepte sowie Kursprogramme entwickelt worden, die hier darzustellen den Rahmen des Beitrages sprengen würde (zur Übersicht vgl. Walkenhorst 1989, 46-80).

Als ganz wesentlicher Motor dieser Entwicklung hin zu einer pädagogisch-aufbauenden Interventionsperspektive bei der Straffälligkeit Jugendlicher trat Max Busch hervor, der mit seinem Forschungsbericht "Soziale Trainingskurse im Rahmen des Jugendgerichtsgesetzes" das erste Grundlagenwerk zu dieser Reaktionsform vorlegte (Busch/Hartmann 1983a; Busch/Hartmann/Mehlich 1986), sich in zahlreichen weiteren Beiträgen für dieses Konzept einsetzte (vgl. u.a. Busch 1974; 1979; 1981; 1983b) und dessen Anliegen mit der Aufnahme der Sozialen Trainingskurse in den Weisungskatalog des JGG 1990 auch seine jugendstrafrechtliche Erfüllung fand.

Derzeit wird die Diskussion um Soziale Trainingskurse erfreulicherweise durch das großangelegte Forschungsvorhaben von Dünkel (1993) belebt, mit dem eine bundesweite Bestandsaufnahme aller Sozialen Trainingskurs-Projekte angestrebt wird.

In Weiterführung der bisherigen Gedanken sollen an dieser Stelle die Grundgedanken eines theoretischen Konzepts jugendlicher Delinquenz dargelegt werden, das zur Erklärung einer Straftat neben der Persönlichkeit eines Jugendlichen und seinen bisherigen Sozialisationserfahrungen auch die Frage mit einbezieht, welche Bedeutung eine Straftat im Hinblick auf die Lebenssituation eines Jugendlichen und zu ihrer Bewältigung hat. Zusätzlich berücksichtigt das Erklärungskonzept auch aktuelle Gegebenheiten der Situation, in der die Straftat begangen wird. Ein solcher Ansatz eignet sich dann auch zur Grundlegung (theoretisch) zielstrebig geplanter delinquenzpädagogischer Maßnahmen, die gleichzeitig der individuellen Lebenswelt und dem Lebensalltag des einzelnen Jugendlichen gerecht werden.

Zugrunde liegt eine interaktionistisch-handlungstheoretische Perspektive der Erklärung von Delinquenz. Danach resultiert ein aktuelles Delikt eines Jugendlichen aus einer Wechselwirkung zwischen bestimmten Eigenarten der Person des Jugendlichen und bestimmten Qualitäten der aktuellen Situation, welcher der Jugendliche begegnet und in welcher sich das Delikt ereignet. Die bedeutsame Wechselwirkung zwischen Person- und Situationsbedingungen realisiert sich in situationsbezogenen Erlebnissen des Jugendlichen. Die Prozeß-Abfolge der erlebnismäßigen Auseinandersetzung mit Situationen wird als kognitives Handeln bezeichnet, wobei Handeln als "bewußtes zielgerichtetes Verhalten" verstanden wird.

Die handlungstheoretische Perspektive geht davon aus, daß dem Menschen in einer Situation grundsätzlich verschiedene Alternativen zur Wahl stehen, z. B. ein Fahrrad zu stehlen oder nicht, einen Kiosk anzuzünden oder nicht, und daß es in bestimmten Situationen zu einer Bevorzugung delinquenter Verhaltensweisen kommen kann. Im folgenden seien kurz die Gedanken von drei deutschen Autoren erwähnt, welche eine Erklärung und Darstellung von Delinquenz nach handlungstheoretischen Überlegungen vornehmen.

Bohnsack ist in seiner 1973 erschienen Schrift "Handlungskompetenz und Jugendkriminalität" orientiert am Symbolischen Interaktionismus und der dort dargelegten Entwicklung des "Selbst" als Ergebnis einer Balance zwischen der "personalen" Identität und der "sozialen" Identität, d.h. zwischen der eigenen individuellen Sichtweise der (Symbol-)-Bedeutung von Ereignissen und der Sichtweise der Interaktionspartner über die (Symbol-)Bedeutung von Ereignissen. Handlungskompetenz erscheint - vereinfacht gesagt - als die Fähigkeit des Selbst, konkrete Situationen so zu definieren wie es dem moralischen "commonsense" entspricht. Bei der Generalisierung von bisher entwickelten persönlichen Definitionsschemata auf eine bestimmte aktuelle Situation kann es zu einer delinquenzbegünstigenden Interpretation dieser Situation kommen. Die Kompetenz zu gesetzeskonformen Interpretationen ist bei Jugendlichen eingeschränkt, wegen des Übergangs von der Sichtweise in der bisherigen familiären Situation zu den Erwartungen, die von außerhalb der Familie an die Jugendlichen herangetragen werden.

Bohnsack (1973) geht auch davon aus, daß die mangelnde Handlungskompetenz mit bestimmten Persönlichkeitscharakteristika von Jugendlichen zusammenhängt, wie z. B. mit "Affektivität" im Sinne der Tendenz, sofortige Befriedigung momentaner Bedürfnisse zu suchen, mit geringer autonomer Kontrolle, mit geringer Reflexivität.

Eine Grenze seiner Überlegungen liegt darin, daß interindividuelle Unterschiede der Handlungskompetenz und der daran beteiligten Persönlichkeitscharakteristika zu wenig berücksichtigt werden. Bohnsack betrachtet nur die geringeren Handlungskompetenzen der Jugendlichen im Vergleich mit Erwachsenen. Unterschiede zwischen verschiedenen Jugendlichen, etwa zwischen solchen aus verschiedenen Sozialschichten oder zwischen verschiedenen Jugendlichen innerhalb der gleichen Sozialschicht, werden von Bohnsack nicht beachtet. Diesen bei Bohnsack fehlenden Gesichtspunkten trägt die Arbeit von Lösel (1975) unter dem Titel "Handlungskontrolle und Jugenddelinquenz" Rechnung. Lösel fragt auch nach einer Erklärung dafür, warum bestimmte Jugendliche eher delinquent werden als andere.

Dabei geht er davon aus, daß sich Delinquenz als Ergebnis einer Entscheidung in einer Entscheidungssituation ergibt, wobei sich die Person an dem "Erwartung x Wert"-Modell orientiert.
D. h. eine Person wägt vor ihrer Entscheidung zwei Momente ab:

- den Wert (den Nutzen, die Erwünschtheit) des durch eine Handlungsweise zu erreichenden Ziels,
- die Erwartung (subjektive Wahrscheinlichkeit), eine bestimmte Handlung erfolgreich realisieren zu können.

Die Entscheidung für eine delinquente Handlung kann im Falle mangelnder Handlungskontrolle erfolgen, weil die delinquente Handlung lohnenswerter bzw. ihre Realisierung als wahrscheinlicher eingeschätzt wird bzw. weil die eventuellen negativen Konsequenzen als weniger gravierend oder weniger wahrscheinlich eingeschätzt werden. Eine Person mit hoher Handlungskontrolle berücksichtigt und vergleicht differenzierend möglichst viele Zielsituationen und Handlungsalternativen und ist zu einer gedanklichen Vorwegnahme der Handlungskette in der Lage.

Nach Lösel stehen individuelle Differenzen der Handlungskontrolle in Beziehung zu individuellen Differenzen der kognitiven Kompetenzen (wie Intelligenzniveau, kognitive Differenziertheit), aber auch in Beziehung zu Unterschieden in Persönlichkeitscharakteristika wie etwa Impulskontrolle und Fähigkeit zu Belohnungsaufschub, Reflexivität versus Impulsivität, Risikoneigung, Suche nach Abenteuer und nach Stimulation. Es sind dies in etwa die gleichen Persönlichkeitscharakteristika, die auch Bohnsack für bedeutsam hält.

Die individuellen Unterschiede in der Ausprägung dieser Persönlichkeitscharakteristika führt Lösel auf die zurückliegende Sozialisation des Kindes, vor allem auf die Erziehung in der Familie zurück.

Eine Grenze des Ansatzes von Lösel liegt darin, daß die Erklärung über das "Erwartung x Wert"-Modell nur für den Fall gilt, daß eine

Person nach Abwägen verschiedener Handlungsalternativen sich bewußt und mit gezielter Absicht für die delinquente Handlung entscheidet. Es gibt aber neben diesem Fall noch weitere Varianten delinquenter Handlungskontrolle.

Dazu seien schließlich noch die von Werbik (1983) beschriebenen "Perspektiven handlungstheoretischer Erklärungen von Straftaten" erwähnt. Dabei unterscheidet Werbik folgende Formen der "Bevorzugung" einer delinquenten Handlung:

1. eine delinquente Handlung wird bevorzugt aufgrund von persönlichen Zielsetzungen und Wertvorstellungen oder gruppenspezifischen Normen, die mit den strafrechtlichen Normen unverträglich sind,
2. zur Erreichung erlaubter Ziele werden strafbare Mittel eingesetzt, entweder aufgrund von Defiziten der Handlungsplanung, oder wegen der Unfähigkeit, die Wahl erlaubter Mittel durch Handeln zu realisieren, oder wegen geringer Verfügbarkeit erlaubter Mittel.

Unter Berücksichtigung systemtheoretischer Überlegungen detailliert Werbik noch nach verschiedenen Phasen des Handlungsablaufs wie Antizipation, Suchprozeß und Realisation und er gibt Beispiele für delinquente Abwandlungen des Handelns in diesen verschiedenen Phasen.

Die Grenzen der Überlegungen von Werbik liegen darin, daß er im Unterschied zu Bohnsack und zu Lösel nicht nach den individuellen Bedingungen der Person fragt, die dafür verantwortlich sind, daß eine Person eine delinquente Handlung bevorzugt.

Die hier zugrundegelegte interaktionistisch-handlungstheoretische Erklärungsperspektive verknüpft die zuletzt dargelegten handlungstheoretischen Überlegungen nach Bohnsack, nach Lösel und nach Werbik mit den personorientierten Erklärungen von Delinquenz als Folge sozialisationsbedingter Persönlichkeitsmerkmale des Jugendlichen, wie etwa Mängel der sozial-moralischen Kontrolle, Ich-Schwäche und Angst, mit Erkenntnissen der Selbstkonzept-Forschung (insbesondere zur Bedeutung von Selbstbewußtheit und erlebter Selbstwirksamkeit) und mit Erkenntnissen aus der Streß-Forschung, insbesondere zur Streßanfälligkeit und zu den Qualitäten psychisch belastender ("stressender") Situationen.

Der interaktionistisch-handlungstheoretische Ansatz erklärt die Entstehung von Delinquenz als Ergebnis eines ontogenetischen Prozesses (bedingt durch Lebensbedingungen und Sozialisationserfahrungen in der zurückliegenden Biographie des Jugendlichen) und eines aktualgenetischen Prozesses (bedingt durch die Art der aktuellen erlebnismäßigen Auseinandersetzung mit Konfliktsituationen). Entscheidend für ein nicht-delinquentes Verhalten ist dann das Gelingen der aktuellen Handlungskontrolle des Jugendlichen in und gegenüber bestimmten aktuellen risikobehafteten Konfliktsituationen (aktualgenetischer Anteil). Dabei wird diese aktuelle Handlungskontrolle begünstigt durch verschiedene Aspekte einer die aktuelle Situation übergreifenden (ontogenetisch in der bisherigen Biographie erworbenen) Selbstkontrolle des Jugendlichen. Wichtige Aspekte der Selbstkontrolle des Jugendlichen sind dabei der normativ-empathische Aspekt (Willenskontrolle, Zurückstellen eigener Bedürfnisse hinter die moralischen Wertvorstellungen und sozialen Spielregeln, Bereitschaft zur Übernahme sozialer Verantwortung, zu sozialem Engagement und empathischer Anteilnahme am Erleben anderer), der Aspekt der emotionalen Kontrolle (Gelassenheit und Ausgeglichenheit gegenüber inneren und äußeren Belastungen und Widerständen), der Aspekt der Bewußtheit (bewußte Wahrnehmung eigener Erlebnisse und Handlungsweisen und äußerer Ereignisse, bewußte Auseinandersetzung damit, bewußtes Nachdenken über eigene Handlungsentscheidungen und gedankliche Vorwegnahme von Handlungsabläufen und Handlungsfolgen), der Aspekt der Selbstautonomie und erlebten Selbstwirksamkeit (aktive Einflußnahme auf die Gestaltung der Welt, Erleben der Selbstverantwortung für eigenes Verhalten).

Die Entwicklung dieser verschiedenen Aspekte der Selbstkontrolle wird durch bestimmte Qualitäten von zurückliegenden Sozialisationserfahrungen des Jugendlichen beeinflußt (z. B. Konsistenz der Belohnung/

Bestrafung von moralischem/unmoralischem Verhalten, Vermittlung von Einsicht durch Argumentation, positive Valenz der Vertreter gesellschaftlicher Moral, Verständnis und Toleranz für die Erlebnissituation und die Ansichten des Kindes und Jugendlichen, Herausforderung zur bewußten und vertieften gedanklichen Auseinandersetzung mit Problemen, Anregungen und Unterstützung zum selbständigen Problemlösen und Toleranz für Selbständigkeitsbemühungen).

Traditionelle Delinquenzerklärungen legen das Augenmerk vor allem auf die zuletzt genannten individuellen persönlichen Qualifikationen des Jugendlichen und auf die sozialen Ressourcen als Voraussetzung der Bewältigung von Belastungen und lassen dabei den "Prozeß" der aktuellen Belastungsverarbeitung und Belastungsbewältigung, die eigentliche Interaktion zwischen der Person und den aktuellen situativen Gegebenheiten, außer Acht.

Dieser Prozeß der erlebnismäßigen Auseinandersetzung des Jugendlichen mit der aktuellen Situation, die dabei wirksam werdende individuelle motivationale Dynamik des Konfliktlöseverhaltens eines Jugendlichen und wichtige Momente des jeweiligen Situations- und Bedeutungskontextes eines Deliktablaufs (z. B. Deliktbegehung alleine oder gemeinschaftlich mit anderen, Überforderung, Provokation, Übermut, Langeweile) werden dagegen in dem hier zugrundegelegten interaktionistisch-handlungstheoretischen Ansatz besonders beachtet. Dabei kann das für die Deliktentstehung verantwortliche Mißlingen der Handlung in verschiedenen Phasen des Handlungsablaufs liegen:

- in der Aufforderungsphase, etwa dadurch, daß eine Situation auf eine Weise interpretiert wird, nach der eine delinquente Bewältigung der Situation naheliegt;

- in der Such-(Planungs-, Entscheidungs-)Phase, etwa dadurch, daß (bei eigentlich delinquenzneutraler Interpretation der Situation) ein delinquentes Mittel zur Bewältigung einer Situation ausgewählt wird;

- in der Realisationsphase, etwa als Mißlingen einer ursprünglich intendierten nicht-delinquenten Handlungsweise aufgrund inadäquater Bewältigung (unvorhergesehen) auftretender Schwierigkeiten;

- in der Phase der Bewertung im Nachhinein, etwa durch nachträgliche Rechtfertigung und Selbstentlastung.

2. (Sonder-)Pädagogische Konsequenzen für ambulante Förderprogramme

Aus dem dargelegten interaktionistisch-handlungstheoretischen Erklärungsansatz für Delinquenz ergeben sich folgende erziehungsrelevante Konsequenzen für die im Rahmen der Sozialen Trainingskurse zu realisierenden pädagogischen Reaktionen auf das jugendliche Problemlöseverhalten.

Das Anliegen der Sozialen Trainingskurse wird primär nicht darin gesehen, Defizite der Persönlichkeit der Jugendlichen zu beheben, sondern zunächst darin, besondere Bewältigungsmuster der Jugendlichen für bestimmte Konfliktsituationen zu erkennen, die dafür verantwortlichen (evozierenden, aufrechterhaltenden, moderierenden) Bedingungen zu ermitteln und anschließend kompetente Bewältigungsmuster zu entwickeln (Beeinflussung der aktuellen Handlungskontrolle der Jugendlichen). Sekundär ist daraus auch ein Generalisierungs- und Transfereffekt im Sinne der Veränderung der Persönlichkeit des Jugendlichen zu erwarten, eine Veränderung seiner Selbstkontrolle und seiner situationsübergreifenden Bewältigungs- und Handlungskompetenzen. Dabei wiederum richtet sich das Interesse weniger auf die Beseitigung oder den Abbau problematischer Handlungskompetenzen, sondern auf die Erarbeitung und den Aufbau positiver Formen der Auseinandersetzung mit Problemsituationen, der gelungenen Realisierung von Bedürfnissen und Interessen eines Jugendlichen und der gelungenen Bewältigung seines Alltags.

Sofern dabei auch die Verinnerlichung gesellschaftlich-moralischer Normen angezielt wird, geht es nicht nur um die rationale Übermittlung und Kenntnis von Normen, sondern auch um die Auseinandersetzung mit der Sinnhaftigkeit derselben in Bezug auf die spezifische Lebenssituation des Jugendlichen.

Im Sinne der interaktionistisch-handlungstheoretischen Position (welche über die traditionelle personorientierte Erklärung von Delinquenz, aber auch über die Erklärung nach dem labeling-approach hinausgeht) gehören zur Konzeption eines Förderprogramms für straffällig gewordene Jugendliche die Hereinnahme der ganzen Person des Jugendlichen als Subjekt sozialen Handelns (d. h. die Berücksichtigung seiner bisherigen Biographie und seines derzeitigen ökonomischen und soziokulturellen Lebensumfeldes) und die Beachtung der subjektiven Deutungen und Interpretationen des Jugendlichen und seiner subjektiven Handlungsentwürfe und Handlungsantizipationen.

So läßt sich die übergeordnete Zielsetzung der Sozialen Trainingskurse in der Bereitstellung von Hilfen zu einer bewußten, an den normierten Freiheitsrechten der anderen und denen des Jugendlichen selbst orientierten Lebensgestaltung sehen. Inhaltlich handelt es sich dabei um Angebote des Erlernens und Einübens entsprechender sozialer Handlungskompetenzen. In den Trainingskursen geht es dabei primär um das Erleben aktueller Handlungskontrolle, sei es aufgrund der gedanklichen Auseinandersetzung mit vorgestellten Alltagssituationen oder aufgrund der Erfahrung in simulierten kursexternen Alltagssituationen oder in Situationen der kursinternen Realität.

Die durchzuführenden pädagogischen Maßnahmen dienen der Immunisierung gegenüber Konfliktsituationen und der Entwicklung alternativer nicht-delinquenter Konfliktlösungen. Dabei erfolgt eine Einflußnahme auf die einzelnen Handlungsphasen, nach denen der Prozeß der Auseinandersetzung, Bewältigung und Lösung von Konfliktsituationen abläuft, d. h. eine Einflußnahme

- auf die Art der Wahrnehmung, Interpretation und Bewertung der Konfliktsituation (Problembewußtsein entwickeln, Risikomomente benennen und beschreiben),

- auf das Suchen, Sammeln und Abwägen von alternativen (nicht-delinquenten) Konfliktlösungen,
- auf die Verwirklichung einer Entscheidung (z. B. durch Rollenspiel) und auf die erlebnismäßige (kognitive und emotionale) Auseinandersetzung mit Widerständen und Konflikten bei der Verwirklichung eines intendierten Konfliktlöseverhaltens,
- auf die Bewertung der Konfliktlösung im Nachhinein.

Es ist dabei zu betonen, daß die Möglichkeiten des sozialen Lernens im Rahmen der Sozialen Trainingskurse in erster Linie auf der Ebene der erlebnismäßigen Auseinandersetzung (insbesondere über Aufmerksamkeitszuwendung, retrospektive Gedächtnisprozesse und perspektive Antizipationsprozesse) liegen. Insbesondere bei den retrospektiven (Gedächtnis-)Inhalten ist dabei aber auch ein direkter Bezug auf das Handeln in realen (vom Jugendlichen bereits real erlebten) Alltagssituationen möglich. Die Ebene der praktischen Ausführung sozialen Handelns einschließlich der dabei beteiligten verbalen und motorischen Handlungsanteile und der Motivations- und Verstärkungsprozesse läßt sich im Rahmen der Kurssituation nur begrenzt realisieren (entweder als kursinterne soziale Realität oder als simulierte kursexterne Alltagsrealität) und bleibt damit von den realen kursexternen Alltagssituationen mehr oder weniger entfernt.

Die im folgenden noch zu erwähnenden Lehr-Lern-Situationen werden in den Sozialen Trainingskursen in erster Linie als Ableitung (als verkleinertes Abbild) der komplexen gesellschaftlichen und individuellen Wirklichkeit verstanden. Daneben können die Lern-Lern-Situationen der Kurse auch bestimmte "gegen den Strich" der gesellschaftlichen und individuellen Wirklichkeit konzipierte Konstruktionen darstellen, durch welche die gängigen Muster des gesellschaftlichen Handelns und des individuellen Konfliktlöseverhaltens transparent gemacht und kritisch hinterfragt werden können. Und schließlich stellen die Lern-Lern-Situationen in begrenztem Rahmen auch selbst gesellschaftliche Wirklichkeit dar. So wird durch die Sozialen Trainingskurse Praxis nicht nur abgebildet und transparent gemacht, sondern kann dabei auch eigeninitiativ und mit der Möglichkeit zu innovativem Handeln (probeweise) bewältigt werden.

Das dargelegte Ziel der Verbesserung der sozialen Handlungskompetenzen von Jugendlichen impliziert nicht die Reduktion der Sichtweise auf den einzelnen Jugendlichen, sondern erlaubt zusätzlich auch den Einbezug der sozialen Kontrollorgane wie Justiz und Polizei (etwa durch Zusammenarbeit bei der Vor- und Nachbereitung und bei der Durchführung der Kurse). Gleichzeitig steht aber im Vordergrund der Ziele die Vermittlung und Übung der Handlungskompetenz einzelner Jugendlicher. Zielsetzungen, welche sich auf die Lerngruppe selbst und ihr Zusammenwachsen beziehen, stehen bei der im folgenden erläuterten Entwicklung der themenbezogenen Kurseinheiten bzw. Kursbausteinen im Hintergrund. Sofern während der Kurse gruppendynamische Prozesse und Selbsterfahrungen der Jugendlichen in der Gruppe und mit Hilfe der Gruppe in Gang gebracht werden, was von Fall zu Fall mehr oder weniger geschieht (vgl. dazu die folgende skizzenhafte Darstellung zweier exemplarischer Beispiele von Sozialen Trainingskursen), erfolgt dies aus methodischer Absicht, als Mittel zum Zweck, nicht aber als Ziel der Kurse.

Die Auswahl der relevanten Kursinhalte kann sich an verschiedenen Kriterien orientieren (vgl. Walkenhorst, 1989, s. 109 ff.). So können gedankliche Abklärungen über grundsätzliche "Objekt"- und Inhaltsbereiche des sozialen Lernens und über soziale Handlungskompetenzen vorgenommen werden. Dabei kann auch Bezug genommen werden auf Theorien des Jugendalters und besondere Krisen- und Brennpunkte des Jugendalters (z. B. außerschulische Berufsvorbereitung bei Hauptschülern, Auseinandersetzung sozial benachteiligter Jugendlicher mit ihrer Lebenssituation). Es ließen sich die in den Kursen zu behandelnden Problemsituationen und die sich daraus ergebenden inhaltlichen Erfordernisse durch die Befragung relevanter Bezugspersonen, etwa Personal von Erziehungseinrichtungen (Heimen, Strafanstalten etc.) oder Vertreter sozialer Kontrollinstanzen (z.B. Polizei) bestimmen (z.B. im Sinne alltäglicher Erfordernisse wie Ordnung/Pünktlich-keit im Rahmen des Heimalltags).

Bei den bisher genannten Möglichkeiten der Ableitung von Kursinhalten und von Verhaltensanforderungen an die Jugendlichen werden Erwartungen an die Jugendlichen von außen herangetragen und können dann durchaus auch von den Jugendlichen als Ansprüche an sich selbst übernommen werden (z. B. sich gut "verkaufen" im Rahmen eines Bewerbungsgesprächs, Beseitigung von Konflikten in der Schule, am Arbeitsplatz etc.). Eine solche Ableitung gerät in die Gefahr der Förderung des Anpassungslernens. Freiräume selbsttätigen und solidarischen Lernens sowie das Erlernen von Durchsetzungsstrategien bei ungerechter Behandlung durch vorgesetzte Institutionen (Qualifikationen, welche ebenfalls zur Erziehung zu legalem Verhalten gehören) werden dabei möglicherweise verschüttet. Es besteht sogar die Gefahr, noch ein Mehr an Verhaltenserwartungen und Kontrolle zu schaffen und dadurch der Entwicklung von Selbstverantwortung des Jugendlichen eher im Wege zu stehen. Daher wird eine weitere Grundlage für die Gewinnung von relevanten Problemsituationen und Kursinhalten in Gruppengesprächen und Befragungen bei den unmittelbar betroffenen Jugendlichen selbst gesehen.

Insgesamt sollte die Auswahl der Kursinhalte die verschiedenen vorgenannten Zugänge integrieren, dabei ein "Basisangebot" an relevanten und vermittelbaren Inhalten festlegen, jedoch auch Freiräume für spontanes Agieren bieten und die Aufnahme ursprünglich nicht vorhergesehener, aber durch die Jugendlichen gewünschter Inhalten zulassen. Ein solches "Basisprogramm" oder -angebot, verstanden als Anregung für Jugendliche (und auch Kursleiter), sich mit Möglichkeiten ihres Alltagshandelns auseinanderzusetzen, ist zumindest für die Anfangsphase eines Kurses als inhaltliche Grundlage erforderlich. Es ist im Sinne eines "offenen" Curriculums zu verstehen, welches die prinzipielle Entscheidungsfreiheit einer Lerngruppe einschließt, die Ziele, Inhalte, Methoden und Medien des Programms auszuwählen, zu begrenzen und in und nach einem Lösungsversuch zur Diskussion zu stellen und damit an die jeweiligen Erfordernisse anzupassen.

Damit wird allerdings nicht der Anspruch erhoben, in der Lernsituation selbst eine abgeschlossene Qualifizierung zu autonomem und kompetentem Verhalten in außerschulischen Lebenssituationen zu vermitteln.

Hierzu können lediglich Voraussetzungen geschaffen werden. Der materielle Inhalt von Kompetenz und Autonomie muß letztlich von den Jugendlichen selbst aufgrund der in Lernarrangements entwickelten Fähigkeiten in den jeweiligen situationsspezifischen Zusammenhängen des Lebensalltags entfaltet werden.

Damit wird eine Grenze der Leistungsfähigkeit der curricularen Überlegungen und der Wirkungen der Sozialen Trainingskurse hinsichtlich der Übertragbarkeit auf das Alltagshandeln der Jugendlichen deutlich.

In dieser Sicht ist der Versuch, Themen in Situationen zu konkretisieren und mögliche Handlungs- bzw. Verhaltensmuster zur kompetenten Bewältigung abzuleiten, als ein Anstoß zur Einleitung des Diskurses zwischen Pädagogen und Jugendlichen zu verstehen.

Dieser an Situationen festgemachte Diskurs wiederum kann inhaltlich in der Vermittlung von "Erfahrung" und "Wissensorientierung" erfolgen (vgl. Velthaus, 1980, S. 78). "Erfahrung" bezeichnet dabei all das, was die Jugendlichen, aber auch die Pädagogen in die Lehr-Lern-Situation einbringen und was in dieser aktualisiert werden muß. Erfahrung ist aber auch das was die Lehr-Lern-Situation selbst gezielt zu vermitteln hat. Sie soll Erfahrungen ordnen und klären bzw. zum Sammeln neuer Erfahrungen anleiten. "Wissensorientierung" dagegen bezeichnet die Grundstrukturen und Muster, nach denen sich die Erfahrung ordnen kann. Sie muß von Fall zu Fall neu konkret ausgelegt und in entsprechenden Themenzusammenhängen aufgearbeitet werden (Velthaus, 1980, S. 78).

In diesem Sinne sind die in den Kursen zu thematisierenden Situationen an den unmittelbaren Lebenszusammenhängen und der Betroffenheit der Jugendlichen zu orientieren. Die Situationen sollen repräsentativ für "Schlüsselsituationen" im Leben des Jugendlichen abgeleitet bzw. konstruiert werden. Dabei sind simplifizierende Reduktionen der Problemnuancen und simplifizierende Bewältigungsmuster zu vermeiden.

Neben der Frage nach der Auswahl der Kursinhalte steht die Frage nach den methodischen Vorgehensweisen, mit denen sich die pädagogischen Intentionen verwirklichen lassen.

Es liegt nahe, Leitlinien für die Konzeption pädagogischen Handelns bei straffällig gewordenen Jugendlichen aus der herangezogenen Konzeption zur Erklärung jugendlicher Delinquenz abzuleiten. Dabei kann für den oben skizzierten Ansatz der Erklärung von jugendlicher Delinquenz als Folge mangelnder Selbst- und Handlungskontrolle der Anspruch erhoben werden, daß er mit dem ontogenetischen und dem aktualgenetischen Erklärungsanteil zwei wichtige Teilkomponenten integrierend berücksichtigt und daß er im Bereich des aktualgenetischen Prozesses Raum bietet, die Besonderheiten des jeweiligen Situationskontextes einer delinquenten Handlung und des Bedeutungskontextes im Hinblick auf die Lebenssituation des Jugendlichen miteinzubeziehen. Die Intentionen der pädagogischen Maßnahmen sind dann in erster Linie darauf gerichtet, Einfluß zu nehmen auf die Art der erlebnismäßigen Auseinandersetzung der Jugendlichen mit Konfliktsituationen und auf die Art des Konfliktlösungsverhaltens zur Bewältigung solcher Situationen.

Ergänzt werden diese Intentionen durch die Absicht, die Interaktionen und die Erfahrungsmöglichkeiten in den Kursen so zu gestalten, daß bei den Jugendlichen auch grundsätzliche Aspekte ihrer Selbstkontrolle (wie Bewußtheit, Erleben von Selbstautonomie, emotionale Kontrolle, normativ-empathische Kontrolle) gefördert werden, woraus wiederum ein positiver Einfluß auf die Art der Konfliktbewältigung erwartet werden kann.

Trotz der gegebenen Nähe zur Lebenssituation der Jugendlichen kann der herangezogene Erklärungsansatz für jugendliche Delinquenz aber nicht den Anspruch erheben, daß es sich bereits um eine umfassende, alle relevanten Teilaspekte schlüssig integrierende und zusätzlich um eine empirisch bewährte Erklärungsperspektive handelt, von welcher sich ebenso schlüssige und bewährte Konsequenzen für pädagogisches Handeln ableiten ließen. Daher erscheint es zum gegenwärtigen Zeitpunkt angemessen, bewährte Methoden von teilweise unterschiedlicher Theoriezugehörigkeit im Einzelfall gezielt zusammenzustellen. Die Entscheidung darüber und auch die Art der tatsächlichen Realisierung der einzelnen Vorgehensweisen muß dabei der Verantwortung des Kursleiters in der je gegebenen Kurssituation vorbehalten bleiben.

Die Bedeutsamkeit der Methodenvielfalt wird auch für die im Bereich der Jugend- und Erziehungshilfe durchgeführten Modellversuche zu Sozialen Trainingskursen betont. Es wird festgestellt, daß sich "gerade diese Vielfalt bewährt hat und für die zukünftige Gestaltung von Übungs- und Erfahrungskursen unbedingt beibehalten werden sollte.... Insbesondere die Verknüpfung erfahrensbezogener und themenzentrierter Elemente bietet für soziale Lernprozesse in der Gruppe günstige Ansatzpunkte und kann vom Gesamtverlauf des Modellprogramms her als wichtigstes Prinzip für den didaktischen Aufbau von Erziehungskursen betrachtet werden" (BMJFG 1979, S. 58).

Dies bedeutet, die einzelnen Kursbausteine so zu konzipieren, daß die Teilnehmer auf verschiedenen Rezeptionskanälen (auditiv, visuell, manuell-körperlich) angesprochen werden sollen. Einzelne Fragen in Zusammenhang mit der Auswahl von Methoden (z. B. Frage nach Kriterien, welchen die Methoden gerecht werden sollten), mit der Organisation des Einsatzes von Methoden (z. B. Kursverlauf, Verbindung von "Bausteinen") werden bei Walkenhorst, (1989, S. 130 ff.), erörtert, zusätzlich auch Möglichkeiten und Grenzen bestimmter einzelner methodischer Vorgehensweisen.

Dabei steht im Vordergrund die Methode der "Moderation" als kommunikativer Rahmen für folgende weiteren methodischen Elemente: Papier- und Bleistift-Verfahren, Modellieren und Üben kompetenter Verhaltensweisen, Einsatz von Lob und Kritik, Video-feedback, Einsatz von Spielen, sozialer Dienst im realen leben (z. B. in Krankenhäusern, in Alten- und Behinderteneinrichtungen).

3. Ausgewählte Beispiele für die Realisierung von Sozialen Trainingskursen

Wie bereits erwähnt, wurden in den letzten Jahren in vielen deutschen Städten Soziale Trainingskurse konzipiert und realisiert. Zur exemplarischen Veranschaulichung sollen hier Kurse, wie sie in Dortmund und in Mainz durchgeführt wurden, skizzenhaft beschrieben werden. Beide

Kurse sind an der gleichen theoretischen Konzeption der Erklärung jugendlicher Delinquenz als Folge mangelnder Handlungskompetenz und mangelnder Handlungskontrolle orientiert und an der dementsprechenden Leitlinie, pädagogisches Handeln auf die Förderung der Bewältigungskompetenzen des Jugendlichen für seine Lebenswelt und seine Alltagssituation auszurichten.

3.1. Soziale Trainingskurse der Jugendgerichtshilfe Dortmund

In Dortmund werden seit 1989 Soziale Trainingskurse von der Jugendgerichtshilfe des Jugendamtes angeboten. Wie auch bei vielen anderen Kursmodellen standen hier zwei Grundsatzüberlegungen im Vordergrund, so zum einen die Idee eines konstruktiven, nicht allein repressiven Angebots des Erlernens bzw. der Förderung sozial akzeptierter Verhaltensweisen im Sinne einer erweiterten Handlungskompetenz (z. B. Konfliktvermeidung, nichtaggressive Konfliktaustragung), zum anderen die inhaltliche Orientierung an den Lebenswelten und dem Lebensalltag der Teilnehmer, um ihnen dort bei der Alltagsbewältigung Hilfe zu leisten (mit der Behandlung von Themen wie Partnerschaft/Sexualität, Freizeitplanung/-gestaltung, Umgang mit Institutionen, Drogen, Alkohol etc.).

Der Kurs wird in Dortmund hauptsächlich als Weisung nach § 10 JGG verhängt. Adressaten sind damit vor allem Straftäter im mittelschweren Deliktbereich (z.B. Einbruchsdelikte, Pkw-Diebstähle, Körperverletzungen, u.U. auch Drogenkriminalität), wobei es sich hierbei meist um wiederholt auffällig gewordene Jugendliche handelt. Die Teilnahme am Kurs ist nicht freiwillig, sondern kann (zumindest theoretisch) mit Beugearrest bis zu vier Wochen erzwungen werden.

Die Dortmund Kurskonzeption ist, wie andere pädagogische Maßnahmen auch, im Laufe der Jahre aufgrund der gesammelten Erfahrungen ständig weiterentwickelt worden, so daß an dieser Stelle vor allem auf den aktuellen Stand Bezug genommen wird (vgl. dazu auch Stadt Dortmund o.J.; ders. 1990; Patra/Schmitt 1992; Patra/Schmitt/Walkenhorst 1994).

Der zeitliche Rahmen eines Kurses umfaßt derzeit ein Vortreffen und Themenblöcke von je 8 Stunden an drei aufeinanderfolgenden Samstagen. Sofern ein entsprechendes Interesse besteht, wird auch ein Nachtreffen angeboten.

Geleitet wird der Kurs derzeit von zwei JugendgerichtshelferInnen. Die jeweils 10 bis 15 teilnehmenden Jugendlichen und Heranwachsenden, in der Regel 16 bis 20 Jahre alt, sind meist männlichen Geschlechts. Mädchen werden nur dann aufgenommen, wenn ihr Anteil mindestens drei Teilnehmerinnen umfaßt. Die bisherigen Erfahrungen zeigten, daß einzelne Mädchen sich gegen die "Übermacht" der Jungen kaum durchsetzen konnten und damit die motivationalen Voraussetzungen zur aktiven Teilnahme nicht gegeben waren. Nicht aufgenommen werden alkohol- oder drogenabhängige junge Straftäter, da mit ihrer Behandlung das Kurskonzept völlig überfordert ist.
Durchgeführt wird der Kurs in einer Jugendfreizeitstätte, die an o. g. Samstagen ganztägig und störungsfrei (d. h. ohne gleichzeitige Präsenz weiterer Jugendhausbesucher) genutzt werden kann. Benötigt werden für das Programm ein Gruppenraum, eine Küche sowie ein Werkraum.

Die Akzeptanz dieser, den Jugendlichen meist vertrauten Orte, ist recht gut, die vorhandenen Freizeitmöglichkeiten (Kicker, Billard, Tischtennis etc.) werden angenommen und zur Entspannung zwischen den Gruppenaktivitäten genutzt.

Die Teilnehmer werden zu einem Vor- bzw. Kennenlerntreffen am Dienstag vor Kursbeginn in das Jugendamt eingeladen. Mit dem Einladungsschreiben wird ein von der Jugendgerichtshilfe ausgearbeitetes Faltblatt übersandt, das erste Informationen über den Kurs enthält. Um sicher zu gehen, daß die Briefe ihre Adressaten auch wirklich erreichen, werden die Schreiben mit Postzustellungsurkunde übersandt. Dennoch nicht erschienene Teilnehmer werden, sofern telefonisch unerreichbar, über ein erneutes Schreiben auf den Kursbeginn hingewiesen.

Neben dem Kennenlernen, zu dem einige Jugendliche auch ihre Freundinnen mitbringen (nicht zuletzt aufgrund innerer Unsicherheit), dient das Vortreffen der Information über die Gestaltung des Kurses. Erklärt und besprochen werden Ablauf, Inhalte wie auch die Konsequenzen der Nichtteilnahme. Unmißverständlich wird klargestellt, daß Abwesenheit nur durch ein ärztliches Attest begründet werden kann. Die immer wieder neuen Versuche, wenigstens an einem Nachmittag entschuldigt zu fehlen, werden selbstredend weder diskutiert noch akzeptiert. Der Kurs beginnt jeweils an einem Samstagmorgen um 8.30 Uhr mit dem Treffen vor dem Jugendamt der Stadt Dortmund. Besser gesagt: "sollte" beginnen. Immer wieder fehlen zu dieser frühen Stunde einige Teilnehmer, die telefonisch noch einmal an diesen Termin erinnert werden müssen. Im Anschluß erfolgt die Fahrt in die Jugendfreizeitstätte.

Dort beginnt die Arbeit zunächst mit einem gemeinsamen Frühstück. Dieses wurde erst später in die Kurskonzeption aufgenommen, als Folge der Erkenntnis, daß für die Teilnehmer das alltägliche Frühstück nicht selten aus Cola, Chips und/oder Keksen besteht. Zudem besitzt dieses gemeinsame Tun einen sehr positiven Einfluß auf Gruppenklima und -struktur.

Während des Frühstücks wird der Tisch- und Spüldienst für die Kurstage festgelegt. Schon die Ankündigung dieser Aufgaben stößt auf große Zurückhaltung bei den Teilnehmern. Andererseits sind u. a. diese Situationen, bei denen Kursleiter und Referenten sich natürlich ebenfalls beteiligen, sehr kommunikativ und bieten Raum für nicht alltägliche Einzelgespräche (z. B. zwischen Jugendlichen und eingeladenem Staatsanwalt oder Polizeivertreter).

Weiterhin werden Gruppenregeln gemeinsam überlegt und festgehalten. Um miteinander gut auszukommen, sind eindeutige Festlegungen unbedingt erforderlich und werden, nach gemeinsamer Verabschiedung, auf einem großen Plakat visualisiert. Solche Grundregeln sind u. a.:

> *"Keine Waffen"*: Üblicherweise haben die Jugendlichen anfangs große Angst voreinander ("Hier sitze ich mit Kriminellen zusammen"). Zum eigenen Schutz werden deshalb nicht selten Messer, Tränengassprühdosen o. ä. mitgebracht. Andererseits ist das Bedürfnis, ohne Handgreiflichkeiten miteinander auszukommen, recht groß. Die Gruppenregel "keine Waffen" bindet und entlastet zugleich, so daß entsprechende Gegenstände ohne großen Widerstand abgegeben werden.

"Pünktlichkeit": Die schon angesprochenen Verspätungen von Teilnehmern bedeutet, daß eventuell alle anderen auf einen Jugendlichen warten müssen, bis mit dem Programm begonnen werden kann. Da jedes Thema dennoch eingehend und ausführlich bearbeitet wird, kann sich bei extremer Unpünktlichkeit der Kurstag entsprechend verlängern. Mit der genannten Regel disziplinieren sich die Jugendlichen selbst, so daß dadurch verursachte Verzögerungen eher selten auftreten.

"Keine Drogen/kein Alkohol": Diese Setzung entspricht vor allem dem Interesse der Kursleiter an effektiver Arbeit und geordnetem Ablauf des Kurses, nachdem vereinzelt Teilnehmer unter Alkohol- oder Drogeneinfluß zum Kurs gekommen waren.

An die Regel *"keine Sachbeschädigungen"* halten sich die Teilnehmer bis heute ausnahmslos. Den Jugendlichen wird der Gaststatus in der Einrichtung erklärt. Ebenso wird auf die Konsequenzen von Beschädigungen für die nachfolgenden Kurse hingewiesen.

Unverzichtbar ist nicht nur die gemeinsame Aufstellung der Spielregeln, sondern auch die anschließende konsequente Durchsetzung sowie die begleitende Überprüfung der Regeleinhaltung durch Visualisierung auf dem Regelplakat. Einzelne Zwischenfälle sind dennoch nicht zu verhindern. Körperliche Übergriffe konnten jedoch in allen bisherigen 17 Kursen nicht beobachtet werden.

Das Dortmunder Konzept Sozialer Trainingskurse orientiert sich an einer Mischform aus Themen- und Handlungsorientierung. Im folgenden werden einige bisher bearbeitete Themen kurz vorgestellt. Ihre Auswahl bzw. Konstruktion folgte in enger Anlehnung an ihre Bedeutung in der Lebenswelt der Jugendlichen (vgl. Abschnitt 1 dieses Beitrags: zur thematischen Bandbreite sozialen Trainings mit straffällig Gewordenen vgl. auch Pielmaier (Hg.), 1980, Becker e.a. 1988, Otto 1988, Weidner 1990).

In Zusammenarbeit mit einer Projektgruppe des Faches Verhaltensgestörtenpädagogik an der Universität Dortmund wurden und werden

Kursbausteine in enger Anlehnung an die o. g. Grundorientierungen entwickelt. Dabei ist es vorrangiges Ziel, mit den Teilnehmern alltägliches Leben, Denken und Handeln aufzugreifen und ggf. einmal aus einer anderen Perspektive zu betrachten, sich eben nicht moralisierend, dennoch ernsthaft mit eigenem Tun auseinanderzusetzen und Nachdenklichkeit zu erzeugen.

So bezieht sich der Themenbaustein "Ich-Ideale" auf die Reflexion eigenen Verhaltens und die Vorstellungen von dem, was oder wer man gerne sein möchte. Bei den bisher durchgeführten Kursen konnte immer wieder festgestellt werden, daß die Teilnehmer ihr Verhalten und ihr Denken deutlich an Idolen der Musik-, Film- oder Sportbranche ausrichteten. Auf die verehrten Stars wurden insbesondere Eigenschaften projiziert, die die Teilnehmer bei sich als kaum vorhanden ansahen, aber dennoch für sich wünschten.
In der Sitzung werden die Jugendlichen gebeten, ihre Lieblingsstars und auch besonders abgelehnte Personen zu notieren. Nacheinander wird im Anschluß jeder Teilnehmer gefragt, welche Charaktereigenschaften er/sie den beliebten bzw. abgelehnten Idolen zuschreibt. Die Ergebnisse werden auf zwei Plakaten an der Wand festgehalten (positive Nennungen: z. B. aus dem leben etwas machen, ohne fremde Hilfe etwas leisten, stahlhart sein usw.; negative Nennungen: z. B. arrogant sein, aggressiv auftreten, schwul sein).

Die Nennungen werden besprochen, und es wird der Versuch unternommen, damit auch die eigene Person zu beschreiben. Bei den positiven Merkmalen sind die Teilnehmer durchaus in der Lage, Wunschbild und Ist-Situation auseinanderzuhalten. Negative Merkmale werden dagegen nur ungern auf die eigene Person übertragen. Es fällt den jungen Leuten oft sehr schwer, negative Verhaltensweisen bei sich selbst zuzugeben.

Durch diese "Übung" sollen die Teilnehmer ein wenig zum Nachdenken über sich, ihre Wünsche, Ziele, ihr tatsächlich gelebtes Verhalten und Veränderungsmöglichkeiten angeregt werden. Auch wenn dieses Nachdenken in ihrem gesamten Lebenszusammenhang eher ein punktuelles Ereignis darstellt, verändert sich nach den bisherigen Erfahrungen die Gruppenkohäsion darüber in der Regel zum Positiven. Die

Jugendlichen finden in diesem personbezogenen Vorgehen durchaus gemeinsame Ebenen und beginnen, sehr unterschiedliche Meinungen zu tolerieren und zu akzeptieren, die Handlungskompetenz des "Akzeptierens" wird gefördert.

Die Thematik "Umgang mit der Polizei" ist fester Bestandteil eines jeden Kurses, insbesondere aufgrund der häufig anzutreffenden totalen Ablehnung der Polizei und provozierenden Auftretens gegenüber dieser, was sich im Strafverfahren u. a. als "Widerstand gegen die Staatsgewalt" niederschlägt. Auf einem Plakat alles an Meinungen gesammelt, was den Teilnehmern zur Thematik "Ordnungshüter" einfällt. Das reicht von häufigen Statements wie "Polizei mißbraucht ihre Macht" oder "Polizei ist völlig überflüssig" bis hin zu selteneren, aber durchaus vorkommenden Meinungen wie "Die Polizei ist notwendig - ein Polizist hat mein geklautes Auto gefunden". Der eingeladene Polizist wird mit den Aussagen konfrontiert und beginnt mit der These "Sei nett zu Deinem Polizisten, wenn er Dich auffordert, etwas zu tun, tue es zunächst" aus einem amerikanischen Reiseführer. Die vielfältigsten Erlebnisse mit der Polizei werden angesprochen. Andererseits gibt er Auskunft über den Alltag bei der Polizei, die Verdienstmöglichkeiten und über mögliche Generationskonflikte, wenn er auf jugendliche Straftäter trifft. Dabei kommt es in der Regel zu einem Abbau von "Feindbildern" und einer konstruktiven Auseinandersetzung zwischen den beiden Parteien, womit auch die wesentlichen Zielsetzungen dieses thematischen Bausteins benannt wären.

Die "Folgen einer Straftat" (insbesondere die zivilrechtlichen) sind vielen Jugendlichen überhaupt nicht bekannt. Als einfaches Beispiel sei hier die Beförderungserschleichung ("Schwarzfahren") genannt. Daß es auch nach Zahlung des erhöhten Beförderungsentgeltes in Höhe von 60,-- DM noch zu einem Strafverfahren kommt, ist vielen schwer verständlich zu machen. Auch die Auffassung, den beschädigten Wagen, die aufgebrochene Gartenlaube usw. zahle doch die Versicherung und einem selbst könne doch nichts passieren, ist weit verbreitet. Der Schreck setzt erst dann ein, wenn die Schreiben der Geschädigten ankommen und ein gestohlenes Autoradio Schadensersatzforderungen von 2500,-- DM nach sich zieht. Viele Teilnehmer beginnen ihr Leben auf diese Weise mit einem großen Schuldenberg. Auch über die Sanktionsmöglichkeiten des Gerichtes, die Eintragungen ins Führungszeugnis oder die ausländerrechtlichen Folgen einer Straftat herrscht weitestgehend Unkenntnis. Eingeladen zu diesem Thema werden entweder ein Rechtsanwalt, ein Staatsanwalt oder ein Jugendrichter, die Rede und Antwort zu den hier angesprochenen Fragen stehen.

Neben diesem Informationsanteil ermöglicht die Methode des Rollenspiels einen weiteren Zugang zur Thematik. In der ersten Szenenvorgabe spielen die jungen Männer die familiale Reaktion auf das Bekanntwerden der Straftat. Die zweite Szene beinhaltet die Nachbereitung der Gerichtsverhandlung. Die Darsteller schlüpfen in die Rolle von Vater, Mutter, Richter, Staatsanwalt und lernen durch den Perspektivwechsel die Wahrnehmung unterschiedlichster Gefühle und Ansichten zur Straftat. Da Jugendstraftaten zu einem erheblichen Teil ungeplant, spontan und situativ bedingt begangen werden, soll auf diese Weise versucht werden, eine gewisse Hemmschwelle für ähnliche Situationen aufzubauen.

Weitere, je nach dem Interesse der Teilnehmer eingesetzte und methodisch ausgearbeitete Kurseinheiten liegen zu den Themen "Drogen und Alkohol", "AIDS", "Urteile und Vorurteile", "Die Last der Männlichkeit", "Ich und die Gewalt", "Körpersprache und Männlichkeit", "Ich und die Gewalt", "Körpersprache und Männlichkeit", "Wozu Gesetze?" und "Moralische Dilemmata" vor. Ergänzt wird der Kurs durch gemeinsames handwerkliches Arbeiten sowie durch die gemeinsame Zubereitung der Mahlzeiten.

3.2. Das Mainzer Konzept

In Mainz werden seit 1988 Soziale Trainingskurse auf Veranlassung der Jugendämter der Stadt Mainz und des Landkreises Mainz-Bingen angeboten. Dabei wurden sowohl die Trägerschaft als auch die Durchführung der Kurse dem Internationalen Bund Sozialarbeit (IB) übertragen, einem freien Träger der Jugendhilfe, der dem Dachverband des Deutschen Roten Kreuzes angeschlossen ist.Eine detailierte

Darstellung der dort realisierten Kurs-Konzeption findet sich bei Hamm (1990), worauf hier Bezug genommen wird.

An der Beratungsstelle für arbeitslose Jugendliche des IB in Mainz wurden speziell zur Durchführung der Sozialen Trainingskurse zwei Stellen für Diplompädagogen eingerichtet. Im Hinblick auf die Möglichkeit zu einer adäquaten Auseinandersetzung mit geschlechtsstereotypen Vorstellungen der Unterschichtkultur (vgl. Walkenhorst, 1989, S. 90) wurden die beiden Stellen mit einem Mann und mit einer Frau besetzt. Jeder Kursus wird von beiden Fachkräften gemeinsam betreut. Zusätzlich wirken studentische Praktikanten bei der Vorbereitung und Durchführung der Kurse mit. Zur bestmöglichen Unterstützung der jugendlichen Kursteilnehmer kooperieren die Mitarbeiter der Beratungsstelle während der Kurse mit anderen Beratungsstellen und sozialen Diensten (wie z.B. Pro Familia, Beratungsstelle für ausländische Jugendliche, Erziehungsberatungsstelle, Drogenberatungsstelle, Berufsfortbildungswerk, Arbeitslosenberatung, städtischer Sozialdienst, Schuldnerberatung, Bewährungshilfe).

Abgesehen von einer finanziellen Beteiligung des Arbeitsamtes an einer der Personalstellen (im Rahmen einer ABM-Maßnahme) werden die Personal- und Sachkosten durch einzelfallbezogene Pflegesätze finanziert. Bei einer jeweiligen Dauer von 3 Monaten (einschließlich Vorbereitung) werden in Mainz pro Jahr 4 Kurse mit jeweils etwa 12 (maximal 15) Teilnehmern durchgeführt. Adressaten sind straffällig gewordene deutsche und ausländische männliche und weibliche Jugendliche im Alter zwischen 14 und 21 Jahren. Weibliche Jugendliche sind prinzipiell also nicht ausgeschlossen, jedoch bisher nur in geringer Zahl vertreten (durchschnittlich etwa 1 Teilnehmerin pro Kursus, viele Kurse ohne weibliche Teilnahme). Als weiteres Auswahlkriterium gilt eine mittlere kriminelle Gefährdung, die als Folge eines Erziehungsmangels angesehen wird. Die meisten der bisherigen Kursteilnehmer machten sich durch Diebstahl strafbar. Es folgen Körperverletzung, Fahren ohne Fahrerlaubnis, Einbruch/Raub, Hehlerei, Sachbeschädigung und Verstöße gegen das Betäubungsmittelgesetz. Neben Jugendlichen mit schweren Straftaten (z.B. Mord, Totschlag, Vergewaltigung) bleiben Alkohol- und Drogenabhängige sowie psychisch Kranke und Jugendliche mit gravierenden Intelligenzmängeln ausgeschlossen.

Die Aufnahme in die Sozialen Trainingskurse erfolgt in Mainz überwiegend als Weisung nach § 10 JGG, teilweise auch (im Rahmen des Bewährungsverfahrens) nach § 21 und § 27 JGG. Eine andernorts verschiedentlich praktizierte Zuweisung (als Diversion) nach § 45 und § 47 JGG wird in Mainz nicht vorgenommen.

Aus pädagogischer Sicht sind die Sozialen Trainingskurse in Mainz ausgerichtet auf Jugendliche mit schwacher Normorientierung (fehlendes Unrechtsbewußtsein bzw. Willenskontrolle), auf solche, die in defizitären funktionsgestörten Familien aufwachsen oder aufwuchsen, auf Jugendliche ohne Zukunftsperspektiven und Zukunftsplanung und Dauerarbeitslose, auf Jugendliche mit Problemen im lebenspraktischen Bereich (z.B. Umgang mit Behörden) und auf solche, die unter Gruppendruck delinquentes Verhalten zeigen.

Die Zuweisung zu Kursen erfolgt in Mainz nur mit Zustimmung des Jugendlichen und dessen gesetzlichen Vertreters. Nach der freiwilligen Zustimmung besteht dann allerdings die Pflicht zum Besuch der Kurse, andernfalls erwarten den Jugendlichen Sanktionen durch den Jugendrichter, wie etwa Beugearrest oder Änderung der Weisung (z.B. Abänderung der Teilnahme am Sozialen Training in eine Geldstrafe). Die pädagogischen Mitarbeiter des Mainzer Projekts plädieren in einem solchen Fall für eine Änderung der Weisung, da unmotivierte Gruppenmitglieder dem Kurserfolg im Wege stehen.

Die methodische Vorgehensweise der Mainzer Kurse trägt handlungsorientierte und erlebnisorientierte Akzente (durch Gruppenaktivitäten und durch Hilfestellung zu sinnvollem Umgang mit der Freizeit, insbesondere an den Intensiv-Wochenenden) und themen- oder problemorientierte Akzente (d.h. emotionale und gedankliche Auseinandersetzung mit den delinquenzrelevanten Interaktionsfeldern und Konfliktbereichen der Jugendlichen, z.B. Familie und Wohnen, einschließlich Lösung von der Ursprungs-Familie, Freizeitprobleme, wie Langeweile, Drogen, Alkohol, Umgang mit anderen Menschen, Gruppendruck und Vorführung durch "peers", Partnerbeziehungen und Sexualität). Als eine zwar nicht eng definierte und methodisch gezielt zu verfolgende sondern als eine eher informelle Leitlinie des methodischen Vorgehens gilt das Gruppenphasenmodell nach Bernstein & Lowy (1975). Danach sollten von jeder Gruppe folgende fünf Phasen eines gruppendynamischen Prozesses durchlaufen werden: Voranschluß und Orientierung, Machtkampf und soziale Kontrolle (Cliquenbildung), Vertrautheit und Intimität, Zusammenhalt und Rollendifferenzierung, Trennung und Ablösung.

Die Mainzer Kurse erstrecken sich auf eine Gesamtdauer von 3 Monaten, wobei zwischen einer Vorbereitungs-, einer Kurs- und einer Abschluß-Phase zu unterscheiden ist. Zu Beginn findet nach der Kontaktaufnahme mit Jugendgerichtshelfern und Bewährungshelfern und nach ersten Kontaktgesprächen mit den vorgesehenen Jugendlichen ein Informationsabend statt, zum Zwecke des gegenseitigen Kennenlernens und zur Erläuterung des organisatorischen und zeitlichen Rahmens und der von den Teilnehmern erwarteten aktiven Beteiligung und inhaltlichen Mitgestaltung. Weiterhin dienen in der Vorbereitungszeit die Gespräche mit den einzelnen Jugendlichen und der Informationsabend dem näheren Kennenlernen (der Diagnose) der einzelnen Jugendlichen und der Förderung ihrer Kursmotivation.

Die Kursphase gliedert sich in wöchentlich einmal stattfindende Einzelgespräche, in wöchentliche Gruppenabende (einmal 2 Stunden pro Woche) in den Räumen der Beratungsstelle und in 4 Intensivtage am Wochenende. Diese Intensivtage finden entweder durch zwei Wochenendseminare (jeweils von Freitag nachmittag bis Sonntag nachmittag) in einer auswärtigen Bildungsstätte statt/oder durch ein auswärtiges Wochenendseminar und zwei Intensivtage (Samstage) in Mainz.

Für die Einzelgespräche wird jede(r) Kursteilnehmer(in) einem der beiden Kursbetreuer zugeteilt. In den Einzelgesprächen werden persönliche und intime, (noch) nicht für die Öffentlichkeit der Gruppe bestimmte Probleme des einzelnen Jugendlichen angesprochen und aktuell erforderliche konkrete lebenspraktische Hilfen gegeben. Die vor dem ersten Wochenendseminar gelegenen Gruppenabende (in der Regel 3 Abende) dienen dazu, die Konflikt- und Problembereiche der (einzelnen) Jugendlichen und ihre Sichtweisen von diesen Problemen zu klären und die motivationalen Grundlagen für eine gemeinsame (von den Jugendlichen und den Kursbetreuern getragene) Bewältigungsarbeit zu schaffen. In den späteren Gruppenabenden wird die Auseinandersetzung mit den Konflikten und Problembereichen der Jugendlichen, unter Einsatz eines weitgespannten methodisch-didaktischen Instrumentariums, fortgeführt. Zu besonderen (je nach Teilnehmern eines Kurses unterschiedlichen) Problemen werden dabei als Referenten und Diskussionspartner Mitarbeiter anderer Praxiseinrichtungen hinzugezogen (z.B. im Hinblick auf Fragen der Sexualität ein Berater von Pro Familia, ein Drogenberater, Polizist, Richter o.ä.). Die Intensivtage am Wochenende sollen durch gemeinsam Aktivitäten (wie z.B. Kegeln, Gesellschaftsspiele, durch Wanderungen, Besuch von Baudenkmälern, Naturparks, eines Weihnachtsmarkts, Theaterbesuch, gemeinsame sportliche Aktivitäten im Freien u.a.) vor allem zur Erweiterung der Erlebniswelt des Jugendlichen und zur (informellen) Förderung gruppendynamischer Prozesse beitragen.

Von den (in der Regel 3) Gruppenabenden nach den Intensiv-Wochenenden entspricht der erste den vorher skizzierten Gruppenabenden. In den abschließenden Abenden wird der Kursverlauf und das durch den Kurs Erreichte reflektiert und versucht, ein Bewußtsein für die persönliche Situation des einzelnen Jugendlichen nach Abschluß des Kurses zu entwickeln, d.h ein Bewußtsein für geänderte Sichtweisen des Jugendlichen von sich selbst und von seinen Problemen, für neue Einstellungen zu anderen und zur Gemeinschaft, aber auch für nach wie vor bestehende Schwierigkeiten (z.B. familiäre Defizite und Spannungen, Arbeitslosigkeit, gesundheitliche Probleme u.ä.). Gleichzeitig wird abschließend versucht, die Jugendlichen zur Teilnahme an dem vom Träger angebotenen wöchentlichen informellen Treffen für ehemalige Kursteilnehmer und Gäste (z.B. auch Mitarbeiter von Beratungsstellen) zu motivieren. Und schließlich werden die Jugendlichen eingeladen, auch weiterhin die Räume der Sozialen Trainingskurse in ihrer Freizeit aufzusuchen bzw. weiterhin (über Gespräche in der Beratungsstelle) den Kontakt zu den Kursbetreuern aufrechterhalten.

4. Kritische Betrachtung der Konzepte und weiterführende Perspektiven

Sieht man die Kurse als Mittel zum Zweck einer bewußten Auseinandersetzung jugendlicher Straftäter mit sich selbst, ihrem Verhalten, ihrer Straftat und ihrer Umwelt an, so kann aufgrund der Erfahrungen und Teilnehmer-Rückmeldungen in den bisher durchgeführten Kursen dieser Zweck als im großen und ganzen erreicht vermutet werden.

Dennoch sollen aufgrund der bisherigen Erfahrungen der Autoren auch einige kritische Feststellungen getroffen werden. Sie beziehen sich zum einen auf Grenzen der pädagogischen Wirksamkeit der Kurse und zum anderen auf Schwierigkeiten und Mißverständnisse der Einschätzung der Trainingskurse.

Unter den Grenzen der pädagogischen Wirksamkeit seien vor allem diejenigen angesprochen, die sich aus der zeitlichen Beschränkung der Dauer der Kurse ergeben. Bei der gegebenen zeitlichen und meist auch organisatorischen Begrenzung ist es nicht möglich, auch das Umfeld der jugendlichen Kursteilnehmer mit einzubeziehen bzw. im Umfeld (etwa am Verhalten der Eltern, an den Einstellungen von Vorgesetzten oder Arbeitskollegen etwas zu ändern). Aber auch im Hinblick auf die Wirkung bei den Jugendlichen selbst bzw. auf die Nachhaltigkeit einer durch den Kursus erzielten pädagogischen Wirkung wäre eine längere pädagogische Einflußnahme wünschenswert. So könnte durch die sozialen Trainingskurse durchaus ein erster Fortschritt an Selbsteinsicht des Jugendlichen in seine eigenen Probleme erreicht worden sein, eine Grundlage für neue Sichtweisen konfliktbehafteter Alltagssituationen und für andere Formen der Handlungskontrolle und der Belastungsbewältigung in sozialen Situationen. Nun käme es aber darauf an, diese ersten Erfolge zu zeitlich überdauernden Haltungen zu stabilisieren, damit nicht wieder ein Rückfall in die früheren Haltungen des Jugendlichen eintritt. Diese Gefahr besteht um so mehr, als der Jugendliche in der Regel ja nach wie vor im gleichen Lebenskontext weiterlebt, dieser sich nicht verändert, auch deswegen weil die Intentionen und Maßnahmen der Kurse nicht auf eine Veränderung des Umfeldes ausgerichtet waren. Zur Fortführung und Stabilisierung pädagogischer Erfolge erscheint es außerordentlich wichtig, eine längere, auf Freiwilligkeit beruhende Begleitung der Jugendlichen zu organisieren.

Eine solche Betreuung könnte darin bestehen, daß der Kurs-Veranstalter für die ehemaligen Kursteilnehmer weiterhin ein Angebot anbietet (z.B. informelles wöchentliches Treffen). Die Teilnahme des Jugendlichen an einem solchen Angebot liegt dann außerhalb einer jugendrichterlichen Weisung. Damit zusammenhängend fehlt es den Kurs-Veranstaltern bisher noch weitgehend an den finanziellen Ressourcen, eine derartige Nachbetreuung anzubieten. Und leider wird ein bestehendes derartiges Angebot nach vorliegenden Erfahrungen nur von wenigen der erheblich gefährdeten Jugendlichen wahrgenommen. Es besteht die Gefahr, daß die Jugendlichen keinen Nutzen solcher informeller Treffen erkennen und daher fernbleiben. Dies liegt teilweise wohl auch an dem jeweiligen informellen Programm.

Eine Möglichkeit, die Dauer der pädagogischen Einflußnahme auf einer anderen Basis als auf der der Freiwilligkeit zu verlängern, liegt im Rahmen des § 10 JGG, wonach im Rahmen von Betreuungsweisungen Jugendliche für einen längeren Zeitraum, maximal für 1 1/2 bis 2 Jahre einem Pädagogen (Betreuungshelfer) unterstellt werden können. Wohl müßte (und könnte aus Kostengründen) dieser maximale Zeitrahmen nicht ausgeschöpft werden. Aber es wäre zumindest vorstellbar, die Maßnahme der sozialen Trainingskurse mit der der Betreuungsweisungen zu kombinieren, d.h. mehrere Jugendliche, die einem Pädagogen im Rahmen der Betreuungsweisung längerfristig unterstellt werden, im Rahmen eines längerdauernden Kurses gemeinsam zu begleiten.

Es bleibt festzuhalten, daß die zeitliche Begrenztheit der Kurse und das aufgrund mangelnder finanzieller Möglichkeiten fehlende Angebot an attraktiven verhaltensstabilisierenden Hilfen im Anschluß an die Kurse (z.B. durch Fortführung der Gruppe auf freiwilliger Basis, Anbindung an Jugendfreizeitstätten, Integration der Teilnehmer in örtliche Sport- oder sonstige Vereine) eine bisher noch ungelöste Herausforderung darstellt.

Der zweite Aspekt einer kritischen Betrachtung der sozialen Trainingskurse betrifft ihren kriminalpolitischen Stellenwert, insbesondere auch aus der Sicht der verantwortlichen Justizbehörden und der Jugendrichter. Eine Gefahr könnte darin bestehen, daß ambulante Maßnahmen wie die des Sozialen Trainings auch solchen Jugendlichen auferlegt werden, bei denen eine wirkliche Gefährdung zur Straffälligkeit gar nicht gegeben ist, ihre Straftat vielleicht nur eine einmalige Verfehlung darstellt, die Anpassungs- und Bewältigungsschwierigkeiten nur eine vorübergehende kurze Episode ausmachen. Es könnte die Gefahr gesehen werden, daß entgegen der für die Einführung ambulanter Maßnahmen verantwortlichen kriminalpolitischen Absicht zur Einschränkung von Sanktionskontrolle es dann eher zu einer Erweiterung dieser Kontrolle kommt. Es könnte daraus die Schlußfolgerung gezogen werden, bei den nur leicht belasteten Jugendlichen von der Maßnahme der sozialen Trainingskurse eher abzusehen.

Bei einer solchen Schlußfolgerung wären die Sozialen Trainingskurse dann aber nur unter dem kriminalpolitischen Sanktionsaspekt gesehen. Das eigentlich pädagogische Anliegen und die pädagogischen Möglichkeiten der Kurse würden dabei übersehen. Werden diese Aspekte beachtet und ernst genommen, liegt eher die umgekehrte Schlußfolgerung nahe, die Maßnahme der Sozialen Trainingskurse möglichst weitreichend, d.h. auch in präventiver Absicht und somit auch bei (noch) wenig belasteten Jugendlichen anzuwenden.

Dem entspricht dann auch die Erfordernis, solche produktiven Gestaltungsräume für gefährdete Jugendliche statt in der Jugendstrafrechtspflege im Rahmen der "Sozialen Gruppenarbeit" nach § 29 KJHG anzubieten. So wird in der Kommentarliteratur ganz ausdrücklich auf die Absicht des Gesetzgebers hingewiesen, "die soziale Gruppenarbeit nicht nur auf Fälle der Jugendgerichtshilfe und in Zusammenhang mit delinquentem Verhalten zu sehen, sondern schlechthin Entwicklungsschwierigkeiten und Verhaltensprobleme mit dieser Methode zu erfassen und zu überwinden helfen... Eine bestimmte Altersgrenze legt § 29 nicht fest; die Altersgrenze bei Kindern wird zudem vom Maßnahmeinhalt abhängen, auch von den Teilnehmern..." (Krug/Grüner/Dalichau 1991, KJHG § 29, Kommentar, 2; vgl. auch Späth 1991, 107).

Eine den Stellenwert der Sozialen Trainingskurse betreffende Erfahrung geht auch dahin, daß bei manchen Justizvertretern noch eine Unsicherheit hinsichtlich der pädagogischen Möglichkeiten bzw. eine fehlende Überzeugung von ihrer pädagogischen Wirksamkeit vorliegt in dem Sinne, daß die Sozialen Trainingskurse wohl nicht schaden können und probeweise durchgeführt werden sollten, daß aber sozusagen sicherheitshalber zusätzlich möglichst auch noch andere (Straf-) Sanktionen verhängt werden sollten.

Ein anderer Hinweis auf Unsicherheiten bezüglich der pädagogischen Möglichkeiten der Kurse ergibt sich daraus, daß bei einzelnen Richtern eine Tendenz zur überzeichnenden Polarisierung des Urteils über die Jugendlichen besteht. Es wird polarisiert zwischen solchen Jugendlichen, für welche Soziale Trainingskurse als ausreichende Maßnahme angesehen werden und solchen Jugendlichen, die derart belastet sind, daß die Sozialen Trainingskurse nicht mehr als ausreichende Maßnahme zur Besserung angesehen werden. Die Schwere der Belastung bestimmter Jugendlicher wird gewissermaßen dadurch erst deutlich, daß sie für die Sozialen Trainingskurse nicht mehr geeignet erscheinen. Unter Berücksichtigung der pädagogischen Möglichkeiten bzw. bei der Überzeugung von ihrer Wirksamkeit ist demgegenüber zu erwidern, daß auch die schwer belasteten Jugendlichen (zumindest die Mehrzahl dieser Jugendlichen) aus pädagogischer Sicht nicht ausgeschlossen, sondern umgekehrt, vermehrt den Sozialen Trainingskursen zugewiesen werden sollten.

Demgemäß wird hier für eine zweifache Ausweitung der Anwendung Sozialer Trainingskurse plädiert: für die bereits erwähnte Ausweitung auf Jugendliche im Vorfeld der Delinquenzentwicklung und zum anderen für eine Ausweitung auch auf stärker belastete Jugendliche.

Sowohl zu einer präventiven, möglichst frühzeitig ansetzenden pädagogischen Wirkung, aber auch zu einer Lösung der Maßnahme aus dem einseitigen Verständnis als kriminalpolitische Sanktion könnte es beitragen, daß die Jugendhilfe sich öffnet und mit anderen formellen (z.B. Schule) und informellen (z.B. Sportverein) Erziehungsinstitutionen zusammenarbeitet. Dabei sei ausdrücklich die Zusammenarbeit mit der

Schule als besonders wichtig hervorgehoben. Dies könnte bedeuten, die Erfahrungen von Kursleitern aus Sozialen Trainingskursen für die schulische Arbeit zu nutzen. Z.B. könnten Kursleiter bzw. Jugendgerichtshelfer in Schulklassen über ihre Erfahrungen mit Jugenddelinquenz berichten oder sogar Kursbausteine in Absprache mit den Lehrkräften durchführen. Ebenso könnten über sie Kontakte von der Schule zu Jugendrichtern, Staatsanwälten und der Polizei vermittelt und für die Unterrichtsarbeit genutzt werden (vgl. zu weiteren Möglichkeiten kooperativer Präventionsmaßnahmen im schulischen Raum Walkenhorst 1990, 851 f.). Der schöpferischen Phantasie sind hier kaum Grenzen gesetzt.

Allerdings, und das muß im Hinblick auf die "Wirksamkeit" der Kurse deutlich gesagt werden, stellen ambulante Maßnahmen eben nur eine individualisierende, in der Regel nicht umfeldbezogene Intervention und damit eine notwendige, aber auch in ihrer Reichweite schon strukturell sehr begrenzte Hilfe dar. Milieus, Arbeitslosigkeit oder fehlende reale Zukunftsperspektiven als kriminogene Faktoren lassen sich damit nicht aus der Welt schaffen. In diesem Sinne kann Pädagogik nicht (Sozial-) Politik ersetzen.

5. Soziale Trainingskurse und hochschuldidaktische Möglichkeiten

Die Betreuung straffällig gewordener Jugendlicher stellt eine wichtige Aufgabe der sonderpädagogischen und sozialpädagogischen Praxis dar. Auf den ersten Blick mag dies vor allem für die außerschulische Praxis gelten (wie Heimerziehung, Gemeinwesenarbeit und ambulante Jugendhilfe, Familien- und Erziehungsberatung u. a.), worauf in der Regel das Studium zum Diplom in Erziehungswissenschaft vorbereitet. Neuerdings werden aber auch zunehmend Überlegungen und Ansätze zu einem Zusammenwirken von (Sonder-) Schule und außerschulischer Kinder- und Jugendhilfe diskutiert (vgl. dazu Brenner & Nörber, 1992; Schillo, 1993; Frommann u.a., 1987), woraus sich die Forderung ergibt, daß sich auch die universitäre Ausbildung zum Sonderschullehrer entsprechenden Fragen zuwendet.

Die hier vorgestellte Konzeption Sozialer Trainingskurse und die inhaltlichen und methodischen Bestandteile solcher Kurse dürften nicht nur für den außerschulischen Einsatz, sondern auch für den Einsatz in der Schule, insbesondere bei 14- bis 18jährigen Schülern und Schülerinnen geeignet sein. Demgemäß wäre es wünschenswert, daß sich auch Lehrer in der Praxis mit der örtlichen Jugend(gerichts)hilfe über Projekte zur Kriminalitätsprophylaxe in Schule und Jugendhilfe austauschen bzw. solche Projekte gemeinsam entwickeln und durchführen.

Aber auch während des Studiums könnten Studierende mit der Konzeption der Sozialen Trainingskurse vertraut gemacht bzw. an der Realisierung der Kurse beteiligt werden, was in Dortmund und zukünftig auch in Landau auch praktiziert wird. Dabei sind verschiedene Formen der Zusammenarbeit zwischen dem für die Durchführung der Sozialen Trainingskurse verantwortlichen Träger (z. B. Jugendgerichtshilfe, freie Träger) und den Dozenten bzw. Studierenden der Hochschule denkbar. So könnte ein Hochschuldozent für die Organisation der Kurse ehrenamtlich oder nebenamtlich (mit)verantwortlich und an der Durchführung und Betreuung der Kurse beteiligt sein. Andererseits könnte ein in der Praxis tätiger Pädagoge mit einem Lehrauftrag an der Hochschule betraut werden. Für die Studierenden kommt eine aktive Mitarbeit bei der Gestaltung, Durchführung und Betreuung der Kurse (auf ehrenamtlicher oder auf Honorar-Basis), eine beobachtende Hospitation und eventuell auch eine Beteiligung als (Quasi-)Mitglied der Trainingsgruppe, möglicherweise mit der Funktion eines teilnehmenden Beobachters infrage. In jedem Falle ergibt sich dadurch für die Studierenden die Möglichkeit, Kontakt mit Praxiseinrichtungen aufzunehmen, dabei auch mit Praktikern aus Bereichen außerhalb der Pädagogik (z. B. mit Juristen, Polizisten) zusammenzutreffen bzw. auch mit Studierenden anderer Fachdisziplinen (z. B. Jura, Psychologie, Sportwissenschaft). Zusätzlich erlangen die Studierenden dabei auch Kenntnisse über Rahmenbedingungen der praktischen Arbeit (z. B. über gesetzliche Vorschriften zur Kinder- und Jugendhilfe). Und schließlich haben die Studierenden Gelegenheit, mit Klienten aus ihrer zukünftigen Zielgruppe, nämlich mit (straffälligen) Jugendlichen, direkt Kontakt aufzunehmen.

Je nach Art der institutionellen Integration zwischen Hochschule und Praxis ergibt sich die Möglichkeit, die Gestaltung der Kurse bzw. der einzelnen Kurseinheiten in einer Lehrveranstaltung an der Hochschule vor- und nachzubereiten. Die Lehrveranstaltung gewinnt dadurch an Lebensnähe und Aktualität, insofern durch die Studierenden dann die erfahrenen aktuellen Probleme von Jugendlichen auf anschauliche Weise mit einbezogen werden können. Neben der Integration von Lehre von Praxis im Sinne des Projektstudiums könnten Studierende auch (Pflicht)-Praktika während der vorlesungsfreien Zeit im Bereich der Sozialen Trainingskurse absolvieren, wiederum entweder in die Betreuung der Kurse direkt mit einbezogen oder als Hospitant. Dabei wäre es ratsam, die Art der Beteiligung der Studierenden und ihren Auftrag von vornherein zwischen Praxis-Einrichtung und Hochschule abzustimmen. So könnten die Studierenden beispielsweise mit diagnostischen Untersuchungen der jugendlichen Kursteilnehmer vor Beginn der Kurse, mit der Gestaltung einzelner Kurseinheiten, mit Interviews der Kursteilnehmer (etwa über deren Befindlichkeit während der Kurse), mit der Evaluation des Kurserfolgs und mit manch anderen Aufträgen betraut werden.

Eine gezielte Fragestellung und Aufmerksamkeitsausrichtung des Studierenden während seiner Praktikumszeit trägt zur Steigerung der Bewußtheit der studentischen Erfahrungen bei und damit indirekt zur Förderung der Selbstbestimmung, Selbstautonomie und Selbstverantwortung des Studierenden.

Die hochschuldiaktische Leitlinie kann dabei die sein, neben der Vermittlung von Fachkenntnissen über den Weg der rationalen Unterweisung und Argumentation dem Studierenden auch die Möglichkeit zu geben, eigene Ideen über pädagogisches Handeln zu entwickeln und gegebenenfalls diese Ideen auch praktisch zu erproben. Und es besteht die Möglichkeit, Sensibilität für die Erlebniswelt des Jugendlichen zu entwickeln. Der Umsetzung theoretischer Erkenntnisse in praktisches Handeln kann sich dann im Nachhinein eine reflektive Auswertung und Bewertung der Sozialen Trainingskurse anschließen, was zur Steigerung der Bewußtheit und der Differenzierung pädagogischen Handelns beiträgt. Auch die Möglichkeit, in kleinen Gruppen zu interagieren und dabei selbst soziale Initiative zu entwickeln, trägt zum eigenverantworteten Lernen der Studierenden bei.

Als grundsätzliche Zielsetzungen der universitären Ausbildung von Lehrern und Pädagogen stellen sich vor allem folgende: dem Studierenden Handlungswissen und pädagogische Fertigkeiten zu vermitteln, beim Studierenden die Sensibilität für die Erlebniswelt von Kindern und Jugendlichen zu fördern, beim Studierenden Sensibilität für sich selbst als Pädagoge zu fördern.

Daß die Beteiligung von Studierenden an Sozialen Trainingskursen zu den beiden ersten Zielsetzungen universitärer Ausbildung etwas beitragen kann, dürfte aus den vorangehenden Ausführungen bereits erkennbar geworden sein. Aber auch für die Klärung ihres eigenen Selbstverständnisses als Pädagoge dürften die Studierenden daraus profitieren. So ergibt sich etwa Gelegenheit, eigene pädagogische Vorstellungen und Zielsetzungen zu reflektieren und sie auf ihre Passung zu den Lebensumständen der Jugendlichen zu hinterfragen. Es können die Motive für die eigene Arbeit und die eigenen Wertvorstellungen, aber auch die eigenen kommunikativen Fähigkeiten und die eigenen sozialen Einstellungen bewußt werden.

Zusammenfassend läßt sich sagen, daß durch die - wie auch immer organisierte - Beteiligung von Studierenden an der Realisation von Sozialen Trainingskursen zum einen durch die Auseinandersetzung mit den Bedingungen und mit dem Ablauf des selbstverantwortlichen Handelns von Jugendlichen und zum anderen durch die Klärung des eigenen Selbstverständnisses als Pädagoge bei den Studierenden entscheidende Grundlagen gelegt werden für ihr selbstverantwortliches Handeln als Pädagoge.

Literatur:

Arbeiterwohlfahrt-Bundesverband e.V. (Hg.): Vorschläge für ein erweitertes Jugendhilferecht. - Bonn 1967/19703 (= Schriften der Arbeiterwohlfahrt, Heft 22).

Becker, K./Marggraf, J./Nuissl, E./Sutter, H.: Leitfaden für das Soziale Training. - Heidelberg 1988.

Bernstein, S. & Lowy, L.: Untersuchungen zur sozialen Gruppenarbeit. Freiburg 19756

Bohnsack, R.: Handlungskompetenz und Jugendkriminalität. - Neuwied/Berlin 1973.

Brenner, G./Nörber, M. (Hg.): Jugendarbeit und Schule - Kooperation statt Rivalität um die Freizeit. - Weinheim/München 1992.

Bundesminister für Jugend, Familie und Gesundheit (Hg.): Modellprogramm Erziehungskurse, Übungs- und Erfahrungskurse - Abschlußbericht. - Bonn-Bad Godesberg 8.1979.

Busch, M.: Ambulante Reaktionssysteme bei Jugendkriminalität - Möglichkeiten und Grenzen. In: Institut für Soziale Arbeit e.V. (Hg.): Soziale Trainingskurse. - Münster 1983b, 8-40 (= ISA-Schriftenreihe Heft 6).

Busch, M.: Erziehungskurse nach dem Diskussionsentwurf eines Jugendhilfegesetzes. In: Unsere Jugend 26 (1974), H. 1, 17-23

Busch, M.: Neue Formen ambulanter Behandlung von Ersttätern. In: Recht der Jugend und des Bildungswesens 27 (1979), H. 9, 344-355.

Busch, M.: Soziale Trainingskurse als Alternative zum Jugendarrest und als neue Interventionsform bei Frühkriminalität. In: Kury, H./Lerchenmüller, H. (Hg.): Diversion - Alternativen zu klassischen Sanktionsformen. Bd. 1. - Bochum 1981, 622-656.

Busch, M./Hartmann, G.: Soziale Trainingskurse im Rahmen des Jugendgerichtsgesetzes. - Bonn 1983a. (Hg.: Bundesministerium der Justiz - Schriftenreihe "Recht").

Busch, M./Hartmann, G./Mehlich, N.: Soziale Trainingskurse im Rahmen des Jugendgerichtsgesetzes, Bonn 1986 (Hg.: Bundesministerium der Justiz - Schriftenreihe "Recht").

Caritas-Verband Koblenz: Konzept zur Durchführung von Erziehungskursen. In: Jugendwohl 62 (1981), H. 1, 24-31.

Dünkel, F.: Erhebungsbogen zur Praxis Sozialer Trainingskurse und anderer ambulanter Erziehungsmaßnahmen nach dem JGG in Deutschland (= Jugendamt-Erhebungsbogen vom 1.11.1993). - Greifswald 1993.

Eisenberg, U.: JGG - Jugendgerichtsgesetz mit Erläuterung. - München 19935.

Frommann, A./Kehrer, H./Liebau, E.: Erfahrungen mit Schulsozialarbeit - Möglichkeiten der Zusammenarbeit von Sozialpädagogik und Schule. - Weinheim/München 1987.

Hamm, S.: Soziale Trainingskurse zur Stabilisierung delinquemgefährdeter Jugendlicher - Vergleichende Betrachtung bisher vorliegender Konzeptionen und kritische Darstellung eines Trainingskurses mit Mainzer Jugendlichen. Unveröffentlichte Diplomarbeit, Universität Mainz, Fachbereich 11, 1990.

Heinz, W.: Neue ambulante Maßnahmen nach dem Jugendgerichtsgesetz. In: Bundesministerium der Justiz (Hg.): Neue ambulante Maßnahmen nach dem Jugendgerichtsgesetz - Bielefelder Symposium 1984. - Bonn 19924, 22-43.

Krug, H./Grüner, H./Dalichau, G.: Kinder- und Jugendhilfe. Sozialgesetzbuch (SGB) - Achtes Buch (VIII) Kommentar. - Starnberg 1991.

Lösel, F.: Handlungskontrolle und Jugenddelinquenz. - Stuttgart 1975.

Otto, M.: Gemeinsam lernen durch Soziales Training - Planung, Durchführung und Evaluation eines Lernprogramms für die Anwendung im Strafvollzug. - Lingen 1988.

Patra, W./Schmitt, A.: Methodische Handlungsstrategien in der ambulanten Straffälligenhilfe für Jugendliche und Heranwachsende - "Sozialer Trainingskurse" als Alternative zum Arrest. - Dortmund 1992 (= unveröff. Manuskript).

Patra, W./Schmitt, A./Walkenhorst, Ph.: Soziale Trainingskurse für straffällig gewordene Jugendliche. In: Benkmann, K.-H./Saueressig, K.H. (Hg.): Fördern durch flexible Erziehungshilfe. - Siegburg 1994 (im Druck).

Pielmaier, H. (Hg.): Training sozialer Verhaltensweisen. - München 1980.

Schillo, J.: Warum Kooperation? Aktuelle Entwicklungen in Schule, Jugendarbeit und Gesellschaft. In: Faulde, J./Schillo, J. (Hg.): Schulische und außerschulische Bildungsarbeit. - Bad Heilbrunn/Obb. 1993, 9-40.

Späth, K.: Die Hilfen zur Erziehung. In: Wiesner, R./Zarbock, W. H. (Hg.): Das neue Kinder- und Jugendhilfegesetz (KJHG). - Köln/Berlin/Bonn/München 1991, 91-114.

Stadt Dortmund - Jugendamt/Jugendgerichtshilfe (Hg.): Sozialpädagogische Gruppenmaßnahmen 1990. - Dortmund 1990.

Stadt Dortmund - Jugendamt/Jugendgerichtshilfe (Hg.): Sozialer Trainingskurs. - Dortmund 1992.

Velthaus, G.: Didaktische Leitvorstellungen des sozialen Lernens. In: Kron, E. W. (Hg.): Persönlichkeitsbildung und soziales Lernen. - Bad Heilbrunn 1980, 73-82.

Walkenhorst, Ph.: Kinder- und Jugendkriminalität - Pädagogische Förderansätze in Jugendstrafrechtspflege und Schule. In: Zeitschrift für Heilpädagogik 41 (1990), H. 12, 841-858.

Walkenhhorst, Ph.: Soziale Trainingskurse - Ein themenorientiertes Angebot. - Pfaffenweiler 1989.

Weidner, J.: Anti-Aggressivitäts-Training für Gewalttäter. - Bonn 1990.

Werbik, H.: Perspektiven handlungstheoretischer Erklärungen von Straftaten. In: Lösel, F. (Hg.): Kriminalpsychologie. - Weinheim 1983, 85-95.

Jugendberufshilfe - Brücke zur Arbeitswelt für benachteiligte junge Menschen

Paul Fülbier

1. Einführung

Die gesellschaftliche Integration junger Menschen, ihre Persönlichkeitsentwicklung und Identitätsfindung vollziehen sich in allen Industriegesellschaften zu wesentlichen Teilen im Rahmen von Ausbildung und Berufstätigkeit (vgl. Gottsleben 1991). Schule, Ausbildung/Studium und Beruf sind normalbiographische Passagen für junge Menschen auf dem Weg in die Erwachsenen-, d. h. in diesem Falle in die Arbeitswelt (vgl. Brock 1991, S. 9 ff).

Eine fundierte berufliche Ausbildung eröffnet Arbeitsmarktchancen. Lebensstandard und -qualität hängen damit wesentlich von Bildung, Ausbildung und von Weiterbildung ab (vgl. Hanesch u.a. 1990, S. 155).

Eine Arbeitsstelle zu haben bedeutet für junge Menschen zum einen Existenzsicherung durch eigene Produktivität, anstelle von Elternabhängigkeit oder staatlicher Alimentierung. Zum anderen vermittelt Berufstätigkeit Lebenssinn und strukturiert den Alltag.

Normalbiographische Lebenskonzepte sind aber für eine Vielzahl junger Menschen immer weniger realisierbar, obschon sie nach wie vor von der Mehrzahl angestrebt werden (vgl. Baethge 1988).
Es sind vor allem zwei Schwellen, die insbesondere für benachteiligte junge Menschen den Übergang von der Schule in den Beruf erschweren bzw. unmöglich machen. Vor der ersten Schwelle stehen benachteiligte Jugendliche nach dem Verlassen der Schule, bei der Suche nach einem Ausbildungsplatz im "Dualen System"; vor der zweiten beim Übergang von der Ausbildung in die Beschäftigung (vgl. Brock u.a. 1991).

Genau hier liegt der Zuständigkeitsbereich der Jugendberufshilfe. Nach § 13 Abs. 1 Kinder- und Jugendhilfegesetz (KJHG) hat die Jugendberufshilfe als Teil von Jugendsozialarbeit jungen Menschen, die zum

Ausgleich sozialer Benachteiligungen oder zur Überwindung individueller Beeinträchtigungen in erhöhtem Maße auf Unterstützung angewiesen sind, sozialpädagogische Hilfen anzubieten, die ihre schulische und berufliche Ausbildung, Eingliederung in die Arbeitswelt und ihre soziale Integration fördern.

Aber nicht nur sozialpädagogische Hilfen sind anzubieten. Nach § 13 Abs. 2 KJHG können zudem - soweit die Ausbildung dieser jungen Menschen nicht durch Maßnahmen oder Programme anderer Träger und Organisationen sichergestellt wird - im Rahmen von Jugendhilfe, d. h. in diesem Fall Jugendsozialarbeit/Jugendberufshilfe, sozialpädagogisch begleitete Ausbildungs- und Beschäftigungsmaßnahmen angeboten werden, die den Fähigkeiten und dem Entwicklungsstand der jungen Menschen Rechnung tragen.

Wenn auch im § 13 KJHG berufsbezogene Hilfen im Mittelpunkt stehen (hier sind im wesentlichen Berufsvorbereitung, Berufsausbildung und Beschäftigung gemeint), hat Jugendberufshilfe gemäß der Grundintention des KJHG die psychosoziale ganzheitliche Förderung junger Menschen zum Ziel (vgl. Münder 1991, S. 95). Nach § 1 KJHG hat Jugendhilfe u. a. junge Menschen in ihrer individuellen und sozialen Entwicklung zu fördern und dazu beizutragen, Benachteiligungen zu vermeiden oder abzubauen.

Bevor im weiteren die Jugendberufshilfe näher beschrieben wird, gilt es zunächst, die gesellschaftlichen bzw. arbeitsmarktpolitischen Perspektiven für junge Menschen, die gewissermaßen den Hintergrund für soziale Interventionen darstellen, transparent zu machen. Denn: Jugendsozialarbeit und mit ihr Jugendberufshilfe sind keine statisch zu beschreibenden Handlungsbereiche, deren Inhalte, Zielsetzungen und Methoden dauerhaft festschreibbar wären. Entsprechend der gesamtgesellschaftlichen Situation und der daraus resultierenden jugendtypischen Problem- und Lebenslagen im Übergang von der Schule in den Beruf, treten immer wieder Verschiebungen in den Zielgruppen und damit in den Zielsetzungen und Arbeitsmethoden dieses Handlungsbereiches auf (vgl. Fülbier/Schnapka 1991 S. 276).

2. Die Entwicklung der Arbeitsgesellschaft - Geht der Arbeitsgesellschaft die Arbeit aus?

Anfang 1994 wurde in der Bundesrepublik Deutschland die 4-Millionen-Grenze der offiziell registrierten Arbeitslosen überschritten. Nach Angaben der Bundesanstalt für Arbeit wurden in den neuen Bundesländern 1,3 Millionen und in den alten Bundesländern 2,74 Millionen Menschen offiziell als arbeitslos registriert.

Auch im Vergleich zu allen EG-Ländern steigt die Arbeitslosigkeit in der BRD überdurchschnittlich. Die OECD rechnet mit einer Zunahme von mehr als 3,5 % (EG-Durchschnitt 2 %), d. h. von 7,7 % im Jahr 1992 auf 11,3 % im Jahr 1994 (OECD 1993). Selbst die z. Z. zu konstatierende Konjunkturbelebung wird keine Verbesserung der Beschäftigungsaussichten mit sich bringen; zumindest nicht für Gering- und bzw. Unqualifizierte.

Die Prognos AG nimmt in ihrem "Deutschlandreport" von April/Juni 1993 an, daß trotz eines vermuteten Wirtschaftswachstums von ca. 2,5 % bis zum Jahr 2000/2010 die Beschäftigungsprobleme weiter zunehmen und die offizielle Arbeitslosenzahl auf ca. 6,7 Millionen ansteigen wird. Erst danach wird ein Rückgang auf ca. 3,5 Millionen - als neue Sockelarbeitslosigkeit!? - zu erwarten sein.

Die Rückkehr von Arbeitslosigkeit in Beschäftigung wird zudem immer schwieriger, so daß ein Abdriften in Sozialhilfe und damit dauerhafte staatliche Alimentierung insbesondere für gering- oder gar nicht qualifizierte junge Menschen lebenslange Perspektive wird. Verdrängungs- und Ausgliederungsprozesse vom Arbeitsmarkt führen dazu, daß die sog. stille Reserve in West- und Ostdeutschland ständig steigt (vgl. Christe/Fülbier 1994). Arbeitslose ohne formale Qualifikation fanden 1992 nur noch zu 34 % wieder eine Beschäftigung. Ist dies das Lumpenproletariat des 21. Jahrhunderts ?

Der Verdrängungsprozeß für Ungelernte, psycho-sozial Benachteiligte sowie Behinderte hat seine Ursache in den steigenden Qualifikationsanforderungen und der zunehmenden Rationalisierung und Automatisierung im Arbeitsleben mit der Folge, daß Arbeitsplätze für Ungelernte drastisch schrumpfen werden. Nach einer IAB/Prognos-Projektion aus dem Jahr 1989 werden im Jahr 2000 zweidrittel aller Beschäftigten in Dienstleistungsbranchen tätig sein, im Vergleich zu 57 % im Jahr 1987. Diese Entwicklung zur Dienstleistungsgesellschaft wird sich zwangsläufig insbesondere auf dem primären Sektor der Arbeitswelt (Land- und Forstwirtschaft, Fischerei) und auf dem sekundären Sektor (warenproduzierendes Gewerbe) auswirken.

Die folgende Grafik veranschaulicht den zu erwartenden Trend.

Abb. Nr. 1

Erwerbstätige nach unterschiedlichen Anforderungsprofilen der Tätigkeiten 1985 und 2010

- ohne Auszubildende, Anteile in % -

	1985	2010	
höher-qualifizierte Tätigkeiten	28	40	Führungsaufgaben, Organisation Management; qualifizierte Forschung und Entwicklung; Betreuung, Beratung, Lehren u.ä.
mittel-qualifizierte Tätigkeiten	45	43	Fachtätigkeiten in der Produktion, Maschinen einrichten u.ä., Reparieren, Fachver(ein)käufer, Sachbearbeiter, Assistentätigkeiten in Forschung und Entwicklung, nichtakademische Betreuung u.ä.
einfache Tätigkeiten	27	17	Hilfstätigkeiten in Produktion, Reinigung, Bewirtung, Lagerhaltung, Transport, einfache Bürotätigkeiten, Verkaufshilfen u.ä.

Quelle: IAB/Prognos-Projektion 1988/89 (obere Projektionsvariante) aus Prognos AG (P.Hofer/I.Weidig/H.Wolff), Arbeitslandschaft bis 2010, BeitrAB 131, Nürnberg 1989; Geltungsbereich: Bundesrepublik Deutschland in Grenzen von 1989

aus: Kühlewind 1993, S. 30

3. Jugend ohne Ausbildung und Arbeit

In den alten Bundesländern ist das Ausbildungsstellenangebot seit ca. 2 Jahren wieder knapp ausreichend, obschon in einigen Branchen und Regionen wieder ein rückläufiger Trend zu konstatieren ist. In den neuen Bundesländern fehlen mindestens 10.000 bis 15.000 Ausbildungsplätze, um ein Angebot für alle ausbildungswilligen und ausbildungsfähigen jungen Menschen zur Verfügung zu stellen. Um diese Lücke zu schließen, wird - alljährlich neu beschlossen - ein Sonderprogramm, basierend auf § 40 c. AFG, aufgelegt, womit zwar Krisenmanagement betrieben werden kann, eine grundsätzliche Problemlösung aber nicht erreicht wird.

Aber auch subjektive Gründe sind mit ursächlich für die große Zahl junger Menschen, die ohne berufliche Ausbildung auf den Arbeitsmarkt stoßen.

Nach einer im Auftrag des Bundesministeriums für Bildung und Wissenschaft (BMBW) im Jahr 1990 vom Emnid-Institut für die alten Bundesländer und einer im Auftrag des Bundesinstituts für berufliche Bildung (BIBB) im Jahr 1991 von Infratest für die neuen Bundesländer durchgeführten Untersuchung bleiben trotz der breit gefächerten Berufsbildungsangebote des "Dualen Systems" von ca. 360 Ausbildungsberufen - die auch von rund zweidrittel eines Altersjahrgangs durchlaufen werden - 14 % einer jeden Alterskohorte in den alten Bundesländern und 9 % in den neuen Bundesländern ohne berufliche Erstausbildung. Von den Jugendlichen ohne abgeschlossene Berufsausbildung in den westlichen Bundesländern hatten ca. 75 % überhaupt keine Ausbildung begonnen. 23 % brachen die Ausbildung endgültig ab. 75 % der Jugendlichen ohne Hauptschulabschluß blieben ohne Berufsausbildung (vgl. BMBW 1991)

Wesentliche Ursachen für die Nichtaufnahme oder den nicht erfolgreichen Abschluß einer Berufsausbildung liegen schon vor dem Verlassen der allgemeinbildenden Schulen. "Nahezu alle Untersuchungen zur Ausbildungslosigkeit Jugendlicher belegen außerdem den engen Zusammenhang zwischen sozialen Faktoren (z. B. Sozialstatus der Familie, Nationalität), Schullaufbahn und Berufsbildungschancen. Besonders hoch ist der Anteil der Jugendlichen ohne Berufsausbildung unter den jungen AusländerInnen. Von ihnen sind ca. 39% ohne Berufsabschluß geblieben..." (Sacks 1993, S. 187/188).

Diese Analyse darf aber nicht darüber hinwegtäuschen, daß auch junge Menschen mit abgeschlossener Berufsausbildung Übergangsprobleme in die Beschäftigung haben und sich die sog. "Zweite Schwelle" insgesamt merklich erhöht hat (vgl. Schober 1994).

Das Ansteigen der Jugendarbeitslosigkeit belegt dies im übrigen. Nachdem die Jugendarbeitslosigkeit bis Mitte der 80er Jahre deutlich zurückgegangen war, steigt die Zahl arbeitsloser junger Menschen seit Anfang der 90er Jahre wieder rapide an. Die Entwicklung in Westdeutschland zeigt die folgende Grafik:

Abb. Nr. 2 Junge Arbeitslose in der Bundesrepublik-West

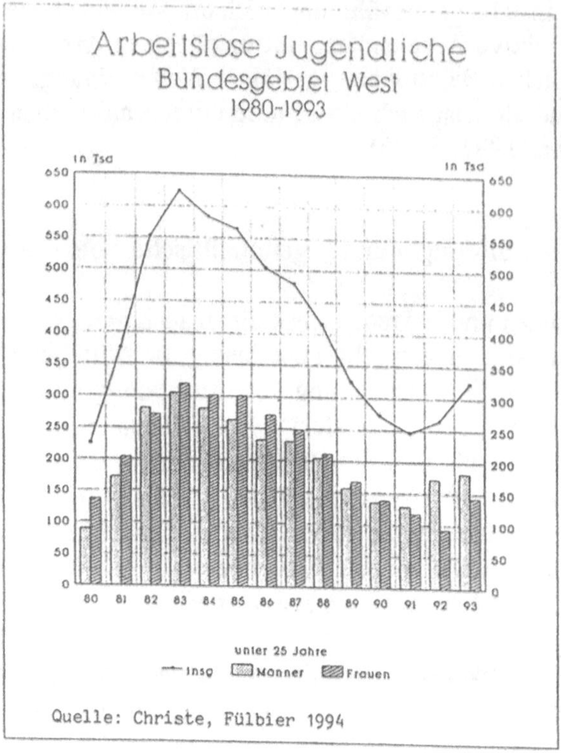

Auch in Ostdeutschland steigt seit 1994 die Jugendarbeitslosigkeit wieder an. So waren im März 1994 insgesamt 143.562 junge Menschen unter 25 Jahren arbeitslos gemeldet. Die Arbeitslosenquote für die Altersgruppe der bis 25jährigen ist im Osten Deutschlands immer noch höher als im Westen. Sie betrug im Osten im März 1994 15,1 %, im Westen 12,4 %. Von 300.000 Lehrlingen der erwähnten Altersgruppe vom November 1989 hatten beispielsweise bis Mitte 1992 200.000 ihre Ausbildung erfolgreich beendet. Ein halbes Jahr später war jedoch nur noch gut die Hälfte erwerbstätig (vgl. Hanesch u. a. 1994, S. 77).

Festzuhalten ist aber - auch wenn alle Bevölkerungsgruppen betroffen sind -, daß aufgrund der gegebenen Bedingungen auf dem Arbeitsmarkt vor allem junge Menschen ohne abgeschlossene Berufsausbildung die "Verlierer" sind bzw. sein werden. Diese Jugendlichen haben nicht nur ein überdurchschnittliches Arbeitslosigkeitsrisiko, ihre Situation auf dem Arbeitsmarkt ist auch gekennzeichnet durch Dauer- und Mehrfacharbeitslosigkeit, instabile Beschäftigungsverhältnisse, eine hohe Fluktuation sowie unattraktive Arbeitsplätze mit ungünstigen Arbeitsbedingungen, gesundheitlichen Belastungen, geringen Weiterbildungs- und Aufstiegschancen und zumeist auch einem unterdurchschnittlichen Einkommen (vgl. Schober 1992, S. 95).

4. Arbeitsmarkt-, bildungs- und jugendpolitische Folgerungen

Die genannten Daten und Fakten machen einen ausbildungs- und arbeitsmarktpolitischen Paradigmenwechsel notwendig. Im Mittelpunkt zukünftiger Politik müssen die Finanzierung von Ausbildung und Arbeit und nicht die Finanzierung von Arbeitslosigkeit und Sozialhilfe stehen.

Im Jahr 1993 gab allein die Bundesanstalt für Arbeit 65 Milliarden DM an passiven Lohnersatzleistungen zur Finanzierung von Arbeitslosigkeit aus. Viele Kommunen stehen, nicht zuletzt bedingt durch die Zahlung von Sozialhilfeleistungen für Arbeitslose, vor dem Ruin, ohne daß Auswege aus der Massenarbeitslosigkeit erkennbar sind.

Benötigt wird ein "Zweiter - ein subventionierter - Arbeitsmarkt" mit Qualifikationsanteilen. Um aber zu verhindern, daß aus einem zweiten

Arbeitsmarkt ein "Zweitklassiger Arbeitsmarkt" (Matzdorf 1993, S. 8) wird, aus dem eine Rückkehr in tariflich entlohnte Beschäftigungsverhältnisse kaum möglich ist, und Arbeitslose dauerhaft als nicht integrierbar stigmatisiert werden, muß die Orientierung auf den ersten Arbeitsmarkt bestehen bleiben. Im Umweltschutz, der Erziehung, der Pflege, der Entsorgung, der sozialen Infrastruktur usw., ließen sich eine Vielzahl notwendiger Beschäftigungsmöglichkeiten schaffen, die, versehen mit einer relativen Arbeitsplatzsicherheit und üblichen Lohn- und Arbeitsbedingungen durchaus attraktiv wären (vgl. Matzdorf 1993, S. 10) und durch Bildungsanteile ergänzt werden könnten.

Die mit dem Beschäftigungsförderungsgesetz 1994 eingeführten Gemeinschafts- und Saisonarbeiten haben hingegen den Charakter von Arbeitsverpflichtung und bieten keinerlei berufliche Perspektiven für die Betroffenen (vgl. DPWV 1994).

Im Hinblick auf benachteiligte junge Menschen sind, ergänzend zu einer Neubestimmung der Arbeitsmarktpolitik, auch Bildungs- und Jugendpolitik sowie Sozialpolitik gefragt.

Das BMBW hat hierzu Ende 1993 ein Handlungskonzept für Jugendliche, die bislang ohne abgeschlossene Berufsausbildung blieben, vorgelegt. Dort werden Verzahnungsmöglichkeiten von beruflicher Bildung bis hin zur beruflichen Nachqualifizierung im Rahmen von Beschäftigung vorgestellt, die noch nicht in ausreichendem Maße zur Kenntnis genommen und diskutiert wurden (vgl. BMBW 1993).

Das Bundesministerium für Frauen und Jugend (BMFJ) finanziert seit dem 01.01.1994 neue Modelle arbeitsweltbezogener Jugendsozialarbeit. Deren Ziel ist es u. a., Handlungskonzepte für die Jugendberufshilfe an der ersten und an der zweiten Schwelle der beruflichen Integration zu entwickeln und zu erproben. Hierzu stehen zwar nur relativ geringe Mittel zur Verfügung (ca. 20 Mio. DM pro Jahr für eine Laufzeit von 5 Jahren). Aber immerhin wird auf Bundesebene - auch wenn hier die Zuständigkeit für Jugendhilfeaktivitäten letztlich begrenzt ist - die Relevanz von Jugendberufshilfe erkannt (s. auch § 13 KJHG). Dies kann für die Landesebene und erst recht für die kommunale Ebene nicht unbedingt gesagt werden. Die Länder tun sich schwer, die notwendigen landesrechtlichen Regelungen zur Umsetzung des § 13 KJHG festzulegen. In den Kommunen ist aufgrund von Haushaltsproblemen eine "Ausblendung" der Jugendhilfe aus dem Bereich 'Jugend und Arbeit', also der Jugendberufshilfe, zu konstatieren, sofern überhaupt jemals eine 'Einblendung' stattgefunden hat.

5. Zielsetzungen, Zielgruppen und Handlungsansätze der Jugendberufshilfe

Die bisher geschilderte Situation für junge Menschen im Übergang von der Schule in den Beruf ist, wie schon erwähnt, - zumindest bei entsprechenden Problemen der Betroffenen - ein Handlungsfeld für die Jugendhilfe im Rahmen von Jugendsozialarbeit und Jugendberufshilfe. Aber, und dies muß, bevor hierzu weitere Aussagen getroffen werden, grundsätzlich vorweggeschickt werden: Ausbildungsplatz- und Arbeitsbeschaffung sind zunächst Aufgabe der Wirtschaft und von (aktiver) Arbeitsmarktpolitik.

Jugendhilfe hat weder die originäre Aufgabe, Anbieter von Ausbildungsplätzen zu sein, noch hat sie im klassischen Sinne eine Arbeitgeberfunktion. Jugendhilfe mischt sich lediglich im Interesse ihrer Adressaten in andere Politikbereiche ein (vgl. Mielenz 1985), ohne hierbei ihre Leitorientierung, wie sie auch in § 1 KJHG (s. oben) formuliert ist, aufzugeben.

Wer sind nun die Zielgruppen der Jugendberufshilfe, welche Aufgabengebiete und Schwerpunkte existieren z. Zt. und welche Schwerpunktentwicklung ist erkennbar und notwendig?

Prinzipiell richtet sich die Jugendberufshilfe mit ihren Leistungen an alle jungen Menschen, die im Übergang von der Schule in die Arbeitswelt fachlicher und persönlicher Unterstützung bedürfen. Im Mittelpunkt der Hilfeleistungen stehen aber, wie auch im § 13 KJHG formuliert ist, sozial Benachteiligte und individuell Beeinträchtigte.

Soziale Benachteiligungen im engeren Sinne des Wortes sind insbesondere:

- ökonomisch bedingte Benachteiligungen,
- durch das soziale Umfeld bedingte Benachteiligungen,
- familiär bedingte Benachteiligungen,
- bildungsbedingte Benachteiligungen,
- geschlechtsspezifisch bedingte Benachteiligungen,
- ethnisch bedingte Benachteiligungen (vgl. LAG Jugendsozialarbeit NW 1992).

Individuelle Beeinträchtigungen junger Menschen, die in der Regel in einem wechselseitigen Bedingungsgefüge zu sozialen Benachteiligungen stehen, sind insbesondere:

- Lernbeeinträchtigungen, Lernstörungen, Lernschwächen,
- Leistungsbeeinträchtigungen, Leistungsstörungen, Leistungsschwächen,
- Entwicklungsbeeinträchtigungen,
- Beeinträchtigungen, die psychisch oder körperlich bedingt sind (vgl. LAG Jugendsozialarbeit NW 1992, S. 10).

In den Projekten und Maßnahmen der Jugendberufshilfe befinden sich in der Regel Arbeitslose oder von Arbeitslosigkeit bedrohte junge Menschen, bei denen die o. g. Benachteiligungen und/oder individuellen Beeinträchtigungen oftmals additiv auftreten.

Diese sind z. B. Haupt- und Sonderschülerinnen/schüler ohne Abschluß, Abbrecherinnen und Abbrecher schulischer und beruflicher Bildungsgänge, Jugendliche mit Sozialisationsdefiziten, Jugendliche und junge Erwachsene mit besonderen sozialen Schwierigkeiten, u. a. auch Haftentlassene und Drogenabhängige etc., junge Aussiedlerinnen und Aussiedler sowie junge Ausländerinnen und Ausländer mit Sprachdefiziten, Behinderte - insbesondere Lernbehinderte und seelisch Behinderte (§ 35 a KJHG). Es geht also um diejenigen Personen, die ohne besondere Hilfen einen angemessenen Zugang zur Arbeitswelt nicht schaffen. Die berufsbezogenen Hilfen und Maßnahmen der Jugendberufshilfe sind deshalb mit sozialpädagogischen Angeboten kombiniert bzw. in ihrer Ausrichtung sozialpädagogisch orientiert (vgl. BAG JAW 1993, S. 4).

Mit anderen Worten heißt dies, die Jugendberufshilfe ist einem ganzheitlichen Förderansatz verpflichtet. Hilfen zur Persönlichkeitsentwicklung, Sozialisations- und Erziehungshilfen werden ebenso angeboten wie die Vermittlung schulischen Wissens und beruflicher Fertigkeiten und Fähigkeiten. In der Jugendberufshilfe kommen daher - in der Regel in integrierter Form - didaktisch-methodische Herangehensweisen aus den pädagogischen Disziplinen: Berufspädagogik, Schulpädagogik und Sozialpädagogik zum Tragen (z. B. in Form der sozialpädagogisch orientierten Berufsausbildung nach § 40 c AFG).

Durch ein derartiges Förderkonzept ist es möglich, nicht nur berufsspezifische Qualifikationen zu vermitteln, sondern ebenso dazu beizutragen, die soziale Handlungskompetenz der Adressaten zu vergrößern, um so jungen Menschen behilflich zu sein, ein eigenverantwortliches Leben zu führen. Gerade dies macht die besondere pädagogische Qualität der beruflichen Qualifizierung im Rahmen der Jugendberufshilfe aus und ist die entscheidende Voraussetzung dafür, daß benachteiligte und beeinträchtigte junge Menschen eine Berufsausbildung erfolgreich absolvieren (vgl. BAG JAW 1993).

6. Schwerpunktverlagerungen innerhalb der Jugendberufshilfe

Bis Mitte der 70er Jahre standen vor allem sozialpädagogisch flankierende Maßnahmen zur Bekämpfung der Jugendarbeitslosigkeit, sowie Berufsvorbereitung und Berufsorientierung im Mittelpunkt der Aktivitäten der Jugendberufshilfe. Seit den 80er Jahren kamen entsprechend der Situation auf dem Ausbildungsstellenmarkt die außerbetriebliche Ausbildung für benachteiligte Jugendliche und die ausbildungsbegleitenden Hilfen nach § 40 c AFG hinzu.

Nach einer statistischen Erhebung der BAG JAW sind Berufsvorbereitung gem. § 40 AFG, Berufsausbildung benachteiligter Jugendlicher nach § 40 c AFG und Beschäftigungsprojekte - ebenfalls im wesentlichen auf der Basis des AFG finanziert - die Arbeitsgebiete, die z. Zt. das Handlungsfeld der Jugendberufshilfe im wesentlichen prägen. Maßnahmen zur nachträglichen Erlangung eines Schulabschlusses, sowie Fortbildung und Umschulung stellen Bereiche dar, die zwar qualitativ von großer Relevanz sind, quantitativ jedoch nicht so sehr in Erscheinung treten und bedingt durch die AFG-Sparnovellen der letzten Jahre immer mehr zurückgegangen sind.

Die Verteilung der Arbeitsbereiche läßt sich für das Jahr 1990/91 anhand folgender Grafik verdeutlichen:

Abb. Nr. 3

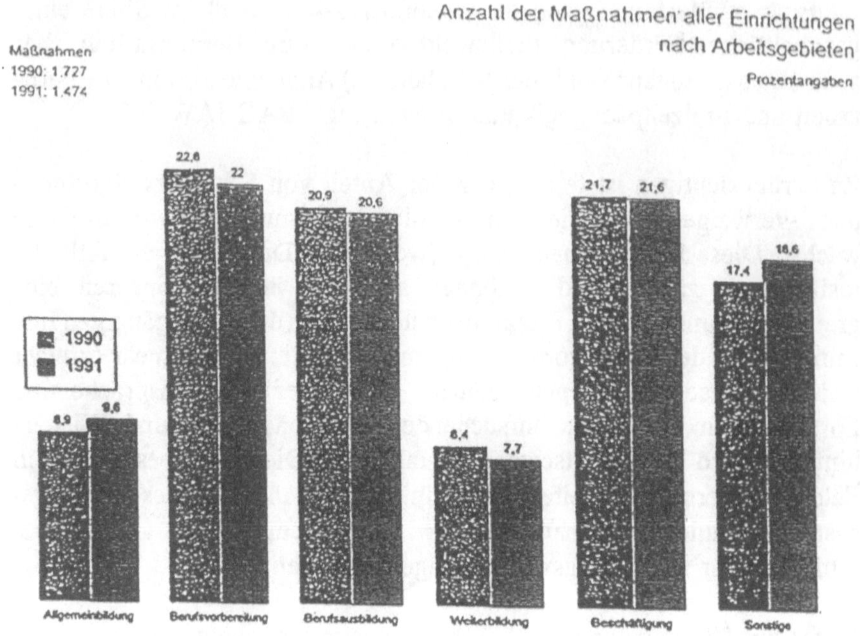

Quelle: Basis dieser Daten ist eine Befragung von ca. 50 % aller Einrichtungen der Jugendberufshilfe der Trägergruppen der BAG JAW in der Bundesrepublik - West (Fülbier, Liebner 1992, S. 2)

Für die nächsten Jahre wird die beschriebene Situation an der 1. und 2. Schwelle des Arbeitsmarktes die Schwerpunktsetzung der Jugendberufshilfe bestimmen.

Dies bedeutet zum einen, daß Jugendberufshilfe ihre präventive Arbeit verstärken muß; dies auch unter Einbezug von schülerInnenorientierter Arbeit (vgl. v. Bothmer 1994). Ziel muß es sein, eine frühzeitige Berufsorientierung zu ermöglichen, um dazu beizutragen, das politische Ziel "berufliche Erstqualifizierung für alle" zu erreichen.

Eine schülerInnenbezogene Jugendberufshilfe muß im Sinne einer ganzheitlichen Förderung arbeitsweltbezogene Orientierungshilfen, aber auch alltagsbezogene (inkl. des Schulalltags) Angebote bis hin zu Elternarbeit und Freizeitpädagogik unterbreiten (vgl. BAG JAW 1993).

Zu berücksichtigen ist ferner, daß der Anteil von Schulverweigerinnen und -verweigerern sowie von Schulausteigerinnen und -aussteigern wächst. Diese Jugendlichen - die teilweise zum Dunkelfeld der Arbeitslosigkeit zu zählen sind - können aufgrund ihrer besonderen biographischen und sozialen Problemkonstellationen durch die gängigen Instrumentarien der Berufsvorbereitung und -ausbildung nicht mehr erreicht werden. Diese Zielgruppen bedürfen einer speziellen Ansprache und Förderung in Form von aufsuchender Sozialpädagogik und Wiederhinführung zu Lernbereitschaft und -fähigkeit. Dies ist insbesondere ein Feld von berufsvorbereitenden Maßnahmen außerhalb des Bildungssystems Schule, die mehr sind bzw. mehr sein können als "Warteschleifen" für ausbildungswillige junge Menschen.

Hilfen zur Überwindung der 2. Schwelle beim Übergang von der Schule in den Beruf - "Hilfe zur Arbeit" also - werden darüber hinaus in Zukunft eine neue quantitative und qualitative Dimension und Funktion erhalten und somit einen wesentlichen Schwerpunkt von Jugendberufshilfe unter Vernetzung mit schülerInnenorientierter Arbeit sowie berufsvorbereitenden und -qualifizierenden Maßnahmen darstellen.

"Hilfen zur Arbeit" sind, auch wenn sie im Rahmen von *Jugend*berufshilfe durchgeführt werden, in erster Linie Hilfen für junge

Erwachsene (nach § 7 KJHG bis zum 27. Lebensjahr), was nicht zuletzt (päd)-agogische, methodisch-didaktische und finanzielle Konsequenzen haben muß.

"Junge Erwachsene, die mit 20 Jahren noch ohne Ausbildung sind, scheinen für das bestehende Ausbildungsangebot 'verloren' - wenn es nicht gelingt, sie für eine berufliche Qualifizierung zu gewinnen bzw. zielgruppenspezifische 'Wege' dazu zu finden" (Fricke u. a. 1992, S. 23). Die Gründe liegen vor allem im altersmäßigen Bedarf an materieller Versorgung, der durch die normale Ausbildungsvergütung bzw. durch die Ausbildungsbeihilfe in der Regel nicht zu befriedigen ist. "Qualifizierung muß deshalb materiell effektiver sein als Sozialhilfe und Gelegenheitsarbeit" (Fricke u. a. 1992, S. 22).

Fricke u. a. favorisieren daher für arbeitslose junge Erwachsene ein kombiniertes Arbeits- und Qualifizierungsverhältnis. Hierbei soll die Möglichkeit bestehen, entweder im Rahmen von beruflicher Tätigkeit eine interne Prüfung abzulegen, oder die rechtliche Ausgestaltung des Arbeits- und Qualifizierungsvertrages so zu gestalten, daß er nicht auf die "Externen-Prüfung", sondern auf einen regulären Abschluß und die Registrierung des Teilnehmers als Arbeitnehmer mit einem Arbeitsvertrag, der eine verbindliche Regelung von Qualifizierungsbausteinen und einen entsprechenden Abschluß beinhaltet (vgl. Fricke u. a., S. 28), ausgerichtet ist.

Die Kombination von Arbeits- und Qualifizierungsverhältnissen hat für die Betroffenen mehrere Vorteile:

- "Im Vordergrund steht die Beschäftigung, man hat Arbeit und gehört zur Erwachsenenwelt,
- die Vergütung (z. B. aus Teilzeitarbeit und Teil-Ausbildung) liegt zusammengenommen deutlich über der normalen Ausbildungsvergütung (oder dem Sozialhilfesatz)" (Fricke u. a., S. 29).

Teilweise basierend auf diesen Grundüberlegungen existieren schon einige Beispiele von "Hilfen zur Arbeit" in Verbindung mit Qualifizierungselementen, die auch von Trägern der Jugendsozialarbeit/Jugendberufshilfe angeboten werden bzw. werden könnten.

7. Beispiele von Hilfen zur Arbeit

Eine erfolgreiche Variante, beschäftigungslosen jungen Erwachsenen einen Arbeitsplatz nach eigener Wahl zu ermöglichen, bietet z. B. das "Programm '501' des Landes Berlin". Jungen Erwachsenen, die sich aufgrund sozialer Probleme in besonderen Schwierigkeiten befinden, wird durch dieses Programm angeboten, sich einen Arbeitsplatz nach eigenen Vorstellungen zu suchen, der maximal 3 Jahre lang aus öffentlichen Mitteln degressiv bezuschußt wird (1. Jahr 100 %, 2. Jahr 75 % und im 3. Jahr 50 % der Lohnkosten). In der Regel werden Teilzeitarbeitsverträge (3/4) gefördert (vgl. Schneider 1992). Trotz dieser degressiven Finanzierung ist die Akzeptanz dieses Programms von seiten der Betriebe recht hoch. Das gleiche gilt für die Übernahmechancen der jungen Erwachsenen (vgl. Beth/Schild 1993, S. 221).

Die berufliche Qualifizierung der so in Beschäftigung integrierten jungen Erwachsenen hat in diesem Modellversuch ebenfalls eine zentrale Bedeutung. "Das Modell der beruflichen Bildung im '501-Programm' gliedert sich auf in die innerbetriebliche und die außerbetriebliche Qualifizierung:

Die betriebliche Qualifizierung erfolgt durch innerbetriebliche Unterweisung direkt am Arbeitsplatz und betrifft vor allem berufsspezifische Kenntnisse und Fähigkeiten.

Die außerbetriebliche Qualifizierung findet statt in Form von Lehrgängen und Kursen bei öffentlichen und freien Trägern ... Hierzu sollen insgesamt bis zu 20 % der regulären Arbeitszeit genutzt werden können ..." (Lukas 1993, S. 109). Koordiniert und sozialpädagogisch begleitet wird dieses Programm durch eine Regie-Stelle, die bei BBJ-Consult angesiedelt ist.

Auf der Basis bzw. ausgehend von diesem Berliner Modellversuch existieren mittlerweile in verschiedenen Bundesländern ähnliche modellhafte Ansätze (z. B. "304-Programm" in Mecklenburg-Vorpommern, "JAC-

Programm" in Niedersachsen). Aber auch verschiedene Kommunen (z. B. die "Zukunftswerkstatt Düsseldorf gGmbH", das "501/007-Programm" der Stadt Offenbach usw.) bieten ähnliche Beschäftigungs- und Qualifizierungsprogramme an, die u. a. durch kommunale Mittel mitfinanziert werden (BBJ Consult 1993).

Eine weitere innovative und arbeitsmarktpolitisch relevante Variante beschäftigungswirksamer Hilfen für Arbeitslose (nicht zuletzt auch für arbeitslose junge Erwachsene ab dem 25. Lebensjahr) bieten die "Sozialen Betriebe in Niedersachsen" (vgl. Niedersächsisches Sozialministerium 1993).

"Soziale Betriebe" haben eine doppelte Aufgabenstellung. Zum einen produzieren sie für den Markt und unterwerfen sich damit auch den allgemeinen Marktbedingungen. Zum anderen bieten sie, (insbesondere Langzeitarbeitslosen und Schwervermittelbaren, aber auch jungen Erwachsenen in Verbindung mit dem "JAC-Programm") Hilfen an, sich dauerhaft in den Arbeitsmarkt zu integrieren.

Die finanzielle Förderung umfaßt sowohl einen institutionellen als auch einen individuellen teilnehmerInnenbezogenen Teil. Sie erfolgt überwiegend aus Mitteln des Landes, aus dem Europäischen Sozialfonds und aus dem 490-Mio-Programmm des Bundes.

"Soziale Betriebe" stellen auf direktem Wege für die Zielgruppen des Arbeitsmarktes längerfristige Beschäftigungsmöglichkeiten dar, indem sie Dauerarbeitsplätze anbieten. Sie knüpfen einerseits an dem Leistungsvermögen der Arbeitslosen an, und andererseits werden die Marktbedingungen berücksichtigt.

Gesellschafter bzw. Träger "Sozialer Betriebe" sind neben Privatpersonen und Wirtschaftsbetrieben auch Wohlfahrtsverbände, Bildungsträger und Träger von Jugendsozialarbeit.

In allen "Sozialen Betrieben" besteht die Möglichkeit zur beruflichen Qualifizierung; dies in einer Spannbreite von der Vermittlung allgemeiner Arbeitsfähigkeiten und Schlüsselqualifikationen, der Vermittlung zertifizierter Teilqualifikationen (z. B. Gabelstaplerfahren, Schweißen etc.), bis hin zur Vollqualifizierung nach dem Berufsbildungsgesetz.

Grundsätzlich existiert in allen "Sozialen Betrieben" eine sozialpädagogische Begleitung.

Auch im Rahmen der Hilfen nach § 19 BSHG lassen sich sozialpädagogisch begleitete Beschäftigungs- und Qualifizierungsprojekte realisieren. Basierend auf langjähriger Erfahrung im Rahmen von Beschäftigungs- und Qualifizierungsprojekten hat hier z. B. das Diakonische Werk an der Saar (vgl. Heil-Trapp, Dreyer 1993, S. 209 ff) ein Konzept und Programm zur Berufsausbildung in betrieblichen Ausbildungsplätzen, fußend auf § 19, Abs. 2 BSHG, erarbeitet. In Abstimmung mit dem örtlich zuständigen Sozialhilfeträger und dem zuständigen Ministerium wurde folgendes Grobkonzept entwickelt:

- "Betriebliche Ausbildung im Dualen System für 20 junge SozialhiIfe-EmpfängerInnen im Alter über 20 Jahre
- sozialpädagogische und schulische Betreuung durch eine/n Lehrer/in und eine/n Sozialarbeiter/in..." (Heil-Trapp, Dreyer 1993, S. 211).

Für Teilnehmer und Teilnehmerinnen kann die Mitwirkung in einer derartigen Maßnahme eine Perspektive für maximal 3½ Jahre bedeuten (6 Monate Vorbereitungs- und Orientierungsphase und 3 Jahre Ausbildungszeit (vgl. Heil-Trapp, Dreyer, 1993, S. 209)).

Der Sozialhilfeträger fördert die Ausbildung im Betrieb im Rahmen des § 19, Abs. 2 BSHG. Die Förderung der TeilnehmerInnen erfolgt über ein Ausbildungsgeld des Betriebes und über eine Aufstockung durch den Sozialhilfeträger auf tarifliches Entgelt für 25 bis 30 Stunden. Die Finanzierung der gesamten Maßnahmekosten wird über den Sozialhilfeträger, über das Land und über den Europäischen Sozialfonds (ESF) im Sinne einer kombinierten Finanzierung realisiert (vgl. Heil-Trapp, Dreyer 1993).

Hilfen zur Arbeit, dies sei abschließend erwähnt, müssen sich auch an junge Erwachsene richten, die nicht zu einer vollqualifizierenden Berufsausbildung oder auch nicht mehr zu qualifizierenden Bildungsanteilen im Rahmen von Beschäftigung zu motivieren sind. Auch hierzu existieren modellhafte Ansätze.

So hat die Senatsverwaltung in Berlin mit dem Projekt "Flexus" der allgemeinen Jugendberatung e. V. einen Versuch unternommen, auf der Basis von § 19, Abs. 1 BSHG für arbeitslose Sozialhilfeempfänger auf ein Jahr befristete Arbeitsverträge zu ermöglichen. 'Flexus' gilt hierbei als Zweckbetrieb, der arbeitslose SozialhilfeempfängerInnen an im ökologischen Bereich tätige Arbeitgeber als Leiharbeiter überläßt.

Die Arbeitgeber bzw. Auftraggeber entrichten dafür eine Verleihgebühr an "Flexus". Die Einnahmen aus den Verleihgebühren werden ausschließlich zur Finanzierung der Qualifizierung der Beschäftigten verwendet (vgl. Schruth 1993, S. 3). "Ziel des Projektansatzes ist es, den Beschäftigten nach langer Arbeitslosigkeit eine reguläre und sozialversicherungspflichtige Tätigkeit sowie eine berufliche Orientierung anzubieten und sie permanent aufzufordern, sich selbst um einen "richtigen" Job zu bewerben" (Schruth 1993, S. 3).

Einen ähnlichen Ansatz verfolgt die gemeinnützige Arbeitsvermittlung der Jobbörse in Berlin-Kreuzberg. Im Rahmen eines Modellprojekts des Bundesjugendplan-Modellprogramms "Arbeitsweltbezogene Jugendsozialarbeit" (Laufzeit 1988 - 1993) wurde erprobt, wie jungen SozialhilfeempfängerInnen ein erleichterter Zugang zur Gelegenheitsarbeit neben (und nicht statt) der Sozialhilfe angeboten werden kann.

Dieses Projekt hat sich insbesondere für den Personenkreis als Alternative bewährt, für den die Wege aus der Sozialhilfe relativ illusionär sind und eine berufliche Qualifizierung aus verschiedenen Gründen nicht mehr in Frage kommt bzw. von den Betroffenen effektiv nicht mehr gewollt wird.

Basierend auf § 19, Abs. 2 BSHG erhalten die vermittelten jungen Menschen einen Mehrbedarfszuschlag für erwerbstätige SozialhilfeempfängerInnen, der letztlich auch Motivation für eine derartige Arbeitsvermittlung und Gelegenheitstätigkeit ist.

8. Fazit:

Alle die skizzierten Maßnahmen und Projektansätze gehen von der Grundüberlegung aus, daß es für die Betroffenen und für ihre Lebensgestaltung sinnvoller ist, sie in (sozialversicherungspflichtige und nach Möglichkeit tarifliche) Arbeit zu integrieren, als sie dauerhaft zu alimentieren.

Im übrigen zeigen derartige Initiativen und Projekte, daß sie sich, zumindest mittelfristig betrachtet, fiskalisch und volkswirtschaftlich "rechnen".

Die große Spannbreite unterschiedlicher berufsvorbereitender, berufsqualifizierender und beschäftigungswirksamer Ansätze der Jugendberufshilfe bietet ein arbeitsweltbezogenes Dienstleistungssystem, das, wenn auch mit Abstand nicht flächendeckend und alle jugendlichen Problemgruppen des Arbeitsmarktes erreichend, eine Brücke zur Arbeitswelt darstellt.

Ergebnisse und Erkenntnisse aus diesen Programmen, Maßnahmen und Modellansätzen können auch für eine zukünftige aktive Arbeitsmarktpolitik nutzbar gemacht werden, um die Krise der Arbeitsgesellschaft und die "allmählich ins Unermeßliche wachsenden menschlichen, sozialen und politischen Kosten der Massenarbeitslosigkeit einzudämmen" (Christe/Fülbier 1994).

Schließlich hat "jede Gesellschaft nur die Arbeitslosigkeit ..., die sie selbst toleriert" (Schmid 1994, S. 1).

Literatur:

Baethge, M.: Jugend, Arbeit und Identität. Lebensperspektiven und Interessenorientierungen von Jugendlichen, Opladen 1988

BBJ-Consult: Programm 501, Präsentation der Ergebnisse der 5jährigen Begleitforschung, Prieros 1993

Beth, H., Schild, H.: Programm 501 / 301 - Vom Modellprogramm zum arbeitsmarktpolitischen Regelinstrument in: Jugend Beruf Gesellschaft Heft 4/1993, S. 220 - 222

Bothmer, von H.: Jugendsozialarbeit und Schule in: Jugend Beruf Gesellschaft, Heft 1/1994, S. 3 - 11

Brock, D. u.a. (Hg.): Übergänge in den Beruf - Zwischenbilanz zum Forschungsstand - DJI, München 1991

Brock, D.: Übergangsforschung in: Brock, D. u.a. (Hg.) 1991, S. 9 -26

Bundesarbeitsgemeinschaft Jugendsozialarbeit (BAG JAW): Jugendberufshilfe der Zukunft, - Positionspapier - Bonn 1993

Bundesministerium für Bildung und Wissenschaft: Daten und Fakten über Jugendliche ohne abgeschlossene Berufsausbildung, Bonn 1991

Bundesministerium für Bildung und Wissenschaft: Handlungskonzept für die Qualifizierung von Jugendlichen, die bisher ohne abgeschlossene Berufsausbildung blieben, Bonn, 1993

Christe, G., Fülbier, P.: Die Entwicklung der Arbeitsgesellschaft und ihre Konsequenzen für die Jugendberufshilfe in: Jugend Beruf Gesellschaft, Heft 2/1994 (erscheint in Kürze)

Der Paritätische Wohlfahrtsverband: Stellungnahme des Paritätischen Wohlfahrtsverbandes zum Entwurf eines Beschäftigungsförderungsgesetzes, Frankfurt 1994

Fricke, P. u.a.: Arbeit und Ausbildung kombinieren, Heidelberg 1992

Fülbier, P., Liebner, J.: Statistische Auswertung der Erhebung berufsfördernder Maßnahmen der Jugendsozialarbeit in: BAG JAW (Hg.) Berufsfördernde Maßnahmen der Jugendsozialarbeit - Ergebnisse einer Stichtagserhebung, Bonn 1992, S. 2 ff

Fülbier, P., Schnapka, M.: Jugendsozialarbeit im Kinder- und Jugendhilfegesetz - neue Rechtsgrundlage für bewährte Praxis in: Wiesner/Zarbock (Hg.) Das neue Kinder- und Jugendhilfegesetz (KJHG), Köln 1991, S. 267 - 285

Gottsleben, V.: Weiterbildung als Gegenstand der Bildungspolitik in: Mitteilungen aus der Arbeitsmarkt- und Berufsforschung, Heft 2/1991

Hanesch, W. u.a.: Armut in Deutschland - der Armutsbericht des DGB und des Paritätischen Wohlfahrtsverbandes, Hamburg 1994

Heil-Trapp, B., Dreyer, F.: Neue Wege der Jugendsozialarbeit - Ausbildung im Rahmen des BSHG in: Jugend Beruf Gesellschaft, Heft 4/1993, S. 209 - 211

Kühlewind, G.. Gewinner und Verlierer der Einheit auf dem Arbeitsmarkt oder : Wo liegen zukunftsträchtige Beschäftigungsfelder in Ost- und Westdeutschland? in: Schierholz, H., Weinert, A.

(Hg.): Brauchen wir eine neue Beschäftigungspolitik? Anforderungen an ein AFG 2000 aus ost- und westdeutscher Sicht, Rebok-Loccum 1993

Landesarbeitsgemeinschaft Jugendsozialarbeit Nordrhein-Westfalen: Jugendsozialarbeit für die 90er Jahre in: Forum Jugendsozialarbeit Heft 8/1992

Lukas, H. u.a.: Das Berliner Programm 501 - Ein innovatives Beschäftigungs- und Qualifizierungsprogramm für junge Erwachsene, Ergebnisse der wissenschaftlichen Begleitforschung, Berlin 1993

Matzdorf, R.: Lohndrückerei, Ausgrenzung und Bundesarbeitsdienst - zur aktuellen Diskussion um den 2. Arbeitsmarkt, in: Durchblick 3/1993, S. 8 - 10

Mielenz, I.: Aufgaben der Jugendhilfe bei Jugendarbeitslosigkeit, Berufsnot junger Menschen - Praxisbeispiele zur Einmischungsstrategie, Arbeitsgemeinschaft für Jugendhilfe, AGJ, Bonn 1985

Münder, J. u.a.: Frankfurter Lehr- und Praxiskommentar zum KJHG, Münster 1991

Niedersächsisches Sozialministerium: Soziale Betriebe in Niedersachsen - Zielsetzungen, Beispiele und Förderrichtlinien

OECD: Employmend Outlook, Paris 1993

Prognos AG: Arbeitslandschaft bis 2010 nach Umfang und Tätigkeitsprofilen, Bd 1, Nürnberg 1989

Sacks, P.: Die Qualifizierung benachteiligter Jugendlicher und junger Erwachsener als bildungspolitischer Auftrag in: Jugend Beruf Gesellschaft Heft 4/1993, S. 187 - 190

Schmid, G.: Übergänge in die Vollbeschäftigung, Formen und Finanzierung einer zukunftsgerechten Arbeitsmarktpolitik, WZB Diskussionspapier FS 1 93 - 208, Berlin 1994

Schneider, M. (Hg.): Das Berliner Programm 501 - Ein innovatives (Jugend)-Beschäftigungs- und Qualifizierungsprogramm, Berlin 1992

Schober, K.: Veränderungen im Übergangssystem seit 1990 - Herausforderung an die Berufs-Bildungs- und Arbeitsmarktpolitik in: Brock, D. u.a. (Hg.) 1991, S. 29 - 33

Schober, K.:Ungelernte Jugendliche: Zur veränderten Sozialstruktur und Genese einer Problemgruppe in: Brinkmann, C., Schober, K. (Hg.): Erwerbsarbeit und Arbeitslosigkeit im Zeichen des Strukturwandels - Chancen und Risiken am Arbeitsmarkt, Nürnberg 1992

Schober, K.: Nur durch Arbeit trägt Ausbildung Früchte - Arbeitslosigkeit nach der Lehr steigt wieder - die Nichtübernahme junger Fachkräfte bereitet zunehmend Sorge - IAB Kurzbericht Nr. 5/09.03.1994, Nürnberg 1994

Schruth, P.: Allerlei Probleme um die Hilfen zur Arbeit, unveröffentlichtes Referat, Berlin 1993

Frauen ohne Lobby

Problemlagen und Beratungsbedarf von Frauen Inhaftierter

Friedrich-Wilhelm Meyer

0. Einleitung

Frauen und Kinder Inhaftierter gehören seit jeher zu den mitbestraften Opfern der Sanktionsform Freiheitsentzug. Die individualisierende Sanktion Freiheitsentzug führt bei ihrer Anwendung auf soziale Gemeinschaften wie sie Paar- oder Familienbeziehungen darstellen, automatisch zu negativen Folgen für alle Persoen. Die zwangsweise Herauslösung eines Mitgliedes aus einer solchen Konstellation unterbricht die bis dahin bestehenden sozialen Beziehungen und erfordert hohe Anpassungsleistungen aller Betroffenen zur Bewältigung der neuen Situation. Obwohl dies systembedingt so ist, gibt es kein nennenswertes öffentliches, wissenschaftliches oder fachliches Interesse zur Überwindung oder auch nur Linderung der Situation der von Freiheitsentzug Mitbetroffenen und dies, obwohl die zwar nur wenigen wissenschaftlichen Studien zur Lage Angehöriger von Inhaftierten durchaus ausreichende Beschreibungen ihrer Probleme enthalten.[1] Woran liegt das?

Um Antworten darauf zu finden, soll im ersten Teil der Arbeit anhand eines kurzen historischen Exkurses die Geschichte des Freiheitsentzuges und der Straffälligenhilfe nachgezeichnet werden, um zugleich die leitenden Frage- und Themenstellungen dieser gesellschaftlichen Teilsysteme zu untersuchen.

Im zweiten Teil stehen dann konkrete Problemlagen, Situationsbeschreibungen und Bedürfnisse von Frauen Inhaftierter im Mittelpunkt des Interesses. Dieser Aufsatz ist damit zugleich eine kritische Rückschau über einen Zeitraum von fast genau 10 Jahren nach Abschluß der von

Max Busch geleiteten Studie "Zur Situation der Frauen von Inhaftierten", an der der Verfasser seinerzeit mitgearbeitet hat.

1. Historischer Exkurs zur Geschichte von Strafvollzug und Straffälligenhilfe

1.1 Strafvollzug

Seit jeher hat es Abweichungen von herrschenden gesellschaftlichen Normen gegeben.[2] Die Reaktionen auf Normabweichungen in Form von Strafen haben sich jedoch im Verlauf der Zeit gewandelt und sind zugleich stets Teil gesellschaftlicher Wirklichkeit.[3]

Waren in früheren Zeiten Leib- und Lebensstrafen die dominierende Sanktionsform[4], wurden sie im Lauf der Zeit im mitteleuropäischen Raum durch die Freiheitsstrafe ersetzt. Bis zu dieser Zeit diente der Freiheitsentzug lediglich als Mittel zur Aufbewahrung von Delinquenten bis zum Vollzug der eigentlichen Strafe.[5]

1.1.1 Ursprünge des modernen Strafvollzuges

Der Freiheitsentzug in seiner uns jetzt bekannten Form entstand etwa ab Mitte des 16. Jahrhunderts. Seine Einführung wurde durch strukturelle wirtschaftliche und gesellschaftliche Veränderungen hervorgerufen.[6] Kennzeichnend für die damalige Epoche waren massenhaftes Elend und die damit verbundenen Phänomene des Bettler- und Vagabundentums,[7] sowie ein Wandel in der Bewertung von Arbeit.[8] Arbeitsbeschaffung und Arbeitszwang entwickelten sich zu Alternativen von Leib- und Lebensstrafen und ersetzten sie allmählich. Äußerlich sichtbaren Ausdruck fand dieser Wandel in der Einrichtung von Zucht- und Arbeitshäusern[9]. Sie waren anfangs jedoch nicht in erster Linie als Strafvollzugsanstalten konzipiert, sondern manifestierten zunächst eine neue Form gesellschaftlicher Reaktion auf Armut und des Umgangs mit Armen. Erst im Verlauf der weiteren Ausdifferenzierung dieses Systems entstanden die uns heute bekannten Haftanstalten.

Infolge von Verfallserscheinungen des Anstaltswesens im 17. und 18. Jahrhundert und unter dem Einfluß der von der Aufklärung getragenen Kritik an den Zuständen in den Anstalten, kam es u.a. durch die öffentliche Wirkung der Arbeiten von John Howard 1777[10] und anderen[11] zu Reformbestrebungen im Anstaltswesen. In Deutschland trat z.B. Heinrich Balthasar Wagnitz mit drei Schriften[12] für Gefängnisreformen ein[13]. Ein weiterer wichtiger Impuls für die Reform des Gefängniswesens ging von der Abschaffung der Todesstrafe - mit Ausnahme für Mord - in Pennsylvanien aus[14]. An ihre Stelle trat dort die Freiheitsstrafe. Sie wurde ideologisch durch die christliche Leitidee, "...die Gefangenen durch Buße mit Gott zu versöhnen", begründet.[15]

Der weitere Verlauf der Entwicklung des Strafvollzuges in Deutschland läßt sich mit Albert Krebs[16] in drei Perioden einteilen.

Die *erste Periode* währte von 1777-1871 und ist durch *Konservatismus* und die äußere Erscheinungsform einer *Gemeinsamkeit der Anschauungen über Staat und Kirche* gekennzeichnet. Das Prinzip dieser Epoche lautete "moralische Besserung".

Die *zweite Periode* dauerte von 1871-1914 und wird mit der Kennzeichnung *"Liberalismus"* versehen. Mit ihr verbindet sich u.a. der Name Franz von Liszt's. Sein Marburger Programm von 1882 ist Ausdruck jener Zeit. Im Unterschied zum o.g. Konservativismus wandelte sich das "Besserungsprinzip" im religiös-kirchlichen Sinne zum rechtlichen, d.h. zum staatlichen "Legalitätsprinzip". Der Aspekt der "Aufrechterhaltung der staatlichen Ordnung durch Verwahren" trat nun als Legitimation der Freiheitsstrafe deutlich hervor.[17]

Die *dritte Periode* ab 1914 versieht Krebs mit dem Terminus "Sozialismus". Seiner Einschätzung zufolge ist sie durch das Fehlen klarer Prinzipien gekennzeichnet.

1.1.2 Die jüngste Entwicklung

Inzwischen läßt sich die Entwicklung des Strafvollzuges nach dem ersten Weltkrieg differenzierter beschreiben.[18] Nach dem zweiten Weltkrieg knüpfte man zunächst an die Ideen der Weimarer Zeit an. Mit dem Abschluß der ersten Strafrechtsreform war der Weg frei für die Strafvollzugsreform. Das Inkrafttreten des Strafvollzugsgesetzes am 1.1.1977 erfüllte jedoch keineswegs alle Erwartungen. Insbesondere das Hinausschieben kostenintensiver Teile, z.B. die Einbeziehung von Gefangenen in die Kranken- und Rentenversicherung oder die Erhöhung des Arbeitsentgeltes, stellen bis heute substantielle Mängel dar. Allerdings wurde als neues Element die "Resozialisierung" als Vollzugsziel festgeschrieben. Das Stichwort vom "Behandlungsvollzug" kennzeichnete über weite Strecken die Diskussionen der Nachkriegsjahre.

Insbesondere in den 70-er und 80-er Jahren gibt es im wissenschaftlichen Bereich eine intensive Auseinandersetzung um den "Behandlungsvollzug" und z.T. vehemente Kritik an der "Behandlungsideologie". Sie steht im zeitlichen und historischen Kontext des gesellschaftlichen Umbruchs, der sich seit dem Ende der 60-er Jahre vollzog und eine grundlegende Kritik bis dahin geltender bürgerlicher Normen und Werte - besonders von Autoritätsansprüchen - beinhaltete. Dies galt zugleich für die Rolle des Staates und seines Sanktionsapparates. Lauteten die Schlagworte vor einigen Jahren noch "Therapie statt Strafe", wandelten sie sich in die Forderung "Freiheit statt Strafe".[19]

Mitte bis Ende der 80-er Jahre ließen sich im wesentlichen vier Positionen identifizieren:

1. Befürworter des Behandlungsvollzuges[20], die vor allem seine konsequente Realisierung forderten, indem sie darauf verweisen, daß es ihn bislang überhaupt noch nicht gab,
2. Vertreter von Diversionskonzepten[21]. Sie nahmen vor allem im Bereich des Jugendstrafvollzuges bzw. des Jugendgerichtsgesetzes(JGG) Vorreiterfunktionen wahr.
3. Vertreter abolitionistischer Vorstellungen[22], die je nach Standort die drastische Reduzierung von Freiheitsstrafen bzw. deren ersatzlose Abschaffung forderten, und
4. Vertreter einer neoklassizistischen Position[23], die sich mit den Abolitionisten in der Kritik am Behandlungsvollzug einig sind, jedoch anders als sie den Gedanken der Generalprävention und den der "reinen, zeitlich fest umrissenen Strafe" propagierten.

Seit Ende der 80-er Jahre wandelt sich das Bild erneut. Als neues Thema wird nun in Abkehr von den sogenannten "sozialromatischen Vorstellungen" der 70-er und frühen 80-er Jahre die Aufmerksamkeit verstärkt auf die Opfer gerichtet. Dies geschieht in einem Klima zunehmender Reformfeindlichkeit und unter dem Eindruck der Auswirkungen der sich abzeichnenden ökonomischen Strukturkrise. Strukturelle Arbeitslosigkeit, wachsende Armut und ein erstarkender politischer Konservatismus bewirken eine Abkehr von den Reformvorstellungen vorhergehender Jahre. Stattdessen gewinnen politisch wie kriminalpolitisch "law and order - Parolen" zunehmend an Einfluß. "Wiedergutmachung" und "Täter-Opfer-Ausgleich"[24] lauten die neuen Konzepte. Sie markieren den neuen Zeitgeist und dokumentieren die Abkehr von den nun als utopisch anmutenden Vorstellungen des Abolitionismus von der "Abschaffung der Gefängnisse".

Fassen wir zusammen: Seit der Einführung der Freiheitsstrafe als Sanktionsform ist allen Epochen der Umstand gemein, daß stets die normabweichenden Männer und ihr Verhältnis zu Staat und Gesellschaft im Mittelpunkt des Interesses stehen. Ihre Sanktionierung, Behandlung und anschließende gesellschaftliche Re-Integration ist Gegenstand der Interventionen des Systems Strafvollzug. Die Situation der von Inhaftierung mitbetroffenen Frauen und Kinder bleibt dagegen unberücksichtigt. Die "Sanktionsopfer" finden weder öffentliches noch fachliches Interesse und schon gar nicht das des sie produzierenden Systems Strafvollzug. Die Annahme liegt nahe, daß die Thematisierung ihrer Probleme die Sanktionsform Freiheitsentzug in Mißkredit bringen könnte und infolge dessen kein Interesse an der Thematisierung ihrer Probleme bestehen kann. Des weiteren kann man gerade für die frühen Epochen den Umstand reklamieren, daß Frauen und Kinder gesellschaftlich keine den Männern vergleichbare "vollwertige" Position inne hatten, was die Fixierung auf die normabweichenden Männer zusätzlich erklärt.

Nun müßte man Hoffnungen auf die jüngsten gesellschaftlichen Entwicklungen, insbesondere die Frauenbewegung setzen, doch auch sie hat sich des Themas bisher nicht angenommen. Stattdessen richtet sich die Aufmerksamkeit seit einiger Zeit zunehmend auf die potentiellen oder faktischen Opfer unmittelbar kriminellen Handelns und verbleibt damit in der traditionellen Einengung der Perspektive auf die "Dreiecksbeziehung" von *Straftäter, Straftatsopfer* und *Gesellschaft/Staat*. Die wachsende Popularität des "Weissen Ringes" legt hiervon beredtes Zeugnis ab. Gleichzeitig und quasi komplementär hierzu läßt das öffentliche Interesse an Fragen des Strafvollzuges nach. Auch die Straffälligenhilfe ist gegenwärtig offenbar "out". Dies führt uns zu der Frage, ob die Straffälligenhilfe diesen Umstand zu verantworten hat oder ob wir andere Ursachen für diesen Wandel identifizieren können. Richten wir unseren Blick auf die Straffälligenhilfe.

1.2 Ursprünge der Straffälligenhilfe

Die Entstehung der Straffälligenhilfe datiert auf das Jahr 1787. In diesem Jahr wurde in Philadelphia "The Philadelpia Society for Alleviating the Miseries of Public Prisons" gegründet. Nur wenig später (1817) gründete Elisabeth Fry in London die "Society For The Improvement Of Prison Discipline". Ihre Organisation bemühte sich erfolgreich um die Verbesserung der Haftsituation von Frauen. Am 18. Juni 1826 folgte Theodor Fliedner mit der Gründung der "Rheinisch-Westfälischen Gefängnisgesellschaft"[25] und markiert damit die Entstehung einer eigenständigen Straffälligenhilfe in Deutschland.

Kennzeichnend für die drei Gefängnisgesellschaften ist nach Krebs, daß "...die Kompetenzen der in diesen Institutionen tätigen ehrenamtlichen Mitglieder sowohl Aufgaben innerhalb als auch Aufgaben außerhalb der Gefangenenanstalten (beinhalteten). Dabei darf verallgemeinernd gesagt werden, die Tendenz ging bei allen drei Gesellschaften dahin, vorzugsweise die Aufgaben außerhalb der Anstalten wahrzunehmen. Entscheidend blieb aber, daß die Mitglieder der Vereine nicht Vertreter des Staates oder einer anderen Behörde, sondern unabhängige Glieder der Gesellschaft waren".[26]

1.3 Straffälligenhilfe als Teilsystem von Sozialarbeit/Sozialpädagogik

War Straffälligenhilfe bis zum ersten Weltkrieg vor allem durch religiöse Motive begründet und wurde sie folglich vor allem durch Personen mit christlich motivierten Vorstellungen getragen, ändert sich dies mit dem fortschreitenden Säkularisierungsprozeß und der sich vollziehenden Professionalisierung sozialer Arbeit. Die berufliche Qualifizierung der in der Armenpflege und Fürsorge Tätigen - wobei es sich bis heute vor allem um Frauen handelt - schafft die Voraussetzungen für den Einsatz qualifizierter Personen im Strafvollzug und in der Straffälligenhilfe[27].

Einen bedeutenden Aufschwung erfährt diese Entwicklung jedoch vor allem nach dem zweiten Weltkrieg mit der Einführung der Fachhochschulen und der weiteren Professionalisierung sozialer Arbeit[28]. Sie fällt zeitlich mit der Reformdiskussion um den Strafvollzug zusammen und führt zu einem verstärkten Ausbau von Stellen staatlicher Straffälligenhilfe. Der "Wandel der Formen des Helfens"[29] trifft auch für die Straffälligenhilfe zu.

Das relativ große öffentliche Interesse an Straffälligen und Straffälligenhilfe wird in den 70-er Jahren durch politische Konzepte wie das der Randgruppenarbeit forciert. Straffällige werden als mögliche Vorkämpfer für einen revolutionären Wandel der Gesellschaft gesehen und von Teilen der Studentenschaft - aber auch der Wissenschaft - romantisiert. In dem Maße jedoch, in dem die ökonomische Strukturkrise der 80-er und 90-er Jahre spürbar wird und mit dem Zusammenbruch der sozialistischen Staaten Osteuropas einher geht, verlieren soziale Utopien zunehmend ihren Geltungsanspruch. Das Interesse an gesellschaftlichen Randgruppen und sozial motivierten Konzepten schwindet. Stattdessen haben sozial disziplinierende Konzepte Konjunktur. Ein Beispiel hierfür sind die permanenten Kürzungs- und Disziplinierungsversuche im Bereich der Sozialhilfe.[30] Insofern ist das zeitweilig relativ hohe öffentliche Interesse an Straffälligen und der Straffälligenhilfe als zugehöriger Organisation zugleich Ausdruck eines aktuellen Zustandes der Gesellschaft. In Zeiten hoher wirtschaftlicher Prosperität, in denen Ideen sozialer Gerechtigkeit verbunden sind mit einem normativen Wandel, der insbesondere traditionelle autoritäre Strukturen kritisiert, steht der Repressionsapparat des

Staates mit Polizei und Strafvollzug im Brennpunkt der Kritik. Straffällige gelten als Symbol für Unterdrückung durch den autoritären Repressionsapparat, den man ideologisch und politisch bekämpft. Mit dem "Zusammenbruch der Linken" und der Forcierung der Strukturkrise und ihrer Auswirkungen auf den Wohlfahrtsstaat, verlieren diese Ideen jedoch an Überzeugungskraft und werden ersetzt durch neue, (alte) Interpretationsmuster. In ihnen werden soziale Randgruppen in eine latente Sündenbockfunktion manövriert und als Nutznießer - vermeintlich unberechtigter - Wohlfahrtsleistungen diskreditiert. Im verschärften Kampf um den Erhalt der eigenen sozialen Position schwindet die gesellschaftliche Akzeptanz für Normabweichler. Ausgrenzungsprozesse verschärfen sich. Insofern ist das nachlassende Interesse an Straffälligen und Straffälligenhilfe eine logische Konsequenz gewandelter gesellschaftlicher Verhältnisse. Umso weniger besteht öffentliches Interesse an den Angehörigen.[31]

Aber nicht nur in der Öffentlichkeit, sondern auch innerhalb der Straffälligenhilfe gibt es nach wie vor nur geringes Interesse an der Bearbeitung der Probleme von Frauen und Kindern Inhaftierter. Auch dort ist es bisher nicht gelungen, die Täter- und Männerfixierung aufzubrechen. Nur wenige Einrichtungen betreiben bisher eine kontinuierliche systematische Frauenarbeit. Hierauf wird nachfolgend eingegangen.

Untersuchen wir zunächst, warum die Reformphase der 70-er und 80-er Jahre nicht den erhofften Durchbruch für das Thema "Angehörige von Inhaftierten" innerhalb der Straffälligenhilfe erbrachte, gab es doch gerade in jener Zeit eine Vielzahl von Gruppen und Initiativen, die sich in der Straffälligenarbeit engagierten.

Sie lösten seinerzeit bei den Repräsentanten der traditionellen Organisationen Befürchtungen aus,[32] die aus heutiger Sicht überzogen erscheinen. Aufgrund ihre politischen Motivierung schlossen sich die seinerzeit entstehenden Gruppen nicht ohne weiteres den traditionellen Wohlfahrtsverbänden an, sondern entschieden sich als "Initiativgruppen" für eine weitgehend autonome Existenz oder eine nur relativ "lockere" institutionelle Anbindung an etablierte Träger der Wohlfahrtspflege. Einige dieser Gruppen übernahmen Vorreiterfunktionen bei der Einführung neuer Angebote für Straffällige und verdeutlichten zudem die politische Dimension der Arbeit. Dies hat mit dazu beigetragen, Straffälligenhilfe aus einer caritativ individualisierenden Perspektive zu befreien und ihren politischen Gehalt zu offenbaren.

Inzwischen existieren zahlreiche der in den 70-er und 80-er Jahren gegründeten Gruppen nicht mehr, da ihnen oftmals eine hinreichende finanzielle und institutionelle Absicherung fehlte. Trotz der Betonung des politischen Charakters von Straffälligenhilfe haben auch sie das Problem der Situation "Angehörigen von Inhaftierten" im wesentlichen nicht entdeckt und nicht zum Thema gemacht. Offenkundig waren sie zu sehr auf die Konstellation Staat/Gesellschaft versus Inhaftierter fixiert, in der Letzterer als Opfer des staatlichen Sankionsapparates erschien.

Klären wir nun, inwieweit fachliche Diskussionen innerhalb von Sozialarbeit/Sozialpädagogik Bedingungen für die "Entdeckung" der Zielgruppe "Frauen von Inhaftierten" schufen bzw. erschwerten.

Innerhalb von Sozialarbeit/Sozialpädagogik setzt in den 80-er Jahren die Kritik an der Professionalisierung[33] sozialer Arbeit ein. Allzuoft arbeiten Experten aus verschiedenen Spezialdiensten unkoordiniert nebeneinander her und tragen so zu einer Segmentierung von Problemen bei, ohne sie tatsächlich lösen zu können. Dies gilt auch für Frauen von Inhaftierten. Bis heute gibt es kaum auf ihre Probleme hin spezialisierte Dienstleistungs- und Beratungsangebote. Insofern hat die hohe Spezialisierung eher einer Segmentierung und Ausblendung dieser Personengruppe Vorschub geleistet, denn auch den meisten Experten aus den zahlreichen anderen Spezialdiensten sind bislang im wesentlichen die Probleme Angehöriger von Inhaftierten entgangen.

Die zur gleichen Zeit entstehende neue Selbsthilfebewegung setzt sich gegen eine "Entmündigung durch Experten" zur Wehr und verweist auf die Interessensunterschiede zwischen professionellen "Helfern" und deren "Klienten".[34] Ihre Kritik an den offiziellen Helferideologien der Wohlfahrtsorganisationen offenbart deren legitimatorischen Charakter[35] und eröffnet eine Diskussion um die ökonomische Abhängigkeit der

Wohlfahrtsorganisationen von öffentlichen Mitteln. Sie wird unter dem Stichwort "Neokorporatismus" geführt.

Betrachtet man Wohlfahrtsorganisationen als soziale Dienstleistungsunternehmen, die ihre Angebote finanzieren müssen, so bleibt festzustellen, daß für die Arbeit mit Angehörigen von Inhaftierten keine besonderen finanziellen Ressourcen zur Verfügung stehen, die eine Installation von Angeboten für diese Zielgruppe aus betriebswirtschaftlichen Gründen attraktiv erscheinen läßt. Im Gegenteil, eines der wenigen Modelle in diesem Bereich wird finanzell "zurückgefahren".[36] Trägerinteressen sind eben nicht automatisch mit den Interessen professioneller Fachkräfte und von Betroffenen identisch.

Die Selbsthilfe wird zudem im wesentlichen durch Mittelschichtsangehörige getragen und hat vor allem im Gesundheits- und Umweltbereich ihre Interessen politisch artikuliert. Inhaftierung trifft dagegen eher Personen aus unteren sozialen Schichten, deren Selbstorganisationspotential diesbezüglich geringer ist. Inzwischen gibt es die erste Selbsthilfeeinrichtung für Frauen von Inhaftierten. Vielleicht deutet sich hier ein allmählicher Wandel an.

Andererseits sind aus Selbsthilfeorganisationen, die von professionellen, nicht betroffenen Fachkräften getragen werden, Initiativen für die Arbeit mit Frauen von Inhaftierten ausgegangen.[37]

Daneben bestehen einige Angebote von Einrichtungen der ambulanten Straffälligenhilfe in mehreren Städten Deutschlands, so u.a. in Mainz,[38] Mannheim,[39] Münster,[40] Nürnberg,[41] Duisburg,[42] Gelsenkirchen[43] und Schwerte.[44]

Trotz der o.g. Aktivitäten ist die Arbeit mit Frauen von Inhaftierten im Rahmen der Straffälligenhilfe auch heute noch randständig. Die seit vielen Jahren geäußerte Kritik an der "Zersplitterung", mangelnden Koordination und Transparenz der Straffälligenhilfe für die Hilfesuchenden ist auch jetzt noch relevant[45].

Hinzu kommt die Segmentierung von Hilfe, insbesondere durch die verschiedenen staatlichen Dienste der Straffälligenhilfe. Hierunter wird das institutionenbegrenzte Wirken zu verschiedenen Phasen des Kriminalisierungs- und Inhaftierungsprozesses verstanden. Grundlage der Kritik ist die Beobachtung, daß die unterschiedlichen Dienste der Justiz - angefangen von der Gerichtshilfe über die sozialen Dienste des Vollzuges bis hin zur Bewährungshilfe mit wechselnden Personen zu verschiedenen Zeitpunkten tätig werden. Das unkoordinierte Nebeneinander verschiedener Träger und Angebote auf örtlicher wie auf überörtlicher Ebene hat aber eine Verzettelung von Kräften zur Folge.

1.4 Anmerkungen zum politischen Wirken von Straffälligenhilfe.

Wie die historische Kurzbetrachtung verdeutlichen sollte, war und ist Straffälligenhilfe immer auch zugleich politisches Handeln[46]. Hieran läßt niemand einen Zweifel. Dennoch ist das politische Gewicht der Straffälligenhilfe gegenwärtig gering einzuschätzen. Die von Karl Garg 1981 geäußerte Befürchtung, man könne sich immer mehr den Opfern zuwenden und darüber die Täter vergessen, scheint sich zunehmend zu bewarheiten[47], trifft für Frauen und Kinder aber schon von jeher zu. Diesbezüglich muß sich die Straffälligenhilfe fragen lassen, weshalb sie eine inzwischen hinreichend dokumentierte Problemguppe derart vernachlässigt. Andereseits muß man sich aufgrund der Analyse über die fortgesetzte Ausblendung der Probleme Angehöriger von Inhaftierten fragen, ob die Straffälligenhilfe die zur Durchsetzung der Interessen der Betroffenen richtige Organisation ist. Allerdings zeichnen sich m.E. kurzfristig keine Alternativen ab, da die Frauenbewegung in ihrer organisierten Form sich bisher zumindest dieser Gruppe von Frauen nicht annimmt. Hoffnung besteht allenfalls im Hinblick auf die zunehmende Fähigkeit betroffener Frauen, ihre Situation selber aktiv zu verändern und für ihre Interessen einzutreten. Hoffnung besteht im weiteren in der Aktivierung sozialpädagogischer Fachfrauen innerhalb der Straffälligenhilfe, sich stärker für die Belange von Frauen Inhaftierter zu engagieren.[48]

2. Problemlagen von Frauen und ihrer inhaftierten Männer

2.1 Probleme der Frauen von Inhaftierten[49]

Die Zwangstrennung infolge Inhaftierung des Ehemannes oder Partners stellt für die Frauen ein kritisches Lebensereignis dar, das in Verbindung mit der Straffälligkeit des Partners die bisherigen Normalitätskonstruktionen der Frauen nachhaltig erschüttert.[50] Es überfordert vielfach die Frauen, bietet aber zugleich einigen von ihnen die Möglichkeit, ihre Unabhängigkeit vom Mann zu erlangen.[51]

Die nachfolgende Kurzübersicht soll nur einen kleinen Eindruck von der Vielfalt der Problemlagen vermitteln. Obwohl die empirische Daten nun schon ca. 10 Jahre alt sind, habe ich nicht den Eindruck gewonnen, daß sich die Struktur der Problemlagen seither nachhaltig verändert hat. Allerdings haben die Daten zur materiellen Lage nur noch historischen Wert. Die finanziellen Belastungen und insbesondere die Schuldenbeträge dürften inzwischen wesentlich gewachsen sein.

Bei den nachfolgend kurz zu skizzierenden Ergebnissen handelt es sich um eine weitergehende theoretische und statistische Analyse von Befragungsdaten, die Rahmen einer Studie des (damaligen) Bundesministeriums für Jugend, Familie, Frauen und Gesundheit (BMJFFG) unter Leitung von Prof. Dr. Max Busch an der Bergischen Universität Gesamthochschule Wuppertal durchgeführt wurde[52].

Im Verlauf der Mitarbeit im o.g. Forschungsprojekt und aufgrund meiner sozialpädagogischen Arbeit mit Betroffenen wurde deutlich, daß

1. Straftat und Trennung infolge Inhaftierung des Mannes zwei miteinander eng verbundene Ereignisse darstellen, die sich auf die gesamte Lebenswelt der Frau auswirken,
2. deren Effekte und Belastungen variieren und
3. die neu entstandenen Situationen von den Frauen in unterschiedlicher Weise bewältigt werden.

2.2 Studie zur Situation der Frauen von Inhaftierten

Daten der damaligen empirischen Studie:
Im Rahmen unserer empirischen Untersuchung wurden insgesamt N=380 Inhaftierte in 10 Justizvollzugsanstalten des Landes Nordrhein-Westfalen und N=143 Frauen interviewt. In die Auswertung wurden N=135 Frauen einbezogen.

Die Interviews mit den Frauen dauerten im Durchschnitt zwischen drei und fünf Stunden.

Biografische Daten:
Hinsichtlich persönlicher Merkmale lassen sich die Frauen drei Gruppen zuordnen und zwar

1. Ältere Ehefrauen mit geringen schulischen und beruflichen Qualifikationen (N=94)
2. ältere Partnerinnen bzw. Geschiedene/Getrennte mit einer soliden schulischen und beruflichen Qualifikation (N=24) und
3. junge, vorwiegend katholische Partnerinnen mit hoher schulischer und beruflicher Qualifikation (N=11).

Von den 135 befragten Frauen hatten insgesamt N=38 Frauen Vorerfahrungen mit früheren Ehen.

Zum Trennungszeitpunkt waren drei Viertel der Frauen verheiratet, 22 % lebten in einer gemeinsamen Partnerschaft und 2,33 % waren geschieden oder getrennt. 86 % der Ehen bestanden zu diesem Zeitpunkt länger als ein Jahr. Kinder hatten drei Viertel der Paare. Davon waren etwa zwei Drittel gemeinsame Kinder mit dem inhaftierten Mann.

Die materielle Lage vor der Inhaftierung:
Die Mehrheit der Betroffenen erzielte vor der Inhaftierung des Mannes ein relativ niedriges Einkommen. Nur eine kleine Teilgruppe verfügte allein aufgrund der Berufstätigkeit des Mannes über höhere Einkünfte.

Etwa ein Viertel der Männer war zum Zeitpunkt ihrer Inhaftierung ohne Beschäftigung. Die Frauen haben also in erheblichem Maße die materielle Absicherung der Partnerschaft/Familie mitgetragen.

Zufriedenheit mit Ehe/Partnerschaft (N=102):
Mit der Ehe/Partnerschaft waren
N=44 Frauen im großen und ganzen zufrieden,
N=38 Frauen sehr zufrieden und
N=20 Frauen nicht zufrieden.

Materielle Lage zum Interviewzeitpunkt:
Zum Interviewzeitpunkt waren fast die Hälfte der Frauen berufstätig. Öffentliche und private Unterstützung erhielten ebenfalls etwa die Hälfte der Frauen. Sozialhilfeleistungen waren für 45 % der Frauen/Restfamilien die wesentliche Quelle ihrer Existenzsicherung.

Als Fazit ist festzuhalten, daß Frauen/Familien von Inhaftierten in ihrer Mehrheit zur materiell armen Bevölkerungsgruppe zählen.

Trennungszeiten:
Die mittlere Trennungsdauer vom Mann beträgt 23, die noch zu erwartende Trennungszeit im Durchschnitt 24 Monate.
Trennung infolge Inhaftierung trifft zwar vor allem Frauen der Altersgruppe zwischen 20 und 30 Jahren, doch streut dieses Ereignis insgesamt über alle Altersgruppen.

Straffälligkeit und Inhaftierung als "kritische Lebensereignisse"[53]
Aufgrund der Straftat des Mannes kommt es bei einem großen Teil der Frauen - zumindest zu einem partiellen - Zusammenbruch ihrer bisherigen Normalitätskonstruktionen. Die Wandlungen artikulieren sich u.a. in Zweifeln an der Rechtsprechung, am Sinn von Strafe und Strafvollzug. Aber auch die eigene Mitschuld an der Straftat wird von Frauen in diesem Kontext thematisiert.

Die große Mehrzahl der Frauen geht in Anwendung des eigenen Alltagswissens über Kriminalität davon aus, daß sie und ihre Familienangehörige nach der erfolgten Zuschreibung "Krimineller/Inhaftierter" nicht mehr zur Normalität ihres bisherigen Lebens zurückkehren können. Sie müssen vielmehr damit rechnen, daß die Andersartigkeit des kriminellen Mannes auch auf sie übertragen wird. Demnach ist nicht nur ein Mitglied der Familie "kriminell", sondern die ganze Familie!

Frauen entwickeln im Verlauf der Trennung vom Mann ein differenziertes System der Steuerung und Gestaltung von Kommunikation und Interaktion mit anderen Personen.

Gegenüber dem Mann tendiert ein bedeutsamer Teil von Frauen zur Selektion von Informationen. Dies führt, begünstigt durch Kontrollen und Beschränkungen seitens des Vollzuges, zu gestörter Kommunikation. Es kommt zum "Auseinanderdriften der Lebenswelten" von Mann und Frau.

Geheimhaltungs- und Täuschungsstrategien werden auch gegenüber den eigenen Kindern, Eltern, Schwiegereltern und Personen des sozialen Nahraumes praktiziert. Hinzu kommt die Tendenz zur Selbstisolation. Eine Konsequenz dieser Form des Stigmamanagements besteht in der Vereinsamung von Frauen.

Belastungen und Effekte:
Eine Gruppierung der Frauen bezüglich dieses Teilaspekts läßt drei unterschiedliche Muster erkennen:

1. Frauen (N=63) mit hohen psychischen und somatischen Belastungen zum Befragungszeitpunkt. Diese Frauen fühlen sich überfordert und zugleich mit ihren Problemen alleingelassen. Sie sind ohne Zweifel hilfebedürftig.
2. Frauen (N=30), die nicht unter der Abwesenheit des Mannes leiden, sondern sich eher wohlfühlen. Sie vermögen ihre Situation allein handelnd zu bewältigen. Zudem verfügten sie offenbar auch vor der Trennung bereits über ein hohes Maß an Selbständigkeit.
3. Frauen (N=42), die sehr stark unter ihrer Einsamkeit und der Trennung vom Mann leiden. Sie empfinden sich in ihrer Situation jedoch nicht als verbittert, verletzt oder enttäuscht. Hinsichtlich der Erweiterung ihrer Handlungskompetenz haben sie den höchsten Zuwachs zu verzeichnen. Sie haben gelernt, die an sie gestellten neuen Anforderungen selbständig handelnd zu bewältigen. Damit entsprechen sie weitgehend den Modellannahmen für eine erfolgreiche Krisenbewältigung.

Auswirkungen auf Ehe- und Partnerschaft:
Befragt man die Frauen nach den Auswirkungen von Straftat und Inhaftierung, werden wiederum unterschiedliche Beurteilungen sichtbar.

Für eine Teilgruppe von Frauen (N=69) haben Straftat und Inhaftierung des Mannes zu keiner Belastung oder gar Gefährdung ihrer Ehe/Partnerschaft geführt, sondern eher zu deren Stärkung beigetragen. Diese Frauen waren in besonders hohem Maße entschlossen, zu ihrem Mann zu halten.

Frauen der zweiten Teilgruppe (N=36) geben an, daß die Straftat des Mannes zu einer deutlichen Belastung und Gefährdung ihrer Ehe/Partnerschaft geführt hat. Sie sind aber dennoch bereit, zu ihm zu halten.

Bei der dritten Teilgruppe (N=30) handelt es sich um Frauen, deren Ehe/Partnerschaft aus ihrer eigenen Sicht erheblich gefährdet ist.

Einkommenslage:
Infolge Inhaftierung hat sich das Einkommen bei
67 % verschlechtert,
29 % nicht verändert und bei
4 % verbessert.

Der Einkommensverlust beträgt im Mittel 1.142 DM[54]. N=78 Frauen haben Schulden von durchschnittlich 33.299 DM [55].

Diese Verteilungen unterstreichen, daß die Trennung vom Mann für die überwiegende Mehrheit der betroffenen Frauen/Familien zugleich eine materielle Krise bedeutet.

Fazit: Aus den Ergebnissen wird deutlich, daß eine verkürzende Stereotypisierung der Situation von Frauen Inhaftierter nicht zulässig ist, ebensowenig bestehen insgesamt jedoch Zweifel an ihrer Notlage. Eine differenzierte Betrachtung ihrer Situation ist erforderlich, um sozialpädagogisch adäquate Hilfeplanung zu fundieren.

3. Hilfeformen für Angehörige von Inhaftierten

Dominierte früher die Einzelfallhilfe als das methodische Instrument der Arbeit mit Straffälligen, wird sie seit einigen Jahren zunehmend durch andere methodische Angebote, vor allem der Gruppen- und Paararbeit[56] ergänzt. Besondere Aufmerksamkeit hat in den 70-er Jahren die Einführung mehrtägiger Ehe- und Familienseminare mit Inhaftierten, Frauen und z.T. Kindern erfahren. Sie wurden z.B. von den beiden konfessionellen Trägern und der Arbeiterwohlfahrt durchgeführt[57]. Zu dieser Angebotsform liegen inzwischen vielfältige Erfahrungsberichte vor[58].

Ehe- und Familienseminare bzw. Seminare mit Inhaftierten und ihren bedeutsamen Bezugspersonen - um den Rahmen der Einzubeziehenden zu erweitern - stellen einen ersten qualitativen Fortschritt gegenüber den traditionellen Formen der Einzelfallhilfe dar, ohne diese damit gänzlich überflüssig werden zu lassen.

Weitergehende Beratungsansätze speziell für Frauen sind derzeit dagegen noch recht selten. Sie gilt es weiter zu entwickeln und als legitime Ansätze neben den Angeboten für inhaftierte Männer zu etablieren. Hier ist bis jetzt wenig geschehen.

Dabei sollte gelten, daß sich die Grundsätze der Arbeit mit Inhaftierten und ihren Bezugspersonen, besonders jedoch das methodische Vorgehen und die Organisationsformen der Straffälligenhilfe sich an den Problemen der Betroffenen orientieren und nicht umgekehrt!

4. Ausblick auf die Entwicklung einer sozialpädagogischen Arbeit mit Angehörigen von Inhaftierten[59]

Anhand der empirischen Ergebnisse lassen sich m. E. zwei zentrale Aussagen über Frauen von Inhaftierten treffen:

- Frauen von Inhaftierten befinden sich in einer besonders schwerwiegenden Belastungssituation, in der sie mehrheitlich der "Hilfe" bedürfen
- Es lassen sich unterschiedliche Teilgruppen von Frauen isolieren.

Will man ein ihnen angemessenes Hilfekonzept entwickeln, das die o.g. Ergebnisse und bisherigen nationalen[60] und internationalen[61] Erfahrungen in der Arbeit mit Angehörigen einbezieht, bedarf es zusätzlicher Forschungsarbeit.[62] Hier können nur einige Aspekte angedeutet werden.

Wie weiter oben gesehen, lassen sich Verbindungslinien zwischen sozialpädagogischer Arbeit und Kriminal- und Vollzugspolitik einerseits und aktuellen kriminologischen Diskussionen andererseits ziehen. Zugleich müßte eine Konzeption aber auch die originäre Eigenständigkeit und Unabhängigkeit sozialpädagogischer Arbeit mit Angehörigen von Inhaftierten von diesen Bereichen thematisieren.[63]

Ob durch den Ausbau sozialpädagogischer Hilfen zugleich notwendigerweise eine Stabilisierung oder zumindest eine Legitimierung der Sanktion Freiheitsentzug erfolgen könnte, ist ebenfalls zu bedenken. Demgegenüber steht das Leiden der Frauen und Kinder und ihr Anspruch auf Hilfe und Unterstützung. Letzterer rechtfertigt m. E. nicht nur die Entwicklung und Intensivierung sozialer Hilfen, sondern macht sie zwingend erforderlich.

Wie ein System sozialpädagogischer Arbeit mit Frauen, Kindern und sonstigen Bezugspersonen Inhaftierter idealtypisch gestaltet werden könnte, soll nachfolgend thesenhaft angedeutet werden.

These 1: Es bedarf eines Perspektivenwechsels in der sozialpädagogischen Arbeit. Die traditionellen sozialpädagogischen Interventionen konzentrieren sich im Kontext von Straffälligkeit nahezu ausschließlich auf den Mann in seinen unterschiedlichen Rollen. Frauen, Kinder, Eltern und andere Bezugspersonen werden allenfalls hinsichtlich ihrer Eignung als "Resozialisierungsinstanz" des Mannes in Betracht gezogen. Es ist an der Zeit, die sozialpädagogische Arbeit mit den Männern, um die Arbeit mit Frauen und Kindern zu erweitern. Die Arbeit mit Frauen und Kindern läßt sich ganz oder teilweise eigenständig konzipieren. Sowohl die Arbeit mit Frauen als auch die Arbeit mit inhaftierten Männern ist grundsätzlich gleichwertig, läßt sich aber nur partiell miteinander verbinden.

These 2: Die Organisation und Institutionalisierung sozialpädagogischer Arbeit mit Angehörigen, die Leistungsfähigkeit von Beratungseinrichtungen und -angeboten, der Anspruch an die Qualifikation der Mitarbeiter und die Methoden in der Arbeit mit Betroffenen haben sich an den Problemen und Bedürfnissen von Frauen zu orientieren und nicht allein an bestehenden Bedingungen, Angebots- und Qualifikationsmerkmalen der Institutionen.

These 3: Die bisherigen Hilfe- und Beratungsangebote reichen für eine qualifizierte Arbeit mit Frauen nicht aus. Berücksichtigt man die für die Mehrheit der Frauen o.g. Problemkonstellationen und die bisherigen Hilfeansätze im sozialarbeiterischen Bereich, wird deutlich, daß eine Frau, die sich um adäquate Hilfe in ihrer Lebenslage bemüht, gleichzeitig eine Vielzahl von Behörden und Beratungsstellen aufsuchen muß. Keine(r) der etablierten Behörden/Dienste ist auch nur annähernd allein in der Lage, der Frau und/oder den Kindern umfassend zu helfen. Sollte dies geschehen, müßten gleichzeitig eine Vielzahl von Spezialisten unterschiedlicher Institutionen in der Restfamilie tätig werden. Diese, vor allem im Rahmen der Professionalisierungsdebatte kritisierte Praxis von "Hilfe", erscheint im Hinblick auf die Problemstruktur Angehöriger kein gangbarer Weg zu deren Lösung. Dies gilt besonders dann, wenn man berücksichtigt, daß es sich bei den betroffenen Familienangehörigen in der Mehrheit um Unterschichtsangehörige handelt, die sich nicht dem klassischen Paradigma psychologischer Beratungsansätze folgend, durch eine "Komm-Struktur" auszeichnen. Angehörige verhalten sich in ihren Bewältigungsstrategien gegenteilig. Sie praktizieren eher den weitgehenden Rückzug in die Privatheit und damit in die soziale Isolation, anstatt - wie intendiert - bei großem Problemdruck die etablierten Beratungsstellen aufzusuchen.

Staatlichen Diensten gegenüber bestehen seitens der Mehrzahl der Frauen Vorbehalte, so daß z.B. Mitarbeiter eines "Allgemeinen Sozialen Dienstes"[64] nur sehr schwer den Zugang zu Frauen und Kindern dieser Problemgruppe finden. Sicher gibt es unter ihnen Personen, die sich in einzelnen Fällen für die Belange der Frauen engagieren. Als Ort für die Etablierung eines "Hilfe- und Beratungssystem" jedoch fehlen ihnen die Voraussetzungen für eine zielgruppengemäße Arbeit. Sie ist m.E. gegenwärtig eine vorrangige Aufgabe ambulanter Straffälligenhilfe.[65]

These 4: Zur Lösung der Probleme der hier zur Debatte stehenden Zielgruppe bedarf es einer kontinuierlichen, fachlich qualifizierten, möglichst gemeinwesennahen, sozialpädagogischen Arbeit, die sich von ihrem Ansatz her an den Lebenslagen der Betroffenen orientiert und dabei, soweit dies von den Frauen gewünscht wird, den inhaftierten Mann mit einbezieht.

These 5: Die sozialpädagogische Arbeit mit Angehörigen muß institutionenübergreifend angelegt sein. Damit verbindet sich die Vorstellung, daß eine erfolgversprechende Arbeit möglichst alle Problembetroffenen einbeziehen sollte. In die sozialpädagogische Arbeit sind sowohl die zurückgebliebenen Angehörigen außerhalb des Vollzuges, als auch die Inhaftierten innerhalb des Vollzuges zu integrieren. Die bisherige Praxis der Bestimmung der Aufgabengebiete sozialpädagogischer Arbeit aufgrund von Institutionenerfordernissen und -grenzen geht an den Problemen und Bedürfnissen der Betroffenen vorbei. So ist es etwa den Sozialarbeitern und Psychologen der Vollzugsanstalten kaum möglich, intensiven Kontakt oder gar kontinuierliche Beratung und Betreuung der Angehörigen zu betreiben. Es ist auch umgekehrt selten, daß Mitarbeiter vollzugsexterner Beratungseinrichtungen gleichzeitig längerfristigen intensiven Kontakt zum Inhaftierten haben. Die Grenzen des Tätigwerdens etablierter Einrichtungen sind derzeit nicht inhaltlich vorgegeben, sondern resultieren aus institutionell bedingten Beschränkungen.

Gerade die Gleichzeitigkeit von Kontakten zu Frauen und inhaftierten Männern durch eine Institution bzw. deren Mitarbeiter/in ist für eine effektive Arbeit erforderlich. Weder die isolierte Arbeit mit Angehörigen, noch mit Inhaftierten erscheint aufgrund der vorliegenden Problemstruktur angemessen, es sei denn, die Zusammenarbeit wird von einem Partner verweigert. Ungeachtet dessen ist eine getrennte Arbeit sowohl mit Inhaftierten als auch mit Angehörigen sozialpädagogisch sinnvoll und unter den gegebenen Bedingungen der Zwangstrennung unausweichlich.

These 6: Die Heterogenität der Problemstruktur und die Totalität, mit der sie die Lebenslage der Betroffenen bestimmt, erfordert eine gleichzeitige Bereitstellung unterschiedlicher Spezialwissensbestände. Sie sollten u.a. folgende Bereiche abdecken:

- existentielle/materielle Absicherung der Angehörigen, z.B. bei Sozialhilfegewährung, Schuldenregulierung, Wohnungsfragen,
- Krisenintervention,
- Ehe-/Partnerschaftsberatung,
- Erziehungsberatung und
- vollzugliche Beratung

Die Probleme Angehöriger lassen sich zwar analytisch unterschiedlichen Bereichen zuordnen, bestimmen jedoch im Alltag durch ihre Gleichzeitigkeit und enge Wechselwirkung die Lebenswelt der Betroffenen. Dieser Umstand macht die Forderung nach Gleichzeitigkeit der Verfügbarkeit unterschiedlicher Spezialwissensbestände mit dem ihm scheinbar widersprechenden Anspruch auf Ganzheitlichkeit in der Arbeit mit Betroffenen aus.

These 7: Beide zuvor genannten Forderungen und der Anspruch auf Gemeinwesennähe lassen sich in zielgruppenorientierten, multiprofessionell zusammengesetzten Beratungsteams realisieren, die ehrenamtlichen oder nichtprofessionellen Personen die Möglichkeit zur Mitwirkung eröffnen sollten. Ein weiteres Ziel in der Arbeit mit Frauen ist der Versuch, informelle soziale Stützsysteme und andere soziale Netze der Betroffenen zu aktivieren. Aufgrund der Stigmatisierung dieser Personengruppe ist dies jedoch nur in enger Abstimmung mit den Frauen möglich.

Voraussetzungen für eine qualifizierte Arbeit mit Betroffenen sind dabei:

- ein ihren Problemen angepaßtes Qualifikationsprofil, wobei kein Omnipotenzanspruch erhoben wird, d. h. Zusammenarbeit unterschiedlich qualifizierter Professioneller mit entsprechenden Schwerpunkten/Qualifikationen und Erfahrungen in der Arbeit mit Personen der Zielgruppe,
- die Zuständigkeit des Teams - und daraus wiederum möglichst einer festen Bezugsperson für eine Familie, d.h. für die Frau, die Kinder und den inhaftierten Mann während der gesamten Beratungs-/Betreuungszeit.

- die Kooperation mit Sozialbehörden[66], und anderen speziellen Einrichtungen, z.B. der Drogenberatung, der Psychiatrie, dem Vollzug oder der Erziehungsberatung, um nur einige zu nennen, bei gleichzeitiger fachlicher und institutioneller Autonomie von ihnen. Damit verbindet sich der Anspruch an die dort tätigen Professionellen, für die Betroffenen - im Bedarfsfall - das erforderliche Verweisungswissen bereitzustellen und gemeinsam mit ihnen den Kontakt herzustellen und auf Wunsch in der jeweiligen Einrichtung, dem jeweiligen sozialen Dienst als ihr Protagonist tätig zu werden.
- institutionelle Autonomie von Justiz, Vollzug und anderen Einrichtungen, die von den Betroffenen als "Behörden" etikettiert werden,
- ein möglichst frühzeitiger Kontakt zu Frauen, z.B. zum Zeitpunkt der Untersuchungshaft oder der Anklageerhebung.
- eine aufsuchende, auf die Betroffenen zugehende Form der Kontaktaufnahme bzw. der Gestaltung des Beratungsangebotes.
- differenzierte methodische Angebote, so z.B. :
  - die Initiierung von selbständigen Frauengruppen,
  - Paargespräche unter Einbeziehung des inhaftierten Mannes,
  - Einzelgespräche ggfs. zur Vorbereitung auf die Gruppenarbeit,
  - Gruppenarbeit mit Inhaftierten,
  - gemeinsame Gruppenarbeit mit Frauen und Inhaftierten in Verbindung mit Familienseminaren,
  - Angebote für Frauen, die sich von ihrem Mann trennen wollen, bzw. sich von ihm getrennt haben - also eine Trennungshilfe,
  - Angebote für die Zeit nach der Entlassung und
  - Aktivierung von Selbsthilfepotentialen im sozialen Nahraum.

Eine solide Finanzierung ambulanter Beratungsstellen ist eine entscheidende Bedingung für qualifizierte längerfristig angelegte Arbeit mit Angehörigen und Inhaftierten.

Bei dem Versuch, Angebote zu gewährleisten bzw. zu etablieren, tritt stets das Grundproblem zutage, daß das Beratungsangebot nicht in die institutionell vorgefertigten Rahmen und scheinbar noch weniger in die Haushaltsetats möglicher für die Finanzierung zuständiger Institutionen passen. Dieser Umstand führt zu dem "beliebten Spiel" des Verweises auf andere Organisationen.

Sowohl von den Problemlagen, als auch von den einzubeziehenden Personen her, lassen sich die Zuständigkeit der Landesjustizministerien und der Landessozialministerien für eine Finanzierung der Angebote begründen. Die Zuständigkeit der Landesjustizministerien ergibt sich aus der Tatsache, daß im Rahmen der Ehe-/Partnerberatung auch die Inhaftierten in den Beratungsprozeß einzubeziehen sind, also eine regelmäßige Arbeit innerhalb von Justizvollzugsanstalten erfolgen würde. Rechtlich läßt sich dies u.a. durch die §§ 71-75 StVollzG begründen. Die Zuständigkeit der Sozialministerien ergibt sich aus den Problemlagen Angehöriger, die in der Mehrzahl so gravierend sind, daß die Voraussetzungen für die Gewährung von Hilfen zur Überwindung besonderer sozialer Schwierigkeiten gemäß § 72 BSHG vorliegen.

Um die sich aus der Einzelfallbindung des § 72 BSHG ergebenden besonderen Probleme für die Bereitstellung genereller Hilfesysteme zu überwinden,[67] wäre eine einzelfallunabhängige Regelfinanzierung wünschenswert, die mit den überörtlichen Trägern der Sozialhilfe abgestimmt werden müßte.

Auch die Heranziehung von Jugendhilfeträgern ist inhaltlich begründbar. Art und Umfang der Kostenbeteiligung von Trägereinrichtungen, den Verbänden und Vereinen der freien Wohlfahrtspflege, sind ebenfalls in diesem Zusammenhang auszuhandeln[68].

Von entscheidender Bedeutung ist, daß es sich bei den denkbaren Finanzierungsmodalitäten um verbindliche, längerfristige Regelungen handelt, die die Existenz der Beratungseinrichtungen von "Tagesereignissen" und kurzfristigen Trends unabhängig machen. Nur durch eine solide Finanzierung ist eine verantwortungsvolle und effektive Arbeit mit Betroffenen auf Dauer zu gewährleisten.

Anmerkungen:

1. Eine zusammenfassende inhaltiche Darstellung findet sich bei Meyer, F.-W.; Zwangsgetrennt: Frauen inhaftierter Männer. Pfaffenweiler 1990.

2. Vgl. Dolsberg, D. v.; Die Entstehung der Freiheitsstrafe unter besonderer Berücksichtigung des Auftretens moderner Freiheitsstrafe in England, Breslau 1928. Krohne, K.; Lehrbuch der Gefangenenkunde unter Berücksichtigung der Kriminalstatistik und Kriminalpolitik. Stuttgart 1889.

3. Eisenhardt, T.; Strafvollzug. Stuttgart 1978. S. 11.

4. Vgl. dazu einige Beispiele bei Eisenhardt; a. a. O.. S. 12 ff.

5. Vgl. Schwind, H.-D.; Blau, G. (Hrsg.); Strafvollzug in der Praxis. Eine Einführung in die Probleme und Realitäten des Strafvollzuges und der Entlassenenhilfe. Berlin 1976.

6. Die gilt insbesondere für die Ausbreitung des Merkantilismus und die Umstellung der Landwirtschaft.

7. Kritisch zur These eines drastischen quantitativen Anstiegs des Bettler- und Vagabundentums äußern sich Sachße, Ch.; F. Tennstedt; Geschichte der Armenfürsorge in Deutschland. Vom Spätmittelalter bis zum 1. Weltkrieg. (Bd. 1). Stuttgart 1980.

8. Weber, M. ; Gesammelte Aufsätze zur Sozial- und Wirtschaftsgeschichte. 2. Aufl. Tübingen 1989.

9. Das erste Arbeitshaus wurde im Jahre 1555 in England in Schloß Bridewell eingerichtet. 1595 folgte in Amsterdam die Errichtung eines Zuchthauses für Männer und wenig später die eines "Spinnhauses" für Frauen. Vergleichbare Anstalten wurden auch in deutschen Städten gegründet.

10. "The State of the Prison in England and Wales with preliminary Observations and an Account of some Foreign Prisons and Hospitals".

11. Vgl. dazu die ausführliche Darstellung von Krebs, A.; Freiheitsentzug. Berlin 1978. S. 41 ff.

12. Seine Werke erschienen 1787, 1791 und 1803.

13. Vgl. Krebs, A.; a. a. O.. S. 81 ff.

14. Vgl. Krebs, A. "Gefängnisgesellschaften" und "Anstaltsbeiräte" eine geschichtliche Betrachtung. In: Niedersächsische Gesellschaft für Straffälligenbetreuung und Bewährungshilfe e. V. (Hrsg.); Freiwillige Mitarbeit in der Straffälligenhilfe und professionelle Sozialarbeit. Hannover 1980, S.107.

15. Schwind, H.-D.; Blau, G; a. a. O., S. 9.

16. Krebs, A,; a.a.O.. S. 18.

17. ebenda S. 20.

18. Vgl. Dünkel, F.; Die Geschichte des Strafvollzuges als Geschichte von (vergeblichen ?) Vollzugsreformen. In: Driebold, R. (Hrsg.); Strafvollzug. Erfahrungen, Modelle, Alternativen. Göttingen 1983. S. 25-54

19. Vgl. Mathiesen, Th.; Überwindet die Mauern! Die skandinavische Gefangenenbewegung als Modell politischer Randgruppenarbeit. Neuwied 1979.

20. Vgl. Busch, M.; Gescheiterter Behandlungsvollzug? In: Müller, S.; Otto, H-U. (Hrsg.); Damit Erziehung nicht zur Strafe wird. Sozialarbeit als Konfliktschlichtung. Bielefeld 1986. S. 143-162.

21. Pfeiffer, Ch.; Diversion: Ein Versuch, die Intensität strafrechtlicher Sozialkontrolle zu reduzieren. In: Müller, S.; Otto, H-U. (Hrsg.); a.a.O.. S. 95-106. Plewig, H.-J.; Diversion statt Strafe? In: KrimJ. 17/1985. Heft 1. S. 59-68. Voß, M.; Diversion: Eine neue Form der sozialen Kontrolle. In : Müller, S.; Otto, H-U. (Hrsg.); a.a.O.. S. 79-94.

22. Vgl. Mathiesen, Th.; a.a.O. Scheerer, S.; Abolitionismus und Neoklassizismus. In: Müller, S.; Otto, H-U. (Hrsg.); a.a.O.. S. 316. Derselbe; Die abolitionistische Perspektive. In: KrimJ. 16/1984. Heft 2. S. 90-111.

23. Vgl. Christie, N.; Die versteckte Botschaft des Neo-Klassizismus. In: KrimJ. 15/1983. Heft 1. S. 14-33. Garz, D.; Sollten wir vielleicht doch eingreifen? Abolitionismus - Gerechtigkeit -Just Community. In: KrimJ. 19/1987. Heft 3. S. 212-228. Haferkamp, H.; Herrschaftsverlust und Sanktionsverzicht. Kritische Bemerkungen zur Theorie des starken Staates, der neuen sozialen Kontrolle und des ideellen Abolitionismus. In: KrimJ. 16/1984. Heft 2. S. 112-131. Platt, T.; Kriminologie in den 80er Jahren: Progressive Alternativen zu "law and order". In: KrimJ. 16/1984. Heft 2. S. 149-159. Stangeland, P.; Wege autonomer Konfliktregelung - Strafrecht und Nahgemeinde. In: KrimJ. 19/1987. Heft 4. S. 285-302.

24. Vgl. J. Schreckling u.a.; Bestandsaufnahme zur Praxis des Täter-Opfer-Ausgleichs in der Bundesrepublik Deutschland. Bonn 1991. Ferner E. Marx; D. Rössner (Hrsg.); Täter-Opfer-Ausgleich. Vom zwischenmenschlichen Weg zur Wiederherstellung des Rechtsfriedens. Bonn 1989.

25. Vgl. Krebs, A.; a.a.O.. S. 137 ff.

26. ebenda S. 113.

27. Vgl. Busch, M.; Professionelle Sozialarbeit und freiwillige Mitarbeit in der Straffälligenhilfe. In: Niedersächs. Gesellschaft für Straffälligenbetreuung und Bewährungshilfe e. V. (Hrsg.); Freiwillige Mitarbeit in der Straffälligenhilfe und professionelle Sozialarbeit. Hannover 1980. S. 37-51.

28. Vgl. hierzu die vielfältige Literatur zur Professionalisierungsdebatte in der sozialen Arbeit.

29. Luhmann, N.; Formen des Helfens im Wandels gesellschaftlicher Bedingungen. In: Otto, H.-U.; Schneider, S. (Hrsg.); Gesellschaftliche Perspektiven der Sozialarbeit Bd. 1. Neuwied 1975. S. 21-43.

30. Vgl. die aktuellen Kürzungsvorschläge zur Sozialhilfe und die Versuche zur Disziplinierung von Sozialhilfeempfängern.

31. Die wenigen Fernsehsendungen zu diesem Thema ändern nichts an diesem Umstand.

32. Vgl. z. B. Müller-Dietz, H.; Straffälligenhilfe als gesellschaftliche Aufgabe. In: Archiv für Wissenschaft und Praxis der sozialen Arbeit. 7/1976. S. 38-64. Vgl. Berlit, J.-W.; Aktuelle Probleme der Straffälligenhilfe. In: Schriftenreihe des Bundeszusammenschlusses für Straffälligenhilfe. Heft 23. Straffälligenhilfe - gestern -heute - morgen. Bonn 1978. S. 51 ff.

33. Vgl. dazu die vielfältigen Beiträge der letzten Jahre z. B. in "Neue Praxis".

34. Dies gilt z. B. für Sozialarbeiter, Ärzte und Psychologen in besonderer Weise.

35. Vgl. Ferber, Chr., v.; Mobilisierung der Laien-Deprofessionalisierung der Hilfen. Ein Verlust an gesellschaftlicher Rationalität. In: Lutz, B. (Hrsg.); Soziologie und gesellschaftliche Entwicklung. Verhandlungen des 22. Deutschen Soziologentages in Dortmund 1984. Frankfurt a. M. 1985. S. 497-508.

36. Modellversuch des Landes NW.

37. So etwa in München durch den Verein "Mitmensch e.V.".

38. Beratungsstelle für Angehörige von Inhaftierten.

39. Arbeitskreis Strafvollzug Mannheim.

40. Chance e.V..

41. Treffpunkt e.V..

42. Beratungstelle der Arbeiterwohlfahrt. Sie gehört zu den wenigen Einrichtungen mit langjähriger Erfahrung in der Arbeit mit Frauen von Inhaftierten. Die Arbeit wurde im Rahmen des Modellprogramms des Landes Nordrhein Westfalen 1981 installiert und seither betrieben. Vgl. Arbeitsgemeinschaft der Beratungsstellen für Straffällige und ihre Bezugspersonen (Hrsg.); Duisburg 1991, und die darin enthaltenen Beiträge aus Duisburg und Gelsenkirchen.

43. Die Chance e.V. zählt ebenfalls zu den vier Modellberatungsstellen des Landes NW und verfügt ebenso wie die Beratungsstelle in Duisburg über eine langjährige, kontinuierliche Erfahrung in der Arbeit mit Frauen von Inhaftierten. Vgl. hierzu den Beitrag von U. Bernhardt; Die Arbeit mit Angehörigen und Partnern von Straffälligen. Ein Schwerpunkt der Beratungsstelle "Die Chance e.V." in: Arbeitsgemeinschaft der Beratungsstellen für Straffällige und ihre Bezugspersonen (Hrsg.); S. 132-157.

44. Das Sozialamt der evangelischen Kirche in Villigst/Schwerte gehört zu den Pionieren bei der Einführung von Eheseminaren für Inhaftierte. Sie werden auch jetzt noch angeboten.

45. Vgl. Müller-Dietz, H.; Strafvollzug und freie Wohlfahrtspflege. In: Archiv für Wissenschaft und Praxis der sozialen Arbeit. 8/1977. S. 105-126.

46.Vgl. das Thema der 12. Tagung des Bundeszusammenschlusses 1981.

47. Vgl. Garg, K.; in: Schriftenreihe des Bundeszusammenschlusses für Straffälligenhilfe Heft 29. Straffälligenhilfe - politische Aufgabe. Bonn 1982. S. 197-210

48. daß dieses Plädoyer von einem Mann kommt, ist dabei schon makaber.

49. Mit dem Terminus "Frauen von Inhaftierten" sind sowohl Ehefrauen, Geschiedene, Partnerinnen als auch ehemalige Partnerinnen gemeint.

50. Vgl. Meyer, F.-W. 1990, a.a.O.. S. 24ff.

51. Eine ausführliche theoretische Entwicklung dieses Ansatzes habe ich an anderer Stelle vorgenommen. Vgl. F.-W. Meyer; Zwangsgetrennt: Frauen inhaftierter Männer. Zur Lage "vergessener" Mitbetroffener. Pfaffenweiler 1990. S.195ff.

52. Vgl. Busch, M.; Fülbier, P.; Meyer, F.-W.; Zur Situation der Frauen von Inhaftierten Analyse und Hilfeplanung. In: Schriftenreihe des BMJFFG. Band 194/1-3. Stuttgart 1987.

53. Der Terminus wird im Sinne von S.-H. Filipp verwandt. Vgl. Filipp, S.-H.; Ein allgemeines Modell für die Analyse kritischer Lebensereignisse. In: diesselbe (Hrsg.); Kritische Lebensereignisse. München 1981.

54. Der Median (Z) liegt bei 1.000 DM.

55. Der Median (Z) liegt bei 15.000 DM.

56. Vgl. dazu die Berichte der "Anlaufstelle für Haftentlassene und deren Familien" der Arbeiterwohlfahrt Duisburg. Duisburg 1983

57. z.B. Haus Villigst Schwerte, Franz-Hitze-Haus Münster, Arbeiterwohlfahrt Duisburg.

58. Vgl. die von der Kath. Arbeitsgemeinschaft Straffälligenhilfe 1979 verfaßte Schrift über Familienarbeit i.d. Strafälligenhilfe. Das Thema Familienarbeit und Strafvollzug z.B. wird auch in einem Tagungsbericht des ISA behandelt. Ferner verweise ich auf Band III der Studie "Zur Situation der Frauen von Inhaftierten - Hilfeplanung". Schriftenreihe des BMJFFG. Band 194/3 vorgelegt von: Busch, M.; Fülbier, P; Meyer, F.-W; Stuttgart 1987 und Arbeitsgemeinschaft der Beratungsstellen für Straffällige und ihre Bezugspersonen. Duisburg 1991.

59. Hierbei handelt es sich um eine überarbeitete Fassung des Kap. 4 meiner Dissertation "Straffälligkeit und Inhaftierung des männlichen Partners als kritische Lebensereignisse für Frauen". Eine empirische Studie über die Folgen unfreiwilliger Trennung vom Mann für Ehefrauen und Partnerinnen. Wuppertal 1987.

60. Vgl. hierzu u.a. die inzwischen vielfältigen Erfahrungsberichte und Dokumentationen über sozialpädagogische Arbeit mit Frauen, Kindern und inhaftierten Männern. So z.B.: Franz-Hitze-Haus; Ehe und Haft. Münster 1976. Wörmann, E.; Espenhorst, J.; Seifert, L.; Mitteilungen des Sozialamtes der Evangelischen Kirche von Westfalen. Nr. 26. Mitbestimmung von Problemgruppen in der Gesellschaftspolitik. Schwerte 1979. Elbing, W.; Pies, E.; Familienarbeit in der Straffälligenhilfe. Grundlagen-Erfahrungen-Probleme. Beiträge und Materialien der Tagung 22. bis 24. März 1979 in der katholischen Akademie Trier. In: Katholische Arbeitsgemeinschaft Straffälligenhilfe (Hrsg.); Trier 1980. Ortner, H.; Mitbestraft. Straffälligenhilfe als Familien- und Gemeinwesenarbeit. Frankfurt 1983. Katzinki, W.; Klümper, W.; Knop, S.; Pasel, F.; Peters, M.; Plewka, A.; Schmidtke, K.; Schumacher, U.; Tiedt, F.; Neue Wege in der ambulanten Straffälligenhilfe. Ergebnisse und Perspektiven eines Modellversuchs. Frankfurt 1985.

61. Vgl. hierzu insbesondere die in Großbritannien und den USA gemachten Erfahrungen in der Arbeit mit Frauen und Kindern Inhaftierter. So u.a. für Großbritannien: Tomlinson, P.; Report on the Work of The Prisoners Wives Service. London 1970. Vercoe, K.; Helping Prisoners' Families - NACRO - Papers an Reprints - No. 3. London 1970. Crosthwaite, A.; Voluntary Work with Families of Prisoners. In: International Journal of Offender Therapy and Comparative Criminology, Vol. 16, 1972, pps 253-259. dieselbe; Punishment for Whom? The Prisoner or his Wife?, ebenda, Vol. 19, 1975, pps. 275-284. Pendelton, J.A.; Through-care with Prisoners and their Families in England. In: International Journal of Offender Therapy and Comparative Criminology, Vol. 17, 1973, pps. 15-28. Horton, H.; Wrigth, A.; "Visiting Dartmoor: Help for Prisoners Families". In: Prison Service Journal, Vol. 23, 1976, pps. 2-5. Monger, M.; Pendelton, J.; "Social Work with the children of Prisoners". In: Probation Journal, Vol. 24, No. 2, 1977, pps.49-54. Prisoners Wives and Families Society; Why Punish Us? London ohne Jahresangabe (vermutl. 1981 d. Verf.). Für die USA: Fenton, N.; The Prisoner's Family. A Study of Family Counseling in an Adult Correctional System. Palo Alto. California 1959. Wilmer, H.A.; Marks, I.; Pogue, E.; Group treatment of prisoners and their families. In: Mental Hygiene. Vol. 50, 1966, pps. 380-389. Chaiklin, H.; Integrating Correctional and Familiy Systems. In: American Journal of Orthopsychiatry, Vol. 42, 1972, pps. 784-791. Kaslow, F.W.; Marital and Family Therapy for Prisoners and their Spouses or Family. In: Prison Journal 1978, pps. 53-59.

62. Vgl. hierzu M. Busch; P. Fülbier; F.-W. Meyer; a.a.O.. Dritter Teilband "Analyse und Hilfeplanung".

63. Versuche zur Positionsbestimmung von Straffälligenhilfe werden in letzter Zeit gelegentlich unternommen, so z.B. von B. Maelicke anläßlich einer Fachtagung der Arbeitsgemeinschaft der Spitzenverbände der Freien Wohlfahrtspflege des Landes Nordrhein-Westfalen am 17.9.1986. in Essen, in seinem Referat "Kritische Betrachtung - stationäre und ambulante Straffälligenhilfe in der Fortentwicklung".

64. Der Allgemeine Soziale Dienst wird im folgenden mit "ASD" bezeichnet.

65. Vgl. Arbeitsgemeinschaft der Spitzenverbände der Freien Wohlfahrtspflege des Landes Nordrhein-Westfalen. Programm zur Erstellung eines flächendeckenden Systems der Straffälligenhilfe in Nordrhein-Westfalen. Düsseldorf 1985.

66. Sozial-, Jugendamt und ASD

67. Vgl. hierzu: Stellungnahme des Bundeszusammenschlusses für Straffälligenhilfe zu "Richtlinien für die Gewährung von Hilfe nach § 72 Bundessozialhilfegesetz (BSHG) durch die überörtlichen Träger der Sozialhilfe". Schriftenreihe des Bundeszusammenschlusses für Straffälligenhilfe, Heft 32, Bonn 1983.

68. Bezüglich zu erwartender Kosten lassen sich aufgrund von mehrjährigen Erfahrungen der o.g. Modellberatungsstellen relativ präzise Prognosen erstellen.

Literatur:

Arbeiterwohlfahrt Duisburg; "Anlaufstelle für Haftentlassene und deren Familien". Duisburg 1983.

Arbeitsgemeinschaft der Spitzenverbände der Freien Wohlfahrtspflege des Landes Nordrhein-Westfalen; Programm zur Erstellung eines flächendeckenden Systems der Straffälligenhilfe in Nordrhein-Westfalen. Düsseldorf 1985.

Arbeitsgemeinschaft der Beratungsstellen für Straffällige und ihre Bezugspersonen, (Hrsg.); Arbeitsfelder ambulanter Straffälligenhilfe, Duisburg 1991.

Berlit, J.-W.; Aktuelle Probleme der Straffälligenhilfe. In: Schriftenreihe des Bundeszusammenschlusses für Straffälligenhilfe. Heft 23. Straffälligenhilfe - gestern - heute - morgen. Bonn 1978, S. 51ff.

Bundesanzeiger; 16.8.1988. Nr. 151. S. 3643.

Bundeszusammenschluß für Straffälligenhilfe; Stellungnahme des Bundeszusammenschlusses für Straffälligenhilfe zu "Richtlinien für die Gewährung von Hilfe nach § 72 Bundessozialhilfegesetz (BSHG) durch die überörtlichen Träger der Sozialhilfe". Schriftenreihe des Bundeszusammenschlusses für Straffälligenhilfe. Heft 32. Bonn 1983.

Busch, M.; Professionelle Sozialarbeit und freiwillige Mitarbeit in der Straffälligenhilfe. In: Niedersächsische Gesellschaft für Straffälligenbetreuung und Bewährungshilfe e. V. (Hrsg.); Freiwillige Mitarbeit in der Straffälligenhilfe und professionelle Sozialarbeit. Hannover 1980. S. 37-51.

Busch, M.; Gescheiterter Behandlungsvollzug? In: Müller, S.; Otto, H-U. (Hrsg.); Damit Erziehung nicht zur Strafe wird. Sozialarbeit als Konfliktschlichtung. Bielefeld 1986. S. 143-162.

Busch, M.; Fülbier, P.; Meyer, F.-W.; Zur Situation der Frauen von Inhaftierten Analyse und Hilfeplanung. In: Schriftenreihe des BMJFFG Band 194/1-3. Stuttgart 1987.

Chaiklin, H.; Integrating Correctional and Familiy Systems. In: American Journal of Orthopsychiatry, Vol. 42, 1972, pps. 784-791.

Christie, N.; Die versteckte Botschaft des Neo-Klassizismus. In: KrimJ. 15/1983. Heft 1. S. 14-33.

Crosthwaite, A.; Voluntary Work with Families of Prisoners. In: International Journal of Offender Therapy and Comparative Criminology, Vol. 16, 1972, pps 253-259.

Crosthwaite, A.; Punishment for Whom? The Prisoner or his Wife?. ebenda, Vol. 19, 1975, pps. 275-284,
Dolsberg, D. v.; Die Entstehung der Freiheitsstrafe unter besonderer Berücksichtigung des Auftretens moderner Freiheitsstrafe in England, Breslau 1928.

Driebold, R. (Hrsg.); Strafvollzug. Erfahrungen, Modelle, Alternativen. Göttingen 1983.

Dünkel, F.; Die Geschichte des Strafvollzuges als Geschichte von (vergeblichen ?) Vollzugsreformen. In: Driebold, R. (Hrsg.); Strafvollzug. Erfahrungen, Modelle, Alternativen. Göttingen 1983. S. 25-54.

Eisenhardt, T.; Strafvollzug. Stuttgart 1978.

Elbing, W.; Pies, E.; Familienarbeit in der Straffälligenhilfe. Grundlagen-Erfahrungen-Probleme. Beiträge und Materialien der Tagung 22. bis 24. März 1979 in der Katholischen Akademie Trier. In: Katholische Arbeitsgemeinschaft Straffälligenhilfe (Hrsg.); Trier 1980.

Fenton, N.; The Prisoner's Family. A Study of Family Counseling in an Adult Correctional System. Palo Alto, California 1959.

Ferber, Chr., v.; Mobilisierung der Laien-Deprofessionalisierung der Hilfen. Ein Verlust an gesellschaftlicher Rationalität. In: Lutz, B. (Hrsg.); Soziologie und gesellschaftliche Entwicklung. Verhandlungen des 22. Deutschen Soziologentages in Dortmund 1984. Frankfurt a. M. 1985. S. 497-508.

Filipp, S.-H.; Ein allgemeines Modell für die Analyse kritischer Lebensereignisse. In: diesselbe (Hrsg.); Kritische Lebensereignisse. München 1981. S. 3-52.

Filipp, S.-H.; (Hrsg.); Kritische Lebensereignisse. München 1981.

Franz-Hitze-Haus; Ehe und Haft, Münster 1976.

Garg, K.; In: Schriftenreihe des Bundeszusammenschlusses für Straffällgenhilfe Heft 29. Straffälligenhilfe - politische Aufgabe. Bonn 1982 S. 197-210.

Garz, D.; Sollten wir vielleicht doch eingreifen? Abolitionismus - Gerechtigkeit - Just Community. In: KrimJ. 19/1987. Heft 3. S. 212-228.

Haferkamp, H.; Herrschaftsverlust und Sanktionsverzicht. Kritische Bemerkungen zur Theorie des starken Staates, der neuen sozialen Kontrolle und des ideellen Abolitionismus. In. KrimJ. 16/1984. Heft 2. S. 112-131.

Horton, H., Wrigth, A.; "Visiting Dartmoor: Help for Prisoners Families". In: Prison Service Journal, Vol. 23, 1976, pps. 2-5.

Institut für soziale Arbeit e.V. (Hrsg.); Familienarbeit und Strafvollzug. ISA-Schriftenreihe Heft 10. Münster 1983.

Kaslow, F.W.; Marital and Family Therapy for Prisoners and their Spouses or Family. In: Prison Journal 1978, pps. 53-59.
Katholische Arbeitsgemeinschaft Straffälligenhilfe; Familienarbeit in der Strafälligenhilfe. Trier 1980.

Katzinki, W.; Klümper, W.; Knop, S.; Pasel, F.; Peters, M.; Plewka, A.; Schmidtke, K.; Schumacher, U.; Tiedt, F.; Neue Wege in der ambulanten Straffälligenhilfe. Ergebnisse und Perspektiven eines Modellversuchs. Frankfurt 1985.

Krebs, A.; Freiheitsentzug. Berlin 1978.

Krebs, A.; "Gefängnisgesellschaften" und "Anstaltsbeiräte" eine geschichtliche Betrachtung. In: Niedersächsische Gesellschaft für Straffälligenbetreuung und Bewährungshilfe e. V. (Hrsg.); Freiwillige Mitarbeit in der Straffälligenhilfe und professionelle Sozialarbeit. Hannover 1980.

Krohne, K.; Lehrbuch der Gefangenenkunde unter Berücksichtigung der Kriminalstatistik und Kriminalpolitik. Stuttgart 1889.

Luhmann, N.; Formen des Helfens im Wandel gesellschaftlicher Bedingungen. In: Otto, H.-U.; Schneider, S. (Hrsg.); Gesellschaftliche Perspektiven der Sozialarbeit. Bd.1. Neuwied. 3. Aufl. 1975. S. 21-43.

Lutz, B. (Hrsg.); Soziologie und gesellschaftliche Entwicklung. Verhandlungen des 22. Deutschen Soziologentages in Dortmund 1984. Frankfurt a. M. 1985.

Maelicke, B.; Simmedinger, R.; Sozialarbeit und Strafjustiz. Untersuchungen und Konzeptionen zur Reform der Straffälligenhilfe. Weinheim 1987.

Mathiesen, Th.; Überwindet die Mauern! Die skandinavische Gefangenenbewegung als Modell politischer Randgruppenarbeit. Neuwied 1979.

Marx, E.; Rössner, D. (Hrsg.); Täter-Opfer-Ausgleich. Vom zwischenmenschlichen Weg zur Wiederherstellung des Rechtsfriedens. Bonn 1989.

Meyer, F.-W.; Straffälligkeit und Inhaftierung des männlichen Partners als kritische Lebensereignisse für Frauen. Eine empirische Studie über die Folgen unfreiwilliger Trennung vom Mann für Ehefrauen und Parnerinnen. Dissertation. Wuppertal 1987.

Meyer, F.-W.; Zwangsgetrennt: Frauen inhaftierter Männer. Zur Lage vergessener Mitbetroffener. Pfaffenweiler 1990.

Monger, M.; Pendelton, J.; "Social Work with the children of Prisoners". In: Probation Journal, Vol. 24, No. 2, 1977, pps.49-54.

Müller, S.; Otto, H-U. (Hrsg.); Damit Erziehung nicht zur Strafe wird. Sozialarbeit als Konfliktschlichtung. Bielefeld 1986.

Müller-Dietz, H.; Straffälligenhilfe als gesellschaftliche Aufgabe. In: Archiv für Wissenschaft und Praxis der sozialen Arbeit. 7/1976. S. 38-64.

Müller-Dietz, H.; Strafvollzug und freie Wohlfahrtspflege. In: Archiv für Wissenschaft und Praxis der sozialen Arbeit. 8/1977. S. 105-126.

Niedersächsische Gesellschaft für Straffälligenbetreuung und Bewährungshilfe e. V. (Hrsg.); Freiwillige Mitarbeit in der Straffälligenhilfe und professionelle Sozialarbeit. Hannover 1980.

Ortner, H.; Mitbestraft. Straffälligenhilfe als Familien- und Gemeinwesenarbeit. Frankfurt 1983.

Pendelton, J.A.; Through-care with Prisoners and their Families in England. In: International Journal of Offender Therapy and Comparative Criminology, Vol. 17, 1973, pps. 15-28.

Pfeiffer, Ch.; Diversion: Ein Versuch, die Intensität strafrechtlicher Sozialkontrolle zu reduzieren. In: Müller, S.; Otto, H-U. (Hrsg.); a.a.O.. S. 95-106.

Platt, T.; Kriminologie in den 80er Jahren: Progressive Alternativen zu "law and order". In: KrimJ. 16/1984. Heft 2. S. 149-159.

Plewig, H.-J.; Diversion statt Strafe? In: KrimJ. 17/1985. Heft 1. S. 59-68.

Prisoners Wives and Families Society; Why Punish Us? London ohne Jahresangabe (vermutl. 1981 d. Verf.).

Radbruch, G.; Der Erziehungsgedanke im Strafwesen. In: ZfStrVo. Heft 3. 11/1952. S. 154-162.

Rest, J.; Durchgehende Betreuung als zentrale Aufgabe ambulanter Straffälligenhilfe. ISS-Arbeitsheft 2. Frankfurt a. M. 1982.

Sachße, Ch.; F. Tennstedt; Geschichte der Armenfürsorge in Deutschland. Vom Spätmittelalter bis zum 1. Weltkrieg. (Bd.1). Stuttgart 1980.

Scheerer, S.; Die abolitionistische Perspektive. In: KrimJ. 16/1984. Heft 2. S. 90-111.

Scheerer, S.; Abolitionismus und Neoklassizismus. In: Müller, S.; Otto, H-U. (Hrsg.); a.a.O.. S. 3-16.

Schmidt, E.; Einführung in die Geschichte der deutschen Strafrechtspflege. Göttingen 1965.

Schreckling, J. u.a.; Bestandsaufnahme zur Praxis des Täter-Opfer-Ausgleichs in der Bundesrepublik Deutschland. Bonn 1991.

Schwind, H.-D.; Blau, G. (Hrsg.); Strafvollzug in der Praxis. Eine Einführung in die Probleme und Realitäten des Strafvollzuges und der Entlassenenhilfe. Berlin 1976.

Smaus, G.; Das Strafrecht und die Kriminalität in der Alltagssprache der deutschen Bevölkerung. Opladen 1985.

Stangeland, P.; Wege autonomer Konfliktregelung - Strafrecht und Nahgemeinde. In: KrimJ. 19/1987. Heft 4. S. 285-302.

Tomlinson, P.; Report on the Work of The Prisoners Wives Service. London 1970.

Vercoe, K.; Helping Prisoners' Families - NACRO - Papers an Reprints - No. 3. London 1970.

Voß, M.; Diversion: Eine neue Form der sozialen Kontrolle. In : Müller, S.; Otto, H-U. (Hrsg.); a.a.O.. S. 79-94.

Weber, M.; Gesammelte Aufsätze zur Sozial- und Wirtschaftsgeschichte. 2. Aufl. Tübingen 1989.

Wilmer, H.A.; Marks, I.; Pogue, E.; Group treatment of prisoners and their families. In: Mental Hygiene. Vol. 50, 1966, pps. 380-389.

Wörmann, E.; Espenhorst, J.; Seifert, L.; Mitteilungen des Sozialamtes der Evangelischen Kirche von Westfalen. Nr. 26. Mitbestimmung von Problemgruppen in der Gesellschaftspolitik. Schwerte 1979.

IV.

Strafvollzug und Reformen

Haben sich die Aufgaben des Vollzuges geändert ?

Alexander Böhm

I.

Am 15. Februar 1993 besuchte der Beirat für Kriminologie und Strafvollzug beim Justizministerium des Landes Thüringen[1] die JVA Untermaßfeld. Max Busch und ich, Mitglieder dieses Beirats, trafen uns auf dem Bahnhof Meiningen. Bei der Autofahrt von dort nach Untermaßfeld berichtete Max Busch von seinem ersten - und bisher einzigen - Aufenthalt in dieser Anstalt. Er war damals 8 oder 9 Jahre alt und mit seinen Eltern bei Albert Krebs, der als Leiter des damaligen Zuchthauses Untermaßfeld wegweisende Schritte auf dem Gebiet der Vollzugsreform getan hatte,[2] eingeladen. "Onkel Albert" - Buschs Mutter und Frau Krebs waren Studienfreundinnen - holte seine Eltern und ihn am Bahnhof Meiningen ab und brachte sie in seinem Auto, damals noch ein eher seltenes Verkehrsmittel und hauptsächliches Interesse des Buben, zur Anstalt, in der sich auch die Anstaltsleiterwohnung befand.

Albert Krebs, nun Leiter des Gefängniswesens in Hessen, veranlaßte Max Busch nach dessen Studium 1950 zum Eintritt in den Vollzugsdienst, wo er zunächst als Fürsorger und Sozialpädagoge tätig war.

Als ich im Herbst 1957 als Assessor im hessischen Strafvollzug meinen Dienst antrat, traf ich deshalb mit Max Busch als dem Leiter der Jungmännerabteilung der Strafanstalt Kassel auf einen bereits erfahrenen Vollzugspraktiker, der mich in der freundschaftlichsten Weise in die Geheimnisse, Absonderlichkeiten, Risiken und Chancen des Gefängniswesens einführte. Neben der unbefangenen Hilfsbereitschaft, den eindrucksvollen Kenntnissen, der bei der Arbeit und im Umgang mit den Insassen zu beobachtenden vorbildlichen Haltung war es auch der gekonnte Umgang mit der Sprache, das spontane treffende Wortspiel, das mir imponierte und viele Erkenntnisse zu bewahren hilft: als wir bei dem Besuch in Untermaßfeld nach Verlassen des Werkstattbereichs von einem mißmutig dreinblickenden Vollzugsbeamten mit einem Gerät "abgesondet" wurden, das auf unter der Kleidung befindliche metallene Gegenstände mit einem Pfeifton reagiert, vermochte Busch den Bediensteten mit der Bemerkung etwas aufzuheitern, daß er ja jetzt wisse, woher das Sprichwort komme "bei Ihnen piept's ja." Und als wir abends in dem Hotel, in dem wir übernachteten, noch mit einigen Vollzugsleuten zusammensaßen und um Mitternacht die Bedienung kam, sagte, wir sollten nun unsere Rechnung bezahlen, sie müsse abrechnen, weil Feierabend sei, wir dürften aber als Hotelgäste noch hinterher in der Wirtsstube sitzen bleiben, meinte Busch, das sei schon in Ordnung, wir kämen alle aus einem Beruf, in dem erst abgerechnet werde, man aber hinterher noch sitzen bleibe.

II.

Damals in Kassel gab es noch den Strafvollzug in Stufen. In den ersten Wochen blieben die Gefangenen bei Zellenarbeit allein in ihrem Haftraum, sie hatten keine "Vergünstigungen" und erlebten keine unterhaltenden Freizeitveranstaltungen. Natürlich wurde schon damals für jeden Insassen ein Vollzugsplan erstellt. Bei Wohlverhalten erfolgte nach einigen Wochen die Aufstufung in die zweite Stufe: gemeinschaftliche Arbeit war möglich, die Teilnahme an unterhaltenden Freizeitveranstaltungen war gestattet, jeder Gefangene dieser Stufe konnte das durch Kopfhörer vermittelte zentrale Rundfunkprogramm hören. In der Jungmännerabteilung gab es auch eine dritte Stufe. Ihre Insassen lebten in einer Wohngruppe (so würde man das heute nennen), regelten ihre Angelegenheiten (Reinigungsdienst, Freizeit, gemeinschaftliches Essen und ähnliches) selber, arbeiteten überwiegend unter Aufsicht außerhalb der Anstalt und durften mit ihrem Sozialarbeiter und dem Anstaltsleiter Ausflüge in die Umgebung unternehmen. Der Anstaltsleiter, Hansgeorg Hildebrandt, ein großer schlanker Herr, eilte mit langen Schritten durch die Wälder bei Kassel, die Gefangenen der dritten Stufe und wir Begleiter hatten oft Mühe, Schritt zu halten.[3]

Mit den Gefangenen und deren Angehörigen war man in ständigem Gedankenaustausch. Der an der Anstalt tätige Psychiater und Psychotherapeut Dr. Pietsch betrieb Gruppen- und Einzeltherapie[4], das Angebot an bildenden und unterhaltenden Freizeitmaßnahmen war eindrucksvoll. In schwierigen Entlassungssituationen besuchten wir den ausgewählten Arbeitsplatz und die vorgesehene Unterkunft schon vorher und überzeugten uns nicht selten nach der Entlassung des Gefangenen an Ort und Stelle, ob sich dieser gut eingelebt hatte. Sozialarbeiter, Lehrer, Ärzte, Pfarrer, Verwaltungsbeamte, auch die der Anstalt im Rahmen ihrer Ausbildung für einen Monat zugewiesenen Referendare, versammelte der Anstaltsleiter häufig zu Gesprächen, Besuchen von Vorträgen und anderen kulturellen Veranstaltungen in der Stadt, danach saß man noch in einer Gastwirtschaft bei Diskussionen zusammen.

Die ganze Bedienstetenschaft verband vielseitige sportliche Aktivitäten. Es herrschte eine vollzugliche Aufbruchstimmung. Vielleicht ist manches bei der Erinnerung an die ersten Vollzugsjahre mit Max Busch nostalgisch verklärt, gleichwohl scheint mir das in der Literatur gezeichnete Bild des Vollzugs vor dem Strafvollzugsgesetz - Busch wechselte 1974 aus dem hessischen Strafvollzug an die Universität - recht einseitig.[5]

Gewiß: die äußeren Verhältnisse, Unterbringung und Verpflegung der Gefangenen waren viel schlechter als heute, die Beschränkungen im persönlichen Besitz kleinlich, ihre Rechtsstellung durch die den Vorgaben des Grundgesetzes nicht entsprechende Konstruktion eines praktisch rechtsfreien Raumes mit Hilfe der Figur des "besonderen Gewaltverhältnisses" unbefriedigend[6], Lockerungen und Urlaub wurden nur bei besonderen Anläßen und extrem selten gewährt. Das Interesse an der Entwicklung des Vollzugs und an der Erprobung von Konzepten sowie das Engagement für die Berufsarbeit waren aber gewiß nicht geringer als heute und die Zuwendung zu dem einzelnen Gefangenen und der Gefangenengruppe mindestens so intensiv. Selbstverständlich besuchte der Anstaltsleiter jeden von ihm disziplinierten Gefangenen zu einer eingehenden Unterhaltung in der Arrestzelle, während heute sogar die Auslegung des § 106 StVollzG, wonach der Anstaltsleiter dem Gefangenen die Disziplinarentscheidung persönlich eröffnen muß, auf Ablehnung stößt,[7] eines von vielen Anzeichen dafür, daß wohl doch nicht alles nur besser geworden ist.

III.

Zu den Grundfragen des Strafvollzugs gehört heute und gehörte damals das Spannungsverhältnis zwischen Sicherheit der Anstalt nach innen und außen, Behandlung und Resozialisierung, zwischen dem notwendigen Maß der im Freiheitsentzug liegenden Übelszufügung und der erforderlichen Hilfeleistung für Benachteiligte - sind doch die Insassen der Anstalten schuldige Rechtsbrecher und unschuldige Opfer unglücklicher Lebensverhältnisse zugleich.

Ob das Strafvollzugsgesetz und die ihm folgende Entwicklung, was die Bewältigung dieses Spannungsverhältnisses angeht, Fortschritte gebracht hat, erscheint fraglich. Vergleicht man die Verhältnisse, die vor 30 und noch vor 20 Jahren im Strafvollzug herrschten, mit den heutigen, so fällt auf, daß die "Sicherheit" einen deutlich höheren Stellenwert erhalten hat. Die Vollzugsabteilungen in den Justizministerien beschäftigen Sicherungsgruppen und Sicherheitsreferenten. Alle Anstalten haben die mit Sicherheitsaufgaben befaßten Bedienstetengruppen verstärkt - und zwar zu Lasten der anderen und mehr als Arbeitsverkürzungen und Urlaubsverlängerungen es erfordert hätten. Die Anstalten sind baulich "aufgerüstet" worden. Der militärische Begriff soll auch deutlich machen, daß es sich nicht um eine Weiterentwicklung sondern um eine neue Qualität handelt. Noch bedenklicher ist freilich, daß Lenin's Wort "Vertrauen ist gut, Kontrolle ist besser", der Leitspruch aller Sicherheitsleute (natürlich auch der Nichtleninisten) zu sein scheint. Man kann ihn für den Strafvollzug dahin umformulieren: "Behandlung ist gut, Sicherheit ist besser". Behandlung erfordert immer einen Vertrauensvorschuß, auch dann, wenn man weiß, daß man Menschen leicht überfordert, und wenn man dieses Wissen bei dem Maß an Vertrauen, das man schenkt - aber schon, daß man Vertrauen "schenkt", zeigt ja, daß es eine Vorleistung ist, die nicht in der Gewißheit der Gegenleistung erbracht wird -, berücksichtigt. Und Kontrolle ist von Mißtrauen auch dann geprägt, wenn dies nicht maßlos und krankhaft, sondern, wie man so schön sagt, "gesund" ist. Ernsthaft kann kein Zweifel bestehen, daß die Sicherheitskonzepte im Strafvollzug überwiegend dem Satz folgen: Kontrolle/Mißtrauen ist besser. Und geradezu teuflich ist es, daß dieser Satz in einem engen Sinne auch noch richtig ist. Vertrauen (auch ein vorsichtiges, dosiertes, der Befindlichkeit des anderen angepaßtes) kann enttäuscht werden. Mißtrauen wird nie enttäuscht. War es unbegründet, dann hat es doch jedenfalls nichts geschadet (wem man keinen Urlaub gibt, weil man ihm mißtraut, der kann den Urlaub jedenfalls nicht mißbrauchen). Wenn trotz Mißtrauen ein Sicherheitsmangel auftritt, dann bestätigt dies nur die Richtigkeit des Mißtrauens. Man hätte eben noch mißtrauischer sein, noch mehr kontrollieren müssen.

Vielleicht stimmt das gar nicht, vielleicht käme man mit Vertrauen letzten Endes zu größerer Sicherheit, würde Vertrauen mehr Menschen "bessern" (bzw. ihnen besser bekommen). Solche Überlegungen sind notwendig spekulativ; denn daß z.B. eine großzügigere Lockerungsgewährung zu weniger Rückfall trotz einiger zusätzlicher Mißbräuche geführt haben würde, läßt sich weniger gut in einer durch eine während eines Strafurlaubs begangene Straftat beunruhigten Öffentlichkeit vertreten als die mehr oder weniger zutreffende Feststellung, es habe wegen der Beachtung des Mißtrauenskonzepts keine oder kaum Mißbräuche gegeben.

Liest man § 2 StVollzG, der das Behandlungsziel in den Vordergrund stellt, könnte man denken, dies Gesetz folge Lenin gerade nicht: "Sicherheit ist gut", so scheint da zu stehen, aber "Behandlung ist besser". Doch leider ist dieser Programmsatz im Gesetz wieder durchlöchert: bei den Vollzugslockerungen ist die Rangfolge ausdrücklich umgekehrt - Behandlung - und das sollten die Vollzugslockerungen doch angeblich sein![8] - nur, wenn nicht ein Mißbrauch zu befürchten ist. Und auch sonst erlauben das Begriffspaar Sicherheit und Ordnung zahlreiche Behandlungseinschränkungen. Obendrein - dies zeigt die neue Qualität der Sicherheit im Strafvollzug - werden die Bereiche häufig organisatorisch und personell getrennt. Das Strafvollzugsgesetz fordert die gemeinschaftliche Arbeit aller im Vollzug Tätigen an der Erfüllung der Aufgaben des Vollzuges, also an der Resozialisierung und an der Sicherheit (§ 154 Abs. 1 StVollzG). Faktisch ist aber diese früher selbstverständliche Zusammenarbeit vielerorts aufgehoben. Der verräterische Satz "wir resozialisieren in Sicherheit" zeigt ja auch auf, daß eben nicht die Resozialisierung die Sicherheit bringen soll, daß sie die notwendigen

Sicherheitsbedürfnisse berücksichtigt, daß sie verantwortlich gehandhabt wird, sondern daß zwei Bereiche nebeneinander existieren: In der von anderen geschaffenen Sicherheit resozialisieren wir.

Max Busch hat bis zu seinem Tode einer Expertenkommission, die die Justizministerin des Landes Hessen eingesetzt hatte, um die Sicherheitssituation in den Vollzugsanstallten zu überprüfen, mitgewirkt. Im Abschlußbericht dieser Kommission wird betont, daß die Sicherheit im Vollzug nicht nur durch Mißtrauen sondern gerade auch durch Vertrauen ("Soziale Sicherheit": intensive Kommunikation zwischen Bediensteten und Gefangenen, Transparenz und Informationsfluß) geschaffen werden soll. Die Zusammenführung der Dienste, der Einsatz aller Bediensteten in einem integrativen Vollzugsmodell, in dem jeder die Gesamtaufgaben bedenkt, soll dem Bericht zufolge stärker betont werden.[9] Das war übrigens stets die Arbeitsgrundlage der sozialtherapeutischen Anstalten[10] und auch im Jugendstrafvollzug - zumindest nach den Empfehlungen der Jugendstrafvollzugskommission,[11] an denen Max Busch mitgearbeitet hat.

IV.

Daß die im Strafvollzug sich verschärfende Sicherheitslage auch objektive Gründe hat, wird man wohl nicht bezweifeln können. Im Zusammenhang mit spektakulären Vorfällen bei der Inhaftierung terroristischer Gewalttäter hat eine "Politisierung" eingesetzt, worunter verstanden werden soll, daß Justizminister und Justizsenatoren politische - und damit persönliche - Konsequenzen aus Sicherheitsmängeln ziehen mußten. Obwohl Terroristen heute ein wesentliches Sicherheitsproblem im Strafvollzug nicht mehr darstellen, ist die aus dieser Zeit stammende politische Inpflichtnahme der Minister bei spektakulären Sicherheitsfällen geblieben. Daß dagegen Mängel im Behandlungs-/Resozialisierungsbereich je dazu geführt hätten, einen Minister zum Rücktritt zu veranlassen, hat man nicht gehört. Das wirft übrigens ein bezeichnendes Licht auf die wahre Rangordnung der Vollzugsaufgaben.

In gewisser Hinsicht ist die Sicherheitslage in den Anstalten auch durch die vielen drogenabhängigen und drogengefährdeten Täter verändert worden, weil Besitzerlaubnisse wegen der Möglichkeit, Drogen zu verstecken, erheblich beschränkt werden, was das StVollzG ermöglicht [12], während die Kontrolle der Drogenfreiheit (Urinkontrolle), eine selbstverständliche Maßnahme in allen Einrichtungen der Drogenbehandlung, im Strafvollzugsgesetz nicht - wie es dringend erforderlich wäre - explizit geregelt ist, sondern durch fragwürdige Interpretationen von anderen Zielen dienenden Vorschriften mühsam gedeckt wird.[13] Schließlich ist sicher, daß sich heutzutage unter den Insassen mehr Gewalttäter befinden[14] und sehr viel mehr ausländische Gefangene,[15] möglicherweise auch mehr Gefangene, die zu kriminellen Gruppen und zur organisierten Kriminalität gehören. Indessen ist, betrachtet man Angriffe von Gefangenen gegen Bedienstete[16] oder die Anzahl der Ausbrüche aus Vollzugsanstalten[17] eine besondere Verschärfung der Sicherheitslage nicht ersichtlich. Die Rede davon, die Gefangenen würden immer schwieriger, böser und gefährlicher, ist auch nicht neu, sie tönte vor 35 Jahren eher lauter. Die in den letzten Jahrzehnten möglicherweise etwas verschärfte Sicherheitslage hat für sich allein jedenfalls nicht die neue Qualität der Sicherheit im Vollzug gerechtfertigt. Es müssen also andere Gründe für das Bedürfnis nach erhöhter Sicherheit im Vollzug gegeben sein.

Das Strafvollzugsgesetz hat außer dem Resozialisierungsauftrag und der Sicherheit keine Vollzugsaufgabe beschrieben. Das wird als großer Gewinn angesehen. Der Vollzug hat von allem frei zu bleiben, was man mit Rache, Vergeltung oder Schuldausgleich umschreiben könnte. Freilich führt kein Weg daran vorbei, daß die Freiheitsstrafe eine beabsichtigte Übelzufügung ist (ebenso wie die 10mal so häufig verhängte Geldstrafe, für die das bisher niemand bestritten hat). Auch die Freiheitsstrafe trifft den Verurteilten wegen und im Umfang des von ihm verschuldeten Unrechts. Bei der Gestaltung der Vollzugsverhältnisse wirkt dieser Umstand natürlich mit. Der Sachverhalt wird in Nr. 64 der Minima, der Empfehlung Nr. R (87) 3 des Ministerkomitees des Europarats über die europäischen Strafvollzugsgrundsätze vom 29. Februar 1987, korrekt beschrieben: "Die Freiheitsstrafe ist allein durch den Entzug der Freiheit eine Strafe an sich.

Deshalb dürfen die Haftbedingungen und Vollzugsformen, die damit zwangsläufig verbundenen Leiden nicht verstärken, es sei denn, die Aufrechterhaltung der Disziplin oder eine gerechtfertigte Absonderung erfordert dies."[18] Aber ein deutscher Gesetzgeber käme nie auf die Idee, er füge jemandem (notwendige) Leiden zu. So etwas tut man, aber man redet nicht darüber. Dieser Zug zur Unehrlichkeit und Schönrederei hat auch dazu geführt, daß nicht mehr von Strafgefangenen sondern von Verurteilten, nicht mehr von der Strafanstalt sondern von der Vollzugsanstalt, nicht - wie es sogar im Gesetz steht (§ 92 Abs. 1 JGG) - von der Jugendstrafanstalt sondern von der Jugend- oder gar der Jugendvollzugsanstalt geredet wird, obwohl sich natürlich in der Sache nichts geändert hat. Die Angst, sich zu Gittern und Mauern zu bekennen, hat zu Fensterkonstruktionen geführt, die den Anschein des "Normalen" erwecken, sich aber nicht wie die hinter Gittern Befindlichen richtig öffnen lassen und deshalb von den Insassen auch als unangenehmer empfunden werden, und zu Anstaltsumwehrungen in Gestalt von Wassergräben und Gestrüpp, in dem die Stacheldrahtrollen versteckt sind - Busch spricht insoweit (oder auch bei "offenen" Anstalten in abgelegenen Gegenden) von der "horizontalen Anlage" einer Mauer[19].

Offenheit und Glaubwürdigkeit, Eigenschaften die gerade auch Max Busch auszeichneten machen auf die Insassen der Strafanstalten stets einen großen Eindruck. Sie akzeptieren auch deutliche Kritik, Zurechtweisung und Ablehnung von Anträgen ohne Murren, wenn die Maßnahmen ehrlich begründet werden. Dagegen haben sie ein feines Gespür für mangelnde Redlichkeit und reagieren (zu Recht!) allergisch hierauf. Deshalb ist es nicht nur komisch (das ist es aber natürlich auch), daß das OLG Koblenz es für eine von der Anstalt dem Gefangenen geschuldete Maßnahme des "Sozialtrainings" erachtet, wenn man von ihm verlangt, mehr als 2 Wochen vor dem Einkauf von Tabakwaren und Zusatznahrungsmitteln in der Anstalt sich durch Ankreuzen der Waren auf einem Einkaufszettel insoweit fest zu binden, und danach ihm die Verfügung über seine Geldmittel bis zur Bezahlung dieses Einkaufs sperrt.[20] Die getroffene Maßnahme ist natürlich vertretbar.

Der Gefangene muß durch (umständliche) Verwaltungsvorgänge erforderliche Behinderungen und Beschränkungen hinnehmen. Draußen hätte er es zwar besser, aber er sitzt nun eben, und diesen Umstand hat er sich selber zuzuschreiben. Wenn man ihm das in aller Deutlichkeit sagt und am Ende noch erklärt, warum der Einkauf bei 600 Gefangenen so und nicht anders abgewickelt werden kann, wird er die Entscheidung verstehen. Aber wenn man ihm diesen Verwaltungsablauf als "soziales Training" erklärt, das er zum Zwecke der Resozialisierung zu durchlaufen hat, wird er sich verhöhnt fühlen.

Damals in Kassel nannte man den praktizierten Strafvollzug im Gegensatz zu den Vollzugsverhältnissen in der Nazizeit auch "humanen" Strafvollzug. Die Menschenwürde der Insassen sollte beachtet werden. Vieles von dem, was an der Tagesordnung war und den Vorschriften entsprach, würde man heute als unzumutbare Beschränkung ansehen; es war aber gegenüber früher ein erheblicher Fortschritt und stieß bei vielen alten Bediensteten auf Unverständnis und Widerstand. Bei den Mitarbeitern wurde deshalb für den humanen Strafvollzug geworben. Max Busch, der sich insoweit stark engagierte, berichtete gern von einer solchen Diskussion mit Bediensteten, bei der sich ein erfahrener alter Aufsichtsbeamter zu Wort gemeldet hatte. Der humane Strafvollzug, so sagte er, leuchte ihm schon ein. Aber, so habe er zögernd und um Zustimmung bittend hinzugefügt: "ein bißchen quälen werden wir sie doch noch dürfen?"

Es handelte sich bei diesem Vollzugsbeamten um einen gutmütigen und korrekten Beamten, der nur ausgesprochen hatte, was die meisten fühlten und vielleicht auch heute noch fühlen. Scheinbar verbietet das Strafvollzugsgesetz "sie" - auch nur ein bißchen - "zu quälen". Rechtsbeschränkungen sind nur aus Sicherheitsgründen vorgesehen, ja, über die gesetzlichen Bestimmungen hinausgehend, im Einzelfall aus solchen Gründen gem. § 4 Abs. 2 Satz 2 StVollzG zulässig. "Quälen" kann man nur noch mit Sicherheit. Sollte das vielleicht auch ein Grund für die Stärkung dieses Aspekts in der Praxis sein? Weil wir die Straftäter nicht mehr wegen ihrer Bosheit piesacken dürfen, tun wir das wegen ihrer Gefährlichkeit. Da können wir uns gut fühlen: wir üben nicht dumpfe Rache, sondern schützen die Gesellschaft und uns zweckmäßig. Die Öffentlichkeit (einschließlich der Liberalen und der Linken) ist's zufrieden.

Es spricht einiges dafür, daß die Renaissance des Sicherheitsaspektes im Strafvollzug nicht unabhängig von der Absage des Strafvollzugsgesetzes an Schuld- und Sühnevollzug gesehen werden darf, vielmehr eng damit zusammenhängt. Denn nur so können "wir sie ein bißchen quälen". Ein bißchen? Keine Vollzugslockerungen (§§ 11 Abs. 2, 13 Abs. 2), beschränkter und inhaltlich überwachter Briefverkehr (§§ 28 Abs. 2 Nr. 1, 29 Abs. 3), Besuchseinschränkungen (§§ 24 Abs. 3, 25, 27 Abs. 1, 2), reduzierte Haftraumausstattung mit eigenen Sachen (§ 19 Abs. 1), eingeschränkte Gemeinschaft bei Freizeit und Arbeit (§ 17 Abs. 3), vorübergehendes Paketverbot (§ 33 Abs. 3), Fesselung bei Aus- und Vorführung (§ 88) - eine unvollständige Aufzählung.

V.

Das Konzept des "Quälen durch Sicherheit" hat noch einen weiteren bedenklichen Aspekt. Im Stufenstrafvollzug wurde jeder Gefangene in Anlehnung an die Dauer der gegen ihn verhängten Strafe gleich "gequält". Da die Aufstufung weitgehend von der inneranstaltlichen "Führung" des Gefangenen abhing, war es den meisten Insassen möglich, sich die spärlichen Vergünstigungen, die angeboten wurden, zu erwerben. Nun ist das wohl kein sehr vernünftiges Resozialisierungskonzept, und das Strafvollzugsgesetz hat gut daran getan, das Stufensystem nicht zu übernehmen. Von Radbruch stammt die kritische Bemerkung, man habe mit dem Stufenstrafvollzug eine Resozialisierungshilfe schaffen wollen, habe aber nur einen (bequemen) Weg zur Aufrechterhaltung der Ordnung in der Anstalt erfunden.[21]

Unterteilt man aber die Insassen danach, ob sie weniger oder stärker gefährlich (im Sinne zu befürchtender Rückfälligkeit) sind, dann konzentrieren sich die Benachteiligungen auf die häufig Vorbestraften, die Alkohol- und Drogengefährdeten, die Ausländer und "heimatlosen" Gesellen, die weniger Einordnungsfähigen- und bereiten - eben dieselben, die seltener Bewährung bekommen, die man nicht oft im offenen Vollzug vorfindet, die in den Prognosetafeln die meisten Schlechtpunkte abholen (unter denen sich aber selten wirklich hochgefährliche Schwerverbrecher befinden).[22] Diese "typischen Kriminellen" sind auch die "typischen Opfer" der Sicherheit. Zugleich sind sie auch die Unbeliebtesten, sie gehören ein bißchen gequält. Es ist, das macht die Angelegenheit noch mißlicher, recht schwierig, unter diesen Personen die prognostisch günstigeren von den prognostisch ungünstigeren zu trennen. Eine Rückfalluntersuchung des Entlassungsjahrgangs 1982 aus den Justizvollzugsanstalten Kassel und Butzbach ergab z.B., daß Erstverbüßer innerhalb von sechs bis sieben Jahren nach ihrer Entlassung zu 35 % wieder zu einer zu verbüßenden Freiheitsstrafe verurteilt werden mußten (57 von 163). Wesentlich schlechter war das Ergebnis bei den 133 vorbestraften Einbrechern (91 Rückfällige = 68 %). Die Anstalten und die Vollstreckungskammern wußten das auch. Erstverbüßer wurden zu einem höheren Prozentsatz (73 % = 119) zur Bewährung entlassen, umgekehrt mußten vorbestrafte Einbrecher ihre Strafe mehrheitlich voll verbüßen (71 = 54 %). Da die vorzeitige Entlassung eine gute Prognose voraussetzt, wäre zu vermuten gewesen, daß die wenigen Vollverbüßer, die zum ersten Mal im Strafvollzug waren, häufiger rückfällig werden als die vielen, die mit einer guten Prognose zur Bewährung entlassen wurden, während die wenigen rückfälligen Einbrecher, die zur Bewährung entlassen werden, nun deutlich weniger rückfällig werden sollten, als die meisten, die voll verbüßen mußten. Es zeigte sich aber, daß, was die Rückfälligkeit angeht, die vorzeitige Entlassung und die Vollverbüßung nur geringe Unterschiede aufweisen. Bei den Einbrechern bewährten sich die Vollverbüßer (66 % Rückfälle) sogar noch besser als die Gefangenen, die eine Strafaussetzung zur Bewährung erlangt hatten (71 % Rückfälle).

Bei den Erstverbüßern bewährten sich die zur Bewährung Entlassenen dagegen etwas besser (31 % Rückfälle) als die Vollverbüßer (41 % Rückfälle). Rechnet man alle Bewährungsfälle zusammen, so waren von 181 Entlassenen 83 = 45 % rückfällig, von den 105 Vollverbüßern 61 = 58 %. Hätte man stattdessen ohne jede Einzelfallprüfung alle Erstverbüßer zur Bewährung entlassen und alle rückfälligen Einbrecher voll verbüßen lassen, so wäre das Verhältnis um 10 % "besser": nur 35 % der Strafaussetzer aber 68 % der Vollverbüßer wären rückfällig geworden. Das bedeutet aber, daß die besten Ergebnisse, jedenfalls bei Anwendung der zu Grunde gelegten Maßstäbe, nicht die individuelle Be-

handlung sondern die Gleichbehandlung der Risikogruppen mit sich bringt. [23]
Bei einer Veranstaltung, in der die Verteidiger neuer Art besprochen wurden, die für ihre Mandanten alle Tricks nützen - häufig bei Großverfahren mit politischem oder wirtschaftlichem Hintergrund -, äußerte ein Professor des Rechts die Vermutung, diese Verteidiger täten dies wohl vor allem in Prozessen, in denen sie Menschen zu verteidigen hätten, die von ihrem Herkommen und ihrer Persönlichkeit her nicht ins Gefängnis gehörten, "keine Ganoven seien".

So ist das eben: Ganoven gehören ins Gefängnis, Nichtganoven sollen davor bewahrt werden. Und wer Ganove ist, richtet sich nicht nach dem Verbrechen, das er begeht, sondern danach, wer er ist. Das kommt - in letzter Konsequenz - bei einem Strafrechtssystem heraus, das nach dem Prinzip der Sicherheit (Gefährlichkeit) funktioniert. Gleichzeitig erlaubt ein solches Vorgehen, das Strafübel unterschiedlich zu dosieren - und zwar nicht je nach Übeltat sondern je nach "Persönlichkeit". Das entspricht einem weit verbreiteten Vorurteil und dem tiefsitzenden Wunsch, daß "wir sie doch noch ein bißchen quälen" dürfen.

VI.

Schließlich hat die stärkere Bedeutung der Sicherheit mit der Krise des Behandlungsgedankens zu tun. Als man an die Kodifizierung des Strafvollzugs ging, schlug wieder einmal die Stunde der Spezialprävention (wie schon einmal in Amsterdam, später im pennsylvanischen System mit seinem deutschen Höhepunkt in Moabit und schließlich - in Ansätzen - in der Zeit nach dem ersten Weltkrieg), Resozialisierung und Behandlung erschienen ebenso wichtig wie erfolgversprechend. Mitunter genießt die gerechte Vergeltung Vorrang, da sollen Tat und Schuld angemessen beantwortet werden und keine Nützlichkeitserwägungen sollen zur Verlängerung oder zur Verkürzung des Strafübels beitragen dürfen (das war in den 50er Jahren bei Beginn der Strafrechtsreform die rechtsstaatliche Antwort auf das Terror- und Abschreckungsstraf "recht" der Nazizeit). Dann gibt es die Zeit der Generalprävention. Die kriminalpolitischen Maßnahmen sollen den Rechtsfrieden schützen, nicht der Täter, die Gesellschaft steht im Mittelpunkt (Feuerbach mit seinem bayerischen Strafgesetzbuch um 1800; heute hat dieses Konzept wieder viel Sympathien).

Ein recht sicheres Zeichen dafür, daß eine kriminalpolitische Richtung langsam aus der Mode kommt, ist, daß sich die Gesetzgebung auf sie stützt. Das Strafvollzugsgesetz betont also den Behandlungsvorrang gegen den Zeitgeist (was nicht unbedingt gleichbedeutend ist mit: zu Unrecht). Jedenfalls tönt es aus allen Ecken: Behandlung im Strafvollzug sei nicht möglich, jeder justitielle Behandlungsversuch - Insonderheit hinter Gittern - schade mehr als er nütze, unter den Bedingungen des Strafvollzugs könne es keine wirklich freiwillige Mitarbeit geben, aber nur Freiwilligkeit könne Grundlage von Behandlung sein.

Daß die Situation des Freiheitsentzugs kein sehr günstiges Lernfeld für Resozialisierung eröffnet, ist gewiß richtig. Diese Erkenntnis ist auch nicht neu. Das Paradoxon der "Erziehung zur Freiheit in Unfreiheit" hat Max Busch schon in seiner Kasseler Zeit mit der Bemerkung auf den Punkt gebracht: Strafvollzug ist die Einübung des Stehens durch Sitzen. Schon damals kursierte das geflügelte Wort, daß Strafanstalten die Hochschulen des Verbrechens seien. Die Höhe der Rückfallquoten nach verbüßter Freiheitsstrafe wurden ähnlich beziffert wie heute. Im Vollzug traf man (natürlich!) die Rückkehrer. Sie prägen den Eindruck von häufigem "Mißerfolg", zumal die ehemaligen Insassen, die sich in der Freiheit zu halten vermögen, weniger in den Blick geraten. Von einer "Behandlungseuphorie", die dieser Zeit heute rückblickend angedichtet wird, war im Vollzug nichts zu spüren, wohl aber von dem Bemühen, die Gefahren des Anstaltsaufenthalts für den Rückfall zu verringern und die Behandlungsangebote für die Gefangenen zu verbessern.

Mit Hellmut Mayer war klar, daß "wäre die Freiheitsstrafe eben nicht als Strafe unentbehrlich, sie kaum als Behandlung eingeführt werden" würde.[24] Aber dort wo der Vollzug einer Freiheitsstrafe wegen der Schwere der Taten und der Höhe der Schuld unabweisbar ist, ist der Versuch der Resozialisierung ein Gebot der Menschlichkeit und der Vernunft. Es gibt keinerlei Beleg dafür, daß solche Anstrengungen nicht erfolgreich sein könnten, die Vorstellung, alle solche Anstrengungen müßten vergeblich sein, ist schon theoretisch abwegig. Glauben aber Richter, Minister, Vollzugsbedienstete, Bevölkerung und Gefangene nicht mehr an Resozialisierungsmöglichkeiten im Vollzug, weil ihnen das in einer Art konzertierten "wissenschaftlichen" Aktion mit lebhafter Medienunterstützung eingeredet wird, dann bleibt eben nur noch die Sicherheit (und die damit eröffnete Möglichkeit von "ein bißchen Quälen") übrig. Das nachrangige, das "Ersatzvollzugsziel" lebt auf. Wie kann denn auch Behandlung vor Sicherheit gehen, wenn Behandlung nicht Resozialisierung bewirken kann. Das Vertrauen darauf, daß die Behandlungsmaßnahmen im Vollzug die Rückfallwahrscheinlichkeit zu senken vermögen, ist doch die einzig denkbare Berechtigung dafür, Sicherheitsrisiken einzugehen. So wird nun auch verständlich, warum kein Justizminister den Vorwurf zu fürchten hat, in "seinem" Vollzug werde zu wenig resozialisiert. Da das, wie ihm die "Wissenschaft" versichert, gar nicht möglich ist, tut er im Gegenteil gut daran, nicht zu viel Geld für derartiges auszugeben.

VII.

Wer Vergeltung und Sühne aus dem Vollzugsgeschehen heraushalten, wer ein Überborden des Sicherheitsdenkens verhindern will, hat im Vollzug nur eine Chance: gegen den Zeitgeist aber mit dem Gesetz für Behandlung und Resozialisierung! Nicht in der Form aber in der Aufbruchstimmung und im Engagement "zurück zu Busch". Nicht Abbruch, Vollendung der Vollzugsreform muß die Devise sein. Besondere Zuwendung haben die Gefangenen nötig, die besonders gefährdet erscheinen. Nur verstärkte vollzugspädagogische Bemühungen können es rechtfertigen, daß in ihrer Sozialisation Benachteiligte später und weniger Vollzugslockerungen erfahren als besser Sozialisierte. Offener Vollzug und Lockerungen, Ausbildung und Behandlung müssen so konzipiert sein, daß sie sich für möglichst alle Gefangenen eignen. Die Vollzugsvorteile und -chancen dürfen sich nicht nur auf die (ohnehin) geeigneten Gefangenen beschränken oder diese begünstigen.[25] Sicherheit und Behandlung sind nicht zu trennen, sondern zu integrieren, sollten auch bei den Lockerungen nicht in einer Rangordnung stehen, sondern, ähnlich wie die gesetzliche Voraussetzung für die Entlassung zur Bewährung, wie es mit den Worten "verantwortet werden kann zu erproben" (§ 57 Abs. 1 Nr. 2 StGB) angedeutet ist, in ein Abwägungsverhältnis gestellt werden.[26]

Anmerkungen:

1. VV des Thüringer Justizministeriums vom 16. Juni 1992 (4510-4-3/91); vgl. auch Gabriele Schmid, ZfStrVo 1994, 85.

2. Ursula Sagaster, Die thüringische Landestrafanstalt Untermaßfeld in den Jahren 1923 - 1933. Zur Methodik des Strafvollzugs in Deutschland, 1980. Vgl. auch Albert Krebs, in: Pongratz (Hrsg.), Pädagogik in Selbstdarstellungen, Band IV, 154 ff., 164 ff.; Heinz Müller-Dietz, Albert Krebs - Annäherungen an Leben und Werk, ZfStrVo 1993, 69 ff.

3. Hansgeorg Hildebrandt, Anstalten und Anstaltsleute, in: Strafvollzug in Hessen. Eine Festgabe für Albert Krebs zum 40-jährigen Dienstjubiläum am 12. Juni 1960, 117 ff.; derselbe, Erziehung zur Freiheit? in: Busch/Edel (Hrsg.), Erziehung zur Freiheit durch Freiheitsentzug, 1969, 223 ff.; Albert Krebs in: (wie Anmerkung 2), 189.

4. Karl Pietsch, Psychotherapeutische Bildungsarbeit an Strafgefangenen, ZfStrVo 1964, 224 ff.; 264 ff; derselbe, Versuche einer Psychotherapie im Strafvollzug, in: Busch/Edel (wie Anmerkung 3), 347 ff.

5. Günther Kaiser, in: Kaiser/Kerner/Schöch, Strafvollzug, 4. Auflage, 1992, § 3 Rdn. 40 ff.; Rolf-Peter Calliess, Strafvollzug, 3. Auflage, 1992, S. 8.

6. BVerfGE 33, 1 ff (18. März 1972). Vgl. hierzu: Heinz Müller-Dietz, Grundfragen der (Rechts-) Stellung und Behandlung des Gefangenen, in: Heinz Müller-Dietz, Grundfragen des strafrechtlichen Sanktionensystems 1979, 130 ff.

7. Vgl. hierzu Alexander Böhm in: Schwind/Böhm, StVollzG, 2. Auflage 1991, § 106 Rdn. 7; Ortwin Diepolder, Disziplinarmaßnahmen im Strafvollzug, ZfStrVo 1980, 140, 145; OLG Koblenz NStZ 1987, 429; Thomas Ullenbruch, Buchbesprechung, Blätter für Strafvollzugskunde, Beilage zum Vollzugsdienst, 1992, Heft 1, S. 8.

8. Nach Calliess (wie Anmerkung 5), der damit der herrschenden Meinung Ausdruck gibt, sollen Vollzugslockerungen und Urlaub Behandlungsmaßnahmen sein: "Dieser "Regelurlaub" oder "Sozialurlaub" stellt eine der wichtigsten, weil wirksamsten Vollzugs- und Behandlungsmaßnahmen dar" (S. 163). Belegt ist indessen weder, daß mindestens im Regelvollzug Lockerungen und Urlaub unter Behandlungsgesichtspunkten, eingebettet in ein Vollzugskonzept, gewährt werden, noch, daß

sie einen Einfluß auf späteres Legalverhalten haben. Zwar werden offenbar Strafgefangene, die Vollzugslockerungen und Urlaub gut bewältigen, seltener rückfällig als andere, das ist aber auch nicht verwunderlich, weil rückfallgefährdeten Gefangenen schon in der Anstalt keine Lockerungen und kein Urlaub gewährt werden und sich beim späteren Legalverhaltensunterschied somit nicht die Maßnahme sondern die Auswahl zu der Maßnahme bestätigt haben dürften.

9. Der Abschlußbericht der Expertenkommission Hessischer Justizvollzug (Dezember 1993) in: Strafverteidiger 1994, 215. Vgl. auch Arthur de Frisching, The maintenance of security and control in prisons inclouding links with society, in: Council of Europ (Hrsg.), Penological Information Bulletin, Nr. 17, December 1992, 4 ff.

10. Hierzu etwa Karl-Peter Rotthaus, Die sozialtherapeutische Anstalt, in: Schwind/Blau, Strafvollzug in der Praxis, 2. Auflage, 1988, S. 87 ff., 93.

11. Bundesminister der Justiz (Hrsg.), Schlußbericht der Jugendstrafvollzugskommission, 1980, Grundsatzvorstellungen zur Personalstruktur, S. 54 - 57: "Jeder im Jugendstrafvollzug tätige Bedienstete ist verpflichtet, an der Erreichung des Erziehungsziels mitzuwirken. Dieser Aufgabe sind alle anderen Aufgaben nachgeordnet." Mitglieder der Kommmission: S. 84. Vgl. auch Johannes Fleck/Hans Ringelhann, Erziehungsarbeit in der Justizvollzugsanstalt Rockenberg, ZfStrVo 1986, 300 ff.

12. Vgl. hierzu: KG, Blätter für Strafvollzugsgründe, Beilage zum Vollzugsdienst, 1982, Heft 1, S. 5; PfzOLG Zweibrücken, NStZ 1994, 151; OLG Koblenz, NStZ 1994, 56 (betr. Untersuchungshaft).

13. OLG Saarbrücken, ZfStrVo 1994, 121 (betr. Untersuchungshaft); OLG Koblenz ZfStrVo 1990, 51 ff.; PfzOLG Zweibrücken, Beschl. v. 30.03.1994; vgl. auch Ute Romkopf, in: Schwind/-Böhm (wie Anmerkung 6) § 56 Rdn. 8.

14. Die Dramatik der Veränderung zeigt sich vor allem im Jugendstrafvollzug. So waren in der Jugendstrafanstalt Rockenberg zu einem bestimmten Zeitpunkt in den Jahren 1963 - 1966 jeweils zwischen 74 und 79 % der Insassen wegen Diebstahlsdelikten und nur 15 - 19 % wegen Raubes, Körperverletzung, Widerstand oder Tötungsdelikten inhaftiert. Ohne daß sich die Zuständigkeit der Anstalt geändert hätte, betrug das Verhältnis von Diebstahlstätern zu Gewalttätern an einem Stichtag des Jahres 1980 53 % zu 30 % und 1993 wurden nur noch bei in den vorigen Jahren jeweils deutlichem Rückgang 27 % Diebstahlstäter gegenüber 54 % Gewalttätern gezählt. Daß der nach Abzug der wegen Diebstahls und wegen Gewaltdelikten verbleibende Rest seit 1980 um etwa 10 % höher ist als in den 60er Jahren beruht auf dem Anstieg der Gruppe der wegen Betäubungsmitteldelikten Verurteilten, von denen es in der Mitte der 60er Jahre noch gar keine und später sehr wenige gab.

15. Bei den erwähnten Stichtagszählungen in der Jugendstrafanstalt Rockenberg wurden bis 1970 nie mehr als 1 % ausländische Gefangene gezählt, seither steigt der Anteil und betrug 1993 45 %.

16. In den jährlich vom Bundesjustizminister herausgegebenen Übersichten werden die "Tätlichkeiten gegen Bedienstete" mitgeteilt. 1992 waren es in den alten Bundesländern 296, 1991: 268, bei einer Jahresdurchschnittsbelegung von 53.434 bzw. 51.450 Gefangenen. Im Jahre 1980 wurden bei einer höheren Jahresdurchschnittsbelegung von 61.463: 494 solche Tätlichkeiten berichtet. In diesen

Schwankungsbereichen bewegten sich auch die früheren Angaben, von einer dramatischen Steigerung kann nicht die Rede sein.

17. In den erwähnten statistischen Übersichten werden für 1992: 230 Entweichungen aus dem geschlossenen Anstaltsbereich, also Ausbrüche mitgeteilt, 1991: 247 und 1982: 282. Auch hier finden sich keine Änderungen. Ähnliches läßt sich über die gleichbleibenden, ebenfalls in den statistischen Aufzeichnungen festgehaltenen Suizidfälle im Vollzug sagen, die zwischen 1965 und 1987 um 68 bis 80 Fälle im Jahr schwanken, vgl. Erich Thole: Suizid im Gefängnis, ZfStrVo 1976, 110 ff.; Wilfried Heinrich/Thomas Talmann, Suizidproblematik im Justizvollzug, herausgegeben von Justizvollzugsanstalt Kassel II - Sozialtherapeutsiche Anstalt - Psychologischer Dienst, 1992.

18. In Nr. 64 der Minima, der Empfehlung Nr. R(87)3 des Ministerkommitees des Europarats über die europäischen Strafvollzugsgrundsätze vom 29. Februar 1987 in: Europäische Strafvollzugsgrundsätze, C.F. Müller, 1988, 71.

19. Max Busch, Lockerng und Öffnung des Jugendstrafvollzuges. Gesichtspunkte zur freieren Vollzugsgestaltung. ZfStrVo 1980, 11 ff., 13. Vgl. hierzu auch: Rolf Zelter, Ohne Mauer hinter Gittern, 1985.

20. OLG Koblenz, NStZ 1991, 151.

21. Radbruch, Der Erziehungsgedanke im Strafwesen, 1932 (nachgedruckt in: ZfStrVo 1952/53, 154 ff. S.360): "Man hatte ein Mittel der Erziehung zur Freiheit gesucht, gefunden aber ein vorzügliches Mittel der inneranstaltlichen Disziplin!" Heute ließe sich ähnliches zur Funktion der Vollzugslockerungen und des Urlaubs (Anmerkung 8) sagen. Wobei natürlich nicht vergessen werden darf, daß die Einführung des Stufenstrafvollzugs seinerzeit und noch mehr die Regelungen über Vollzugslockerungen und Urlaub heutzutage eine Erleichterung und Humanisierung der Haftsituation bedeutet haben.

22. Bettina Freimund, Vollzugslockerungen - Ausfluß des Resozialisierungsgedankens? 1990, insbesondere S. 232, 233. Alexander Böhm, Vollzugslockerungen und offener Vollzug zwischen Strafzwecken und Vollzugszielen, NStZ 1986, 201 ff.

23. Zu den Einzelheiten vgl. Alexander Böhm/Christopher Erhard, Strafrestaussetzung und Legalbewährung, 1988; dieselben, Strafrestaussetzung und Legalbewährung Ergänzungsuntersuchung, 1991.

24. Hellmuth Meyer, Nil nocere, in: Busch/Edel (Anmerkung 3) 199 ff., 211.

25. Diese Position findet Ausdruck in: Strafe: Tor der Versöhnung? Eine Denkschrift der Evangelischen Kirche in Deutschland zum Strafvollzug, 1990; Heinz Müller-Dietz, Die Denkschrift der Evangelischen Kirche in Deutschland zum Strafvollzug ZfStrVo 1991, 15 ff.; auch hierzu gibt es eine schöne Bemerkung von Max Busch, Recht und Erziehung - ein bleibendes Spannungsverhältnis, ZfStrVo 1992, 15 ff., 18: Es ist "zu vermeiden, daß erzieherische Intervention im Bereich des Strafrechts zum schönen, aber entbehrlichen Zuckerguß verkommt. Daß ungläubige Nicht-Pädagogen und faule Inhaber von pädagogischen Planstellen in der Justiz einen solchen Zustand offen oder heimlich begrüßen, beweist nur die Verfehltheit dieser Konzeption" (S. 18).

26. Für den Jugendstrafvollzug ist eine vom StVollzG bewußt in dieser Weise veränderte Formulierung für die Voraussetzung der Lockerungsgewährung in Anlehnung an § 91 Abs. 3 JGG in Kraft gesetzt: Nr. 6 Abs. 2, Abs. 10, Nr. 8 Abs. 1 VVJug. Es ist bezeichnend, daß die Rechtsprechung diesen Unterschied nicht beachtet, hierzu: Ulrich Eisenberg, JGG, 5. Auflage, 1993, § 91 Rdn. 34.

Lohnt sich die Gefangenenarbeit?

Grundsätzliche Fragen zu Arbeit und Entlohnung im Strafvollzug

Jörg-Martin Jehle

I. Einleitung

Das als Frage formulierte Thema hat zwei Seiten und zwei Bezugsgruppen. Lohnt sich die Arbeit der Gefangenen für sie selbst im Hinblick auf den ökonomischen Ertrag und hinsichtlich des künftigen Nutzens? Lohnt sich Gefangenenarbeit für den Strafvollzug, die weitere Strafrechtspflege, die Gesellschaft im betriebs- und volkswirtschaftlichen Sinne sowie im Sinne des Wiedereingliederungsziels gemäß § 2 Strafvollzugsgesetz? Die Vielfalt der hieraus abzuleitenden konkreten Fragen kann im folgenden nicht betrachtet werden. Im Zentrum wird vielmehr die Frage nach der leistungsgerechten Entlohnung der Gefangenen stehen.

Zunächst wird kurz die allgemeine Bedeutung der Arbeit für Kriminalprävention, Straffälligkeit und Resozialisierung dargestellt und aus diesem Blickwinkel die spezielle Relevanz der Arbeit im Vollzug beleuchtet. Dann wird die bestehende Organisation der Arbeit im Vollzug und das bisherige System der Entlohnung behandelt. Dem schließen sich die Kritik der derzeitigen Bedingungen und die damit verknüpften Forderungen nach leistungsgerechter Entlohnung und voller Einbeziehung in die Sozialversicherung an. Der Schlußabschnitt ist empirischen Fragestellungen gewidmet, die sich mit der Forderung leistungsgerechter Entlohnung verknüpfen. Damit wird zugleich der empirische Kernbereich von verfassungsrechtlichen Fragen angesprochen, die aufgrund einer beim Bundesverfassungsgericht anhängigen Verfassungsbeschwerde wegen Arbeitsentgelts und Rentenversicherung für Strafgefangene zur Entscheidung stehen und zu denen - teilweise veröffentlichte - Stellungnahmen einiger Institutionen erfolgt sind (Bundesarbeitsgemeinschaft für

Straffälligenhilfe 93, S. 174 ff; Bundesvereinigung der Anstaltsleiter im Strafvollzug 3, S. 180).

Die Untersuchung[1] stützt sich im wesentlichen auf die in den letzten 20 Jahren (nicht eben zahlreich) erschienene einschlägige Literatur in der Bundesrepublik Deutschland. Es handelt sich vor allem um Lehrbücher und Kommentare sowie um einige wenige Monographien und Aufsätze. Die verwendete Literatur ist in einem Anhang aufgeführt. Zum derzeitigen System der Arbeitsentlohnung im Strafvollzug finden sich in den gängigen Lehrbüchern und Kommentaren zum Strafvollzugsgesetz entsprechende Darstellungen. Allerdings wird die hier zu behandelnde Fragestellung nach leistungsgerechter Entlohnung dort im wesentlichen nur unter Bezugnahme auf eine mögliche Erhöhung des Arbeitsentgelts gemäß § 200 Abs. 2 Strafvollzugsgesetz angesprochen.

Die zu dem Thema bisher vorgelegten Monographien stammen aus der Zeit vor bzw. unmittelbar nach dem Inkrafttreten des Strafvollzugsgesetzes. Neuere Originalarbeiten existieren kaum; nur ein einziger Aufsatz stammt aus der jüngsten Zeit; aktuell hinzugekommen sind einige Stellungnahmen von Verbänden. Bei der Bearbeitung der hier behandelten Fragestellung hätte auch ein internationaler Vergleich der Gefangenenentlohnung interessiert, er war aber aufgrund der wenigen Angaben in der Literatur nicht durchführbar.

Insgesamt zeigt die Literaturdurchsicht, daß es bislang kaum genug empirisches Material zur eigentlichen Fragestellung der Entlohnung von Strafgefangenen und ihren wirtschaftlichen und finanziellen Folgen gibt.[2] Dies liegt nicht zuletzt daran, daß in Westeuropa und Nordamerika kein Land bekannt ist, in dem generell eine volle (tarifliche) Entlohnung von Strafgefangenen eingeführt ist. Freilich dürfte in manchen Ländern in partiellen Bereichen eine volle Entlohnung existieren, so wie es sie in der Bundesrepublik bei den sogenannten Freigängern oder als Modell in einem Hamburger Anstaltsbetrieb gibt.

II. Arbeit als Mittel der sozialen Integration und die Funktion der Entlohnung

1. Arbeit als Faktor der Kriminalprävention

Der Gedanke der erzieherischen und kriminalpräventiven Kraft der Arbeit ist schon alt. Er ist mit dem strafrechtlichen und strafvollzuglichen Denken verknüpft, seitdem die Besserungsidee im Strafrecht Einzug gehalten hat. Dahinter steht die einfache Überlegung, daß Arbeit für breite Bevölkerungskreise im allgemeinen die einzige Möglichkeit ist, einen angemessenen Lebensunterhalt zu verdienen, und daß sie darüber hinaus dem Leben Struktur gibt und in die Gesellschaft und Gemeinschaft einbindet. Dies sind nicht nur plausible Alltagstheorien, sondern Vorstellungen, die durch empirische Befunde ebenso wie theoretische Annahmen gestützt werden.

Groß angelegte vergleichende Untersuchungen an Straftätern und strafrechtlich unauffälligen Personen haben übereinstimmend gezeigt, welch hohe Bedeutung der Arbeit bzw. Berufstätigkeit im Zusammenhang mit dem Straffälligwerden zukommt (vgl. - auch für die ausländische Literatur - Göppinger S. 60 ff., 86 ff.). Auch in der Studie von Göppinger ist der Arbeits- und Leistungsbereich von zentraler Wichtigkeit für die Anfälligkeit bzw. Resistenz gegenüber Straffälligkeit:

Zur sogenannten "kriminovalenten Konstellation", die eine unmittelbare kriminelle Gefährdung anzeigt, gehören:

1) Vernachlässigung des Arbeits- und Leistungsbereichs sowie familiärer und sonstiger sozialer Pflichten, zusammen mit
2) fehlendem Verhältnis zu Geld und Eigentum,
3) unstrukturiertem Freizeitverhalten und
4) fehlender Lebensplanung.

Umgekehrt ist die sogenannte kriminoresistente Konstellation charakterisiert durch

1) Erfüllung der sozialen Pflichten (zu denen zentral eine geordnete Berufstätigkeit gehört, J.-M. J.), zusammen mit
2) adäquatem Anspruchsniveau,
3) Gebundenheit an eine geordnete Häuslichkeit (und ein Familienleben) sowie
4) realem Verhältnis zu Geld und Eigentum.

Im Hinblick auf das hier zu behandelnde Thema interessiert besonders der Zusammenhang zwischen beruflicher Tätigkeit und dem Verhältnis zu Geld. Trifft eine defizitäre Leistungsfähigkeit oder -bereitschaft im Beruf auf eine mangelnde Fähigkeit, wirtschaftlich mit Geld umzugehen, verstärkt sich die kriminelle Gefährdung; umgekehrt fördert es die soziale Integration und Resistenz gegen Straffälligkeit, wenn bei geordneter Berufstätigkeit gelernt wurde, mit dem zur Verfügung stehenden Geld auszukommen. Letzteres kann freilich nur eingeübt werden, wenn ein leistungsgerechter Verdienst besteht, der dazu befähigt, den eigenen Lebensunterhalt zu bestreiten und den verschiedenen sozialen Verpflichtungen nachzukommen.

Diese Überlegungen werden auch durch bestimmte theoretische Annahmen bestätigt. In der viel beachteten soziologischen Theorie der sozialen Bindung (auch Kontrolltheorie genannt) von Hirschi wird konformes Verhalten als Resultat der Bindung des Individuums an Menschen und Institutionen der Gemeinschaft angesehen; umgekehrt ist die mangelnde Einbettung in zentrale Institutionen sozialer Integration delinquenzgefährdend. Dabei ist die soziale Bindung durch verschiedene Werthaltungen gekennzeichnet: In bezug auf den beruflichen Bereich sind von besonderer Bedeutung Engagement bzw. persönlicher Einsatz (Commitment) und - damit verbunden - die Inanspruchnahme bzw. Einbindung (Involvement). Eine - vor allem durch soziale Bezugspersonen vermittelte - Einbindung in ein geordnetes Arbeitsleben vermindern die Anfälligkeit für Delinquenz. Die Konsequenzen für Kriminalprävention liegen auf der Hand: Herstellung oder Festigung der Bindungen des Straffälligen zu Bezugspersonen am Arbeitsplatz (und in anderen sozialen Bereichen); verstärktes Engagement in Ausbildung und Berufstätigkeit; Belohnung der Bemühungen um ein normadäquates Verhalten (vgl. Fryday und Hage). Dadurch soll beim Straffälligen das

Bewußtsein wachsen, daß es sich im Hinblick auf soziale Anerkennung und materielle Vergütung lohnt, sich konform zu verhalten und mit beruflicher Tätigkeit seinen Lebensunterhalt zu verdienen.

2. Arbeit im Vollzug

Ausgehend von der sozialen Funktion und kriminalpräventiven Bedeutung der Arbeit und ihrer Vergütung muß der Strafvollzug, der auf die Wiedereingliederung der Gefangenen ausgerichtet ist (§ 2 Satz 1 StVollzG), Arbeit im Vollzug möglichst so gestalten, daß sie den Bedingungen des extramuralen Arbeitslebens möglichst nahe kommt. Freilich ist dabei zu berücksichtigen, welche Voraussetzungen die Strafgefangenen dafür mitbringen. In vielerlei Untersuchungen wurde durchgängig festgestellt, daß Strafgefangene häufiger ohne Abschluß oder verfrüht von der Schule abgingen, zumeist keine Berufsausbildung begannen bzw. diese schnell abbrechen, daß Ungelernte unter ihnen stark überrepräsentiert waren und daß ihr berufliches Verhalten durch häufigen, ungeplanten Arbeitsplatzwechsel, Zeiten längerer Arbeitslosigkeit und durch nicht zufriedenstellende Arbeitsleistungen gekennzeichnet war (vgl. Kofler; Schmehl; Göppinger 83, S. 60 ff.; speziell bezüglich Berufsausbildung bei erwachsenen Strafgefangenen: Berckhauer/Hasenpusch; Baumann; für Jugendstrafgefangene: Geisler; Matzke). Diese objektiv feststellbaren Defizite gehen häufig einher mit mangelnder Einstellung zur Berufstätigkeit, die zum Teil von ausgeprägten Mißerfolgserlebnissen herrührt, und unrealistischer Einschätzung der beruflichen Chancen, welche das erneute Scheitern in der Berufstätigkeit vorprogrammieren kann.

Bevor hieraus pauschale Schlußfolgerungen für die Gestaltung der Vollzugsarbeit gezogen werden, gilt es allerdings zu beachten, daß zwar die Mehrzahl der Strafgefangenen die beschriebenen Auffälligkeiten aufweist, daß aber eine Minderheit zuvor im Berufsleben integriert war (eine Integration, die durch den Freiheitsentzug gefährdet werden kann) oder zumindest hinreichende Ansatzpunkte für ein geordnetes Berufsleben aufweist (vgl. zu dem daran anknüpfenden baden-württembergischen Kurzstrafenprogramm Dolde/Rössner). Zudem ist zu berücksichtigen, daß die meisten Strafgefangenen weniger als ein Jahr, oft nur einige Monate im Strafvollzug bleiben (vgl. Dolde/Jehle), so daß sie im allgemeinen - im Unterschied zu den Langstrafigen - nicht für mehrjährige Berufsausbildungsgänge und qualifizierte bzw. spezialisierte Tätigkeiten in Frage kommen. Von all diesen Bedingungen und Voraussetzungen her muß Arbeit im Vollzug differenziert organisiert und ausgestaltet werden, wenn sie wirksam dem Wiedereingliederungsziel dienen soll.

Diese von empirischen Befunden geleiteten Überlegungen finden durchaus ihre Unterstützung in der Kommentar- und Lehrbuchliteratur zum Strafvollzugsgesetz: Danach setzt ein Leben in Freiheit voraus, daß der Gefangene an Normen und Wertvorstellungen der Gesellschaft herangeführt wird und die bestehende Rechtsordnung anerkennt (Lichtenberger S. 31). Da gerade die Rückfälligen bisher nicht richtig in die Gesellschaft eingegliedert waren und in Ausbildung und Beruf erhebliche Defizite aufweisen, ist es Aufgabe des Strafvollzugs, die im Hinblick auf Schul- und Berufsausbildung oftmals fehlgeschlagene Sozialisation nachzuholen (Böhm S. 27 ff.). Entsprechend normiert das Strafvollzugsgesetz die Gleichrangigkeit von Arbeit und Ausbildung (Kaiser/Kerner/Schöch S. 154).

Sofern der Gefangene nicht an einer Ausbildungs- oder Fortbildungsmaßnahme teilnimmt, besteht Arbeitspflicht, die aber mit einem Rechtsanspruch des Gefangenen auf ein Arbeitsentgelt korrespondiert. Dieser Rechtsanspruch folgt aus dem Grundsatz, das Leben im Vollzug den allgemeinen Lebensverhältnissen anzugleichen (§ 3 Abs. 1 StVollzG) und mittelbar aus dem Sozialstaatsprinzip (Calliess/Müller-Dietz § 43 Rdnr. 1). Die Anbindung an den Angleichungsgrundsatz verdeutlicht, daß sich das System der Arbeitsentlohnung als Mittel eines behandlungsorientierten Strafvollzugs versteht (Böhm S. 28). Die Arbeitsentlohnung soll dem Gefangenen die "Früchte seiner Arbeit" vor Augen führen (Calliess/Müller-Dietz § 43 Rdnr. 1). Anzustreben ist damit die "Förderung der Leistungsbereitschaft durch Verbesserung der Motivation und der Einstellung zur Arbeit" (Bundesvereinigung der Anstaltsleiter S. 180), letztlich mit dem Ziel, "korrigierende Sozialisationserfahrungen dahingehend zu bewirken, daß Arbeit eine rechtstreue

Existenzgestaltung ermöglicht" (Bundesarbeoitsgemeinschaft für Straffälligenhilfe).

III. Art der Arbeit im Vollzug und das System der Arbeitsentlohnung

1. Differenzierung der Arbeit im Vollzug

Gemäß § 41 Abs. 1 StVollzG sind die Gefangenen zur Verrichtung einer ihnen zugewiesenen Arbeit verpflichtet (ausgenommen die über 65 Jahre alten Inhaftierten, die werdenden und stillenden Mütter und Gefangenen, die aufgrund ihres körperlichen Zustandes zur Arbeit nicht in der Lage sind), sofern sie nicht gemäß § 44 Abs. 1 an einer Berufsausbildung, Umschulung, beruflichen Fortbildung oder einem Unterricht - freiwillig - teilnehmen. Allerdings realisiert sich diese Arbeitspflicht in unterschiedlichen Formen, die auch Konsequenzen für die Arbeitsentlohnung (s. unten III. 2.) haben. Abgesehen von den zahlreichen - jedenfalls zeitweilig - nicht beschäftigten Gefangenen (Ende der 80er Jahre war dies durchschnittlich ca. 1/3; vgl. Schwind/Böhm-Matzke § 37 Rdnr. 28), ist im Hinblick auf das Arbeitsentgelt zunächst zwischen den sogenannten Freigängern und den nicht im freien Beschäftigungsverhältnis tätigen Gefangenen zu unterscheiden.

1.1. Freie Beschäftigungverhältnisse gem. § 39 StVollzG

Von dem im Strafvollzugsgesetz geltenden System des Arbeitsentgelts sind Gefangene ausgenommen, die einer Arbeit in einem *freien Beschäftigungsverhältnis* außerhalb der Anstalt nachgehen (sogenannte Freigänger). Nur eine kleine Minderheit mit entsprechenden beruflichen und sonstigen Voraussetzungen genießt dieses Privileg, sei es - wie im baden-württembergischen Kurzstrafenprogramm - von Anfang an, sei es im Verlauf der Haft. Diese als "echte" Freigänger zu bezeichnenden Strafgefangenen erhalten den in der Wirtschaft üblichen Tariflohn (§ 39 Abs. 1 StVollzG); damit ist regelmäßig auch die Entrichtung von

Beiträgen an die Sozial- und Krankenversicherung verbunden (wegen des hieraus entstehenden Anspruchs gegenüber der Krankenversicherung bestimmt nunmehr § 62 a StVollzG ein Ruhen des Anspruchs auf Gesundheitsfürsorge nach dem Strafvollzuggesetz).

Wie dieses freie Beschäftigungsverhältnis zwischen dem Strafgefangenen und dem Unternehmer rechtlich einzuordnen ist, ist höchstrichterlich noch nicht entschieden (vgl. zuletzt LAG Hamm in NStZ 91, S. 455 f.). Jedenfalls kommt es - trotz der Überlagerung durch ein öffentlich-rechtliches Gewaltverhältnis zwischen Gefangenen und der Justizvollzugsanstalt - mit der Zahlung eines Tariflohns und der Einbeziehung in die Sozial- und Krankenversicherung einem privatrechtlichen Arbeitsverhältnis sehr nahe.

Zugleich ist den Freigängern (wie den einer Selbstbeschäftigung nachgehenden) als einzigen Strafgefangenen auferlegt, einen Haftkostenbeitrag (von derzeit ca. 530 DM monatlich) für Unterkunft und Verpflegung zu entrichten (Walter Rdnr. 464). Darüber hinaus werden die Bezüge des Gefangenen insbesondere für notwendige Aufwendungen, Hausgeld und Überbrückungsgeld, für die Erfüllung einer gesetzlichen Unterhaltspflicht und sonstiger Verbindlichkeiten sowie für die Wiedergutmachung des durch die Straftat verursachten Schadens verwendet (vgl. VV zu § 39, Nr. 2 Abs. 3). All dies sind Gesichtspunkte, die bei der Forderung nach einer allgemeinen leistungsgerechten Entlohnung der Strafgefangenen ins Feld geführt werden (s.u. IV.).

1.2. Arbeit gem. § 37 I, 41 sowie Ausbildungsmaßnahmen gem. § 37 III StVollzG

Unter die im Strafvollzugsgesetz getroffene Regelung des Arbeitsentgelts fallen alle Arbeitsleistungen, die nicht in einem freien Beschäftigungsverhältnis erbracht werden. Das sind zunächst Arbeitsleistungen in sogenannten *Unternehmerbetrieben*. Hier wird die Arbeitskraft der Insassen an einen Unternehmer vergeben, der seinerseits die fachliche Aufsicht führt sowie die erforderlichen Maschinen, Geräte und Material beisteuert. Es entsteht aber kein privatrechtlich gestalteter Arbeitsvertrag zwischen dem Unternehmer und dem einzelnen Strafgefangenen, vielmehr erfolgt die Zuweisung zu dieser Arbeit aufgrund des besonderen öffentlich-rechtlichen Gewaltverhältnisses, das zwischen dem Strafgefangenen und der Justizvollzugsanstalt besteht (BAG Urt. v. 24.4.69; zit. nach LAG Hamm in NStZ 91, s. 456).

Die Arbeit findet - selten - in Betrieben außerhalb der Anstalt, wobei die Strafgefangenen als "unechte" Freigänger zur Arbeitsstätte gelangen können, oder - meist - in den Räumen der Anstalt und unter der weiteren Aufsicht der Vollzugsbediensteten statt; es handelt sich meist um einfache, leicht kontrollierbare monotone Industriearbeiten (Böhm S. 171, Walter Rdnr. 477). Davon betroffen waren Ende der 80er Jahre etwas mehr als 20 % der Insassen (Schwind/Böhm-Matzke § 39 Rdnr. 28).

Daneben ist eine Minderheit der Gefangenen (rund 12 %) in Eigenbetrieben tätig, das sind Handwerksbetriebe, wie z.B. Schreinereien, Buchdruckereien und Schlossereien. Knapp 15 % der Gefangenen führen als sogenannte Hausarbeiter Hilfstätigkeiten in der Anstalt aus: Das sind Reinigungsarbeiten, Beschäftigungen in der Kleiderkammer, in der Anstaltsbücherei etc. (Böhm S. 174). All die genannten Tätigkeiten in Unternehmerbetrieben, Eigenbetrieben oder als Hausarbeiter sind - mit Zustimmung des Gefangenen (§ 11 Abs. 2 StVollzG) - auch als Aussenbeschäftigung außerhalb der Anstalt möglich.

Schließlich ist die Berechnung des Arbeitsentgelts entsprechend auf die Gefangenen anzuwenden, die gemäß § 44 Abs. 1 StVollzG an einer der dort genannten Ausbildungsmaßnahmen teilnehmen. Diese Gleichstellung von Arbeit und Ausbildung gilt es zu beachten, wenn an eine leistungsgerechte Entlohnung der Arbeit in der Zukunft gedacht wird (s. u. V.).

2. Arbeitsentlohnung nach geltendem Recht

Für die nicht in einem freien Beschäftigungsverhältnis stehenden Strafgefangenen wird das Arbeitsentgelt anhand des Arbeitsverdienstes aller in der Rentenversicherung der Arbeiter und Angestellten (ohne Auszubildende) Versicherten festgelegt (§ 43 Abs. 1 S. 2 StVollzG). Dazu wird der Durchschnittsbetrag des Arbeitsverdienstes ermittelt. Die Arbeitsentlohnung der Strafgefangenen beträgt nach der derzeitigen Regelung 5 % hiervon. Für 1990 entsprach das einem Tageslohn von 7,78 DM, monatlich also 171,14 DM bei - im Mittel - 22 Arbeitstagen (Zahlen entnommen aus Kaiser/Kerner/ Schöch 1991 S. 163). Gemäß § 43 Abs. 2 StVollzG ist eine Abstufung des Arbeitsentgeltes je nach Leistung des Gefangenen durch Vergütungsstufen zulässig. Diese Vergütungsstufen sollen in allen Bundesländern einheitlich festgesetzt werden (Callies/Müller-Dietz § 43 RdNr. 5), was durch die aufgrund der gesetzlichen Ermächtigungsgrundlage (§ 48 StVollzG) ergangene Strafvollzugsvergütungsordnung gewährleistet wird. Je nach den Anforderungen der Arbeit berechnet sich die Entlohnung von minimal 75 % der Vergütung bis maximal 125 %. Für 1990 ergab sich damit ein Tagessatz von 5,83 DM minimal und 9,72 DM maximal (Zahlen aus Kaiser/ Kerner/Schöch S. 163).

Bei der Fassung des Strafvollzugsgesetzes ging der Gesetzgeber davon aus, mit der derzeitigen Regelung über die Höhe des Arbeitsgeldes nur eine vorübergehende Lösung getroffen zu haben. Geplant war ursprünglich, daß der Gefangene für jeden Arbeitstag den 250-ten Teil von 80 % des durchschnittlichen Arbeitsentgeltes aller Versicherten der Rentenversicherung erhalten sollte (Böhm S. 180). Unter Zugrundelegung des durchschnittlichen Bruttoarbeitsentgelts der Versicherten des Jahres 1988 (38.896,- DM nach Kaiser/Kerner/Schöch, S. 163) würde dies ein monatliches Einkommen von ca. 2.700 DM und einen Tagessatz von 190 DM bedeuten. Eine tarifliche Entlohnung der Gefangenen war dagegen nicht vorgesehen, da die Produktivität der Gefangenenarbeit durchschnittlich unter der der freien Wirtschaft liege.

Allerdings sollte gemäß § 200 Abs. 2 StVollzG über eine Erhöhung des Anteils am durchschnittlichen Einkommen der Versicherten bereits bis zum 31.12.1980 befunden werden. Die vorgeschriebene Regelung ist aber bisher aus finanziellen Gründen, namentlich wegen der hohen Kosten für die Länder, nicht eingeführt worden (Schwind/Blau, Weinert S. 294).

3. Exkurs: Entlohnung der Gefangenenarbeit im europäischen Vergleich

In allen europäischen Ländern besteht - in Übereinstimmung mit den allgemeinen Mindestbedingungen für den Strafvollzug - ein Entlohnungssystem für die Gefangenenarbeit (Council of Europe, S. 39). Wie in der Bundesrepublik, dient die Entlohnung sowohl der Verwendung als Eigengeld zum Kauf von ergänzenden Nahrungs- und Genußmitteln als auch der Bildung von Rücklagen für die Zeit nach der Entlassung und die Unterstützung von Angehörigen. Genaueres Zahlenmaterial über Höhe und Art der Entlohnung der Gefangenen im europäischen Ausland liegt jedoch nicht vor.

Eine ähnliche Regelung wie bezüglich des freien Beschäftigungsverhältnisses in der Bundesrepublik findet sich nach Kaiser (S. 98) in Frankreich: Dort schließen die Freigänger einen Arbeitsvertrag mit einem Arbeitgeber und erhalten dafür den vollen Lohn; das Arbeitsentgelt wird jedoch nicht dem Gefangenen, sondern der Anstaltsleitung ausgehändigt, die es ihrerseits dem Gefangenen zuteilt. Abgesehen davon, ist jedoch kein Land bekannt, in dem im geschlossenen Vollzug das volle, dem Lohn freier Arbeitnehmer entsprechende Gehalt gezahlt wird. Nach dem Bericht des Council of Europe wird der Gefangenenentlohnung allgemein eine große Bedeutung unter Behandlungsgesichtspunkten zugesprochen. Eine bessere Entlohnung diene der höheren Selbsteinschätzung und bilde - wenn auch begrenzt - Ansätze für wirtschaftliches Denken (Council of Europe, S. 41).

IV. Kritik der geltenden Regelung und Forderung nach leistungsgerechter Entlohnung

Die in der Literatur geäußerte Kritik an der derzeitigen Arbeitsentgeltlösung stellt auf zwei verschiedene Gesichtspunkte ab: Einmal sieht sie darin eine Mißachtung des Angleichungs- sowie des allgemeinen Gleichheitsgrundsatzes; zum anderen argumentiert sie mit Resozialisierungsgesichtspunkten.

Der durch das Strafvollzugsgesetz gewährleistete Anspruch auf ein Arbeitsentgelt bedeutet eine Neubewertung der Gefangenenarbeit, er ist Ausdruck des Gedankens, daß Benachteiligungen und Belastungen des Gefangenen, die nicht unmittelbare oder notwendige Folgen des Freiheitsentzuges sind, sich mit dem Vollzugsziel und den Grundsätzen des Vollzugs nicht vereinbaren lassen (Schwind/Böhm-Matzke § 43 Rdnr. 1; Callies/Müller-Dietz § 43 Rdnr. 1). Die geringe Höhe des Arbeitsentgelts läßt es jedoch fraglich erscheinen, ob die Neubewertung in der Praxis zum Tragen kommt (Kaiser/Kerner/Schöch S. 341). Daran knüpft verschiedene Kritik an: Die Reform des Entlohnungssystems bedeutet nach Leder (S. 9) lediglich eine Umetikettierung der Arbeitsbelohnung in eine Arbeitsentlohnung. Neu (79, S. 5) sieht in der Fixierung eines bestimmten Prozentsatzes der Durchschnittsentgelte einen Akt offensichtlicher Willkür. Fleischmann (S. 127) äußert, es gebe keinen Grund, den Gefangenen den gerechten Lohn vorzuenthalten, und begründet seine Forderung nach der tariflichen Entlohnung von Gefangenen mit dem Gleichheitsgrundsatz und dem daraus resultierenden Gebot von "gleichen Löhnen für gleiche Arbeit". Die Begründung dieser Forderung enthält allerdings einige nicht unproblematische Prämissen: So wäre etwa zu prüfen, inwiefern die Arbeit im Vollzug mit Arbeit in der freien Wirtschaft vergleichbar ist, und ob sie als Teil des Behandlungsvollzugs besonderer Bewertung unterliegt (s. dazu auch u. V., 4.).

Größeren Raum nehmen die Resozialisierungsargumente ein. Zugrunde gelegt wird dabei die allgemeine Annahme, eine tarifliche bzw. leistungsgerechte Entlohnung der Gefangenenarbeit sei Voraussetzung einer wirksameren Resozialisierung im Strafvollzug und insofern aus Behandlungsgründen erforderlich. Im einzelnen handelt es sich um folgende Argumente:

Während die Arbeit in der modernen Industriegesellschaft einen zentralen Stellenwert besitze, schätze die Regelung des Strafvollzugsgesetzes Arbeit und Entlohnung als Nichtwerte ein (Leder S. 9). Dies habe negative psychologische Auswirkungen auf den Gefangenen (Lichtenberger S. 43). Die derzeitige Höhe der Entlohnung zeige ihm, daß er auch in der Einschätzung seiner Arbeitsleistung nicht als vollwertiges Mitglied der Gesellschaft akzeptiert sei. Außerdem fehle ein echter Anreiz zur Arbeit, weil dem Gefangenen weder die Früchte seiner Arbeit vor Augen gehalten würden (so auch Calliess/Müller-Dietz § 43 Rdnr. 1), noch ihm sonst sein Arbeitswert verdeutlicht werde (Schwind/Böhm-Matzke § 43 Rdnr. 1). Zudem erhalte er das Gefühl, vom Staat ausgebeutet zu werden (Lichtenberger S. 47 f.). Es werde dem Gefangenen nicht vermittelt, daß legale Arbeit für ihn sinnvoller sei als Straftaten (Fleischmann S. 127); stattdessen lerne er, "daß sich Arbeit eben nicht lohnt" (Bundesarbeitsgemeinschaft für Straffälligenhilfe S. 176). Die leistungsgerechte Entlohnung trage auch zur wirtschaftlichen Reintegration der Gefangenen in die Gesellschaft bei. Die Einführung einer höheren Brutto-Lohnsumme bedeute nämlich ein Mehr an Verwendungszwecken bzw. die Möglichkeit höherer Beiträge für die Verwendungszwecke (Neu 79, S. 11). Ermöglicht werde eine eigene Etatplanung, Unterhaltsleistungen für die Familie und der Beginn von Schuldensanierung und Schadenswiedergutmachung im Strafvollzug (Calliess/Müller-Dietz § 43 Rdnr. 1; Schwind/Böhm-Matzke § 43 Rdnr. 1; Alternativkommentar zum Strafvollzugsgesetz § 43 Rdnr. 1). Auch könne das Überbrückungsgeld erhöht werden, so daß dem Gefangenen eine Rücklage für die Zeit nach der Entlassung zur Verfügung stünde (Alternativkommentar zum Strafvollzugsgesetz § 43 Rdnr. 1).

All die genannten Argumente für eine bessere, möglichst leistungsgerechte Entlohnung finden ihre Stütze in den Überlegungen zur sozialen Funktion und kriminalpräventiven Bedeutung der Arbeit (s.o.II). Allerdings gilt es, die speziellen Bedingungen und Voraussetzungen der Strafgefangenen zu beachten (s.o.II, 2.), die auch unter Behandlungsgesichtspunkten dem Angebot an wirtschaftlich ergiebiger Arbeit Grenzen setzen (s.u.V, 4.). Schließlich wird vorgebracht, daß die mit der leistungsgerechten Entlohnung verbundene verbesserte Resozialisierung die Zahl der Straftaten und Straftäter verringere; damit würde der durch die Einführung der Tariflöhne erfolgende Anstieg der Haftkosten durch eine Verringerung der Zahl der Strafgegangenen kompensiert (Fleischmann S. 136 f.). Dies ist freilich ein empirisch kaum zu erfassender Aspekt (s.u.V, 3.).

V. Empirische Fragestellungen, die sich mit der Forderung leistungsgerechter Entlohnung verknüpfen

1. Was ist leistungsgerechter Lohn?

Zunächst soll die weitestgehende Forderung nach tariflicher Entlohnung behandelt werden. Hier stellt sich die Frage, was Tariflohn genau bedeutet. Bei den Tariflöhnen handelt es sich um zwischen Gewerkschaften und Unternehmerverbänden ausgehandelte Mindestlohnsätze, die für die Arbeitskosten eines Betriebs allerdings nur indikativen Charakter haben. Deshalb ist nach Neu (1979) zunächst klarzustellen, ob Tariflohn im Strafvollzug nur die Einführung des tariflichen Stundenlohnsatzes, also den "nackten" Tariflohn, bedeute oder ob damit auch die an den Tarif gebundenen vollen Arbeitgeberbelastungen gemeint sind: nämlich auch Beiträge zur Sozialversicherung, nicht einkommenswirksame Lohnnebenkosten, außerbetriebliche Lohnzuschläge sowie einkommenswirksame Lohnnebenkosten, wie z.B. Urlaubs- und Weihnachtsgeld, und vermögenswirksame Leistungen. Nur die Berücksichtigung dieser weitgehenden Einkommens- und Kostenkomponenten des Lohns wären eine Entlohnung des Gefangenen "analog der freien Arbeit" (Neu 1979).

Darüber hinaus stellt sich die weitere Frage, welche Tariflöhne gelten sollen, d.h. welcher Branche die Justizvollzugsanstalten bzw. deren Betriebe zuzurechnen sind.

Unter dem Gesichtspunkt der Produktivität und Wettbewerbsfähigkeit ist allerdings davon auszugehen, daß eine volle tarifliche Entlohnung nicht in Frage kommt; auch die ursprünglichen Planungen des Gesetzgebers gingen nur von 80 % des durchschnittlichen Arbeitsentgeltes aus (s. o. III. 2.). Aber auch bei der reduzierten Forderung nach leistungsgerechtem Lohn ist zu fragen, wie ein solcher zu bestimmen ist. Nach Neu ist ein erkennbarer Bezug des Einkommens zu den Tätigkeiten und Beschäftigungsmöglichkeiten in der Anstalt herzustellen, so wie in der freien Wirtschaft die Lohngestaltung ebenfalls im engen Zusammenhang mit dem Betriebsergebnis stehe. Dies lege eine Orientierung der Lohngestaltung an den Erträgen der Unternehmerbetriebe und der Eigenbetriebe, die für Fremdbedarf arbeiten, nahe. Darüber hinaus sei die Festlegung einer Einkommenshierarchie entsprechend den unterschiedlichen Fähigkeiten und Leistungen zur Ermittlung des Individuallohns erforderlich (Neu 1979, S. 3, 5).

Werden die Löhne an die Erträge und das Betriebsergebnis geknüpft, so hängt ihre Höhe letztlich von der Produktivität ab, die einerseits von der betrieblichen Organisation und maschinellen Ausstattung einerseits und andererseits von der Arbeitsleistung der Beschäftigten bestimmt wird. Beide Faktoren bilden die betriebswirtschaftlichen Größen, die ins Kalkül gezogen werden müssen.

2. Betriebswirtschaftliche Aspekte

Wie oben (III. 1.) ausgeführt, ist die Arbeit im Strafvollzug unterschiedlich organisiert. Dementsprechend muß auch die Behandlung betriebswirtschaftlicher Aspekte differenziert werden.

2.1. Betriebswirtschaftliche Aspekte bezüglich der Eigenbetriebe

In den Eigenbetrieben führt eine Minderheit von Insassen Aufträge von Außenstehenden, Bediensteten und Behörden aus. Gegenüber den Erzeugnissen der gewerblichen Produktion ist der Abnehmer von Gefängnisarbeit spezifischen Risiken ausgesetzt. So wird er bei mangelhafter Ware häufig auf vertragliche Nachbesserungsansprüche verwiesen, da Schadensersatzansprüche abbedungen sind; Lieferfristen und Mengen können nicht garantiert werden, weil die Anzahl der zur Verfügung stehenden Arbeitskräfte nicht langfristig planbar ist (Böhm S. 172 f.). Die Konkurrenzfähigkeit der Produkte der Eigenbetriebe mit den Erzeugnissen der Betriebe der gewerblichen Wirtschaft hängt also von der Möglichkeit ab, letztere hinsichtlich der Preisgestaltung zu unterbieten, und steht in engem Zusammenhang mit der Lohnkalkulation. Wenn die erhöhten Lohnkosten stark auf die Preisgestaltung durchschlagen, so wird die Konkurrenzfähigkeit der in den Eigenbetrieben hergestellten Produkte in Frage gestellt (Neu 1979, S. 7). Daher setzt die Einführung einer leistungsgerechten Entlohnung voraus, daß das Produktivitätsgefälle zwischen den Anstaltsbetrieben und der gewerblichen Wirtschaft weitgehend vermindert wird. Nach Neu ist für dieses Produktivitätsgefälle ursächlich: eine falsche Kostenermittlung bei der Preisgestaltung, eine oft ineffiziente Organisation der Arbeitsabläufe sowie die unzulängliche Ausstattung der anstaltseigenen Betriebe mit Maschinen und sonstigem Arbeitsgerät. Hier handelt es sich also um Umstände, die durch Umgestaltung und Modernisierung der Betriebe grundsätzlich korrigierbar sind.

Freilich genügen solche Maßnahmen zur Wettbewerbsfähigkeit der Anstaltsbetriebe nicht. Nach Seidler/Schaffner/Kneip (S. 328 ff.) verfügen einige Anstalten bereits über modern ausgestattete Werksbetriebe, der Werkdienst sei personell erheblich aufgestockt und von anderen Arbeiten im Rahmen des Vollzugsdienstes weitgehend entbunden. Dennoch könne das Leistungsniveau der freien Wirtschaft nicht annähernd erreicht werden. Nach einer Befragung von Werkmeistern sei für das Produktivitätsgefälle insbesondere fehlendes Verantwortungsbewußtsein und mangelndes Leistungsinteresse der Gefangenen ursächlich. Diese resultierten aus der geringen Entlohnung, aber auch aus der unzureichenden Berücksichtigung betrieblicher Belange bei Vollzugsentscheidungen.

Nach Neu sind noch weitere produktivitätsmindernde Faktoren zu berücksichtigen: Die bei den Gefangenen häufig anzutreffenden Defizite in der beruflichen und schulischen Ausbildung hätten zur Folge, daß die Anstaltsbetriebe der gewerblichen Wirtschaft hinsichtlich der Qualifikation der Beschäftigten unterlegen seien. Zudem unterliege die Tätigkeit in den Anstaltsbetrieben gem. § 37 Abs. 1 dem Zielkonflikt, zum einen wirtschaftlich ergiebig zu sein, zum anderen der Vermittlung, Förderung und Erhaltung von Fähigkeiten für eine Erwerbstätigkeit nach der Entlassung zu dienen (Neu 79, S. 7 f.). Die insoweit durchaus gewollten Anlernzeiten wirkten sich jedoch für die Anstaltsbetriebe produktivitätsmindernd aus. Zusätzlich käme es zu einer Verzögerung der Produktion durch die hohe Fluktuation der Arbeitskräfte und die dadurch erforderlichen ständigen Anlernprozesse.

Seidler/Schaffner/Kneip machen einige Vorschläge zur Verbesserung der Produktivität der Vollzugsbetriebe und verweisen auf Niedersachsen, wo die Vollzugsbetriebe als Landesbetriebe gemäß § 26 Landeshaushaltsordnung geführt würden. Es werde dort ein Wirtschaftsplan aufgestellt, der auch einen Erfolgs- und einen Finanzplan umfasse; erforderliche Investitionen könnten flexibel und eigenverantwortlich vorgenommen werden. Durch diese Betriebsführung werde die Motivation der Bediensteten und Gefangenen erheblich gesteigert. Offen bleibt dabei allerdings, ob durch solche Maßnahmen eine drastische Erhöhung der Lohnkosten betriebswirtschaftlich möglich wird.

2.2. Betriebswirtschaftliche Gesichtspunkte bezüglich der Unternehmerbetriebe

Für die teilweise Verlagerung der Produktion eines privatwirtschaftlichen Unternehmens in eine Strafanstalt besteht der Anreiz für den Unternehmer in der bisher billigen Arbeitskraft der Strafgefangenen. Dem Unternehmer wird für die Leistung der Vollzugsanstalt, nämlich die Gewährung der Arbeitskraft der Strafgefangenen und die Zurverfügungstellung von Räumlichkeiten und Aufsichtspersonal, ein Betrag in Rechnung gestellt, der dem "nackten" Tariflohn abzüglich eines Risikoabschlags von 15 bis 20 % als Äquivalent für die geringere Qualität der Produkte entspricht (Neu 1971, S. 59). Da der Gefangene derzeit nicht in die Sozial- und Krankenversicherung einbezogen ist und somit keine Lohnnebenkosten anfallen, sind die tatsächlichen Kosten des Unternehmens für die Gefangenenarbeit weitaus geringer als bei den in der freien Wirtschaft beschäftigten Arbeitnehmern. Dadurch sind die Unternehmen, die Strafgefangene einsetzen, in ihrer Preisgestaltung gegenüber den mit ihnen konkurrierenden Unternehmen im Vorteil. Der Wettbewerbsvorteil verringert sich allerdings in dem Maße, wie die Entlohnung der Strafgefangenen sich der in der freien Wirtschaft annähert. Sollten hier die vollen Arbeitgeberkosten zu zahlen sein, könnte insoweit der Anreiz für die Verlagerung der Produktion in die Anstalt genommen werden und den Rückzug der Unternehmen aus dem Strafvollzug bedeuten (Fleischmann S. 144).

Im übrigen gelten auch hier die produktivitätsmindernden Faktoren, die sich aus der hohen Fluktuation der Arbeitskräfte und der mangelnden beruflichen Qualifikation der Gefangenen ergeben. Letztlich wird bei den Unternehmerbetrieben wie auch den Eigenbetrieben betriebswirtschaftlich eine deutliche Steigerung der Lohnkosten mit einer höheren Produktivität einhergehen müssen, die auch eine stärkere Auslese der Gefangenen im Hinblick auf ihre Leistungsfähigkeit und -bereitschaft mit sich bringen dürfte.

2.3. Folgen in anderen Arbeits- und Ausbildungsbereichen

Neben den Beschäftigten in Unternehmer- oder Eigenbetrieben gibt es noch die Hausarbeiter, die Dienstleistungen innerhalb der Anstalt erbringen (s.o. III. 1.). Hierbei den leistungsgerechten Lohn zu ermitteln, dürfte wesentlich schwieriger sein als in den bisher behandelten Bereichen; Hinweise aus der Literatur finden sich nicht. Zugleich dürfte klar sein, daß das Lohngefälle gegenüber den in Betrieben Beschäftigten nicht so groß sein darf, daß lediglich eine Negativauslese als Hausarbeiter übrig bleibt.

Im übrigen ist zu bedenken, ob sich die Ausbildungsbeihilfe wie bisher am Arbeitsentgelt orientieren kann, wenn die Löhne erheblich steigen und, falls nicht, wie sich dies auf die Motivation zu Aus- und Fortbildung auswirken würde.

3. Belastungen und Entlastungen für den Staatshaushalt sowie volkswirtschaftliche Aspekte

Zu diesen Gesichtspunkten gibt es in der Literatur nur einige vage Hinweise und Mutmaßungen; deshalb können im folgenden nur einige Fragen aufgeworfen werden: Zunächst ist davon auszugehen, daß durch die Reform der Gefangenenarbeit die Justizhaushalte belastet werden. Wenn die Produktivität insbesondere der Eigenbetriebe gesteigert werden soll, bedarf es hier Maßnahmen investiver und organisatorischer Art sowie im Hinblick auf weitere Qualifizierung der Werkdienste. Aber selbst eine gesteigerte Produktivität könnte die Mehrkosten annähernd tarifgerechter Löhne nicht völlig kompensieren.

Diesen Mehrbelastungen stünden auf der anderen Seite Entlastungen des Justizhaushaltes gegenüber, die sich insbesondere aus Haftkostenbeiträgen, wie sie die Freigänger bisher entrichten müssen, ergeben können. Zieht man weiterhin die Parallele zu den Freigängern, so wären die Löhne für Gefangenenarbeit auch steuerpflichtig, was ebenfalls dem Staatshaushalt zugute käme.

Ist mit einer leistungsgerechten Entlohnung zudem die Einbeziehung nicht nur in die Arbeitslosenversicherung, sondern auch in die Kranken- und Rentenversicherung verbunden, resultieren daraus einerseits Belastungen für den Staatshaushalt in Form der Arbeitgeberbeiträge, andererseits aber auch Entlastungen bei der Gesundheitsfürsorge nach dem Strafvollzugsgesetz und - hinsichtlich erworbener Ansprüche gegenüber der Renten- und Krankenversicherung - gegebenenfalls auch bei der Sozialhilfe.

Darüber hinaus könnten die Gefangenen - wie seither die Freigänger - zur Erfüllung der gesetzlichen Unterhaltspflichten angehalten werden, was wiederum zur Entlastung der Sozialhilfe für Angehörige beitragen könnte. Schließlich geht es um Schadensminderungen bzw. Schuldentilgungen, die ebenfalls volkswirtschaftlich bedeutsam sein können (vgl. zum Ganzen zusammenfassend Schwind/Böhm-Matzke § 43 Rdnr. 2).

Zu all diesen Rechnungsgrößen und Faktoren, die gemeinsam in eine volkswirtschaftliche Gesamtrechnung eingehen müßten, gibt es bislang noch keine konkreten Berechnungen, ja noch nicht einmal Versuche von Schätzungen.[3] Wie oben (IV.) bereits erwähnt, wird als weiterer Gesichtspunkt in der Literatur vorgebracht, daß die mit der leistungsgerechten Entlohnung verbundene bessere Resozialisierung die Zahl der Straftaten und Straftäter verringere und so zugleich die Haftkosten insgesamt senke. Dies ist m.E. freilich ein Gesichtspunkt, der sich als rechnerische Größe kaum bestimmen läßt und deshalb nicht mit ins volkswirtschaftliche Kalkül einbezogen werden sollte.

4. Nicht-ökonomische Auswirkungen auf den Strafvollzug

Neben den genannten ökonomischen Aspekten hat eine leistungsgerechte Entlohnung der Strafgefangenen vermutlich aber auch weitere Auswirkungen auf den Strafvollzug, die mitbedacht werden müssen, hier allerdings nur angedeutet werden können. Anstaltsbetriebe und Arbeitsverwaltung müßten stärker unter Produktivitätsgesichtspunkten organisiert werden. Je nach Leistungsanforderungen müßten die Löhne der Gefangenen stärker als bisher unterschiedlich ausfallen, was zu einer größeren Ungleichheit als bisher führt. Die vom wirtschaftlichen Standpunkt her besonders ergiebige Arbeit hat als monotone Industrietätigkeit nur geringen pädagogischen Wert (Böhm S. 169). Sind die Gefangenen unter hohem Produktivitätsdruck beschäftigt, so sind sie vom Arbeitstag ermüdet und wenig aufnahmefähig für erfolgreiche therapeutische Maßnahmen.

Sind die Betriebe stark auf Produktivität ausgerichtet, so bleibt für Gefangene, die weniger leistungsbereit oder -fähig sind und erst an eine regelmäßige Arbeitstätigkeit wieder herangeführt werden müssen, wenig Raum. Dies müßte durch ein verstärktes Angebot an arbeitstherapeutischen Maßnahmen gemäß § 37 Abs. 5 StVollzG kompensiert werden. Wenn bei einer entsprechenden Anhebung der Löhne die Ausbildungsbeihilfen nicht mehr das gleiche Niveau aufweisen, könnte die Motivation für Aus- und Fortbildung abnehmen, indem die auf kurze Sicht materiell ergiebigere Arbeit der sich erst mittel- oder langfristig auszahlenden beruflichen Qualifizierung vorgezogen wird.

Die hier angedeuteten Gesichtspunkte bedeuten indessen nicht, daß die in den Abschnitten II. und IV. aufgeführten Argumente für eine leistungsgerechte Entlohnung der Gefangenenarbeit hinfällig wären. Jedoch müssen sie realistischerweise mitbedacht werden, wenn man eine grundlegende Reform des Systems der Arbeitsentlohnung plant.

VI. Zusammenfassung

Aus einer Vielzahl empirischer Studien und theoretischer Annahmen ist die kriminologische Bedeutung beruflicher Tätigkeit und des (wirtschaftlichen) Umfangs mit Geld bekannt. Trifft eine defizitäre Leist-ungsfähigkeit oder -bereitschaft im Beruf auf eine mangelnde Fähigkeit, wirtschaftlich mit Geld umzugehen, verstärkt sich die kriminelle Gefährdung; umgekehrt fördert es die soziale Integration und Resistenz gegen Straffälligkeit, wenn bei geordneter Berufstätigkeit gelernt wurde, mit dem zur Verfügung stehenden Geld auszukommen. Letzteres kann freilich nur eingeübt werden, wenn ein leistungsgerechter Verdienst besteht, der dazu befähigt, den eigenen Lebensunterhalt zu bestreiten und den verschiedenen sozialen Verpflichtungen nachzukommen.

Davon ausgehend muß der Strafvollzug, der auf die Wiedereingliederung der Gefangenen ausgerichtet ist, Arbeit und Vergütung im Vollzug möglichst so gestalten, daß sie den Bedingungen des extramuralen Arbeitslebens möglichst nahekommen. Freilich ist dabei zu berücksichtigen, daß viele Gefangene dafür schlechte Voraussetzungen mitbringen und daß sie in der Mehrzahl nur weniger als ein Jahr im Strafvollzug bleiben.

Die bisher geltenden Sätze des Arbeitsentgelts werden der Forderung nach einer leistungsgerechten Entlohnung der Strafgefangenen nicht annähernd gerecht; daher wird diese Regelung in der Kommentar- und Lehrbuchliteratur einhelliger Kritik unterzogen, vor allem in Hinblick auf für die Wiedereingliederung erwarteten Auswirkungen einer angemessenen Vergütung.

Als einzige Strafgefangenen erhalten bisher die sogenannten Freigänger eine tarifliche Vergütung unter Einbeziehung in die Kranken- und Rentenversicherung; von dieser Vergütung werden bestritten: Haftkostenbeitrag, notwendige Aufwendungen, Hausgeld und Überbrückungsgeld, Erfüllung gesetzlicher Unterhaltspflicht und sonstige Verbindlichkeiten sowie Wiedergutmachungsleistungen. Von daher stellt sich die Frage, inwieweit die Arbeit in Unternehmer- und Eigenbetrieben sowie die Tätigkeit als Hausarbeiter dem Status der Freigänger angenähert werden kann. Hier erheben sich eine Reihe von Fragen vor allem betriebs- und volkswirtschaftlicher Art, die nur mit einer groß angelegten ökonomischen Studie zu klären wären. Daneben gibt es aber auch eine Reihe von innervollzuglichen Auswirkungen einer leistungsgerechten Entlohnung, die mitbedacht werden müssen: ein stärkeres Lohngefälle und damit größere Ungleichheit unter den Strafgefangenen; ein erhöhter Produktivitätsdruck in den Betrieben und damit eine steigende Notwendigkeit, (noch) nicht leistungsbereite oder -fähige Gefangene außerhalb der Betriebe arbeitstherapeutisch zu beschäftigen; ein größerer Anreiz zur Arbeit und damit zugleich eine gesteigerte Motivation zu qualifizierenden Ausbildungsmaßnahmen.

Wägt man all dies ab, so ist - ganz unabhängig vom Ergebnis einer ökonomischen Studie - zu konstatieren, daß eine pauschale Forderung nach leistungs- bzw. tarifgerechter Entlohnung aller (arbeitenden) Strafgefangenen nicht aufrecht erhalten werden kann. Vielmehr ist klar zu erkennen, daß nur eine Minderheit von Gefangenen in Betrieben, die Tariflöhne zu zahlen in der Lage sind, beschäftigt werden können. Wer gleichwohl am Ziel einer leistungsgerechten Entlohnung festhält, muß sich folgerichtig dazu bekennen, daß die Gefangenen stärker als bisher - entsprechend ihrer unterschiedlichen Leistungsbereitschaft und -fähigkeit - ungleich behandelt werden.

Anmerkungen:

1. Sie geht zurück auf eine Stellungnahme, die der Verfasser im Auftrag der Justizministerien des Bundes und der Länder erstellt hat und die die Grundlage für ein betriebs- und volkswirtschaftliches Gutachten zur Frage tariflicher Entlohnung von Strafgefangenen bilden sollte.

2. Auf der Grundlage der vom Verfasser erstellten Stellungnahme (s.Fn 1) haben einige Landesjustizverwaltungen ein betriebs- und volkswirtschaftliches Gutachten zu einer tariforientierten Entlohnung der Gefangenenarbeit in Auftrag gegeben; dessen Ergebnisse sind allerdings bislang nicht publiziert.

3. Das oben (Fn. 2) erwähnte - bislang unveröffentlichte Gutachten wird hier voraussichtlich weiterführen.

Literatur:

K.-H. Baumann, Der Einfluß von Bildungsmaßnahmen im Strafvollzug auf das Rückfallverhalten, ZfStrVo 1984, S. 31 ff.

Friedhelm Berckhauer, Burkhard Hasenpusch, Rückfälligkeit entlassener Strafgefangener. Zusammenhänge zwischen Rückfall und Bildungsmaßnahmen im Vollzug, MschrKrim 1982, S. 318 ff.

Claus Bertram, u.a. (Bearbeiter). Kommentar zum Strafvollzugsgesetz. Reihe Alternativkommentare, 3. Aufl. 1990

Alexander Böhm, Strafvollzug, 2. Aufl. 1986

Rolf-Peter Calliess, Strafvollzugsgesetz: Gesetz über den Vollzug der Freiheitsstrafe und der freiheitsentziehenden Maßregeln der Besserung und Sicherung mit ergänzenden Bestimmungen/erläutert von Rolf-Peter Calliess und Heinz Müller-Dietz, 6., neubearb. Aufl. 1994

Council of Europe, Work in Penal Institutions, 1976

Gabriele Dolde, Jörg-Martin Jehle, Wirklichkeit und Möglichkeiten des Kurzstrafenvollzugs; ZfStrVo 1986, S. 195ff.

Gabriele Dolde, Dieter Rössner, Auf dem Weg zu einer neuen Sanktion: Vollzug der Freiheitsstrafe als Freizeitstrafe; ZStW 1987, S. 424 ff.

Fleischmann, Gerd, Chancen der Realisierung von Tariflöhnen, in: Lüderssen/Schumann/Weiss (Hrsg.), Gewerkschaften und Strafvollzug, 1. Aufl. 1978, S. 126 ff.

P.C. Friday, J. Hage, Youth crime in postindustrial societies. An integrated perspective, Criminology 1976, 347 ff.

Isolde Geisler, Ausbildung und Arbeit im Jugendstrafvollzug. Haftverlaufs- und Rückfallanalyse, 1991

Hans Göppinger, Der Täter in seinen sozialen Bezügen. Ergebnisse aus der Tübinger Jungtäter-Vergleichs-Untersuchung, 1983

T. Hirschi, Causes of Delinquency; Berkeley 1969, S. 16 ff.

Günther Kaiser/Hans-Jürgen Kerner/Heinz Schöch, Strafvollzug, 4. Aufl. 1991

Günther Kaiser, Strafvollzug im Europäischen Vergleich, 1983

Rolf Kofler, Beruf und Kriminalität, 1980

Hans Klaus Leder, Arbeitsentgelt im Strafvollzug der Bundesrepublik Deutschland, 1978

Gustav Lichtenberger, Die Arbeitsentlohnung im Strafvollzug als Mittel der Resozialisierung. Diss ., 1971

Michael Matzke, Der Leistungsbereich bei Jugendstrafgefangenen, Diss. jur., Berlin 1982
Axel Neu, Arbeitsentgelte, Surrogationsleistungen und Verwendungsauflagen bei einer Reform des Jugendstrafvollzugs, 1979

Axel Neu, Ökonomische Probleme des Strafvollzugs in der Bundesrepublik Deutschland, 1971

Hans-Henning Schmehl, Jugendliche und heranwachsende Straftäter während ihrer Ausbildung, 1980

Hans-Dieter Schwind [Hrsg.], Strafvollzugsgesetz; Gesetz über den Vollzug der Freiheitsstrafe und der freiheitsentziehenden Maßregeln der Besserung und Sicherung vom 16. März 1976 (BGBl. I, 581), zuletzt geändert durch das Gesetz vom 23. Sept. 1990 (BGBl. II, S. 885: Kommentar / hrsg. von Hans-Dieter Schwind; Alexander Böhm - 2. neubearb. Aufl.; Stand der Bearb. Oktober 1990, Berlin 1991

Hans-Dieter Schwind (Hrsg.), Strafvollzug in der Praxis: eine Einführung in die Probleme und Realitäten des Strafvollzugs und der Entlassungshilfe / hrsg. von Hans-Dieter Schwind und Günter Blau - 2. völlig neubearbeitete Aufl., Berlin [u.a.) 1988

Josef Seidler, Paul Schaffner, Wolfgang Kneip, Arbeit im Vollzug - Neue Wege in der Betriebsführung, ZfStrVo 1988, S. 328 f.

Michael Walter, Strafvollzug, Lehrbuch, 1991

Die Aufgaben der Fachaufsicht im Strafvollzug

Karl Peter Rotthaus

1. Juristenmonopol und Dienstaufsicht im Strafvollzug

1.1 Das Reizwort "Fachaufsicht"

Das Stichwort Fachaufsicht weckt bei vielen der betroffenen Angehörigen der Fachdienste Gefühle des Unwillens und des Protestes[1]: Haben wir nicht eine mehrjährige akademische Ausbildung absolviert? Also können und wollen wir unser berufliches Handeln selbst verantworten! - Diese Gefühle mögen auch damit zusammenhängen, daß die Vorgesetzten, die diese Aufsicht ausüben, die Anstaltsleiter und die leitenden Beamten der Aufsichtsbehörden, in aller Regel Juristen[2] sind.

Doch vermittelt die Ausbildung der Juristen kaum etwas, was sie darauf vorbereitet, die komplizierten Aufgaben der organisatorischen Strukturierung einer Vollzugsanstalt zu erfüllen und die schwierigen Probleme der Menschenführung von Personal und Insassen zu bewältigen. Rechtsangelegenheiten stehen bei der Arbeit des Anstaltsleiters nicht im Vordergrund. Ein großer Teil seiner Arbeit läßt sich eher mit dem Stichwort "Verwaltungstechnik" kennzeichnen[3]. Seine Hauptaufgaben können dagegen mit den aus der Sozialarbeit vertrauten Begriffen wie Einzelhilfe, Gruppenarbeit und Gemeinwesenarbeit beschrieben werden.

Die Erörterung eines disziplinaren Vorwurfs mit einem Gefangenen (§ 106 StVollzG) zur Klärung und Auflösung des Konflikts wäre dann ein Beispiel für Einzelhilfe, die Leitung einer Konferenz in der Anstalt (§ 159 StVollzG) Gruppenarbeit. Diese Einordnung wird freilich bei manchen Juristen ebenso wie bei manchen Vertretern der Fachdienste auf Unverständnis stoßen. Tatsächlich ist das Juristenmonopol für die Übertragung der Leitung einer Justizvollzugsanstalt nur historisch zu erklären. Die Juristen waren lange Zeit in der Verwaltung die Generalisten, die eben "zu allem fähig" waren.

1.2 Nicht-Juristen als Neuerer im Strafvollzug

Das Juristenmonopol hat jedoch nie uneingeschränkt gegolten, in der Vergangenheit noch weniger als heute. Tatsächlich sind es gerade Vertreter anderer Fachrichtungen gewesen, die der Entwicklung des Strafvollzugs wichtige Anstöße gegeben haben. Die Vorkämpfer der Lehre von der Einzelhaft waren J. H. Wichern[4], ein Pfarrer, in Moabit und J. Fueßlin[5], ein Arzt, in Bruchsal. Auch wenn uns die Lehre von der Einzelhaft heute einseitig und ideologisch verzerrt erscheint, so hat sie die Reform des Strafvollzugs doch entschieden vorangebracht. - K. Krohne, ebenfalls ein Pfarrer, hat das Gefängniswesen in Preußen gegen Ende des 19. Jahrhunderts grundlegend reformiert und das bis in die jüngste Zeit richtungweisende Lehrbuch geschrieben[6]. Wichtige Impulse gingen in der Weimarer Zeit von W. Herrmann und C. Bondi aus, die sich bemühten, in Hamburg auf der Insel Hahnöfersand eine erzieherisch orientierte Jugendstrafanstalt zu schaffen[7].

Unter den Zeitgenossen hat besonders Albert Krebs[8] als Leiter der Vollzugsanstalt Untermaßfeld in Thüringen ein gänzlich neuartiges Anstaltsregime entwickelt und später - nach dem letzten Kriege - dem hessischen Strafvollzug von der Aufsichtsbehörde her ein modernes Gesicht gegeben. In seinem Geschäftsbereich war Max Busch, dessen Gedenken diese Schrift gewidmet ist, als Leiter der Vollzugsanstalt Dieburg und dann sozusagen als Gründer und erster Leiter der Jugendstrafanstalt Wiesbaden tätig. Ein Psychologe, H. D. Stark[9], war Anstaltsleiter in Hamburg-Fuhlsbüttel und hat als erster in einer großen geschlossenen Anstalt für Gefangene mit langen Strafen ein liberales Regime eingeführt. Alle diese Nicht-Juristen haben dauerhafte Spuren in der Literatur zum Strafvollzug hinterlassen.

1.3 Monopolanspruch ohne Sachlegitimation

Ohne Mühe lassen sich freilich auch Juristen aufzählen, die die Reform des Strafvollzugs gefördert haben. Doch ist nicht zu verkennen, daß die Ausbildung und berufliche Sozialisation der Juristen Eigenschaften herausbildet, die der Bereitschaft zur Veränderung hochkomplexer Organisationen wie einer Vollzugsanstalt nicht förderlich sind. Juristen fällt es oft schwer, zu akzeptieren, daß Sollen und Sein selten deckungsgleich sind.

Ein "besonderes Vorkommnis" ist für sie ein beunruhigender, oft beängstigender Störfall, die Chancen, aus einem solchen Ereignis zu lernen und Neuerungen zu schaffen, erkennen sie nicht. Aus der Sicht der Fachdienste unterwerfen sie sich zu schnell und zu bereitwillig dem Druck der Medien, der Politiker und der Aufsichtsbehörden, wenn diese die Forderung stellen, daß im Vollzug "nichts passieren dürfe". Die Juristen mühen sich auch zu oft - aus Furcht vor Berufungsfällen - um eine grundsätzliche Regelung, wenn es einfacher ist, den Einzelfall zu lösen. Zwischen dem Anspruch des Juristenmonopols auf die Führungsrolle im Strafvollzug und der Sachlegitimation besteht ein Widerspruch, der von den Angehörigen der Fachdienste deutlich und oft schmerzhaft erlebt wird[10].

1.4 Fachaufsicht einst - ohne grundsätzliche Schwierigkeiten

Das Thema Fachaufsicht im Strafvollzug ist jedoch nicht neu. Seit mehr als 150 Jahren gibt es Seelsorger, Ärzte und Lehrer im Gefängnis, doch war die Fachaufsicht im Strafvollzug kein umstrittenes Thema. Das ist überraschend, weil die Frage der Schulaufsicht außerhalb des Vollzuges im vergangenen Jahrhundert leidenschaftlich diskutiert wurde. Für den Anstaltsleiter war es offenbar unproblematisch, dem Anstaltspfarrer und dem Anstaltsarzt gegenüber seine Inkompetenz für theologisch-seelsorgerliche und medizinisch-ärztliche Fragen einzuräumen. Der Anstaltslehrer aber wurde seiner damals untergeordneten sozialen Stellung wegen meist nicht zu den "Honoratioren" der Anstalt gerechnet; er hatte sich einzufügen. Es gab Spannungen und Zerwürfnisse zwischen einzelnen Anstaltsleitern und "ihren" Pfarrern und Ärzten, das Problem der Fachaufsicht aber gab es nicht. Die Pfarrer beteiligten sich damals unbefangen an dem Entwurf von Stellungnahmen in Gnadensachen; sie kamen wahrscheinlich gar nicht auf die Idee, daß hier ihr seelsorgerliches

Berufsgeheimnis berührt werden könne. Ebenso selbstverständlich legten die Anstaltsärzte ihre Krankenblätter dem Anstaltsleiter zur Einsicht vor. Das mag heute unverständlich erscheinen. Die Auswirkungen dieser Praxis waren erträglich, weil auch die Gefangenen davon ausgingen, daß der Anstaltsleiter und seine leitenden Mitarbeiter im dienstlichen Bereich grundsätzlich keine Geheimnisse voreinander hatten. Das schloß im Einzelfall andererseits nicht aus, daß jeder von ihnen - besonders natürlich die Seelsorger - Dinge, die ihnen von den Gefangenen vertraulich mitgeteilt worden waren, für sich behielten.

2. Fachaufsicht - ein Eingriff in die Berufsausübung?

Diese Lage änderte sich grundlegend, als beginnend in den späten 60-er Jahren in den Vollzugsanstalten zahlreiche Psychologen, Sozialarbeiter und Lehrer eingestellt wurden[11]. Jetzt saßen dem Anstaltsleiter in der Konferenz mehrere Gruppen von Mitarbeitern mit akademischer Ausbildung gegenüber. Zugleich beanspruchten die Psychologen und Sozialarbeiter und ebenso die seltenen psychiatrisch oder psychosomatisch orientierten Ärzte kraft ihrer Ausbildung eine überlegene Kompetenz auf den Gebieten, die der Anstaltsleiter bisher als sein ureigenes Feld betrachtet hatte, auf dem Gebiet der Menschenkenntnis, der Menschenführung und der Organisation.

Eine vollzugsspezifische Ausbildung hatten die Mitarbeiter dagegen nicht. Vielfach fanden sie im Vollzug ihre erste Anstellung und machten hier die ersten Versuche, das im Studium Gelernte in der Praxis anzuwenden. Die Anstaltsleiter fühlten sich in dieser Lage nicht selten bedroht und verteidigten ihre rechtlich nie angefochtene Leiterfunktion mit manchmal unsachgemäßen Mitteln, stets aber mit dem Hinweis auf ihre überlegene, jedoch innerhalb der herkömmlichen Anstaltsstrukturen gewonnenen Erfahrungen. Die Reaktionen der anderen Seite, die sich in dem für sie neuen und fremden Umfeld ebenfalls unsicher fühlten, waren oft unprofessionell und emotional. In den Anstalten war ein neues Konfliktfeld, ein Störfeld, entstanden.

2.1 Das unterschiedliche Verständnis von Aufsicht bei Juristen und Fachdiensten

Die Grundüberzeugung der Juristen und Verwaltungsfachleute ist, daß eine in herkömmlichen Sinne ordentlich organisierte Behörde mit durchschnittlich leistungsfähigen Mitarbeitern einen geordneten Geschäftsgang garantiert. Aufsicht besteht darin, die Geschäftsabläufe zu überwachen und die Arbeitsleistung einzufordern. Im Einzelfall geht es um die Feststellung und Bewertung von Konfliktfällen, jeweils in der Vergangenheit abgeschlossener Sachverhalte. Am Ende einer solchen aufsichtlichen Überprüfung wünscht sich der Verwaltungsbeamte die Feststellung, daß "kein Anlaß zu Maßnahmen" besteht. Den Angehörigen der Fachdienste ist eine Aufsicht dieser Art unbehaglich; sie fürchten Eingriffe in ihr Arbeitsfeld. Das gilt selbst dann, wenn eine solche Art von Aufsicht von Fachkollegen ausgeübt wird. Stattdessen wünschen sie sich Beratung und Unterstützung in der aktuellen Situation: Hilfe bei der Problemlösung nicht Besserwisserei ex post. An der Stelle eines Vorgesetzten möchten sie sich einen fachlich besonders qualifizierten und vor allem vertrauenswürdigen Gleichgestellten erwählen. Diese Bedingungen erfüllt die fachliche Supervision. Die Forderung nach Supervision hat in der Diskussion um die Fachaufsicht deshalb auch breiten Raum eingenommen[12].

2.2 Eigenverantwortliche Tätigkeit für Psychologen?

Die Psychologen trugen ihren Standpunkt, daß ihre Arbeit nicht der in der Verwaltung üblichen Aufsicht unterliegen dürfe, mit großer Überzeugungskraft vor. Deshalb wurde zum Beispiel in Nordrhein-Westfalen in den 70-er Jahren die Frage diskutiert, ob den Psychologen im Strafvollzug ein weisungsfreier Raum eigenverantwortlicher Tätigkeit zugestanden werden müsse.

Dem standen jedoch verfassungsrechtliche Bedenken entgegen. In der parlamentarischen Demokratie ist der Minister für alles, was in seinem Ressort geschieht, dem Parlament verantwortlich[13]. Weisungsfreie Bereiche gibt es nur ausnahmsweise, wenn der Beamte "nach besonderer gesetzlicher Vorschrift an Weisungen nicht gebunden und nur dem Gesetz unterworfen ist"[14].

Das Feld der Psychotherapie bietet sich als Beispiel an. Hier ist die aufsichtliche Kontrolle etwa auf die Fragen zu beschränken, ob der Therapeut eine Ausbildung in einer anerkannten therapeutischen Methode ordnungsgemäß abgeschlossen hat und ob der Patient und seine Störung als behandlungsfähig einzuschätzen sind. Es wäre sinnlos, den Therapieverlauf überwachen zu wollen. Sollte aber der Gefangene während der therapeutischen Behandlung eine schwere Straftat, Selbstbeschädigung oder Selbstmord begehen, so muß - eine gesetzliche Ausnahmeregelung gibt es nicht - die Fachaufsicht den Psychologen fragen, ob dies Verhalten nicht vorauszusehen und zu verhindern gewesen wäre. Das Beispiel zeigt zugleich, daß sich die Situation des Psychotherapeuten von der anderer Fachdienste nicht grundsätzlich unterscheidet.

Auch im ärztlichen Bereich und im Bereich der Sozialarbeit stehen oft unterschiedliche Behandlungsmethoden zur Verfügung, bei denen die Auswahl dem Behandler überlassen bleiben muß. Auf dem Gebiete des Verwaltungsrechts kennen wir den Ermessensspielraum und den Beurteilungsspielraum, zum Beispiel bei der disziplinaren Reaktion auf Pflichtverstöße der Beamten oder der Gefangenen, so daß selbst hier die Lage ähnlich ist.

3. Die rechtliche Ausgestaltung der Fachaufsicht im Strafvollzug

Unbestritten sollte die selbstverständliche Forderung sein, daß der Aufsichtführende entweder die erforderliche fachliche Kompetenz selbst besitzen oder sich fachlich beraten lassen muß. Eine allgemeine Rechtsnorm dieses Inhalts gibt es jedoch nicht[15]. Das Strafvollzugsgesetz hat die Aussage jedoch in § 151 Abs. 2 klar herausgestellt:

> "An der Aufsicht über das Arbeitswesen sowie über die Sozialarbeit, die Weiterbildung, die Gesundheitsfürsorge und die sonstige fachlich begründete Behandlung der Gefangenen sind eigene Fachkräfte zu be-

teiligen; soweit die Aufsichtsbehörde nicht über eigene Fachkräfte verfügt, ist fachliche Beratung sicherzustellen."

Im engen Zusammenhang dazu steht Nr. 2 Abs. 3 der Verwaltungsvorschriften (VV) zu § 156 StVollzG. Dort heißt es:

> "Der Anstaltsleiter kann in fachlichen Angelegenheiten der Seelsorger, Ärzte, Pädagogen, Psychologen und Sozialarbeiter, die sich seiner Beurteilung entziehen, Auskunft verlangen und Anregungen geben."

Bemerkenswert ist hier die positive, die Empfindlichkeiten der Juristen schonende Formulierung. Inhaltlich stellt die Vorschrift negativ fest, daß der Anstaltsleiter in den genannten Angelegenheiten Weisungen nicht erteilen darf. Lediglich ein Recht zur Krisenintervention gesteht ihm der folgende Absatz der Verwaltungsvorschrift zu, wenn "nach seiner Überzeugung die Sicherheit der Anstalt, die Ordnung der Verwaltung oder die zweckmäßige Behandlung der Gefangenen" durch Maßnahmen der Fachkräfte gefährdet wird und "eine Aussprache zwischen den Beteiligten zu keiner Einigung führt". Diese Regelung erscheint hinreichend klar und für den Anstaltsleiter und die Fachdienste der Anstalt fair. Praktische Anwendungsfälle sind mir freilich bis heute nicht bekannt geworden. Meinungsverschiedenheiten zwischen Anstaltsleiter und Fachdiensten, die sich ausschließlich auf Fachfragen beziehen, kommen offenbar nicht vor. Die gutgemeinte Konfliktregelung läuft deshalb leer. Es bereitet Schwierigkeiten, ein Lehrbuch-Beispiel zu erfinden:

> Der Anstaltspsychologe P ist zu dem Ergebnis gekommen, daß der bärenstarke und hochaggressive Gefangene G zum Zwecke seiner Behandlung an einem Antiaggressivitätstraining teilnehmen soll. Vor der ersten Sitzung erfährt der Anstaltsleiter von diesem Vorhaben. Er fürchtet, daß G im Falle seiner Teilnahme außer Kontrolle gerät und Personal und Mitgefangene gefährdet. Daraufhin macht er von seinem Recht zur Intervention nach Nr. 2 Abs. 3 VV zu § 156 StVollzG Gebrauch und verbietet - bis zur Entscheidung der Aufsichtsbehörde - die Einbeziehung des G in diese Gruppe.

Das Beispiel ist jedoch realitätsfern. Bei sachgemäßer Arbeit hätte Psychologe P seinen Behandlungsvorschlag in der Konferenz (§ 159 StVollzG) zur Aufstellung des Vollzugsplanes (§ 7 StVollzG) vortragen müssen. Wenn sein Vorschlag dann nicht angenommen worden wäre, hätte er die Fachaufsicht anrufen können. Für die Krisenintervention des Anstaltsleiters wäre kein Anlaß gewesen. Hätte P den G aber unter Umgehung der Konferenz in seine Gruppe aufgenommen, so wäre das ein Verstoß gegen grundlegende Regeln der Zusammenarbeit in der Anstalt und der Leiter hätte dienstrechtlich vorgehen können[16].

3.1 Die Einschränkung der Gesamtverantwortung des Anstaltsleiters für bestimmte Aufgabenbereiche

Angehörige der Fachdienste, aber auch andere Mitarbeiter des Vollzuges, hatten nach dem Erlaß des Strafvollzugsgesetzes im Jahre 1976 ihre Hoffnungen auf § 156 Abs. 2 S. 2 StVollzG gesetzt, nach dem "bestimmte Aufgabenbereiche der Verantwortung anderer Vollzugsbediensteter oder ihrer gemeinsamen Verantwortung übertragen" und der Verantwortung des Anstaltsleiters damit entzogen werden können. Die Vorschrift hat jedoch keine praktische Bedeutung erlangt, wohl weil sich die Aufsichtsbehörden und die Anstaltsleiter scheuen, die Leitungsfunktion des Anstaltsleiters einzuschränken.

Doch kann die Vorschrift, wenn sie tatsächlich angewendet wird, die Hoffnung auf einen aufsichtsfreien Raum fachlicher Arbeit im Vollzuge nicht erfüllen; denn auch sie kann an dem Verfassungsgrundsatz der Ministerverantwortlichkeit nichts ändern. Wird also die Verantwortung des Anstaltsleiters im Sinne der genannten Vorschrift eingeschränkt, so ist für diesen Bereich die Aufsichtsbehörde zuständig. Eine solche Regelung ist für das Justizvollzugskrankenhaus Fröndenberg für den Ärztlichen Direktor und seinen Aufgabenbereich getroffen worden[17].

Danach ist die genannte Vorschrift kein geeignetes Instrument, um Entscheidungsmöglichkeiten an die Basis zu verlagern. Es wäre sehr unpraktisch, wenn die Entscheidungen eines Wohngruppenteams der Aufsicht des Anstaltsleiters entzogen, dafür aber der unmittelbaren Aufsicht der höheren Vollzugsbehörde unterstellt wären. In diesen Fällen können Lösungen nur in der vom Alternativkommentar beschriebenen Weise gefunden werden, daß der Anstaltsleiter sich die Entscheidungen der von ihm beauftragten Gremien oder Mitarbeiter zu eigen macht und dafür die Verantwortung trägt, auch wenn er sie nicht beeinflußen konnte oder wollte[18].

4. Praktische Beispiele für Konflikte zwischen Anstaltsleiter und Fachdiensten

Andererseits weiß jeder, der den Strafvollzug kennt, daß es eine Fülle von Möglichkeiten für Meinungsverschiedenheiten und Konflikten in der Vollzugsarbeit gibt. Besonders häufig treten sie an der Nahtstelle der Zusammenarbeit der verschiedenen Dienste auf. Die nachstehende Aufzählung beschränkt sich auf eine Auswahl häufig vorkommender Beispiele:

Ärztlicher Bereich:

- Organisation der Arztsprechstunde im Rahmen des allgemeinen Dienstablaufs
- Aufwand für Arzneimittel
- Feststellung der Arbeitsunfähigkeit von Gefangenen im Falle von Krankheit
- Häufigkeit der Vorführung zum Facharzt
- Medizinalisierung von Vollzugsfragen wie die Ausgabe eigener Unterwäsche sowie zusätzlicher Decken und Kissen u.ä.

Bereich der Psychologen und Sozialarbeiter:

- Geschäftsverteilung, Umfang der gutachterlichen Tätigkeit zur Absicherung vollzuglicher Entscheidungen und andererseits der Tätigkeit auf dem Gebiet der Beratung und Behandlung;
- Keine Information, wenn ein vom Psychologen oder Sozialar-

beiter betreuter Gefangener in den besonders gesicherten Haftraum oder in eine andere Anstalt verlegt wird;
- Anstaltsleiter ordnet die vom Psychologen empfohlenen Vollzugslockerungen nicht an, folgt also nicht dem fachlichen Votum;
- Besonders umstritten ist die nachträgliche Überprüfung des psychologischen Gutachtens nach schweren Lockerungsverstössen.

Bereich der Lehrer:

- Geschäftsverteilung: Umfang des Schulunterrichts und der anderen oft unterrichtsfernen Aufgaben der Lehrer;
- Auswahl der Vollzeitschüler.

Konflikte mit den Anstaltsseelsorgern kommen ebenfalls vor. Typisch sind Schwierigkeiten, die Gottesdienstzeiten und die Zeiten für die Seelsorge in Einzelgesprächen oder in Gruppen in den Tageslauf der Anstalt einzubauen. Es ereignen sich aber auch Krisen, die den Kern der Arbeit des Pfarrers im Gefängnis berühren[19]. Übereinstimmend klagen die Angehörigen der Fachdienste oftmals darüber, daß sie vor wichtigen organisatorischen Veränderungen in der Anstalt nicht gehört worden sind, und daß die Frage der Verwendung von Haushaltsmitteln über die Beschaffung von Fachliteratur und technischem Gerät mit ihnen nicht abgestimmt wurde.

4.1 Konflikte infolge gestörter Kommunikation

Alle diese Konflikte treten im Bereich der Geschäftsverteilung, der Organisation und der Zusammenarbeit im allgemeinen auf. Meist betreffen die Klagen nicht scharf konturierte Einzelfälle, sondern die Art des Umgangs miteinander.

Oft handelt es sich um eine die Interessen der Fachdienste vernachläßigende Verwaltungspraxis aus einer Zeit, als in der Anstalt nur einzelne Angehörige der Fachdienste tätig waren. Dementsprechend entziehen sich die Konflikte einer offenen Erörterung und Auflösung. Sie schwelen im Hintergrund und Untergrund und sind dabei ständig Gegenstand von Gesprächen in Cliquen von Gleichgesinnten. Die Folge ist ein Verbrauch von Zeit und ein Verschleiß von Energien, die dann für die Arbeit nicht zur Verfügung stehen. Es leidet die Motivation der Mitarbeiter. Die leistungsfähigeren und beweglicheren scheiden aus dem Vollzugsdienst aus. Die verbleibenden Mitarbeiter richten sich ein und finden sich mit der unbefriedigenden Arbeitssituation ab. Im ungünstigsten Fall kommt es zur "Inneren Kündigung": Der Mitarbeiter beschränkt seine Tätigkeit auf das unbedingt Notwendige und sucht außerhalb seines Arbeitsfeldes einen Ausgleich für die ausbleibende Arbeitszufriedenheit.

4.2 Aufgabe der Fachaufsicht, die Grundlage für Gespräche zwischen Fachdiensten und Anstaltsleiter zu schaffen

Ein Hinweis auf die Vorschrift von § 154 Abs.1 StVollzG, nach der "alle im Vollzug Tätigen zusammenarbeiten" müssen, trifft zwar den Kern der Problematik, hilft aber nicht weiter. Das Gespräch unter den Beteiligten ist gestört. Die Ursache ist regelmäßig die unterschiedliche Denkweise und die voneinander abweichenden Vorstellungen von der Problemlösung bei den Angehörigen der Fachdienste einerseits und den Juristen und Verwaltungsbeamten andererseits. Hier muß die Fachaufsicht tätig werden, weniger um zu ergründen, was in der Vergangenheit falsch gemacht wurde, als um die Voraussetzungen für eine künftige bessere Zusammenarbeit zu schaffen.

Diese Arbeit ist schriftlich nicht zu bewältigen. Ich erinnere mich an eine Reihe von Eingaben aus dem Bereich der Fachdienste, die - da sie nun einmal bei den Akten waren - irgendwie abgeschlossen werden mußten. Zusammen mit Stellungnahmen und Gegenstellungnahmen entstand jeweils ein ansehnlicher Vorgang. Keiner der Betroffenen war aber schließlich mit dem Ergebnis der Bearbeitung zufrieden.

Eine sachgemäße Lösung kann nur durch Gespräche in der Anstalt unter Einbeziehung aller von dem Konflikt Betroffenen gefunden werden. An diesen Gesprächen müssen sich die Fachkräfte der Aufsichtsbehörde beteiligen. Wenn eine Aufsichtsbehörde allerdings auf fachliche Beratung von außen angewiesen ist, so läßt sich die Beteiligung am Gespräch schwer sicherstellen. Das allein ist Grund genug, bei der Aufsichtsbehörde Fachdezernate oder Fachreferate einzurichten. Auch hier gilt der einfache Grundsatz, daß Vorbeugen besser als Heilen ist. Die Gespräche der Fachkräfte der Aufsichtsbehörde müssen bereits beim Aufbau des Teams der Fachdienste und der Erarbeitung der Organisationsstrukturen geführt werden. Danach ist es Aufgabe der Fachaufsicht, die Entwicklung der Zusammenarbeit in der Anstalt zu beobachten und zu begleiten. Kommt es zu Unstimmigkeiten, muß die Fachaufsicht eingreifen.

4.3 Nachkontrolle fehlgeschlagener Lockerungsmaßnahmen

Ein besonders sensibler Punkt ist die nachträgliche Überprüfung fehlgeschlagener Lockerungsmaßnahmen[20]: Ein als gefährlich eingeschätzter Gefangener ist vom Urlaub nicht zurückgekommen, oder es hat ein Gefangener während einer Lockerungsmaßnahme eine neue Straftat begangen. Bei der nachträglichen Betrachtung gewinnen Einzelheiten der Anamnese, ob sie nun in der Beratung vor der Lockerungsmaßnahme erörtert oder erst bei der Nachprüfung in den Akten gefunden wurden, eine oft nicht vorauszusehende Bedeutung[21].

Der Streit entzündet sich an der Frage, wo die Grenzen der Nachforschungen in der Lebensgeschichte des Insassen zu ziehen und wieweit die prognostischen Erwägungen auszudehnen sind. Theoretisch sind die Grenzen nicht zu bestimmen.

Es ist auch nicht angemessen, die kritische Betrachtung auf die einzelne Lockerungsentscheidung zu beschränken. Wie Plewig/v.d.Boogart[22] gezeigt haben, kommt es darauf an, die Vollzugsplanung von Anfang an richtig auf das Ziel der Entlassung und der Wiedereingliederung in das freie Leben zu organisieren. In dieser Gesamtplanung haben die vollzuglichen Lockerungen einen wichtigen Platz. In Zusammenarbeit aller an der Entscheidung der Anstalt Beteiligten ist ein Konsens zu suchen, wieweit die Nachforschungen im Regelfall auszudehnen sind. Im Einzelfall, das muß jeweils in der Anstaltskonferenz geklärt werden, können dann weitere Untersuchungen beschlossen oder geringere Anforderungen festgelegt werden. Ein naheliegender Vergleich ist die Überprüfung ärztlichen Handelns, wenn ein Patient an einem unerkannten Leiden verstorben ist.

Auch da muß nach einer Grenze gesucht werden, wieweit die diagnostischen Bemühungen des Arztes zu gehen hatten und was außerhalb vernünftiger Erwartung lag. Dieser grundsätzliche Konsens kann auch interdisziplinär erreicht werden, braucht also nicht ein latenter Streitpunkt zwischen Fachdiensten und Verwaltungsbeamten zu sein. Doch müssen die Grenzen diagnostischer Möglichkeiten offen diskutiert werden.

4.4 Beschwerden und Vorwürfe die ärztliche Behandlung der Gefangenen betreffend

Im medizinisch-ärztlichen Bereich werden den Aufsichtsbehörden oft Beschwerden von Gefangenen über Mängel der diagnostischen Untersuchung und der Behandlung vorgetragen. Diese Einzelfälle müssen schon deshalb retrospektiv gewissenhaft aufgeklärt werden, weil sie oft von Strafanzeigen - wegen unterlassener Hilfeleistung (§ 323c StGB), fahrlässiger Körperverletzung (§ 230 StGB) und fahrlässiger Tötung (§ 222 StGB) - und Schadensersatzansprüchen wegen Amtspflichtverletzung nach § 839 BGB begleitet sind oder solche Verfahren im Gefolge haben.

Sachlich geht es darum, ob die ärztliche Hilfe rechtzeitig zur Stelle war und ob der Arzt die richtige Behandlung angeordnet hat. Die hier entstehenden Streitigkeiten verursachen - ebenso wie außerhalb des Vollzuges - langwierige Verfahren und erfordern oft umfangreiche gutachterliche Äußerungen.

Die Verfahren belasten die Anstaltsärzte in emotionaler Hinsicht ganz außerordentlich, weil sie den Vorwurf zum Gegenstand haben, einem Patienten vermeidbare Leiden und gesundheitliche Schädigungen zugefügt zu haben.

In der Anstalt werden solche Vorfälle unter den Gefangenen und unter dem Personal ausgiebig diskutiert, was die Belastungssituation des Arztes verschärft. Aufgabe des Arztes bei der Aufsichtsbehörde ist es, vorbeugend tätig zu sein und die Anstaltsärzte zu beraten, wie sie derartige Fälle vermeiden können. Organisatorische Regelungen können helfen, die Wahrscheinlichkeit derartiger Konflikte zu vermindern. Ist es zu einem Streitfall gekommen, muß die Fachaufsicht auf eine schnelle Klärung und auf eine Sicherung der Beweise dringen. Bei diesem aufsichtlichen Handeln darf die emotionale Seite nicht vernachläßigt werden. Der aufsichtlich tätige Arzt muß seinem Kollegen helfen, mit den oft sehr verletzend vorgetragenen Vorwürfen innerlich fertig zu werden.

5. Die Organisation der Fachaufsicht in Nordrhein-Westfalen

5.1 Die Justizvollzugsämter als Mittelbehörden

Träger der Fachaufsicht sind in Nordrhein-Westfalen die beiden Justizvollzugsämter, also die Mittelbehörden im Strafvollzug[23]. Dort sind Fachdezernenten für den ärztlichen Bereich, für die Psychologie, die Sozialarbeit und die Pädagogik beschäftigt. Ein Ingenieur ist für das Arbeitsbetriebswesen zuständig. Die Fachdezernenten vertreten das Vollzugsamt auch nach außen und zeichnen ihre Verfügungen im gleichen Umfang wie die juristischen Mitarbeiter. Sie müssen konsequent an der Behandlung aller fachlich einschlägigen Probleme beteiligt werden. Dieser Grundsatz ist allgemein anerkannt. Verstöße kommen natürlich vor, so wie sie auch sonst vorkommen, wenn mehrere Dezernate zusammenarbeiten. Zur Besichtigung einer Vollzugsanstalt gehört das ausführliche Gespräch des Fachdezernenten mit seinen in der Anstalt tätigen Kollegen.

Bei größeren Schwierigkeiten beteiligt sich der juristische Dezernent, der für die Anstalt allgemein zuständig ist oder der Präsident an diesen

Fachkonferenzen. Zu den Zielen einer Anstaltsbesichtigung gehört es, Störungen der Zusammenarbeit in der Anstalt aufzuspüren und aufzulösen, und die organisatorischen Voraussetzungen für eine effektive Arbeit der Fachdienste zu schaffen.

5.2 Das Justizministerium als oberste Aufsichtsbehörde

Im Justizministerium des Landes Nordrhein-Westfalen gibt es nur einen Fachreferenten, einen Arzt, der für den ärztlich-medizinischen Bereich zuständig ist. Für die übrigen Fachbereiche werden die Justizvollzugsämter als Berater tätig, soweit das Ministerium nicht im Einzelfall außerhalb der Justizverwaltung Beratung sucht. Es fehlt also die ständige Präsenz der anderen Fachdienste im Ministerium. Die Folge kann sein, daß fachliche Aspekte entweder zu spät oder - in Eilfällen - gar nicht berücksichtigt werden. Immerhin hat sich die Organisation im großen und ganzen bewährt.

5.3 Die Doppelspitze der Sozialtherapeutischen Anstalten

Für die Sozialtherapeutischen Anstalten in Düren und in Gelsenkirchen ist jeweils ein Anstaltsleiter und ein Therapeutischer Leiter bestellt. Der therapeutische Leiter ist Vorgesetzter des therapeutischen Teams und Vorsitzender der Behandlungskonferenz, in der der Anstaltsleiter Sitz und Stimme hat, aber, da diese Konferenz mehrheitlich entscheidet, überstimmt werden kann. Der Anstaltsleiter ist - wie in anderen Anstalten auch - Dienstvorgesetzter des Anstaltspersonals und Vorsitzender der Personalkonferenz, eines Beratungsgremiums, das er hören, dessen Beschlüssen er aber nicht zu folgen braucht.

Da alle Maßnahmen mit Außenwirkung, insbesondere wenn sie Vollzugslockerungen und die Stellungnahme zu Anträgen auf vorzeitige Entlassung betreffen, vom Anstaltsleiter verfügt werden, ist seine Vormachtstellung formal ungebrochen. Doch zwingt die Verfassung der sozialtherapeutischen Anstalten zur Kooperation, weil die an den Entscheidungsprozessen Beteiligten sich gegenseitig blockieren können. In der Praxis gelingt es, die erforderliche Zusammenarbeit sicherzustellen[24].

5.4 Die Situation der Fachdienste in Nordrhein-Westfalen im allgemeinen

Auch wenn in Nordrhein-Westfalen Angehörige der Fachdienste an der Fachaufsicht beteiligt sind, so ist dies Land für sie nicht die "Insel der Seligen". Die letztlich wichtigen Entscheidungen liegen hier wie in den anderen Bundesländern in den Händen der Juristen. Insbesondere können die in vielen Anstalten unzulänglichen Arbeitsbedingungen durch die Fachaufsicht nicht ausgeglichen werden. Überbelegung und Personalmangel wirken sich belastend aus. Es gibt auch hier Anstaltsleiter, die an der Arbeit ihrer Fachdienste weniger interessiert sind. Schließlich sind gerade die Angehörigen der Fachdienste von dem unspezifischen Leiden am Vollzug betroffen, das aber jeden halbwegs sensiblen Mitarbeiter im Vollzug - manchmal stärker manchmal weniger stark - belastet. Ebenso wie in den anderen Bundesländern gibt es deshalb auch bei uns Fachdienstangehörige, die mit ihrer Arbeitssituation unzufrieden und deshalb demotiviert sind.

6. Hilfeleistung bei persönlichen Problemen als Aufgabe der Fachaufsicht

Dieses "Leiden am Vollzug" scheint mir folgende Ursachen zu haben: Kaum jemand wird als Mitarbeiter in den Vollzug eintreten, um seinen Mitmenschen, den Insassen, Schmerz zuzufügen. Andererseits ist jeder, der im Gefängnis tätig ist, zugleich auch "Schließer" und damit an der institutionellen Schmerzzufügung beteiligt. Dem Anstaltsleiter und dem Allgemeinen Vollzugsdienst, allen Mitarbeitern, die für die sichere Verwahrung zuständig sind, kann diese Erkenntnis nicht verborgen bleiben. Vom ersten Tage ihrer Tätigkeit an sind sie gezwungen, sich mit dieser Realität auseinanderzusetzen. Trotzdem werden sie eine Rechnung aufmachen, nach der am Ende etwas Positives und nicht nur bloße

Schmerzzufügung herauskommt. Die Angehörigen der Fachdienste stehen demgegenüber in der Gefahr, sich in der Illusion zu wiegen, sie täten den Gefangenen nur Gutes und milderten die Leiden der Gefangenschaft. Die Gefangenen selbst sehen das klarer, wenn sie an die Tatsache erinnern, daß "alle im Vollzug Tätigen" in dieser Arbeit ihre finanzielle Existenzgrundlage finden. Außerdem wirkt die Mitarbeit der Fachdienste bekanntlich in hohem Maße system-stabilisierend.

Es ist wichtig, daß jeder Mitarbeiter im Gefängnis diese grundlegende Tatsache erkennt und sich damit auseinandersetzt. Dazu gehört das unmittelbare Erlebnis des Schließens. Als Anstaltsleiter habe ich darauf geachtet, daß die Angehörigen der Fachdienste sich die Insassen zu ihren Gesprächen und Gruppenveranstaltungen selbst von der Zelle holten und auch dorthin zurückbrachten. In der sozialtherapeutischen Anstalt Gelsenkirchen beteiligen sich die Fachdienste regelmäßig am Spätdienst, so daß jeder - wenn er zu diesem Dienst eingeteilt ist - eine Abteilung "unter Verschluß" bringen muß. Mit dem Bewußtsein bei aller fachlichen Orientierung der Arbeit zugleich auch "Schließer" zu sein, muß sich jeder Angehörige eines Fachdienstes auseinandersetzen. Die Illusion, mit der dunklen Seite des Gefängnisses nichts zu tun zu haben, führt zu einer im Unbewußten wirkenden Verunsicherung. Es ist eine Aufgabe der Fachaufsicht, den jungen Kollegen bei der Bewältigung dieser Schwierigkeit zu helfen.

6.1 Intervention bei Überlastungserscheinungen

In Einzelfällen kommt es bei Mitarbeitern des Vollzuges nach längeren Jahren der Zusammenarbeit zu persönlichen Schwierigkeiten, die mit der Arbeitssituation zusammenhängen. Die Anstaltsleiter haben früh die Chance erkannt, die für sie in der Beschäftigung von Fachdiensten besteht. Ärzte, Psychologen und Sozialarbeiter, und natürlich in entsprechenden Fällen auch die Seelsorger, helfen den in Bedrängnis geratenen Kollegen. Diese Hilfen lassen sich oftmals dann nicht nutzen, wenn der betroffene Mitarbeiter selbst ein Angehöriger der Fachdienste ist. Die Fachkollegen sind dem Betroffenen meist zu nahe, oft leiden sie selbst unter seinen Schwierigkeiten, wenn diese - wie es die Regel ist - die fachliche Qualität der Arbeit oder seine Leistungsfähigkeit beeinträchtigen. Aufgabe der Fachaufsicht ist es, diese Fälle aufzugreifen und nach Lösungen zu suchen. Dabei hat es sich bewährt, Mitarbeiter an einen Arbeitsplatz in einer anderen Anstalt vorübergehend abzuordnen oder auf Dauer zu versetzen.

6.2 Der Umgang mit Fehlern und die Notwendigkeit von Supervision

Im Gefängnis darf nichts passieren und bei Lockerungen des Vollzuges außerhalb der Anstalt schon gar nichts! Das fordern die 'Medien' und unter ihrem Druck die Politiker, ein Druck, der über die Aufsichtsbehörden des Vollzuges die Anstalten und deren Mitarbeiter erreicht. Aber auch dort, wo die Tätigkeit des Vollzuges der Aufmerksamkeit und der Kontrolle der Öffentlichkeit eher entzogen ist, tut er sich - wie andere Behörden übrigens auch - schwer, mit Fehlleistungen in der rechten Weise umzugehen. Aus der Diskussion über "renitente Vollzugsbehörden"[25], die gerichtliche Entscheidungen nur zögernd und erkennbar widerwillig ausführten, läßt sich soviel entnehmen, daß die Anstalten manchmal schlechte Verlierer sind. Das mag zum Teil auf dem engen Zusammenleben von Personal und Insassen in der Anstalt beruhen. Sieg und Niederlage bei der Verfolgung und Unterstützung eines Antrags, bei einer streitigen Anstaltskonferenz, in den Verfahren bei der Aufsichtsbehörde und bei den Gerichten werden äußerst intensiv erlebt. Personal und Gefangene diskutieren diese Dinge lebhaft. Emotionale Beteiligung ist nicht unbedingt ein schlechtes Zeichen. Ohne Engagement läßt sich im Vollzug nichts bewegen.

Der Anstaltsleiter und jeder Mitarbeiter müssen sich jedoch auch wieder zurücknehmen und die Sache aus der Distanz betrachten können. Sie alle müssen die Erlebnisse auf ihrem Arbeitsfeld professionell und sachgemäß verarbeiten und wieder offen sein für eine unbefangene Kommunikation mit den Mitarbeitern und den Insassen. Statt sich in ein Problem und in eine mögliche Lösung zu verbeißen, ist es sinnvoller nach neuen Lösungsmöglichkeiten suchen. Die Betrachtungsweise der Juristen hat dazu geführt, daß es in den Vollzugsanstalten äußerst schwierig ist über Fehler bei der täglichen Arbeit zu sprechen. Selbstkritik löst Erstaunen aus und läßt die Mitarbeiter auf Schwäche schließen. Vorsichtige Fragen, die den Gesprächspartner einen entfernten Vorwurf erahnen lassen, bringen ihn sofort in Verteidigungsstellung. Die Feststellung des Sachverhalts ist sehr erschwert, weil bei den Befragungen aus der Sorge, sich selbst oder andere zu belasten, "gemauert" wird.

Die Fachdienste in der Anstalt sollten sich bemühen, das Gespräch zu versachlichen. Das ist für sie freilich nicht einfach und sie können dadurch neue Konflikte heraufbeschwören. Sie geraten unter Umständen in Verdacht, die Anstalt und ihre "Kollegen" zu verraten und die Sache der anderen Seite - seien es die Insassen oder die Öffentlichkeit - zu vertreten. Die Fachaufsicht muß in diesen Fällen Hilfen anbieten, indem sie in der Aufsichtsbehörde daraufhinwirkt, daß auf Fehler nicht nur mit Kritik oder mit Vorwürfen reagiert wird, sondern daß Lernprozesse in Gang gesetzt werden. Notwendig ist es deshalb, allen im Vollzug Tätigen - nicht nur den Fachdiensten - sondern auch den leitenden Beamten, den Mitarbeitern der Verwaltung und dem Allgemeinen Vollzugsdienst Supervision anzubieten[26]. Für diese Forderung, zumal sie hohe Kosten verursacht, haben die Träger der Aufsicht oft nicht das rechte Verständnis. Sie vertreten den Standpunkt, daß eine abgeschlossene Ausbildung die Garantie für eine erfolgreiche Arbeit auf Lebenszeit sein müsse. Aufgabe der Fachkräfte in den Aufsichtsbehörden ist es, ihre fachliche Meinung zu diesem Thema zur Geltung zu bringen.

7. Fachaufsicht als Beitrag zur interdisziplinären Zusammenarbeit

Die Fachaufsicht über die Fachdienste und über die Vollzugsarbeit im allgemeinen kann nicht nach Art einer Kassenprüfung oder einer stichprobenweise durchgeführten Kontrolle der Akten der Vollzugsgeschäftsstelle erfolgen. Es reicht auch nicht aus, auf Beschwerden oder andere Signale hin, den Einzelfall zu ermitteln und zu bewerten. Aufgabe der Fachaufsicht ist es, die Arbeit der Kollegen in den Anstalten zu begleiten, zu fördern und - wo nötig - zu korrigieren. Doch liegen die Standpunkte der Vertreter der Fachdienste auf der einen Seite und der

Juristen und Verwaltungsbeamten auf der anderen nicht mehr so weit auseinander, als daß eine Verständigung über die Fragen der gemeinsamen Arbeit nicht möglich wäre. Die "Verwalter", die alten Herrscher des Vollzuges, sehen ihr Arbeitsfeld nicht mehr so einseitig wie früher. Die Bedeutung eines guten Betriebsklimas für das Arbeitsergebnis ist inzwischen allgemein bekannt. Trotzdem neigen die "Verwalter" dazu, das fehlerfreie Funktionieren einer Anstalt überzubewerten. Dabei kann dieses Funktionieren auch ein Zeichen von Erstarrung sein, so daß es an einem Lernfeld - für das Personal ebenso wie für die Gefangenen - fehlt. Nach allem konvergiert das Thema Fachaufsicht auf das Thema interdisziplinärer Zusammenarbeit. Ein einfacher, beinahe simpler Befund, der manchen Leser, der die Erörterung und Lösung komplexer Rechtsfragen erwartete, enttäuschen mag.

Doch ist die Aufgabe interdisziplinärer Zusammenarbeit schwierig und auf dem Gebiet des Strafvollzugs erst ansatzweise gelöst. Alle Beteiligten müssen voneinander lernen. Zunächst gilt das für die Juristen und die Verwaltungsbeamten, die von dem Hochgefühl, alles am besten zu können, Abschied nehmen müssen. Der Leiter einer interdisziplinär arbeitenden Einrichtung muß die Denkweise aller Beteiligten verstehen und in seine Erwägungen einbeziehen. Doch auch die Vertreter der anderen Disziplinen müssen lernen. Vor allem müssen auch sie sich auf die Denkweise ihrer Kollegen in der Verwaltung und im Allgemeinen Vollzugsdienst einstellen. Dazu gehört, daß sie, wo immer das möglich ist, auf ihren Fachjargon verzichten und eine einfache, allgemeinverständliche Sprache sprechen. Wenn die Zusammenarbeit mißlingt, entstehen - überall, auch außerhalb des Vollzuges - Verluste bei der Arbeitseffizienz. Im Gefängnis kommen noch andere Wirkungen hinzu. Die Gefangenen beobachten das Personal genau. Sein Werben für ein Leben "in sozialer Verantwortung" ist unglaubhaft, wenn es in der Anstalt zur Cliquenbildung kommt und wenn Streitigkeiten emotional und unfair ausgetragen werden. In solche Streitigkeiten, mit denen unsere Gefangenen von Kindertagen an reiche Erfahrung haben, wissen sie sich geschickt einzuschalten. Die besten Bemühungen der Behandler werden neutralisiert, so daß eine sachgemäße Vollzugsarbeit nicht möglich ist.

Anmerkungen:

1. M. Beier,"Aufsicht über den Strafvollzug" - eine Quelle des Mißerfolgs, ZfStrVo 1992,147ff.

2. Th. Eisenhardt, Strafvollzug, Stuttgart u.a. 1978, S.93f.

3. A. Böhm, Strafvollzug, 2.Aufl., Frankfurt/M 1986,S.56ff.

4. J. H. Wichern, Reden, Denkschriften und Gutachten über das Gefängniswesen, speziell die Durchführung der Einzelhaft in Preussen, Hamburg 1905; M.Busch, Ansätze zu einer Sozial- und Straffälligenpädagogik im 19. Jahrhundert (Johann Hinrich Wichern und Adolph Diesterweg), in: Straffälligenhilfe - Aktuelle und historische Aspekte der Strafvollzugsreform durch Staat und engagierte Bürger, Wuppertal 1977, S.103ff.

5. J. Fueßlin, Einzelhaft, Heidelberg 1855.

6. K. Krohne, Lehrbuch der Gefängniskunde unter Berücksichtigung der Kriminalstatistik und der Kriminalpolitik, Stuttgart 1889.

7. W. Herrmann, Das Hamburger Jugendgefängnis Hahnöfersand - Ein Bericht über Erziehungsarbeit im Strafvollzug, Hamburg 1923; C.Bondi, Pädagogische Probleme im Jugendstrafvollzug, Mannheim u.a. 1925; Ch. Dörner, Erziehung durch Strafe?, Weinheim 1991.

8. A. Krebs, Die Landesstrafanstalt in Untermaßfeld - Wesen, Organisation und Grenzen des Vollzuges, in: H.Müller-Dietz (Hrsg.), Freiheitsentzug - Entwicklung von Praxis und Theorie seit der Aufklärung, Berlin 1978.

9. H. D. Stark, Strafvollzugsgesetz - Anspruch und Wirklichkeit - Zwiespalt zwischen Strafvollzugsgesetz und Behandlung, in: G. Nass (Hrsg.), Kriminalpädagogik als Kriminalpolitik, Kassel 1980, S.117ff.

10. Eisenhardt, FN 2, S.90ff.

11. Die Zahl der Pädagogen, Psychologen und Sozialarbeiter stieg in den Jahren 1970 bis 1980 in den Vollzugsanstalten des Landes Nordrhein-Westfalen von 140 auf 440, F. Dünkel/A. Rosner, Die Entwicklung des Strafvollzugs in der Bundesrepublik Deutschland seit 1970, 2.Aufl., Freiburg 1982.

12. K. P. Rotthaus, Supervision als Arbeitshilfe für den Anstaltsleiter? in: Gesamthochschule Kassel, Fachbereich 4 - Sozialwesen, Beiträge zur Supervision, Kassel o.J.

13. Art. 55 Abs.2 LVerf NRW.

14. § 58 2.Halbsatz LBG NRW.

15. Vgl. für den Bereich der Sozialen Dienste in der Justiz die Zusammenstellung der Vorschriften zur Dienst- und Fachaufsicht: P.Block, Rechtliche Strukturen der Sozialen Dienste in der Justiz - Eine vergleichende Analyse der Ländervorschriften, Kriminologie und Praxis (KUK), herausgegeben von J. M. Jehle und R. Egg, Wiesbaden 1993; ferner H. Cornel, Rechtliche Aspekte der Wahrnehmung der Dienst- und Fachaufsicht im Bereich der Bewährungshilfe, GA 1991,55ff.

16. Vgl. a. den Beschluß des Disziplinarhofs beim Verwaltungsgerichtshof Baden-Württemberg, ZfStrVo 1991,181ff mit zust. Anm.v.W.Konrad. In diesem Fall ging es um die einem Sozialarbeiter übertragene Vorbereitung einer Stellungnahme zur Frage des § 35 BtMG und damit um die Außenvertretung der Anstalt, die nach § 156 Abs.2 S.1 dem Anstaltsleiter vorbehalten ist. Der Disziplinarhof hat einen Fall der im Text wiedergegebenen Verwaltungsvorschriften zu § 156 StVollzG verneint.

17. AV d.JM NRW v.5.7.1985 JMBl NRW s.170.

18. Feest/Hoffmann, in: AK StVollzG § 156 RN 4.

19. P. Rassow, Seelsorger eingeschlossen - Ein Lese- und Arbeitsbuch zur kirchlichen Arbeit im Gefängnis, Stuttgart 1987.

20. Beier, FN 1, S. 152.

21. Beier, FN 1, S.150ff.

22. H. J. Plewig/H.v.d.Boogaart, Abschlußbericht zum Forschungsbericht "Vollzugslockerungen und Mißbrauch", Universität Lüneburg, Hamburg 1991, S.144ff.

23. K. P. Rotthaus, Aufgaben und Arbeitsweise der Justizvollzugsämter im Lande Nordrhein-Westfalen, in: Hirsch/Kaiser/Marquardt (Hrsg.), GS für Hilde Kaufmann, Berlin 1986, S.623ff.

24. G. Romkopf, Sozialtherapie in der Justizvollzugsanstalt Gelsenkirchen, in: G. F. Kirchhoff (Hrsg.), Mönchengladbacher Beiträge zur Kriminologie und Sozialarbeit, BD.1, Bochum 1979.

25. Feest/Lesting, Renitente Strafvollzugsbehörden - Eine rechtstatsächliche Untersuchung in rechtspolitischer Absicht; U. Kamann, Die Erweiterung des Renitenzbegriffs im Strafvollzug, ZfStrVo 1993,206ff.

26. Rotthaus, FN 12.

Vertrauen ist gut, Kontrolle ist besser

Zum Versuch der Implikation professioneller Sozialarbeit in das System des Strafvollzugs

Werner Päckert

1. Worum es hier geht und worum nicht!

Dies ist kein Aufsatz mit wissenschaftlichem Anspruch. Die Aussagen beruhen nicht auf exakter Beobachtung und Analyse und sind zudem empirisch keineswegs gesichert. Was hier gesagt wird, beruht auf den Erfahrungen und Erkenntnissen zwölf Jahre dauernder sozialarbeiterischer Tätigkeit des Verfassers in einem Gefängnis und darauf aufbauenden Überlegungen und Annahmen, die zu untersuchen wären - es hat damit allenfalls heuristischen Wert. Theoretische Begriffsbestimmungen werden nur dort vorgenommen, wo sie inhaltlich notwendig und somit unumgänglich sind.

Mit dem Aufsatz soll nichts bewiesen werden - schon gar nicht, was nicht zu beweisen ist. Auf die historische Entwicklung der Sozialarbeit, des Strafrechts und des Strafvollzugs wird ebensowenig eingegangen wie auf die Frage nach dem Sinn des Strafens schlechthin. Der Aufsatz ist keine philosophische Abhandlung und keine gesellschaftspolitische Kritik.

Es wird hier vielmehr der Versuch unternommen, aufgrund praktischer Anschauungen ein realitätsgerechtes Bild der Sozialarbeit im Strafvollzug zu zeichnen. Daran anknüpfend sollen die möglichen zukünftigen Entwicklungen perspektivisch aufgezeigt werden. Dazu ist es notwendig, die institutionellen Rahmenbedingungen von sozialer Arbeit im Strafvollzug zu betrachten. Um möglichen Verständigungsschwierigkeiten vorzubeugen, läßt es sich auch nicht vermeiden, zunächst wenigstens marginal auf die Frage einzugehen, was der Autor unter professioneller Sozialarbeit an sich versteht.

2. Professionelle Sozialarbeit - noch ein Erklärungsversuch!

"Was verstehen Sie unter Sozialarbeit?" Die Beantwortung dieser Frage fällt dem Laien so schwer wie den Studenten der Sozialarbeit oder den Sozialarbeitern selbst. Zu vielfältig sind die Nuancierungen des Berufsbildes und zu weit gespannt ist der Bogen methodischer Ansätze. Es stellt sich zunächst die Frage, ob Sozialarbeit überhaupt eine eigenständige disziplinäre Identität besitzt. Gehen die Sozialarbeiter nur einer Berufung nach oder üben sie auch einen Beruf im klassischen Sinne aus?

Bei der Suche nach einer Antwort auf diese Frage mag ein Blick auf die Ausbildung der Sozialarbeiter und die Erinnerung an das eigene Fachhochschulstudium vor mehr als 20 Jahren hilfreich sein. Die Palette der zu belegenden Fächer erstreckte sich auf pädagogische, psychologische, soziologische, juristische, medizinische, methodische usw. Inhalte. Von allem ein wenig und am Ende doch zu wenig. Was fehlte, war die logische Zusammenführung der vielen Teildisziplinen auf einen gemeinsamen Nenner, der Grundlage gewesen wäre für eine erkennbare Vision von Sozialarbeit. Es steht zu befürchten, daß sich daran vielerorts bis heute wenig geändert hat. Das führt letztlich dazu, daß die Inhalte berufspraktischer Sozialarbeit häufig durch Vorgaben von Arbeitgebern und weniger durch die Ausbildung der Sozialarbeiter geprägt werden. Hinzu tritt nach wie vor ein völlig nutzloser Streit über unterschiedliche Qualifizierungen von Sozialarbeitern und Sozialpädagogen, der unterschiedliche Einsatzmöglichkeiten vorgaukelt. In Wahrheit bewirkt die künstliche Teilung der beiden symbiotischen Bereiche allenfalls eine Beschränkung der Einstellungschancen auf dem Arbeitsmarkt. Daß die Ausbildung von Sozialarbeitern - abgesehen von einigen projektorientierten Studiengängen - zu wenig praxisbezogen ist, liegt wohl auch an mangelnder Bereitschaft der Arbeitgeber, Praktikanten zu angemessenen Konditionen zu beschäftigen und sich ihrer anzunehmen.

Trotz aller Kritik an Aufbau und Ablauf vieler sozialarbeiterischer Studiengänge bleibt doch zu konstatieren, daß die Fachhochschulen und Hochschulen ihren Studenten durchaus einen gewissen Grundkonsens für ein Verständnis von Sozialarbeit vermitteln, der für die spätere berufliche Orientierung und für die Entwicklung von Fachlichkeit unerläßlich ist. Festgestellt werden muß aber, daß es für die meisten Studienabsolventen im Berufsleben notwendig wird, ein auf die Erfordernisse und Bedingungen des jeweiligen beruflichen Einsatzfeldes abgestimmtes Konzept sozialarbeiterischen Handelns zu erstellen und individuelle Durchsetzungsstrategien zu entwickeln. Das Studium vermittelt dazu lediglich einige erforderliche Grundlagen. Ein einheitliches, für alle Bereiche verbindliches Grundverständnis von Sozialarbeit ist in der Praxis nicht zu erkennen. Gleichwohl gibt es dafür Ansätze und Ideen.

Aus einer Reihe brauchbarer, praxisbezogener Vorschläge zur Beschreibung und Umsetzung von Inhalten und methodischer Vorgehensweise professioneller Sozialarbeit, will ich an dieser Stelle einen Erklärungsversuch anführen, der mir am pragmatischsten erscheint. Hans Pfaffenberger erklärt Sozialarbeit als "organisierte und institutionalisierte gesellschaftliche Praxis mit dem Ziel der Ermöglichung von und der Hilfe zu besserer, befriedigenderer Lebensbewältigung.

Je nach Problemsituation, auslösender Lebenslage und Ansatzpunkt ist dies Entwicklungs-, Erziehungs-, Reifungs- und Bildungshilfe (soweit sie klientenbezogen ist) und Entwicklung und Durchsetzung von Problemlösungsstrategien (soweit sie institutionenbezogen ist). Die als Bedürftigkeit, Abhängigkeit oder Not bezeichneten Lebensumstände bzw. die den definierten Bedürfnis- und Mangelzuständen zugrunde liegenden Faktoren gilt es zu beeinflussen und zu verändern, und zwar durch Veränderung

- der problemverursachenden und der problembetroffenen Individuen und Gruppen,
- der realen Lebenslage durch ein adäquates Angebot staatlicher, kommunaler und solidarischer Daseinsvorsorge und (materieller und immaterieller) Lebenshilfe im (außerschulischen) Erziehungs- und Bildungswesen, im Sozial- und Gesundheitswesen,
- der Umwelt, nämlich der gesellschaftlichen Bedingungen und Strukturen, die solche negativen Folgen bedingen."[1]

Professionalität in der Sozialarbeit setzt die umfassende Kenntnis psychologischer, soziologischer, pädagogischer, sozialmedizinischer und rechtlicher Grundlagen und Zusammenhänge voraus. Professionelle Sozialarbeit ist ein auf die Emanzipation des betroffenen Menschen gerichtetes Angebot an Hilfestellungen. Um effektive Hilfe leisten zu können, muß der Hilfesuchende einerseits in seiner individuellen Entwicklung und andererseits als Teil des ihn umgebenden Sozialsystems gesehen werden. Beide Aspekte stehen in permanenter Wechselwirkung zueinander und sind ständigen Veränderungen unterworfen, die auch von kulturanthropologischen und kulturellen Faktoren bestimmt werden. Sozialarbeit kann niemals unpolitisch sein - sie ist vielmehr gesellschaftspolitische Aufgabe und Notwendigkeit an sich. Insoweit erschöpft sich Sozialarbeit nicht in der Bearbeitung von Notlagen und in der Nachsorge, sondern sie hat vor allem auch präventive Funktion, indem die individuellen und systemimmanenten Ursachen und Bedingungsfaktoren der Not rechtzeitig erkannt und bearbeitet werden.

Um ihre Aufgaben erfüllen zu können, muß Sozialarbeit immer zielgerichtetes Handeln beinhalten. Unter Einbeziehung der individuellen Lebensbedingungen des Betroffenen, der eigenen Möglichkeiten und vorgegebener institutioneller Rahmenbedingungen, sind die notwendigen Einzelschritte auf dem Weg zum visierten Ziel zu planen. Beim Bemühen, das angestrebte Ziel zu erreichen, muß sich methodische Sozialarbeit ständiger selbstkritischer Überprüfung unterziehen. Die Bereitschaft, neue Wege zu gehen oder die Zielvorgaben zu ändern, bedingt ständige Reflexion des eigenen Handelns. Nur so hat Sozialarbeit Methode und kann auf Wirkung hoffen. Die verschiedenen Techniken der klassischen Methoden der Gruppenarbeit, Einzelfallhilfe, Familien- und Gemeinwesenarbeit sind dabei integrative Hilfsmittel auf dem Wege zum Ziel.

So beschrieben wirkt professionelle Sozialarbeit höchst pragmatisch und operational. Das alleine kann es aber nicht sein. Sozialarbeit wird auch bestimmt von der sehr persönlichen Beziehung zwischen dem Sozialarbeiter auf der einen und dem Betroffenen auf der anderen Seite.

Fachliche Handlungskompetenz in der Sozialarbeit setzt das Verstehen des anderen voraus, und Verstehen ist nur möglich durch

Empathie. Der Mensch im Fokus sozialarbeiterischer Bemühungen darf niemals zum bloßen Objekt der Methoden werden. Der Betroffene darf nicht instrumentalisiert werden, sondern ist stets als individuell agierendes Wesen zu beachten und zu akzeptieren. Nur so kann gegenseitiges Verstehen bewirkt und Vertrauen gewonnen werden. Den anderen verstehen, heißt dabei keinesfalls, sich distanzlos und unkritisch mit ihm zu identifizieren.

Verstehen heißt vielmehr, den anderen ernst nehmen und ihn beachten. Eine so definierte professionelle Sozialarbeit setzt Sozialarbeiterpersönlichkeiten voraus, die in der Lage sind, sich in fremde Denkweisen und Handlungsschemata einzufühlen, die nicht ihr eigenes Weltbild auf andere übertragen und nicht versuchen, eigene Probleme durch die Arbeit am anderen auszuagieren und zu bearbeiten. Qualifizierte Sozialarbeit fordert selbstbewußte und handlungsfähige Akteure mit ausgeprägtem Realitätssinn, die über ausreichende Sensibilität verfügen, sich in die Wahrnehmungswelt anderer hineinzudenken, die aber auch klare Positionen beziehen und sich von den Betroffenen nicht als Abladeplatz für allen möglichen Seelenmüll oder als Alibi für destruktiven Nihilismus mißbrauchen lassen.

3. Sozialarbeit und Strafvollzug - paßt das zusammen?

"Im Vollzug der Freiheitsstrafe soll der Gefangene fähig werden, künftig in sozialer Verantwortung ein Leben ohne Straftaten zu führen."[2] So formuliert der Gesetzgeber das Vollzugsziel. Um dieses Ziel zu erreichen, geht er von der notwendigen Mitwirkungsbereitschaft des Gefangenen aus[3] und fordert, daß der Vollzug so ausgestaltet werden muß, daß er dem Gefangenen hilft, sich in das Leben in Freiheit einzugliedern.[4] Alle im Vollzug Tätigen sind zur Zusammenarbeit aufgerufen.[5] Daß dabei auch Sozialarbeiter beteiligt sind, erwähnt der Gesetzgeber an einer Stelle.[6] Tätigkeitsfeld und Aufgabenbereich des Sozialarbeiters im Vollzug sind an keiner Stelle des Strafvollzugsgesetzes definiert. Deutlicher war da die vor dem Strafvollzugsgesetz geltende Dienst- und Vollzugsordnung[7], die zwischen den Aufgaben des Fürsorgers und des Sozialpädagogen unterschied. Dem Fürsorger oblag danach die soziale Hilfe für die Gefangenen, er wirkte bei der Persönlichkeitserforschung und der Aufstellung des Vollzugsplanes mit und nahm Aufgaben der Erwachsenenbildung und der Freizeitgestaltung wahr.[8]

Der Sozialpädagoge hingegen hatte die Aufgabe, "im Rahmen der erzieherischen Beeinflussung der Gefangenen und der Erwachsenenbildung die Ziele der Gesellschaft herauszustellen und auf die Einordnung des Gefangenen als sittlich selbstverantwortlicher Persönlichkeit in die menschliche Umwelt einzuwirken."[9] Erklärbar ist diese Zweiteilung durch die seinerzeit unterschiedlichen Ausbildungswege. Während der von Fachschulen und höheren Fachschulen für das Fürsorgewesen kommende Fürsorger konkrete materiell-existenzielle Vorsorge- und Betreuungsmaßnahmen für den Gefangenen wahrnehmen sollte, war beim Sozialpädagogen an den akademisch ausgebildeten Koordinator und Vermittler umfassender Bildungs- und Behandlungsmaßnahmen gedacht. Diese Aufgabenteilung hat sich in der Praxis der Vollzugsanstalten nicht durchgesetzt. Die eingestellten Fürsorger und später (nach der Einführung der Fachhochschulausbildungsgänge) die Sozialarbeiter/Sozialpädagogen nahmen von jeher beide Aufgabenbereiche wahr. Damals wie heute konnte und kann die Tätigkeit von Sozialarbeitern im Vollzug im wesentlichen in drei Bereiche unterteilt werden:

- Vorbereitung, Entscheidung und ggf. Durchführung von Maßnahmen des Vollzuges,
- Erstellen von Berichten und Stellungnahmen für Gerichte und Staatsanwaltschaften,
- sozialpädagogisch intendierte, auf Lebenslagenveränderung zielende, methodische Beeinflussung des Gefangenen im Sinne von Bildungs- und Erziehungsarbeit.

Abgesehen von einigen quantitativen Verschiebungen, hat das Strafvollzugsgesetz an dieser Aufgabenverteilung keine Veränderungen bewirkt. Der o.a. Wegfall einer konkreten Beschreibung des Arbeitsbereiches von Sozialarbeitern führte insoweit auch zu keiner dramatischen Verunsicherung oder Veränderung. Allerdings wurde durch die bruchlose Übernahme traditioneller Aufgaben auch die Chance der Innovation verpaßt. Die mit dem Strafvollzugsgesetz einhergehende zunehmende Bürokratisierung und Formalisierung von Handlungsabläufen im Vollzug, bewirkte eine zunehmende Belastung der Sozialarbeiter mit sozialadministrativen Aufgaben. Die Freiräume für sozialpädagogisches Handeln wurden enger, die Kritik an um sich wuchernder Technokratisierung der Sozialarbeit lauter. Mehr und mehr fühlten sich die Sozialarbeiter im Vollzug als "Mädchen für alles" mißbraucht, sahen ihre Arbeit fremdbestimmt. Daraus entstand ein Bedürfnis nach verbindlicher Beschreibung von Arbeitsinhalten. Exemplarisch seien hier die "Thesen zum Selbstverständnis der Sozialarbeit in den Justizvollzugseinrichtungen der Bundesrepublik Deutschland" erwähnt.[10] Regelungsbedarf bestand aber nicht nur bei den Sozialarbeitern selbst - auch die für die Fachaufsicht zuständigen Landesjustizverwaltungen waren an verbindlichen Regelungen interessiert. So wurden z.B. in Hessen schon am 7. Mai 1981 Richtlinien für die Sozialarbeiter in den Justizvollzugsanstalten erlassen[11] und am 14. Januar 1992 erneuert.[12]

Interessanterweise haben auch derartige Richtlinien der Aufsichtsbehörden die Inhalte sozialarbeiterischer Tätigkeit im Vollzug nur marginal beeinflußt. Erst durch Neuerungen in der Oganisation der Vollzugsanstalten (Wohngruppenvollzug, Enthierarchisierung durch Neuordnung von Verantwortungsbereichen) konnten die Sozialarbeiter neue Aufgabenfelder besetzen.

Es stellt sich nun die Frage, ob professionelle Sozialarbeit im Vollzug überhaupt machbar ist und ob die Anteile sozialpädagogisch-methodischen Handelns im komplexen Aufgabenspektrum der Sozialarbeiter den Ansprüchen professioneller Sozialarbeit gerecht werden können?

Gustav Radbruch hegte daran Zweifel als er schrieb:

> "Wenn ganz überwiegend die Klassenlage den Sturz in das Verbrechen und den Zugriff der Strafe veranlaßt, dann folgt, daß nicht Strafrecht, sondern, nach Franz von Liszts Wort, Sozialpolitik die beste Kriminalpolitik ist - und es also des Strafrechts fragwürdige Aufgabe ist, gegen den Verbecher nachzuholen, was die

Sozialpolitik für ihn zu tun versäumt hat. Bitterer Gedanke, wie oft die Kosten des Verfahrens und des Vollzuges, vor der Tat aufgewendet, genügt hätten, das Verbrechen zu verhindern! Solche ernüchternden Einsichten beschämen die pathetischen Strafrechtstheorien - Abschreckung und Vergeltung - und lassen nur noch die rationalen Strafrechtslehren - Erziehung und Sicherung - sozialethisch erträglich erscheinen.

Aber vermag die Strafe, insbesondere die Freiheitsstrafe, neben der Sicherung, der Erziehung überhaupt zu dienen? (...)...es bleibt der Zweifel, ob nicht Freiheitsstrafe ihrem Wesen nach für den Erziehungszweck ungeeignet ist. Gefängniserziehung ist Zwangserziehung, Zwang wirkt Trotz, aber Erziehung ist nur möglich, wo der Liebe Hingabe entgegenkommt."[13]

Eine Aussage, in den zwanziger Jahren gedacht und geschrieben - und noch immer aktuell.

Polarisierend kann festgestellt werden, daß die Grundprinzipien der Sozialpädagogik denen des Freiheitsstrafvollzuges widersprechen. Während die Freiheitsstrafe den einzelnen aus seinem sozialen Bezugssystem ausgrenzt und ihn stigmatisiert, will die Sozialpädagogik integrierend und emanzipierend wirken. Die Widersprüche zwischen Freiheitsstrafe und Sozialpädagogik ergeben sich aus entgegenwirkenden Zielen und werden durch die unterschiedliche Orientierung zwischen Straf- und Strafvollzugsgesetzgebung verstärkt. So finden sich die Grundzüge des Kant'schen Talionsprinzips[14] in unserem heutigen Strafgesetzbuch wieder, wenn es im § 46 I StGB heißt, daß die Schuld des Täters die Grundlage für die Zumessung der Strafe sei.[15] Neben der Einsichtsfähigkeit des Täters in das Unrecht seines Handelns, ist der Grad kultureller und gesellschaftlicher Ächtung der Tat ein Maßstab für die Höhe der vom Richter zu verhängenden Strafe. Sind dieser Vorschrift auch einige individualisierende Ergänzungen hinzugefügt, so kann es doch keinen Zweifel geben, daß unser Strafrecht tatbezogen sanktioniert. Um es auf eine einfache Formel zu bringen: die Schwere der Tat und das Maß der Schuld bestimmen die Höhe der Strafe. Das deckt sich mit den

Prinzipien absoluter Straftheorien, nach denen die Strafe um ihrer selbst willen zu verhängen und zu vollziehen ist. Täter und Opfer treten in den Hintergrund - es geht um die Durchsetzung des staatlichen Strafanspruchs. Indem es vordergründig die Tat im Blickfeld hat, wirkt das Strafrecht generalisierend und verliert die betroffenen Individuen aus dem Auge. Strafe als bloßer Selbstzweck entbehrt jeder Rationalität. Sie hat keinen Sinn, weil sie niemandem nützt und schon gar nicht zu besserer Einsicht verhilft. Sie ist schädlich, weil sie Trotz und Widerstand herausfordert und positive Ansätze im Täter zerstört. Wenn schon Strafe, dann muß sie mit einem konkretisierbaren Zweck verknüpft sein. Von dieser Überzeugung, die wir in den rationalen Straftheorien wiederfinden, geht unser Strafvollzugsgesetz aus. Es gilt, den Täter zu bessern, zu heilen und einzugliedern.

Radbruch hat erkannt, worum es geht:

> "Nicht die Tat, sondern der Täter. (...) Nicht der Täter, sondern der Mensch! Welche Verzerrung erleidet das Bild eines Menschen, wenn er nur als Täter, nur unter dem zufälligen Aspekt einer einzelnen Tat betrachtet wird! Man darf, ohne sehr paradox zu werden, sagen: (...) es gibt nur die fließende Totalität seines Lebens, aber es gibt gar nicht seine einzelnen Taten. Das Leben und der Mensch sind so wenig aus einzelnen Handlungen zusammengesetzt wie das Meer aus Wellen. Sie sind Totalitäten, die einzelnen Handlungen ineinander verfließende Bewegungen eines unteilbar Ganzen. Der richtige Gang psychologischer Einsicht geht nicht von der Tat zur Persönlichkeit, sondern von der Persönlichkeit zur Tat."[16]

Das Strafvollzugsgesetz fragt nicht danach, welcher Art von Straftat sich der Gefangene schuldig gemacht hat. Die Vollzugszielbestimmung[17] hat ausschließlich den Täter in seinen sozialen Bezügen im Auge und setzt das Wissen um die Erfordernisse voraus, die notwendig sind, um dem straffällig gewordenen Menschen im Vollzug die Chance der sozialen Integration zu geben.

Ein durchaus sozialpädagogischer Ansatz, der aber durch allerlei Fragen relativiert wird:

- Wie kann soziale Integration durch Desintegration erreicht werden?
- Wie kann ein auf den Menschen zentriertes Vollzugsgeschehen auf der Basis einer nach den Vorstellungen des Tat-Schuldausgleichs verhängten Strafe bestehen?
- Ist es wirklich der Mensch, der im Mittelpunkt des Vollzugsgeschehens steht - oder ist es der Täter und sein Bezug zur Tat?

"In einer Dunkelkammer kann ich kein Sonnenbad nehmen."[18] Mit dieser Feststellung drückt Helmut Ostermeyer aus, daß der Versuch, den Umgang mit der Freiheit in Unfreiheit zu erlernen, paradox ist. Wie soll ein Mensch handlungsfähig werden, wenn ihm die Hände gebunden sind?

Der Strafvollzug ist eine autarke Institution. Autarke Institutionen zeichnen sich durch die Fähigkeit aus, eine gewisse Zeit ohne Außenkontakte existieren zu können. Sie können sich zu einem subkulturellen Biotop entwickeln, in dem sich die Insassen bestimmte Anpassungstechniken aneignen, denen eigene Norm- und Wertvorstellungen zugrundeliegen.

Es entwickeln sich eigenständige Einstellungen und Verhaltensweisen, die dem einzelnen für das Leben unter den Ausnahmebedingungen des Freiheitsentzuges angebracht erscheinen. Es entsteht eine eigene Sprache, eine eigene Währung, ein eigenes Sanktionensystem usw. Das alles strebt danach, sich dem Zugriff von außen einwirkender Ordnungsfaktoren zu entziehen.

Alle Bemühungen, die Lebensverhältnisse im Vollzug, den allgemeinen Lebensverhältnissen in Freiheit anzugleichen, scheitern letztendlich am fehlenden Selbstbestimmungsrecht des einzelnen und an der Notwendigkeit, sich mit den künstlichen und fremdbestimmten Lebensbedingungen zu arrangieren. Das System des Strafvollzuges regeneriert sich dadurch nur in sich selbst. Es fehlen innovative Impulse von außen und nach draußen. Daran haben auch die Bemühungen um eine verstärkte Einbindung der Öffentlichkeit[19] nichts geändert. Daß der Freiheitsstrafvollzug schädliche, entsozialisierende Wirkung hat, muß hier nicht diskutiert werden und wird auch vom Gesetzgeber eingeräumt.[20]

Der Aufwand, der betrieben werden muß, um den durch den Freiheitsentzug selbst verursachten schädlichen Folgen entgegenzuwirken, vebraucht materielle und personelle Ressourcen, die für eine konstruktive Lebenslagenveränderung des Inhaftierten fehlen. Vorausgesetzt, der Betroffene zeigt echte Mitwirkungsbereitschaft und hat den Willen, seine eigene Situation zu verändern, besteht natürlich auch unter den Bedingungen des Freiheitsentzuges durchaus die Chance, auf Einstellungen und Verhaltensweisen des einzelnen Gefangenen Einfluß zu nehmen, materiell-existenzielle Hilfen zu leisten und Brücken nach draußen zu bauen. Solange sich aber diese Hilfen nur auf das Wirkungssystem des Strafvollzuges selbst beziehen und die reale Lebenssituation des Gefangenen außerhalb der Vollzugsanstalt nicht genügend berücksichtigen, bleiben sie Makulatur. Der Strafvollzug wird zur Spielwiese behandlerischer Experimente. Um dem vorzubeugen, hat der Gesetzgeber in das Strafvollzugsgesetz eine ganze Reihe von Möglichkeiten installiert (offener Vollzug, Vollzugslockerungen, Urlaub aus der Haft usw.), mit denen dem Gefangenen Handlungsfelder in Freiheit erschlossen werden sollen, in denen er soziale Kompetenz erwerben kann. Wenn diese wichtigen Möglichkeiten der Öffnung des Vollzuges aber lediglich nach den Bewertungs- und Beurteilungskriterien einer realitätsfernen Vollzugswelt gewährt werden und der Gefangene keine ausreichende Begleitung und Hilfestellung während dieser Maßnahmen erhält, dann erfüllen sie nicht ihre Aufgabe, Mittel zum Zweck einer gezielten sozialpädagogisch intendierten Vollzugsplanung zu sein, sondern verkommen zum Selbstzweck.

Zudem muß vor dem Einsatz dieser Möglichkeiten stets die zweite Aufgabe des Vollzuges beachtet werden, nämlich der Schutz der Allgemeinheit vor weiteren Straftaten des Inhaftierten.[21] Das kann dazu führen, daß bestimmte Gefangene, denen Fluchtgefahr oder die Gefahr neuer Straftaten diagnostiziert wird, von allen Lockerungsmaßnahmen ausgeschlossen bleiben.

Daß in einem behandlungsorientierten Vollzug Freiheitsstrafen zu verbüßen sind, deren Länge nach tat- und schuldbezogenen Aspekten bestimmt wurde, ist anachronistisch. Vereinfacht ausgedrückt führt es dazu, daß die Strafrichter Freiheitsstrafen verhängen müssen, die nach den Gesichtspunkten der Behandlung entweder zu lang oder zu kurz sind. Daran ändern auch die derzeit gegebenen Möglichkeiten der Strafrestaussetzung vom Grundsatz her nichts. Es ist illusorisch anzunehmen, daß die Bereitschaft des Täters zur Übernahme persönlicher Schuld, zu aktiver Sühneleistung und seine Einsichtsfähigkeit von der Länge, der gegen ihn verhängten Freiheitsstrafe abhängig sei. Die divergierende Zweckrichtung von Strafe und Strafvollzug "stört nicht nur die theoretische Strafrechtssystematik, sondern, was viel wichtiger ist, die praktische Tätigkeit von Strafrichter und Strafvollzugsbeamten, und letztlich, und das ist das wichtigste, stört es das Verhältnis von Straftäter und Gesellschaft."[22] Es besteht gar die Möglichkeit, daß der proklamierte Behandlungsvollzug konterkarierend wirksam wird und einen qualitativen Sogeffekt verursacht, wenn der Richter den gegebenen Strafrahmen nach oben ausschöpft, um die soziotherapeutischen Möglichkeiten der Vollzugsanstalten zu nutzen.[23]

Schließlich muß festgehalten werden, daß die Möglichkeiten der Umsetzung von Behandlungsmaßnahmen und der dabei notwendigen Öffnung des Vollzuges nicht nur von qualifiziertem Behandlungspersonal, einer entsprechenden Ausgestaltung und Einrichtung des Vollzuges, der Mitwirkungsbereitschaft des einzelnen und einer sich verändernden Gefangenenpopulation abhängig ist, sondern auch von der Kriminalitätsfurcht der Bevölkerung und der dadurch beeinflußten Einstellung der Öffentlichkeit zu Fragen der Gefangenenbehandlung determiniert wird. Steigt das Sicherheitsbedürfnis in der Bevölkerung und entwickeln die Medien eine daran orientierte Sensibilität gegenüber Angelegenheiten des Strafvollzuges, so sinkt im Vollzug die für jede pädagogische Ausrichtung unverzichtbare Bereitschaft zum Risiko. Die Tat rückt in den Vordergrund, und im Mittelpunkt der Betrachtungen steht nicht der Mensch, sondern der Täter. Der ohnehin sehr eingeschränkte Freiraum für professionelle Sozialarbeit wird durch allerlei Regelmentierungen weiter begrenzt. Finanzielle Ressourcen werden von Maßnahmen zur äußeren Sicherung der Anstalten verbraucht und stehen für Behandlungsaufgaben nicht mehr zur Verfügung.

Nach alldem muß der Schluß gezogen werden, daß das Prinzip der Freiheitsstrafe und das Prinzip professioneller Sozialarbeit zwei verschiedene Paar Schuhe sind und nicht so recht zueinander passen. Der Wirkungsgrad von Sozialarbeit muß unter den gegebenen Umständen zwangsläufig gering sein. Dennoch kann daraus nicht der Schluß gezogen werden, daß sich der Sozialarbeiter im Vollzug von vorneherein auf verlorenem Terrain bewegt. Jede Forderung, sozialpädagogische Elemente wegen nachgewiesener Chancenlosigkeit aus dem Vollzug zu verbannen, wäre gleichzusetzen mit einer unzulässigen Preisgabe sozialstaatlicher Verpflichtungen gegenüber den Gefangenen und der Gesellschaft. Es soll hier keine Schwarz-weißmalerei betrieben werden. Geboten ist vielmehr die Suche nach Wegen aus dem Dilemma.

4. Sozialarbeit im Strafvollzug - ein hoffnungsloser Fall?

Ohne gegenseitiges Vertrauen ist das Arbeiten mit Menschen nicht möglich. Sozialpädagogisches Handeln setzt deshalb ein Klima des Vertrauens zwischen den Beteiligten voraus. Vertrauen beruht auf Gegenseitigkeit. Es kann vorbehaltlos geschenkt werden, meist aber wird es in einem Prozeß des Miteinandervertrautwerdens mühsam erworben. Vertrauen als Triebkraft der Sozialarbeit ist konstruktiv - Mißtrauen ist destruktiv.[24] Vertrauen entgegenbringen ist aber auch mit der Forderung, vom Gegenüber nicht enttäuscht zu werden verbunden - ein Umstand, der manchen Menschen, der Vertrauen vorher nie erfahren hat, vielleicht überfordert.

Unter der Überschrift "Sozialarbeiter - Helfer, die keiner mag" zitiert Helmut Ortner den Gefangenen Karl:

> "Denen kannst du nicht trauen, die versprechen dir ständig das Blaue vom Himmel herunter,...".

Anschließend fährt Ortner kommentierend fort:

> "Die Gefühle der Gefangenen für den Sozialarbeiter liegen auf ähnlicher Ebene, wie die für die Aufsichtsbeamten, allerdings weniger angstbesetzt. Seine Zuwendung wird als Anschleimerei, als Aushorchen aufgefaßt. Hiervor muß man sich verschließen, mißtrauisch sein. Die Erfahrung zeigt ihnen, daß von den Sozialarbeitern viel geredet, aber dann wenig erreicht wird. (...) Sie haben oft zu einzelnen Beamten des Aufsichtsdienstes ein wesentlich offeneres und vertrauensvolleres Verhältnis als zu denen, die statt Schlüsseln und Kontrolle mit Vertrauen und Kommunikation arbeiten wollen: die Sozialarbeiter."[25]

Wodurch ist das Bild des Gefangenen vom Sozialarbeiter im Vollzug geprägt? Wie wird der Sozialarbeiter von den Mitarbeitern gesehen, und in welcher Rolle sieht er sich selbst?

Zunächst einmal: die eben zitierten Aussagen sind sehr generalisierend. Gleichwohl treffen sie auf den Kern des Problems. Der Sozialarbeiter im Vollzug ist einem ständigen Konflikt ausgesetzt, durch den seine Arbeit erschwert wird. Einerseits ist er darauf angewiesen, daß der Gefangene sich ihm vertrauensvoll öffnet, um mit ihm Problemlösungsstrategien entwickeln zu können. Andererseits ist er in ein System von Weisungsabhängigkeiten eingebunden, das von ihm unter bestimmten Umständen die Offenlegung aller - auch vertraulicher - Informationen fordert. Der Gefangene sieht im Sozialarbeiter natürlich zunächst einmal einen Agenten der Institution, die ihm die Freiheit nimmt und ihm allerlei Beschränkungen auferlegt.

Zur Vermeidung von Nachteilen, etwa im Hinblick auf die Nichtgewährung von Vollzugslokkerungen oder eine ablehnende Stellungnahme zur Frage der bedingten Strafaussetzung usw., wird er das, was er dem Sozialarbeiter sagt, filtern. Er wird nur die Umstände offenbaren, durch die er in der Beurteilung seiner Person und darauf aufbauender Vollzugsmaßnahmen keine negativen Wirkungen befürchtet. Um eine sachgerechte und qualifizierte Behandlungsplanung durchführen zu können, ist aber die Bereitschaft zur Offenlegung aller Umstände zur

Person, den Lebensverhältnissen und den Einstellungen des Gefangenen - also auch der negativen - geboten.

Wie bereits ausgeführt, ist der Sozialarbeiter im Vollzug eindeutig Teil des Anstaltssystems. Er ist weisungsgebunden und selbstverständlich auch den Ordnungsprinzipien und den sicherheitsrelevanten Aufgaben der Vollzugsanstalt verpflichtet.[26] Setzt sich der Gefangene über seine Befürchtungen hinweg und legt im Gespräch alle Hintergründe dar, so muß er aufgrund der Organisationsbezogenheit des Sozialarbeiters in der Tat mit nachteiligen Wirkungen, wenn nicht in Einzelfällen gar mit Restriktionen rechnen.

Dieser Umstand bringt nicht nur den Gefangenen, sondern umgekehrt auch den Sozialarbeiter in Konflikte. Es wird von ihm verlangt, daß er alle relevanten Erkenntnisse über den Gefangenen im Rahmen der Prüfung wichtiger vollzuglicher Maßnahmen in den Entscheidungsprozeß einbringt. Das widerspricht nicht selten den Gesetzmäßigkeiten vertrauensbildender Beziehung zum Gefangenen und fördert bei dem eine eher angstbesetzte, mißtrauensbeladene Haltung. Vor allem stößt es an die Grenzen berufsethischer Grundsätze. Besonders deutlich wird das dort, wo Sozialarbeitern im Vollzug eigenständige Entscheidungsbefugnisse übertragen werden sollen. Teils entstehen solche Bestrebungen auf Druck berufsständischer Interessenvertretungen, teils auf Betreiben von Anstaltsleitungen und Aufsichtsbehörden. Die Sozialarbeiter erhoffen sich dadurch größere Einflußmöglichkeiten und einen Ausbau ihrer beruflichen Stellung.

Das Vollzugsmanagement erhofft sich durch die Einrichtung nachgeordneter Leitungsebenen und die Delegation von Verantwortung eine Entlastung. Am Rande sei bedauernd erwähnt, daß dadurch hier und da auch neue Konkurrenzsituationen unter den Sozialdiensten und zwischen den Sozialdiensten und anderen Berufsgruppen (Verwaltungsdienst, besondere Fachdienste pp.) entstehen, die ebenfalls in Verantwortungspositionen drängen oder diese bereits besetzen - das ist aber wohl unvermeidbar. Faktisch gesehen bedeutet die Übernahme entscheidungsrelevanter Aufgaben immer auch eine Verbesserung der Durchsetzungsmöglichkeiten berufs- und fachbezogener Strategien. In den sozialen

Berufen bewirkt sie aber gleichzeitig eine Verstärkung des Konflikts zwischen der Notwendigkeit der Bewahrung einer ver-trauensvollen Atmosphäre im Umgang mit dem Betroffenen und der angestrebten Erweiterung institutioneller Entscheidungs- und Wirkungsmöglichkeiten. Viele Sozialarbeiter wollen sich in dieser Hinsicht nicht "korrumpieren" lassen und verweigern die Übernahme von Leitungs- und Entscheidungsaufgaben, übersehen dabei aber, daß sie dennoch nach wie vor in einem System arbeiten, das den Widerspruch zwischen sozialarbeiterischen Berufsidealen und der Vollzugswirklichkeit geradezu in sich trägt.

Sie erkennen nicht, daß sie mit ihrer durchaus respektablen Verweigerungshaltung einerseits Positionen aufgeben, durch die eine Erweiterung professioneller Handlungskompetenzen bewirkt werden könnte, andererseits aber dadurch der Grundwiderspruch zwischen sozialpädagogischem Anspruchsdenken und den faktischen Gegebenheiten im Freiheitsstrafvollzug keineswegs überwunden wird.

Diese konfliktbeladene Situation des Sozialarbeiters wird von anderen Bedienstetengruppen und auf den vorgesetzten Leitungsebenen wahrgenommen und häufig mißdeutet. Mangels eindeutiger und verbindlicher Berufsbildvorstellungen treten Fehlinterpretationen und Fremdbestimmung hinsichtlich der Zuweisung konkreter Aufgaben und der Abgrenzung des Tätigkeitsbereiches hinzu.

Sozialpädagogik und tatbezogene Freiheitsstrafe passen nicht zusammen, und deswegen stößt der nach sozialpädagogischen Prinzipien Handelnde in einem solche Freiheitsstrafen praktizierenden Vollzug auch schnell an deutliche Grenzen. Pädagogische Aktivitäten stören den reibungslosen und routinemäßigen Tagesablauf und bewirken Verunsicherung in den mit Fragen der Aufrechterhaltung äußerer Sicherheit involvierten Bereichen und Personen. Sozialarbeit ist auf Öffnung nach draußen und auf Vertrauen angewiesen, ein dem Sicherungsbedürfnis der Öffentlichkeit entsprechender Strafvollzug muß aber nun einmal auf sichere Einschließung, auf Überwachung und Kontrolle bedacht sein. Nicht nur die Gefangenen, die den Sozialarbeiter als Agenten der Vollzugsverwaltung sehen, auch die Mitarbeiter neigen im Umgang mit ihm eher zu

Mißtrauen, steht er bei denen doch im Verdacht, einseitig agierender Anwalt der Gefangenen zu sein.

Da sich beides nicht vereinen läßt, muß die Frage erlaubt sein, was der Sozialarbeiter überhaupt im Vollzug zu suchen hat?

Eingangs dieses Abschnittes wurde das Vollzugsziel erwähnt. Jedem Kenner der Materie ist klar, daß der Strafvollzug selbst beim besten Willen dieses Ziel nicht - oder nur in seltenen Fällen - erreichen kann. Zu groß sind die schädlichen Folgen der Freiheitsstrafe für den einzelnen, zu mangelhaft die personellen, materiellen und gesellschaftlichen Bedingungen für deren Beseitigung. Aktive Mitwirkung des Gefangenen an Behandlungsmaßnahmen setzt Einsicht voraus. Diese Einsicht ist nur bei wenigen Gefangenen von vorneherein vorhanden.

Vielen fehlt der aus ihrer aktuellen Lebenssituation entstehende Leidensdruck, der produktive Angriffsflächen konkreter lebenslagenverändernder Hilfen bieten könnte. Zunehmende Sprachlosigkeit und Gewalt auch in Gefängnissen sind Ausdruck kultureller und gesellschaftlicher Verschiebungen und Umwälzungen. Öffentliche Finanznot, Hoffungs- und Perspektivlosigkeit, steigende Gewaltbereitschaft und viele andere Erscheinungsformen spiegeln sich brennpunktartig verstärkt in der Lebenswelt der Gefängnisse wider.

Selbst unter günstigsten Umständen und Voraussetzungen in der Ausstattung der Vollzugsanstalten kann nicht erwartet werden, daß jahrzehntelang fehlgeleitete Sozialisation und verfestigtes delinquentes Verhalten binnen kurzer Frist geheilt wird. Über den Nürnberger Trichter zur Eingabe angepaßter und straffreier Verhaltensweisen verfügt auch der Vollzug nicht. Das Vollzugsziel muß deshalb Richtschnur und Leitlinie sein, und so ist es ja auch gedacht - als weitestgehende Zielvorgabe, auf die im Vollzug alle hinzuwirken ha-ben und alles auszurichten ist.

Genausowenig, wie das Vollzugsziel erreicht werden kann, beeinflußt der Vollzug die Kriminalitätsbelastung. Wenn auch methodisch nicht ein-wandfrei, sei mir folgendes Zahlenbeispiel erlaubt: Wenn ausweislich der hessischen polizeilichen Kriminalstatistik im Jahre 1992 in Hessen bei ca. 478.000 erfaßten Straftaten - ohne jede Berücksichtigung der Ergebnisse der Dunkelfeldforschung - 141.000 Tatverdächtigte ermittelt wurden und im gleichen Jahr durchschnittlich weit weniger als 5000 Gefangene in hessischen Vollzugsanstalten einsaßen (einschließlich der Untersuchungsgefangenen, von denen nur etwa jeder zweite später eine unbedingte Freiheitsstrafe antreten muß), erübrigt sich jedes weitere Nachdenken über mögliche kriminalitätsmindernde Wirkungen eines spezialpräventiv ausgerichteten Strafvollzuges auf die Gesamtkrimi-nalität.[27]

Es stellt sich die Frage nach dem generalpräventiven Effekt der Freiheitsstrafe. Bejaht man den, so entfernt man sich erneut von sozialpädagogischen Zielsetzungen und Überlegungen. Der Vollzug hat in dieser Sicht nur Sinn für die anderen draußen, die potentiellen Täter, die vor Straftaten abgehalten werden sollen. Mit denen drinnen hat das nur insoweit zu tun, als man sie als abschreckendes Beispiel braucht.

Auf der Suche nach dem Sinn des Freiheitsstrafvollzuges bleibt die Feststellung, daß der Vollzug vermutlich eine psychohygienische Funktion für Teile der Gesellschaft erfüllt. "Wenn diejenigen, die hinter hohen und dicken Gefängnismauern schmoren, die Bösen sind, dann muß ich als Außenstehender der Gute sein."

Die Möglichkeit solcher Kategorisierung mit Hilfe strafender Instanzen hält die Gesellschaft in einem - wenn auch trügerischen - Gleichgewicht. Gäbe es den Strafvollzug in dieser Funktion nicht, wüchse die ohnehin weitgehend irrationale Furcht vor Kriminalität und das indifferente Sicherheitsbedürfnis in der Bevölkerung weiter an. In der Folge müßte die Ausbreitung von Formen des Selbstjustiz und die Durchsetzung der Starken gegenüber den Schwachen befürchtet werden. Das kann keiner wollen - und so gesehen erfüllt der Strafvollzug an dieser Stelle eine wichtige Aufgabe.

Aber auch in Erfüllung dieser Aufgabe werden die Gefangenen in ihrer Gesamtheit als Sündenböcke gebraucht, wird ihre Individualität mißachtet und bleibt der Vollzug pädagogischen Intentionen verschlossen.

Was bleibt letztlich aber noch übrig? Worin ist der Sinn der Sozialarbeit im Strafvollzug denn dann überhaupt zu sehen?

Max Busch schreibt zur Frage der Handlungsfähigkeit von Sozialarbeit:

> "Neben den Argumenten repressiv orientierter Vertreter gegen Erziehung im Freiheitsentzug gibt es auch Stimmen aus erziehungswissenschaftlichen Kreisen, die ganz besonders aus dem Buchtitel "Damit Erziehung nicht zur Strafe wird"[28] deutlich werden. Hier soll Erziehung einerseits von allem Negativen, von Repression und Kontrolle freigehalten und andererseits nicht als Alibi oder auch als Rechtfertigung für Freiheitsentzug mißbraucht werden. Eine so 'unschuldige' und reine Erziehung kann es aber nicht geben, es sei denn in den Konstrukten lebensferner Phantasie. Erziehung findet immer in dieser unzulänglichen und vorläufigen Welt statt und ist stets unter nicht idealen Rahmenbedingungen zu realisieren, weil sie weder bis zum Idealzustand der Welt warten noch sich verweigern kann. Niemand wird ernsthaft bezweifeln, daß im Strafvollzug für jede befähigende Bemühung die Bedingungen extrem einengend sind (Subkultur, Personalmangel, kustodiale Organisation usw.). Wenn aber begriffen wird, daß Erziehung als solche ein oft mühsames, wenig Anerkennung findendes, ein mit Zumutung und Belastung verbundenes Geschäft ist, dann wird man auch unter den Bedingungen des Strafvollzuges handeln können."[29]

Der Strafvollzug gehört zu den Realitäten des Lebens. Mangels gangbarer Alternativen wird diese Gesellschaft auch - zumindest vorläufig - auf den Strafvollzug nicht verzichten können. Abgesehen von der Tatsache, daß der Strafvollzug zur sicheren Verwahrung einer Reihe sozial gefährlicher Gewohnheitstäter, die aber nur einen kleinen Teil des Insassenpotentials ausmachen, unentbehrlich ist, liegen bei der überwiegenden Anzahl der Inhaftierten eben doch schwerwiegende persönliche und soziale Störungen vor, die für deviantes Verhalten mit ursächlich sind und die ein umfassendes Angebot an qualifizierten psychosozialen und materiell-existentiellen Hilfeangeboten erfordern und rechtfertigen.

Auch wenn das Vollzugsziel nicht erreicht und die Kriminalitätsbelastung durch die Bemühungen des Strafvollzuges nicht gemindert wird, so haben die Gestrauchelten (wie auch die Tatopfer) Anspruch auf Hilfe und ein Recht auf Beachtung. Warum das alles erst soweit kommen mußte und ob es durch eine rechtzeitig greifende, bessere Sozialpolitik nicht hätte verhindert werden können, ist eine hypothetische Fra-ge, die an den Gegebenheiten nichts ändert. Professionelle Sozialarbeit muß sich diesen Realitäten stellen und darf sich nicht hinter unerreichbaren Idealen verstecken. Sie muß auf dem Boden der Tatsachen wir-ken, darf sich in ihren Zielsetzungen nicht überschätzen und mit ihren Ansprüchen nicht übernehmen. Nur so hat Sozialarbeit eine Chance, gegen erkannte Mangelzustände in dieser Gesellschaft aktiv Ver-änderungsprozesse einzuleiten und zu fördern und den Betroffenen wir-kungsvolle Hilfen anzubieten. Andernfalls wird sie handlungsunfähig.

Ist es aber bei aller Realitätsbezogenheit nicht so, daß Sozialarbeit vom Ansatz her nichts zu bestellen vermag, wenn gegenseitiges Vertrauen als notwendige Grundlage fehlt, und was kann Strafvollzug denn anderes bewirken als Mißtrauen?

Sozialpädagogisches Handeln im Strafvollzug wird durch diese Determiniertheit zweifelsfrei erschwert. Andererseits ist es nach meiner Erfahrung aber dennoch durchaus möglich, in einer mißtrauenerzeugenden Umgebung Vertrauen zu gewinnen. Unbedingte Voraussetzung dafür ist, daß in der Beziehung zwischen dem Sozialarbeiter, dem Gefangenen und dem übrigen Vollzugsstab Klarheit über die Möglichkeiten und Grenzen eigener Handlungskompetenzen besteht und daß sich alle Beteiligten auf die Einlösung gemeinsam festgelegter Vorgaben verlassen können. Das bedeutet, daß der Sozialarbeiter ständig bereit und in der Lage sein muß, Konflikte offenzulegen und auszutragen und setzt voraus, daß er selbst die institutionellen Vorgaben und Bedingungen seiner Handlungsmöglichkeiten kennt und die technischen und methodischen Fertigkeiten zu deren Umsetzung beherrscht.

Wenn der Gefangene im Umgang mit dem Sozialarbeiter die möglichen Konsequenzen seiner Mitteilungen und Handlungsweisen kennt und ihm die Entscheidungsfreiheit bleibt, sich mehr oder weniger intensiv in einen Prozeß des kommunikativen Austauschs einzulassen, so kann sich auf dieser Basis durchaus eine vertrauensvolle Beziehung entwickeln.[30] Ich will nicht sagen, daß der Sozialarbeiter in dieser Beziehung eine Vorbildfunktion für den Gefangenen übernehmen soll. Kein Mensch ist unfehlbar und wir alle sind mit Untugenden und Schwächen behaftet. Es klingt profan und ist doch wichtig: Der Gefangene muß sich auf das, was der Sozialarbeiter sagt, verlassen können und zwar gleichgültig, ob es für ihn mit positiven oder negativen Erfahrungen, mit Zuwendung oder Ablehnung, verbunden ist. Nur in der ernsthaften Auseinandersetzung miteinander, haben die Beteiligten die Chance, ernst genommen zu werden und sich ernst genommen zu fühlen. Gegenseitige Achtung, Beständigkeit und Zuverlässigkeit sind dabei wichtige Tugenden. Das ist auch möglich in einer Umgebung wie sie der Strafvollzug bietet - aber es ist viel schwerer einzulösen als anderswo.

Das Leben im Strafvollzug ist anders als das Leben draußen, und die Bemühungen um Angleichung der Lebensverhältnisse können daran nur symbolhaft etwas ändern. Strafvollzug beinhaltet repressive und entmündigende Elemente. Wie in allen totalen Instutionen mit eigenständigen Machtstrukturen besteht auch hier immer die Gefahr des Machtmißbrauchs, die Tendenz zu Depersonalisation und Inhumanität. Das ist überall gleich. Rechtsstaatlicher Strafvollzug zeichnet sich gegenüber dem Strafvollzug in Unrechtssystemen dadurch aus, daß er der Kontrolle einer Jurisdiktion unterworfen ist und von moralischen Instanzen beeinflußt wird, die solche Tendenzen nicht dulden und ihnen entgegenwirken. Neben den Gerichten, der breiten Masse des Vollzugsmitarbeiter, der interessierten Fachöffentlichkeit, der freien Presse usw. muß auch die Sozialarbeit aufgrund berufsethischer Positionen und Werte die Aufgabe einer solchen moralischen Instanz wahrnehmen. Seine Ausbildung und seine Fachkompetenz ermöglichen es dem Sozialarbeiter, Tendenzen zur Inhumanität und zum Machtmißbrauch frühzeitig zu erkennen, aufzudecken und zu bekämpfen.

Diese Tendenzen kann er nur dann rechtzeitig entdecken, wenn er sich im System selbst bewegt, vor Ort präsent ist und an den wesentlichen

Entscheidungsprozessen beteiligt wird. Insoweit wirkt professionelle Sozialarbeit im Strafvollzug vom Anspruch her nicht nur als Mittler im Prozeß der Wiedereingliederungsbemühungen des Gefangenen, sondern auch als kontrollierender und ausgleichender Faktor im Beziehungsgeflecht des Systems Strafvollzug selbst.

Alle diese Gründe zeigen, daß der Strafvollzug für die Sozialarbeit kein vorlorenes Terrain sein darf und daß ein nach den Prinzipien der Rechts- und Sozialstaatlichkeit ausgerichteter Strafvollzug auf die Mitwirkung der Sozialarbeiter angewiesen ist. Der Widerspruch zwischen sozialpädagogischen Wert- und Idealvorstellungen und der stets gegenläufigen Realität der Strafvollzugswelt ist nicht zu überwinden und muß als gegeben hingenommen werden. Das heißt aber nicht, daß sich die Sozialarbeit für alle Zeiten damit abzufinden hat. Vielmehr ist es ihre Aufgabe im gesellschaftlichen Kontext stets darauf hinzuwirken, daß es in naher oder ferner Zukunft möglich sein wird, auf den Strafvollzug ganz zu verzichten. Ich fürchte, bis es soweit ist, wird noch viel Zeit vergehen, und solange darf sich die Sozialarbeit ihrer Verantwortung auch im Strafvollzug nicht entziehen.

5. Was tun?

Unter Berücksichtigung der Unüberwindbarkeit des Widerspruchs zwischen sozialpädagogischen Idealvorstellungen und den Zielsetzungen des Strafvollzuges, bei dem gleichzeitigen Plädoyer für die Einbindung von Sozialarbeit in die Strafvollzugsanstalten, soll nun hinterfragt werden, wie denn die Freiräume für sozialpädagogisches Handeln unter den eingeschränkten Bedingungen ausgeweitet werden können. Hierzu thesenartig einige Überlegungen, die erweiterbar und ergänzungsbedürftig sind. Die Wahl der Reihenfolge läßt keinen Rückschluß auf Bedeutung und Gewichtung zu:

- Aufgrund vielschichtiger, übergeordneter wirtschaftlicher und soziokultureller Probleme unserer Zeit sind gesellschaftliche Randgruppen aus dem Blickfeld geraten - gleichzeitig aber neue entstanden. Dadurch ist auch die Reform des Strafvollzuges der Stagnation verfallen. Dieser Zustand muß beendet werden. Ursprüngliche Reformvorhaben, wie die Einbeziehung der Gefangenen in die Renten- und Krankenversicherung oder das leistungsgerechte Entgelt für die Gefangenenarbeit, müssen wieder zum Thema werden, damit der Strafvollzug nicht zum stumpfsinnigen Zeitabsitzen verkommt, sondern vom Gefangenen eine aktive Sühneleistung, wie etwa die Wiedergutmachung des durch seine Straftat entstandenen materiellen Schadens, verlangt werden kann.

- Der Behandlungsaspekt des Strafvollzugesetzes muß neu definiert werden. Die bloße Übertragung des medizinischen Behandlungsmodells ("Kriminalität als soziale Erkrankung erfordert Ursachenerforschung mittels Behandlungsuntersuchung und planvollen Einsatz diverser Behandlungsmaßnahmen zur Wiederherstellung der sozialen Gesundheit") ist überholt. Behandlungsansätze müssen unter Einbeziehung neuerer Erkenntnisse über die systemische Bedingtheit abweichenden Verhaltens überdacht werden.

- Die Zielorientierung strafrechtlicher Sanktionen muß sich von dem ursprünglichen Tat-Schuldausgleichsdenken verabschieden. Strafrechtliche Sanktionen müssen ausschließlich an der Behandlungsbedürftigkeit und -fähigkeit des Delinquenten und am Gesichtspunkt des unbedingt notwendigen Schutzes der Allgemeinheit vor gefährlichen Straftätern orientiert sein, wobei die Freiheitsstrafe die Ultima ratio bleiben bzw. werden muß. Dementsprechend sind die Möglichkeiten einer behandlungsorientierten Strafaussetzung zur Bewährung auszuweiten.

- Bei den Bemühungen um eine ganzheitliche Behandlung Straffälliger, darf auch das Leiden der Opfer von Straftaten nicht übersehen werden. Konstruktive und integrative Kriminalpolitik muß deshalb auch materielle und psychische Opferhilfe beinhalten.

- Die zunehmende Verrechtlichung von Handlungsabläufen im Strafvollzug und die damit verbundene Formalisierung führt zur Paralysierung kommunikativer Prozesse und muß einer permanenten Dialogbereitschaft aller Beteiligten weichen.

- Die durch Liberalisierungsmaßnahmen im Vollzugsablauf entstehenden Freiräume für die Gefangenen müssen durch sinnvolle und qualifizierte Betätigungsmöglichkeiten aufgefüllt werden. Eigenverantwortliches Handeln der Gefangenen muß gefördert werden. Dazu gehört auch der sinnvolle Einsatz und Ausbau von Mitwirkungs- und Mitbestimmungsmöglichkeiten.

- Die besonderen Fachdienste (Sozialarbeiter, Pädagogen, Psychologen usw.) im Vollzug müssen das Zusammenwirken ihrer jeweiligen Aufgabenbereiche deutlicher als bisher geschehen definieren, damit unnötige Überschneidungen im Behandlungs- und Betreuungsprozeß und das Einbringen kontraindizierter Maßnahmen im Behandlungsablauf weitgehend vermieden werden. Auf diese Weise wird auch ein effizienterer Einsatz des vorhandenen Personals gefördert.

- Ansätze neuer anstaltsinterner und überregionaler Organisationsformen, die Einrichtung des Wohngruppenvollzuges, der Ausbau des offenen Vollzuges, die Verlagerung von Verantwortungsbereichen usw. müssen weiter intensiviert und vorangebracht werden.

- Die Frage eines eingeschränkten Zeugnisverweigerungsrechts für Sozialarbeiter ist neu zu diskutieren. Jedenfalls müssen bestehende Rechtsunsicherheiten in diesem Bereich und in den Bereichen der Schweigepflicht und des Datenschutzes beseitigt werden.

- Der Tätigkeitsbereich des Sozialarbeiters muß sich verstärkt auch auf das soziale Umfeld des Inhaftierten außerhalb der Anstalt beziehen. Durchgehende und ganzheitliche Behandlungsarbeit kann nicht am Anstaltstor enden. Einsatz und Arbeitszeit der Sozialarbeiter müssen noch stärker flexibilisiert werden und sich an den Bedingungen des Tagesablaufs der Gefangenen orientieren. Arbeitseinsätze an Sonn- und Feiertagen und in den Abendstunden bei entsprechendem Freizeitausgleich dürfen dabei kein Tabu sein.

- Die Zusammenarbeit mit Anlauf- und Beratungsstellen der freien und behördlichen Straffälligenhilfe muß ständig überprüft und intensiviert werden. Die Kontakte zu diesen Stellen sollten nach Möglichkeit ständig gepflegt und ausgebaut werden.

- Qualifizierte externe und ehrenamtliche Kräfte müssen verstärkt geworben und in den Vollzugsablauf einbezogen werden. Wo immer möglich, sollte sich der Vollzug durch Einbindung gesellschaftlicher Institutionen und Kräfte der Außenwelt öffnen.

- Materielle Ausstattung, personelle und räumliche Arbeitsbedingungen der Sozialarbeiter und die Wirkungsmöglichkeiten für die Sozialarbeit müssen deutlich verbessert werden. Damit verbunden ist auch eine Entlastung von überflüssigen formalistischen Tätigkeiten und die Übertragung rein administrativer Arbeiten auf Hilfskräfte. Extern geleitete Einzel- und Gruppensupervision sind integraler Bestandteil professioneller Sozialarbeit und müssen daher institutionalisiert werden. Das Angebot einer breiten Palette qualifizierter Fort- und Weiterbildungsmöglichkeiten für Sozialarbeiter sowie disziplinärer und interdisziplinärer Informationsaustausch - auch im internationalen Bereich - müssen zur Selbstverständlichkeit werden.

- Organisation, Aufgabenverteilung und Zusammenwirken der sozialen Dienste in der Justiz (Sozialarbeit im Vollzug, Bewährungshilfe, Gerichtshilfe) müssen unter Einbeziehung der Jugendgerichtshilfe neu überdacht werden. Dabei sind vor allem die Fragen der Dienst- und Fachaufsicht zu berücksichtigen. Die bisherigen Strukturen haben sich für den Prozeß einer durchgängigen Betreuungsarbeit als eher hemmend erwiesen. Sie fördern Konkurrenzdenken und stehen einer konstruktiven Zusammenarbeit im Wege.

Anmerkungen:

1. Hans Pfaffenberger, Sozialpädagogen/Sozialarbeiter - auf dem Wege zu einem modernen Dienstleistungsberuf? aus: Theorie und Praxis der sozialen Arbeit, Heft 12/78, S. 442

2. § 2 StVollzG vom 16.3.76, in Kraft getreten am 1.1.77

3. § 4 StVollzG, a.a.O.

4. § 3 StVollzG, a.a.O.

5. § 154 StVollzG, a.a.O.

6. § 155 StVollzG, a.a.O.

7. Bei der DVollzO vom 1.12.61 handelte es sich um eine Verwaltungsvorschrift

8. Nr. 28 DVollzO, a.a.O.

9. Nr. 29 DVollzO, a.a.O.

10. am 30.9.81 durch die Mitgliederversammlung der Bundesarbeitsgemeinschaft der Sozialarbeiter/-pädagogen bei den Justizvollzugsanstalten in Ulm verabschiedet

11. Erlaß des HMdJ vom 7.5.81, JMBl. 1981, S. 224 f.

12. Erlaß des HMdJ vom 14.1.92, JMBl. 1992, S. 83 f.

13. Gustav Radbruch, Einführung in die Rechtswissenschaft, Leipzig 1929,8.Aufl.,S.105 f.

14. Immanuel Kant, Metaphysik der Sitten, Bd. VIII der Theorie-Werkausgabe, Ffm. 1968, S. 452 ff.

15. § 46 StGB vom 15.5.1871 i.d.F. der Bekanntmachung vom 10.3.1987 (BGBl. I S.945)

16. Gustav Radbruch, a.a.O., S. 107

17. § 2 StVollzG, a.a.O.

18. Helmut Ostermeyer, Hexeneinmaleins der Resozialisierung, in: Päd.extra Sozialarbeit, 4. Jahrgang, Heft 10, Bensheim 1980, S. 36

19. §§ 162 ff. StVollzG, a.a.O.

20. § 3 StVollzG, a.a.O.

21. § 2 StVollzG, a.a.O.

22. Winfried Hassemer, Strafrechtsdogmatik und Kriminalpolitik, Hamburg 1974, S. 59

23. vgl. Thomas Feltes, Ist der Strafvollzug am Ende?, ZfStrVo Heft 6, 1984, S. 198

24. Albert Krebs, Von der Tugend "Vertrauen" als Triebkraft in der Sozialarbeit - Erfahrungen aus einem sechzigjährigen Berufsleben, in: ZfStrVo Heft 6, 1982,S. 348 ff.

25. Helmut Ortner, Plädoyer für eine "befreiende Sozialarbeit" - Gegen Sozialtechnik im Strafvollzug, aus: Freiheit statt Strafe, Ffm. 1982, S. 110 f.

26. Als nur teilweise tauglicher Beleg dafür sei an dieser Stelle auf einen Beschluß des Disziplinarhofs beim Verwaltungsgerichtshof Baden-Württemberg vom 16. Juli 1990, Az. - DH 10/90 - -, hingewiesen

27. Quelle: Polizeiliche Kriminalstatistik des Landeskriminalamtes Hessen für das Jahr 1992, Wiesbaden 1993, S. 9, 83

28. Max Busch nimmt dabei Bezug auf eine Arbeit von Siegfried Müller und Hans Otto (Hrsg.), Bielefeld 1986, die die verhängnisvolle Allianz von Pädagogik und Justiz beklagen. Es sei aber eine Illusion zu glauben, daß eine kontroll- und zumutungsfreie Pädagogik ohne jeden Anteil an Zwang oder zumindest "vorweggenommener" Zustimmung möglich ist. Das Verhältnis einer realistischen Pädagogik zu einer Justiz, die ihre Grenzen erkennt und Erziehung nicht usurpiert und selbst definieren will, bedürfe weiterer Klärung.

29. Max Busch, Erziehung als Strafe, ZfStrVo, Heft 3, 1990, S. 137

30. Der Beitrag von Albert Krebs in dem Band "Pädagogik in Selbstdarstellungen", hrsg. von Ludwig Pongratz (Bd. IV, Hamburg 1982, S. 154 ff.) enthält dazu eine Reihe von Beispielen aus seiner Tätigkeit als Fürsorger und später Anstaltsleiter in der thüringischen Strafanstalt Untermaßfeld zwischen 1923 und 1933.

Hessischer Jugendstrafvollzug unter veränderten Bedingungen

Ein Bericht über die Überprüfung der Jugendvollzugsanstalten Rockenberg und Wiesbaden

Karl Heinrich Schäfer

1. Vorbemerkung

Entweichungen aus der Justizvollzugsanstalt Rockenberg im Sommer 1993 hatten im Zusammenhang mit besonderen Vorkommnissen in anderen hessischen Justizvollzugsanstalten dem Hessischen Ministerium der Justiz als Aufsichtsbehörde für den Justizvollzug in Hessen Veranlassung gegeben, die Situation im männlichen Jugendvollzug in Hessen einer besonderen Überprüfung zu unterziehen.

Der Leiter der Justizvollzugsanstalt Rockenberg wurde beauftragt, ein Gutachten zur Frage der Notwendigkeit einer Fortentwicklung des Jugendstrafvollzuges im Hinblick auf aktuelle Veränderungen der Gefangenenpopulation zu erarbeiten. Gleichzeitig wurde eine Arbeitsgruppe "Jugendvollzug" gebildet, die sich aus dem Leiter der Justizvollzugsanstalt Frankfurt am Main III, dem Leiter des Kriminologischen Dienstes, dem Vollzugsdienstleiter der Justizvollzugsanstalt Darmstadt und dem Autor als Referatsgruppenleiter für Organisation und Gestaltung des Vollzugs im Hessischen Ministerium der Justiz zusammensetzte. Der zuständige Referatsleiter für Jugendvollzug im Hessischen Ministerium der Justiz war in die Beratungen der Arbeitsgruppe einbezogen.

Der Arbeitsauftrag umfaßte die Überprüfung sowohl der baulichen und personellen Situation als auch der einzelnen Sicherungsmaßnahmen in den beiden Jugendanstalten. Nicht zuletzt sollte auch organisatorischen und strukturellen Fragen (unter Einbeziehung von Beobachtungen und Feststellungen zur Arbeitsatmosphäre und Motivation der Mitarbeiterinnen und Mitarbeiter) nachgegangen werden. Hierbei sollten die

Kommunikations- und Entscheidungsfaktoren innerhalb der Anstalten untersucht werden. Schließlich sollte die Bedeutung der Veränderungen der Gefangenenklientel auf die Konzeption der Jugendanstalten in die Überlegungen einbezogen werden. Untersucht werden sollten dabei Entwicklung und mögliche Veränderungen in den genannten Bereichen in den letzten 10 Jahren.

Zur Überprüfung standen der Arbeitsgruppe zur Verfügung die Jahresberichte der Anstalten, die Berichte der Aufsichtsbehörde über durchgeführte Sicherheitsüberprüfungen gemäß § 151 StVollzG, Einzelerlasse und Berichte zu Personal- und Sicherheitsfragen und zur Anstaltsorganisation und -konzeption. Zur Überprüfung lagen weiter vor die Geschäftsverteilungspläne, Besetzungspläne und Hausverfügungen. Ausgewertet wurden auch Belegungsübersichten mit besonderen Daten zur Gefangenenklientel, Zahlen zu Disziplinarmaßnahmen und besonderen Vorkommnissen. Weitere Erkenntnisquellen waren Gespräche mit den Anstaltsleitungen und den Mitgliedern der Personalvertretungen, die Teilnahme an Konferenzen und Gespräche mit Mitarbeiterinnen und Mitarbeitern der einzelnen Fachdienste. Hinzu kam eine intensive Begehung und Besichtigung der Anstalten.

Der Bericht über die Überprüfung der Justizvollzugsanstalt Rockenberg wurde im November 1993, der Bericht bezüglich der Justizvollzugsanstalt Wiesbaden im Mai 1994 dem Hessischen Ministerium der Justiz vorgelegt. Nachfolgend werden ausgewählte Ergebnisse der Untersuchung, insbesondere die Feststellungen zur Veränderung der Gefangenenklientel dargestellt.

2. Bauliche Situation

Die Justizvollzugsanstalt Rockenberg wurde von 1975 bis 1979 nach modernen Vollzugsmaßstäben umgebaut und besteht jetzt aus folgenden Gebäuden:

Im geschlossenen Strafhaftbereich befinden sich vier Unterkunftsgebäude mit je 40 Haftplätzen. Jedes Haus ist in zwei Stationen unterteilt, diese baulich noch einmal in zwei Gruppeneinheiten. Derzeit werden beide Einheiten zu einer Wohngruppe von ca. 20 Gefangenen zusammengefaßt. Auf der Station und in den Kellergeschossen befinden sich Freizeit- und Gemeinschaftsräume.

Im Mittelbereich der Anstalt befindet sich ein Gebäude mit Küche, Bäckerei und Besucherraum. Weitere Besucher- und Sprechräume befinden sich in einem Anbau. In der Mitte des Anstaltsgeländes liegt neben dem Sportplatz das moderne Kammergebäude, das gleichzeitig die Zentrale, Verwaltungsräume und Vollzugsdienstleitung, zwei Lehrwerkstätten und weitere Wirtschaftsräume enthält.

Der "alte" Anstaltsbereich besteht aus drei Flügeln in U-förmiger Anordnung: dem alten Klosterbau mit zwei Stationen für 30 Untersuchungsgefangene, dem Krankenpflegebereich und dem alten Werkstättengebäude mit sechs Ausbildungsbetrieben, zwei Unternehmerbetrieben und Schulräumen. Der mittlere Flügel besteht aus der Rokokokirche und dem Verwaltungstrakt.

Zwischen der neuen Außenpforte und der alten Innenpforte befindet sich die Abteilung "offener Vollzug", bestehend aus je einem Freigänger- und einem Abgangshaus mit 10 bzw. 11 Plätzen.

Neben dem Sportplatz ist eine große Sporthalle mit Unterrichtsräumen für den Schulbetrieb errichtet und 1985 in Betrieb genommen worden. Anstelle des 1966 errichteten und 1989 abgerissenen ehemaligen "Neubaus" eines Unterkunftsgebäudes ist ein neues Mehrzweckgebäude errichtet worden, in dem eine neue Kfz-Lehrwerkstatt, eine Lehrküche, eine Lehrbäckerei, ein Arbeitsbetrieb, Wirtschaftsräume für die Küche und außerdem Hafträume mit entsprechenden Freizeiträumen untergebracht sind.

Die Justizvollzugsanstalt Wiesbaden wurde in den Jahren 1959 bis 1963 errichtet. Es war der zweite Anstaltsneubau in Hessen und der erste für den Vollzug der Jugendstrafe in der Bundesrepublik Deutschland nach dem Krieg.

Im Norden der Anstalt befinden sich die im Pavillon-Stil errichteten fünf doppelstöckigen Unterkunftsgebäude, von denen zwei in den Jahren 1991 bis 1993 durch Umbau und Anbau von Werkgebäuden für den Vollzug der Untersuchungshaft hergerichtet wurden.

Im separaten Verwaltungsgebäude befinden sich neben Büroräumen und Konferenz- und Sozialräumen für die Bediensteten eine Zu- und Abgangsabteilung mit 10 Hafträumen für Durchgangsgefangene sowie sechs Präsenzräume für die Gefangenen, die gerichtliche Termine wahrzunehmen haben. Im Verwaltungsgebäude sind ferner die Kammer, fünf Unterrichtsräume und die Anstaltskirche untergebracht.

Im Westteil der Anstalt wurden bis 1989 drei neue Unterkunftsgebäude erstellt; jedes dieser Gebäude bietet Raum für 60 Gefangene. Mit der Verteilung auf drei übereinander angeordnete Ebenen, auf denen jeweils zwei voneinander abschließbare Bereiche geschaffen wurden, bietet sich nun die Möglichkeit, Wohngruppen mit 10 oder mit 20 Gefangenen zu gestalten.

Im Südteil der Anstalt befinden sich die Werkhallen. Unmittelbar angrenzend steht seit 1984 eine großzügige Sporthalle. Zwischen Sporthalle und Außenmauer befindet sich ein Sportplatz mit einem Kunstrasenbelag. In der Mitte des Anstaltsgeländes zwischen Küchengebäude und dem neuen Unterkunftsgebäude A wurde ein Aufsichtsturm errichtet, in dem sich die Anstaltszentrale mit allen wesentlichen Sicherheits- und Meldesystemen befindet.

Beide Jugendanstalten sind gemäß ihrer Zweckbestimmung im Hinblick auf den Sicherheitsstandard der Sicherheitsstufe II zugeordnet. Sie verfügen daher über keine besonderen Außen- und Mauersicherungen durch Wachtürme. Wegen des Charakters einer Jugendanstalt war auch auf eine zusätzliche Sicherung der Außenmauer durch S-Draht und/oder Kameraüberwachung bisher verzichtet worden. Der Außenbereich der 4,50 m hohen Mauer in Wiesbaden ist von einem Drahtzaun umgeben. Zwischen Mauer und Drahtzaun sind in einem "Sicherheitsstreifen" zwei Rollen Draht angebracht.

3. Personelle Situation

Am 01.01.1994 waren den beiden Anstalten folgende Planstellen zugewiesen:

Berufsgruppen	Rockenberg	Wiesbaden
Höherer Dienst		
Juristen	1	1
Ärztlicher Dienst	1	1
Psycholog. Dienst	3	4
	1	-
Gehobener Dienst		
Vollzugs- und Verwaltungsdienst	4	4
Pädagog. Dienst	4	4
Sportlehrer	1	1
Fachlehrer	2	-
Gartenbauingenieur	-	1
Sozialdienst	12	12
Mittlerer Dienst		
Vollzugs- und Verwaltungsdienst	13	18
Werkdienst	14	14
Krankenpflegedienst	1	2
allgemeiner Vollzugsdienst	103	132
Arbeiter	1	5
Gesamt	161	199

Die seelsorgerliche Betreuung wird in Rockenberg von je 1 hauptamtlichen evangelischen und katholischen Pfarrer, in Wiesbaden von 1 evangelischen Pfarrerin und 1 evangelischen Pfarrer (je 1/2) und einem katholischen Seelsorgehelfer i.V.m. einem nebenamtlich tätigen katholischen Pfarrer wahrgenommen. Die Seelsorger sind keine Landesbediensteten.

4. Organisationsstruktur

Beide Jugendanstalten sind organisatorisch in drei Ebenen gegliedert: Leitungsebene, Abteilungsebene und Wohngruppenebene. Die Wohngruppen sind jeweils in übergreifende Vollzugseinheiten (Vollzugsabteilungen) zusammengefaßt.

In der Justizvollzugsanstalt Rockenberg gibt es die Vollzugsabteilungen "offener Vollzug" (geleitet durch einen Psychologen), "geschlossener Vollzug I", "geschlossener Vollzug II" und "Untersuchungshaft und Zugang" (alle geleitet durch die stellvertretende Anstaltsleiterin, die ebenfalls Psychologin ist). Die Abteilungen des geschlossenen Vollzuges bestehen aus acht Wohngruppen mit ca. 20 Gefangenen. Jede Wohngruppe wird von einem Team, bestehend aus einer Sozialarbeiterin oder einem Sozialarbeiter (im Zugang ein Psychologe) und sechs fest zugeordneten Bediensteten des allgemeinen Vollzugsdienstes betreut. Zu den Aufgaben der Wohngruppenteams gehören im wesentlichen die Versorgung, Betreuung und Beaufsichtigung der Gefangenen und die Entscheidung bzw. Vorbereitung der Entscheidungen zu Vollzugslockerungen sowie die Entscheidungen über Erziehungsmaßnahmen bei einfachen Pflichtverstößen der Jugendlichen. Bei der Entscheidungsfindung hat jedes Teammitglied gleiches Stimmrecht. Die Sozialarbeiterin oder der Sozialarbeiter hat zusätzlich die Funktion der Teamkoordination ohne Weisungsbefugnis.

In der Justizvollzugsanstalt Wiesbaden sind die Unterkunftsgebäude zusammengefaßt zu den Vollzugsabteilungen "Strafhaft A", "Strafhaft B", "Strafhaft C", "Zugang" und "Untersuchungshaft", die jeweils von einem Vollzugsabteilungsleiter aus dem Psychologischen Dienst oder dem Sozialdienst geleitet werden. Dem allgemeinen Vollzugsdienst einer Abteilung steht ein Bereichsleiter vor.

Jeweils eine Wohnebene mit 20 Gefangenen wird durch ein Wohngruppenteam betreut, dem jeweils drei Bedienstete des allgemeinen Vollzugsdienstes und ein Sozialarbeiter fest zugeordnet sind. In den übrigen Abteilungen bilden ebenfalls jeweils zugeordnete Bedienstete ein Hausteam.

5. Belegungssituation

Die Justizvollzugsanstalten Rockenberg und Wiesbaden erfahren ihre Zweckbestimmung durch den Vollstreckungsplan des Landes Hessen.

Danach wird in Rockenberg vollzogen:

- Untersuchungshaft für männliche junge Gefangene aus den Landgerichtsbezirken Gießen, Hanau, Marburg und Limburg;
- Jugendstrafe jeder Dauer für junge männliche Verurteilte zwischen dem 14. und 19. Lebensjahr;
- Jugendstrafe für Heranwachsende zwischen dem 20. und 24. Lebensjahr im Rahmen des Ausbildungsverbundes mit der Justizvollzugsanstalt Wiesbaden.

Wiesbaden ist zuständig für:

- Untersuchungshaft von männlichen jungen Gefangenen aus den Landgerichtsbezirken Darmstadt, Frankfurt, Limburg und Wiesbaden;
- Jugendstrafe an Heranwachsenden, die das 20. Lebensjahr vollendet haben.

Die normale Belegungsfähigkeit der Justizvollzugsanstalt Rockenberg beträgt für den geschlossenen Vollzug einschließlich Untersuchungshaft 174 Gefangene, für den offenen Vollzug 11 Gefangene, zusammen 185

Gefangene. Im Jahre 1992 betrug die Durchschnittsbelegung 177 Gefangene.

Abb.1

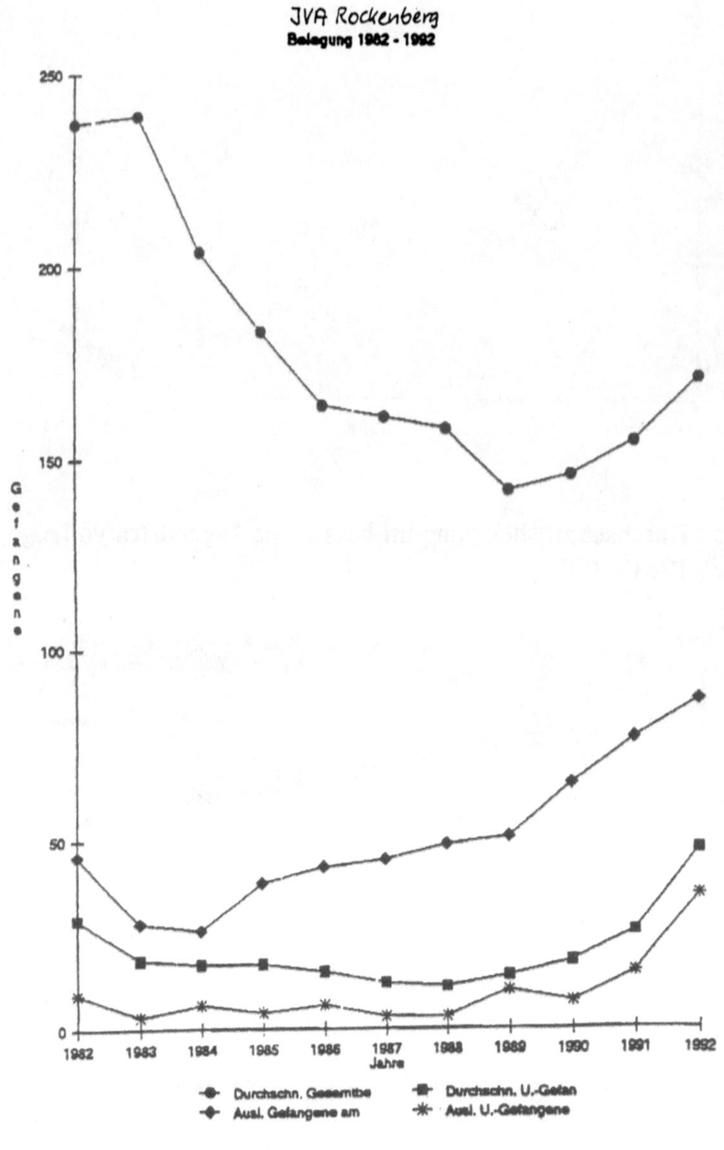

Abb. 2: JVA Wiesbaden: Durchschnittsbelegung im geschlossenen Vollzug 1984 - 1993

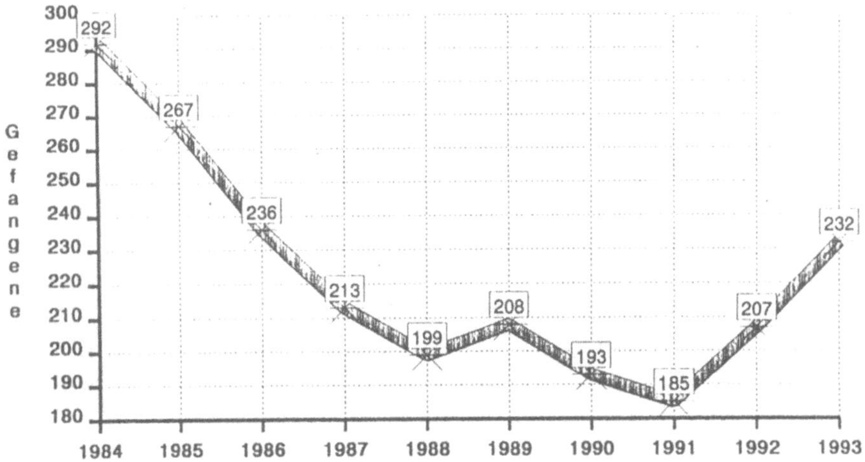

Abb. 3: Durchschnittsbelegung im hessischen Jugendstrafvollzug 1984 - 1993

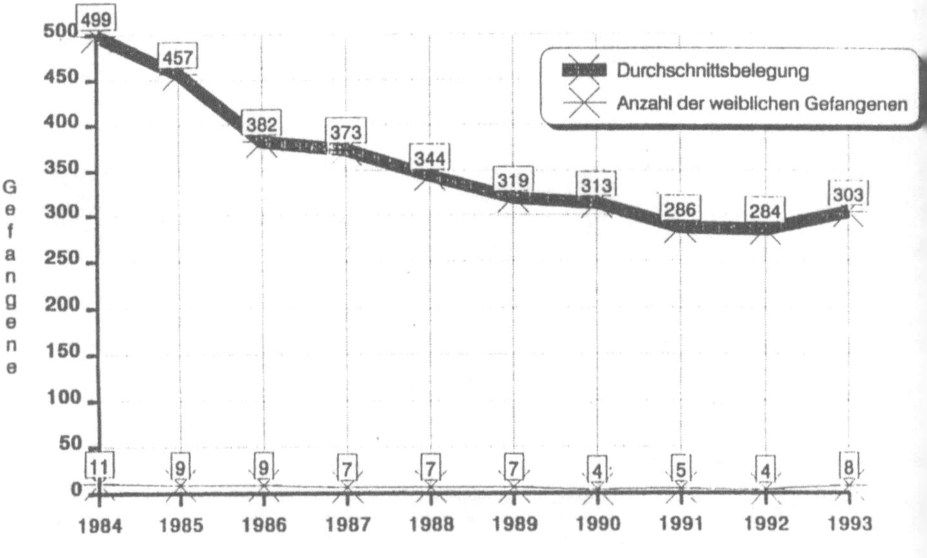

Abb. 4: Untersuchungshaft an jungen Gefangenen im hessischen Justizvollzug 1984 - 1993 (Stichtag: 31. März)

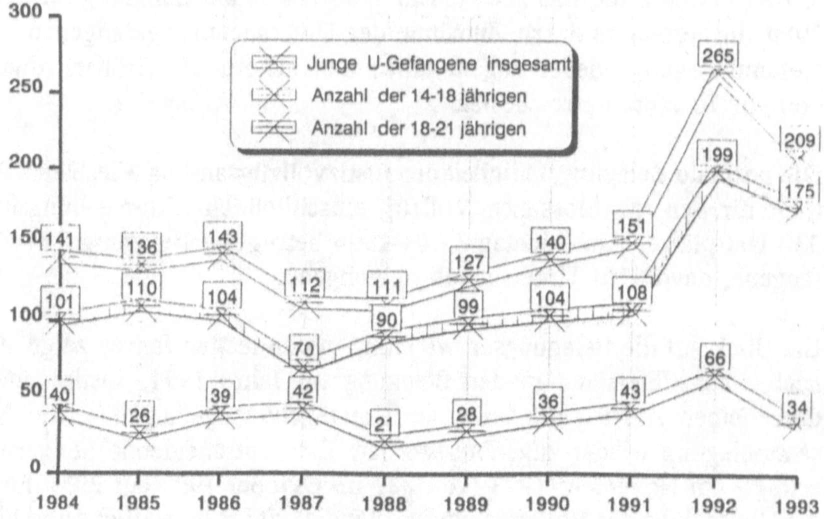

Abb. 5: Ausländische Gefangene im Jugendvollzug in Hessen

Stichtag	JVA Rockenberg	JVA Wiesbaden
31.03.1985	41 Gefangene = 14,4 %	32 Gefangene = 16,9 %
31.03.1987	40 Gefangene = 14,9%	38 Gefangene = 22,4 %
31.03.1988	44 Gefangene = 24,4%	43 Gefangene = 22,4%
31.03.1989	50 Gefangene = 31,1%	61 Gefangene = 28,5 %
31.03.1990	60 Gefangene = 43,1 %	66 Gefangene = 30,8 %
31.03.1991	82 Gefangene = 50,0 %	70 Gefangene = 36,5%
31.03.1992	89 Gefangene = 48,4 %	91Gefangene = 40,8 %
31.03.1993	88 Gefangene = 46,8 %	94Gefangene = 42,0 %

Am Stichtag 30.09.1993 betrug die Belegung 190 Gefangene, davon 50 Untersuchungsgefangene. Ein Blick auf die Belegungsentwicklung in den letzten Jahren zeigt, daß nach einem Tiefstand in der Belegung im Jahre 1989, insbesondere durch Zunahme der Untersuchungsgefangenen, die Gesamtbelegung wieder zugenommen und nahezu die Größenordnung von vor 10 Jahren erreicht hat.

Die normale Belegungsfähigkeit der Justizvollzugsanstalt Wiesbaden beträgt für den geschlossenen Vollzug einschließlich Untersuchungshaft 330 Haftplätze. Am Stichtag 31.01.1994 betrug die Belegung 314 Gefangene, davon 161 Untersuchungsgefangene.

Ein Blick auf die Belegungsentwicklung in den letzten Jahren zeigt, daß nach einem Tiefstand in der Belegung im Jahre 1991, insbesondere durch einen Anstieg der Zahl der Untersuchungsgefangenen, die Gesamtbelegung wieder zugenommen hat. Eine entscheidende Steigerung erfolgte im November 1993 (von 227 im Oktober 1993 auf 293) durch die Übernahme der Vollstreckungszuständigkeit für jugendliche und heranwachsende Untersuchungsgefangene aus dem Landgerichtsbezirk Frankfurt.

Der Anteil von ausländischen Gefangenen im hessischen Jugendvollzug war im Gegensatz zum Erwachsenenvollzug bis 1988 relativ unbedeutend (Stichtag 31.03.1988: Rockenberg - 24,4 % und Wiesbaden - 20,7 %). Seit der Stichtagserhebung 31.03.1989 sind in beiden Jugendanstalten auffallende Steigerungen des Ausländeranteils zu verzeichnen.

Wegen weiterer Einzelheiten wird auf die Aufstellungen zur Belegungssituation in der Justizvollzugsanstalt Rockenberg von 1982 bis 1992, zur Belegungssituation in der Justizvollzugsanstalt Wiesbaden von 1984 bis 1993, zur Durchschnittsbelegung im hessischen Jugendstrafvollzug von 1984 bis 1993, zur Untersuchungshaft an jungen Gefangenen im hessischen Vollzug von 1984 bis 1993 und zum Ausländeranteil in den beiden Jugendanstalten von 1985 bis 1993 verwiesen.

6. Deliktverteilung

In allen Gesprächen mit Anstaltsleitungen, Personalvertretungen und Mitarbeiterinnen und Mitarbeitern der einzelnen Fachdienste wurde zum Ausdruck gebracht, daß in den letzten Jahren die Zahl der gewalt- und risikobereiten, suchtabhängigen und psychisch auffälligen Gefangenen deutlich zugenommen habe, was zu erheblichen Veränderungen in der Arbeit der Anstalt und im Klima geführt habe. Es gebe inzwischen Aggressivität gegenüber Bediensteten, dadurch häufig Absonderungen und disziplinarische Maßnahmen. Die Subkultur dominiere, schwache Jugendliche könnten von Bediensteten kaum geschützt werden.

Hinsichtlich der Gefangenenklientel wurde zunächst eine Überprüfung der Entwicklung in der Deliktverteilung der in Rockenberg einsitzenden Gefangenen in den letzten 10 Jahren vorgenommen. Als Quellen wurden die zum 31.03. eines jeden Jahres vorgenommenen Stichtagserhebungen herangezogen. Wegen der Einzelheiten wird auf die nachfolgende Grafik Bezug genommen.

Auffällig ist die starke Abnahme der "nur" wegen Diebstahls verurteilten Jugendlichen und -gewissermaßen gegenläufig - ein Ansteigen der wegen Raubes verurteilten Jugendlichen. Im Bereich der Körperverletzungsdelikte ist ein Rückgang festzustellen, während Verstöße gegen das Betäubungsmittelgesetz vermehrt zu verzeichnen waren. Hinsichtlich der Deliktverteilung unter den Gefangenen legte die Justizvollzugsanstalt Wiesbaden zwei Aufstellungen über die Jahre 1992 und 1993 vor. Bei in etwa gleichbleibenden Zahlen von wegen Diebstahls verurteilten Jugendlichen und Heranwachsenden war - wie bereits bei der Justizvollzugsanstalt Rockenberg - bei Raub und Verstößen gegen das Betäubungsmittelgesetz eine leichte Steigerung zu verzeichnen. Auf eine besondere Auswertung der Stichtagserhebungen wurde hinsichtlich der Justizvollzugsanstalt Wiesbaden verzichtet. Aus der von der Anstalt für 1981 geführten Statistik über Tätlichkeiten gegenüber Bediensteten (1 bis 2 Fälle pro Jahr), Disziplinarmaßnahmen (1993: 383) und besonderen Sicherungsmaßnahmen (1993: 63) ergeben sich keine signifikanten negativen Veränderungen.

Abb. 6

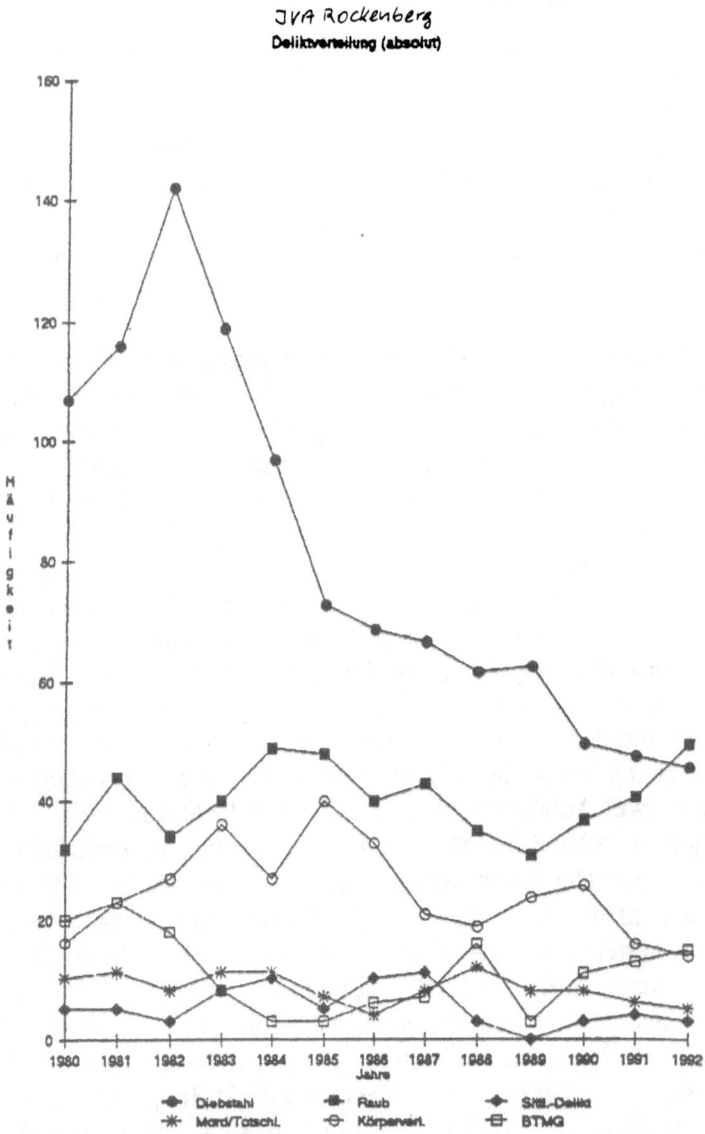
JVA Rockenberg
Deliktverteilung (absolut)
Häufigkeit
0
20
40
60
80
100
120
140
160
1980
1981
1982
1983
1984
1985
1986
1987
1988
1989
1990
1991
1992
Jahre
Diebstahl
Raub
Sittl.-Delikt
Mord/Totschl.
Körperverl.
BTMG

Die Justizvollzugsanstalt Wiesbaden führte außerdem ein besonderes Drogenkontrollprogramm durch. Nach diesem Programm unterziehen sich Gefangene, die eine Drogenproblematik haben, auf freiwilliger Basis Urintests. Das Ergebnis der Tests wird u.a. zur Entscheidung über Vollzugslockerungen herangezogen. Im Jahr 1993 wurden 2.638 Urinkontrollen durchgeführt, von denen 151 positiv ausfielen. Nach den Erhebungen der Anstalt hatten 63 % der im Jahr 1992 inhaftierten Gefangenen vor der Haft mehr als nur beiläufig Drogen konsumiert. 1989 hatte dieser Anteil noch 47 % betragen.

7. Auswirkungen auf die Vollzugsgestaltung

In Rockenberg berichteten die Mitarbeiterinnen und Mitarbeiter von einer Belastung der Wohngruppenarbeit durch eine Überbelegung der einzelnen Wohngruppen. Der bisherige erzieherische oder behandlerische Anspruch sei in Anbetracht der Mehrfachbelegung von Einzelhafträumen nicht mehr aufrecht zu erhalten. Durch die Mehrfachbelegung sei auch die Aggressionsbereitschaft der Jugendlichen insgesamt erhöht worden. Sehr negativ wirke sich die Vermischung von Straf- und Untersuchungshaft aus. Trotz aller Bemühungen, beide Vollzugsformen zu integrieren, sei dies wegen der kurzen Verweildauer der Untersuchungsgefangenen und oft auch wegen der sprachlichen Barrieren nicht möglich. Man habe nun "Frankfurter Verhältnisse", ohne daß dieser Entwicklung ausreichend Rechnung getragen werde.

Bei den Gesprächen der Arbeitsgruppe mit den Mitarbeiterinnen und Mitarbeitern der einzelnen Fachdienste in Wiesbaden stand die Beschreibung der Entwicklung und der Bedeutung der Wohngruppenteams - wie schon in Rockenberg - am Anfang der Erörterung. Die Zeit nach 1990 sei zunächst nach Einrichtung der Untersuchungshaft durch Überbelegung und räumliche Enge gekennzeichnet gewesen. In den Folgejahren sei die Arbeit der Anstalt durch die Überstundenbelastung des allgemeinen Vollzugsdienstes geprägt gewesen. Gegen Ende der 80-er Jahre sei die Durchschnittsbelegung der Anstalt zurückgegangen, es sei eine gewisse Entlastung eingetreten, die Anstalt sei geprägt gewesen durch den Neubau der Häuser und die damit verbundenen Vorbereitungen auf Einrichtung des Wohngruppenvollzuges und die Umstellung auf Arbeit in Vollzugsabteilungen. Abgeschreckt durch Erfahrungen aus Besuchen anderer Anstalten sei das Hauptziel gewesen, zu verhindern, daß sich in den Wohngruppen zu starke subkulturelle Einflüsse breitmachten. In jüngster Zeit habe der Anstieg der Untersuchungsgefangenen, die z.T. im Bereich der Strafhaft unterzubringen seien, zu einigen Unruhen geführt. In beiden Anstalten wurde auch thematisiert, daß sich die Vollzugssituation durch den erhöhten Anteil der nichtdeutschen Jugendlichen erheblich verändert habe. Es dauere sehr lange, bis man sich mit ihnen verständigen könne. Bisher gültige Behandlungs- und Betreuungskonzepte müssten wegen der Veränderung der Klientel aufgegeben werden. Auf jeden Fall seien die Mitarbeiterinnen und Mitarbeiter vor Ort unsicher geworden. In diesem Zusammenhang sind auch einzelne Äußerungen von Bediensteten zu bewerten, daß im Wohngruppenvollzug nicht nur Vorteile zu sehen seien. Dadurch, daß 10 bis 20 Gefangene ständig um den Bediensteten "herum" seien, sei der unmittelbare Druck auf den Bediensteten erheblich gestiegen.

Die überwiegende Mehrheit der Mitarbeiterinnen und Mitarbeiter beschrieb jedoch die Vorteile des Wohngruppenvollzugs und den Wunsch vieler Bediensteter, eigenverantwortlicher zu arbeiten. Im Wohngruppenvollzug würden die Bediensteten durch die Nähe zu den Gefangenen mehr gefordert, konsequentes Handeln und Solidarität seien stärker gefragt.

8. Konsequenzen

Die Erkenntnis, daß Sicherheit nicht allein durch instrumentelle, bauliche und administrative Maßnahmen erreicht werden kann, sondern erst durch eine intensive Beschäftigung mit den Gefangenen garantiert wird, brauchte in den beiden Anstalten nicht erst geweckt werden. Die klare Aufgabenverteilung, die Verlagerung von Entscheidungskompetenzen auf die einzelnen Vollzugsbereiche und die gemeinsame Verantwortlichkeit aller Mitarbeiterinnen und Mitarbeiter nicht nur für Fragen der Behandlung der Gefangenen, sondern auch für unerläßliche Sicherheits- und Ordnungsprinzipien war beeindruckend.

Der in den letzten Jahren ständig anwachsende Anteil von Untersuchungsgefangenen hat für die beiden Anstalten spürbare Belastungen und erkennbare Irritationen mit sich gebracht. Die Problematik konnte jedoch, von kleineren Ausnahmen abgesehen, relativ gut aufgefangen werden, indem für eine differenzierte Unterbringung und ggf. Eingliederung in den Strafbereich Sorge getragen wurde.

Hinsichtlich der Veränderungen der Klientel im übrigen (Gewaltdelikte, Drogenabhängige, Ausländeranteil) haben sich die Anstalten bisher überzeugender mit den anstehenden Fragen auseinandergesetzt, als die vorgetragenen, punktuellen Klagen vermuten lassen. So soll das Drogenkontrollprogramm der Justizvollzugsanstalt Wiesbaden auch auf Rokkenberg und andere Anstalten ausgedehnt werden. Besondere Behandlungs- und Betreuungsprojekte für Jugendliche, die wegen aggressiver und gewalttätiger Handlungen auffällig geworden sind, sind in Vorbereitung und sollen demnächst im Rahmen einer aktualisierten Vollzugskonzeption für den männlichen Jugendvollzug in Hessen Anwendung finden.

Eine Dekade Jugendstrafvollzug in der JVA Wiesbaden (1963 - 1974)

Gernot Kirchner

Von 1963 bis 1974 leitete Herr Prof. Busch die Jugendstrafanstalt in Wiesbaden. Ohne Zweifel hat er dies vorzüglich getan. Zu beschreiben, woran dies deutlich wird, zeigt die ganze Komplexität und Widersprüchlichkeit des Arbeitsfeldes eines Anstaltsleiters.

Es ist heute teilweise üblich geworden, die Qualität einer Arbeit in diesem Bereich daran zu messen, welche Modelle und welche Konzepte vertreten und umgesetzt werden. Kritisch könnte man hier auch formulieren, welche Konzepte und Modelle "verkauft" werden.

Zum Zeitpunkt der Inbetriebnahme der JVA Wiesbaden galt in den hess. Vollzugsanstalten das System des sog. Stufenstrafvollzuges. Verfolgt man die Aufzeichnungen in den Jahresberichten, so verschwand dieses System stillschweigend, weil es nicht um seiner Selbstwillen eine Berechtigung hatte und die Bedürfnisse der praktischen Arbeit andere geworden waren. In der Praxis ist es nicht so, daß ein pädagogisches Konzept erarbeitet wird an dem sich dann Gefangene und Bedienstete ausrichten, sondern Gefangene und Bedienstete sind da und die Leitung muß überlegen, wie man am sinnvollsten miteinander umgeht und kommuniziert.

Auch sind die Probleme, die die Gefangenen mitbringen und die Einstellungen, die Bedienstete einbringen, ebenso einem permanenten Wandel unterworfen. Bei den Gefangenen werden es in der Regel gerade diejenigen sein, bei denen die herkömmlichen Versuche der Behandlung und Erziehung fehlgeschlagen sind. Wer da meint, die Probleme des Strafvollzuges mit Konzepten im Sinne eines Rezeptes zu lösen, wird sich aller Wahrscheinlichkeit nach sehr schnell auf den falschen Weg begeben und mehr Konflikte heraufbeschwören als lösen.

Wenn wir die Fragwürdigkeit von Konzepten ansprechen, dann wird man nachfragen, welche Maßstäbe sind dann von Bedeutung. Sicherlich von maßgeblicher, wenn nicht von entscheidender Bedeutung dürfte der Umstand sein, wie in einer Vollzugsanstalt miteinander kommuniziert wird. Eine gut funktionierende Kommunikation unter den Mitarbeitern führt zu deren Motivation. Sie setzt andererseits aber auch Eigenverantwortlichkeit und Delegation voraus. Nur dann sind die Voraussetzungen dafür gegeben, daß ein Klima in der Anstalt geschaffen wird, das erzieherische Arbeit ermöglicht.

Daß es mit dieser Kommunikation gutbestellt war in der Amtszeit von Herrn Busch, ist heute leicht nachvollziehbar, denn es sind noch eine ganze Reihe von Bediensteten im Dienst, die sich sehr gut an diese Zeit erinnern und darüber berichten können.

Vor allem über Gespräche, die ich mit diesen Mitarbeitern führte, ist mir das Bild von Herrn Prof. Busch als Anstaltsleiter plastischer geworden und ich konnte es auch wieder verbinden mit dem, was ich an persönlichen Eindrücken in den letzten Jahren selbst gewonnen hatte. Die ausgesprochen umfangreichen Jahresberichte lassen zwar erkennen, was Herrn Prof. Busch besonders am Herzen lag und wo er für die Anstalt notwendige Verbesserungen anstrebte. Wie er als Anstaltsleiter wirkte, war jedoch hieraus nicht zu entnehmen. Die Gespräche mit seinen Mitarbeitern dagegen, das was sie über ihn berichteten, war alles andere als abgelegte Jahresberichte.

Wenn man diese Mitarbeiter ansprach, so waren drei Reaktionen aus meiner Sicht als typisch zu bezeichnen. Zum einen hellte sich bei den Befragten die Minen auf und das humorvolle Wesen von Herrn Busch schien präsent zu sein. Es folgten dann Äußerungen wie "Ich habe Herrn Busch einfach gemocht! Man konnte jederzeit zu ihm hingehen! Er hatte ein offenes Ohr." Und das Dritte häufig wiederkehrende Element war der Hinweis darauf, daß Herr Busch niemals parteiisch wurde, insbesondere nicht für die von ihm besonders geschätzten Mitarbeiter im pädagogischen Bereich. Er betonte insbesondere ihnen gegenüber die Rolle als neutraler Anstaltsleiter.

Um solche Reaktionen und Aussagen von ehemaligen Mitarbeitern muß man Herrn Busch als Anstaltsleiter sicherlich beneiden. Es sind die Grundlagen eines modernen Leitungsmanagements, die man mühsam in Fortbildungsveranstaltungen uns heutigen Führungskräften beibringen möchte.

Werfen wir jedoch zunächst einen Blick auf die Geschichte der Anstalt.

Ideen und Planung

Herr Prof. Krebs und Herr Busch hatten gemeinsam Ideen, Kozeption und Baupläne für diese Vollzugsanstalt erarbeitet. Herr Busch war zuvor Anstaltsleiter in Dieburg gewesen. Herr Prof. Krebs der langjährige Leiter des hess. Strafvollzuges. Vom Alter her liegt es nahe, hier von einem Verhältnis zwischen Vater und Sohn zu sprechen, denn eine Generation lag tatsächlich zwischen beiden. Eine persönliche Freundschaft verband beide Familien. Sie hatten ihren Ursprung sicherlich in der gemeinsamen zutiefst humanistisch geprägten Grundhaltung. Selbst als Herr Prof. Krebs das 90. Lebensjahr überschritten hatte, wurden gemeinsame Aktivitäten von beiden getragen.

Dies galt beispielsweise für den Förderkreis für Strafvollzugsforschung und Straffälligenhilfe, dessen Ziel es war, das Lebenswerk von Prof. Krebs, insbesondere die wertvolle Literatur zur Geschichte des Strafvollzuges, die von ihm zusammengetragen worden war, für Wissenschaftler und Praktiker zu erhalten. Auch wenn man in der Sache sich nicht immer sofort einig war, sicherlich aber in der gemeinsamen Zielsetzung das Beste für den Strafvollzug zu erreichen und vor allem war erkennbar, die wohlmeinende Wertschätzung, die man sich gegenseitig entgegenbrachte. Insoweit paßt das Bild von Vater und Sohn sicherlich und ist nicht zu plakativ gewählt. Niemals hat man in diesem Bereich weder von Herrn Krebs noch von Herrn Busch überzogen Schwülstiges oder Unechtes gehört. Aktiv engagiert, an der Sache orientiert, realistisch, nicht humorlos und mit einem immer menschlichen warmen Unterton versehen habe ich diese Arbeitsatmosphäre erlebt.

Vollzugsleute wissen, wie sehr Herr Prof. Krebs den Ideen des Stufenstrafvollzuges verbunden war. Es kann nicht verwundern, daß diese Grundeinstellungen zur Vollzugsgestaltung auch ihre konzeptionellen und baulichen Entsprechung in der Justizvollzugsanstalt Wiesbaden gefunden haben.

Von den fünf auf dem Gelände der Justizvollzugsanstalt Wiesbaden errichteten Unterkunftsgebäuden wurden zwei der Stufe 1, zwei der Stufe 2 und eines der Stufe 3 zugerechnet. Zur Anstalt gehörten darüberhinaus zwei Freigängereinrichtungen, eines direkt neben der Anstalt, ein weiteres in Groß-Gerau.

Die Lage der Anstalt wurde im Jahre 1963 durch Herrn Busch im Jahresbericht der Anstalt wie folgt beschrieben: "Die Anstalt liegt am Rande der Stadt Wiesbaden, zwischen der Innenstadt und dem Vorort Dotzheim. Sie ist nach allen Seiten von Wohnbezirken bzw. Industrie oder Bahnanlagen umgeben. Nach Osten grenzt die Anstalt an die Holzstraße. Diese Straße ist eine belebte öffentliche Verkehrsstraße. Auf der anderen Seite der Holzstraße liegt ein Wohnbezirk, der insofern für den Strafvollzug nachteilig ist, als dort in einer Reihe von Wohnblocks ausgewiesen und sozial nicht angepaßte Familien wohnen. Ein Großteil der Männer und Jugendlichen aus diesem Viertel ist gerichtsbekannt. Nach Norden grenzt die Anstalt an Schrebergärten, die zum Großteil bereits durch die Justizverwaltung erworben wurden, um dort später eine Beamtensiedlung für die Bediensteten der Jugendstrafanstalt zu errichten. Nach Westen grenzt die Anstalt an die Bahnlinie Wiesbaden - Bad Schwalbach. Der Bahndamm führt unmittelbar an der Anstaltsmauer entlang. Jenseits des Bahndammes befinden sich Schrebergärten von Bundesbahnbediensteten. Nach Süden grenzt die Anstalt an einige kleine Industrieunternehmen, die jedoch bis jetzt keine Störungen darstellten."

Im September 1963 wurden die ersten jungen Gefangenen aus der Justizvollzugsanstalt Butzbach nach Wiesbaden verlegt. Die Belegfähigkeit der Anstalt war mit 238 vorgegeben. Dabei waren ca. 25 - 30 Gefangene jeweils auf einem Stockwerk untergebracht. Am Ende des Flur- und Zellentraktes, unweit neben der Eingangstür, war jeweils eine Aufsichtskabine eingerichtet, an die sich zwei Freizeiträume anschlossen und in die man von der Aufsichtskabine aus durch ein Fenster unmittelbar Einblick halten konnte. Die Gefangenen waren fast alle in Einzelzellen untergebracht. Lediglich eine Dreimannzelle pro Stockwerk war zunächst vorgesehen und eingerichtet.

Ein weiteres Unterkunftsgebäude, das in der Mitte geteilt war und in dessen einer Hälfte 30 Haftplätze untergebracht waren, diente einer ganz besonderen Vollzugsform (Vollzugsstufe 3). Hier lag ein besonderer betreuerischer Schwerpunkt. Die Gefangenen hatten für ihre Hafträume einen eigenen Schlüssel und wurden auch während der Nachtzeit nicht eingeschlossen. Bewußt war auf eine Toilette im Haftraum verzichtet worden, so daß es den Gefangenen jederzeit möglich sein mußte, die Zelle zu verlassen, um die gemeinsamen Waschräume und Toiletten zu erreichen.

Zunächst waren hier besonders schwierige und behandlungsbedürftige Gefangene untergebracht. Die Anstaltspsychologen, Sozialarbeiter und ein festes Team des allgemeinen Vollzugsdienstes waren hierfür eingesetzt.

Das Freigängerhaus außerhalb der Anstaltmauern mit insgesamt 13 Haftplätzen war von vornherein als eine echte Freigängereinrichtung gedacht. Dies bedeutete für Herrn Busch, daß diese Freigänger ein echtes Arbeitsverhältnis draußen eingingen und nur abends in die Anstalt zurückkehrten. Zur damaligen Zeit war es durchaus üblich, daß Gefangene bei Unternehmen oder anderen Betrieben außerhalb der Anstalt in sog. Außenarbeitskolonnen eingesetzt wurden. Einer solchen Vollzugsform stand Herr Busch ausgesprochen kritisch gegenüber, sie war mit seinem Verständnis von Humanität nicht vereinbar.

Mit Errichtung der Justizvollzugsanstalt Wiesbaden und mit den Verwirklichungen der Ideen von Herrn Prof. Krebs und Busch in dieser Anstalt wurde ein ganz wichtiger zentraler Schritt in der Vollzugsgestaltung geleistet. Die Gefangenen waren in den 50-er und auch in den 60-er Jahren in großen alten Vollzugsbauten untergebracht. Häufig oder gar regelmäßig in Gemeinschaftszellen. Die Justizvollzugsanstalt Wiesbaden stand demgegenüber für Einzelunterbringung der Gefangenen und für überschaubare kleine Vollzugseinheiten. Es ist das Konzept, um das wir heute unverändert ringen.

In der Planung vorgesehen, aber nicht mehr während der Amtszeit von Herrn Busch realisiert, wurde der Wunsch, in der Anstalt eine Sporthalle zu errichten. Dennoch war es vor allem auch dem Einsatz von Herrn Busch zu verdanken, daß die Anstalt zu einem späteren Zeitpunkt diese Halle dann doch noch erhalten hat. Herrn Busch gelang es, Freunde zu gewinnen, die angeregt durch ihn einen Verein gründeten, dessen alleiniges Ziel es war, auf dem Gelände der Justizvollzugsanstalt Wiesbaden eine Turnhalle zu errichten. Dieser Verein hat im Laufe seines Bestehens durch Geldbußen eine größere Menge an Kapital zusammengetragen und war schließlich dann beim Bau der Turnhalle in der Lage, Wesentliches zur baulichen Verbesserung der Sportanlagen beizutragen. Allein die Existenz dieses Vereins machte den erforderlichen Druck auf die politischen Verantwortlichen, diesen Neubau nicht auf die lange Bank zu schieben oder ihn gar ganz einzusparen.

Das Interesse an der neuerrichteten Jugendstrafanstalt in Wiesbaden war ausgesprochen groß. Es kam auch nicht unerwartet, weil es sich hier um wohl die erste nach dem Krieg erbaute Jugendstrafanstalt in der Bundesrepublik und auch in Europa handelte. Die Anlage konnte auf keine unmittelbaren Vorbilder zurückgreifen. Die Besichtigungen der Anstalt wurde eröffnet durch den Hess. Ministerpräsidenten Dr. Georg August Zinn, der dem Herrn Hess. Minister der Justiz Dr. Lauritz Lauritzen die Anstalt besichtigte. Dieser Umstand bedarf besonderer Erwähnung. Der damalige Ministerpräsident Zinn hatte in seiner eigenen Verwandtschaft noch die Härte des nationalsozialistischen Strafvollzuges erlebt und war stets für die Prof. Krebs vorangetragenen Vollzugsreformen eingetreten. Es war für die Anstalt eine besondere Ehre, daß diese Persönlichkeiten begrüßt werden konnten, zumal letztlich aufgrund ihres Verständnisses und ihrem politischen Willen diese Anstalt realisiert werden konnte. Wenige Tage danach schloß sich eine Pressekonferenz mit dem Hess. Minister der Justiz an, wobei man der Presse deutlich machen konnte, daß hier ein Versuch unternommen wurde, der keineswegs unter Ausschluß der Öffentlichkeit stattfinden soll, der aber andererseits auf großes Verständnis gerade von seiten der Publikationsmittel angewiesen war. Dabei wurde seitens der Anstalt darauf hingewiesen, daß sensationsgeladene und unsachliche Berichterstattung, das ernsthafte Bemühen der pädagogischen Fachkräfte wieder zunichte macht und für die Resozialisierung großer Schaden entstehen könne. Es war dabei erfreulich, daß alle Pressevertreter, nicht nur während der Besichtigung, sondern auch in den anschließend erschienen Artikeln, sachlich und mit großem Verständnis den entsprechenden Ausführungen der Fachleute folgten. Nicht nur Presse, sondern auch Rundfunk und Fernsehen zeigten reges Interesse, Berichte vom Ersten und Zweiten Deutschen Fernsehen wurden ausgestrahlt. Zahlreiche namhafte Persönlichkeiten aus In- und Ausland suchten die Anstalt auf. U.a. im Jahre 1963 Prof. Jordani aus Rom sowie Herr Prof. Hans Zuligger, der weltweit bekannte Pädagoge. Eine besondere Dimension eröffnete eine ganztägige Sitzung des Bundesverfassungsgerichtes, mit 14 Richtern unter Leitung des damaligen Präsidenten Dr. Gebhard Müller, bei der Verfassungsfragen des Freiheitsentzuges und des Erziehungsanspruches sozusagen am Ort des Geschehens diskutiert wurden.

Es folgten Baukommissionen aus verschiedenen Bundesländern, um Anregungen zu gewinnen. Aus dem Ausland kam beispielsweise der Oberbürgermeister von Ankara, Mitarbeiter des Justizministeriums aus Japan, Australien, Portugal und österreich. Auch die vereinten Nationen, die bei ihrem Weltkongress zur Verbrechensbekämpfung auch die Fragen der Behandlung der Rechtsbrecher erörterten, informierten sich über die Bedingungen der neuen Anstalt.

Für Herrn Busch war diese nach modernen Gesichtspunkten erbaute Anstalt kein Grund zum Jubel. Die Notwendigkeit einer derartigen Anstalt ist immer ein Anlaß zur Trauer (Referat zum 25-jährigen Bestehen der JVA Wiesbaden). Eine Selbstverständlichkeit war für ihn, daß eine moderne Anstalt nur ein Gehäuse und eine evtl. geniale und humane Konzeption nur eine Utopie ist, wenn nicht die Menschen und Fachkräfte zur Verfügung stehen, die das ganze erst mit Inhalt füllen (Referat zum 25-jährigen Bestehen der JVA Wiesbaden).

In dieser Vollzugsanstalt unter diesen baulichen Gegebenheiten sollte ein Vollzug gestaltet werden, der sozialwissenschaftlichen Kenntnissen folgend erzieherischen Ansprüchen gerecht wird. Es war immer ein Grundthema eine Grundsatzfrage für Herrn Prof. Busch, ob Erziehung im Strafvollzug möglich ist. Es ist daher von Interesse, zu vergleichen, das was Herr Busch später als Wissenschaftler schrieb, mit den was er zuvor als Praktiker realisierte.

Im Auftrag der kath. Akademie Trier und der kath. Arbeitsgemeinschaft Straffälligenhilfe ist ein Sammelband mit dem Titel "Jugendstrafvollzug zwischen Erziehen und Strafe. Pädagogische Ansätze, Konzepte, Perspektiven" im Jahre 1993 erschienen. Darin hat Herr Busch seine Thesen zur "Erziehung hinter Gittern" formuliert. Einige zentrale Aussagen sollen im folgenden verglichen werden mit der Vollzugsgestaltung in der Justizvollzugsanstalt Wiesbaden unter der Zeit von Herrn Prof. Busch.

Erziehung hinter Gittern?

An die Spitze der Überlegungen sind folgende Thesen gestellt:

1. Erziehung ist wegen ihrer realistischen Hypertrophie (Übertreibung) in Verruf geraten, sie muß wieder in die Position bescheidener Förderangebote zurückgeführt werden. . .

2. Wird Erziehung so "reduziert" verstanden, ist sie auch im Strafvollzug möglich.

Für die Vollzugspraktiker war es ein Labsal in den vergangenen Jahren von einem Mann der Wissenschaft solche deutliche und klaren Worte zu hören.

Bis heute ist es viel eher üblich, der allgemeinen Meinung zu folgen, Strafvollzug und Pädagogik wären Gegensätze quasi wie Feuer und Wasser.

Unter Ziffer 3. seiner Thesen führt Herr Busch fort: Grunderkenntnis ist, daß der Mensch immer und überall erzogen wird. Tun es nicht die Fachleute und die Gesellschaft, übernimmt die Subkultur dieses Feld.

Herrn Busch ging es in der täglichen Vollzugsarbeit nicht darum, irgendwelchen Theorien gerecht zu werden, sondern viel mehr zu schauen, was sinnvoll im Vollzuge umgesetzt werden konnte. Sehr erfahrene Vollzugsleute weisen zu Recht darauf hin, daß es nicht die Verantwortlichen des Strafvollzuges, sondern vielmehr die Gefangenen sind, die bestimmen, wie sich der Vollzug entwickelt. Aufgrund der Notwendigkeiten gilt es zu reagieren auf das aktuelle Bedürfnis. Der Gefangene wird sich niemals uns zuliebe in ein vorgegebenes pädagogisches Konzept einbinden.

1963, mit der Eröffnung der Justizvollzugsanstalt Wiesbaden, wurde auch das in ganz Hessen geltende System des Stufenstrafvollzuges in Wiesbaden eingeführt. In den ersten Jahresberichten der Anstalt wurde durch Herrn Busch darauf hingewiesen, daß eine solche Stufung vorgenommen worden ist. Eine Bewertung, ob und wie gut es funktionierte, liest man nicht. Einige Jahre später ist es vergessen. Ein anderer Versuch war unternommen worden. Langzeitgefangene und auch sehr schwierige Gefangene, wurden im Unterkunftsgebäude U 5 untergebracht. Die Anstaltspsychologen wurden dort schwerpunktmäßig eingesetzt und arbeiten mit einem festen Mitarbeiterteam. Das besondere der Unterbringung der Gefangenen in diesem Bereich war, daß die Zellen in diesem Unterkunftsgebäude normale Holztüren hatten und die Gefangenen Schlüssel zu ihren Hafträumen besaßen. Hört man die ehemaligen Mitarbeiter über diese Zeit reden, so ist Begeisterung vorhanden. Es gab eine Menge Probleme in diesem Vollzug, Gefangene waren ideenreich, sie ließen sich über die Mauer Gegenstände in das Unterkunftsgebäude pendeln. Da die Türen nachts nicht verschlossen waren, wurde so manches angestellt. Dies wiederum forderte die Mitarbeiter heraus, die sich nachts auf die Lauer legten, um zu beobachten, was von draußen über die Mauer in die Anstalt geschleust wurde und sie beobachteten, was in den dort eingerichteten Abteilungen nachts alles geschah.

Auch Vollzugslockerungen wurden damals Gefangenen schon gewährt und nicht nur den Gefangenen, die nach Aktenlage unproblematisch erschienen. In einem Fall war ein Gefangener, der wegen eines Tötungsdeliktes eine Jugendstrafe verbüßte, aus einer Vollzugslockerung nicht freiwillig zurückgekehrt. Die Nachforschungen, wo der Mann verblieben sei, wurde eigenhändig von der Anstalt in die Hand genommen. Als die Bediensteten ihn dann ca. 100 km von Wiesbaden entfernt im Bett aufgespürt hatten, wurde er im Privatwagen der Bediensteten in die Anstalt zurückgebracht. Die Polizei war verständigt und war am Orte der Festnahme erschienen, war bei der Aktion selbst aber außen vorgelassen worden.

Herr Busch hat diese Dinge getragen, obwohl in der damaligen Zeit noch wesentlich weniger Verständnis für solche "Experimente" im Strafvollzug bestand.

Man darf jedoch nicht meinen, daß Herr Busch die Mitarbeiter im psychologischen und pädagogischen Dienst einfach habe gewähren lassen. Für ihn stand vielmehr im Mittelpunkt die Auseinandersetzung mit ihnen. Obwohl er Pädagoge war, hat er immer deutlich die Rolle des Leiters wahrgenommen und keinen pädagogischen Prinzipien das Wort geredet. Gleichzeitig hat er in dieser Auseinandersetzung Freiräume und vor allen Dingen Vertrauen an die Mitarbeiter der Erziehungsabteilung gegeben.

Belebt wurden die Auseinandersetzungen mit den Mitarbeitern des pädagogischen Dienstes durch eine außergewöhnliche Kreativität und durch eine außergewöhnliche Fähigkeit im verbalen Bereich. Ein Beispiel hierfür war die von ihm häufig sehr spontan einberufene Erzieherkonferenz. Geradezu fasziniert war man von manchen seiner Disziplinarkonferenzen, die er mit Gefangenen durchführte. Selbst bei den häßlichsten Dingen, über die man verhandelte, brachte er Humor mit ein, der geprägt war von Lebensweisheit und Humanität, der dieses undankbare Geschäft erträglich machte. Es war kein Lamentieren und kein Weltschmerz über die Schlechtigkeit der Menschheit, sondern es ging darum, mit der aktuellen Situation, so wie sie gegeben war, nun einmal fertig zu werden. - "Bestrafen wollen wir sie ja nicht, aber 5 Tage sind gerecht." Solche Sätze klingen den Mitarbeitern noch heute ihm Ohr. Von Herrn Busch habe ich auch gelernt, daß der Strafvollzug nicht mit Kriterien wie "hart" oder "weich" umschrieben werden kann, sondern daß das Begrifflichkeiten für das Eierkochen sind.

Ein ehemaliger Lehrer beschrieb die Grundhaltung von Herrn Busch als ein Standort zwischen den populären Standpunkten. Hingerichtet zum Gefangenen, aber nicht ohne Maßstab. Eine Persönlichkeit, bei der man den Eindruck hatte, daß sie brannte wie eine Kerze, die gleichzeitig an beiden Enden angezündet worden sei.

Wenn von mir in diesem Beitrag zunächst die sehr intensive Zusammenarbeit mit dem Erziehungsdienst der Anstalt angesprochen wurde, bedeutet dies keineswegs, daß eine Anbindung des allgemeinen Vollzugsdienstes in die erzieherische Arbeit für Herrn Busch weniger bedeutend gewesen wäre, oder daß er in diesem Bereich weniger geleistet hätte. Herrn Busch gelang es, eine ganze Reihe Mitarbeiter des allgemeinen Vollzugsdienstes zu aktivieren, Freizeitgruppen bei Gefangenen zu übernehmen. Die vermehrte Einbindung des allgemeinen Vollzugsdienstes in behandlerische Arbeit war damals sicherlich noch ungleich schwerer, weil die Spannungen im Personal in diesem Bereich noch größer waren. Nicht jeder Mitarbeiter, der in der Justizvollzugsanstalt Wiesbaden 1963 seinen Dienst aufgenommen hatte, war ein unvoreingenommener Neuanfänger. Viele waren geprägt durch den Vollzug, den sie in ihren alten Anstalten gelernt und erfahren hatten. Eine Reihe von Fortbildungsveranstaltungen für den allgemeinen Vollzugsdienst wurden organisiert. Herr Busch legte Wert darauf, daß er ein sehr enges, persönliches Verhältnis zu seinen Mitarbeitern gewinnen konnte. Ob es die Schießsportgruppe in der Anstalt war, oder andere gesellige Aktivitäten. Ziel war es, die Mitarbeiter zu motivieren, sie zu gewinnen für eine Erziehungsarbeit am Gefangenen. Zu erwähnen sei hier, daß unter Herrn Prof. Busch erstmals Frauen im Männerstrafvollzuge aufgenommen wurden. Die Anstalt war jederzeit bereit, Praktikanten aufzunehmen. Die Zahl der ehrenamtlichen Helfer war außergewöhnlich hoch. Es ging darum abzuschätzen, welche neuen Ideen welchen Gewinn für die Anstalt brachten. Was sprach dafür, was sprach dagegen.

Erziehung war für Herrn Busch immer das, was praktisch möglich war. Diese grundsätzliche Einstellung hat sicherlich mit dazu beigetragen, daß Resignation an der Arbeit, Enttäuschung und Aufgabe niemals zu verspüren war. Damit war auch Platz für einen außergewöhnlichen Humor.

Er konnte eingesetzt werden, einfach um zu unterhalten, um gute Laune zu machen. So sang man gemeinsam im Freigängerhaus der Anstalt nach der ersten Entweichung eines Gefangenen den damals populären Schlager von Freddy Quinn "Junge komm bald wieder, bald wieder nach Haus". Der Humor konnte vermischt sein mit tragischen und komischen Elementen, was in bestimmten Situationen - so beschreibt es ein Mitarbeiter - mit einem tragischen Lachen zu vergleichen war. Der Humor war gleichermaßen Waffe, wenn es galt, Interessenskonflikte zwischen beispielsweise der Verwaltung und dem Sozialdienst zu entflechten. Bei den immer wieder zitierten Disziplinarkonferenzen war der doppelbödige Humor ein Element der Darstellung. Ein Mitarbeiter meint, diese Disziplinarkonferenzen seien mit einer "Performance" von heute zu vergleichen gewesen, zumal Herr Busch verstand, die Sprache der Jugendlichen selbst zu sprechen.

Zum Humor paßt eine emotionale Offenheit und spontane Reaktion. So konnte man von Herrn Busch durchaus sehr heftige Schimpftiraden hören, aber danach trat wieder Gelassenheit ein. Durch die direkte und offene Art war man nicht in der Lage, ihn auszuspielen. Wenn taktiert wurde, dann wurde dies meist von ihm durchschaut und man konnte offen mit ihm über die gerade eingeschlagene Taktik diskutieren.

So wenig berechenbar pädagogische Arbeit ist, so wenig berechenbar war auch Herr Busch, was das Erscheinen in der Anstalt anbetraf. Er erschien überraschend im Nachtdienst, sehr häufig war er an den Wochenenden da und seine besondere Aufmerksamkeit galt den besonderen Festtagen, insbesondere den Weihnachtsfesten. Damals war es noch möglich, richtig Weihnachten zu feiern im Vollzug. über Vermittlung von Herrn Busch kamen Kirchenchöre in die Anstalt und in stimmungsvoller Atmosphäre wurden Weihnachtslieder gesungen. Zu Silvester galt die besondere Aufmerksamkeit den Bediensteten, die an diesen Tagen das Los getroffen hatte, vor Ort zu sein. Man spricht heute noch mit Respekt davon, daß er in der Nacht um 12.00 Uhr zum Jahreswechsel in der Anstalt erschien.

Wenn man Mitarbeiter über Herrn Busch befragt, fällt auf, daß sie einen Punkt, der mir persönlich sehr wichtig erscheint, häufig nicht erwähnen. Es ist der Umstand, daß Herr Busch durch seine sehr regen Außenkontakte an Universitäten, Fachhochschulen, aber auch zu bekannten Persönlichkeiten der Stadt, der Kirchengemeinde ungeheuer viel für die Justizvollzugsanstalt bewirken konnte. Es ist von mir oben angesprochen worden, daß es der Initiative von Herrn Busch zu verdanken war, daß ein Verein zur Förderung des Baues einer Sporthalle auf dem Gelände der Justizvollzugsanstalt sich gründete. Diesem Verein verdanken wir heute einen wunderschönen Sportplatz mit Kunststoffrasen. Wir verdanken ihm, daß die Sporthalle innen eine Ausstattung erfahren konnte, daß Theatervorführungen hervorragend gestaltet werden können, und daß eine optimale Nutzung der Halle durch Trennvorhänge gegeben ist. Durch großzügige Spenden aus Vereinsmitteln war dies alles möglich geworden. In diesem Bereich der öffentlichkeit hat Herr Busch für mich Beneidenswertes geleistet. Bekannte Leute des Wirtschaftslebens, von Sektkellereien bis Supermärkten, bis hin zum ehemaligen Fußballnationaltrainer Helmut Schön, wurden an die Vollzugsanstalt gebunden. Auch heute ist der Hess. Minister für Landesentwicklung, Wohnen, Landwirtschaft, Forsten und Naturschutz Jörg Jordan ein noch sehr aktives und hilfsbereites Mitglied in diesem weiterhin bestehenden Verein.

Diese ungeheure Schaffenskraft von Herrn Busch, sein Humor, seine Verläßlichkeit und sein realistischer Optimismus brauchen sicherlich Quellen, aus denen sie gespeist wurden. Ein Mitarbeiter formulierte dies so: "Für Herrn Busch war die Arbeit niemals ein Job, es war eine Ergriffenheit vom Beruf, die auf einem religiösen Engagement aufbaute." Die Familie Busch war ausgesprochen aktiv und eng mit der örtlichen Kirchengemeinde verbunden. Der Glaube war sicherlich für Herrn Busch eine der Kraftquellen für seine Arbeit.

Wer als Anstaltsleiter über längere Zeit tätig gewesen ist, weiß, daß all die Dinge, die vielzähligen Probleme der täglichen Arbeit innerlich verarbeitet werden müssen. Dabei geht es nicht nur um die Probleme mit Gefangenen und Mitarbeitern in der Anstalt, sondern auch darum, die gestaltete Arbeit in der Anstalt zu vertreten gegenüber einer kritischen Aufsichtsbehörde. Dieses Feld ist besonders schwierig, weil es durch den Anstaltsleiter nicht bestimmt werden kann, sondern andere es bestimmen und regeln. Hier gilt es manchmal hart zu kämpfen und sich zu wehren. Hier müssen häufig Kräfte verbraucht werden, die man viel lieber im täglichen Anstaltsgeschäft einbringen möchte. Dies galt für Herrn Busch umsomehr, weil man es "wagte", einen Nicht-Juristen in dieser Führungsposition einzusetzen. Dabei ging es Herrn Busch nicht um den Vorrang des pädagogischen oder des juristischen Prinzips, sondern um die Frage, ob eine gleichberechtigt operierende Partnerschaft verwirklicht werden kann (Referat zum 25-jährigen Bestehen der JVA Wiesbaden). So lange Herr Prof. Krebs die Geschicke im hess. Strafvollzug lenkte, war dies für Herrn Busch zwar nicht einfach, weil Herr Krebs insbesondere von den von ihm geschätzten Mitarbeitern viel verlangte, aber in der grundsätzlichen Einstellung, was den Umgang mit den Gefangenen anbelangte, was das Verständnis zum Vollzug überhaupt betraf, war man sich einig und verstand sich. In der späteren Phase, als manches juristisches Denken der Aufsichtsbehörde dem pädagogischen Grundverständnis, das Herr Busch repräsentierte, gegenüberstand, wurde es teilweise sehr schwierig. Sehr leicht ergab sich dann eine Polarisierung zwischen Juristen und dem Pädagogen. Selbst heute ist es keineswegs selbstverständlich, wenn Nichtjuristen die Leitung einer Vollzugsanstalt übertragen wird. Um so wichtiger und bedeutender für Pädagogen, Psychologen und Sozialarbeiter war es, daß durch die Übernahme der Leitungsaufgabe unmittelbar auch ihre Arbeit eine größere Anerkennung fand.

Herr Busch hatte sicherlich das große Glück, mit einer Lebenspartnerin verbunden zu sein, die ihm entscheidende Stütze sein konnte. Anstaltsleiter wissen, daß ihre Ehepartner ungeheuer viel ertragen und abfangen müssen und daß gerade die Stabilität dieses Partners entscheidend ist. Frau Busch hat die Arbeit ihres Mannes selbstlos begleitet und war gleichzeitig aufgrund ihrer früheren beruflichen Tätigkeit in der Jugendarbeit eine wichtige Stütze.

Ein Teil des Lebenswerkes von Prof. Busch war der Aufbau und die Leitung der Justizvollzugsanstalt Wiesbaden. Diese Arbeit lebt heute weiter in den Mitarbeitern, die ihren Dienst in der JVA Wiesbaden versehen und deren Einstellungen zu ihrem Beruf maßgeblich durch Herrn Busch geprägt worden sind. Seine geleistete Arbeit dokumentiert sich nach außen in den Baulichkeiten der Anstalt, auch wenn neue Gebäude hinzugekommen sind oder alte umgebaut wurden.

Für mich wird Herr Busch in seinem ungeheuren Engagement, in seiner Aktivität, in seiner Kreativität als Anstaltsleiter ein Vorbild bleiben und dieses wird nicht nur für mich gelten, sondern auch für diejenigen, die im Amt folgen. Verpflichtung wird für uns sein, für das, wofür Herr Busch während seiner Vollzugszeit stand, auf der einen Seite nämlich Realitätssinn und auf der anderen Seite ungebrochenes und entschiedenes Eintreten für Humanität im Umgang miteinander einzusetzen. Sie sind der Schlüssel für ein Bestehen in diesem schweren Arbeitsfeld des Strafvollzuges.

Verzeichnis der Autorinnen und Autoren

ALEXANDER BÖHM, Prof. Dr.,
Richter am Oberlandesgericht Zweibrücken, Lehrstuhl für Kriminologie, Strafrecht, Strafvollzug an der Johannes-Gutenberg-Universität, Mainz

GABRIELE BOSSELMANN, Dr.,
Leiterin Personalentwicklung Jackstädt GmbH, Wuppertal

JÜRGEN BRAND, Prof. Dr.,
Dozent für Rechtswissenschaft an der Bergischen Universität Gesamthochschule, Wuppertal

MANFRED BRUSTEN, Prof. Dr.,
Lehrstuhl für Soziologie abweichenden Verhaltens und sozialer Kontrolle an der Bergischen Universität Gesamthochschule, Wuppertal

GERHARD DEIMLING, Prof. Dr.,
Lehrstuhl für Soziologie/Sozialpädagogik an der Bergischen Universität Gesamthochschule, Wuppertal

PAUL FÜLBIER, Dipl.-Sozialwissenschaftler, Dipl.-Sozialarbeiter,
Referent für Jugendberufshilfe bei der Bundesarbeitsgemeinschaft Jugendsozialarbeit - Jugendaufbauwerk (BAG JAW), Bonn

JOSEF M. HÄUßLING, Prof., Dr.,
ehem. Rektor der Bergischen Universität Gesamthochschule Wuppertal, Ehrenvorsitzender des Senates der Privatuniversität Witten/Herdecke, Wuppertal

KONRAD HOBE, Dr.,
Ministerialrat im Bundesministerium der Justiz, Außenstelle Berlin

Jörg-Martin Jehle, Dr.,
Direktor der Kriminologischen Zentralstelle e. V., Wiesbaden

Günther Kaiser, Prof. Dr. Dr. h. c. mult.,
Direktor des Max-Planck-Instituts für ausländisches und internationales Strafrecht, Freiburg

Gernot Kirchner, Regierungsdirektor
Leiter der Justizvollzugsanstalt, Wiesbaden

Edwin Kube, Prof. Dr.,
Präsident der Abteilung Kriminaltechnik im Bundeskriminalamt, Wiesbaden

Jacques Leauté †, Professeur
à l'Université de Droit, d'économie et de sciences sociales de Paris

Erich Marks, Dipl.-Pädagoge,
Geschäftsführer der Deutschen Bewährungshilfe e.V., Bonn

Martine Mérigeau, Dr.,
Geschäftsführerin von Euro-Info-Verbraucher e. V., Kehl

Friedrich-Wilhelm Meyer, Dr. ,
Inhaber des sozialwissenschaftlichen Beratungsunternehmens GEBIT, Gesellschaft für Beratung sozialer Innovation und Informationstechnologie, Münster

Peter Moll, Pfarrer,
Abteilungsleiter Seelsorgedienste im Diakonischen Werk der Evangelischen Kirche in Deutschland, Stuttgart

Siegfried Müller, Prof. Dr.,
Institut für Erziehungswissenschaft I, Abteilung Sozialpädagogik, Eberhard-Karls-Universität, Tübingen

HEINZ MÜLLER-DIETZ, Prof., Dr. Dr. h. c.,
Lehrstuhl für Strafrecht, Strafprozeßrecht, Strafvollzug und Kriminologie an der Universität des Saarlandes, Saarbrücken

WERNER PÄCKERT, Dr.
Dozent an der Aus- und Fortbildungsstätte für Justizvollzugsbedienstete des Landes Hessen (H. B. Wagnitz-Seminar), Wiesbaden

RICHARD REINDL, Dr. , Dipl-Pädagoge, Dipl.-Theologe,
Referent für Straffälligenhilfe beim SKM-Kath. Verband für soziale Dienste in Deutschland e. V., Düsseldorf

KARL PETER ROTTHAUS, Dr.,
Präsident des Justizvollzugsamts Rheinland a. D., Köln

KARL-HEINRICH SCHÄFER, Dr.,
Ltd. Ministerialrat im Hessischen Ministerium der Justiz, Stellvertretender Leiter der Abteilung Justizvollzug, Wiesbaden

HORST SCHÜLER-SPRINGORUM, Prof. Dr.,
Institut für die gesamten Strafrechtswissenschaften der Universität München, Abteilung Kriminologie, Jugendrecht und Strafvollzug, München

WILLI SEITZ, Prof. Dr.,
Institut für Sonderpädagogik, Fachbereich Erziehungswisssenschaften an der Universität Koblenz/Landau, Landau

WOLFGANG SIEG, Jurist
Vorsitzender Richter am Oberlandesgericht, Braunschweig

HEINZ SÜNKER, Prof. Dr.,
Lehrstuhl für Sozialpädagogik an der Bergischen Universität Gesamthochschule, Wuppertal

Horst Viehmann, Jurist
Ministerialrat im Bundesministerium der Justiz, Bonn

Philipp Walkenhorst, Dr., Studienrat im Hochschuldienst,
Fachbereich Sondererziehung und Rehabilitation der Universität Dortmund, Institut Verhaltensgestörtenpädagogik, Dortmund

FSC
www.fsc.org
MIX
Papier | Fördert
gute Waldnutzung
FSC® C083411

Kolibri 360 GmbH
Ferdinand-Jühlke-Straße 7
99095 Erfurt, Deutschland
produktsicherheit@kolibri360.de